BASTEI LÜBBE

ALPHONS SILBERMANN

VERWANDLUNGEN

Eine Autobiographie

BASTEI LÜBBE

BASTEI-LÜBBE-TASCHENBUCH
Band 61 211

1. Auflage Oktober 1991
2. Auflage März 1992

Printed in Germany, März 1992
Umschlaggestaltung: Roberto Patelli, Köln
Titelfotos: Privatbesitz Alphons Silbermann
Satz: Kremerdruck GmbH, Lindlar
Druck und Bindung: Ebner Ulm
ISBN 3-404-61211-6

I

Eigentlich sollte er eine mehr oder weniger authentische Monographie über den Maler Caravaggio schreiben, jenen grandiosen italienischen Naturalisten aus der Übergangsperiode zwischen Post-Renaissance und Barock. Doch daraus wurde nichts. Denn alle Versuche, sich in die Person und Lebensauffassung dieses genialen Rabauken, der er war, zu versetzen sowie auch in sein Zeitalter, scheiterten. Will bei einem biographischen Unterfangen etwas Rechtes herauskommen, muß man während des Schreibens imstande sein, mit dem Abzuhandelnden zu leben. In seinen Büchern über die Musiker Jacques Offenbach und Gustav Mahler war Silbermann dies gelungen, zumal er unter den Künsten eher der Musik als der Malerei nahesteht.

Gewiß, er hat in seinem Leben und bei seiner schriftstellerischen Tätigkeit so manches angefaßt, von dem er wenig oder gar nichts verstand, hat Drucksachen verkauft, als Kellner und Küchenmanager gedient, Restaurants geführt und später, als er keineswegs unerfolgreich die wissenschaftliche Lebensbahn betrat, zahllose Artikel, Glossen und Traktätchen zu Themen verfaßt, von denen man weiß Gott nicht sagen kann, er habe sie beherrscht. Aber so ist nun mal das Leben eines Emigranten, wenn es darum geht, seine Nomadenexistenz auf einem einigermaßen verbindlichen Niveau durchzustehen.

Jetzt jedoch, er geht seinem achtzigsten Lebensjahr entgegen, hat er das nicht mehr nötig, hat auch keine Lust, sich mit dem Schreiben von mit Phantasie angereicherten biographischen Konglomeraten die Zeit zu vertreiben. Die ihm eigene Dynamik – nenne man sie Denkkraft, Kämpfermut, Bösartigkeit, Eitelkeit, Ehrgeiz oder Selbsterhaltungstrieb – hatte ihn stets davon abgehalten, ziellos Wort für Wort aufs Papier zu setzen, selbst wenn er dafür hoch oder niedrig bezahlt wurde. Die Sache mußte einen Sinn haben, durfte nicht der Unentgeltlichkeit zum Opfer fallen. Das wäre mit einem Caravaggio-Buch der Fall gewesen, es sei denn, es wäre dabei eines dieser Bilderbücher zustande gekommen, die mit kurzen biographischen Hinweisen und begleitenden kunstwissenschaftlichen Texten das Gute und Schlechte der Persönlichkeit des Künstlers schlicht übertünchen. Silbermann, immerhin ein international bekannter Kunstsoziologe empirischer Weisung, konnte sich derlei Scherze nicht leisten; sie liegen ihm nicht.

So entstand ein Ringen mit sich selbst. Denn einerseits war er es gewesen, der das Thema »Caravaggio« seinem Verleger vorgeschlagen und schon Vertrag unterschrieben und Vorschuß einkassiert hat, andererseits jedoch hat erkennen müssen, daß er sich derzeit – trotz aller Bewunderung für und womöglich auch Affinität zu der recht gesetzlosen Haltung des Malers in Leben und Kunst – nicht in der Lage sieht, sich ihm zu widmen. Hilfesuchend wurden mannige Gespräche mit Freunden, Bekannten und Kollegen geführt, die deutlich anklingen ließen, daß es weitaus besser sei, sich mit dem eigenen Leben auseinanderzusetzen als mit dem des Michelangelo da Caravaggio. »Schreib deine Autobiographie«, riet man ihm, »du hattest ja ein bewegtes und interessantes Leben, das so manchem manche Erleuchtung bringen wird.«

Dieser Floh im Ohr, der ihn bis dato nie gejuckt hatte, piekte und piekte, bis sich vor seinem geistigen Auge alptraumartige Fragenkomplexe kundtaten. Unter ihnen waren es vor allem zwei, mit denen er sich wochenlang herumschlug. Einmal die Frage: Kann ich mir selbst gegenüber so ehrlich sein, daß ich nicht zur Lüge zu greifen habe, um, wie so manche der Selbstdarsteller, in deren Bücher er sich vertieft hatte, sein Tun und Lassen, seine Lüste, Zuneigungen und Abneigungen hinter falschen und verfälschten Ranken zu verbergen. Auch war ihm wenig daran gelegen, jenes Verstecken hinter großen Namen zu betreiben, bei dem die Tatsache, daß man einmal bei einem Empfang mit Arthur Rubinstein ein paar Worte gewechselt hat, selbstgefällig protokolliert wird. Zum anderen war zu überlegen, ob seine Person und sein Leben, wenn sie von ihm vorgelegt werden, einer irgendwie gearteten Zielsetzung entsprechen könnten, also weder zu einem Selbstanhimmlungsrummel würden noch zu einer Klatsch- und Tratschgeschichte. Allerdings war es ihm auch nicht darum getan, sich in falscher Bescheidenheit zu wiegen; denn dem entsprechen nicht sein Können und seine Selbstsicherheit. Kurzum, wenn schon dein Leben ausbreiten, geh mit aller Offenheit daran und zeige auf, wie der Judenjunge aus Köln, der als Emigrant durch die Lande zog und heute ein emeritierter Soziologieprofessor der Universität zu Köln ist, die Soziologie am eigenen Leibe erlebt hat – selbst wenn keine Sache so sehr an ihren Namen gebunden ist, daß man keinen anderen dafür finden könnte.

Als er sich daranmachte, sein Gedächtnis über seine frühen Kindheitsjahre zu erkunden, um darüber zu berichten, weil nach den Auslassungen der Seelenleser ja dort die Ursprünge all dessen, was später geschehen wird, gelegen sind, mußte er feststellen, daß er sich nicht wie viele der Gescheiten daran erinnern konnte, ob er mit drei Jahren schon stubenrein war und mit sechs Jahren Bachfugen vor sich hinplärren konnte. Und was da auf den verzwickten Wegen der Emigration an Dokumenten und Fotos gerettet worden war, war erbärmlich wenig. Nur der vorsorglich behütete, über alle Meere transportierte Geburtsschein wies auf, daß der Kaufmann Salomon Silbermann den Standesbeamten hat wissen lassen, daß ihm zu Köln in der Trierer Straße 47 am 11. August 1909 um sieben Uhr morgens ein Sohn geboren wurde, dem er den Namen Alphons gegeben hat. Und zwar, so ist zu betonen, Alphons mit »ph« und nicht mit »f«, ein geringfügiger Unterschied, möchte man meinen, doch das ist ein Irrtum. Denn als es in späteren Jahren zur Bescheinigung der zahllosen Dokumente kam, die an den Rockschwänzen des Lebens baumeln, machte man ihm unentwegt Schwierigkeiten, weil er, der von dieser Schreibweise von anno dazumal nichts gewußt hatte, bei seiner Unterschrift den Alphons stets mit »f« kritzelte. Das tut er zwar immer noch, findet das »ph« aber äußerst apart und besteht darauf, daß auf Druckwerken gleich welcher Art das »ph« zu benutzen ist. Da kennt seine Eitelkeit keine Grenzen.

Außer bei Kaisern, Königen, Fürsten, Staatsmännern, Gelehrten und Künstlern, die mit Welt- oder Geschichtsruhm bedacht sind, sind Einzelheiten über das Elternpaar von minderem Interesse. Im allgemeinen begnügt man sich mit ein paar genealogischen Hinweisen oder unstimmigen Kausalitäten, indem festgehalten wird, daß der Junge sein cholerisches Temperament vom Vater, das Mädchen seine musikalische Begabung von der Klavier spielenden Mutter hat, handwerkliche Geschicklichkeiten dem Großvater zu verdanken sind, im übrigen der Betroffene »aus gutem Hause« kommt, wie es lapidar heißt.

Vater Salomon, gerufen Salli, ein stattlicher Mann mit dicken Brillengläsern, die ihm sein seit seiner Jugend lädiertes Augenlicht aufzwang, hat sich nie wie ein Märchenonkel verhalten, seinen Sohn auf den Schoß genommen und ihm Geschichtchen über sein Elternhaus oder aus seiner Jugendzeit erzählt. Dementsprechend war der Sohn von vornherein mit keinerlei Herkunfts- und Klassenbewußtseinsfaktoren belastet. Natürlich fiel mal das Wort »Trabelsdorf«, der Geburtsort des Vaters, ein Nest im Oberfränkischen, das so groß ist, daß man, wenn man mit dem Auto reinfährt, auch schon wieder draußen ist. Nicht daß der Vater etwas zu verheimlichen gehabt hätte – er war sein Leben lang ein ehrenwerter Mann –, doch bleibt zu verstehen, daß es geradezu belämmert wäre, sich durch Berichte über das Leben einer jüdischen Großfamilie von den Lasten ihrer Armseligkeit und der Unfreudigkeit einer Jugend zu befreien. Nicht einmal das oft gesprochene Elternwort »Du sollst es besser haben« fiel. Es wurde mit den zur Verfügung stehenden Mitteln einfach darauf gesehen, daß es der Sohn besser habe als der Vater und Großvater Joseph, ein orthodoxer Jude, der vom Sonntagmorgen bis zum Freitagabend übers Land zog und Hopfen verkaufte. Der alteingesessene und ehrbare Beruf des jüdischen Trödlers war der seine.

Dem gläubigen Großvater wurde von seiner Frau – zu der Zeit, als Söhnlein Alphons in die Wiege gelegt wurde, bereits verstorben – eine Schar von Kindern in die Welt des Deutschen Kaiserreichs gesetzt, von denen mal das eine oder andere, mal dieser Onkel oder diese Tante entweder im Kölner Haushalt auftauchten oder sich brieflich bemerkbar machten. Ganz im Gegenteil zu der oft verbreiteten Ansicht, daß sich jüdische Familien durch ihren engen Zusammenhalt auszeichnen, wenn nicht gar charakterisieren, verblieb bei dem Silbermann-Clan das geschwisterliche Geflecht im Rahmen eines losen Bekanntschaftsgrades, hervorgerufen durch den Mangel eines allbeherrschenden, den wie immer gearteten Zusammenhalt fördernden Familienhauptes. Vordringlich doch wohl durch ein nicht nur in jüdischen Kleingemeindekreisen vorherrschendes Verständigungsprinzip, gemäß dem die Kinder so bald wie möglich, ob dumm oder gescheit, tüchtig oder untüchtig, von zu Hause weg mußten, um die mühsame finanzielle Situation zu entlasten. Einigermaßen erwachsen, die Volksschule absolviert, wurden Jungen und Mädchen in irgendeine Lehre geschickt. Diesbezüglich gab es nicht jene Auswahlüberlegungen, die im Familienkreis mit Sorge und Wohlwollen die Frage »Was soll aus dem Kind werden?« diskutieren lassen. Eher hieß es: »Wer nimmt den Bub oder das Mädel?«, wobei von vornherein bei den Jungen der Berufszweig Kaufmann (Verkäufer, Vertreter, Buchhalter etc.) in Frage kam, bei den Mädchen Verkäuferin, Magd, Haushaltshilfe und Ähnliches. Daß sich die Suche nach der Lehrstelle in erster Linie im jüdischen Unternehmens- oder Haushaltskreise abspielte, war eine Selbstverständlichkeit; denn von einer einigermaßen »offenen« Beziehung zwischen der jüdischen und nichtjüdischen Bevölkerung konnte um die Jahrhundertwende noch keine Rede sein.

Wenn Vater Salomon bei höchst seltenen Gelegenheiten mal eine Bemerkung über seine Lehrjahre fallen ließ, erwähnte er einen bessergestellten Verwandten in Bamberg, bei dem er untergebracht worden war. Dort, so ließ sich aus seinem Munde nicht ohne Bitterkeit entnehmen, bescherte man ihm das Leben des mitleidig aufgenommenen armen Verwandten, eines lästigen, gegenüber den anderen Familienangehörigen hintangesetzten Anhängsels, dem, wenn andere drei Bonbons bekamen, nur eines zuerteilt wurde. Wie es von dort aus weitergegangen ist und der Status eines gutsituierten Druckereibesitzers in Köln erreicht wurde, darüber fiel so gut wie nie ein Wort. Übrigens auch nicht über Lebenslauf und -situation der Geschwister, die sowieso nur an den Vater herantraten, wenn irgendwelche Schwierigkeiten aufgetreten waren. Festzuhalten ist, daß sich der distanzierte Familiensinn des Vaters, um seine Attitüde auf eine kurze Formel zu bringen, durchaus auf den Sohn übertragen hat: Weder interessierte es ihn, wer nun dieser Bruder oder diese Schwester und/oder ihre Kinder waren und wovon sie lebten, noch fühlte er sich ihnen blutsverwandt verbunden – sie waren Begleiterscheinungen einer sorgenlosen und gleichermaßen unbekümmerten Jugendzeit.

Erst viel später, als das Nazi-Gesindel völkermordend die gesamte Silbermann-Sippschaft – Onkel, Tanten, Vettern und Cousinen: sechzehn an der Zahl – ausgerottet hatte, wurde bei ihm ein betonteres Interesse an den Familienverhältnissen wach. Anlaß waren zum einen die Erledigung von Erbschaftsangelegenheiten, die sich nach vielfachen schwierigen Erkundungen über den Verbleib der Angehörigen und deren Verschleppung in die Konzentrationslager ergaben, und zum anderen aus der ihn wie ein Blinkfeuer treffenden Erkenntnis, daß er, der Unverheiratete, nach dem Tode seines Vaters der Letzte der Silbermann sein wird. Damals, das heißt in seiner dritten Emigrationsetappe, nämlich in Australien, kam er mit jenen auf die Flüchtlinge herabblickenden australischen Juden in Berührung, die sich, was darauf zugute haltend, daß sie bereits vor zwei oder drei Generationen ins Land immigriert waren, wie eine Gruppe von blue bloods aufspielten. Es bekümmerte ihn die natürliche Bescheidenheit seines Vaters in Nebeneinanderstellung zu seinem eigenen, teilweise snobistischen Ehrgeiz, der danach verlangte, zumindest als zum jüdischen Landadel gehörend anerkannt zu sein. Dieses vergebliche Bemühen, sich auf mehr zu berufen als auf den ehrwürdigen Stammvater Abraham, brachte ihm ein Bündel von Informationen, die, wenn auch nicht seinen Ehrgeiz, so doch wenigstens seine reichlich spät erwachte Neugier befriedigten. Vor ihm entblätterte sich der Inbegriff vieler der vom Lande gekommenen Judenburschen, die aus eigenster Willens- und Geisteskraft und unter Einsatz unermüdlichen Fleißes sich ein Leben gestaltet haben, das sie über die durch ihre Herkunft bedingten sozialen, religiösen und kulturellen Beschränkungen hinausgeführt hat.

Es war eines Tages, daß der gewissenhafte und ordnungsliebende Vater (selbst Rechnungen vom Gemüseladen hob er auf) zu einer vergilbten Mappe griff und säuberlichst in Sütterlinschrift verfaßte Zeugnisse auf den Tisch legte. Sich in diese vergilbten, handgeschriebenen Schriftstücke vertiefend, entstanden vor den Augen des Sohnes Bilder aus vergangenen Zeiten, denen er bisher nur in Romanen, Novellen etc. entgegengekommen war, ohne sie mehr als literarisch-deskriptive Ergüsse historisierender Art in sich aufzunehmen. Durch die Lektüre von Vaters erstem Zeugnis, dem sich entnehmen läßt, daß dieser im Alter von vierzehn Jahren seine Lehre begonnen hatte, eröffnet sich ihm ein zeitgeschichtlicher, über das Individualgeschehen hinausragender, sowohl bewundernder als auch sozialkritischer Blick.

Was waren das bloß für gesellschaftliche Zustände, in denen ein Vierzehnjähriger in ein Nest wie Bad Orb verschlagen wurde und im Geschäft einer Firma S. Lichtenstädter nach Ausweis des Zeugnisses vom 15. November 1896 bis zum 15. November 1899 als Lehrling und danach bis zum 1. Januar 1901 als Commis tätig war? Blankes Unverständnis macht sich breit, will sagen, ein bedrückendes Versagen des Einfühlungsvermögens, der Vorstellungskraft, kurz des Umsetzens eines Geschehens ins visuell Erkennbare, obwohl es doch zwischen den Zeilen aus dem ihm zur Einsicht überlassenen Papier spricht. Ein Unbehagen kommt in ihm auf, dem nicht Mitleid, Tristesse oder unterdrückte, womöglich gar nicht erwünschte Bewunderung zugrunde liegen, sondern rationales Widerstreben gegenüber des Vaters Lebensanfang, der wie durch fremde Feder und nicht durch familiäre Fürsorge – wie sie ihm selbst stets entgegengebracht wurde – diktiert worden war. »Ich war«, so schreibt der seine Unterschrift wichtigtuerisch mit den Worten »Inhaber der Firma S. Lichtenstädter« (einem Textilgeschäft) versehende Lehrherr, »mit den Leistungen des Silbermann recht zufrieden, derselbe hat sich in meinem Hause sehr gut aufgeführt, war ehrlich und rechtschaffen. Ich konnte denselben im Lager und für schriftliche Arbeiten benutzen, was derselbe in letzter Zeit schon selbständig durchführte ...« So das Fazit eines etwas über vier Jahre dauernden Zusammenlebens (»in meinem Hause«), das den Vater über die Floskeln »ehrlich« und »rechtschaffen« hinaus geprägt haben muß.

Auch die weiteren vor ihm liegenden Zeugnisschreiben laufen an ihm mit ihren gleichlautenden stereotypen Eigenschaftsbekundungen (Fleiß, Ehrlichkeit, gutes Betragen, Treue, Gewissenhaftigkeit, Arbeitsfreude) wie zur Unkenntlichkeit verstümmelte nichtssagende Etappenberichte vorüber – untauglich, Erwartungen zu erfüllen, die gemeinhin als Hochachtung vor des Familiengründers Erfolgskarriere hingestellt werden. Was sie in ihm erwecken, ist die Bestätigung für das Bestehen eines Kampfsystems zwischen Individuum und Kollektiv, dem er sich als junger

Gerichtsreferendar seit den Tagen, als er über Nacht Deutschland verließ, um sein Leben zu retten, ausgesetzt sah. Es dämmert ihm der eindringliche Unterschied zwischen »freiwilliger« und »erzwungener« Mobilität, denen rundheraus gemeinsam ist, sich illusionslos damit abfinden zu müssen, der Heimatlosigkeit preisgegeben zu sein.

Der Vater, so bezeugen die Schriftstücke, wanderte freiwillig »als Buchhalter und Correspondent« von Ort zu Ort, von Firma zu Firma. Nach den Lehrjahren in Bad Orb nach Bingen a. Rh. zum Manufacturwarengeschäft der Firma S. Kohlmann, von dort zum Manufactur-, Nähmaschinen- und Möbelgeschäft von L. Goldbach-Rosenfeld in Bühl (Baden), weiter zum Laden von Hermann Oppenheimer in Hadamar, der mit Manufactur-, Colonialwaren, Tapeten und Farben handelte, dann nach Offenbach a. M., woselbst er drei Jahre als »Verkäufer und Comptoirist« bei Rudolph Marxens »Erster Bettenfabrik u. Ausstattungsgeschäft« arbeitete, und wieder weiter zu H. Simson & Co. in Gerresheim b. Düsseldorf, einem Manufactur- u. Confectionsgeschäft, daraufhin zur »Arbeiterkleiderfabrik mit elektrischem Betrieb« der Gebrüder Mandelbaum in Köln a. Rhein, womit 1908 die Stadt erreicht wurde, in der er es vom Angestellten zur Selbständigkeit als Besitzer der »Druckerei S. Silbermann. Spezialfabrik für Durchschreibe-Bücher« in der Genter Straße 3 brachte.

Waren es bei der »erzwungenen« Mobilität die Nazihorden, die uns von Ort zu Ort, von einer ungelernten Arbeit zur anderen trieben, so war es bei der »freiwilligen« Mobilität – den Vater als Beispiel vorgeführt – das Streben nach Selbständigkeit. Mit allen hiermit verbundenen Vor- und Nachteilen Herr seiner selbst zu sein, ist nicht nur der motivierende Inbegriff des »Wandernden Juden«, sondern gleichermaßen die innere Kraft, sich als Ebenbild Gottes direkt mit dem Ewigen im Gespräch zu verbinden – ohne das Dazwischentreten vermittelnder Amtsträger, nennen sie sich Priester, Pastor, Rabbiner oder Mullah.

Nun also war der Vater selbständig, worüber der Sohn bis zu dem Tage nie einen Gedanken verloren hatte, als er selbst – es war im zweiten Jahr seines Aufenthaltes in Australien – vor der Existenzfrage stand, die Gelder aufzutreiben, um aus dem jämmerlichen Zustand eines Gaststättenangestellten zum selbständigen Besitzer eines Ladens aufzusteigen. Wie hatte der Vater es geschafft, sich in eine Druckerei einzukaufen beziehungsweise sie zu übernehmen? Hatte der Commis und Buchhalter in allen den Flekken, in denen er ein frugales Dasein führte, so viel Geld gespart, um sich die Selbständigkeit zu erkaufen – und das auch noch in einem ihm völlig fremden Berufszweig?

Es läßt sich nicht sagen, daß ihm dies eine besonders interessante oder gar wesentliche Frage gewesen war, zumal er sich um die materielle Seite des Familiengeschichtlichen so lange nicht bekümmerte, bis jener Einschnitt kam – die Flucht vor den Naziverfolgungen, die ihn des sorglosen und abgesicherten Daseins beraubte. Aber auch danach nicht, auf den mit endlosen Schwierigkeiten gepflasterten Wegen der Emigration und denen, die ihn zur eigenständigen materiellen wie immateriellen Selbständigkeit führten, war es ihm gegeben, die Familienbande bis zu einer Familienvertrautheit auszudehnen, deren Wurzeln sozusagen historischer Art hätten sein können. In seinem wie im Leben anderer blieb ihm das Vergangene meist eine unwesentliche Facette des Daseins. Erst war es die elterliche Umsorgung, die ihn sein Leben gegenwartsträchtig führen ließ, dann waren es die Nöte des Emigrantenlebens. Und erst viel später, als er durch den Umgang mit den Guten und Bösen auf dieser Erde, mit den Hilfreichen und Abweisenden gelernt hatte, nicht ohne Geschick psychologische Widerstände bei sich selbst wie bei anderen wenn nicht aus dem Wege zu räumen, so doch abzuschwächen, entstand bei ihm ein prägnantes Milieubewußtsein; nicht etwa jenes so oft als hilfreich für die Persönlichkeitsstruktur angepriesene Geschichtsbewußtsein.

Ebensowenig wie es ihn scherte, genauestens zu wissen, an welchem Tage die Emser Depesche losgelassen wurde oder wann Moses Mendelssohn, der von den Juden vielgepriesene Urvater der Emanzipation, nach Berlin kam, ebensowenig ließ er sich dazu verleiten, die Gegenwärtigkeit der zahllosen Menschen, die seinen Lebensweg begleiteten oder durchkreuzten, im Lichte eines Historienscheins zu erkennen, zu durchschauen oder sich ihnen zu nähern. Seines war die Gabe der Beobachtung, die ihm übrigens in seinen wissenschaftlichen Arbeiten als Soziologe bestens zustatten kam und durch die er – mehr oder weniger unbewußt – das dem Herkunfts- und Zeitmilieu entspringende Kennzeichnende von Personen wie Geschehen erfaßte. Über das reale Bewußtwerden dieser Bewußtseinskonstellation kam es erst zu dem Zeitpunkt, als seine eigenen erzwungenen Milieuverschiebungen – von Köln über Amsterdam nach Paris und Sydney –, von Wohlstand zu Armut, von physischer zu geistiger Arbeit und besonders von jüdischer zu nichtjüdischer deutscher, holländischer, französischer und australischer Mentalität, vielleicht umfassender gesagt, von Umwelt zu Umwelt führten. Über diesem Wust zwischenmenschlicher und kollektiver Berührungen muß bei ihm wohl eine im Dunkel der Gefühle gelegene Intimbeziehung zu seinem eigenen Herkunftsmilieu gelegen haben, von dem außer den üblichen sozialisierenden Ausstrahlungen nur wenige spezifisch jüdische in den aktuellen Kenntnisbereich gefallen waren.

Erst ein reichlich spät erwachtes Interesse an jüdischen Dingen, hervorgerufen durch das ihm von der nichtjüdischen Welt aufgeprägte und zu Verletzungen aller Arten führende Signum eines notabene anzuerkennenden Juden, ließ ihn sich durch Notwendigkeiten etablierte und als Kommodität tradierte Bräuche, Sitten, Mores und Gepflogenheiten kennenlernen, aus denen sich mosaikartig jüdische Milieubilder zusammenfügen ließen. So auch die Beantwortung der Frage, wie der Vater, dem im Gegensatz zu ihm Fleiß und Sparsamkeit höchstes Lebens- und Überlebensgebot gewesen waren, die Mittel zur Instandsetzung einer kaufmännischen Selbständigkeit aufbringen konnte. Sie kamen aus der Mitgift, die, wie die »Öffentliche Urkunde über Ehevertrag« vor dem »Großh. Bad. Notariat Eppingen« bekundet, neben »Kleidern und Weißzeug« zehntausend Mark in bar betrug und von der Bella Eichtersheimer aus Ittlingen in die Ehe eingebracht wurde.

Angesichts seines Dranges, zur eigenen Herkunftsbestimmung vorzuschreiten, lohnt es sich ihm, über dieses »Einbringen«, seine Ursachen und Folgen nachzudenken. Hatten sich da doch gemäß dem Ehevertrag zwei Menschen »verehelicht«, von denen der männliche Teil in der Stadt Cöln ansässig war und der weibliche in Ittlingen, einem zwischen Eppingen und Sinsheim gelegenen Dorf in Baden, das sich übrigens in keinem Lexikon mehr aufgeführt findet. Schon allein die räumliche Distanz läßt es ihm unwahrscheinlich erscheinen, daß die beiden sich mal irgendwann und irgendwo getroffen hatten und jener unglaubwürdige Mythos der Liebe auf den ersten Blick sie zusammengeführt hat. Noch mehr die Tatsache, daß die dreiundzwanzigjährige Mutter Bella nie die Dorfgrenzen überschritten hat und das Elternpaar ihm nie auch nur einen Hinweis über das Zustandekommen der Ehe gegeben hat. Insoweit bei ihm diesbezüglich Wißbegierde eine Rolle spielte, das heißt, da für das Verlangen nach Erkenntnis der eigenen Gefühle ein Ansatz bei der beobachtbaren Gefühlsexistenz des Elternpaares zu suchen ist, war ein Versetzen in vergangene, wenn auch noch so fremd anmutende Zeit- und Milieuumstände vonnöten.

Und so war es ihm keine breitästige Erleuchtung, daß, gemäß den Sitten von dazumal, ein Vermittler bemüht wurde, wenn es darum ging, den weiblichen Kindersegen an den Mann zu bringen. Was sich heute unternehmensträchtig »Ehevermittlungs-Institut« nennt und sich öffentlicher Werbemittel bedient, waren seinerzeit, grob gesagt, eine Art unorganisierte Handelsreisende, denen Eltern die Ware »unverheiratete Tochter« zum Verkauf überließen. In jüdischen Kreisen, vor allem in den ländlichen, in denen zugängliches Treffen äußerst beschränkt war, wandte man sich an einen über die Lande ziehenden Heiratsvermittler, der den aus dem Neuhebräischen kommenden Namen »Schadchan« trägt, das heißt »der (gut) Zuredende«, was darauf hinweist, daß man es seiner Beredsamkeit zutraute, auch noch das Unvereinbarste zu vereinen – Glück hin, Glück her. Die von der Sache her beschränkte Redlichkeit, die diesen Maklerberuf umgab und stets noch umgibt, reflektierte sich insofern auf das vom Schadchan zusammengeführte Paar, als man selbst nie darüber sprach oder dies gar durch erfundene Geschichten zu verheimlichen suchte.

Wie dem auch sei, schließlich handelt es sich nur um eine einigermaßen schlüssige Vermutung, die ihm jedesmal in den Sinn kam, wenn er von der Mutter, besonders im reiferen Alter, darauf angesprochen wurde, daß es für ihn doch an der Zeit sei zu heiraten. Wenn er an diesen von elterlicher Seite stets willfährig gesehenen, einigermaßen organisierten Vorgang der Verehelichung beziehungsweise Familiengründung zurückdenkt – insofern er ihn während der Jahre seiner in Köln verbrachten Jugendzeit betraf –, erscheint vor ihm ein gänzlich anders geartetes, aber dennoch traditionsgemäßes Bild, bei dem die Mütter – und so auch die seine – ihre Söhne und Töchter in klassengerechter Weise zusammenführten, um nicht zu sagen verkuppelten. Klassengerecht oder, wie es heute verwissenschaftlicht gängiger heißt, »schichtspezifisch« bedeutet in diesem Zusammenhang, daß von der oberen jüdischen Mittelschicht an bis zur jüdischen Hautevolee die Verbindungsbemühungen sich nur innerhalb dieses Kreises abspielten; mit wem die Eltern verkehrten, mit dem verkehrten auch die Kinder. Dort, wo sich die Mütter beim Kaffeeklatsch und die Väter beim Skat trafen oder gesellschaftsfähige Revanchier-Abendgesellschaften stattfanden, dort, in diesem eng begrenzten, meist mehr nach dem Wohlstand und dem Berufsstatus, weniger nach der Herkunft bestimmten Kreis, wurden die Arrangements für die Zusammenführung der Sprößlinge getroffen. Vorsichtig tastend und nicht immer erfolgreich wurden Bande jener Vorstufe zukünftigen Eheglücks, genannt Verlobung, geflochten, ein recht inhaltsloses und im Grunde zu nichts verpflichtendes Präliminarium, das im Rahmen des Schadchan-Wesens, diesem Kommissionär-Unternehmen, nicht einmal angesprochen wurde, geschweige denn stattfand.

Als Silbermann nach vielen entbehrungsreichen Jahren der Emigration begann, sich durchaus bewußt, will sagen, vorsätzlich in den Kampf um Anerkennung und vor allem gesellschaftlichen Aufstieg zu begeben, mußten unumgänglich Hemmschuhe beiseite gedrängt wie auch Vorbilder zu Rate gezogen werden. Beides vereinigte sich zu einer Einheit, die, durch sein Herkunftsmilieu bedingt, sich im Bilde seiner Eltern und deren Bemühen, aus der kleinbürgerlich-jüdischen Schicht herauszurücken, verfestigte. Während der Vater sich in seinem Gebaren damit zufriedengab, nach dem Motto »Üb immer Treu und Redlichkeit« zu handeln, im übrigen aber keinen Deut darum gab, als mehr eingeschätzt zu werden, als er war, nämlich ein fleißiger, klassenloser Ernährer und Kaufmann, hatte die Mutter den sogenannten Drang nach Besserem. Dieser führte zu mannigen Konflikten zwischen dem Elternpaar, die dem Sohn, dem rundlichen, verhätschelten, mit phlegmatischen Zügen ausgestatteten Nichtsnutz, recht belanglos erschienen. Nur einer der Streitpunkte trat immer wieder auf, in gleich welchem Lande die Familie notgedrungen ansässig wurde: die Auseinandersetzung zwischen dem Elternpaar über die Mitgliedschaft in einer der örtlichen jüdischen Logen, der Bne-Briss-Loge, als Ausdruck für das standesgemäß Bessere. In diese »Vereinigung zum Zwecke der Selbsterziehung im Sinne von Wohltun, Menschenliebe und Freundschaft«, wie sie sich nennt, aufgenommen und als Logen-

Bruder und -Schwester tituliert zu werden, gilt als eine höhere Statusweihe – »bessere« Juden sind hier unter sich und blicken von diesem Exklusivgipfel naserümpfend auf den Rest der Nichtzugelassenen. »Zulassung« war denn auch das Stichwort bei den Querelen zwischen dem Elternpaar. Eben dieser Begriff mit seinem freiheitsbeschränkenden Unterton ist dem Sohn nicht nur im Gedächtnis verblieben, sondern auch in seiner nicht gerade alltäglichen, von Großteilen der Gesellschaft verpönten oder gar verdammten Lebensführung mehr als einmal entgegengekommen. Die Aufnahme in die Vereinigung der sich als Auserwählte Wähnenden geschah nämlich und geschieht stets noch in zwei Stufen. Zunächst durch Vorschlag für die Aufnahme und nach dessen Billigung durch Ballotage, einer geheimen Abstimmung mit weißen (Annahme) oder schwarzen (Ablehnung) Kugeln.

Immer wenn es um gleich welche Art von geheimen, also sich hinter Anonymität verbergenden »Zulassungen« ging, ob in dieses oder jenes Land, zu diesem oder jenem Club, zu dieser oder jener Institution, blieb dem Sohn das Wort des Vaters in den Ohren: »Wenn es zu meiner Bonität kommt, lasse ich mich freiwillig nicht von ungenannten Leuten beurteilen; gebe weder Rechtschaffenen noch solchen, die selbst Dreck am Stecken haben, das Recht, über mich zu bestimmen.« Vater Silbermann sprach in diesem Zusammenhang nicht etwa hochtönend von der Verletzung demokratischer Prinzipien, von Anmaßung, Ungerechtigkeit oder Klassenhaß, sondern aus dem ungehobelten Selbstverständnis eines Menschen heraus, der sich weder mit seiner Leistung, es vom kleinen Angestellten zum selbständigen und ehrbaren Kaufmann gebracht zu haben, brüstete noch sich der Tatsache schämte, autodidaktisch sich höhere soziale und kulturelle Werte angeeignet zu haben als diejenigen, die ihm sein Herkunftsmilieu im erbärmlichen Nest Trabelsdorf mit auf den Weg hatte geben können. Sehr bald hat der Sohn erkannt, daß bei Vaters Renitenz keineswegs echter oder falscher Stolz ins Spiel kam, sondern nichts anderes als Selbstbehauptung, eine innere Haltung, die über Opportunismus weit hinausgeht. Günstige Gelegenheiten zu ergreifen, sie, wenn angebracht, herauszufordern und zu nutzen – das stand auch für den Sohn sein Leben lang auf einem ganz anderen Papier als der Mutter Sucht, sich selbst und ihrer Familie durch Ein- und Beitritt in pflichtlose, mehr oder weniger käufliche Zweckverbände, Orden oder Logen eine gediegenere Zukunft zu verschaffen.

Ohne verdrehte Zurückhaltung gesagt, spielte in der gesamten Lebenshaltung sowie den Unterfangen der Mutter das Moment des Geltungsbedürfnisses eine bewegende Rolle. Soweit es sich nicht selbstbezogen in Äußerlichkeiten zeigte, also beispielsweise in ihrer stets der neuesten Mode angepaßten Bekleidung und Haartracht oder dekorativen Anschein erweckend in der Möblierung der Wohnung, den Kristallgläsern, dem feinen Hutschenreuther-Service und dem vierundzwanzigteiligen Silberbesteck, übertrug es sich auf den Sohn. Beim Vater verblieb der Ausstieg aus der ländlich-jüdischen, mit Geldmitteln nicht sonderlich versehenen Anspruchslosigkeit ohne Gegenliebe. Beim Sohn indessen fiel der Anspruch auf Geltung, also der Weg vom Holz- zum Silberlöffel, auf bereits von jung auf bestehende Grundelemente seines Persönlichkeitszuschnitts.

Ein Indiz hierfür, falls man gewillt ist, es ohne psychologische Umschweife als solches anzuerkennen, läßt sich schon in seinen frühesten Schulzeugnissen finden, wo es mehrmals in der Rubrik »Bemerkungen« heißt: »Der Schüler muß sein vorlautes Wesen ablegen.« Das aber hat er nie getan. Distinguierte Zurückhaltung war nie seine Sache, wenn es darum ging, sich, seine Person, seine Vorlieben und Aversionen, sein Wissen und seine Meinungen zur Geltung zu bringen. Was ihm heute angesichts seiner Position und seiner Leistungen mit Arroganz gepaart als polemischer Geist wohlwollend zuerkannt wird, ließ ihn dazumal – in der Schul- wie in der Studienzeit – als einen geltungssüchtigen Parvenü in Erscheinung treten.

Es ist zu bezweifeln, ob er dies empfand, als er sich einer ungebührlichen Ablehnung von seiten der Altersgenossen gegenübersah, in deren Mitte er durch Mutters Fürsorglichkeit gelegentlich der von den vornehmen jüdischen Kreisen organisierten Tanzstunde versetzt wurde. Gehörte es doch zu einer Zeit, in der das Behüten von Tochter oder Sohn vor den Unbillen und Verführungen einer rücksichtslosen Welt zum Erziehungsprinzip gemacht worden war, daß dort, wo es die Finanzen erlaubten, Tanzstundengrüppchen gebildet wurden, auf daß die Kinder nicht nur Walzer-, Onestep- und Tangoschritte und das dazugehörige Benehmen lernten, sondern überdies erste Grundlagen für mögliche spätere standesgemäße Verbindungen gelegt wurden.

Bei der Zusammenstellung dieser Grüppchen gab es Abstufungen, je nachdem, ob sich die das Ganze veranlassenden Mütter aus ersten oder minderen jüdischen Kreisen rekrutierten. Bis heute ist es ihm ein Rätsel geblieben, wie es der Mutter gelungen war, ihn in einen Tanzstundenkreis zu verfrachten, besser gesagt, zu infiltrieren, in dem sich nur Abkömmlinge der allerbesten jüdischen Familien Kölns befanden, mit denen Mittelklasse-Eltern wie die seinen nie in Berührung gekommen waren. Hier hatten die Superreichen und die Akademiker das Wort. Kein Wunder denn, daß sich das für die Gelegenheit in den besten Anzug gekleidete und sich angesichts seiner Körperfülle dennoch als schnell lernender und respektabler Tänzer bewährende Söhnlein irgendwie zurückgesetzt fühlte. Dies galt besonders, als den Gepflogenheiten entsprechend gegen Ende des Tanzstundenzirkels von den Eltern Nachmittagseinladungen mit obligatem Kaffee und Kuchen veranstaltet wurden, bei denen die gesamte jugendliche Bande zugegen war. Verständlicherweise kamen für diese Treffen nur Haushalte in Frage, die über die hierzu notwendigen Kommoditäten, wie große

Räumlichkeiten und Hausangestellte, verfügten. Das aber waren wiederum nur die lokalen »Rothschilds«, die Villen in Kölns besten Wohngegenden ihr eigen nennen konnten.

Als er bei einer solchen Gelegenheit zum erstenmal eine dieser mit einer Eingangshalle und nicht mit einer Diele, mit Salons und nicht nur einem Speisezimmer versehenen Behausungen betrat, wurde er mit einer ihm bis dahin völlig fremden Atmosphäre konfrontiert. Dabei läßt sich nicht sagen, ob er von der geräumigen Zimmerflucht, den Marmortischen, den Silbertabletts und den Kristallüstern beeindruckt war oder sich bei ihm Regungen auftaten, die ihn zum einen sein eigenes, mit keinem Luxus und Prunk umgebenes Zuhause verachten ließen, zum anderen das Bestreben erweckten, es diesen luxuriösen Reichen nachzutun. Immerhin, um das mindeste zu sagen, einprägsam muß es schon gewesen sein. Denn später – ungefähr ein Jahr, bevor die Nazis die Macht ergriffen und er bereits Gerichtsreferendar geworden war –, als der inzwischen wohlhabende Vater sich in einem vornehmen Viertel Kölns eine Villa bauen ließ, interessierte er sich in besonderem Maße für die Gestaltung der Inneneinrichtung, wobei er auf einen dezenten Luxus zurückblickte, den er seinerzeit anläßlich der Tanzstundeneinladungen kennengelernt hatte.

Insgesamt sollte es sich zeigen, daß die von der Mutter vortrefflich vorbereitete Tanzstundenzeit in ihren Folgen in mehreren Hinsichten bedeutsam gewesen war, um nicht bei der Rückversetzung in das Innen- und Außenleben eines Jünglings wuchtige Begriffe wie ergiebig oder grundlegend einzubringen. Wenn er nämlich ohne Lückenbüßerei auf seine Schulzeit zurückblickt, fällt es ihm schwer, sich Gleichaltriger zu erinnern, denen er sich in Freundschaft verbunden gefühlt hat, soweit dieser mit Intimempfindungen angefüllte Begriff und Zustand seinem jugendlichen Gefühlsleben überhaupt entsprach. Auch Kameraderie, wie sie sich über das gemeinsame Drücken der Schulbank entwickelt und zu Gruppenbildungen führt, denen die Soziologen unter der Überschrift »Peer-Gruppe« als direktes oder indirektes Erziehungselement Tausende von Seiten gewidmet haben, läßt sich namentlich nicht festhalten.

Hier und da taucht vor seinen Augen die Kontur eines Mitschülers auf, aber nicht ob dessen Qualitäten als Kamerad oder Freund, sondern nur durch die Verknüpfung mit Ereignissen, die ebenso alltäglich wie banal sind: zum Beispiel auf dem Heimweg von der Schule der damals noch mögliche Einkauf einer alleinstehenden Zigarette und die Aufteilung derselben; bestens organisiertes Abschreiben bei Mathematik- und Algebraaufgaben, bei deren Fragestellung, wieviel Uhr es ist, wenn der Schatten des Domes die Spitze der Bahnhofshalle streift, er stets hoffnungslos verloren war; oder infantiles Herumfummeln am erwachenden Körper, wohlgemerkt ohne Betonung von Lustgefühlen der Art, wie sie Väterchen Freud zu entdecken sich genötigt sah. Selbst beim Sport – in seiner Schule standen Turnen, Schwimmen und ein gleichermaßen gefährliches wie nach seiner Ansicht idiotisches Spiel namens Schlagball auf dem Programm –, der angeblich neben körperlicher Ertüchtigung Gemeinschaftsnähe hervorzubringen in der Lage sein soll, blieb ihm diese verborgen. Dabei war er in keiner Weise in sich verschlossen oder eigenbrötlerisch – nein, er, der übrigens stets stärker subjekt- als objektbezogen war, war schlechthin ungeschickt.

So wenig er mit Märklin-Metallbaukästen umgehen oder auch nur einen Schraubenzieher anwendungsgerecht handhaben konnte, so ungeschickt verhielt er sich denjenigen gegenüber, um deren Sympathie und Freundschaft er sich bemühte. Schon als Kind trat er stets daneben; fiel beim Spielen am Rheinufer im besten weißen Matrosenanzug in den Fluß, was die auf der Rheinterrasse mit Bekannten sitzenden Eltern mit einer saftigen Ohrfeige beglichen, oder stolperte während eines Ferienaufenthalts in Bad Kreuznach auf einer Wiese in ein Wespennest, so daß er mit einem von oben bis unten mit Stichen übersäten Bein eiligst nach Köln zum Arzt zurücktransportiert werden mußte. Und kam es in der Schule zum Pflichtfach Turnen, wo nicht wie heute auf Sporthochschulen ausgebildete, mit allen psychologischen und pädagogischen Finessen versehene diplomierte Sportlehrer, sondern mehr oder minder gewalttätig brüllende Feldwebeltypen sich als Turnlehrer betätigten, dann zählten zum größten Amüsement der Klasse Hinfallen, Runterfallen und Sichverletzen zu seinen Spezialitäten.

Nicht daß man sagen könnte, er sei körperlich schwächlich oder linkisch gewesen, eher war es eine Art von tapsigem Ungeschick, was sich besonders im Umgang mit den Mädchen zeigte, denen er in größerer Zahl erstmals in der Tanzstunde begegnete. Er muß zweifellos zu den Erfolglosesten gezählt haben. Denn während die anderen Buben von diesem oder jenem jungen Fräulein schon nach kürzester Zeit als ihrer Freundin Besitz ergriffen, verblieb er in der Rolle dessen, auf den nach des Tanzlehrers Ruf: »Damenwahl«, wenn überhaupt jemand, nur noch ein zahlenmäßiges Überbleibsel zukam. Er war offensichtlich nicht in der Lage, sich – wie es schlechthin heißt – beliebt zu machen: weder, so zeigen alte Fotos, sah er besonders attraktiv aus, noch, so läßt sich aus den Schulzeugnissen entnehmen, glänzte er durch die Gescheitheit der Primusse, noch verkörperte er, trotz aller ihm von der Mutter auf den Weg gegebenen anspruchsvollen Äußerlichkeiten, etwas anderes als den Abkömmling aus einem assimilierten jüdischen Mittelklassemilieu, dem anzugehören zwar keine Schande, aber auch keine Rekommandation für sozialen Aufstieg war.

Es wäre verwegen und vor allem unglaubwürdig, würde man die an dieser Stelle fällige beschreibende und erläuternde Analyse des erwähnten assimilierten jüdischen Mittelklassemilieus aus der Sicht oder, wenn man will, dem Geist, der Klugheit oder gar dem Scharfsinn des jungen Silbermann vorlegen. Wie die meisten seiner dieser Schicht angehörigen Altersgenossen und auch Eltern lebten die Silbermanns während der ersten fünfundzwanzig Jahre des 20. Jahrhunderts in einer Situation, in der Sitten, Bräuche, Verhaltensmuster, ja, man darf zu sagen wagen, Moral und Ethik so weit der nicht-jüdischen deutschen Gesellschaft und ihrem Klassensystem angepaßt waren, daß mit Ausnahme des Glaubens und der Religionsausübung nur in seltenen Fällen ein sichtbar gravierender Unterschied wahrnehmbar gewesen wäre. Selbst in der soeben angesprochenen Religionsausübung war ein Anpassungsbestreben vollauf feststellbar. Erwähnt sei beispielsweise die Bekleidung der Rabbiner mit einem Talar, die Begleitung des Gottesdienstes durch Orgel und Chor sowie die Einfügung einer Predigt in der Landessprache in den Verlauf des in Hebräisch abgehaltenen Gottesdienstes – alles Bräuche, die im Verlaufe der Emanzipationsperiode der Juden im 19. Jahrhundert von der christlichen Umgebung übernommen worden waren. Aus der gleichen Epoche stammen auch die Gebetbücher, bei denen auf der einen Seite der während des Gottesdienstes vom Vorbeter vorgetragene hebräische Text steht und auf der gegenüberliegenden Seite die deutsche Übersetzung. Das läßt zweierlei erkennen: einmal Rücksichtnahme auf diejenigen, die des Hebräischen nicht oder nicht mehr mächtig waren, und zum anderen – Sprache angesehen als ein fundamentales Element des Ent- und Bestehens einer Gesellschaftsstruktur – die Einbettung in den deutschen Kulturkreis, selbst im Gespräch mit Gott.

Parallel mit diesen zum Ritus gehörenden Anpassungsvorgängen, besser gesagt, aus ihnen hervorgehend, entstand eine Aufteilung der jüdischen Gemeinden, indem sich Gruppen zusammenschlossen und organisierten, von denen die einen gemäß des bei ihnen bräuchlichen gottesdienstlichen Zeremoniells orthodoxe, die anderen konservative, liberale oder reformierte Gemeinden etablierten. Während die Mitglieder der orthodoxen Gemeinden sich von jedweder Anpassung fernhalten, den zirka sechshundert in heiligen Schriften niedergelegten Geboten und Lebensregeln folgen und sich dementsprechend von dem sie umgebenden Kulturkreis deutlich absondern, sind die Mitglieder der anderen Gemeinden gewillt, kleinere oder größere Konzessionen an die Zeit, in der sie leben, zu machen, was beispielsweise so weit geht, daß in einzelnen Synagogen der reformierten Gemeinden in Amerika das Hebräische fast gänzlich aus dem Gottesdienst verschwunden ist und bei einigen selbst die Bedeckung des Hauptes. Ohne uns in Details zu verlieren, bleibt zu dieser Aufsplitterung nur noch zu sagen, daß im Deutschland, von dem wir handeln, die Minderheit der orthodoxen Juden von allen anderen mit dem Signum »die Frommen« versehen wurde, ein Wort, das mit dem Unterton »die Rückständigen« ausgesprochen wurde, und daß die Rabbiner der diversen Gemeindegruppen allesamt untereinander um Prioritäten in ihrer Gelehrsamkeit und Frömmigkeit im Streite lagen.

Das gleiche galt für das Personal, das von der Gemeinde dazu bestimmt wurde, den Religionsunterricht an den Schulen abzuhalten. Wenn einmal in der Woche die Stunde Religionsunterricht kam, trennten sich die katholischen, protestantischen und jüdischen Schüler und gingen in separate Klassen zum Religionslehrer ihrer Konfession. Dies waren beim jüdischen Religionsunterricht in den meisten Fällen betagte Herren, denen es zwar an Wissen und Frömmigkeit nicht mangelte, dafür aber an pädagogischer Befähigung und Autorität. Das konnte auch gar nicht anders sein, da die meisten unter ihnen alles waren, nur nicht zum Lehrerberuf Ausgebildete. Zur Not gehörten sie in irgendeiner wenig führenden Stellung zum geistlichen oder gemeindlichen Personal oder aber wurden aus der Gruppe derer ausgewählt, die als fromm galten und eines Einkommens bedurften. Wohl gab es eine »Wissenschaftliche Vereinigung jüdischer Schulmänner«, doch diese kümmerte sich in erster Linie um die seinerzeit existierenden jüdischen, alle Fächer lehrenden Schulen und die Lieferung von »für die israelitische Jugend bestimmten Lehrbüchern«

(wie es in der Vorrede eines dieser Bücher aus dem Jahre 1902 heißt), die, auf die eine oder andere Weise zusammengestellt, biblische Geschichte und Religionslehre enthielten. Sie sollten der »religiösen und sittlichen Bildung der Jugend« dienen, waren in deutscher Sprache verfaßt, wobei, so heißt es, »für die Rechtschreibung die jüngsten ministeriellen Bestimmungen maßgebend gewesen sind«. Mit der Lektüre dieses von der Schöpfung der Welt bis zur Geschichte des zweiten Tempels führenden Lernstoffes, manchesmal angereichert durch den Abdruck von Auszügen aus den Büchern Jona, Daniel, Hiob, der Makkabäer und anderen sowie aus den Psalmen, wurde ein Teil des Religionsunterrichts bestritten. Der andere Teil mit dem Erlernen der hebräischen Schrift und der Übersetzung von Zeilen aus dem Gebetbuch. Weder wurde etwas vertieft oder in der Mittel- und Oberstufe aktualisiert noch die Absicht erfüllt, den Jugendlichen »die Erhabenheit der Lehren unserer Religion«, von der in den diversen Ausgaben einleitend immer wieder gesprochen wird, zu verdeutlichen.

In diesem Zusammenhang ist zu bedenken, daß sich dem Kind und Jugendlichen Lehrstoffe und deren Behandlung durch das Auftreten und die äußere Erscheinung des Lehrers sowie durch den Status des Faches, das er inmitten der anderen Lehrfächer vertritt, personifizieren. Ohne den Gründen nachzugehen, warum die jüdischen Religionslehrer in den meisten Fällen aus Gruppen rekrutiert wurden, die über das Bild eines frommen orthodoxen, reichlich erbärmlich aussehenden weltfremden Stubengelehrten nicht hinauskamen, denen die hebräische und jiddische Sprache näher lagen als die deutsche – festzuhalten ist, daß der jüdische Religionslehrer zu seinen, den Wilhelminischen und Weimarer Zeiten es in den seltensten Fällen fertigbrachte, die ihm anvertrauten Eleven dahinzubringen, daß sie den in der Synagoge vorgetragenen hebräischen Gebeten folgen, geschweige denn sie verstehen konnten. Weiterhin ist festzuhalten, daß, ohne zu verallgemeinern, der Funke der religiösen und sittlichen Jüdischkeit dort kein Feuer entzünden konnte, wo der Großteil der zu belehrenden Jugendlichen in ihren respektiven Familien inmitten eines Milieus lebten, welches, ohne ausgesprochen religiös zu sein, so jüdisch wie deutsch, so konservativ wie liberal war.

Wenn Silbermann bei etlichen Gelegenheiten darauf angesprochen wurde, ob er Hebräisch könne, weil gebildete wie ungebildete Nicht-Juden es offensichtlich für einen natürlichen Vorgang halten, daß ein Jude die hebräische Sprache beherrsche (schließlich ist er ja ein Hebräer), mußte er zwingend bekennen: »Ich kann es zur Not lesen, aber, abgesehen von einem geringen sich in den Gebeten wiederholenden Wortschatz, nicht übersetzen. Wenn ich bete, bete ich in Deutsch.« Wie konnte es auch anders sein, wenn er daran denkt, daß die Mutter ihm als Kind pflichtgemäß das deutsche »Müde bin ich, geh zur Ruh, schließe beide Äuglein zu …« beigebracht hat, was er übrigens noch heute aufsagt; vor allem, so sei nebenbei bemerkt, ob des Verses »Hab' ich Unrecht heut' getan, sieh es, lieber Gott, nicht an«.

Überhaupt hat die Mutter viel dazu beigetragen, daß in ihm ein widerstandsfähiger Kern von Jüdischem sowohl im säkularen wie im religiösen und gläubigen Sinne sich herausbildete, der nicht erst wie bei vielen Juden durch die grausigen Umstände der Verfolgung erwachte. Die Mutter, 1884 geboren, kam aus einem »gut jüdischen« Haus, womit zum Ausdruck gebracht werden soll, daß man sich an hergebrachte Bräuche hielt, ohne durchdrungen fromm zu sein. Mit diesen Bräuchen kommt er zum erstenmal als kleiner Junge bei Gelegenheit eines Ferienaufenthaltes im Hause der Großmutter Getta in Ittlingen in Berührung. Dort sieht er, wie freitags während des Tages koscher gebacken und gekocht wird, wobei ihm am meisten in Erinnerung geblieben ist, daß große mit Teig gefüllte Blechplatten erst zum Bäcker getragen, dann wieder ins Haus geholt werden, um als köstlicher Zwiebel- und Pflaumenkuchen auf den für den Sabbat festlich gedeckten Tisch zu kommen. Unter der Leitung der Großmutter, einer kräftigen Frau, zu der er keine besondere Zuneigung empfand, tummelte sich im Hause alles mögliche Gesinde, das am Schabbes das vorgekochte Essen servierte, die Petroleumlampen anzündete, ab- und aufräumte – während er stillzusitzen hatte und nicht spielen durfte. Alles in allem, mit wem und was konnte man schon in diesem gottverlassenen Nest Ittlingen spielen? Es blieb nur ein an sich strikt verbotenes Herumrumoren in dem großen Haus oder in der Scheune, wo eine altersschwache Kalesche stand, deren Inneres genauso vermodert roch wie viele der unbenutzten Zimmer. Natürlich muß er es wie jedes Kind den Erwachsenen nachtun und macht sich vor dem Hause ans Holzhacken, wobei er sich prompt mit der Axt ins Schienbein schlägt. Mit dem hierzu passenden üblichen Wehgeschrei der gesamten weiblichen Horde – Männer gab es in diesem Hause wohl nicht – wird der Knabe irgendwohin geschleppt, repariert und von der Mutter per Reichsbahn nach Köln zurücktransportiert.

Jetzt weiß er, daß er eine Großmutter hat, mehr aber auch nicht. Womöglich hat er auch mal gefragt, wo denn der Großvater sei, aber ihn darüber zu belehren, hielt man nicht für nötig. Erst als es mit der Bürokratisierung seiner Existenz losging, mit An- und Abmeldungen, Visa für Reisen, Angaben für Strafzettel, Eröffnung von Bankkonten, Aufenthalts- und Arbeitserlaubnissen, Einreisebewilligungen etc., alles Gelegenheiten, bei denen stumpfe Fragespalten-Ausfüller ihren lästigen Pflichten nachkommen, erst dann wurde nachgedacht, nachgesehen, nachgeforscht, vermutet und mühsam dokumentiert, wer denn nun eigentlich wer war und wie er oder sie hieß. Einen ersten diesbezüglichen Aufschluß erbrachten die Vorbereitungen des zwölfjährigen Buben für seine Bar Mizwa, den Tag, an dem der dreizehnjährige Knabe als Gebotspflichtiger in die jüdische Gemeinschaft aufgenommen wird. Bei dieser Gelegenheit wird der Junge während eines Sabbatgottesdienstes zum Gebetspult gerufen, um einen an diesem Tage fälligen, auswendiggelernten Abschnitt aus der Thora schön deutlich im vorgeschriebenen Gesangston zu rezitieren. Danach wird der Kleine mit Segenswünschen und mahnenden Ansprachen bedacht, bei denen er unumgänglicherweise mit seinem jüdischen Namen anzusprechen ist.

Nun es aber ein Ding der Unmöglichkeit ist, sich im Rahmen einer traditionellen, seit Tausenden von Jahren bestehenden feierlichen Handlung der von christlichen Staaten über die Standesämter verliehenen Namen zu bedienen, bleibt es bei der uralten Namengebung, wie sie sich schon in der Bibel findet. Es wird der jüdische Vorname des Sohnes durch das hebräische Wörtchen »Ben« (Sohn) mit dem des Vaters in Verbindung gesetzt. Vater Silbermann besaß einen jüdischen Vornamen, nämlich Salomon = Schelomo, nicht aber der mit dem Vornamen Alphons versehene Sohn, den auch ein katholischer Heiliger trägt. Was also tun? Wer in der Familie trug einen jüdischen Vornamen, der mit dem Buchstaben A beginnt? Der einzige war Mutters Vater Aaron Eichtersheimer, der früh verstorbene Großvater, den der Enkel nie gekannt hatte. Und nach diesem wird er bei jüdischen Zeremonien seither als Aaron ben Schelomo angesprochen.

Die Mutter zu fragen, wer denn dieser Kaufmann Aaron Eichtersheimer gewesen war, der, wie sich feststellen ließ, Getta, die Tochter des Eisenhändlers Isaak Schmey Löwengardt, wohnhaft in Laudenbach (Oberamt Mergentheim), geehelicht hatte, wäre vergebliche Mühe gewesen. Er verstarb, als die Mutter sieben Jahre alt war, wie sich einem von der Mutter bestens gehüteten »Zeugnisbüchlein« entnehmen ließ, wo ab Sommerhalbjahr 1892 die Noten mit der Unterschrift »Witwe Aaron Eichtersheimer« zur Kenntnis genommen wurden. Nur soviel war zu erfahren, daß ebenso wie die Eltern der Großmutter auch der Großvater, und zwar zusammen mit einem Bruder, in Ittlingen einen

Eisenhandel betrieben hat. Aber auch das erfuhr er nur auf eine absonderlich indirekte Weise, als er nämlich, um sein Taschengeld aufzustocken, an Mutters Portemonnaie ging. Eine Schimpfkanonade ergoß sich über ihn, bei der ihm das Schicksal eines von Mutters Brüdern drastisch vor Augen geführt wurde. Der hatte in Großvaters Geschäft Geld aus der Portokasse genommen und wurde angesichts dieser Schande stehenden Fußes nach Amerika verbannt, von wo aus er nie wieder ein Wort von sich hat hören lassen – ein heute unvorstellbar »grausames« Schicksal, um das ihn so manch einer der vielen von den Nazis verfolgten Juden beneidet hätte.

Immerhin ein Anzeichen für das moralische Gebaren des mütterlichen Herkunftsmilieus und, es darf wohl ohne Übertreibung bemerkt werden, Ausdruck eines Standesbewußtseins, das diesem erst seit zwei Generationen mit gleichen Bürgerrechten versehenen jüdischen Milieu seinen Stempel aufdrückte. Nicht daß mit dem Hinweis auf ein Standesbewußtsein auf hierarchische Rangordnungen einer ständischen Gliederung oder Ordnung Bezug genommen werden soll, sondern auf eine einem Menschen innerhalb einer gesellschaftlichen Ordnung zukommende besondere Bewußtseinslage, die durch bestimmte Vorrechte, eigenen Lebensstil, sittliche Verhaltensweisen und sich abgrenzende Selbst- und Fremdintegration charakterisiert ist. War es doch so, daß weder seine Eltern und gewiß nicht er selbst von jenen Emanzipations- und Assimilationsvorgängen bewußt Kenntnis genommen haben, von denen heutzutage übriggebliebene Scherben Stück für Stück durchforscht und analysiert werden, um hypokritisch eine »deutsch-jüdische Symbiose« nachweisen zu können.

Im Hause Silbermann lebte man im Selbstverständnis der soeben angesprochenen Charakteristika, gleich, ob überliefert, entgegengenommen oder aufgezwungen. Begriffe wie Assimilation, Integration oder Antisemitismus, wie sie heute, vor allem letzterer, bei jüdischen Familien angesichts ihrer Schicksalsträchtigkeit ins tägliche Gespräch eingegangen sind, kamen ihm bis zu den Tagen, als er zu studieren begann, nie zu Ohren. Und da ihm weder beim Spielen auf der Straße noch in der Schule je »Jud', Jud', Jud', Hepp, Hepp, Hepp« nachgerufen wurde (diese Hänselei aus kindlichen Mündern, die in Mitleid heischenden Selbstdarstellungen allzu leichtfertig einem Verfolgungsruf gleichgestellt wird), er auch nie auf dem Schulhof boykottiert oder zusammengeschlagen wurde, bestand kein Grund, sich Trost und Erklärung suchend an die elterliche Brust zu werfen. Wenn überhaupt, und zwar von seiten der Mutter, die Selbstverständlichkeit des Jude-Seins besondere Betonung fand, war es die mahnende Aufmunterung, ein Jude habe anständiger, tüchtiger, fleißiger als andere Menschen zu sein, in diesem Fall vor allem, was die Leistungen in der Schule betraf, wo er in der Mehrzahl der Fächer nie über ein »Genügend« hinausgekommen war. Was die Mutter durch mündliche Aneiferung zu erreichen suchte, verwandelte sich beim Vater in physische Bestrafungen, besonders dann, wenn er ihm seine mittelmäßigen bis schlechten Noten mit der entlastenden Verblendung vorlegte, der Schmitz und der Müller hätten auch keine besseren Noten. »Der Schmitz interessiert mich einen feuchten Dreck!« rief der Vater und versohlte ihm in der dazumal üblichen Erziehungsweise den Hintern.

Übrigens bezog sich der Vater nie auf altehrwürdige jüdische Lehrsätze, wie beispielsweise »Du sollst Vater und Mutter ehren«, die der Mutter leicht über die Lippen kamen, wenn sie die Ungezogenheiten ihres Augapfels rügte. Vater Sallis Erziehungsmethode folgte ebenso wie seine ganze Lebenshaltung nicht dem Vorbild des Trabelsdorfer Elternhauses, in dem das Jude-Sein das Alltägliche bestimmte, sondern den für seine deutsche Umwelt gültigen Usancen. Wer sagt, der Gebrauch von hebräischen beziehungsweise jiddischen Worten in der Umgangssprache (zum Beispiel: »Goi« für Fremden oder Christen; »Rishus«

für Antisemitismus; »Rishusponim« für Antisemiten; »Reibach« für Gewinn; »Parnosse« für Erwerb) gehöre zum Jüdisch-Sein und verleihe jüdischen Haushalten ein Flair exklusiver Jüdischkeit, dann haben die Silbermanns offenkundig auf ihre Herkunft und Zugehörigkeit keinen Wert gelegt. Denn bis zu den Tagen, als die nazistischen Bluthunde ihre Vernichtungskampagnen begannen, fiel keines dieser Worte je an des Sohnes Ohr. Wohl aber danach, als sie als Ausdruck feindseligster Distanz und Verachtung den ihnen gebührenden Platz fanden.

In der Tat, solch hochtrabende Wortbegriffe wie Herkunft und Zugehörigkeit, stets dann verwendet, wenn ein entschuldigendes Licht auf Fehler und Fehlverhalten oder ein lobendes auf positive Beiträglichkeiten geworfen werden soll, bestimmten weder den Alltag noch das Verhalten der Familie. Sie konnten somit auch nicht in die Lebensführung und, falls bei einem Jugendlichen überhaupt die Rede davon sein kann, in die Lebensorientierungen und Lebensweisheiten des Sohnes einfließen. Wie sich rückblikkend anhand der noch vorzulegenden Auflistung von typischen Einzelgeschehen aufzeigen läßt, vollzog sich der gesamte Ablauf seines an das Familienleben gebundenen Erziehungsprozesses im Rahmen von sozialen, ökonomischen und kulturellen Gepflogenheiten, um hier einen gewählteren Ausdruck denn Gewohnheiten zu benutzen.

An dieser für die zukünftigen Taten und Missetaten des erwachsenen Silbermann entscheidenden Stelle ist es angebracht, ihn von seinem Wissensstand als Soziologe aus sprechen zu lassen. Dann nämlich wird deutlich, daß es nicht genügt niederzuschreiben, Gewohnheit sei jede mehr oder weniger automatisierte Reaktion des Individuums, wie es zum Beispiel in unverbindlicher Weise in kurzgefaßten Lexikonausgaben heißt. Auch ist es nicht damit getan, von Gewohnheiten schlechthin als einer »zweiten Natur« des Menschen zu sprechen und somit den Begriffsinhalt auf die Ebene tierischer Instinktveranlagung zu versetzen. Was im

Laufe eines Erziehungsprozesses »zur Gewohnheit wird« – wie Menschen bei dieser oder jener Gelegenheit apodiktisch dahinsagen –, ob es sich um Zähneputzen, Sparsamkeit oder Verschwendungssucht handelt, sind regelmäßige, gleichartige und verhältnismäßig dauerhafte Reaktionen des Menschen auf bestimmte Situationen der sozialen Umwelt. Neben oder im Rahmen des Erziehungsvorganges (ein Prozeß, den das gesamtgesellschaftliche Denken der Soziologen in den Begriff Sozialisation und das der Psychologen in den der Internalisierung eingebettet haben) sind es Konvention, Brauch, Sitte, Wiederholung, Nachahmung und nicht zuletzt Herrschaftsverhältnisse, die das Gewohnheitsmäßige, eben Gepflogenheiten hervorrufen, wie sie aus der sozialen Umwelt der Eltern hervorgehend auf den Pimpf, später dann auf den Jugendlichen Alphons übertragen wurden.

Wenn also die Eltern, ohne den Buben zu fragen, ihn mit neun Jahren bei irgendeinem Privatlehrer zum Klavierunterricht schickten, geschah das nicht, weil er Zeichen ungeheuerlicher Musikalität von sich gegeben hätte, sondern weil es eine Gepflogenheit bei den sich zu der einigermaßen gebildeten Bürgerschicht zählenden Familien war. Ebenso war es um die vielen anderen Entscheidungen bestellt, die die Eltern um seines Wohlergehens, seiner Bildung und Zukunft willen trafen – von der Blinddarmoperation, dem Schwimmunterricht, Besuch der Oberrealschule bis zum Universitätsstudium. Nichts von alledem war von Herkunft und Zugehörigkeit geleitet, sondern von den aus der deutschen sozialen und kulturellen Umgebung herrührenden Konventionen, Bräuchen und Sitten. Streckenweise gab man sich plus royaliste que le roi (obwohl kein Mitglied der Familie ein Wort Französisch konnte), vor allem wenn Mutters Bruder Julius oder Vaters Bruder Sigmund, das Eiserne Kreuz auf der stolzgeschwellten Brust tragend, zu Besuch kamen. Dann fiel in den Gesprächen unentwegt das geräumige Wörtchen »uns«; denn man sprach von »unserem Krieg«, »unseren Soldaten«, »unserem Sieg«, so als stünde man »unserem Kaiser« und »unserem Hindenburg« vaterlandsliebend wie ein unabkömmlicher Bestandteil zur Seite. Und da auch in der Schule die Lehrer in ihren Ansprachen bei Gelegenheit der in den ersten Jahren des Weltkrieges zu feiernden Siege den Fähnchen wedelnden Knirpsen das hohe patriotische Lied von »unserer deutschen Tapferkeit« sangen, wurde ihm das schallende und militärisch knarrende »uns« und »wir« zu einem von Grund auf natürlichen Inbegriff umfassender patriotischer Gemeinsamkeit. Stärker noch beeindruckte es ihn, wenn er, neben dem Vater in der Synagoge stehend, das vom Rabbiner im überzeugten Tonfall vorgetragene »Gebet für den Landesherrn« hörte und Männer rund um ihn herum bei den Worten: »Wir beten zu Dir um Deinen Schutz und Deine Gnade, um Deinen Segen und Beistand für unseren König und Herrn, den deutschen Kaiser Wilhelm den Zweiten« eine besonders würdevolle Miene aufsetzten. Überdies hörte er eine Menge über unsere Soldaten aus den Gesprächen, welche die sich fast täglich in der Wohnung aufhaltende Tante Bertha mit den Eltern führte.

Tante Bertha, Schwester Bettina gerufen, die einzige unverheiratete Schwester des Vaters, war Krankenschwester im Israelitischen Krankenhaus in Köln, einem großen Baukomplex mit kleiner Synagoge, das, von jüdischen Ärzten geleitet, über einen besonders guten Ruf verfügte und allen Konfessionen offenstand. Im israelitischen Asyl waren auch Kriegsverletzte untergebracht, mit denen der achtjährige Alphons in Berührung kam, als ihm dort der Blinddarm herausoperiert wurde. Damals verlangte dies noch nach einem längeren Hospitalaufenthalt, denn die Zeiten des Rein und Raus aus dem Bett waren noch nicht gekommen. Und so ließ ihn die Tante während der Genesungszeit mit Kittelchen und Schürze bekleidet Krankenwärter spielen. Fleißig trug er unter der Obhut von Schwester Bettina Binden und Fläschchen von Zimmer zu Zimmer, sagte zu den Verwundeten artig »Guten Tag« und kam sich wie ein zu unserem Sieg verhelfender Mitkrieger vor.

Die Tante war eine herbe Natur, die er als eine Person entgegennahm, die von Kopf bis Fuß nach schneeweißer Sauberkeit und Lysol roch. Ganz im Gegensatz zu Onkel Julius, einem von Mutters Brüdern, dessen Haarpomadengeruch ihm weitaus angenehmer in die Nase stieg. Abgesehen von dieser unterschiedlichen Duftausströmung gab es noch eine andere Unebenmäßigkeit zwischen den beiden am meisten im elterlichen Hause gesehenen Verwandten. Während der zu dieser Zeit noch unverheiratete Onkel sich aufs Mitbringen von Geschenken und Tätscheln des Nachkömmlings beschränkte, ließ die Tante an ihm die gleiche erzieherische Strenge wie der Vater aus. Daß beide Verwandtschaftsteile, ohne einer Partei anzugehören, einem verteufelten Deutschnationalismus huldigten, dessen wurde er zu seinem Leidwesen erst viel später gewahr.

Er hält es für angebracht, an dieser Stelle kurz auf die Obliegenheit mit dem Geruch zurückzukommen, weil er zu glauben vermeint, daß Beständigkeiten der Vorlieben und Abneigungen im Sinnesbereich im Kindesalter geschaffen werden. Nur so kann er es sich erklären, daß er von jung an Gesicht und Taschentuch mit Duftwässern bekleckert, eine Angewohnheit, die bis in die Zeiten der Auferweckung einer ertragreichen Männerkosmetik als unmännlich strengstens verpönt war. Selbst in Tagen größter Armut, als er sich nur mit Müh und Not durch die Verrichtung aller sich anbietenden werkmäßigen Arbeiten die zum Leben notwendigen Moneten zusammenverdienen konnte, stand ein Fläschchen Eau de Cologne stets griffbereit zur Verfügung. Kein Wunder, daß man ihm diese »Unsitte« mit Worten wie »Wonach stinkst du denn heute wieder?« als weibisch angekreidet hat und diese seine Schwäche mit Verweichlichung, Unmännlichkeit, Dekadenz und Effeminiertheit gleichsetzte. Zugegeben, derlei Züge schwelten schon im jugendlichen Alter in seinem Persönlichkeitseinschlag, um mit zunehmender Vervollkommnung mehr und mehr vordergründig zu werden, doch mit einer derartig primitiven Psychologisierung seiner Geruchsphobie kann es nicht getan sein.

Mehr als einmal darauf hingewiesen, daß sein Herumlaufen wie ein lebender Parfümladen seiner Person wie seinen Berufschancen Schaden bringe, zumal die Kreise, in denen er sich bewegte, nicht gerade zu den tolerantesten gehörten, kehrt er sein soziologisch geprägtes assoziatives Denken hervor. Erziehung zu Reinlichkeit, Entkeimung, Sauberkeit, Hygiene konnte nicht der Grund für diese Duftsucht sein, ebensowenig wie der in keiner Weise einem einprägsamen Schockerlebnis gleichkommende Gegensatz zwischen Tante Bettinas herbem Lysolgeruch und Onkel Julius' süßlichem Haarpomadenaroma. Denn würde man sich dazu versteigen, der soziologischen Zunft eine »Soziologie des Geruches« vorzulegen – eine vielleicht schon verwirtschaftete Ungewöhnlichkeit –, wäre von den zwischenmenschlichen Beziehungsfaktoren Anziehung und Abstoßung auszugehen und wären diese in ihren einzelnen Elementen und deren Wirkungen zu analysieren; darunter kultursoziologische Gegebenheiten (zum Beispiel Mode), klassenspezifische und sich auf den Geschlechtstrieb beziehende (zum Beispiel Aphrodisiakum). Inwieweit die eine oder andere dieser Verknüpfungen oder alle zusammen zur Erklärung der den Silbermann stets umgebenden, ihn so mancher ungefälligen Bemerkung aussetzenden Duftwolke ganz oder teilweise zutrifft, muß dahingestellt bleiben. Bei ihm, so mußte er bei Dutzenden von Gelegenheiten begreifen, hatte sich ein so starker Geruchssinn entwickelt, daß ihm Ausdünstungen durchdringender Art physische Übelkeit bereiteten. Da aber Mief nicht abstellbar ist, weder Personen- noch Sach- oder Raumgestank, bietet sich ihm die durch die Duftwässer hervorgerufene Selbsteinhüllung als starker und gefälliger Schutzwall an. Bei näherem Hinriechen aber auch als ein Mittel der Abkapselung, der Distanzierung von ihn umgebenden Personen, ohne bis zur Asozialität zu reichen. Mit der Erinnerung an seine sich über viele Emigrationsjahrzehnte hinziehenden Tätigkeiten im Kochgewerbe oder an die trübseligen Zeiten der sogenannten Studentenrevolte, als ungewaschene und verrotzte Apoherden ihn umringten, bekommen seine Dufteinhüllungen einen tieferen Sinn: Abwehr von Angriffen auf die Selbstachtung.

Inwieweit die Lebensführung seiner Familie das Gängelband schnürte, mit dem der einzige Sohn durch seine Kindheit und frühe Jugend geleitet wurde, kann er nur anhand nüchterner Alltäglichkeiten wiederbeleben, an Äußerlichkeiten und Vorkommnissen, denen ein Sosein, eine Verkörperung oder eine verborgene Falte der Seele zuzusprechen ihm als eine maßlose Ausdehnung der Nichtigkeit in Sicht kommt. Er findet es schlicht ungebührlich, es denen nachzutun, die mit altersweisheitlicher Empfindelei vorgeben, es habe die Nahrungsnot während des Ersten Weltkrieges (Raupen und Graupen mitsamt Rübenkraut war auch seine tägliche Diät) sie zu Pazifisten gemacht oder die Ermordung Erzbergers und Rathenaus zu Verachtern und Gegnern politischer Gewalt. Nicht einmal die Inflation zu Beginn der zwanziger Jahre, wenn Vater mit einem Sack voll Geldscheinen nach Hause kam, ihn der Mutter überreichte und sie aufforderte, schnellstens damit einkaufen zu gehen, hinterließ bei ihm einen solch nennenswerten Eindruck, daß sich daraus heute gültige Betrachtungen über sein persönliches Gebaren ableiten lassen könnten.

Die Eltern, weder politisch engagiert noch nach Veranlagung, Milieu und Ichvorstellung zur Klasse derjenigen Intellektuellen gehörend, die in ihren Erziehungsmethoden gelehrten pädagogischen Theorien folgten, hielten sich an normative Vorstellungen, die dort begannen, wo der Sohn zunächst auf die Volksschule und dann auf eine »Städtische Oberrealschule mit Reformrealgymnasium« geschickt wurde. Die Wahl des Vaters, ihn auf einer Lehranstalt einzuschreiben, bei der der Schwerpunkt auf den Fremdsprachen Französisch und Englisch lag und nicht auf eine sich verwegen als »humanistisches Gymnasium« bezeichnende Schule – weil dort in Latein die Schüler mit Cäsars kriegerischen Eroberungszügen angeödet und in Griechisch mit wohlweislich purifizierten Stellen aus Homers Heldensagen –, kann er sich nur schwerlich zusammenreimen. Denn zu sagen, der Vater habe mit prophetischer Gabe vorausgesehen, daß er dermaleinst in französisch- und englischsprachigen Ländern zu leben haben wird, wäre geradezu lächerlich, insbesondere wenn er wissen läßt, daß sein Zeugnis über das erste Halbjahr der Oberprima gerade in diesen Sprachen die Zensur »Mangelhaft« ausweist. Womöglich war es des Vaters logisch-praktischer Kaufmannssinn, der sich sagte, daß man mit lebenden Sprachen mehr anfangen könne als mit unvertrautem Sprachgut, womöglich aber auch eine Scheu vor dem Gymnasialen, das in seinen Augen den Söhnen tonangebender Familien vorbehalten bleiben sollte, bei denen Vererbung von längst gefestigten Positionen und Besitz das zukünftige Wohlergehen der Kinder bestimmen.

Wie sehr sich der Vater das »Mangelhaft« in dem am 27. Oktober 1926 ausgestellten Zeugnis und die dazugehörige Bemerkung: »Er muß sich in den fremden Sprachen besonders anstrengen« (das heißt, aus dem Schulzensurdeutsch übertragen: »sonst fällt er durch«) zu Herzen nahm, wurde ihm schnellstens ungestielt klargemacht. Auf nach England in ein Boarding House für Schüler zum Englischlernen, hieß die Devise, und so geschah es denn auch. Unbegleitet, aus dem Fenster einer heulenden Mutter zuwinkend, befindet er sich binnen kürzester Zeit im Zug nach Calais, auf einem wackelnden Boot nach Dover und wieder im Zug nach London, Victoria Station. Dort erwartet ihn einer jener kühlen, mienenlosen Briten, wie er sie später in der Emigration dutzendweise erleben sollte, der als ein im vorhinein abgesprochenes Erkennungszeichen eine weithin sichtbare weiße Papierblume im Knopfloch trägt. Nach Clapham Common in die Nightingale Lane verfrachtet, damals noch eine reputable Gegend, betritt er eines dieser monotonen Londoner Reihenhäuser mit Vor- und Hintergarten, wo er mehrere Wochen zu verbleiben hat. Die Unterrichtung, falls hiervon überhaupt die Rede sein kann, besteht zusammen mit anderen aus aller Herren Länder kommenden Mädchen und Jungen aus der Teilnahme an den Bräuchen und Sitten englischen Familienlebens sowie Konversationsstunden in Englisch, der einzigen von Mister und Mistress Director beherrschten Sprache, womit man ohne viel pädagogische Mache den heutigen höchst komplizierten Sprachlehrsystemapparaturen bereits meilenweit voraus war.

Mit einem gehörigen Wortschatz und einer korrekten Aussprache des Britischen versehen, kehrt er in die Heimat zurück und unterwirft sich der Fragenbatterie der Eltern. Er habe sich nicht unglücklich gefühlt, habe das Elternhaus nicht vermißt, wurde weder gezüchtigt noch gestraft, bekam genug zu essen und wurde zum Schreck der besorgten Mutter – man stelle sich so was vor – mehrmals unbegleitet auf diese wilde Großstadt London losgelassen. Mit Geld für die Untergrundbahn (was ist denn das?) und für ein Essen in Lyons Cornerhouse (und was ist das?) sowie mit einem Stadtplan ausgerüstet, hatte er im Vergleich zu Kölns Winkelgassen riesenhafte Straßen durchstreift, sich die langersehnte Zigarettenspitze gekauft und war mit der gesamten Schüler- und Familientruppe viermal im Theater gewesen. Und zwar nicht, wie es sich doch im Anschluß und in Verstärkung des Schulunterrichts gebührt hätte, beim Klassiker William Shakespeare, sondern in den Operetten »No, no, Nanette« und »Rosemarie«, von denen er zum Erstaunen aller zu berichten weiß, daß sie schon seit vier Jahren in Theaterhallen gespielt werden, in denen das Kölner Schauspiel- und Opernhaus leicht zusammen hätten untergebracht werden können.

Dieser übertriebene Vergleich, zweifellos gemacht, um Eindruck zu schinden, kann hingenommen werden, da er schon in jungen Tagen zusammen mit den Eltern ins Theater gehen durfte. Zuerst in die Oper, da der Junge nach Aussage des nur um seine Einkünfte besorgten Privatklavierlehrers sehr musikalisch sei und den Umgang mit Musik benötige; später erst ins Schauspielhaus, wenn da mal etwas gespielt wurde, was das jugendliche Hirn nicht verderben konnte. Darauf wurde selbstverständlich auch bei der Auswahl der Opern geachtet, wobei dann zunächst »Hänsel und Gretel«, »Der Freischütz«, »Zar und Zimmermann« und, obwohl doch reichlich frivol, »Martha« auf dem Programm standen. Zur Operette mit ihren leichtfüßigen Tändeleien, für die es in Köln ein Spezialtheater, das Reichshallen-Theater, gab, kam er erst viel später, um sich, meist in Begleitung von Tante Bettina, »Zigeunerbaron«, »Der Vogelhändler« und »Das Land des Lächelns« zu Gemüte zu führen. All dies, und so auch der von den Eltern arrangierte Besuch der Aufführungen von »Egmont«, »Kabale und Liebe«, »Julius Cäsar« und »Florian Geyer«, wird gerne als Auskommen des von den ewigen Gesellschaftsverbesserern mit Verachtung bedachten Bildungsbürgertums angesehen, ohne auch nur einen Augenblick darüber nachzudenken, daß womöglich gänzlich andersgeartete Motivationen als Bildungsbegehr der Hinführung von Kindern und Jugendlichen zum Theatergeschehen zugrunde liegen können. Dabei ist davon auszugehen, daß nur in seltenen Fällen Eltern ihre Kinder mit ins Theater nehmen oder sie dorthin schikken, die nicht selbst einmal im Theater gewesen waren, also Kenntnis von dem haben, was Theater ist, dartut und ihnen geboten hat.

Indem wir diesen Vorgang auf ein simples Motivationsgerüst reduzieren, damit wir uns nicht in die gelehrten Diskussionen der Theatergeschichts- und Freizeitwissenschaftler verlieren, verweisen wir schlicht auf die Ausgleichsfunktion des Theaters, ob diese nun unter der Überschrift Panem et circenses oder den Denominationen Erlebnis, Belehrung, Amüsement, Gesellschaftskritik, Ästhetik, Aufklärung, Erhellung oder Zeitvertreib Geltung besitzen. Heutzutage sind alle Gesellschaftsschichten zur Ausfüllung ihrer freien Zeit – gleich, ob dem ein Bedürfnis nach Erheiterung, Belustigung, Vergnügung, Zerstreuung, Geselligkeit, Belehrung, Kurzweil oder Ergötzlichkeit zugrunde liegt – durch Kino, Radio, Fernsehen, Popmusikveranstaltungen etc. bestens bis ins kleinste Nest bedient. Damals war dem nicht so, und so konnte man noch mit Fug und Recht auf die »dummen Bauern« herabblicken: auf den Vater aus Trabelsdorf und die Mutter aus Ittlingen. Diese und mit ihnen Hunderte zu Städtern Gewordene konnten es nicht länger bei Kegeln, Skatspielen, Häkeln, Stricken, Kochen und Strümpfestopfen belassen, wollten sie sich nicht selbst und ihre Kinder, soweit sie etwas auf sich hielten, dem sozialen Umgang entziehen. Es bedurfte nicht jener mühsamen Anstrengungen, die unter dem Motto »Theater zum Volk bringen« oder »Schauspieler in die Schule schikken« stehen, um vom Besuch eines Theaters (soweit man es sich finanziell erlauben konnte) als einer durchschaubaren Eindeutigkeit zu sprechen.

Hier bietet sich die beste Gelegenheit, Silbermann den Theaternarren vorzustellen. Aufzuzählen, wie oft und an welchen Orten in der Welt er sich auf Theatersitzen niedergelassen hat, würde Seiten füllen, sein Gedächtnis abmüden und ihn leicht in die anrüchigen Gewässer der Angeberei versinken lassen. Daher erscheint es ermunternder zu sein, den Ursprüngen der Narretei nachzugehen, ohne schnüffelnd das Haupt in psychologische Ungereimtheiten zu versenken. Er sucht die Verursachungen weder in der kindlichen Seele noch im Spieltrieb oder gar in dem übrigens nie geäußerten Wunsch, Schauspieler zu werden. Wohl aber stößt er bei der Selbstmusterung auf seine sich schon früh zeigende Veranlagung zur Verstellung und der sich mit den Jahren immer mehr verstärkenden Tendenz, sich am Verhalten anderer zu orientieren, ohne dabei zum ausgesprochenen Plagiator zu werden. Was ersteres betrifft, erinnert er sich der quasi perfekten Darstellungen des leidenden Kranken, dem es in Wirklichkeit um nichts anderes ging, als die Schule zu schwänzen oder sich um die Hausaufgaben zu drücken. Es waren Auftritte von solch auserlesener Art, daß die aufgeschreckte Mutter jedesmal zum Telephon rannte, um Doktor Schwarzschild für einen dringenden Hausbesuch aufzustöbern. Dieser gütige, stets nach Zigarre riechende Onkel Doktor ließ sich augenzwinkernd am Bettrand nieder, klopfte hier und fühlte dort und verschrieb mit ungetrübter Gleichmäßigkeit eine leichte, aus Süppchen, Täubchen und Apfelkompott bestehende Diät. Die gleiche Kost wurde auch bei den regelmäßig auftretenden Halsentzündungen verordnet, allerdings zusätzlich zu den stinkigen, in Guttapercha verpackten Essigsaure-Tonerde-Umschlägen, für die überdimensionale Sicherheitsnadeln bereit lagen. Die Theatralik dieser Vorstellungen übertraf er bei weitem, wenn er log, und das tat er bei jedem ihm widrigen Anlaß. So wurde er beispielsweise mit Geld und Ausrüstung versehen in die Badeanstalt geschickt, um die Fertigkeit des Schwimmens zu erlernen. Doch sich den brutalen Bademeistern auszusetzen, die ihn an eine Angel binden und bei jedem Fehler mit Eins-zwei-drei-Gebrüll ins Chlorwasser versinken lassen, war nicht nach seinem Sinn. Rasch war eine unvergleichliche Lösung gefunden, die überdies den Vorteil hatte, Pläsier zu bereiten, indem er mit dem Badegeld stiekum ins nächste Vorstadtfilmhaus ging, sich dort an Harry Piels abenteuerlicher Akrobatik ergötzte oder tränenreich das Leid der Henny Porten und der Asta Nielsen teilte. So getan, wurden schnellstens auf dem Klo Badeanzug und Handtuch angefeuchtet und der Heimweg angetreten. Zu Hause legte er dann einen phantasiereichen Bericht über seine Fortschritte in der Schwimmkunst vor, bis zu dem Tage, als die Mutter sich selbst überzeugen wollte und vom Bademeister erfuhr, daß dieses ungezogene

Kind schon seit Wochen nicht in der Anstalt gesehen ward. »Der Junge lügt schon wieder« war zu einer ständigen Redensart im Hause Silbermann geworden.

Während diese Achterklärung zum permanenten Lügenbold wenig Eindruck auf ihn machte – außer daß er undurchsichtigere Flunkereien entwarf –, blieb die sehr einförmige, seinen mangelnden Fleiß, seine schwachen Schulleistungen, seine Unklugheiten, seine Unpünktlichkeit etc. rügende Redewendung: Nimm dir ein Beispiel am Vater, an der Köchin, am Erwin, an Cousine Lotte oder an wem sonst, wie ein Dauerecho in seinem Aufnahmevermögen. Diese endlos wiederholten Vorbildsprüche – bekanntlich eines der unwägbarsten pädagogischen Mittel – müssen trotz der ihnen innewohnenden Unausführbarkeit seine Neigung verstärkt haben, sich beim Spielen mit seinen Altersgenossen und in der Schule in diese oder jene Rolle zu versetzen und später, je nach den Umständen, sich als Snob, Hero, Kaufmann, Dandy, Verführer, Musiker, Allwissender oder Dummkopf zu geben. Hier von schauspielerischer Veranlagung oder Exhibitionismus zu sprechen, ist Übertreibung und Ungereimtheit zugleich. Es sind Verhaltensverläufe und -erwartungen, die inmitten der sozialen Lebensgestaltung gelegen sind; Richtpunkte, die erworben, übernommen oder zugeschrieben worden sind. Das Theater, ob Musik- oder Sprechtheater, Ballett oder Musical, war und blieb ihm inhaltlich, vor allem aber ästhetisch ein Richtpunkt, insgesamt eine Umhüllung durch das Illusorische, das so nahe bei der Lüge gelegen ist wie das Idealistische oder das Romantische, vom viel gescholtenen Eskapismus gar nicht erst zu sprechen.

Die Betonung des Ästhetischen gegenüber dem Inhaltlichen mutet von seiten eines Jünglings, dem eine Vertiefung in das Wissen um das Schöne so fremd sein mußte wie das Wissen um die Tiefe des Amazonasstroms, wie eine Großsprecherei, eine Selbsttäuschung, kurzum ein Bluff an. Berechtigt erscheint sie erst, wenn das Empfinden, besonders das Wohlgefallen des Jugendlichen am Schönen sich nicht in schöner Sprache, schönen Bildern, schöner Umgebung und all dem, was unter der dahingeplapperten Designation »schön« angesprochen wird, zeigt, sondern personenbezogen ist. Das »Schön« als Erscheinungsbild von individueller und nicht allgemeingültiger oder fremdbestimmter Dichtigkeit wird dann zum befindenden Maßstab, gleich, ob es sich um eine Handbewegung, ein Bein, eine Sprechweise, eine Haartracht, eine Körperhaltung oder ein Mienenspiel handelt. Was immer er hiervon in seinen jungen Tagen im grauen Alltag oder auf der betörenden Bühne als »schön« wahrnahm, wurde ihm zum Muster der Vortrefflichkeit, wurde ihm so vorbildlich, daß er sich an natürliche wie gespielte Attribute bedeutungsvoller wie unwesentlicher Art von anderen hielt, das heißt sie übernahm, um sich daran aufzurichten.

Seelische Schönheit, diese undurchschaubare Quelle für unlauteren Wettbewerb, blieb ihm sein Leben lang verborgen, obwohl er auf diese, in eben dieser Wortzusammenstellung, von Fräulein Weinert öfter hingewiesen wurde, die nach den ersten Jahren des langweiligen Tonleiter-, Etüden- und Sonatinenübens bei einem murrigen Pianoforteschläger seine musikalische Fortbildung übernahm. Dem besagten Fräulein Weinert, einer während des Unterrichts Tee schlürfenden, etwas kränklich wirkenden Person, kam es zu, ihn, der von Onkeln, Tanten, Freunden und Bekannten als sehr musikalisch gekennzeichnet wurde, nachdem er bei Abendgesellschaften pflichtgemäß ein Rondochen – und, sieh mal an, das auch noch auswendig – vorgespielt hatte, bis hin zu Bach-Suiten, Mozart-Sonaten, Chopin-Mazurkas und nicht zuletzt Sindings »Frühlingsrauschen« zu führen. Kam es dabei zu Ritardando-Stellen und gedehnteren Adagio-Sätzen, über die er ungeformt hinweghuschte, da bei ihnen Fingerfertigkeit weniger im Vordergrund stand als bei den durch viel Üben endlich einigermaßen beherrschten Läufen, wurde unbeirrbar unterbrochen, um den Jüngling wortreich über die seelischen Gefühlsregungen des Komponisten und deren Übertragung in den Klangausdruck zu belehren. Noch heute klingen ihm die mit romantischen Verzückungen geäußerten Eröffnungen über den in der Musik gelegenen »Seelenschauer«, die »Schönheit der Seele« und das »Sprechen von Seele zu Seele« in den Ohren, besonders dann, wenn er in Konzerten mit jenen Pianisten konfrontiert wird, die augenrollend zur Decke aufblicken, um kundzutun, wie erschüttert sie sind und die Hörer es zu sein haben.

Ganz im Gegensatz zu dem seelenvollen Unterricht des Fräuleins, dem die Musik mehr Leiden als Freuden zu bereiten schien, standen die Stunden in der Schule, wo ein stets heiter aufgelegter Studienrat Mies seine kennerische Hingabe an die Musik auf die Jungens zu übertragen verstand. Dr. Paul Mies, der ob seiner Verdienste als Musikforscher in »Riemanns Musiklexikon« mit vielen Zeilen bedacht ist, hatte eine Weise, Musik zu erschließen, daß selbst Schulkameraden, denen der Kontrapunkt, die Sonatenform, das Leitmotiv oder die Subdominante so dick wie dünn waren, die Ohren aufhielten. Humorvoll, indes ohne Autoritätsverlust, zwirbelte er das Schulorchester nicht gerade zu musikalischem Könnertum, so doch zu mehr als Pflichtübungen hoch. Ihm war Musizieren, inbegriffen Liedchensingen, keine psychoanalytische Lustangelegenheit, sondern eine Freudenbezeigung, bei der selbst Mißklänge und Taktwidrigkeiten einen Juchzer auslösen konnten. Musik als eine mit triefendem Ernst oder schwärmerischer Verklärung angegangene hehre Kunst war dem Musiklehrer zuwider, wenn er auch bei der Beurteilung des Könnens seiner Herren Musikanten unerbittliche Strenge an den Tag legte. Silbermann anfauchen, weil er bei den Proben zur »Beethoven-Feier zur hundertsten Wiederkehr seines Todestages am 26. März 1927« den 1. Satz des Klavierkonzertes in B immer noch nicht ganz auswendig konnte, blieb dem später an der Kölner Hochschule für Musik lehrenden Professor Mies so gut in Erinnerung, daß er bei einem Treffen den inzwischen selbst zum Professor Avancierten mit den Worten: »Ach, der Silbermann! Spielen Sie immer noch so schlecht Klavier?« begrüßte. In der Tat eine berechtigte Frage, denn Auswendigspielen war ihm von jeher ein mühsames Unterfangen, oder geradeheraus gesagt, beherrschte er nie. Daran scheiterte zu einem großen Teil auch der Unterricht bei Lazzaro Uzielli, seines Zeichens ein hoch angesehener Klavierpädagoge am Kölner Konservatorium, zu dem ihn das Fräulein Weinert empfohlen hatte.

Bei diesem gestrengen Herrn gab es weder Seelenmassage noch interpretative Freiheiten. In seinem Zimmer standen zwei Flügel, einer für ihn, einer für den huldreich zugelassenen Schüler, und was als Aufgabe gegeben worden war, eine Sonate, eine Rhapsodie oder ein Klavierkonzert, war zum einen auswendig zu spielen, und zum anderen spielte der große Tastenmeister alles von vorne bis hinten selbst mit. Seinem Spiel war im Rhythmus wie im Ausdruck zu folgen, eine Leithammelpädagogik, die Virtuosität züchtete und sonst gar nichts. Es versteht sich von selbst, daß der auf musikalisches Gefühl getrimmte, mit schwacher Auswendiglern-Gewandtheit ausgerüstete Silbermann bald aus dem unbändigen Zwei-Flügel-Zimmer als wenig begabt entlassen wurde. Darüber war er mehr als erfreut. Denn erstens mußte fürs Abitur geochst werden, und da er sich inzwischen soweit gemausert hatte, daß er der Lenkung und Beschirmung durch die Eltern entfleuchen konnte, war er zweitens in die Lage versetzt worden, ungehindert und mit dem notwendigen finanziellen Aufwand ausgestattet, den Aktivitäten eines jungen Mannes aus besseren Kreisen nachgehen zu können. Dazu gehörte unter anderem das Tennisspiel, welches dazumal noch mit einem Hauch von Vornehmheit und Exklusivität umgeben war. Die Zugehörigkeit zu einem Tennisclub war hierbei eine Vorbedingung. Doch hier trifft er auf einen Widerstand, der ihm zunächst als nicht mehr denn eine unerwartete Ungehobeltheit erscheint: Der feine Kölner Renommee-Club »Rot-Weiß« war Juden verschlossen; sie konnten nur beim weniger reputierlichen »Blau-Weiß«-Verein den Tennisschläger schwingen. Nicht daß er unter dieser Absonderung litt (um ein Verbum zu benutzen, welches das Jude-Sein seit Jahrhunderten wie Brandfackeln umgibt) oder sich zurückgesetzt, gekränkt oder mißachtet fühlte – die ausgemünzte Trennung warf alles über den Haufen, was sich bisher als Unbeschwertheit seiner Jugend vergegenwärtigt hatte.

»Er oder sie hat eine unbeschwerte Jugend verbracht«, so heißt die Standardphrase in vielen der kurzgefaßten Lebensbeschreibungen, in denen das spätere dichterische, musikalische, wissenschaftliche, politische oder kämpferische Leistungsgefälle ebenso wie dekadente, kriminelle, misanthropische oder asoziale Unstimmigkeiten aus dem Gegensatz zwischen Reichtum und Armut, Recht und Unrecht und schließlich Gut und Böse bejubelt oder entschuldigt werden. Nur selten wird erkundet und aufgezeigt, wie sehr der mit Glückseligkeit verwobene Inhalt von der »unbeschwerten Jugend« zurückfällt auf die gleichermaßen wohlgemeinte und unbedachte Unbeschwertheit der Erzieher mit ihrer Tendenz, alles nur Unangenehme und Ungereimte von ihren Kindern fernzuhalten, komme es aus dem Inneren der Eigengruppe oder werde es von außen an ihr Leben herangebracht. Mittels Geheimnistuerei, schamverdeckten Notlügen und Verdunkelungen, mit Halbdurchsichtigkeiten, unverdautem Wissen und Nicht-Wissen-Wollen wird vor dem jugendlichen Auge ein beschaulicher Schleier hochgezogen, der, als beneidenswert hingestellt, die Unfähigkeit, widrige Wirklichkeiten zu erkennen, zu ertragen und gegen sie anzugehen, zunehmend verstärkt.

Es klingt unwahrscheinlich, daß der angehende Abiturient stets noch so sehr in die Watte der Unbeschwertheit eingehüllt gewesen war, um wie ein reiner Tor die Ereignisse des Tages, vor allem die politischen, ungeschoren an sich vorübergehen zu lassen. Und doch war es so. Was da in der täglich ins Haus gelieferten »Kölnischen Zeitung« oder in der von Vater und Mutter eifrigst gelesenen »Berliner Illustrirten« stand und was er aus diesbezüglichen Gesprächsfetzen bei Tisch entnahm, ging bei einem Ohr hinein und beim anderen hinaus. Auch hatte ihn bisher noch kein Mensch aus dem Kreise seiner Gleichaltrigen in ein politisches Gespräch verwickelt, geschweige denn für irgendeine sich angeblich lohnende Sache angeworben. Ihm reichte der Einsatz für sich selbst, für das Entdecken seiner Bedürfnisse und nicht das der anderen. Ihm konnte man nicht mit dem am Himmel aufschwelenden ideologischen Gewölk kommen, von dem superkluge Zeitgenossen heute zu berichten wissen, sie hätten es schon damals verspürt und sich deshalb der Arbeiterpartei, der Katholischen Jugendbewegung, den Pfadfindern oder der paneuropäischen Bewegung angeschlossen, obendrein sich auch noch in verrauchten Hinterzimmern hingebungsvoll mit Karl Marxens »Kommunistischem Manifest« auseinandergesetzt.

Auch vermißt er in seiner Erinnerung einen irgendwie gearteten Einsatz für sein prädestiniertes Judentum oder gegen deren Angreifer, die Antisemiten. Zwar lag zu Hause das Mitteilungsblatt des »Centralvereins deutscher Staatsbürger jüdischen Glaubens« auf – denn diesem duldsamen Schutz- und Trutzverein war Vater ebenso wie alle »anständigen« Juden beigetreten –, doch auch dessen Anklage- und Warnrufe gingen ungelesen an ihm vorbei. Selbst der auf Wunsch der Eltern mit Widerwillen vollzogene Eintritt in den jüdischen Sportverein »Makkabi«, damit er Boxen lerne – man konnte ja nie wissen, falls der Junge mal auf der Straße angepöbelt würde –, brachte bei ihm kein Verständnis oder wenigstens ein Gespür für heraufziehende, womöglich mißliche Situationen hervor.

Er war zwar nicht unverständig oder begriffsstutzig, aber (so schwer es ihm angesichts seiner derzeitigen Lebensstellung auch fällt, es zuzugeben) er war keinesfalls einer die-

ser in tiefliegende Nachdenklichkeiten versinkenden Typen. Dem hätten sowieso weder seine Lebensumstände noch seine von diesen getragenen Tages-, Wochen- und Jahresabläufe entsprochen, was allerdings nicht heißen soll, daß sie einer gewissenlosen und genußsüchtigen Oberflächlichkeit entsprochen hätten. Das um ihn herum sich abspielende Familienleben war nicht etwa von Vergnügungssucht, Leichtlebigkeit, Verschwendung, Unbekümmertheit und ähnlichem geprägt, jedoch auch nicht von Besorgnis, Beunruhigung, Geiz, Mißgunst und Widerwillen noch von offenen oder unterschwelligen Reibereien, Zänkereien, Streitigkeiten und anderen Divergenzen, die paragraphenhaft von einer lebensfremden Familiensoziologie aufgelistet und als bestimmende Erheblichkeiten analysiert werden. Im Hause Silbermann herrschte, kurz und bündig gesagt, ein gedeihlicher Wohlstand, ein Zustand, der es ohne unangebrachte Scham erlaubt, von sich anbietenden Annehmlichkeiten Gebrauch zu machen, und nur dort an den Pranger gestellt wird, wo ideologische Verseuchung und individuelles wie kollektives Versagen nach erklecklichen Angriffsflächen suchen.
Vaters unnachahmbarer Fleiß hatte es zu einem nunmehr auf zwei Etagen untergebrachten florierenden Druckereiunternehmen gebracht, an dem den Herrn Sohn die dickbauchigen Druckpressen faszinierten; das Gewerbe selbst mit seinem von Druckerschwärze, Schmieröl und Buchbinderleim angesudelten Gestank erschien ihm weniger reizvoll, um das mindeste zu sagen. Denn auch Gespräche über Wirtschafts- und Geschäftslage, über Geldverdienen und Geldausgeben berührten ihn wenig, solange er genügend Taschengeld bekam, um sich in seinem aus den Tanzstundentagen hervorgegangenen Freundes- und Freundinnenkreis an dessen erlaubten und unerlaubten Betriebsamkeiten – von Tennis über Karnevalsbälle, Schwimmen, Tanzdielenbesuche bis zu Knutschen hinter den Bäumen im dunklen Blücherpark – beteiligen zu können.

Ein derartig privilegierter Ablauf der Jugendzeit – Privilegien nicht als Naturgesetz, Maßstab oder Prinzip angesehen, sondern als eine aus Sitte, Brauch und Gewohnheit hervorgegangene Regelmäßigkeit – läßt in bedenklichem Ausmaß Momente der geistigen Anregung vermissen. Hier wird allgemein in erster Linie auf den Einsatz der Eltern verwiesen, deren sich durch ihre geistigen Interessen zeigendes geistiges Niveau zum Ferment der geistigen Interessenlage des Jugendlichen erhoben wird. Diese einfältige Kausalverknüpfung in Richtung Erbmasse und Intelligenzgrad, die leichthin mit den Worten »Der Sohn trat in die Fußstapfen seines Vaters, die Tochter in die ihrer Mutter« unterstrichen wird – weil der Sohn des Amateurmalers ein berühmter Porträtist geworden ist und die Tochter der schöngeistigen Hofmannsthal-Verehrerin erfolgreiche Kriminalromane verfaßt hat –, vermag er mit dem besten Willen, will sagen, ohne auch nur den geringsten Vorwurf gegenüber seinen Eltern zu erheben, nicht zu entdecken. Zwar kommt er bei seiner Erinnerungsfahrt in die Vergangenheit im ledersesselduftenden Herrenzimmer an dem stets abgeschlossenen, mit einer matten Glasscheibe versehenen Bücherschrank vorbei, doch ob darin nun dicke oder dünne, gute oder schlechte, anständige oder unanständige Volumen standen, Schillers, Goethes oder Heines gesammelte Werke, wie es der gute Ton verlangte, blieb ihm ebenso verborgen wie die Lesegewohnheiten seiner Eltern. Nie sah er den Vater mit einem Buch in der Hand, und was die Mutter betraf, so lag auf ihrem Nachttisch seit erdenklichen Jahren das reichlich abgegriffene kleine Büchlein »Stunden der Andacht«, in dem sich Bitt-, Dankes- und Stoßgebete vom »Gebet einer Mutter für ihr krankes Kind« bis zum »Gebet während einer Seefahrt« aneinanderreihten. Man war eben nicht, wie es so hochtönend heißt, »gebildet«, wohl aber besonnen genug, um dem Sohn Bildung, in welcher Form auch immer, zugute kommen zu lassen.

Äußeres Zeichen dieses Weitblicks, der Belesenheit als

gültigen Teil von Bildung ansieht, war das vom dienstbeflissenen, für Besorgungen, kleinere Reparaturen und dergleichen zuständigen Chauffeur hergestellte, an die Wand seines Zimmers genagelte Bücherbrett, auf dem der literarische Eigenbesitz des Sohnes fein säuberlich und vor allem ordentlich aufzustellen war. Denn der von morgens bis abends mit vergänglichem, zu verwirtschaftendem Druckwerk befaßte Vater verstand es, ihm verstehbar zu machen, daß Bücher einen dauernden Wert haben, einen Besitz vergegenwärtigen, der sich weit über den Anschaffungspreis, die Ausstattung oder den Einband erstreckt. Vater ging davon aus, daß nur unbedrucktes Papier geduldig sei, in Bänden zusammengefaßtes bedrucktes hingegen als Wissensansammlung, zumindest aber sich dem Nachschlagen anbietend, ungeduldig. Kurzum, das Buch ebenso wie die Fische, die in seinem Aquarium herumschwammen, als ein zu pflegendes und hegendes Lebewesen anzusehen, ließ ihn in jedes seiner Bücher auf der ersten Seite seinen Namen nebst Anschaffungsjahr breit sichtbar vermerken. Nicht, daß er eine dieser liebenswerten Leseratten war, die, wenn Mutter das Licht gelöscht hatte, mit der Taschenlampe unter der Bettdecke sich weiter in das spannende Geschehen bei Sienkiewiczens »Quo vadis« vertieften – weit gefehlt: Für den gesamten Haushalt sichtbar über die Hausaufgaben gebeugt, las er die ins stumpfsinnige Botanikbuch eingelegten, mit dem Taschengeld erstandenen erstbesten Schundromane. Sie waren ihm ebenso erhellend wie die Theaterstücke, die er gesehen hatte, oder die im Deutschunterricht durchgenommenen. Was immer ihm daran lebensnah erschien, ohne daß es notwendigerweise seine eigenen Lebensumstände betraf, wurde von Vaters Geld angeschafft, so daß er bald mit unverhohlenem Stolz eine Reclam-Sammlung sein eigen nennen konnte. Lebensnähe vermittelte ihm überdies die Musik, und zwar insofern, als er sich nicht damit begnügte, Schumanns »Kinderszenen« oder Webers »Konzertstück« notengerecht zu spielen, sondern auch wissen wollte, wer denn dieser Schumann oder Weber gewesen war. Demzufolge begann der Erwerb von Musikerbiographien, von kurzgefaßten populären wie dickleibigen mit Notenbeispielen gespickten, die, so darf er besinnlich sagen, nicht nur das Fundament seines musikwissenschaftlichen Wissens gebildet, sondern zudem die lebensnahe Wirklichkeit seiner späteren musiksoziologischen Arbeiten geformt haben.

Mehr noch, und das darf er doch wohl, ohne ins Wertebewußtsein seiner Intelligenz zu verfallen, kundtun, er betätigte sich liebend gern als Vortragender, wozu ihm Eltern seiner Freunde, die über ein paar Dutzend Leute fassende Salons verfügten, Gelegenheit gaben. Das Manuskript von dreien dieser 1926 gehaltenen Vorträge hat er wie ein unersetzliches Bijou mit sich um die ganze Welt geschleppt, nicht wissend, daß vorgetragene Wissensvermittlung ihm eines Tages zur brötchenverdienenden Aufgabe werden wird. Seltsamerweise hat er bis auf den heutigen Tag nie wieder in die sorgfältig auf Linienpapier geschriebenen vielseitigen Aufsätze geblickt; sie fristen ihr Dasein in der Ablegemappe mit der Aufschrift »Dokumente« neben Geburtsschein, An- und Abmeldeformularen, Einbürgerungszertifikat, Ernennungsurkunden und ähnlichen die Existenz fortlaufend beglaubigenden Niederschriften. Jetzt hat er sie herausgekramt und durchgelesen, weil er sehen wollte, ob sich darin schon irgendwelche Fingerzeige auf seinen Umgang mit der deutschen Sprache und der Musik – die einzigen Fächer, die ihm in der Schule ein »Gut« eingebracht hatten – finden. Ordentlich datiert, liest er hintereinander den mit Notenbeispielen versehenen Aufsatz »Zum Musikverständnis«, dann einen vierteiligen Vortrag über »Die Romantik in der Musik« und schließlich eine von Begeisterung erfüllte Darstellung der Person und Werke des Komponisten Hans Pfitzner, von dem er nicht wissen konnte, daß der sich später als rabiater Antisemit entpuppen sollte. Die Lektüre vermittelt ihm weder freudige Selbstbewunderung noch Schlaglichter auf richtungweisende Begabungen. Wohl erkennt er sich dort wieder, wo diesen ersten Jugendschriften eine strikte Systematisierung zugrunde liegt, jene strukturelle Ordnung, die zum Gütezeichen seiner Veröffentlichungen und seiner Vorlesungen werden sollte. Peinlich indessen berührt ihn das Pathos, mit dem er gegen Ende eines der Vorträge ausgerufen haben muß: »Gerade wir Deutschen sind es, die von jeher die musikliebendsten Menschen gewesen sind, und gerade wir Deutschen hatten immer die größten Komponisten und haben sie noch«, um dann beim Pfitzner-Vortrag noch weiter zu gehen und dessen »deutsches Wesen« und »deutsche Reinheit« als vorbildlich für kommende Zeiten hochzujubeln. Beides sind Akklamationen, die, aus dem Munde eines jungen deutschen Juden kommend, aufzeigen, wie verblendet eine ganze Generation durch ihr Tun und Lassen arglos sich selbst indoktrinierte.

II

Chronologischen Zeitabläufen folgend, hat er sich nunmehr den Monaten vor und nach dem Abitur zuzuwenden, welches er mit Hilfe von Abschreiben und Zettelchenpfuscherei, dieser von Romanschreibern als vergnügliche Übertölpelungen und nicht als das, was sie sind, nämlich als ausgemachte Betrügereien anzusehende Machenschaften, bestanden hat. Als Gesamtnote war »Genügend« verzeichnet, was die Eltern nicht gerade mit Begeisterung entgegennahmen, was aber auch keine Beunruhigung über die Zukunft des Sohnes hervorrief. Denn daß studiert werden sollte, stand schon längst fest. Dabei wäre es doch viel gangbarer und zweckmäßiger gewesen, ihn stehenden Fußes, vor allem angesichts des mindergradigen »Genügend«, eine kaufmännische Lehre durchmachen zu lassen oder direkt ins väterliche Druckereigeschäft einzubringen. Schließlich war dies nicht unüblich. Denn wofür rackert man sich schon ab, baut ein Geschäft auf, wenn man es nicht dem einzigen Sohn als Teilhaber und Nachfolger überlassen kann. Es wäre ein vergebliches und, so meint er, auch entwürdigendes Unterfangen, diesbezüglich das Gedankengut, die Vorstellungen und die Ideenassoziationen des Vaters in Besitz zu nehmen, zumal ihm schon längst zunächst die kindlichen Wünsche, Lokomotivführer oder Feuerwehrmann zu werden, ausgetrieben und später die Absicht, Musiker zu werden, als hirnverbrannt aufgezeigt worden waren. So wurde er, wie es schnurrig heißt, »auf die Universität geschickt«.

Mit Niederschreiben dieser phrasenhaften Formulierung für den Beginn eines neuen Lebensabschnittes und den Eintritt in die dazumal noch erlesenen Hallen zur Förderung und Erfüllung der Wißbegierde eröffnet sich ihm ein ganzes Szenarium, das hinführt bis zu der stolzen Auslassung: »Mein Sohn, der Herr Doktor.« Noch waren es Zeiten, in denen der Akademiker und besonders der mit einem

Doktortitel versehene über ein Ansehen verfügte, das Ehrbarkeit, Gelehrsamkeit, Vornehmheit und auserlesenen Respekt umgab, selbst wenn, wie lange Zeit scherzend gesagt wurde, der Doktortitel beim Umsteigen auf dem Bahnhof in Graz erworben werden könne. In dem akademischen Ansehensgefüge vereinen sich für eine jüdische Mittelstandsfamilie wie die Silbermanns mehrere Elemente, von denen ein jedes das andere mit sich bringt. Zum einen vollzieht sich über die Generationenfolge die stufenweise Versetzung von einer sozialen Schicht in die andere, gekennzeichnet sowohl durch objektive Merkmale wie Einkommen, Vermögen, Bildungsstand und Berufszugehörigkeit als auch durch subjektive Merkmale wie Prestige, Status, Anerkennung etc. Der Aufstieg ist zum anderen aber auch ein Ausstieg aus einer Vergangenheit, die, so weit sie auch zurückliegen mag, in ihrem entwicklungsgeschichtlichen Inhalt von Belang ist. Es werden Möglichkeiten genutzt, die erst in jahrzehntelangem, von den Vorfahren geführten Kampf erzwungen worden sind, nämlich die gesetzlich verankerte Gleichstellung der Juden in den deutschen Landen. Ohne diese schlechthin »Emanzipation« benannte Errungenschaft – von seinen Eltern und denen seiner Glaubensgenossen als ein fait accompli hingenommen – hätten über einen Universitätsbesuch nicht einmal andeutungsweise Überlegungen stattfinden können.

Daß in diesen zwanziger Jahren, in denen wir uns zur Zeit befinden, der Zutritt zur Professorenschaft für den Juden in Deutschland allerdings in den meisten Fällen zuvörderst von einer Konvertierung zum Christentum abhängig war, davon wußten weder er noch die Eltern. Aber dann war ja für ihn gar nicht eine Gelehrtenkarriere vorgesehen, sondern ein Studium, mit dem er, prall gesagt, später etwas anfangen kann. Und da kamen für einen Hebräer nur zwei Berufe in Frage: Arzt oder Rechtsanwalt. Für naturwissenschaftliche Fächer oder solche, die in den philosophischen Fakultäten gelehrt wurden, bestand in den jüdischen assimilierten Kreisen nur geringes Interesse; entweder, weil sie nicht als einkunftsträchtig angesehen wurden, oder weil es hierfür innerhalb des Bekanntenkreises so gut wie keine Vorbilder gab. Auch wurden diese Berufszweige für unjüdisch angesehen, das heißt, sie strahlten vom Sohn nicht das gewünschte Ansehen auf die nicht-akademischen Eltern zurück, hätten deren mit Erfolg gekrönte Strebsamkeit nicht genügend beleuchtet. Einer ähnlichen Gedankenverknüpfung gehört die Feststellung an, daß die wirtschaftswissenschaftlichen Fächer von jüdischer Seite kaum Zulauf fanden, obwohl es doch auf der Hand gelegen hätte, die zahlreichen jüdischen Kaufmannssöhne, deren Eltern, ebenso wie die seinen, den Eintritt ins väterliche Geschäft wohlbedacht als Nebenabsicht lebendig hielten, dorthin zu schicken. Es verdeutlicht sich hier aber eine Befürchtung, das althergebrachte abwertende Stereotyp vom Juden als Wucherer, Händler, Financier, unehrlichem Geschäfts- und Kaufmann würde sich verstärkt auf die Häupter der Söhne senken, wenn sie jetzt auch noch ihre Durchtriebenheiten fachwissenschaftlich untermauerten.

Nachdem er »sich mit Handschlag verpflichtet hat, die Gesetze und Vorschriften für die Studierenden treu und gewissenhaft zu beobachten« – wie es in dem schwülstig formulierten, vom Rektor der Universität Köln unterzeichneten Dokument vom 30. April 1927 heißt –, »wird er als Studierender der rechtswissenschaftlichen Fakultät unter die akademischen Bürger der Universität aufgenommen«. Über die lächerliche Leichtfertigkeit nachzudenken, mit der es sich eine Institution erlaubt, jemanden mir nichts, dir nichts zum »akademischen Bürger« zu ernennen, kam ihm nicht in den Sinn, ebensowenig wie wenige Jahre später, als sich in dieser Universität das Heil-Hitler-Gebrüll breit machte, daran zu denken, sich auf die ihm verliehene akademische Bürgerschaft zu berufen. Vorbehaltlos stiebt er in den »Ernst des Lebens«, wie es so unheilschwanger heißt, der daraus bestand, wöchentlich vier Stunden »Einführung in die Rechtswissenschaft«, sieben Stunden »System des römischen Privatrechts« durchzusitzen sowie vier Stunden »Deutsche Rechtsgeschichte«, vier Stunden »Grundzüge des bürgerlichen Rechts« und drei Stunden »Juristischer Lateinkurs«. Alles andere, was ein Jugendlicher so treibt, hatte ihm »Unernst« zu sein. Das ging nicht nur aus der die Räume durchziehenden Atmosphäre dieser sich später hochgemut Universität zu Köln nennenden Lehranstalt hervor, sondern überdies aus den in die Vorlesungen unermüdlich eingeflochtenen, sich bei der Erläuterung juristischer Nomenklaturen leicht einbinden lassenden »moralischen« Ermahnungen. Damit bezeugte sich gewiß ein größeres, fast läßt sich sagen persönlicheres Interesse an den zu Belehrenden, als es heute beim universitären Massenbetrieb der Fall ist, freilich auch, wes Geistes Kind die Professorenschaft gewesen war.

Es wird förderlich sein, hierüber sogleich nachzugrübeln, schon allein um nicht mit ungerechtem Besserwissen in einen Gegensatz zum vorherrschenden und beherrschenden Zeitgeist einer Generation zu geraten. Ohne in Verallgemeinerungen zu verfallen, läßt sich umrißhaft sagen, daß der Großteil seiner Professoren zu einem Jahrgang gehörte, der unter dem Zeichen von Autoritätsglauben, Untertanentum, starren akademischen Konventionen sowie industriellen Umwälzungen aufgewachsen war. Es waren die Leute mit der Allgemeinbildung, die Leute um Thron und Altar, die Leute mit Idealen. Es waren die Leute, denen man anerzogen hatte, daß die Sozialisten vaterlandslose Gesellen seien, daß der Akademiker aus Gottes rechter Hand gefallen sei, weit fort von dem, was man das niedere Volk nannte. Es war die Generation, die sich wie ein Gütezeichen nach einem Schmiß auf der Wange sehnte, nach dem Reserveleutnant, für den der Vers »Dein höchstes Ziel, mein Sohn, auf Erden, sei dies, Geheimer Rat zu werden« in den Ohren klang. Sie gehörten zur Sippe derer, die den Privatdozenten nicht grüßten, weil er sein Gspusi und nicht die schiache Tochter des Professors geheiratet hat; zu dem Geschlecht, das Wedekinds »Frühlingserwachen« zur Unsitte zählte und die Kunst der Käthe Kollwitz als »Rinnsteinkunst« verpönte. Doch vergessen wir nicht, es war auch die Generation des Ersten Weltkrieges, dessen Erbarmungslosigkeit die Fassaden des Glanzes, der Prahlerei, der Hohlheit, der Traditionen zerschlagen hatte und sie dem Antlitz des Todes ausgesetzt hat. Es war eben ein Geschlecht von Leuten, und nicht von Menschen, von Leuten, denen es schwergemacht worden war, Mensch zu werden. Dennoch wäre es töricht zu sagen, sie hätten nicht etwas überbracht, und wenn es nur darum gewesen war, den die Hörsäle füllenden Jugendlichen inmitten politischer Ungewißheiten und Turbulenzen die Angst vor Begriffen und Förmlichkeiten zu nehmen, vor Göttern und Teufeln, vor Ruhm und Schande, Wunden und Verzweiflung.

Ihnen stand in der Person des Silbermann ein Mitglied aus der Gruppe wohlhabender jüdischer Jungen gegenüber, die auf den wohlerwogenen Wunsch der Eltern das Studium der Rechte aufgenommen hatten und nicht etwa aufgrund irgendwelcher Anzeichen der Vorliebe oder Begabung für die juristische Materie. Es fielen drum die Ausführungen der Professoren – ihre vom Wissen erfüllten Analysen irgendeines in weiter Ferne gelegenen kniffligen Punktes aus dem Römischen Recht ebenso wie die wohlgemeinten Anmahnungen mit Bezug auf Recht und Sitte – anstatt auf den Boden der Zielstrebigkeit in den weitaus pläsierlicheren Pfuhl der Sorglosigkeit. Da erging es ihm nicht anders als allen denen aus seinem Freundeskreis, die sich wie er auf das Studentenleben im Lichte einer operettenhaft-romantischen Alt-Heidelberg-Stimmung gefreut hatten. Doch davon konnte an einer Universität, die wie die Kölner erst vor einigen Jahrzehnten aus einer Handelshochschule hervorgegangen war, keine Rede sein. Sie war und ist immer noch in eine graue und lustlose Bürostimmung gehüllt, bar jedweder Tradition geistiger und wissenschaftlicher Freudigkeit. Das »Lustig-ist-das-Studentenleben« mußte also anderorts gefunden werden, zumal dies die Zeit war, wo die Regungen nach Kontakt und Abenteuer mit dem weiblichen Geschlecht – seinerzeit an den Universitäten kaum vertreten – hell erwacht waren.

Sein quasi »offizielles« Techtelmechtel war eine der wohlbehüteten Töchter aus der Tanzstundenzeit, offiziell insofern, als die in absehbarer Zeit geplante Verlobung bereits von seiten der Elternpaare als eine untrügliche Sache angesehen ward. Wenn er sich in seinem engen Freundeskreis umsah, bei Kurt, Erwin, Fritz oder Hans, hatten sie alle ihren festen Umgang. Manchen gelang es gar, während der Abwesenheit von Eltern und Dienstpersonal die weiblichen Reize näher zu erproben. Andere mußten beschwerlichere Wege gehen, besonders wenn wie bei ihm der für den ewigen Bund vorgesehene Gegenpart sich zum Spiel der Sinne nicht bereit erklärte. Es mußten also anderswo geeignete Bekanntschaften gemacht werden, was in den Tagen einer auf diesem Gebiet noch heftig tabuisierten Erwachsenengesellschaft kein leichtes war. Noch gab es keine ungebundene, an Sexatlas, Film und Fernsehen orientierte Jugendgesellschaft, in der »anständige« Mädchen sich unbeaufsichtigt und lässig in der Discokulisse bewegen. Und da auch die Mär vom Dienstmädchen, das dem jungen Herrn zur Initiation zur Verfügung gestellt wird, offensichtlich nur in den Kreisen des Adels Rückhalt fand, wurde das Bekanntschaftenmachen mit willigen Gleichaltrigen eher eine Sache des prickelnden Abenteuers und des Tricks als die der Liebesbeteuerungen. Verführungskünste gleich welcher Art hatten herzuhalten, wozu ihm und seinem Freund Heinz das von den respektiven Eltern angeschaffte Motorrad diente.

Heinz, mit dem er bis zu dessen Hinscheiden auch über trennende Meere hinweg in enger Freundschaft verbunden blieb, war ein pfiffiger Bursche. Er entdeckte bald nach Aufnahme des Studiums (natürlich auch Jura), daß zwischen den Universitäten Köln und Bonn ein Abkommen bestand, nach dem Kölner Studenten auch in Bonn Vorlesungen belegen konnten. So machte Alphons verabredungsgemäß den Eltern und Heinz den seinen weis, sie müßten unbedingt einmal in der Woche Vorlesungen in Bonn hören, was zeitlich nur per Motorrad zu schaffen sei. Die voll von dieser Notwendigkeit überzeugten Eltern, deren Vorstellungen vom Vorlesungen-Hören gleich Null waren, räumten die Anschaffung der Gefährte großzügig ein.

Das Motorrad – ein lahmes Gestell im Vergleich zu dem, was heute kubikzentimeterreich lärmend durch die Straßen braust – wurde mit einem Rücksitz ausgerüstet, und damit flitzten die beiden Don Juans von Ort zu Ort, wo immer sich Mädchen fanden, die für Fahrten auf dem Soziussitz den Eigentümer mit in Kauf nahmen. Kurzum, Heinz, der Organisator des Abschleppdienstes, war auch der Entdekker von Absteigen, wo zu viert in einem Zimmer natürliche Begehrlichkeiten ihre Befriedigung finden konnten.

Der Versuch, diesen Exerzitien bedeutungsvolles und folgenschweres Gewicht zu verleihen, will ihm nicht gelingen. Wie wäre es auch außer für lügenhafte Phantasten möglich, ein Jahrzehnte zurückliegendes sogenanntes Wendepunktgeschehen daraufhin auszukundschaften, ob es Vergnügen oder Mißvergnügen bereitet, Lustmolch- oder Asketentumeinsichten oder bedrückende Skrupel hervorgerufen hat. Dennoch fällt es ihm schwer, sich über sexuelle Urregungen hinwegzusetzen beziehungsweise sie durch den unbezwinglichen Drang nach Abenteuer und Lust gefällig, will sagen, betörend zu überdecken. Verständnisinnig mag seine erste intime Begegnung sowohl mit Mädchen wie mit Jungen des gleichen Alters durch jene Sorglosigkeit bewirkt worden sein, die seinen jugendfrischen Lebenswandel insgesamt umgab, möglicherweise auch durch eine Verwegenheit, bei der Begehr, Neigung, Vorliebe und Trieb Pate gestanden haben. Hätte er sich ansonsten von einem Jugendlichen ansprechen lassen, um ihm willfährig für eine halbe

Stunde in einer Absteige in ein schäbiges Bett zu folgen? Obwohl die ganze Angelegenheit und ihre Wiederholungen mit einer gewissen ihn befremdenden Geheimniskrämerei verbunden waren (man traf sich im Kino, ging auf der Straße hintereinander her) und dem Bürschlein jedesmal nach vollbrachter Tat ein Obolus in die Hand zu drücken war, blieben ihm Gedanken über Homosexualität, Außenseiterschaft, Prostitution, Strich und Strafbarkeit ebenso fremd wie Ideale und Rechtfertigung der Männer- beziehungsweise Knabenliebe: Platons »Gastmahl« hatte er noch nicht gelesen und auch nicht Magnus Hirschfelds medizin-biologische Verteidigungs- und Aufklärungsschriften. Ihm sagte der prompte und unverbindliche Verkehr mit dem Knaben einfach mehr zu als die Präliminarien, die Vorkehrungen und das Liebesgetue, nach denen die Stelldicheins mit den Mädchen verlangten. Wenn mehr gefühlsmäßig als besorgt Gedanken aufkamen, daß er sich auf etwas einlasse, das an seinem Normal- und Naturzustand rüttele, fand er Halt an der verheißungsvollen Voraussicht, demnächst die ihm vorbestimmte und zugetane Architektentochter zu heiraten.

Das episodenhafte Geschehen, dem er heutzutage mehr Bedeutung zuschreibt als damals, versandete alsbald inmitten mannigfaltiger Aktivitäten, unter denen der regelmäßige Besuch der juristischen Vorlesungen den geringsten Platz einnahm. Wie andere Erstsemester hatte er sehr bald gelernt, daß der Wortschwall von der akademischen Freiheit nicht nur einen Bedeutungswert in Richtung auf die Professoren besitzt, sondern auch in die der Studenten. Zwar hatten sie den Mund zu halten und konnten nicht wie in den wohlgemuten Zeiten der verblichenen Studentenrevolte in den sechziger Jahren mit Zwischenrufen ihrem Unmut freien Lauf lassen, dafür aber waren sie nicht mit Hilfe aller möglichen Zwischenprüfungen, Seminare und Scheinerwerbungen vollauf »verschult«, wie dieses uneheliche Sprachgebilde lautet. Das heißt, sie drückten, wann immer sie wollten, universitäre Hörsaalbänke und nicht botmäßig verordnete Schulbänke. Mit den Kommilitonen in der Schlange vor dem Katheder stehend, ließ er sich vom jeweiligen Professor dessen Unterschriftgekritzel ins Anmeldebuch setzen, was zum einen ein dienliches Beweisstück für die Eltern des Studiosus war, zum anderen eine Kennzeichnung für das Recht des Professors, neben seinem Gehalt über die Quästur der Universität vom Studenten Kolleggeld für getane Arbeit zu kassieren; wohl bedacht auch eine für die Zulassung zum Examen notwendige Bekundung, alles, was an Vorlesungen etc. vorgeschrieben war, belegt zu haben.

Die diversen Autogramme in den ersten Wochen des Semesters ergattert, der Universität nur noch von Zeit zu Zeit einen Besuch abstattend, verliefen die Tage angängig in einem nicht sonderlich bemerkenswerten Trott. Er erinnert sich nur, daß er mal allein, mal mit Freunden Theater, Kinos, Konzerte und Opern besuchte, gelegentlich auch eine Kunstausstellung, daß er bei Kammermusikabenden im Hause einer angesehenen Rechtsanwaltsfamilie mitwirkte und immer mehr den dringenden Wunsch hatte, Kapellmeister zu werden. Ob dieser Wunsch durch das eindrucksvolle Gefuchtel der Maestros hervorgerufen worden war, durch die Sicht der gebietenden Beherrschung einer großen Musikerliga oder ursprünglich aus seinem Interesse an der Musik und seiner Musikalität hervorgegangen ist, wäre sicherlich ein zu diskutierendes Thema; brächte ihn jedoch in ungebührliche Verlegenheit. »Du kannst ja, wenn es unbedingt sein muß, Musik nebenbei studieren«, meinte der Vater, was dann auch bruchstückweise, mal hier, mal da, geschah. Zu seinem großen Jammer ist er jedoch nie Kapellmeister geworden, ist nie auch nur in die Nähe eines Dirigentenpultes gelangt, bewundert aber bleibend diese Extraklasse unter den Musikern, selbst wenn sie nur Exhibitionisten oder Langeweiler sind. Er scheut sich nicht zuzugeben, daß bis zu diesen Tagen manche der von ihm im

Gespräch oder in seinen Musikkritiken geäußerten bösartigen Worte über dirigentische Leistungen ein Körnchen Neid enthalten und er manchesmal, wenn so ein hölzerner Taktschläger »Figaros Hochzeit« herunterpinselt, am liebsten selbst ans Dirigentenpult gehen möchte. Nun ja, es hat nicht sollen sein …

Es läßt sich nicht ausmachen, ob er sich bei der wesensartigen Ungleichheit der ihm teils zugeschriebenen, teils übernommenen Tätigkeitsgebiete – Student der Jurisprudenz, Musiker, Sohn aus guter Familie – unsicher fühlte oder sich auf der Suche nach der vielbesungenen Identität befand, wie heutzutage der natürliche Vorgang der Persönlichkeitsbildung mit nichtssagendem, dafür aber tiefsinnig klingendem Unterton benannt wird. Noch war der Augenblick nicht gekommen, wo eigenes Wollen oder schicksalhafte Fremdbestimmung Klarheit über die Abgrenzung und Bedeutung der einzelnen Bereiche in einem Handlungszusammenhang gesehen werden konnte, was vor allem damit zu tun hatte, daß er als einziger Sohn einer jüdischen Familie ein verwöhntes Kind war. Verwöhnung, die gerne als Ursache für Gefügigkeit, Laschheit, Rückgratlosigkeit und ähnliche Charakterschwächen hingestellt wird und angeblich lebenslange Muttersöhnchen oder Luxusknaben hervorbringt, kann aber auch ein Verlangen nach Selbstdurchsetzung hervorrufen, jenen Drang nach Befreiung von familiären Fesseln, selbst wenn sie wie bei Silbermann keineswegs einer Zwangsjacke glichen. Um dem Drang nachkommen zu können, das wohlgesittete Köln und seine unlebendige Universität zu verlassen, auf daß sich der Traum vom fröhlichen Studentenleben einigermaßen erfülle, bedurfte es einer auf sich selbst zu beziehenden Veranlassung sowie einer den Eltern einleuchtenden Begründung. Was das letztere betraf, war es ein einfach Ding, dem in Sachen Jurastudium unerfahrenen Elternpaar vorzuflunkern, daß anderorts – gemeint war die Universität Freiburg im Breisgau – die Hochburg der juristischen Gelehrsamkeit sei, ohne deren Einvernehmen kein guter Rechtsanwalt aus ihm werden könne.

Die letztlich bestimmende Veranlassung indessen fand sich durch seinen Beitritt in eine jüdische Studentenverbindung mit Namen »Rheno-Guestphalia«, zu dem ihn eine seiner Musikbekanntschaften bewegte. Sie gehörte zu einem in mehreren Universitätsstädten und darunter auch in Freiburg angesiedelten Verband, der sich K.C., Abkürzung für »Kartell Convent der Verbindungen deutscher Studenten jüdischen Glaubens«, nannte. Er wurde also aktiv, wurde Fux, wie man es nannte, und somit Mitglied einer Gruppe von Studenten, ohne genauer zu wissen, wofür die Verbindung eigentlich stand, was für eine Ausrichtung sie vertrat. Das sollte er erst im nächsten Semester erfahren, als er an die Universität in Freiburg ging und dort ein »Neo-Friburge« wurde. Ausschlaggebend für den Beitritt in die nur aus wenigen Mitgliedern bestehende Kölner Verbindung Rheno-Guestphalia dürfte wohl zum einen Anschlußbedürfnis gewesen sein, zum anderen romantische Vorstellungen über eine in der Literatur und auf der Bühne dargestellte wonnevolle Studentenzeit, zu denen das Tragen farbiger Mützen und diagonal über die Brust geschlungener Bänder – augenfällige Zeichen einer bedenkenlosen Exklusivität – ihren Teil beigetragen hatten.

Von Mutter Silbermann vorsorglich mit »warmen Sachen« ausgerüstet, vom Vater mit einem »Monatswechsel« bedacht, fährt er nach Freiburg ins Wintersemester 1927/28 an die Albert-Ludwigs-Universität. Mühelos findet er eine der Studentenbuden, wie sie bereitwillig gegen Mietvorauszahlung von Rentnern und Witwen zur Verfügung gestellt wurden, orientiert sich ein wenig im Städtchen, erledigt die üblichen Einschreibeformalitäten an der Universität und läßt sich im übrigen von der reglementierten Tageseinteilung seiner Studentenverbindung leiten, die in Freiburg ein geräumiges, wohlausgestattetes Haus ihr eigen nannte. Der kunstvollen Maxime ansprechender Selbstdarstellungen folgend, müßte er nunmehr ein besinnliches und gleichermaßen eindrucksvolles Bild des um eine rotfarbige Kathedrale herum gebauten badischen Städtchens vorlegen, müßte Sichtbares und Atmosphärisches beschreiben, um sich diesermaßen als aufmerksamer Beobachter und blendender Gedächtniskünstler zu erweisen.

Doch das erscheint ihm mehr als leichtfertig, wenn er bedenkt, daß es ihn dazu verpflichtet, für alle Orte, an denen er sich während seines Emigrantenlebens kurze oder längere Zeit, freiwillig oder gezwungenermaßen aufgehalten hat, illustrative und nachvollziehbare Umgebungsskizzen von sich zu geben. Hinzu kommt, daß er, kraß gesagt, nicht zu jenen vortrefflichen Besichtigungsreisenden gehört, auf die ein verwinkeltes Gäßchen oder eine einsame Bergspitze einen ewig währenden Eindruck hinterläßt. Vorkommnisse und Umgang mit Menschen waren ihm stets beobachtenswerter als Umgebung und Umwelt, Gegenden und die Geheimnisse der Natur. Für diese Abweisung ist es geradezu bezeichnend, daß er beim Lesen Örtlichkeits-, Landschafts- und Panoramabeschreibungen, mögen sie prosaisch oder poetisch sein, stets schnellstens übergeht. Nie hat er Wert darauf gelegt, seine Fotoalben mit Landschaftsaufnahmen, alleinstehenden Blumen, wogenden Meereswellen, herrlichen Blicken oder uralten Torbögen anzufüllen. Auch aus seinem ersten Semester in Freiburg brachte er keine Fotos mit nach Hause, die irgendeine der Typikalitäten des Städtchens oder der Schwarzwaldumgebung hätten aufzeigen können. Vor seinen ausziehbaren Agfa-Apparat stellte er nur Menschen, seine Bundesbrüder (wie die zu der Verbindung gehörenden Kameraden tituliert wurden) und mit ihnen sich selbst.

Anders als im großstädtischen Köln, wo sich die kleine Gruppe der Aktiven ein- oder zweimal für einen gemeinsamen Abend im Hinterzimmer einer Wirtschaft zusammenfand, wird er in Freiburg in einen Tagesablauf eingebunden, der vom frühen Morgen bis zum späten Abend das Verbindungsleben ausmacht. Er bestand aus allen möglichen gemeinsamen Aktivitäten, darunter Sport (Fechten und Reiten), Ausflüge, Mittagstisch, Unterricht in Fragen des Judentums etc. und, zu den traditionsreichen Bräuchen einer »echten« Studentenverbindung gehörend, aus Kommersen, die, als feierliche Kneipen aus besonderem Anlaß definiert, nie weit von biederen Saufgelagen entfernt waren. Alles wickelte sich unter den Leitsprüchen: Fröhlichkeit, Freundschaft, Disziplin, Männlichkeit, Zusammenhalt ab und, soweit es die Zweckbestimmung des 1896 gegründeten Verbandes betraf, als Kampf mit Wort und Tat gegen Judenfeindschaft an den Hochschulen und Pflege jüdischer Selbstbestimmung.

Es wäre von dem jungen Studenten Silbermann zuviel verlangt, sich darüber Gedanken zu machen, inwieweit das ihn umschließende Verbindungsgetriebe sinnvoll ist, inwieweit es körperlicher, geistiger und auch seelischer Erstärkung dient und mit seinen Couleurbummeln in den Gängen der Universität, seinen Übungen auf dem Fechtboden, dem Antreten zum Gabelfrühstück, den Kommersen mit dem obligaten Alte-Burschen-Herrlichkeit-Gegröle nichts weiter ist als eine Nachahmerei der Sitten und Bräuche derer, die, wie die Corps, die Burschenschaften, die Sing-, Turn- und anderen Verbände, Juden den Eintritt in ihre Verbindungen verweigerten. Zu verstehen, daß Nachahmen, Imitieren, gar Nachäffen mit zu den Elementen gehören, die eine Basis für Gleichheit und soziale Akzeptanz bilden, dazu bedurfte es zuvor der bitteren Erfahrungen in der Emigration.

Er war weit davon entfernt, sich als Kämpfer für das Recht der Juden oder als treuer Bewahrer des Judentums aufzuspielen, zumal er durch seine Eingliederung in die lebenslustige Gruppe von in seiner Verbindung zusammengeschlossenen jungen deutschen Juden sich keinen Gesinnungswandel aufzuladen hatte: Sie alle und auch die Älteren, die die Verbindung von der Ferne oder Nähe lenkten, sahen Deutschland als ihre Heimat an und hatten sich Kultur und Sprache, Sitten und Bräuche, staatliche Verpflichtung und Einordnung in menschliche und politische Beziehungen zu eigen gemacht. Obwohl eine ausschließlich jüdische Verbindung – entstanden angesichts der Diskriminierung durch die nicht-jüdischen Studentenverbände –, fand er dort wenig von dem vor, was sich das »jüdische Erbe« nennt. Man gab ihm und den anderen Füxen eine Menge über den Einsatz der Gründer des Verbandes zu wissen, über bedeutende, aus dem deutsch-jüdischen Kulturkreis hervorgegangene Männer, über den Heroismus der Vorfahren aus biblischen Zeiten, alles übertüncht von einem ideologischen Bekennertum, nach dem es angesichts dieser Meriten gilt, mit Mut und Stolz die Farben einer jüdischen Verbindung zu tragen, das heißt, sich als aufrechter Jude zu bezeugen.

Im übrigen wurde dem jüdischen Erbe, soweit es sich auf sein Wesen, seinen Geist, seine Ethik, seine Überlieferungen und seine Glaubensverkündung bezog, kaum Aufmerksamkeit geschenkt. Er erinnert sich nicht, auch nur einmal mitsamt seinen Verbindungsgenossen einem Gottesdienst in der Freiburger Synagoge beigewohnt zu haben, geschweige denn im Verbindungshaus ein äußeres Zeichen von Jüdischkeit, zum Beispiel einen Davidstern an der Wand oder einen Chanukkaleuchter, wahrgenommen zu haben. Von dem, was ihm als der zentrale Leitgedanke des Verbandes vorgetragen und eingeschärft wurde, nämlich deutschen Patriotismus und deutsche Kultur mit jüdischer Bewußtseinshelle zu verbinden, blieb, was letzteres angeht, nur wenig übrig. Zu erschließen, ob das tägliche Zusammensein und Zusammenleben im geschlossenen Kreis zu Freundschaften im Sinne von persönlicher Verbundenheit von Mensch zu Mensch oder zu Gesinnungsverwandtschaft führen werde, war ihm damals noch nicht gegeben. Und was die Pflege des Bewußtseins, zum deutschen Judentum zu gehören, betraf, auf die mittelbar der wortreiche Name des Verbandes »Kartell Convent der Verbindungen deutscher Studenten jüdischen Glaubens« hinwies, konnte er darin weder eine Besonderheit noch eine Notwendigkeit sehen; eher empfand er es als eine Eigengesetzlichkeit; nicht des Nachgrübelns wert.

III

Das Semester beendet, hier und da eine juristische Vorlesung und regelmäßiger die Veranstaltung »Rednerübungen« besucht, sich beim Abschiedskommers grundlegend betrunken, kehrt er wohlgemut in die elterlichen Gefilde nach Köln zurück. Dort erwartet ihn eine Entscheidung, deren Ursachen ihm wie Vorboten bereits brieflich nach Freiburg mitgeteilt worden waren. Und zwar mußte sich der von Jugend an augenleidende Vater einer Operation unterziehen, um eine Netzhautablösung am linken Auge zu kurieren. Geschehen sollte dies in der für Augenoperationen besonders angesehenen Bonner Universitätsklinik zu einer Zeit, als mangels der Mittel, die wie Laser heute hierfür zur Verfügung stehen, Operationen dieser Art eine schwierige Angelegenheit und die Heilungsperiode, das Anwachsen der Netzhaut, eine langwierige Sache waren, bei der der Vater über Wochen im verdunkelten Zimmer ruhig zu liegen hatte. Da dies bedeutete, daß Vater auf Monate seinen Geschäften nicht nachgehen konnte, und überdies es nach der vorsichtigen Aussage der Ärzte keineswegs sicher war, ob sie das Auge retten konnten, mußte Vorsorge für die Fortführung der Druckerei, die Einkommensquelle der Familie, getroffen werden. Was man zeitweilig arrangieren konnte, nämlich die Leitung des Unternehmens durch den ersten Meister, war keine dauerhafte Lösung. Und so wurde beschlossen, daß der Sohn für alle Fälle – entweder die Operation ohne Erfolg oder erneute Ablösung auf dem operierten Auge, oder Ablösung der Netzhaut auf dem anderen: alles zusammen das stets im Hintergrund schwelende grausame Schicksal der Erblindung – das Druckereigewerbe zu erlernen hatte, Handwerk wie Geschäftsführung. Fragte sich nur noch, bei welcher Firma der Sohn als Volontär untergebracht werden konnte. Bereits unternommene Anfragen bei den Kollegen von der Konkurrenz waren erfolglos geblieben, und eine Ausbildung im eigenen Unternehmen wurde als sinnloses Unterfangen erst gar nicht in Betracht gezogen. Schließlich gelang es durch die Vermittlung eines Geschäftsfreundes doch noch, eine Volontärstelle zu finden, und zwar in einem Großbetrieb, der Drukkerij M. Wyt & Zonen in Rotterdam, wo er ab März 1928 für ein Jahr verbleiben sollte.

Es fällt ihm schwer nachzuvollziehen, was ihn dazu brachte, widerstandslos dem Wunsch der Eltern nachzukommen, Studium und Studentenleben hinter sich zu lassen und den ihm reichlich fremden und wenig anziehenden Weg ins Geschäftsleben zu betreten. War es Gehorsam, Pflichtgefühl, Familienanhänglichkeit, Besorgtheit, Beflissenheit, Wagemut oder Unternehmensgeist? Es dürfte von alldem etwas gewesen sein, zusätzlich aber auch das immer stärker werdende Verlangen, jede Gelegenheit wahrzunehmen, die ihn von der Aufsicht durch herkömmliche gesellschaftliche Übereinkünfte befreit, ohne notwendigerweise ins Abenteuerliche zu verfallen. Zu sagen, es sei die Vorsehung gewesen, die ihn in die Niederlande geführt habe, weil sich Holland mehrere Jahre später als die erste Station seiner Emigration herausstellen sollte, hieße seine Gläubigkeit übermäßig in Anspruch nehmen.

Seine Übersiedlung in die nicht gerade als reizvolle Touristenattraktion angesehene Hafenstadt Rotterdam vollzog sich auf von Vaters Verbindungsmann vorprogrammierte Weise: Einzug in eine sich »Huize van der Voort-Marschalk« nennende Pension; Vorstellung bei der Firma; Beginn des Volontariats. Alles ging so geschäftsmäßig nüchtern vor sich, daß es bei ihm nicht einmal Neugierde erwekken konnte. In der von einem griesgrämigen älteren Schwesternpaar geführten Pension installiert er sich in den zwei ihm zugewiesenen Zimmern; in der Firma, einem Großbetrieb im Vergleich zu Vaters »Spezialfabrik für Durchschreibe-Bücher«, nimmt ihn einer der Geschäftsführer unter seine Fittiche und weist ihn in die Etappen der Ausbildung ein. Wohl angeordnet nach dem Herstellungsvorgang eines Druckwerkes, geht er als erstes für ein Vierteljahr in die Setzerei, danach in die Druckerei, dann in die Binderei und schließlich drei Monate ins Kalkulations- und Verkaufsbüro. Im einzelnen zu verzeichnen, wie er sich dabei angestellt hat, ob und wie er gelernt hat, flüssig auf dem Kopf stehende Schrifttypen zu handhaben, mit Druckerschwärze umzugehen, Buchrücken zu leimen und Gewinnprozente zu errechnen, erscheint ihm so bedeutungslos, gar so unsinnig wie eine schrittweise Berichterstattung über die Bedienung eines Büchsenöffners, zumal er Technik – im weitesten Sinne des Begriffs – stets als eine undurchsichtige Beschwerlichkeit entgegengenommen hat. Außerdem, wozu sich dieser Mühe unterziehen – er hat ja noch vorzeigegerecht das ihm nach Beendigung seines Lehrganges von der »Directie« ausgestellte Zeugnis zur Hand, und da steht doch wohl alles den Bedarf Deckende drin. Und zwar heißt es im letzten Absatz des eine ganze Seite füllenden Dokuments: »Wir erklären, daß der Herr Silbermann mit Erfolg sein Jahr verbracht hat und stellen überdies wahrheitsgetreu fest, daß wir nur selten solch einen intelligenten jungen Mann kennengelernt haben. Sein Scharfsinn ist groß, seine Menschen- und Sachkenntnis ist angesichts seines jugendlichen Alters verwunderlich.«

Was, so fragt er sich, will man noch mehr, kann aber dennoch auf das in Rotterdam verbrachte Jahr nicht ohne eine gewisse Unlust zurückblicken. Denn nirgends fand er trotz aller Bemühungen, was sich platt Anschluß, weniger abgeschmackt Ansprache und gelehrig sozialer Kontakt nennt. Auch nachdem ihm mit Hilfe eines Hauslehrers und weitaus besser durch den täglichen Umgang mit den Arbeitskollegen die holländische Sprache geläufig geworden war, verblieb er in einer auf sich selbst und niemand anderen bezogenen Seinsweise. Eingespannt in den routinemäßigen Ablauf des Tages – Verzehr des ob seiner Überladenheit bestens bekannten holländischen Frühstücks; zeitbemessene Arbeitsverrichtung nach Anweisung wortkarger

Werktätiger; Heimweg; Herumstochern im aufs Zimmer gebrachten, wenig abwechslungsreichen Abendessen – findet er sich in den Abendstunden einer freien Zeit gegenüber, die er nicht auszufüllen versteht. Von nirgends her kam eine Anregung, und sich in einen der abgegriffenen Plüschsessel niederzusetzen, um Zeitung oder das vielgepriesene gute Buch zu lesen, entsprach wenig, um nicht zu sagen überhaupt weder seinem Temperament noch seinen bisherigen Lebensgewohnheiten. Lesen, gleichgestellt mit Informieren, Bilden und Lernen, war ihm wie der Zwang, Schulaufgaben zu machen, und davon hatte er reichlich genug. Wie er die Abende und die Sonntage durchdringender Langeweile und unergötzlicher Öde in den ersten Monaten seines Verbleibs in einer wenig anheimelnden Umgebung verbracht hat, ist ihm nicht mehr erinnerlich. Es muß sich Verdrängung eingeflochten haben – eine göttliche Gabe, die ihn wie ein Balsam immer wieder davor behütet hat, Verluste, Rückschläge, Lästigkeiten und Unannehmlichkeiten zu Ressentiments werden zu lassen. Eines weiß er allerdings bestimmt, er träumte weder vor sich hin noch wurde er niedergeschlagen, noch stürzte er sich in wilde Abenteuer, als was er beispielsweise den Besuch von Kneipen und Kaschemmen im Rotterdamer Hafenviertel angesehen hätte.

Immerhin, nach einer von ein wenig den »Menschen in der Fremde« leicht überkommenden Selbstmitleid geprägten Weile wurde die Kontaktlosigkeit unterbrochen. Es meldete sich ein guter Geist in der Person von Vaters holländischem Geschäftsfreund, jenem bereitwilligen Planer und Organisator seines Volontärgeschicks in Holland. Durch dessen Tochter und ihren Verlobten kommt er in einen Kreis junger Leute, die ihn mehr oder weniger wie ein exotisches Schaustück (Deutscher, Jurastudent, Druckerlehrling) mit sich herumschleppen, vor allem in den Tennisclub, wo man ihn als einen beachtlich guten Spieler zu schätzen weiß. Jetzt ging es los mit diesen zwischenmenschlichen Beziehungen, diesem Anpassungs-, Adaptations- und Assimilationsprozeß, den die Soziologen unter der gleichermaßen bedeutungs- wie eindrucksvollen Bezeichnung Akkulturation in tausend theoretische Scheibchen zerlegt haben. Willig geht er auf ihre Gepflogenheiten und Landessitten ein, ihren Schlendrian und ihre Macken, ihre Bräuche und Pedanterien und auch auf ihre stets gegenwärtige distanzierte Haltung, wann immer es zu einem Gedanken- und Meinungsaustausch kommt, bei dem Momente des Gefühlslebens berührt werden. Es ist nicht zu sagen, ob er dies als Zurückhaltung, Geringschätzung, Unliebenswürdigkeit, Derbheit oder Unart empfand. Gleichwie, es fehlte an Bezeugungen der Geneigtheit, die sehr wohl dazu hätten führen können, den holländischen Menschen und mit diesen dem Lande mit Anteilnahme und Empfänglichkeit entgegenzutreten. Aber nein. Alles blieb ihm so fremd und beziehungslos, daß er sich wie in eine sterile Wolldecke eingehüllt fühlte: Es waren die kalten Winde eines ebenso gottgläubigen wie tückischen protestantischen Puritanismus, die ihm in sein jüdisches Gesicht wehten.

Der Besuch, den er gegen Ende des Sommers den Eltern in Köln abstatten konnte, war ihm ein wenig befreiend: Der Vater ging wieder seinen Geschäften nach, die Mutter kochte seine Lieblingsgerichte und auch der Dackel Susi war wohlauf. Schnell wurden die Freunde zusammengerufen, Theater, Oper und Kino aufgesucht und überhaupt ein Lebenswandel aufgenommen, als wäre er nur mal eben für ein paar Tage abwesend gewesen. Hierzu gehörten auch ein paar Stunden des Präludierens am lange vermißten Klavier und die ärgerliche Feststellung, daß mangels Übung seine Finger gewaltig an Geläufigkeit eingebüßt hatten. Warum hat er eigentlich nie daran gedacht, in Rotterdam irgend etwas zu unternehmen, was mit Musik zu tun hat? Offensichtlich traf auf ihn, der Kapellmeister werden wollte, der großtuerische Satz »Ein Leben ohne Musik ist kein Leben« nicht zu. Das sollte sich ändern. Die auf dem Klavier ungenutzt herumliegenden Notenblätter und Alben, die ihm nicht nur Liebediener, sondern auch Zeitvertreib gewesen waren, werden nach Rotterdam mitgenommen. Diese Initiative, die ja nun wirklich keiner beachtlichen Entschlußkraft bedurfte, führte zu einem neuen Lebenszuschnitt, der die noch in der Rotterdamer Beengtheit zu verbringenden Monate ermutigend auflockerte, sowie zu ungeahnten Lebenserfahrungen und -erfordernissen.

Kaum in Rotterdam zurück, die Druckereiausbildung wieder aufgenommen, begibt er sich in eine Klavierhandlung und mietet ein ihm zusagendes Instrument, dessen Ankunft in der Pension Horrorrufe der Besitzerinnen hervorruft. In den Abendstunden spielt er recht und schlecht sein Repertoire herunter, ohne dies als Exerzitien, interpretative Vertiefung oder als intensives Studium der Musik in Erwägung zu ziehen. Allerdings wird ihm das einsame Vor-sich-hin-Spielen nur zu einer Kurzweil, nicht aber zu einer Erfüllung, die ihm das Musizieren immer nur dann erbrachte, wenn er sich über und durch sie hat bemerkbar machen können. Musik ausschließlich um der Musik willen zu betreiben, mit Schubert der holden Kunst dafür zu danken, daß es sie gibt, entsprach zu keiner Zeit seiner Gemütsart: Er brauchte Zuhörer, Zuschauer, Ohren- und Augenzeugen, kurzum Anwesenheiten, bei denen ein Eindruck zu erzielen war, und sei es nur ein oberflächlich zur Kenntnis genommener. Das konnte sehr wohl auch ein Lehrmeister sein, so lange dieser seine Zielstrebigkeit zu erkennen und zu schätzen verstand. Einen solchen Lehrmeister fand er durch einen glücklichen Zufall in der Person von Willem Landré, dem Musikkritiker der seinerzeit führenden holländischen Tageszeitung »Nieuwe Rotterdamsche Courant«. Diesem unscheinbaren, liebenswürdigen, aber gestrengen Männlein, aus dessen Feder einige wenige, nur noch in Musiklexika vermerkte Kompositionen stammen, vertraut er sich an. Er läßt ihn von seinen Kapellmeisterabsichten wissen, von den Umständen, die ihn nach

Rotterdam geführt und seine musikalische Ausbildung unterbrochen haben, und der mangelnden Kenntnis verschiedener Fächer, von denen er aus der Zeit seines Aufenthaltes am Kölner Konservatorium weiß, daß sie unumgänglich zum Ausbildungsgang eines Musikers gehören.

Der ansonsten keine Lehrtätigkeit ausübende Landré nimmt Silbermann unter seine musikalischen Fittiche und unterrichtet ihn ein- oder zweimal pro Woche bei sich zu Hause, vielfach auch in Gegenwart seines Sohnes Guillaume, dem späteren Direktor des Amsterdamer Concertgebouw Orkest, in Theorie, Harmonie, Partiturenlesen und Komposition. Kurz und gut, alles, was im organisierten Musikschulwesen fein säuberlich in voneinander getrennten Unterrichtsstunden angehenden Musikern von verschiedenen pädagogisch begabten, interessierten oder gleichgültigen musischen oder amusischen Berufslehrern beigebracht wird, vergegenwärtigt der dem musikalischen Tun nüchtern gegenüberstehende Musikkritiker Landré dem Kapellmeisteraspiranten wie ein aus Kraut und Rüben bestehendes Mischgericht. Es fehlte die Linie, würden unsere auf penible Systematik getrimmten Pädagogen sagen und sich kopfschüttelnd abwenden. Was wie eine Speerspitze immerwährend aus diesem Kuddelmuddel herausragte, war von seiten des Lehrers der mit einer geradezu monotonen Gleichmäßigkeit vorgebrachte Beurteilungsfaktor »schön«. Als wenn es kein anderes Kriterium gäbe, versetzt ihn der gewiß nicht um Worte verlegene angesehene Kritiker mit seinem Bestehen auf »schön« in einen Zustand der Entnervung, vor allem, wenn es zur Beurteilung der als Hausaufgabe gestellten Kompositionsübungen kommt. Auch nach Besuchen von Konzerten, zu denen der Musikadept von Zeit zu Zeit mitgenommen wurde, waren es stets das Schöne beziehungsweise die Schönheit des Werkes, der Interpretation, des Stils, der Stimme oder der Virtuosität, die im Mittelpunkt der kargen, vor sich hin genuschelten Sätze des Mentors standen.

Es kann keine Rede davon sein, daß dem Adlatus Silbermann bewußt geworden wäre, wie sich hier ein Mensch in seinem Blick auf das schöpferische Werk wie das interpretative musikalische Geschehen von der »Lehre vom Schönen«, von der Ästhetik als Inbegriff von Höhen und Niederungen hat leiten lassen. Wohl aber könnte es durchaus sein, daß die Landréschen Schönheitsbekundungen einen Lichtschimmer auf Silbermanns spätere, noch in weiter Zukunft liegende musiksoziologische Arbeiten geworfen haben; denn ob in Lehre oder Schrift, hat es sich dieser immer angelegen sein lassen, dem Wissen um das Schöne in der Musik den vorrangigen Platz einzuräumen.

Es war in den letzten Monaten des Druckereivolontariats – man lehrte ihn jetzt Akquirieren und Kalkulieren von Druckaufträgen sowie prompten Kundendienst –, als ihm sein geschätzter Musikmeister diskret zu verstehen gab, daß seine Kompositionsversuche ein hoffnungsloses Unterfangen seien, er auf diesem Gebiet nun wirklich nicht die geringste Begabung zeige und dieses Kapitel abschließen solle. Gesagt, getan, ohne auch nur eine Träne zu vergießen, zumal er längst bemerkt hatte, daß ihm nie etwas einfiel, was andere nicht schon vollendet oder mäßig komponiert hatten, verschwanden die beschriebenen Notenblätter im Papierkorb. Würde sich jemand einmal die Mühe machen, seine Biographie zu schreiben, stünde an dieser Stelle: »Seine Jugendwerke sind verschollen.« Nicht jedoch seine ersten in Druck erschienenen Musikschriftstücke: die in der »Nieuwe Rotterdamsche Courant« veröffentlichten Konzertkritiken. Fein säuberlich ausgeschnitten, kleben sie als Mementos unsäglichen Stolzes in einem seiner Fotoalben. Es handelt sich um Besprechungen von Konzerten minderer Bedeutung, die ihm Landré mit der Anweisung anvertraut hatte, kurz und bündig, das heißt, ohne Zeilenschinderei zur Sache zu schreiben. Beim ersten Mandat ging es um ein von einer Sopranistin bestrittenes Konzert, bei dem er, Bleistift und Papier in der Hand, Augen und

Ohren spitzte. Das schrille Gesinge der unbedarften Künstlerin, vor allem des ihm seit dieser Zeit grundlegend verhaßten »Frühlingsstimmenwalzer«, ist ihm unvergeßlich geblieben. Seiner Mißbilligung vollen Ausdruck gebend, schreibt er Zeile über Zeile über die mangelnde Technik der Sängerin, ihre ungenaue Intonation, ihr störendes Vibrato und überhaupt ... Folgt nächsten Tages Aushändigung des jede einzelne Bemängelung anführenden Verrisses. Von Landré durchgelesen, folgt die Frage: »War sie wirklich so schlecht?« und seine Antwort: »Noch schlechter!« »Na, dann wird es auch wenig helfen, ihr ihre Mängel vorzuhalten«, meint der gewitzte Musikkritiker, »wir sind ja keine Gesangslehrer. Übergehen wir weitherzig die offenbar nicht gut zu machenden Unvollkommenheiten der Sängerin und beschränken uns darauf, die Leser wissen zu lassen, daß wir pflichtgemäß im Konzert gewesen sind.« Sprach's und schrieb nach den ihm vom übereifrigen jungen Kritikaster übermittelten Informationen nieder: »Frau Dingsbums, am Flügel kompetent von Herrn Sowieso begleitet, gab gestern einen Gesangsabend im Kleinen Musiksaal. Sie trug ein mit goldenen Pailletten besetztes Abendkleid und eine Feder im Haar.«

Welch unüberbietbare, wenn auch etwas reichlich schnoddrige Geschicklichkeit, die er aus zwei Gründen zur Überlegung anbietet. Einmal, um aufzuzeigen, daß es nicht Sinn der Kritik sein darf, das Wissen des Kritikers, gleich, ob es musikwissenschaftlich, musico-technisch oder gefühlsmäßig fundiert ist, belehrend in den Vordergrund zu schieben, und zum anderen, daß der Überheblichkeit Grenzen zu setzen sind. Zwei prinzipielle Einsichten, die einprägsam Silbermann zu Zeiten geleitet haben, als er nebenberuflich als Musikkritiker für Zeitungen tätig war und über viele Jahre auch ein »Seminar für Musikkritik« an der Musikhochschule in Köln leitete. Im gleichen Sinne machte er, als mit Autorität Bekleideter, später seinen Einfluß gegen jene sich als Allwissende gebärdenden Kümmerlinge geltend, deren aphoristisch ohne Begründung vorgetragene Beurteilungen aus dickleibigen Nachschlagewerken oder von Schallplattentexten entnommen sind; solche, die es nie versäumen, mindestens in jeder dritten Kritik gelehrig den Tristan-Akkord als Born alles Guten oder Schlechten zu erwähnen, obwohl sie nicht einmal einen Klavierauszug, geschweige denn eine Partitur lesen können.

Die freudigen Worte, mit denen er dank des längst verstorbenen Mentors Landré seine Einsichten mit Bezug auf gleich welche Aspekte der Musik vorlegt, werden zu Worten freudlosen Geächzes, sobald er Anlauf nimmt, einen Blick auf das Gesamt des in Holland verbrachten Jahres zu werfen. Gewiß, er erlernte bis zur Perfektion die holländische Sprache, wußte, wie man schnell und gut teure Drucksachen herstellte, hatte sich Sitten und Gepflogenheiten angepaßt – doch blieb ihm dieses Land völlig fremd. Von prozessualer Assimilation oder Akkulturation konnte keine Rede sein, eher von Distanzierung und Dissimilation. Ja, es überkommt ihn ein Grausen, wenn er an dieses Völkchen denkt, das stolz darauf ist, Vorübergehende in seine vorhanglosen Wohnzimmer blicken zu lassen, und auch noch so tut, als wüßte es nicht mal im Traume, was eine sinnliche Begierde ist. Da in keinem Augenblick seines Daseins inmitten der rauchgeschwärzten Mauern der anmutslosen Hafenstadt Rotterdam ihm auch nur ein Fünkchen Sinnlichkeit, ein verlockender Händedruck, ein Getändel, eine Aufforderung zum Flirt, kurzum eine Gefühlsregung entgegengekommen war, kehrt er, dem sich nicht nachsagen läßt, er sei ein Asket, mit einer Begehrlichkeit nach Köln zurück, die ungeschmückt als Nachholbedarf zu bezeichnen ist.

IV

Bei seinen Auslassungen über das in Rotterdam verbrachte Jahr gebärdet er sich wie ein Ignoramus, der das zeitgeschichtliche Geschehen interesse- und eindruckslos an sich hat vorübergehen lassen. Nun aber, mit der Rückversetzung in das Universitätsleben, diesem Teil des intellektuellen Menschwerdens, darf erwartet werden, daß er nachdenkliche Satzgefüge über schicksalhafte Begegnisse von sich geben wird, wie er sie aus der Feder so mancher gleichaltriger Zeitgenossen kennt. Indes, er muß gestehen, daß ihm weder der Eintritt Deutschlands in den Völkerbund, der Kellogg-Pakt, die Wohnungsnot, der Börsenkrach in den USA noch das Erscheinen von Hitlers »Mein Kampf« Anlaß gewesen waren, politischen oder gar weltgeschichtlichen Tiefgang zu entwickeln, den er später – nachdem alles vorbei ist – einem staunenden Leserkreis als fleckenlosen analytischen Vorausblick hätte vorlegen können. Es muß nicht unbedingt ein In-den-Tag-Hineinleben gewesen sein, wenn ihm wie den meisten in seiner Umgebung die genialische Gabe gefehlt hat, sich so in das Zeitgeschehen versenken zu können, daß sie imstande gewesen wären, die Zukunft wie ein offenes Buch zu lesen. Er kann also nicht damit dienen, die kommenden, in Freiburg sowie in Köln verbrachten Jahre mit politischen Gedankengängen auszuschmücken oder seitenfüllend die nunmehr Jahrzehnte zurückliegenden politischen, ökonomischen, sozialen und kulturellen, ihn direkt oder indirekt beeinflussenden oder an ihm vorbeiziehenden Begebnisse und Erwartungen zu rezitieren. Er überläßt dies den die Mär von der Weltgeschichte illustrierenden Historikern oder den in jeder guten Buchhandlung zu erwerbenden, handlich zusammengestellten Kulturfahrplänen.

Nach Köln zurückgekehrt und sichtlich erleichtert wieder in seine deutsch-jüdische Umfriedung eingefügt, wird er gewahr, daß er in Holland nie mit Juden zusammengekommen ist, die Gesellschaft »seiner Leut« weder gesucht noch vermißt hat. Ein insofern etwas aus der Reihe fallendes Verhalten, als doch das Unter-sich-Bleiben – bedenkenlos als natürlicher Zusammenhalt hingestellt – von Juden aller Schichten als Bastion gegenüber den vielfältigen Angriffen übelwollender Nicht-Juden, als Aufrechterhaltung sittlicher und religiöser Lebensregeln, als Hilfe in der Not und nicht zuletzt als ein von vornherein günstig gestalteter Umstand zur Herstellung von persönlichen Beziehungen angesehen wird. Er müßte sich der Lüge strafen, würde er vorgeben, schon in frühen Jahren erkannt zu haben, was spätere Erfahrungen ihn lehren sollten: daß eine einzig und allein auf jüdische Menschen ausgerichtete Beziehungspflege nicht das von ihm erwünschte oder ersehnte Ergebnis geistiger oder physischer Art hervorbringt.

Da das Jahr in Rotterdam nicht unter dem Zeichen eines Exils, einer Auswanderung oder einer Verbannung gestanden hat, sondern unter dem eines zeitweiligen Auslandsaufenthaltes zur Erfüllung einer familiären Verpflichtung, bleiben an Heimatgefühle gebundene Freudenbekundungen ebenso aus wie trübseliges Selbstmitleid über verlorene Zeit. Der nicht immer einfache Übergang von Fremde zu Heimatort, von Fremdheit zu Zugehörigkeit vollzieht sich alles in allem zuversichtlich. Der Vater führt mit ihm Fachgespräche, zeigt ihm in der Druckerei inzwischen vorgenommene Modernisierungen und behandelt ihn wie den zukünftigen Kompagnon. Die Mutter erkennt in ihm einen Erwachsenen und unterläßt es, von Fürsorge getragene penetrante Fragen zu stellen, da der Junge alt genug ist, um zu wissen, was er zu tun hat. Und was seinen Bekanntenund Freundeskreis betrifft, wird er ohne großes Hallo willkommen geheißen, so, als komme er soeben aus ein paar Wochen Ferien zurück. Der wohltuende Gedanke, daß ihn jemand unter den Gleichaltrigen vermißt habe, bleibt ihm fern, haben ihm selbst doch weder der eine noch der andere über das vergangene Jahr gefehlt; weder Ilse, die anverlobte

Architektentochter, noch die bundesbrüderlichen Studiengenossen.

Wenn wir uns diesen ereignislosen, fast friedfertig zu nennenden Rücklauf aus einer sich nicht gerade als angenehm erwiesenen sozialen Lage in eine weitaus ansprechendere aus der Nähe ansehen, um daran hervorstechende Charakterprägungen für den in absehbarer Zeit selbständiger werdenden Silbermann herauszufinden, tauchen in erster Linie Besonnenheit, Gleichmut, Gelassenheit, Bedacht oder Umsicht auf. Wer indessen Ereignisse in ihren erkennbar gestaltenden Auswirkungen über oder neben sensorische Vermutungen stellt, wird begreifen müssen, daß unverzüglich gestaltende Übergänge an faßbare Interessenlagen gebunden sind, die, lange bevor der Mensch an die zum anderen Ufer führende Brücke kommt, Konturen angenommen haben. Beim jungen Silbermann stehen derer zwei mit einem solchen Gewicht im Vordergrund, daß sie alle bedrängenden, berichtigenden oder unterstützenden Gefühls- und Stimmungswerte eines Heimkehrers gar nicht erst aufkommen lassen: Spielregeln und Verfahren werden genutzt, um lebensqualitätsorientierte Freiräume zu besetzen.

Es überschneiden sich binnen weniger Monate zwei Begebenheiten, die er lieber Geschehen nennt, da er beim Stand der Dinge nicht in die Versuchung kommen möchte, sie in das Nichtvorhersehbare solcher Begriffsworte wie Fügung, Vorsehung oder gar Verhängnis zu kleiden. Ohne auch nur einen Gedanken an die bevorstehende Fortsetzung seines juristischen Studiums zu verschwenden, geschweige sich darauf vorzubereiten, setzt er seine ihm liebgewordene Geschäftigkeit in Sachen Musik fort. Zum einen nimmt er am Dirigentenkurs am Konservatorium teil, zum anderen tritt er als Musikkritiker auf. Hierzu hatte ihm sein Lehrmeister in Holland verholfen, indem er ihn als Korrespondent der »Nieuwe Rotterdamsche Courant« ganz offiziell akkreditierte, so daß er sich sofort dementsprechendes

Briefpapier drucken läßt. Eifrig besucht er jetzt Konzerte, Oper, Schauspiel und auch Kunstausstellungen und schreibt darüber (in Holländisch) »Berichte aus Köln«. Irgendwie kommt er sich bedeutend vor, obwohl seine kritischen Äußerungen nicht den geringsten Einfluß auf das Kölner Kunstleben haben. Immerhin bringt ihn diese Tätigkeit in Berührung mit vielerlei Gestalten, die zu Künstler- oder Publikumsgruppen gehören. Es ergeben sich hier und da Treffen, bei denen er, meist der Jüngere im Kreise, mehr Zuhörer als Beitragender ist. Besondere Aufmerksamkeit wendet ihm ein schätzungsweise zehn bis fünfzehn Jahre älterer Maler aus Hamburg zu, der den in seinen Ohren wohlklingenden Vornamen Henri Bernardo trägt.

Der stattliche, mit einer überwältigenden Stimme ausgerüstete, ihm durchaus sympathische Mann hängt sich sozusagen an seine Fersen: Er nimmt ihn zu Kunstausstellungen mit, begleitet ihn in Konzerte, ins Theater, ins Kabarett, verabredet sich mit ihm in Konditoreien und ergeht sich bei jeder Gelegenheit in kenntnisreichen Erläuterungen. Immer deutlicher werden hierbei Hinweise, die sich auf Zuneigung, Empfindungsleben und Gewogenheit des Älteren gegenüber dem Jüngeren beziehen, wobei klassische Vorbilder – von Michelangelo bis Oscar Wilde, von Hadrian bis Ludwig II. – zuhauf als Beispiele angeführt werden. Bereitwillig lauscht der in den Subtilitäten der Verführungskunst noch nicht gewiefte Halbwüchsige den lebensklugen Anbahnungen, vor allem, wenn Henri Bernardo zum Thema Freundschaft kommt und sich dabei des längeren darüber ausläßt, daß eine wahre Männerfreundschaft sowohl eine mentale als auch physische Angelegenheit sei, daß beides zusammengehöre. Ein solches Reden fand Anklang, sei es aus Neugierde, Selbstbesinnung, Unternehmenslust, Ruhelosigkeit, oder weil er zu ahnen begann, daß die halbe Stunde mit dem Buben in der Absteige vielleicht mehr als ein reizvolles Abenteuer gewesen und sein Frust in Holland mehr als nur durch Umgebung und Bewandtnisse bedingt war. Es liefe auf ein abgeschmacktes Gefasel hinaus, wollte man von ihm verlangen, seine damalige seelische Großwetterlage auch nur in einer einzigen Hinsicht zu beurteilen, zu kommentieren oder zu sondieren. Auch muß dahingestellt bleiben, ob sich durch die Bekanntschaft mit Henri Bernardo, der ihn zu Besuchen in eines der Kölner Homosexuellenlokale, genannt »Dornröschen«, mitnahm, seine noch nicht voll erwachte Veranlagung zu akzentuieren begann. Auf jeden Fall vollzieht sich der Eintritt in einen eigentümlichen Kreis, der durch seine betonte Unbefangenheit abschreckende Vorstellungen über Anormalität, Anstößigkeit, Ausschweifung oder Unzucht eindämmt.

Gleichwohl baut sich bei ihm eine Umwallung auf, die es ihm unter Vorgabe eines ausreichenden Abschaltens und einer demonstrativ zutage getragenen Männlichkeitsgewißheit ermöglicht, zuversichtlich und unverdächtig sich wieder in das bundesbrüderliche Verbindungsleben in Freiburg einzubinden. Er trifft auf alte und ein paar neue Gesichter und wird seinem Alter und dem Komment entsprechend vom Fuxen zum Burschen gekürt. Im übrigen läuft alles wie gehabt, außer daß er öfter Vorlesungen besucht. Dem Lehrplan folgend, belegt er alles vom BGB über Finanz- und Arbeits- bis Strafrecht, könnte allerdings nicht sagen, daß ihm irgendeiner der Professoren durch seinen Vortrag das Paragraphengestrüpp so belebt vor Augen geführt hat, daß ihm ihre Weisheiten im Gedächtnis verblieben wären. Ungleich stärker muß ihn die Vorlesung »Gerichtliche Psychiatrie« interessiert haben, in der der Professor unter Vorstellung der betreffenden Person psychiatrische Fälle diskutierte. Unvergeßlich ist ihm die Antwort eines geisteskranken Patienten geblieben, der, nach seinen Erfahrungen im Ersten Weltkrieg befragt, sagte: »Wir haben so lange gesiegt, bis wir verloren haben« – eine Bemerkung von prophetischer Tragweite. Anregend fand er auch die Vorlesung »Das Drama seit Gerhart Hauptmann«, die seiner zunehmenden Theaterbesessenheit entgegenkam.

Nach den vielseitigen Erfahrungen, die sich bei ihm über die letzten achtzehn Monate angesammelt haben, müßte sich eigentlich ein Wandel in seiner Einstellung gegenüber dem Verbindungsleben mit seiner preußischen Zuchtroutine eingestellt haben. Es kann einfach nicht sein, daß jemand, der umständebedingt eine Eigendisziplin entwickelt hat, sich duldsam einer reglementierten Fremddisziplin unterordnet, die, dem hierarchischen Aufbau dieser Jugendgruppen entsprechend (Fux, Bursche, Alter Herr), einerseits erzieherische Qualitäten zeitigt (Pünktlichkeit, Sauberkeit, Beherrschung, Herrenart etc.), andererseits bis zu relativer Freiheitsbeschränkung führt. Und doch scheint dies der Fall gewesen zu sein, wobei er nicht sagen kann, ob seine folgsame Willfährigkeit auf Passivität, Entgegenkommen, Nachgiebigkeit oder blindem Gehorsam beruhte. Was ihm bei seiner Eingliederung in den vorherrschenden Kadavergehorsam hilfreich entgegenkommt, ist seine nunmehrige Position als Bursche, als einer der Älteren, denen die Führung der Verbindung und damit der Füxe, der Jüngeren, anvertraut ist. Obwohl der Altersunterschied zwischen diesen beiden Gruppen bei allen sich als Verbindungen selbst gerierenden Studentenassoziationen minimal war, galt überall das Führungsprinzip. Es bezog sich nicht nur auf die administrative und inhaltliche Gestaltung des Verbindungslebens, sondern insbesondere auf die Begründung von individuellen Anhänglichkeiten, Gewogenheiten und Zuneigungen, die unter der Losung »Freundschaft« als persönliche Verbundenheit von Mensch zu Mensch vonstatten gingen. Die Einrichtung, nach der sich ein Fux nach eigener Wahl einem Burschen anvertraut, also, wie es zwar traditionsgemäß, doch kaum sinngemäß heißt, zum Leibfuxen dieses Leibburschen wird, ordnet sich insofern unter das gebietende Führungsprinzip ein, als es am Leibburschen ist, den Leibfuxen in allem – von Alltäglichkeiten bis zu Besonderheiten – zu unterweisen, zu lenken und zu leiten.

Eine Aufgabe dieser Art kommt kurz nach dem Wiedereintritt in das Freiburger Studentenleben auf ihn zu, als zwei Jüngere ihn als ihren Leibburschen auserwählen. Durch die in dieser Obliegenheit gelegene Verbindlichkeit gleicht sich sein durch die Berührung mit den ungeselligen Realitäten des Lebens desillusionierter Blick den idealisierten Zubereitungen innerhalb eines zusammengewürfelten Zweckverbandes an. Auch einige die allgemeine Aufsicht betreffende Angelegenheiten werden ihm zugewiesen, so daß seine Fähigkeit im Umgang mit Menschen, deren individuelle Bedürfnisse mit den Zielen der Gruppe in Einklang zu bringen sind, sich erweisen kann. Inmitten dieser sich um die Verschmelzung von Deutschtum und Judentum bewegenden Ziele der Studentenverbindung stand als Angelpunkt die Verkettung der Mitglieder durch einen Freundschaftsbund, was für den Burschen Silbermann mehr Anziehungskraft besaß als die programmatischen Verkündungen über Erziehung zum Judentum, Recht auf Freiheit der Gesinnung und Achtung vor den Menschenrechten. Unmerklich vollzieht sich eine Schwerpunktverlagerung, indem er die ihm zugewiesene Führungsposition in erster Linie als Einflußbereich in Richtung auf Freundschaftsbegründung sieht. Weniger an der Bedeutung seiner Gruppe nach außen hin interessiert und mitnichten die Qualität einer Führerpersönlichkeit besitzend, wird die Beschäftigung mit den Jüngeren mehr und mehr zu der eines Mentors anstatt eines intimen Freundes. Nicht daß ihm die bezeichnende Unterschiedlichkeit zwischen den beiden Begriffen aus Wissen oder Vernunft geläufig gewesen wäre, sie dient nur dazu, um aufzuzeigen, wie einprägsam ihm die noch nicht allzu lange zurückliegenden Anbahnungsgespräche mit dem älteren Henri Bernardo gewesen sind und wie sich hier ein Auftreten oder, vielleicht besser gesagt, eine Lebensart begründet und festsetzt, die denjenigen Teil seines Lebens leiten wird, der die Beziehungen zu Gleichgeschlechtlichen ausfüllt.

Dieses Mentorgehabe, zugleich Zeichen geistiger Überlegenheit, Unterdrückung schwelender physischer Sinnenlust und versteckte Verführungskunst, kommt ihm – wenn auch nicht unter dieser Begriffskonstellation – besonders deutlich in den sogenannten einschlägigen Schriften entgegen, von denen er sich einige besorgt hat. Es waren nicht die Schriften, die sich seit von Tabus einigermaßen befreiten Zeiten in erklärender, aufklärender, bußfertiger oder entschuldigender Weise über Homophobie oder Homosexualität als individuelle Krankheit, als soziales und ethisches Problem, als Diskriminierung, als Emanzipation oder Herrschaftstechnik auslassen. Was er in heimlicher Stille liest, sind in unmittelbarer Nähe von heftchenromanem Kitsch gelegene Bekenntnisse zur »namenlosen Liebe«, die, romantisch das Verbotene idealisierend, an die Unvoreingenommenheit des Lesers appellieren. Kein Wunder, daß sie ihn angesichts ihrer mit wehleidiger Schwulstigkeit vorgetragenen Gleichstellung von Freundschaft und Liebe dermaßen verwirren, daß er aufkommende Gelüste hinter der Maske des pflichtbewußten, nur der trefflichen Sache sich widmenden Teilnehmers an einer Bruderschaft verbirgt. Auch als er sich zu Ende des Semesters zusammen mit drei Jüngeren auf seine erste Reise entlang der Riviera begibt, spielt er den Ahnungslosen, der sich nur für die Schönheit der Landschaft, der Kathedralen und Monumente, für Schwimmen, Rudern und Bergbesteigungen interessiert. Erst viel später muß er erkennen, daß sich durch die Unliebsamkeit seiner Mentorhaltung eine solche Distanz zwischen ihm und seinen Kameraden aufgetan hat, daß sich ihre Freundschaftsbezeugungen nur an der Oberfläche bewegen konnten. Er war ins Abseits geraten.

Hier ist von einem Intermezzo zu sprechen, das er um der Redlichkeit willen zu erläutern wünscht. Liest sich doch in den diversen »Wer-ist-Wer«-Eintragungen, daß er unter anderem in Grenoble studiert habe, was nicht ganz der Wahrheit entspricht. Zwar bestand die Absicht, an einem Ferienkurs an der französischen Universität teilzunehmen, und er begab sich auch in die von den Alpen umrahmte Stadt, fand sie jedoch so ungastlich, daß er sie nach ein paar Wochen des lustlosen Herumtrollens wieder verließ. Dieser untätige Kurzaufenthalt verschwand alsbald aus seinem Gedächtnis. Erst als er Jahrzehnte später jene Datenbögen auszufüllen hatte, die mit ihren neugierigen Fragen Auskunft über die Qualifikationen für eine Bestallung im Kreise der Wissenschaftsdiener geben sollen, erinnerte er sich des kurzen Gastspiels in Grenoble. Und da es sich gut macht, im Rahmen eines erfolgreichen Bildungsweges auch noch das Studium an einer ausländischen Universität anzuführen, andererseits kein Mensch nach diesbezüglichen Unterlagen verlangt, er im übrigen auch gar nicht mehr wußte, warum und wieso er überhaupt die Reise nach Grenoble unternommen hatte, gibt er seither als Studienort neben Köln und Freiburg auch Grenoble an. Obwohl er bezweifelt, daß das Manöver bei der Erreichung seiner akademischen Ehren je eine Rolle gespielt hat, bleibt es erwähnenswert: Es bezeugt von achtunggebietender Bürokratie herrührende Unangemessenheiten.

Zum Wintersemester 1929/30 kehrt er noch einmal nach Freiburg zurück und befindet sich jetzt als Zwanzigjähriger inmitten jener Jahre, die in historischen, politischen, ökonomischen und kulturellen Schriften von den einen als Krisenjahre, von anderen als Aufbruchsjahre und wiederum anderen als die ausschlaggebenden Jahre für eine kommende weltweite Katastrophe vorgeführt werden. Es kann nicht an ihm sein, einen diesbezüglichen Aufriß zu vermitteln beziehungsweise aus seiner damaligen jugendlichen Sicht eine situationsgerechte Einschätzung dessen vorzulegen, was ihm die Zeitungslektüre als zeitgeschichtlich bewegende Nachrichten überbrachte. Indes, sie haben auch für sein Denken, Fühlen und Handeln teil am apperzeptiven Hintergrund, so daß ihrer Erwähnung getan werden muß, wenn auch nur in Schlagzeilen ähnlicher Art. Dabei gründet die hier folgende Zusammenstellung – eine Auflistung zu Zwecken besseren Verständnisses – auf der Vermutung, hier könnten Schwerpunkte der Eindrucksfähigkeit gelegen haben.

Als erstes ist von politischen Ereignissen in den Jahren 1929/30 zu sprechen. Da hören wir von dem erfolglosen Volksentscheid der Deutschnationalen und Nationalsozialisten gegen den Young-Plan; aus Frankreich von den Regierungsbildungen unter Briand und Tardieu; von einer tiefen Weltwirtschaftskrise und von politische Folgen auslösenden Kursstürzen an der New Yorker Börse; von der Ernennung Heinrich Brünings zum Reichskanzler und der Rheinlandräumung; von Notverordnungen, Reichstagsauflösung, Gewinn der Nationalsozialisten und Kommunisten bei den Reichstagswahlen und 4,4 Millionen Arbeitslosen; lesen als eine vermischte und nicht als eine gravierende Nachricht, daß sich in Österreich unter einem gewissen Starhemberg katholisch-faschistische Heimwehren zusammengeschlossen haben; im Reichswehrprozeß ein Hitler schwört, die Weimarer Verfassung einzuhalten, und ein Heinrich Himmler Reichsführer der SS geworden ist.

Im Felde der Literatur und der Musik (um den Bogen der Aneinanderreihungen nicht allzuweit zu spannen) spricht man von der Verleihung des Literatur-Nobelpreises an Thomas Mann; von Vicky Baums Roman »Menschen im Hotel«; Döblins »Berlin Alexanderplatz«; Kästners Kinderroman »Emil und die Detektive«; dem von Erich Maria Remarque verfaßten Antikriegsroman »Im Westen nichts Neues«; und nicht zuletzt von Axel Munthes »Das Buch von San Michele« und Hermann Hesses »Narziß und Goldmund«, zwei Büchern, die mit ihrem diskreten Anklang an homoerotische Mehrdeutigkeiten bei ihm ebenso großes Interesse erwecken wie die faszinierende Sprachkunst des Thomas Mann. Im Feuilleton begegnen ihm die Namen einer neueren Garde von Komponisten, darunter Hindemith, Schönberg, Weill, Bartók, Strawinsky, um nur diese zu nennen, und er findet größten Gefallen an den Kreationen Franz Lehárs (»Das Land des Lächelns«) und Ralph Benatzkys (»Im weißen Rößl«). Natürlich versäumt er es nicht, weiterhin seiner Kinoliebe zu frönen, und erlebt das Aufbegehren des Tonfilms mit »Melodie des Herzens«, »Der blaue Engel«, »Die drei von der Tankstelle«, »Unter den Dächern von Paris«, »Anna Christie« etc.

Wenig berührt ihn die Verordnung über Devisenbewirtschaftung in Deutschland, noch interessiert er sich für Sigmund Freuds Analyse über »Das Unbehagen in der Kultur«, Ortega y Gassets individualistisch-philosophische Ausführungen in »Der Aufstand der Massen«, noch für die Darlegungen der nationalsozialistischen Weltanschauung in »Der Mythos des 20. Jahrhunderts« durch Alfred Rosenberg oder für die Gründung der Jewish Agency als Gesamtvertretung der zionistischen und nichtzionistischen Juden. Dafür aber stimmt er in den allgemeinen Jubel über die Weltumfahrt des Luftschiffes »Graf Zeppelin« und Max Schmelings Gewinn der Boxweltmeisterschaft ein.

Nun zurück nach Freiburg, das von den sich immer stärker bemerkbar machenden nationalsozialistischen Umtrieben nicht verschont geblieben ist. Vor allem die Studentenschaft, angeführt von den zu dieser Zeit noch tonangebenden Studentenverbänden und ihrem verblendeten Patriotismus, war geziemend aufgeputscht worden. Seine Verbindung wurde als prominenter Vertreter der jüdischen Studentenschaft angesehen, obwohl sie im Vergleich zu der Gesamtheit der an der Universität eingeschriebenen jüdischen Studenten nur eine kleine Gruppe repräsentierte. Immer mehr aber wurden gerade sie angepöbelt, zumal sie durch die Farben ihrer Mützen und Bänder zu erkennen waren – sie trugen schon den Judenstern. Nunmehr war es an den Leitern der Verbindung, zu denen auch der zum Fuxmajor ernannte Silbermann gehörte, die Existenzrechte mitsamt der Grundtendenz des Verbandes zu stärken und zu verteidigen. Dazu gehörten die tatkräftige Wahrung der staatsbürgerlichen und gesellschaftlichen Gleichstellung, die Pflege deutscher Gesinnung, die Bewahrung des Judentums sowie die Festigung des Zusammenhaltes. Bei der griffigen Aufforderung nach »Tatkräftigkeit« zur Wahrung der sozialen Gleichstellung sieht er sich in der gleichen schwachen Position wie die Menge seiner organisierten oder unorganisierten Glaubensgenossen, will sagen, in einer Situation, in der die verfügbaren Mittel in keinem Verhältnis zu denen des Aggressors stehen. Schon allein das quantitative Ungleichgewicht macht an die Autoritäten gerichtete Schutz- und Hilferufe obsolet.

Diese bittere Erkenntnis wird ihm eindringlich in einer Sitzung des Allgemeinen Studentenausschusses der Universität vor Augen geführt, an der er als einer der Vertreter seiner Verbindung teilnimmt. In einer Zuschrift an die »Freiburger Zeitung«, dort am 14. November 1929 abgedruckt, hält er sie fest: »Immer wieder geschehen im hiesigen ›Allgemeinen Studentenausschuß‹ Dinge, die zur Verfassung und zur Einstellung der Freiburger Bürgerschaft im krassesten Gegensatz stehen. Die Vertreter der Studentenschaft, die als höchstes Ziel das Gesamtwohl und das Interesse aller Studenten zu vertreten haben, beginnen, nunmehr auch hier politisch so radikal zu werden, daß sie vor höchsten Gütern der Humanität nicht mehr haltmachen. Das gestrige Bild der Asta-Sitzung zeigte dies deutlich bei einer Besprechung der Langemarkfeier für die Toten des Weltkrieges. Ein berechtigtes Schweigen lag über dem Saal, als ein Vertreter der Nationalsozialistischen Studentengruppe aufstand und bei dieser Gefallenengedenkfeier den Ausschluß aller jüdischen Studenten verlangte! Dieses Verlangen wurde durch das Beifallsgetrampel der in Massen erschienenen Nationalsozialisten aufs lebhafteste unterstrichen. Jene Kreise wollen also einem Teil der Studentenschaft das Recht absprechen, die für unser Vaterland gefallenen Brüder zu ehren. Der Vorfall zeigt, daß diese Herren ihre Kampfmethode in akademische Kreise hineinbringen wollen. Es ist klar, wohin ein solcher Weg führen wird, wenn nicht dazu befugte Stellen eingreifen ... Wenn dieses Verhalten dem Sinne der studentischen Selbstverwaltung entsprechen soll, so ist bald unsere Universität eine Hochburg staatsfeindlicher Agitationen.«

Sein an die Obrigkeit gerichteter abmahnender Leserbrief – ebenso vergeblich wie alle zu dieser Zeit gehaltenen Proteste – verdeutlicht durch den verwendeten Wortschatz den Denkbereich und die Regsamkeit eines Großteils der von den mit anmaßenden und verächtlichen Mitteln angegriffenen Juden in Deutschland; ferner das Aufkeimen einer politischen Verständigkeit, die allerdings nicht über die Ablehnung der ihm eingeprägten, in der Nähe nachgiebiger Anbiederung gelegenen Beschwörungsformeln hinausreicht. Diese Haltung darf nicht als zaghaft verurteilt werden. Entsprach sie doch durchaus der Gesamthaltung der jüdischen Bevölkerung sowie ihrer geistigen und politischen Anführer, unter denen sich nur wenige befanden, die im Vorspiel die kommende Tragödie erahnten.

Was den anderen Teil der ihm anvertrauten Charge betrifft, nämlich die Truppe der Jüngeren in Unterrichtsstunden über das Judentum zu instruieren, folgt er einem eingefahrenen Vorbild. Anhand von vorliegenden Aufklärungsschriften aus jüdischer Feder wird ein wenig über die Geschichte der Juden in Deutschland gesprochen, in der Hauptsache jedoch über Antisemitismus, seine Herkunft, sein Auftreten und seine Abwehr. Eine Vertiefung in grundlegende Fragen des Judentums, der Glaubensinhalte, der Lehren und der Verkündigungen fand schon allein aus Mangel an Kompetenz nicht statt. Auch das Zusammenhaltsprinzip, auf das seine Studentenverbindung den größten Wert legte, konnte nicht »gelehrt«, sondern höchstfalls durch eine inhaltsreiche und lebendige Füllung der sich in der Benennung »Bundesbruder« abzeichnenden Bruderschaft umgrenzt werden. Hier muß ihm, wenn er so sagen darf, sein Naturell übel mitgespielt haben, vielleicht auch nur die unvernünftige Gleichsetzung der in seiner Verbindung gepredigten Brüderlichkeit mit seiner weitgehenderen Auffassung von Freundschaft unter Männern. Denn als bemerkt wird, daß er einen der ihm anvertrauten Füxe favorisierend an sich zu ziehen sucht (ohne ihm übrigens je physisch nahegekommen zu sein) und sich stets zurückhaltend verhält, wenn es zu Mädchengeschichten, Bordellbesuchen und den üblichen zotenhaften Aufschneidereien kommt, überdies sich auch noch weigert, an einer dieser blutrünstigen Veranstaltungen, genannt Mensur, teilzunehmen, suspendiert man ihn von seiner Fuxmajor-Charge und hängt ihm ein Ehrengericht an. Zwar wird das Kind nicht beim Namen genannt, doch wird mit Anklage, Vernehmung, Zeugen und Beratungssitzungen ein ausgedehntes Sittenstück gespielt, welches damit endet, ihn ohne Wiedereinsetzung in die Fuxmajor-Charge freizusprechen.

Alsbald erfährt er, wie es um Freisprüche bestellt ist, selbst wenn sie nur auf unverbindlichen Ehrenkodizes beruhen: Immer bleibt etwas hängen. In seinem Fall ist es der sich im Verhalten seiner Gruppe widerspiegelnde Verlust an Ansehen und Autorität, sind es Zurückhaltung im vertraulichen Umgang und eine übersteigerte Förmlichkeit, die schon immer als Mittel eingesetzt wurde, um hypokritisch Verdächtigungen abzudecken. Er gibt nicht vor, daß dieses Verhalten ihn bedrückt, sondern nimmt munter weiter am Verbindungsleben teil, tut so, als sei nichts gewesen. Aber ein Schock bleibt ein Schock, und dieser Zwischenfall muß es gewesen sein, der ihn dazu geführt hat, über die Jahre hinweg die Zugehörigkeit zu dem Verband stetig mehr als eine höchst unnötige, des Einsatzes nicht werte Angelegenheit anzusehen. Brüderlichkeit und Zusammenhalt wurden ihm zu inhaltslosen und satzungsgemäßen Schaustücken. Bleibt zu erwähnen, daß einige wenige der seinerzeit angebahnten freundschaftlichen Beziehungen über die Jahrzehnte hin aufrechterhalten wurden. Sie haben sich weniger als gültiger Inbegriff höchster Vertraulichkeit erwiesen, eher als Andenken an eine gemeinsam verbrachte Jugendzeit.

Es reizt ihn ungemein, an dieser, das Kapitel aktives Verbindungsleben in Freiburg abschließenden Stelle ein Resümee vorzulegen, das, auf sein soziologisches Wissen gestützt, von Beziehungs- und Organisationsformen Jugendlicher spricht, von Pubertätskrise, Generationenkonflikt, Frei- und Schonräumen. Doch er versagt es sich, weil er dieses Wissen erst viel später erworben hat und überdies nicht darauf erpicht ist, sein Erinnerungsvermögen streberhaft zu strapazieren. Gesetzt den Fall, er hätte dennoch die Gelegenheit genutzt, Rechenschaft über die vergangene Periode mit ihren in ihrer Erheblichkeit ungleichmäßigen Erlebnissen abzulegen, dann hätte möglicherweise von einem Wendepunkt oder gar einer Schicksalsfügung gesprochen werden müssen. Doch das hält er für eine stoffhungrige Überschätzung und zieht es daher vor, von einem Zeitpunkt zu sprechen, an dem sich frei von Beimischungen Interessenvertiefungen anbahnen, bei denen unvollständig gemischt politische, jüdische und freundschaftliche Auskundschaften nebeneinanderliegen. Nur insoweit sein beständiges Streben nach Anerkennung eine Niederlage erlitten hat, sei ihm gestattet, die verborgene Bedeutung von Fügung, Geschick oder Schicksal anzupeilen.

V

Als er in die häusliche Umgebung nach Köln zurückkehrt, lassen sich keinerlei Anzeichen von Niedergeschlagenheit, Verdrossenheit oder Selbstbemitleidung erkennen. Dort vollzieht sich der Tagesablauf genau nach Plan, wobei die Zäsur aus der geheiligten halben Stunde besteht, in der der Vater sich nach dem Mittagessen auf das Ledersofa im Herrenzimmer zu einem Schläfchen zurückzieht, bevor ihn der Chauffeur wieder ins Geschäft holt. Die steigende Prosperität der Familie – angezeigt beispielsweise durch eine Frühjahrsreise mit Mutter und Cousine Lotte nach San Remo, Monte Carlo und Nizza – ist zweifellos Vaters Tüchtigkeit als Verkäufer und Organisator zuzuweisen sowie einem geradezu besessenen Fleiß, den nachzuahmen der Sohn sich hütet. Alphons, nicht länger Bubi gerufen, war nunmehr so weit, sich auf das Referendarexamen vorzubereiten, was nach althergebrachter Sitte beim Repetitor geschah. In Köln war als bester Einpauker ein gewisser Dr. Löwenwarter angesehen, der die Schar der Kandidaten zu frühester Morgenstunde im verrauchten Saal einer Tanzschule um sich versammelte. Des Doktor Löwenwarters Gabe, mit umfassendem Wissen Recht und Rechtswissenschaft aus der Logik des Alltags heraus zu entwickeln, wird heute noch von vielen rechtskundigen Seiten dankbar gedacht. Auch er gedenkt seiner als demjenigen, der ihm durch seine unübertreffliche Verbindung von Gelehrsamkeit, Praxis und pädagogischer Geschicklichkeit den Weg zum Denken in Lebensnähe eröffnet hat. Außerdem ist es ihm ein Erfordernis auszusprechen, daß der von den Nazis ermordete Löwenwarter einer der vielen gewesen ist, dem als Jude die akademische Karriere verschlossen blieb.

Die zum Referendarexamen führenden, bis zum Ende des Sommersemesters 1931 dauernden Monate müssen außerordentlich angefüllt gewesen sein. Er sieht sich in eine solche Menge von Aktivitäten verstrickt, daß es ihm schwerfällt, diesen Wirrwarr einigermaßen zu entflechten und zu gewichten. Er kann sie nur wie Blöcke von Erfahrungen nebeneinanderstellen, möchte aber keinen Zweifel darüber aufkommen lassen, daß sie, wenn auch ursächlich miteinander verbunden, sich überschneiden, eindeutig gesagt, durcheinanderlaufen. Er weiß nur allzugut, daß sich das, was immer er aus den kommenden Monaten für berichtenswert hält, auf Gewohnheiten, Attitüden, Werthaltungen, Verhaltensbereitschaften, Triebregungen und Normen stützt und er somit den Seziervorgang, der sich Auseinandersetzung mit sich selbst und der sozialen Umwelt nennt, beiseite lassen kann. Es gilt als erwiesen, daß Lebensführung und Persönlichkeitsbildung davon abhängen, inwieweit sich der Mensch Teile von Werten, Normen und Verhaltensregeln zu eigen macht und in den Anforderungen der sozialen Umgebung sich selbst erkennt. Gleichwohl meint er, daß ein Sich-führen-lassen von solchen mit vielen guten Argumenten versehenen Thesen leicht den Weg zur Lebenslüge ebnet. Eben dies möchte er vermeiden und beläßt es dabei, nur dasjenige in der ihm eigenen systematisierenden Weise vorzulegen, was ihm als überschaubares Faktum noch heute vor Augen steht.

Den größten Teil seiner Zeit nehmen unverkennbar die Verrichtungen in Anspruch, die zum Bestehen des ersten juristischen Examens führen sollen: Besuch des Repetitoriums, Anwesenheit bei Vorlesungen und Übungen, Aufarbeitung und Lektüre. Obwohl er Gelegenheit hat, von durch ihre Veröffentlichungen weit über die Grenzen der Universität Köln bekannten und angesehenen Rechtswissenschaftlern wie Lehmann, Bohne, Planitz oder Stier-Somlo unterrichtet zu werden, verbleibt sein Wohlgefallen an der Materie im Rahmen eines Schulfaches, das so gut wie möglich zu absolvieren ist. Das heißt, er widmet sich ihr weder mit besonderem Fleiß noch mit nach Vertiefung suchendem Eifer. Er erlernt das Notwendigste, wobei ihm sein vorzügliches Gedächtnis zugute kommt; wenn man so will, erwirbt er eine Art von Oberflächenwissen, das, ohne Wurzeln geschlagen zu haben, in beeindruckender Weise präsent und präsentierbar ist. Wenn ihn etwas an der Juristerei anspricht, dann ist es ihr logischer Gliederbau, insbesondere dann, wenn dessen Lebenswirklichkeit erkenntlich wird. Der großen Kunst des Repetitors Löwenwarter, eine Wissenschaft mit Leben zu erfüllen, begegnet er an der Universität eigentlich nur in den von Leopold von Wiese gehaltenen, für Juristen als Pflichtfach bestimmten volkswirtschaftlichen Vorlesungen. Es müssen ihn dessen von einer soziologischen Warte ausgehenden Ausführungen über das Verhalten von Menschen in der Gesellschaft, über Gebilde und soziale Beziehungen weitgehend beeindruckt haben; denn bei seinem Jahrzehnte später liegenden Anmarsch in die Welt der Soziologie waren ihm die Wieseschen Gedankengänge, vor allem was Einflüsse der Individuen aufeinander betrifft, in gewissem Sinne stets gegenwärtig. Deshalb nimmt er sich – wenn danach gefragt – das Recht heraus, Leopold von Wiese, den Altmeister der Soziologie, beherzt als seinen Lehrer zu bezeichnen, zumal er sowieso mit anderen, in der Zunft einigermaßen bekannten Namen nicht aufwarten kann.

Während der Freiburger Monate war seine Beschäftigung mit der Musik bedenklich in den Hintergrund gerückt. Das Leben in einer Gruppe, deren Mitglieder wenig beziehungsweise gar kein Interesse an künstlerischen Aktivitäten zeigten, war eben nicht dazu angetan. Es fehlten die Gesprächspartner. Überdies möge nicht übersehen werden, daß angesichts des über der Gruppe schwebenden und sie durchziehenden abweisenden Vorurteils gegenüber künstlerischen Berufen man ihm bei Gelegenheit einer unverhohlenen Offenlegung seiner musikalischen Ambitionen mit einem Unverständnis entgegengekommen wäre, das ihn leicht in die Rolle eines Sonderlings versetzt hätte.

Befreit von diesem schablonenhaften Druck greift er nach seiner Rückkehr ins Kölner Milieu mühelos alles wieder auf, was er für Monate hat hinter sich lassen müssen: Theater-, Konzert-, Kunstausstellungsbesuche, Klavier- und Kammermusikspiel und die Berichterstattung für die holländische Zeitung. Seine Bewerbung, wieder am Dirigentenunterricht teilzunehmen, diesmal bei Hermann Abendroth, seines Zeichens Direktor des Konservatoriums und Leiter der Gürzenich-Konzerte, ist erfolglos. Dafür empfiehlt ihn der einflußreiche Maestro aber ans Opernhaus, wo eine Aushilfe für einen erkrankten Korrepetitor gesucht wird. Stracks begibt er sich zum Bühneneingang des monumentalen Gebäudes, stellt sich vor und wird zu- und eingeteilt. Tags darauf schon hat er »Dienst«, wobei ihm sein in Rotterdam erübtes Vom-Blatt-Spielen zustatten kommt. Nicht daß er größere Partien zu korrepetieren gehabt hätte; so viel Vertrauen hatte man nun denn auch nicht in den jungen Ersatzmann. Es waren immer Eröffnungs- und Überleitungspartien, ein paar Takte, die zu singen, aber nicht zu interpretieren sind. Immerhin, die wenigen Monate Aushilfsarbeit sind ihm eine willkommene Gelegenheit, hinter die Bühne zu blicken, bei Proben anwesend zu sein, Einblick in Arbeitsgänge zu gewinnen und mit dem Künstlervölkchen enger in Berührung zu kommen. Es muß ungewiß bleiben, ob seine Leistungen den gestellten Ansprüchen entsprachen; auf jeden Fall kamen keine Beschwerden. Auch ist nicht anzunehmen, daß es ihm aufgegangen ist, welch große Rolle der Korrepetitor im Opernbereich spielt und in welch unrühmlicher Berufssituation er sich nichtsdestoweniger befindet, auch wenn es heißt, dies sei die Vorstufe zum Kapellmeister. Bleiben doch Arbeit, Qualität und Namen dieser Partien-Einstudierer dem Opernpublikum so verborgen wie Poltergeister. Selbst wenn in Programmheften ihre Namen in der Rubrik »Musikalische Einstudierung« abgedruckt sind, bleiben sie namenlose Gestalten, denen noch nie jemand ein Bravo zugerufen hat.

Noch geht der Judenjüngling Silbermann ungehindert

seinen diversen Aktivitäten nach, kein Boykott, keine Diskriminierungen, keine Unannehmlichkeiten stehen im Wege. Und doch fühlt er sich irritiert. Denn mit Unbehagen sieht er, wie immer mehr Menschen sich das Hakenkreuzemblem ins Knopfloch stecken, wie immer öfter dieses Feindsymbol in Druckerschwärze oder Farbenpracht flächendeckend in Erscheinung tritt. Mehr denn je sieht er sich zudem mit jüdischen Freunden, Bekannten und den Seinen in Gespräche verwickelt, bei denen weniger die im Vorder- oder Hintergrund sich abspielenden, schwer durchschaubaren Politika diskutiert werden als vordringlich die Frage, inwieweit die politischen Vorgänge uns als Juden betreffen. Stets noch in ihr republikanisch-demokratisches Gleichberechtigungsmäntelchen eingelullt, dem sie unterstellen, es würde sie als deutsche Bürger vor politischen Stürmen schützen, ziehen die Juden wieder jene Eignungsprüfung aus der Tasche, die, als »Die Judenfrage« bezeichnet, voll und ganz geklärt zu sein schien. Judentum, Wissen um das Judentum, Judentum als Kollektivbastion sollen Abwehr, Sicherheitsgefühl und Selbstbehauptung stärken, ein, wie die Geschichte der Juden gezeigt hat, wenig pragmatisches Mittel, eine Ausflucht aus Situationen der Hilflosigkeit.

Er ist so vollauf verstrickt in Mentalität und Habitus der assimilierten bürgerlichen Judenschaft, die dafür einsteht, das Politische von der Judenfrage zu trennen, daß er mit Unverständnis den Reden seines Vetters Berthold gegenübersteht, der als überzeugter Zionist seine Übersiedelung nach Palästina vorbereitet. Zionisten und ihre Ideen, das sind ihm ebenso uninteressante, nicht zur Kenntnis zu nehmende Erscheinungen wie das Schicksal der Ostjuden. Schon im Kreise seiner Studentenverbindung als Fremdkörper verpönt, sieht er keine dringende Notwendigkeit, sich über deren Tun und Lassen zu orientieren. Gewiß, auch für sie wird man einzustehen haben – denn schließlich sind sie ja Juden –, doch zionistische Veranstaltungen zu besuchen oder sich mit Theodor Herzls Schriften »Der Judenstaat« und »Altneuland« abzuplagen, kommt nicht in Frage. Er verbleibt bei den lauteren Geschichtsbüchern und Angriff- und Abwehrbändchen, aus denen er schon in Freiburg sein Wissen zur Belehrung der Füxe bezogen hat. Was die unbändige »Judenfrage« angeht, hält er sich an das Getöse der antisemitischen Aggressoren und Schriften, die von den Pflichten der Juden und den Pflichten des Staates sprechen. Bemerkenswert ist immerhin, daß er beginnt, häufiger zum Gottesdienst in die Synagoge zu gehen; doch das hatte wohl andere, weit von Judenfrage und Antisemitismus entfernt gelegene Gründe.

Sie sind insofern ereignisbezogen, als sie mit einem durchdringenderen Erwachen seiner Gefühlswelt im Zusammenhang stehen. Zwischen ihm und einem nicht seiner Studentenverbindung angehörigen Kurt Erich aus Königsberg hatte sich in Freiburg eine kommilitonenhafte Freundschaft angebahnt. Öfteres Zusammensein außerhalb des Verbindungslebens und seiner ewig gleichen eingedämmten Interessenlinien war ihm nicht nur willkommene Ablenkung, sondern überdies erquickender Ausgleich derart, daß von Einstimmung gesprochen werden darf. Zunehmende Gewogenheit führte zu gemeinsamen Plänen, darunter alsbald eine Einladung nach Königsberg in die Familie von Kurt Erich, der er liebend gerne folgte. Dort, im Hause eines wie ein Mogul auftretenden Großkaufmanns, trifft er auf eine preußische Zucht, die wie eine Beigabe von Jüdischkeit begleitet ist. Es war ein angenehmer Aufenthalt, bei dem im gewissen Sinne eine familiär-intime Einfügung vorherrschte. Direkt daran schloß sich wie vorgesehen der Besuch des in den Süden reisenden Kurt Erich in Köln an. Eingeplant waren auch ein paar Tage Zwischenaufenthalt in Berlin, dieser sagenhaft ereignisreichen Stadt, von der er in seinem Künstlerkreis stets als dem Höhepunkt aller Karriereträume hatte sprechen hören. Die wenigen mit müßigem Umherschlendern angefüllten Tage vergingen im Fluge, ohne daraufhin in der Lage zu sein, die vielgepriesene Einmaligkeit der Stadt, ihrer Bevölkerung und ihres Lebens in jenen klugen und wohlgeformten Worten festhalten zu können, die aus dem Weimarer Berlin eine bestrickende Erbauungsdichtung gemacht haben. Eines indessen hat ihn so gründlich beeindruckt, daß es sich unauslöschlich in seiner Erinnerung festgesetzt hat: Der Abend im Theater, wo die hinreißende Gitta Alpar das Lied von nur dem einen Mann, den sie lieben kann, bekenntnisgleich sang.

Man war in Köln angekommen, Kurt Erich im Gästezimmer untergebracht, und es beginnen Tage des Zusammenlebens, bei denen man sich eines Abends im unerläßlichen Wintergarten mit seinen charakterlosen Palmenbündeln gegenübersitzt. Es wird an den Rädern des Radiokastens herumgedreht, Tee getrunken, Zigaretten gequalmt und über dies und jenes gesprochen. Der Freund führt das Gespräch, bis er sich urplötzlich erhebt, ihn umarmt und ihm einen Kuß auf die Lippen drückt, der in ihm ein noch nie empfundenes Wohlbehagen auslöst. Wortlos zieht Erich ihn ins Gästezimmer, wo sie küssend ineinander verschlungen im Sturm der Leidenschaft schwelgen. Er zögert nicht, diese Momentaufnahme einer unauslotbaren Erweckung in Worte aus dem Poesiealbum zu kleiden, denn dies war die erste erfüllende Begegnung mit demjenigen gewesen, was Männerfreundschaft mit einer der den Menschen am tiefsten Emotionen, nämlich Liebe, umgibt. Hier ist weder eine Definition für Liebe vorzulegen noch einzugehen auf die Wechselbeziehungen zwischen Liebe und Sexualität, noch auf den Wunsch eines jeden Menschen, zu lieben und geliebt zu werden. Er weiß nur, daß von diesem Augenblick an sein Bedürfnis nach Liebe mit dem Wunsch nach Gemeinsamkeit, Austausch und Fühlung mit dem geliebten Menschen gepaart geht, daß ihm Liebe sowohl im Rahmen der geistigen wie auch der emotionellen Beziehungen ein Geben und Nehmen geblieben ist.

So trivial dies auch klingen mag, weil es sich nicht zu

den Höhen André Gidescher sokratischer Dialoge über die sogenannte »griechische Liebe« aufschwingen kann, um auf dem Boden schwer erkenntlicher Wirklichkeiten zu verbleiben – mit der Erfahrung von bewegender Liebe in der Entgegengesetztheit zu sich von selbst ergebenden flüchtigen Abenteuern häuft sich bei ihm der sich in sozialer, ästhetischer und sittlicher Richtung bewegende Verdruß über seine Veranlagung. Die Frage, wieso bin ich, wie ich bin, oder woher rührt es, daß ich so bin, wie ich bin, bekümmert ihn um so mehr, als er es seit seinem Erlebnis mit Kurt Erich drangegeben hat, gegen sich und sein Verlangen anzukämpfen. Weder beruhigt noch befriedigt es ihn nachzulesen, Homosexualität sei sexuell oder biologisch bedingt, sei angeboren oder erworben, sei kein medizinisches, sondern ein soziales Problem, oder wie sonst noch das Erklärungs- und Entschuldigungsgeschreibsel lautet. Niemand ist da, mit dem er sich über das, was sich ihm als das Unaussprechbare darstellt, aussprechen kann. Was ihm bleibt, ist ein Rückzug in das Übergestaltete, in die stumme Macht, die als Schickung, Fügung, Vorherbestimmung durch das Leben eines jeden geistert.

Es muß ein Besuch in der Synagoge am Versöhnungstag, dem Jom Kippur, gewesen sein, dem Tag, an dem Bekenntnis der Sünden und Bitte um Verzeihung im Mittelpunkt des Gottesdienstes stehen, daß ihm die Allmacht des allwissenden Schöpfers durchdringend bewußt wurde. Denn von diesem Augenblick an verwandelt sich das Hadern mit sich selbst in die Gewißheit, daß der Herrgott, wenn er dich so geschaffen hat, wie du bist, es so gewollt hat. Daran hat er sich bis an den heutigen Tag gehalten, weil er gläubig davon überzeugt ist, daß der Wille des HERRN das ihm in seinem Leben zugekommene Gute wie das Schlechte, das Angenehme wie das Verdrießliche, die Freuden und die Leiden bestimmt hat. Hier spricht aus ihm weder Bigotterie noch der Glaube, der Berge versetzen kann, sondern Selbstgewißheit. Die Überführung, besser vielleicht gesagt die Ausfüllung der in ihm dämmernden Fügsamkeit mit ethischen und moralischen Denk- und Handelsweisen läßt noch auf sich warten.

Zunächst gilt es, ein paar nichtssagende Techtelmechtel ausklingen zu lassen, auf einer Reise mit Verbindungsgenossen wie Wandervögel vergnüglich Paris zu durchstreifen, unwillig Mutter nach Lugano zu begleiten und freudig nach Zürs in die Winterferien zu fahren. Er denkt nicht daran, sich lange dabei aufzuhalten und mit wohlaufgeputzten Worten Eindrücke von diesen Reisen wiederzugeben; sie sind ihm durch spätere Besuche an den gleichen Stätten verdeckte Überbleibsel. Paris war ihm eine mit vielen üppigen Bauwerken, Museen und dem Schloß von Versailles versehene ungezwungene Stadt; Lugano eine Seepromenade mit Blick auf Berge; Zürs eine schneebedeckte Fläche für Skilaufen und Ausgelassenheit. Hier lernt er beiläufig ein in England erzogenes französisches Bruderpaar kennen, Söhne einer ebenso einflußreichen wie wohlhabenden Familie der Haute Bourgeoisie. Ein Besuch bei ihnen in Paris läßt ihn einen von fortwährendem Staunen begleiteten Blick auf eine gleichsam aristokratische Lebensweise werfen, wie er sie selbst auch gerne führen würde.

Jetzt geht es weiter mit der Paukerei für das Referendarexamen bis zum Tag der Anmeldung. Strikt bürokratisch müssen hierzu der in Bayern geborene Vater und demzufolge auch der Sohn erst mal zu Preußen werden. Diese Kleinstaatenkomödie abgewickelt, die Dokumente ordnungsgemäß unterschrieben und gestempelt, holt er sich die Sechswochenarbeit, die »Prüfungsarbeit des Rechtskandidaten« wie es heißt, in der wie üblich ein ausgeklügelter zivilrechtlicher Fall dem Kandidaten zu Entscheidung und Begründung vorgelegt wird. In der Bibliothek werden die notwendigen Bücher gewälzt, Notizen und Entwürfe gemacht, der Fall mit anderen Rechtskandidaten diskutiert, bis er pünktlich zum vorgesehenen Datum das mit zahllosen Anmerkungen versehene, auf zweiundfünfzig Seiten dargestellte Ergebnis eines Falles über Mietforderung, Bereicherung, Lebensmittellieferung, Minderjährigkeit und Schlüsselgewalt einreicht. Nun ihn dies genügend angeödet hat, zumal keine Zeit für sonstige Betätigungen geblieben war, ging es auf die schriftlichen Klausuren und die mündliche Prüfung zu. Erneut wird gelesen und gebüffelt, allerdings nicht tagsüber, sondern nachts, einmal, weil er vormittags beim Repetitor sitzt, und zum anderen, weil er schließlich noch was Besseres zu tun hat, als hingebungsvoll Juristerei zu betreiben. Die Eltern sind entsetzt, wenn sie sehen, wie sich der Junge am späten Abend an den ansonsten nie genutzten, mit feinster Ledereinlage versehenen Schreibtisch im Herrenzimmer niederläßt, links und rechts von sich Kerzenleuchter aufstellt und dort lesend einen Teil der Nacht verbringt. Mit völligem Unverständnis für sein Arrangement, inklusive des theatralischen Kerzenlichts, hört er allabendlich den Unkenruf der besorgten Mutter: »Der Junge wird das Examen nie bestehen!« Auch Vater, der in ihm schon längst keinen »Jungen« mehr sieht, wird zwar ein paar Mal wütend, hält es dann aber wohl für bewährter, ihn durch eine Belohnung anzustacheln: »Wenn du das Examen bestehst, bekommst du von mir ein kleines Auto.« Na, das war ein großes Wort aus dem Munde des immer sparsamen Vaters. Doch ob es ihn zu mehr Eifer angespornt hat, ist sehr zweifelhaft. Nicht daß er sich nicht bereitwillig korrumpieren ließe, aber mehr, als da beim Kerzenlicht zu sitzen und sich das spröde juristische Zeug ins Gedächtnis einzuprägen, kann er auch nicht tun.

Nachdem die Klausuren geschrieben sind, kommt der schauererregende Tag der mündlichen Prüfung. Fein geschniegelt begibt er sich ins Gebäude des Oberlandesgerichts und sitzt zusammen mit vier anderen Kandidaten vor den Prüfern, diesem Achtung gebietenden und Schicksal bestimmenden Gremium. Wie dem so ist: Reihum wird abgefragt, in devoter Haltung geantwortet, mal gnädigst mit dem Kopf genickt, mal unwirsch abgewunken, mal auch ein

Zwiegespräch geführt. Gegen Ende des Vormittags war man beim Fach Zivilrecht angelangt, und der Vorsitzende, ein Oberlandesgerichtsrat, tischt zur Stellungnahme einen Fall auf, zu dessen Lösung die vor ihm befragten vier Mitkandidaten erläuternd ihr Einverständnis erklären. Silbermann, als letzter in der Reihe, widerspricht dem hohen Herrn, indem er auf eine vor Jahren gefällte Reichsgerichtsentscheidung verweist. Ob dieses besserwisserlichen Einwurfs gegenüber dem gestrengen Vorsitzenden ist man, wie es so wohlklingend heißt, fürbaß erstaunt, verliert jedoch nicht die Contenance. »Sagen Sie mir, Herr Kandidat, wo das steht. Und wenn es stimmt, werde ich Sie nichts mehr zu fragen haben.« Silbermann, sich auf sein Gedächtnis verlassend, gibt an: »Band X, Seite Y, erster Abschnitt von oben.« Der Band wird herbeigeholt, Seite Y aufgeschlagen, jedem der Prüfer zur Einsicht vorgelegt und milde verkündet: »Herr Kandidat, Sie werden nichts mehr gefragt.« Allzugerne erzählt er diese ihn mit Genugtuung erfüllende Geschichte, wobei er nie versäumt, darauf hinzuweisen, daß sein Gedächtnis vor allem ein visuelles ist; daß er, wenn er zum Beispiel in seiner Bibliothek ein Buch sucht, sich eher des Platzes und der Farbe des Einbands erinnert als des genauen Titels. Doch das nur nebenbei.

Das Examen mit Prädikat bestanden, arrangieren die stolzen Eltern für ihn und seine Freunde eine prächtige Feier, und damit beginnt das Leben eines akkreditierten Gerichtsreferendars, wie es auf der sofort hergestellten und ausgiebigst verteilten Visitenkarte heißt. Er wird angewiesen, seine erste Ausbildungsetappe am Amtsgericht in dem nicht weit von Köln gelegenen, nicht sonderlich attraktiven Nest Euskirchen zu absolvieren, wohin er sich per Eisenbahn sechs Monate lang mehrmals pro Woche begibt. Dort erwarten ihn ein Amtsrichter, ein Staatsanwalt und ein den Laden gebietender Kanzleibeamter. Es herrscht eine leicht verstaubte, bummelige Landatmosphäre eingefahrener Usancen, zu denen es gehört, daß die Herren Referendare anstehende Fälle vorzubereiten und Urteile zu begründen haben. Einmal die Woche verziehen sich die Chefs zum Frühschoppen, und was dann ansteht, auch Gerichtssitzungen, wird von den Referendaren übernommen, eine Illegalität, gegen die keiner der drei in Euskirchen praktizierenden, mit Richter und Staatsanwalt bestens bekannten Anwälte etwas einzuwenden hat. Bei diesen Gelegenheiten wird der Gerichtsreferendar Silbermann, da der so flüssig reden kann, meist als Vertreter der Staatsanwaltschaft eingesetzt.

Als die von unleidlichem Frühaufstehen begleitete einförmige Periode überstanden ist, kommt er für einige Monate an eine Strafkammer in Köln. Hier werden unter anderem auch (unter Ausschluß der Öffentlichkeit) Sittenverbrechen an Kindern verhandelt. Da er sich schon allein wegen ihres dauernden Gequäkes nie für kleine Kinder interessiert hat, glücklicherweise, darf man wohl sagen, auch nicht für die vielbeschriebene und angehuldigte »griechische Knabenliebe«, bewegen ihn weder Verständnis noch Mitleid für die von den Richtern als Triebverbrecher rüde stigmatisierten Angeklagten. Auch läßt er sich weder durch die harten Strafen noch durch die zur Aufrechterhaltung der Moral vorgetragenen Tiraden von seinem eigenen, der Strafbarkeit unterliegenden intimen Privatleben abbringen. Er wird vorsichtiger, lernt, was es heißt, sich nicht schnappen zu lassen, zu vertuschen, ohne zu unterdrükken. Zweckentsprechend wird eine im Hinterhof eines Wohnhauses gelegene, aus zwei kleinen möblierten Zimmern bestehende Portiersloge angemietet. Die Benutzung der nicht gerade verführerisch anmutenden, aber mit allem Notwendigen versehenen Absteige teilt er sich mit einem ebenfalls bei seinen Eltern wohnenden Bekannten, der dort seine Mägdelein hinführt. Mit Telefongesprächen, für die ein verabredeter Kode vorgesehen ist, verständigt man sich darüber, wer wann das versteckte Domizil bevölkern wird. Eine etwas umständliche, aber vortreffliche Anordnung, denn so kann der Kumpan nie sehen, ob er das Gelaß mit Männlein oder Weiblein aufsucht. Was er dort erlebt, ist weder abenteuerlich noch bewegend; es ist die oberflächliche Abwicklung von gleichgestimmten Zufallstreffen. Partnersuche oder dergleichen findet nicht statt. Und was Anregung, geistigen Anstoß, Gedanken- und Meinungsaustausch etc. betrifft, dafür steht ihm aus seinem doch recht ausgedehnten Freundes- und Bekanntenkreis mehr als ein Gesprächspartner zur Verfügung.

Sonach vollzieht sich bei ihm auf dieser Ebene eine Art von Sichtung, die sowohl über seine immer wachen künstlerischen Interessen und Ambitionen als auch über die Abwicklung der Pflichten eines Gerichtsreferendars weit hinausgeht. Was er nicht wissen kann, nämlich, daß er das Ende der Weimarer Republik durchlebt und ihm Schritt für Schritt die Grundlage für sein Weiterkommen entzogen wird, durchzieht, durch Ereignisse wie die Reichstagsauflösung, die Reichstagswahl mit den 37,8 Prozent für Adolf Hitler und die Aufhebung des Verbots von SA und SS angeregt, die Gespräche. Dabei herrscht nicht etwa Untergangsstimmung oder Schlußpanik, sondern – soweit er die damalige Empfindungsbeschaffenheit wachzurufen in der Lage ist – Besorgnis über einen ungehemmten Ab- und Fortlauf des Lebensweges und des Lebensinhalts. Obwohl bei den Gesprächen Sorge um den Fortbestand der Republik und damit zusammenhängend das Wohl der Juden anklingt, wäre es verfehlt zu unterstellen, er und sein engerer Freundeskreis hätten die Diskussion um das aktuelle politische Geschehen auf Zukunftsperspektiven ausgerichtet, auf die Aussicht für *ihre* Zukunft. War diese doch aus dem familiären Stand heraus mit allen verfügbaren Mitteln und allem einschlägigen, der Tradition entflossenen Wissen feststehend geplant.

Man hat gut sagen, Planung der Zukunft ihrer Kinder gehöre zu den obersten Pflichten der Eltern, vergißt dabei jedoch allzuoft, daß elterliche Planung in bezug auf Leistungssicherung und Daseinsvorsorge bei Jugendlichen ein solch blindes Vertrauen hervorrufen kann, daß sie von außen auf sie zukommende notwendige Korrekturen übersehen oder leichtfertig übergehen. Es könnte die Folge dieses sorgsam vorbereiteten Absicherungsverfahrens sein, daß sein Wahrnehmen die sich in und um die Weimarer Republik abspielenden verworrenen Ereignisse und Zusammenhänge nur als individuell bedeutsam erfaßt, die Vielfalt der objektiven Qualitäten und Bezüge der Ereignisse jedoch vernachlässigt werden. Hier von Egozentrik oder einem Ansatz zu Egozentrismus zu sprechen, hält er für zu weitgehend.

Im Rahmen der Versorgungsplanung wird er nach der bei der Strafkammer verbrachten Zeit in der Rechtsabteilung des Kaufhauskonzerns Tietz angesiedelt, die vom Syndikus des Hauses, dem Vater seines Freundes Erwin, geleitet wird. Erwin, ebenfalls Jurist, gehörte zu der von den respektiven Eltern wohlarrangierten Tanzstundenclique aus besseren jüdischen Häusern und sollte später der Nachfolger seines Vaters, des Vorstandsvorsitzenden des Riesenkonzerns, werden. Für Silbermann war vorgesehen, sich nach bestandenen Examina zusammen mit Erwin als Rechtsanwalt niederzulassen. Der Sinn der zwischen den Eltern abgesprochenen Übereinkunft war eindeutig: Der als zukünftiger Syndikus vorgesehene Erwin übergibt anstehende Rechtsfälle seinem mit Alphons etablierten Anwaltsbüro. Es ist leicht vorstellbar, daß diese perfekt geplante Vorsorge wenig dazu angetan war, die Wucht der von außen kommenden Beeinträchtigungen in ihrem vollen Ausmaß zur Kenntnis zu nehmen.

Indes, auf die Dauer wird er aus dem Zustand der versorgten Indolenz erweckt. Eine Reihe von Ereignissen widriger Art kommt auf ihn zu, so daß ihn ein Zustand der Beunruhigung ergreift. Im Rechtsbüro der Firma Tietz, wo ihm Angelegenheiten des unlauteren Wettbewerbs zur Bearbeitung übergeben sind, wird er bei Besprechungen zugezogen, die sich mit den täglich eintreffenden Droh- und Schmähbriefen des »Judensau-Genres« befassen. Ernüchtert lauscht er den Diskussionen über ein Vorgehen auf dem Rechtsweg, die wie von einem Schleier der Hoffnungslosigkeit und der Resignation überdeckt zu sein scheinen. Immer weniger wird von einer Minderheit der Unzufriedenen, der Querulanten, der Radaubrüder oder der proletarischen Wühler gesprochen, denen kein politisches Gewicht zuzuschreiben sei; immer weniger wird auch vom Schutz durch den Staat und seine Organe, vor allem der Polizei, gesprochen; und erstaunlicherweise noch weniger vom Einfluß dieses großen und kapitalstarken Unternehmens, seiner Eigentümer, Direktoren und Aktionäre auf Politiker und politische Gremien.

Es hebt wie ein unversehener Zusammenlauf an, ist in Wirklichkeit aber ein immer deutlicher werdendes Zeichen, als der verstörte Vater eines Abends von einem Schreiben wissen läßt, in dem ihm von der Zigarettenfirma Haus Neuerburg, für die die Druckerei S. Silbermann seit Jahren der bevorzugte Hauslieferant gewesen war, in kurzen Worten die sofortige Aufkündigung aller gegenwärtigen und zukünftigen Aufträge mitgeteilt wird. Abgesehen davon, daß hierdurch dem Umsatz der auf diese Großaufträge eingestellten Druckerei ein schwerer Schlag erteilt wurde, war dieser Brief auch noch von jenem Einkäufer unterschrieben, einem miesen Typen, der sich nicht nur Schmiergelder zahlen ließ, sondern zum Leidwesen aller Beteiligten auch noch zusammen mit seiner Frau zum Abendessen ins Haus Silbermann eingeladen werden mußte. Nicht daß dieses korruptive Gebaren etwas Ausgefallenes oder gar ein Einzelfall gewesen wäre und nun die Strafe auf die Tat folgt, nein, es rumort immer mächtiger im antijüdischen Stall, und willfährig richten sich berechnende Mogelanten darauf ein.

Aber nicht nur diese, sondern auch die Ehrbaren fügen sich ein beziehungsweise gehen in Deckung, was im Endeffekt auf das gleiche hinausläuft. Diese unschmackbare Erfahrung macht Silbermann bei seinen zu dieser Zeit anfallenden Bemühungen um einen Betreuer für seine Doktorarbeit, den Doktorvater. Seine vorgeplante Zukunft als Rechtsanwalt des Kaufhauskonzerns in Betracht ziehend, liegt ihm nichts näher, als mit einem Thema aus dem Bereich des unlauteren Wettbewerbs bei hierfür zuständigen Professoren vorstellig zu werden. Doch vergeblich: Dem einen sagt das Thema nicht zu, der andere ist derzeit überlastet. Also auf zu einer Doktorarbeit aus dem Strafrecht, die sich ihm angesichts seiner bei der Strafkammer gemachten Erfahrungen empfiehlt; es überdies an der Kölner Universität an Strafrechtsprofessoren nicht mangelt. Aber auch hier so gut wie kein Erfolg; höchstfalls die eine und andere Vertröstung. Warum soll es ihm auch besser ergehen als den anderen seiner jüdischen Freunde, denen der gleiche teils ungefällige, teils ungehobelte Widerstand entgegenkommt? Die professorale Genossenschaft hatte sich eben schon »eingerichtet« – nicht umsonst hatte es die Kölner Universität bei der »Gleichschaltung« besonders eilig.

Zum rettenden Engel wird der renommierte Rechtsgelehrte Professor Hans Kelsen, dessen er mit Dankbarkeit gedenkt. Kelsen, der einzige nicht getaufte jüdische Professor in der Kölner juristischen Fakultät, sehr wohl wissend, daß der Referendar Silbermann nie »Internationales Recht« bei ihm belegt oder gehört hatte, nimmt ihn zusammen mit vier anderen jüdischen Studenten ohne Wenn und Aber als Dissertanten an. Dem Silbermann gibt der Professor das Thema »Haftung und Wiedergutmachung im Völkerrecht«, und alsbald wird er regelmäßiger Besucher im Institut seines Doktorvaters, um sich in eine Materie einzuarbeiten, von der er nicht die blasseste Ahnung hat. Nunmehr wird bei Tietz manchesmal nur noch am Vormittag gearbeitet, damit er sich nachmittags mit Rechtsordnung, Souveränitätsdogma, Völkerrechtsgemeinschaft, rechtlicher Zuordnung, Repressalien, Haftungsumfang und natürlich den

Kelsenschen Theorien herumschlagen kann. Unter diesen war eine, die da sagt, daß man sich hüten muß, auf die Frage nach einer Soll-Ordnung mit dem Hinweis auf das Faktum des Seins zu antworten – ein Lehrsatz, dem Silbermann ein solches Gewicht beigemessen haben muß, daß er in seinen soziologischen Schriften nur das Sein und nicht das Sein-Sollen als Forschungsaufgabe für den Empiriker bloßlegt.

Die Arbeit an der Dissertation geht sehr langsam voran, was daran liegt, daß sie ihm nicht mehr als die krampfhafte Innehaltung eines pflichtigen Weges ist; das Thema ödet ihn an. Hingegen findet er das einmal im Monat im Hause von Kelsen stattfindende Doktoranden-Kolloquium, welches gleichsam wie eine lockere Abendunterhaltung vonstatten geht, sehr ansprechend. Es werden zünftig die zu den verschiedenen Doktorarbeiten gehörenden Problematiken durchgesprochen, doch wie die Monate voranschreiten und die Pfeiler der Republik immer brüchiger werden, beginnen politische Diskussionen, genauer gesagt: Analysen des politischen Zustands nehmen überhand. Mehr als einmal beendete Kelsen die Abende mit einer Bemerkung des Sinnes: »Beeilt euch Kinder, ehe es zu spät ist«, wobei nicht abzuwägen war, ob hier der Zyniker, der Pessimist, der Vorausschauende oder der Selbstbetroffene sprach. Auf jeden Fall, möchte er meinen, haben ihn die Abende bei Kelsen zu einer weitaus stärkeren Bewußtheit gegenüber den ihn selbst, die Seinen und die seine Umgebung betreffenden Problemen geführt als die Vorkommnisse beim Warenhaus Tietz, bei sich zu Hause und das fortwährend lautstärker werdende Nazigetöse in den Zeitungen, im Radio und auf der Straße. Es dämmerte ihm, daß die Zeiten, in denen nichts so heiß gegessen wie gekocht wird, vorüber zu sein schienen. Allerdings, von »Rette sich, wer kann« war noch nicht die Rede.

Er hält es für opportun, an dieser zwischen 1932 und 1934, den Jahren der Nachsicht und des Entkommens, gelegenen Stelle eine einigermaßen einsichtsvolle und zeitlich aufeinanderfolgende Musterung des Zusammenhangs zwischen dem politischen Umfeld und Einzelheiten aus seiner Lebensführung vorzulegen. Während ihm das Zeitgeschichtliche mit den Kennzeichnungen: Berufung Hitlers zum Reichskanzler, Reichstagsbrand, Ermächtigungsgesetz, Auflösung der Parteien, antijüdische Ausschreitungen, Ermordung Röhms, Tod Hindenburgs, Volksabstimmung für Hitler als »Führer und Reichskanzler« folgerichtig in Erinnerung geblieben ist, weiß er sich nicht mehr über die zutreffende Abfolge seiner Betätigungen zu orientieren. Damit wird er sich abfinden müssen, will er nicht wie alljährlich veröffentlichte, diese Zeit erfassende dick- oder dünnleibige Memoiren über sich selbst stolpern. Auch wird er sich hüten, von einer »Überstürzung« der Ereignisse zu sprechen, da diese absonderliche Entschuldigung ihm nur eine Ausrede für Willenlosigkeit und dummdreiste Feigheit sein kann.

Die meisten der die Vertreibung der Juden aus Deutschland aufzeigenden Selbstzeugnisse durchzieht ein unbändiges Mitleid erweckender Ton. Angesichts der Welle von Hartherzigkeit, Grausamkeit, Zerstörungswut und Vandalismus ist dies kein Wunder. Indessen fällt auf, daß sich bei einer Vielzahl dieser Berichte die dargestellte Mitleidslosigkeit mit einer gnadenlosen Selbstbemitleidung verbindet, so daß Erbitterung und Unbehagen personenbezogene Gewissenserforschungen überschatten. Ebenfalls ein verständlicher Vorgang, vor allem, wenn bedacht wird, daß Darstellungen dieser Art keine Tagebuchnotizen sind, sondern durch die zeitliche Distanz entweder abgeschwächte oder verstärkte Rückblicke. Darunter könnten auch seine Fingerzeige leiden, falls er aus der Zeit aussteigen und sich an die Brust unheilschwangerer Wehleidigkeit werfen würde. Freilich entwickelt sich bei ihm ein durch die auf ihn zukommenden und ihn umgebenden unvorhergesehenen Ereignisse hervorgerufenes Krisenbewußtsein, aber Angst vor dem Untergang befiel Silbermann damals nicht.

Dazu waren schon allein die Umstände, in denen er lebte, keineswegs angetan. Bemerkenswert ist da unter anderem die Reise zum Stiftungsfest seiner Verbindung nach Freiburg. Er unternimmt sie zusammen mit zweien seiner Bundesbrüder in dem zur Belohnung fürs bestandene Referendarexamen erhaltenen Auto, dessen Besitz ihm rundum einen besonderen Statuszuwachs eingebracht hat. Die Stimmung beim Fest ist nicht gerade rosig, sie ist aber auch nicht gedrückt, kummervoll oder mutlos. Was er hier aus dem Munde urteilsfähiger, führende Positionen einnehmender Verbindungsbrüder in Festreden und Gesprächen vernimmt, bestätigt seine mehr von wunschvollem Denken als von versierter Einsicht geleiteten Ansichten. Er hört von Durchgangszeit und Chaos, von Ablenkungsmanöver, Vertrauen aufs Vaterland und Einigkeit, vom Zaun um das Gesetz und Zusammenhalt als dem festen Boden für Durchhalten und Bestehen. Kurz gesagt: Festliche Pathetik wird gegen Zweifel und Unsicherheit aufgetischt.

Soweit sich die hier angesprochene Unsicherheit nicht auf materielle Widerwärtigkeiten bezieht, ist sie zwischen Ungewißheit, Verwirrung und Unschlüssigkeit gebettet. Sie greift nach einem jeden sich anbietenden Halt, um einer sich in ausufernder Ratlosigkeit verlierenden Haltung zu entgehen. Für Silbermann zeigte sich diese Abstützung durch das Unterfangen des Vaters, sich in einer der feinsten Gegenden Kölns eine Villa bauen zu lassen. Anlaß war das fünfundzwanzigjährige Ehejubiläum zusammen mit den fünfundzwanzig Jahren des Bestehens der inzwischen zu einem Großunternehmen gewordenen Druckerei. Dieser sich über annähernd ein Jahr hinziehende Bau wurde mit den damit verbundenen üblichen Diskussionen über Aufteilung, Inneneinrichtung etc. zur zentralen Geschäftigkeit der Familie. Der umsichtige Vater wollte alles vom Besten haben, die redliche Mutter vom Praktischsten und der Sohn vom Dekorativ-Ästhetischen. Alle Möbelstücke, von den Stühlen bis hin zu den Blumentöpfen, wurden nach Entwürfen des sich später als glühender Nazi entpuppenden Architekten speziell angefertigt; nichts wurde von der alten Behausung übernommen, nicht einmal Mutters Stolz: das Biedermeierzimmer. Das alte Klavier verwandelte sich in einen kostbaren Flügel, der in den Gemächern des Herrn Sohn Platz fand. Dem wurde nämlich eine mit Separateingang versehene Zweizimmerflucht mit Bad eingerichtet, was er der lebensklugen Einsicht des Vaters verdankte. Wenn es auch von Vaters Seite Kurzsichtigkeit, Fehlentscheidung, Verranntheit in eine fixe Idee oder Unterschätzung einer bedenklichen Situation gewesen war, inmitten von aufkommenden Turbulenzen sich und der Familie eine neue, des Luxus nicht entbehrende Wohnstätte zu bescheren, so war es doch gerade diese mit unbändiger Konsequenz durchgeführte Tat, die bei dem Sohn schwelende Gefühle der Unsicherheit und Unruhe aufwog.

Während dieser zwischen Grundstückskauf und Fertigstellung der Villa abrollenden Zeit arbeitet Silbermann an seiner Doktorarbeit, auf deren baldige Ablieferung der Doktorvater drängend besteht. »Liefern Sie ab«, sagt er in beschwörendem Ton zu ihm und den paar anderen jüdischen Doktoranden, »gleich wie die Arbeit ausfällt; bald wird es zu spät sein!« Silbermann liefert denn auch etwas ab, was sich nur als ein Machwerk kläglichster Sorte bezeichnen läßt. Doch was soll es, Unbillen aller Arten kommen auf ihn zu, so daß Bestürzung, Verwirrung und Planlosigkeit die Oberhand gewinnen: Auf dem Weg zur Bibliothek wird er auf der Treppe der Universität zusammengeschlagen; am Landgericht, wo er seine Referendarzeit abzudienen hat, kommt er unter die Aufsicht eines aus seiner nationalsozialistischen Gesinnung und seinem Judenhaß keinen Hehl machenden Richters; sein Doktorvater Kelsen, derzeit Dekan der juristischen Fakultät, läßt wissen, daß er plant, Deutschland zu verlassen; der Junge, mit dem er sich befreundet hat, ein eingeschriebenes Mitglied der Kommunistischen Partei, verschwindet von einem Tag auf den anderen; in der Eltern Bekanntenkreis werden Haushalte aufgelöst, und man verläßt das Land. Aber weitaus bedrückender noch waren die Treffen mit Onkeln, Tanten und ihren erwachsenen Kindern im Hause Silbermann, bei denen die furchtsamen Entscheidungsfragen »Bleiben oder Gehen«, »Mitnehmen oder Hinterlassen«, »Zelte abbrechen oder Durchstehen«, »Vorbereiten oder Abwarten« und dergleichen sowie die bange Frage: »Wo denn hin?« mit Argumenten und Gegenargumenten, mit Emotionen und Vernunft abendelang durchgesprochen wurden.

Es wäre ein vergebliches Unterfangen, wollte er die stets bei hoffnungsloser Unentschlossenheit endenden Diskussionen in Worte gekleidet wiedergeben. Was hier in seiner wie in vielen anderen jüdischen Familien stattfand und letztendlich die einen zu dem Entschluß führte, unter Verzicht auf Hab und Gut das Land ihrer Väter zu verlassen, die anderen dazu brachte, im Lande zu bleiben, muß man gesehen und gehört haben, um zu verstehen, welche Schicksalsträchtigkeit in der Vorstellung »Angst« gelegen ist. Es fallen die Schranken der Gesetzlichkeiten – die Geschichte der Juden als Geschichte des Leidens zeigt erneut ihr grimmes Antlitz. Inmitten des Für und Wider, bei dem die Vorbereitungen auf ein ungewisses Auswandererschicksal nicht nur im Familienkreis beraten werden, meldet er sich gewissenhaft zu den angesetzten Terminen für die mündliche Doktorprüfung. Die prüfenden Professoren verhalten sich wie eiskalte Götzen, jedes persönliche Wort oder eine Anspielung auf die den Kandidaten betreffende heikle Situation strengstens vermeidend. Sie schienen angesichts der hektischen politischen Entwicklung Eile an den Tag zu legen, die gleiche Dringlichkeit, welche die Geschäftigkeit der Juden ebenso vorantrieb wie den rasenden Orkan der von den Nazis veranstalteten Hetzjagd. Die Juden liefen vor sich selbst weg; die johlenden Nazibanden hinter ihnen her. Darum auch bleibt es ein unbesonnenes Unterfangen, herausfordernd allerwärts dem hinter abgeriegelten jüdischen Türen sich vollziehenden schmerzvollen Klagen und Jammern Ausdruck zu verleihen – im Herrschaftsgefüge ist es stets der mitleidslose Aggressor, der durch seine Handlungen den Lauf der Dinge gebietet und den Angegriffenen in die Entscheidungsecke führt.

Als die SA-Truppen in ihren Lastwagen fahnenschwingend beim Landgericht vorfuhren, um dort das »jüdische Gesindel« abzuholen, auf daß es nicht länger die arischen Rechtseinrichtungen verschmutze, rannte Silbermann aus einer Hintertüre nach Hause, packte ein paar Sachen und nahm am gleichen Abend den Zug nach Utrecht. Nicht daß er, wie es so pathetisch heißt, »seine Heimat hinter sich ließ«, nein, ihn trieb der Gedanke, sich von einer unerquicklichen und beängstigenden Sachlage freizumachen, die gewiß bald ein Ende finden würde. Schicksalhafte Begriffe wie Emigration, Exil, Flucht, Familientrennung, Kulturverlust und dergleichen, die über die letzten Jahrzehnte als Aufhänger für die Darstellung menschlichen Unsegens bereitwillig und unüberlegt genutzt werden, waren ihm unvorstellbar fremd.

VI

Wenn er heute das Ausweichen in die holländische Provinzstadt Utrecht als die erste Station seiner Jahre währenden Wanderung um die halbe Welt durchdenkt, kommt er nicht umhin, sich zu fragen, warum es Holland, dieses ihm aus seiner Rotterdamer Druckerlehre als nicht sonderlich bekömmlich bekannte Land gewesen war, in das er sich begab. Es hätten doch ebensogut die Schweiz, Spanien oder Skandinavien sein können, Länder, in die man, mit einem deutschen Paß versehen, damals – in den ersten Monaten des Jahres 1935 – noch ohne Visum reisen konnte. Das gelobte Freiheitsland Amerika oder solche in unvorstellbarer Ferne liegenden exotischen Regionen wie Südamerika, Australien oder Schanghai wurden bei der Suche nach einem sicheren Zufluchtsort erst in Erwägung gezogen, als nach der Verkündung des »Gesetzes zum Schutze des deutschen Blutes und der deutschen Ehre« während des Nürnberger Parteitages der NSDAP am 15. September 1935 Staatsbürger nicht-»deutschen oder artverwandten Blutes« von der deutschen Reichsbürgerschaft ausgeschlossen wurden. Holland war für Silbermann ganz einfach eine Sache der sofortigen Verfügbarkeit. Erstens beherrschte er die holländische Sprache, zweitens wußte er um Gelder, die der Vater seit geraumer Zeit bei einer Bank in Amsterdam deponiert hatte und für die er zeichnungsberechtigt war, drittens war eine vorläufige Unterkunft bei der in Utrecht lebenden Großmutter eines sich ebenfalls auf und davon machenden Bundesbruders denkbar, und viertens setzte er Zuversicht in einen Menschenschlag, dem nachgesagt wird, daß ihm schon seit den Zeiten der Aufnahme der von der Iberischen Halbinsel vertriebenen Juden Judenhaß fremd ist. Diese handliche Anordnung muß angemerkt werden, da es ansonsten unverständlich bleiben würde, wieso er sich, ohne den hinterlassenen Fleischtöpfen eine Träne nachzuweinen, mit offenem Visier einem Land und seinen Menschen anvertraut. Womöglich stehen wir bei ihm gänzlich unversetzt der Reaktion auf einen Instinkt gegenüber, insbesondere, wenn wir, wie so mancher Sozialpsychologe, daran glauben wollen, daß Neugierde Erstaunen hervorruft, Kampf Beklemmung, Unabhängigkeit Selbstbehauptung und andere Affektzustände dieser schwer nachvollziehbaren Art.

Doch warum soll er sich heute den Kopf darüber zerbrechen, ob er damals oder überhaupt Instinkt besitzt, zumal ihn dieser Begriff viel zu sehr an das antisemitische Instinktgerede erinnert, nach dem sich rassische Eigenschaften »instinktiv« erfassen lassen. Nicht gerade unbekümmert, aber durchaus wohlgemut und tatkräftig verläßt er die behagliche Unterkunft in Utrecht und begibt sich nach Amsterdam, einer im Vergleich zu ihrem heutigen Zustand blitzblanken Stadt. Dort mietet er sich ein Zimmer in einer Pension, holt sich Geld bei Vaters Bank, flaniert durch Straßen und entlang der müden Grachten und telefoniert mit den Eltern in Köln. Vorsichtshalber wird immer in Andeutungen gesprochen, bis zu dem Tag, an dem es in kurzen Worten heißt, er solle in seiner Pension ein Zimmer reservieren lassen, man komme ihn besuchen. Warum, wieso, weswegen wurde nicht lange erklärt, aber das konnte er sich ja wohl denken. So steht er denn am verabredeten Tag in der Haustüre der drittklassigen Pension, vor der das vom getreuen Chauffeur gefahrene Auto hält, aus dem, von Kummer gezeichnet, Vater und Mutter nebst dem munteren Dackel Susi steigen.

Der nach Köln zurückfahrende Chauffeur wird verabschiedet (»Wir rufen an, wenn Sie uns abholen können«, heißt es scheinheilig), Mutter packt mit Tränen in den Augen die in wenigen Koffern verstaute Habschaft aus, und der Vater berichtet, warum es des Bleibens in Köln nicht länger war: Mit beleidigenden Schimpfkanonaden und Heil-Hitler-Unterschriften versehene Droh- und Absagebriefe kamen täglich in die Druckerei; Aufträge wurden storniert; Lieferanten stellten die Lieferungen ein; kurzum: Boykott von allen Seiten machte dem Unternehmen mit rasanter Geschwindigkeit den Garaus. Steinwürfe hatten das große, zur Straße gelegene Wintergartenfenster zertrümmert; die gleichsam zur Familie gehörende Köchin bedauerte, nicht länger für Juden arbeiten zu können; übers Telefon kamen anonyme Beschimpfungen der Art von »Raus ihr Saujuden«; aus Düsseldorf, wo Mutters verwitwete Schwester Jenny das renommierte »Seidenhaus Hirsch« besaß, kam die Nachricht, daß SA-Horden den Laden ausgeräubert und zerstört hätten; Vetter Isi war in London, um für sich und seine Familie eine Einwanderungserlaubnis nach Palästina zu holen; die Spiegels hatten ihre Metzgerei verkauft und waren nach Südafrika ausgewandert; die Dembers mußten ihre Batteriefabrik liquidieren und so weiter und so fort. Ja, nicht genug damit: Aus dem Boykott wurde der sich »Enteignung« nennende verordnete und genehmigte Raub. Zudem wurde das Verbot der Geldausfuhr ins Ausland dekretiert sowie unter Androhung hoher Strafen die sofortige Rückführung von im Ausland liegenden Geldern ins Reich. Diese Anhäufung von Hiobsbotschaften, die allemal auf die eine oder andere Weise persönliche Sicherheit zum Verschwinden und Existenzangst zum Siedepunkt brachten, hatte dem Vater die Entscheidung zwischen Ausharren und Auswandern aus der Hand genommen: Zu Boykott und Enteignung gesellte sich die Vertreibung.

Inmitten dieser ödlegenden Katastrophe konnte der Vater dank hartherziger Zufallsumstände der enteignenden Beschlagnahme beziehungsweise Ausräuberung seiner über Jahrzehnte erarbeiteten Güter entgehen und in eine Liquidationsverrichtung verwandeln. Der sich inzwischen als uniformierter Parteigenosse entpuppende Hausarchitekt hatte Vater mit einem Regierungsrat in Verbindung gebracht, der die Villa mitsamt der Einrichtung und den Utensilien, von der Bettwäsche bis zum Tafelsilber, gegen eine Pauschalsumme zu kaufen bereit war. Wenig oder viel,

Hauptsache war, daß der Kaufpreis bar auf den Tisch gelegt wurde, eine Summe, die Vater unter Zittern und Bangen auf der Fahrt nach Amsterdam bei sich getragen hatte. Fast zur gleichen Zeit muß durch irgendeine Vermittlung ein Holländer an ihn herangetreten sein, der bereit war, die Druckerei in Bausch und Bogen zu übernehmen. Und zwar auf der Basis eines den drängenden Umständen angepaßten Tauschgeschäftes: Ein von einem Anwalt fein ausgearbeiteter Kaufvertrag wurde unterzeichnet, demgemäß dem Holländer die Druckerei gegen eine ihm gehörende Kiesgrube in Holland verkauft wurde. Man stelle sich vor – welch Glück: An das in Amsterdam deponierte Geld können die Nazis nicht ran, und der Lebensunterhalt ist durch das Einkommen aus der Kiesgrube gesichert. Doch siehe da, es war nur ein halbes Glück. Denn als sich die Familie zum angegebenen Kiesgrubenort aufmacht, ist dort weit und breit keine Kiesgrube in Sicht. Sie fragen herum, wandern hin und her – nirgends auch nur ein kiesgrubenähnliches Gebilde! Ja, ja, der Holländer, Abkömmling dieses für seine treuherzige Ehrlichkeit weitgerühmten Menschenschlages, hatte wie ein Geier die drängende Situation ausgenutzt und Vater grundlegend reingelegt. Jedenfalls mußte sofort ein Anwalt her, aber was konnte der schon bewirken. Vater, inzwischen wegen des Transfers von Geldern ins Ausland denunziert und dieserhalb als Steuerflüchtiger gesucht, konnte an den Kerl nicht mehr ran, und gutes Geld dem schlechten nachzuwerfen, war einer abwägenden Überlegung wert.

Angesichts der Dutzende, dem Fremden im fremden Land sich auftuenden Klippen ist es angebracht, das Stichwort »Überlegung« aufzugreifen. Zu dem am schwierigsten zu Überwindenden gehört für den gezwungenermaßen Ausgewanderten das Fremdsein. Als Ausländer angesehen zu sein oder von den Nazis als deutsche Juden zu Fremden gemacht zu werden, das läßt sich, wenn man so will, zur Not als eine Statusangelegenheit, als ein von außen auf die äußere Existenz schichtweise gelegtes Mißgeschick, als Verlust sozial belangreicher Merkmale im Verhältnis zu anderen Personen ansehen. Fremdsein hingegen ist als ein innerer Konfliktzustand zu verstehen, als ein Joch, das der zur Auswanderung Verurteilte mit und in sich herumträgt; selbst dann noch, wenn ein Gastland ihn mit offenen Armen empfängt, es ihm in jeder Hinsicht gutgeht und er, wie es fremdwörtlich so wohlschmeckend heißt, integriert ist. Es ist das Wissen über sich selbst und der Verdacht des Wissens der anderen, in deren Mitte er lebt, die seine Einstellungen und Verhaltensweisen so sehr überbürden, daß ihm Vorsicht bis hin zur Camouflage zur zweiten Natur wird. Wer als Emigrant sich über diese verteufelte Rollenambivalenz nicht erheben beziehungsweise sich mit ihr nicht abfinden konnte, mußte untergehen, ja, wie Hunderte von Fällen es gezeigt haben, wurde in den Selbstmord getrieben.

Die Ausfüllung dieses Schwebezustandes, aus dem es keine Erlösung gibt – es sei denn, der Ausgestoßene spiegelte sich vor, unter allen Umständen Mensch unter Menschen zu sein –, führt in erster Linie in ein sich selbst rationalisierendes Bedürfnishandeln. Um erfolgreich oder zumindest befriedet zu sein, bedarf es der Kraft, aus verschiedenen Möglichkeiten und Angeboten eine Wahl zu treffen und vor allem sich nicht zuviel vorzunehmen. Wie nach einem im Terminkalender eingetragenen Programm macht sich die Familie als erstes auf Wohnungssuche. Tagelang werden zu große und zu kleine, gut und schlecht gelegene, zu teure und zu heruntergekommene Behausungen hier und da abgeklappert, bis sich eine in der Michelangelo Straat fand, ein Straßenname, der bei dem sich inzwischen voll seiner Neigungen bewußten Sohn angenehme Assoziationen hervorruft. Während er die nächsten Wochen dolmetschend mit der Mutter von Laden zu Laden zieht, um die im ersten Stock gelegene, über eine dieser halsbrecherischen Außentreppen zu erreichende Wohnung von der Gabel bis zum Bett auszustaffieren, ist der energische Vater von morgens bis abends auf den Beinen, um nach einer den Lebensunterhalt gewährleistenden Betätigung Ausschau zu halten. Abends sitzt das Dreiergespann bei Tee und Butterbroten im schäbigen Pensionszimmer zusammen, und die Bestandsaufnahme des Tages nimmt ihren Lauf. Vater war beim Rechtsanwalt und bei der Bank gewesen, hat auf Empfehlung von Bekannten und Unbekannten mit Geschäftsvermittlern Kontakt aufgenommen, hat sich in einem der zum Treffpunkt von Emigrantengruppen gewordenen Kaffeehäuser die aus Lamentationen, Hirngespinsten und guten Ratschlägen zusammengesetzten Gespräche angehört, ohne in seinem Vorhaben auch nur einen Schritt weitergekommen zu sein. Er will nämlich das vorsorglich nach Holland transferierte kleine Vermögen – ausreichend, um bei sparsamer Haushaltsführung die Familie noch ein paar Jahre über Wasser zu halten – ohne zu spekulieren und ohne Wiederholung verlustreicher Kiesgrubenstreiche nutzbringend anlegen.

In der Emigrantenszene herumschwirrende Angebote, wie Beteiligung an einem Zigarrenladen, an einer Firma für Damenunterwäsche oder an der Herstellung von Silberputztüchern, lehnte der Vater ebenso ab wie die Teilnahme an den vielen auf dem Emigrantenmarkt angebotenen Luftschlössern, die, meist mit dunklen Machenschaften verbunden, glaubten, angebliche Bedürfnislücken füllen zu können. Menschen wie Vater, der fleißig Mark um Mark zusammengewirtschaftet hat, trauen keinen noch so fein frisierten Vorschlägen, bei denen aus einhundert Mark im Handumdrehen eintausend werden. Er weigerte sich beständig, in irgendein Unternehmen einzusteigen, von dem er nichts verstand; über den Schuster, der bei seinem Leisten bleibt, wollte er nicht hinausgehen. Dementsprechend verschärfte sich sein Mißmut von Tag zu Tag, da sich in Richtung seines »Schuster-Leisten«-Prinzips, nämlich ins Druckereigeschäft zu kommen, nichts tat. Auch ging es dem Vater erkennbar auf die Nerven, den Sohn in der gefällig eingerichteten Wohnung untätig herumlungern zu sehen. Aber was sollte der schon tun – mit seiner deutschen Jurisprudenz und seiner Musikliebhaberei war doch nirgends auch nur ein Gulden zu verdienen. Natürlich wurde darüber gesprochen, daß man ihn das Druckergewerbe habe lernen lassen und er sehen sollte, eine Stelle als Drucksachenverkäufer zu finden – doch davor, ließ er vernehmen, möge ihn der Himmel bewahren.

Dann eines schönen Tages kommt der Vater nach Hause und läßt wissen, daß er wegen einer Geldanlage bei der Bank gewesen sei. Der sein Konto verwaltende Mann, mit dem er – wie das bei Privatbanken, vor allem einer jüdischen, durchaus üblich war – sehr gut stand, habe ihm von einer Druckerei gesprochen, die einen Teilhaber suche: Es seien anständige, alteingesessene jüdische Leute, Kunden der Bank, mit einem ganz gutgehenden Geschäft, und falls es Vater interessiere, stelle er gerne die Verbindung her. Vater konnte es kaum erwarten; denn nun war er in seinem Element. Munteren Herzens marschieren Vater und der als Übersetzer vorgesehene Sohn zum Treffen in die Bank, wo ein billigen Zigarillogestank verbreitender Mijnheer Kinsbergen sie erwartet. Es folgen Austausch von zurückhaltenden Höflichkeiten, Bedauerungsfloskeln über die mißliche Lage der Juden – und dann zur Sache: Man besitze eine kleine gutgehende Druckerei, verlege ein paar Annoncenzeitschriften, die ihm zusammen mit seinem dem hohen Alter entgegengehenden, zur Zeit im Betrieb tätigen Vater gehörten, wobei dieser sich um die Druckerei, er sich um die Geschäftsführung kümmere; der Vater wolle auf Dauer ausscheiden; man suche kein Kapital, sondern einen aktiven Teilhaber mit Gehalt und Gewinnbeteiligung, und so weiter und so fort. Insgesamt übersetzt Silbermann junior dem Vater einen händlerischen, von Fachausdrücken durchsetzten Mischmasch, der, mit Zigarillo im Mund gemurmelt, durchaus ehrlich klingt; in keiner Weise drängend und ohne eine Andeutung von Pfiffigkeit.

Beeindruckt von der kühlen Nüchternheit des Verhandlungspartners – Vater meint, daß der uns nicht reinlegen will – und mit der freudigen Aussicht, seine Energie wieder in seinem ureigenen Gewerbe einsetzen zu können, machen sich Vater nebst Sohn ein paar Tage später auf in die Nieuwe Spiegelstraat 60, wo das zu besichtigende Druckereiunternehmen in einem einstöckigen, etwas baufälligen, schmalbrüstigen Haus angesiedelt ist. Zur Straße hin begrüßt sie ein schmuddeliges Schaufenster, in dem um ein vergilbtes Schild herum ein Assortiment verstaubter Gummistempel liegt. Durch eine des Denkmalschutzes würdige, verbeulte Türe treten sie ein und finden sich stolpernden Fußes in einem mit einem Ladentisch ausgestatteten, wohl zur Entgegennahme von Bestellungen vorgesehenen Korridor, der zu einem als Büro eingerichteten Holzverschlag führt. Dort, in unsäglicher Enge, begrüßt sie das Eigentümerpaar, von dem der als Seniorpartner angekündigte alte Kinsbergen-Vater unerklärlicherweise ihnen unter dem Namen van Geldere vorgestellt wird. Durch eine in die Rückwand des Büroverschlags eingelassene Fensterscheibe blikken sie auf ein paar ruckende, höllischen Lärm verbreitende Druckmaschinen und drei Männeken, denen sie bei der Besichtigung der aus allen Poren nach Druckerschwärze stinkenden, ungelüfteten Druckbude die Hände drücken dürfen.

Es war einfach nicht zu glauben, daß dieses im Vergleich zur Druckerei in Köln wie ein vorindustrielles Relikt wirkende Ladengeschäft gleich für drei Partner einen einigermaßen ansehnlichen Gewinn einbringen könnte. Und doch war es offensichtlich so, wie aus den mit bereitwilliger Offenheit vorgelegten Geschäftsbüchern hervorging, die der durch Erfahrung gewitzte Vater durch einen Buchprüfer hat kontrollieren lassen. Da zeigte sich auch, wie der Laden lief: Die Druckerei war eindeutig im Hintertreffen, aber das

Annoncengeschäft in den der Firma gehörenden Fachzeitschriften – das war das Geschäft. Und dann noch ein bißchen Steuer- und Provisionsgemurkse, wo nun wirklich niemand etwas dagegen hat. Dem Vater war es ganz recht, daß, wie aus den Gesprächen hervorging, der neue Partner Dampf hinter das Druckereigeschäft machen sollte, wozu er zusätzlich zu seiner Person die Mitarbeit des Juniors anbot, der immerhin ein in Holland ausgebildeter Druckereifachmann sei.

Es vergingen Wochen mit Fachsimpelei, Erkundungen über Bonitäten, Gesprächen über Einstiegspreis, Rechte, Pflichten, Vertragsklauseln, aber nie kam es von seiten der Holländer zu dem entscheidenden Jawort. Auf die Dauer steigerte sich die Nervosität des Vaters ins Unerträgliche, zumal er auf die vorgeschlagene Teilhabersumme ohne Herumhandeln eingegangen war und es wie ein Geschenk vom Himmel ansah, in seinem Beruf wieder tätig sein zu können und Geld zu verdienen. Aber da nach alter, schon von den orientalischen Vorfahren praktizierter Regel man bei Käufen Voreiligkeit vermeiden solle, um den Verkäufer nicht auf beutegierige Gedanken zu bringen, zügelte Vater seinen Tatendrang beziehungsweise rannte wieder anderen Geschäften nach. Die mit überschwenglicher Begeisterung aufgegriffene Möglichkeit eines Einstiegs in die Druckerij Kinsbergen hatte der Vater so gut wie abgeschrieben, was dem Sohn bei der Vorstellung, er müßte womöglich in diesem garstigen Handwerkkasten mitarbeiten, nur allzu recht war. Er hatte andere Flausen im Kopf, die allemal von einer wie immer gearteten, von ihm verachteten, wenn nicht gar verhaßten kaufmännischen Betätigung weitab lagen. Sie sollten ihm bald ausgetrieben werden, als die bedächtigen Holländer zu einem erneuten Treffen baten; diesmal zum allseitigen Erstaunen in der Hinterstube eines Kaffeehauses. »Also«, sprach kurz gefaßt Wortführer Kinsbergen, vom Kopfnicken des schwerfälligen Vaters van Geldere begleitet: »Wir sind zu einer Partnerschaft bereit, möchten aber als

Teilhaber Ihren Sohn bei uns aufnehmen. Denn erstens spricht der perfekt Holländisch, und zweitens geht es uns um eine junge Kraft.«

Nur undeutlich erinnert er sich, wie der Vater den Vorschlag entgegennahm, ob er erstaunt, enttäuscht oder begeistert war; er auf jeden Fall war so verblüfft, daß er nur noch mit Mühe den Gesprächen folgen konnte. Nicht daß er »aus allen Wolken fiel« oder »seine Welt zusammenbrach«, wie der Trivialromanschreiber die verdrehte Situation im Dunst der Metaphern verbuchen würde, nein, er wurde so begriffsstutzig, daß er die beiden Holländer nur noch wortlos angriente. Kein Mensch fragte, ob er einverstanden sei, ob er sich freue, ob er stolz sei, daß man so viel Vertrauen in ihn setze – es war ein simpler Kuhhandel ohne Prost und Juchhe. Ob er darob dem Vater grollte, sich für ein Linsengericht verkauft und seiner musischen Unschuld beraubt fühlte – er hatte den Realitäten ins Auge zu sehen und bezog klaglos, von Vater mit guten Ratschlägen versehen, den Posten eines Junior-Druckereibesitzers.

Da sitzt nun der als Kapitalanlage eingebrachte junge Mann an seinem in einer Mansarde untergebrachten primitiven Schreibtisch und widmet sich der zubenannten Einarbeitungszeit. Erst schnüffelt er in der Enge des Betriebs herum, wo er den Seniorpartner selbst eine aus dem vorigen Jahrhundert stammende Druckmaschine bedienen sieht, was in ihm die ungefälligsten Gedanken erweckt. Von dem alten Herrn an die Hand genommen, wird ihm vorne im Laden gezeigt, wie es um den Verkauf von Gummistempeln bestellt ist, ein popeliges Kleinkrämergeschäft, dem er sich zu gegebener Zeit als Kundenbediener und -berater zu widmen haben wird. Dann wird er von dem weder sympathischen noch unsympathischen, mit einem bebrillten Pokergesicht ausgerüsteten Kinsbergen in die Besonderheiten des bemerkenswert erträglichen Fachzeitschriftengeschäfts eingeweiht. Diese ausschließlich von ihm, dem Beherrscher des ganzen Ladens, gehandhabte Domäne war gelinde gesagt eine ausgesprochene Bauernfängerei. Die monatlich erscheinenden Blätter, zwei an der Zahl, waren von der Art jener gratis verteilten, mit wenig Text versehenen Annoncenzeitschriften, die sich einer hohen Auflage rühmen, von der aber in Wirklichkeit keine Rede sein kann. Die zentrale Umsatz- und Einnahmequelle waren die paar durchtriebenen, gegen Provision arbeitenden Anzeigenverkäufer, denen steuerfrei und unverbucht Cash auf den Tisch gelegt wurde. Damals liefen diese Typen noch von Tür zu Tür, heute tragen sie die wohlklingende Berufsbezeichnung »Telefonakquisiteure» und versuchen, einem Versicherungen, Geldanlagen, die »Encyclopaedia Britannica« oder Anzeigen anzudrehen.

Also: van Geldere vollauf beschäftigt mit Druckerei und Stempeln, sein Sohn Kinsbergen mit Buchhaltung, Einkauf und Annoncengeschäft – was bleibt für den jungen Silbermann? Der Drucksachenverkauf. Das heißt, sich mit einer Kundenliste in der Hand auf den Weg zu machen und Aufträge reinzuholen. Nun ist Vertreter oder Handelsreisender gewiß kein ehrenrühriger Beruf, doch man stelle sich vor – dieses Etepetete, mit akademischem Titel gekrönte Söhnlein läuft sich mit einer Mustermappe unter dem Arm die Hacken ab, wird hier vorgelassen, dort abgewiesen, bietet Briefpapier, Visitenkarten, Formulare, Vordrucke und wie der ganze Krimskram heißt zum Verkauf an oder diskutiert Preise mit Kunden, die um einen Vertreterbesuch gebeten haben. Zurück in seiner Mansarde wird kalkuliert, in der Holzbude die Kalkulation mit den Partnern abgestimmt, und dann tippt er das Angebot auf der Schreibmaschine, um ein paar Tage später wieder bei dem Kunden vorzusprechen. Trotz mancher Verkaufsrückschläge, die von der eingefahrenen Praxis der Firma herrühren, Angebote mit überhöhter Handelsspanne zu versehen, damit der Kunde herunterhandeln kann, sowie von seiner mangelnden Vertrautheit mit der als Merkmal eines guten Handelsreisenden geltenden zungenfertigen Überredungskunst, geht das Geschäft ganz gut. Alle Welt scheint zufrieden zu sein, auch der seine Tätigkeiten mit Argusaugen überwachende Vater. Und was das Verhältnis zu seinen Partnern betrifft, wird er merkbar mehr für voll genommen, das heißt, es lockert sich das beschattende, aus Benevolenz und Furcht vor Verlusten bestehende Gängelband, das Ältere so gerne gefügigen Jüngeren um den Hals legen. Bleibt noch aufzuzeichnen, daß in seiner Zeit als Türklinken putzender Drucksachenvertreter und Teilhaber eines Gewerbebetriebs nie auch nur ein Grad außergeschäftsmäßiger Beziehungen sich zwischen ihm und seinen Partnern entwickelt hat: um sieben Uhr abends wurde der Laden dichtgemacht, und ein jeder zog sich in sein wie ein Inkognito gehütetes Privatleben zurück.

Sein Tagesablauf wurde alsbald zu einer Routineangelegenheit. Stur ging's von zu Hause in die Druckerei, von dort durch Amsterdams Straßen von einer Türe zur anderen, zurück in den zur zweiten Lebensluft gewordenen Holzbuden- und Druckerschwärzemief und wieder nach Hause. Alles geschah wie in einem Trancezustand, bei dem nichts, weder Menschen noch Dinge, weder lokale noch internationale Ereignisse, haftendes Profil annahm. Dabei war er nicht etwa bedrückt, niedergeschlagen oder trübsinnig, sondern durchaus aufgeräumt. Es ließe sich sagen, er habe sich durch sein Versinken in eine bleierne Routine einen Schutzwall aufgebaut, um nicht seinem einstigen Leben in Wohlstand, seiner Musik, seinen Paragraphen und seinen Freunden nachzutrauern. Oder aber, was sich viel eindrucksvoller anhört, er habe sich willentlich in den tranceähnlichen Zustand versetzt, um über den ihm aufgedrängten Erfolgszwang zu triumphieren. Indes, dies scheinen ihm phrasenhafte, fast an der Grenze lügenhaften Selbstbetrugs gelegene Ausflüchte, wenn nicht gar Schönfärbereien zu sein. Er wird sich zwingen müssen, seine innere Konstellation mit aller Drastik an der ihn umgebenden Wirklichkeit zu messen und sie nicht mit Hilfe eines entlastenden Tranks des Vergessens aus seiner Welt zu schaffen.

Die von ihm zu konfrontierende Wirklichkeit, in die er mehr notgedrungen als freiwillig versetzt wurde, kam auf ihn aus unterschiedlichen Strängen fließend zu. Seiner Denkweise entsprechend kann er sie nur systematisiert entfädeln, zumal er nicht wünscht, sich zu verzetteln oder sein Leben als verplant zu unterbreiten. Zum ersten Strang gehört die Angemessenheit des Umstands, Firmeneigentümer, Handelsvertreter, Kalkulator, Stempelverkäufer und Beaufsichtigter zu sein, bei dem er, um in handwerklichen Worten zu sprechen, nicht der Meister, sondern der Geselle ist. Die Meister behandeln ihren Juniorpartner zum einen aus ihrer Position der Älteren heraus, zum anderen aus ihrer Eigenschaft als standfeste Holländer. Ihren Manieren, ihrem Gebaren, ihrer Mentalität, ihrem Aussehen ebenso wie ihrer prüden Wortlosigkeit kommt er mit einer Abneigung entgegen, die sich bei ihm in seinem Rotterdamer Druckereilehrjahr bereits fest verankert hat. Durch die enthaltsamen Monate in Rotterdam verursacht, hat bei ihm ein solch kraftvolles Vorurteil die Oberhand gewonnen, daß er nichtswürdig verallgemeinernd aus einem Holländer alle Holländer macht. Nie stellt er die Frage, warum sie so sind, wie sie sind, noch ist er in der Lage, sich ihm anbietende Kontakte auf die Ebene einer vertrauten Übereinstimmung zu versetzen. Es war nicht Schüchternheit oder Überheblichkeit, sondern unzureichende Urteilsfähigkeit, die ihn in den belastenden Zustand des Mangels an menschlicher Berührung, an diesem Human touch versetzte, wie es weitaus umfassender und tiefgehender im Englischen heißt.

Seine Abkapselung, selbstverschuldet oder nicht, setzt sich bis in das in geregelte Bahnen zurückgeführte Familienleben fort. Er fühlt sich wie ein unnützer Beifahrer, wenn die monotonen, den Blick auf das sorgenvolle Leben gerichteten Abendgespräche zu dritt oder mit Besuchern ihren Lauf nehmen. Meist verschwindet er so schnell er kann in sein Zimmer oder macht mit Hund Susi an der Leine einen Rundgang durch die schmucklosen Vorortstraßen. Selbst als der Vater von den Verlusten spricht, die er durch Termingeschäfte an der Getreidebörse erlitten hat – ein fragwürdiges Unterfangen, in das sich aufs schnelle Geld versessene Emigranten mit ihren letzten Pfennigen zu stürzen beliebten –, oder von seiner Beteiligung an der Herstellung von Backpulver nach einem unnachahmlichen, erfolgversprechenden Rezept – ebenfalls verlusttragend, da der rastlose Vater auch hierbei hereingelegt wurde –, selbst dann verbleibt er in lethargischer Reglosigkeit, so, als ginge ihn dies alles nichts an.

Dabei müßte er sich doch recht eigentlich seiner Verantwortung gegenüber den Eltern bewußt sein, auch wenn diese ihm letztendlich zudiktiert worden war. Doch von dieser willig als ethische Vorgabe hingestellten menschlichen Einsicht konnte bei ihm keine Rede sein. Er bleibt dabei, sein Tun an seiner Handlungsfähigkeit zu messen, bei der als treibende Kraft weder Pflichterfüllung, Verantwortung noch Elternliebe im Hintergrund stehen. Seine Ich-Bezogenheit bewahrt ihn davor, der gefahrvollen Doppelwertigkeit des menschlichen Handelns zwischen förderndem Gebrauch und zerstörerischem Mißbrauch anheimzufallen. Das klingt zwar wie eine im nachhinein aufgebaute, aus mangelnder moralischer Beflissenheit und strammer Larmoyanz bestehende Zubereitung, könnte jedoch erhellen, wieso die familiäre Nähe zu den Eltern zunehmend zu einer nüchternen Weite wird, aus der Abneigung gegenüber seinem Erwerbszweig und den ihn personifizierenden Partnern und Kunden ein Greuel, und aus dem properen Amsterdamer Gefilde ein ödes Niemandsland. Ein Zustand beklemmender Verdrossenheit war erreicht, über den er bis heute nicht hinweggekommen ist, wenn er Hollands und der dort verbrachten Zeit gedenkt.

Im Angesicht dieses Unbehagens vergehen viele Monate bis zu den Tagen, als ihn die selbstbehauptende Tauglichkeit begreifen macht, daß er für eine sinnvolle Gestaltung seines Lebens selbst verantwortlich ist – eine von Predigern und Philosophen oft in mannigfachen Variationen verkündete Devise, der meist jedoch keine Gebrauchsanweisung beigefügt ist. Der großen Worte ungeschminkter Sinn ist eine sich immer stärker bemerkbar machende Dringlichkeit, Kontakte mit jener Gruppe von Menschen aufzunehmen, die, als homosexuell veranlagt, von der Majorität der Gesellschaft mißachtet und mit Gespött überzogen wird. Und da Amsterdam seinerzeit noch nicht das liberale Eldorado der Subkulturen war, wie man heute zu sagen pflegt, gehörte zu besagter Kontaktaufnahme (wie übrigens überhaupt zur »sinnvollen Gestaltung seines Lebens«) zumindest ein Quentchen von Verwegenheit – und die besaß er nicht.

Auch als er nach langer vergeblicher Suchaktion endlich in einem verstohlenen Gäßchen in der Nähe des Bahnhofs ein Kellerlokal findet, das, nach Aussehen und Gebaren der von ihm vom Eingang der Straße aus beobachteten Besucher zu urteilen, ein Treffpunkt dieser Art sein mußte, wagt er es nicht, dort einzutreten. Doch eines Tages geschieht es: Der wie ein Geheimnisträger vermummte Eckensteher wird angesprochen, eingeladen und betritt nun ein Etablissement, in dem, in schummeriges Licht getaucht, eine Anzahl männlicher Wesen um Tische herumsitzt. Als trügen sie eine Erblast auf ihren Schultern, führen sie im Flüsterton von stimmungsloser Schäbigkeit beherrschte Gespräche. Ach, es ist schon ein freudloses, sordides Geschäft, diese Homosexualität – vielleicht wäre es doch besser, gar nicht erst darüber zu sprechen, sie zu verheimlichen, zu unterdrücken oder bei Selbstdarstellungen über sie ein lügenhaft feiges Mäntelchen zu hängen, unter dessen Schutz sich unschwer Männerbeziehungen in Frauenbeziehungen umstilisieren lassen.

Nichts von alledem kommt ihm in den Sinn. Eifrigst, ja in der Tat, eifrigst gibt er sich seiner Leidenschaft hin, flitzt von Abenteuer zu Abenteuer und findet doch nicht, was er sucht. Immer stärker verdrängt ein Traumbild von dauer+-hafter, nicht im Versteck sich abspielender Hinneigung die ermattende Last der Lust. Fühlt er sich doch gleichermaßen gequält und bedroht durch das stets auf der Lauer liegende, von schwerblütigen Superprotestanten über das ganze Leben in Holland geworfene Moralnetz, um dessentwillen selbst auf der zweiten Etage gelegene Fenster mit dicken Plüschgardinen hermetisch zu verhängen, Schlüssellöcher zu verstopfen und Liebesgeflüster zu vermeiden sind, wenn Zweisein sich auf einem Sofa oder im Bett abspielt. Stets ist Eile geboten, denn von den Nachbarn im an der Seitenwand der Fenster angebrachten Beobachtungsspiegel mehr als einmal im fremden Haus gesehen zu werden, führt unweigerlich zu Denunziationen. Die auf die Fahne geschriebene »Freiheit, die ich meine« hat eben ihre Grenzen ...

Die Ferienzeit war gekommen und damit eine günstige Gelegenheit, sich, wenn auch nur zeitweilig, von den beruflichen, familiären und sittengesetzlichen Fesseln zu befreien. Über Paris, wo er seit langer Zeit mal wieder eine Oper hört, fährt er nach Barcelona, um sich von dort aus nach Formentera, der kleinsten Insel der spanischen Balearen, einzuschiffen, wo ihm ein besonders schönes Hotel empfohlen worden war. Über das verschlungene Intimnetz der homophilen Welt macht er Bekanntschaft mit Esteban, der sich seiner annimmt und ihn am Abend seiner Ankunft in Barcelona in ein Varietétheater führt. Der französisch sprechende Esteban hat als erstes nichts Eiligeres zu tun, als ihn auf die Gefahren hinzuweisen, die Bekanntschaften mit Unbekannten in sich bergen. Doch schon an diesem Abend tritt einer dieser Unbekannten in sein Leben, und zwar in der Person von Paco, einem jungen Spanier, der ihn während der langandauernden Pause so durchdringend fixiert, daß ihn der das Augenspiel beobachtende Esteban geschwind aus dem Blickwinkel des offensichtlich seine Bekanntschaft suchenden Burschen wegzieht. Nach der Vorstellung, wie in Spanien üblich mitten in der Nacht beendet, gehen er und Esteban gemächlich auf den Ausgang zu, wo wartend der junge Spanier steht. Jetzt wird es Esteban zu bunt. Er geht auf den Burschen zu und führt mit ihm ein lautstarkes, aus hitziger Rede und Gegenrede bestehendes Gespräch, bis er wohlmeinend lächelnd zu Alfonso gewendet sagt: »Paco ist ein anständiger Junge; er liebt dich; jetzt gehen wir aus und feiern.«

Drei Tage verbleibt Alfonso in Barcelona und verbringt Tag und Nacht mit Paco, der sich von seinem Arbeitsplatz in einer Apotheke hat Urlaub geben lassen. Gemeinsam durchwandern sie Barcelona, besuchen Esteban und Pacos Mutter, helle und düstere, von spanischem Klickklack-Getrampel widerhallende Lokale und lieben sich endlos. Dann aber verfügt der Reiseplan die Abfahrt nach Formentera, und mit Tränen in den Augen umarmt ihn Paco, als er das hin und her schwankende Boot besteigt. Im Hotel auf der Insel angekommen, schreibt er sich für die vorgesehenen vierzehn Tage Ferien ein und beginnt jenes Herumwandern, Schwimmen und am Strand in der Sonne Liegen, das von vielen Menschen als ungeheuerlich erholsam angesehen wird. Zwei Tage hält er dieses sich auf langweiliger Beschäftigungs- und Gedankenlosigkeit gründende weitgepriesene Ferienstrandverfahren aus, dann packt er seine Koffer, und zurück geht es nach Barcelona, um den Rest der Ferien dort mit Paco zu verbringen.

So vergingen die Tage seiner ersten großen Liebe, würdig eines unter Harfenklängen vorzutragenden Liebesgedichts. Doch er besitzt keine poetische Ader, und auch sentimentale Ergüsse sind nicht seine Sache. Anstatt sich der Erhabenheit solch verführerischer Empfindungsworte wie edel, vollkommen, echt, strahlend oder holdselig zu bedienen, zieht er es vor, von dieser ersten grenzenlosen Jugendliebe im weitgehendsten Sinne als einer Erfüllung zu sprechen, nach der er sich noch oft sehnen wird. Auch daß sie ihm einen Wendepunkt in seinem Leben einbrachte, möchte er nicht in Vergessenheit geraten lassen. Überwand er doch skrupellos Konventionen, Normen, Sitten und andere ungeschriebene Gebote, indem er seinen spanischen Freund mit nach Holland in die elterliche Wohnung nahm. Dieser von keinerlei rationalen, sondern ausschließlich emotionalen Verknüpfungen geleitete Schritt war die selbstbewußte Offenlegung seiner Veranlagung, sowohl was die Familie betraf als auch gegenüber einer feindlichen Öffentlichkeit. Versteckenspielen war nicht länger an der Tagesordnung. Ich stelle Ihnen meinen »Freund« vor, heißt es von nun an, und nicht notlügend: meinen »Bekannten«, meinen »Neffen«, meinen »Vetter«, womit sich nur naive Gemüter und Dummerjane über die vertraute Gleichgesinntheit zwischen einem Älteren und einem Jüngeren täuschen lassen.

Die wenigen als Ferienaufenthalt gedachten Wochen, in denen sein Paco ihn anhänglich umgab, konnten trotz ihrer Überschwenglichkeit nicht die ungeschlachte Widerlichkeit seines Lebens zur schimmernden Schönheit umgestalten. Wohl aber entfachen sich in ihm Regungen der Herausforderung, in deren Mittelpunkt die unerschrockene Betreuung der geliebten Person steht. Begehrlich den Blick auf ein über ein Ferienintermezzo hinausreichendes Zusammenleben gerichtet, sieht er sich als Versorger einer lichten Zukunft und handelt danach. Mit einem Eifer sondergleichen geht er seinen Verkaufsgeschäften nach, fädelt unermüdlich Beziehungen ein, die dermaleinst Paco zu einem Job verhelfen können, übertüncht und beschwichtigt heikle Situationen mit den Eltern, kurzum: Vieles und Schwieriges wird von ihm gleichzeitig verlangt.

Darüber entgleitet ihm zum einen das Erkenntnisvermögen für die Labilität seiner ungleichen Existenz als geduldeter Fremdling, zum anderen die Einschätzung politischer Brechungen, für die in diesem Jahre 1936, die Titelseiten der Zeitungen füllend, Namen und Ereignisse stehen wie: Faruk (gestürzt als König von Ägypten); Léon Blum (Ministerpräsident der Volksfrontregierung und Gesetze über

Vierzigstundenwoche); Mussolini (Eroberung Abessiniens und die Verkündung des italienischen Imperiums); Eduard VIII. (Abdankung als König von Großbritannien); Roosevelt (Wiederwahl als US-Präsident); Hitler (Einmarsch deutscher Truppen in die entmilitarisierte Zone des Rheinlandes, Deutsch-italienischer Vertrag, Achse Berlin–Rom und Bildersturm, Verbannung moderner Kunst) und schließlich General Franco (Einleitung des Spanischen Bürgerkrieges). Es muß gesagt werden, daß er für alle diese Ereignisse und Bewegungen keine Zeit haben wollte; es waren ihm mancherlei zusammengewürfelte Fremdprogramme, fern des auf den Aufbau eines unverzüglichen und erfüllenden Zusammenlebens mit Paco ausgerichteten Eigenprogramms. Sein Denken, seine Haltung und sein Planen lassen sich nicht besser umschreiben als das von Herausforderung angetriebene mechanische Handeln eines selbstentfremdeten Besessenen, will sagen, einer Person, die sich um des Preises einer Lebenswertigkeit willen rückhaltlos der Spontaneität ausliefert.

So bedarf es keiner erheblichen Vorstellungskraft, um nachzuempfinden, mit welch unbändiger Heftigkeit seine Zukunftsvisionen zerschellten, als ihm von Pacos Mutter die Nachricht zukam, daß ihr Sohn im Straßenkampf tödlich verletzt worden war. Von einem Tag zum anderen überkommt ihn eine aus Gleichgültigkeit, Unmut, Unschlüssigkeit, ja Gegenstandslosigkeit zusammengefügte Indifferenz, die ihn bis in die Fänge einer übellaunigen Faulheit treibt. Er weint in keine Kissen, hadert weder mit den Umständen noch mit seinem Schicksal, läßt weder den Kopf hängen noch wird er ungesprächig, unfreundlich oder gemütskrank, sondern lebt wie ein Unbeschäftigter faul in den Tag hinein. Anstatt um Kunden herumzuscharwenzeln und Aufträge zu ergattern, verbringt er die Vormittage im Kaffeehaus, die Nachmittage im Kino, und nur so zwischendurch holt er mal einen Druckauftrag herbei oder läßt sich in seinem, ihn immer mehr anwidernden Druckerladen blicken. Ja, da war mal eine kurze Unterbrechung, als er mit einem Bekannten zu einer internationalen Ausstellung nach Brüssel fährt und dort in der Gesellschaft eines kleinen arabischen Kameltreibers ein wenig die freizügige Heiterkeit des Klein-Paris goutiert – aber der Horizont seiner Verlangen blieb verdunkelt.

Gleich, ob man seinen Zustand mit Anzeichen von Haltlosigkeit, Pflichtvergessenheit, Gewissenlosigkeit, Entmenschlichung, Verblendung oder Triebhaftigkeit belegt, alles war ihm zuwider; ach was, es war ihm zum Kotzen: das Land und seine fettgefressenen, Genever hinter die Binde gießenden Hypokriten; der penetrante Gestank von Heringen und in ranzigem Fett angeschmorten Pommes frites; der Anblick der Tag für Tag im gleichen verschlampten Aufzug auftretenden, von Geldgier nur so strotzenden, mürrischen Teilhaber; die von Angst getragene Beziehungslosigkeit zu sexuell Gleichgesinnten; die gefügige Verankerung der Eltern in dem spezifisch holländischen Spießbürgertum; ja selbst das über die Maßen hochgelobte Concertgebouw Orkest und sein selbstherrlicher Dirigent Willem Mengelberg, dessen Konzerte ihm zumindest von Zeit zu Zeit für ein paar Stunden Wohlbehagen verschafft hatten.

VII

Nur weg aus diesem Land!, raus aus diesem Dunstkreis!, lautete das Warnzeichen, und ein von Holland schaudervoll ernüchterter Achtundzwanzigjähriger macht sich auf den Weg nach Paris. Wunderschön gesagt, doch wie hat er das angestellt? Es begann mit der faulen Ausrede, er wolle auf ein paar Tage seine nach Paris emigrierten Bundesbrüder – zwei oder fünf an der Zahl – besuchen, und endete damit, daß er zunächst per Brief, dann per Telefon die Eltern kurz angebunden wissen ließ, daß er nicht mehr nach Amsterdam zurückkomme. Vaters darauf folgende Vorwürfe und Beschimpfungen waren kein Pappenstiel, und auch Mutters Gejammer über den verlogenen und verantwortungslosen Sohn waren durchaus drastisch. Verstoß, Enterbung, Trennung, Übeltat, Verdammlichkeit und ähnliche, mit unterschwelligen Drohungen versehene Bezichtigungen beherrschten Vaters wutentbrannte Briefe, wobei der Satz »Sieh, wie Du allein weiterkommst, von hier keinen Pfennig« in allen nur möglichen Varianten sich wiederholte. Das war natürlich bitter; denn allein auf sich selbst gestellt zu sein, war im Programm eigentlich nicht vorgesehen. Nun denn, wenn es schon so sein mußte – zumal die unvoreingenommene Versetzung in die Ungeniertheit dieses Paris nicht als leichtfertige Eskapade gedacht war –, dann wird man sich eben durchwursteln müssen. Alles deutet darauf hin, daß er die anstellige Einsickerung in die ihm wie eine Fata Morgana vor Augen schwebende Metropole als umstandsbedingten Eintausch eines ungeselligen Emigrationsortes gegen einen gastlicheren ansah. Und da ihn bei diesem Schritt weder die geistige Aussagefreiheit Selbstexilierter wie Börne oder Heine beflügelte, er weder nach intellektueller Anregung lechzte noch nach Einsatz im politischen Widerstandskampf, ja nicht einmal beherzt ausprobieren wollte, wie es um das um die Ohren so vieler düpierter Verfolgter rauschende Prinzip von Freiheit, Gleichheit und

Brüderlichkeit bestellt ist, kann er nicht mit jenen von geistigem und wirtschaftlichem Leid geprägten faszinierenden Treffen und Unterhaltungen mit politischen und künstlerischen Größen aufwarten, mit denen sich im nachhinein literarisch ansprechend verbrämte Glorie einkassieren läßt. Er überläßt den Raum der geschichtlichen Erfahrung der Helle und Wachheit eines abenteuerlich gesinnten Neulings, der weder Gipfelstürmer noch Tippelbruder zu sein wünschte.

In Paris nimmt er sich in einer der Seitengassen im Quartier Montmartre ein Zimmer in einem dieser Hotels, wo Enge und spärliche Möblierung im besten Verhältnis zu Preiswertigkeit stehen. Er sucht die Truppe seiner Freunde aus Freiburger Zeiten auf, die sich um den Anführer, den Leibburschen Erich, und seine ihn stets umsorgende Frau Margot geschart und deren kleine Wohnung zu einer Abfütterungs-, Beratungs- und Besprechungszentrale gemacht haben. Man empfängt ihn freundlich, wenn auch vermutlich im Angedenken an das peinliche und trotz anderer Sorgen noch nicht vergessene Ehrengericht in Freiburg etwas distanziert, und da er es vermeidet, seinen Entschluß, in Paris zu verbleiben, kundzutun, werden die ersten Besuche zu angenehmen, mit Reminiszenzen an die schönen Tage von damals angefüllten Plauderstündchen. Bald doch mußten die Karten auf den Tisch gelegt werden, besonders, wenn es darum ging zu erkunden, wovon man lebe beziehentlich zu leben gedenke. Diesbezüglich kommen ihm beständig die Worte »débrouiller« und »débrouillard« an die Ohren, die in französisch-deutschen Wörterbüchern behutsam mit »in Ordnung bringen«, »Pfiffikus«, »der sich zu helfen weiß« oder »Schlaukopf« übersetzt werden, was jedoch, wenn es die Urheberschaft und Herstellung von einigermaßen angemessenen Lebensumständen betrifft – ohne direkt oder am Rande mit Gesetzen und Behörden in Konflikt zu geraten oder zu betrügerischen Machenschaften zu greifen –, weniger mit Verschmitztheit, sondern eher mit Gewandtheit und Findigkeit zu tun hat.

Ausschlaggebend bleibt letztendlich der Stand des Bankkontos, und um diesen auf einer konvenablen, mit Dach über dem Kopf und täglichem Futter möglich machenden Höhe zu halten, bedurfte es für einen jeden der vielen gelernten oder ungelernten, kapitalstarken oder unbemittelten Emigranten des Ausfindigmachens von Einnahmequellen, die vom bodenständigen Kommerz nicht bereits vollauf besetzt waren. Wirtschaft und Handel im fremden Land, mit fremden Geschäftsgepflogenheiten und dazu auch noch in einer fremden Sprache Konkurrenz zu bieten, Damenhüte oder Wurst herzustellen, mit Textilien oder Eisenwaren zu handeln, konnte bei aller Tüchtigkeit und Fachkenntnis nur zur ökonomischen Selbstvernichtung führen. Ungeachtet der Herkunft, des Studiums, des Prestiges oder der Ehrbarkeit konnte der Emigrant sein Brötchen in dem im Innern von sozialen Unruhen und von außen mit Hitlerischen Androhungen befrachteten Frankreich nur im Handwerklichen, als Angestellter oder als Arbeiter verdienen oder, wenn ihm an Selbständigkeit gelegen war, mit der Ausfüllung von Lücken, will sagen, durch das Geschäft mit dem Ausgefallenen.

Während er mit dem Gedanken umgeht, sich als Drucker oder Klavierspieler beschäftigen zu lassen, jedoch nicht die geringste Ahnung hat, wie sich das anstellen läßt, wird beim Mittagstisch im Hause seines Leibburschen Erich über ertragreiche und ertraglose Spielmaschinen, Reparaturen, Gastwirte, Einkauf von Dekorationsware und Handwerkszeug geredet. Alles das, wird ihm erklärt, bezieht sich auf das gemeinsame Unternehmen der Freunde, das aus in verschiedenen Pariser Arrondissements gelegenen, in kleinen und großen Bistros aufgestellten Spielmaschinen besteht, den sogenannten Grues. In einem viereckigen Glaskasten liegen auf dem mit erbsenförmigen, glitschigen Bonbons bedeckten Boden attraktiv aufgemachte, dafür um so wertlosere Geschenkartikel wie blecherne Zigarettenetuis, wohlfeile Armbanduhren, Bleistifte, Aschenbecher, Wecker und andere Schleuderwaren, die der Spieler – für zwanzig Centimes das Spiel – mit einem über dem Ganzen schwebenden, nach allen Seiten hin bewegbaren Greifer, einem Kran (= grue), zu fassen versuchen muß. Hat er es geschafft, ist das Objekt in ein Einwurfloch zu bringen, und der Spieler hat für seine Centimes jetzt die billige, höchstens ein paar Wochen gut laufende Uhr in der Hand. Als stille Teilhaber an diesem geriebenen Geschäft mit der Verlockung figurierten die als »patron« anzusprechenden Eigentümer der Bistrokneipen, in denen die Spielmaschinen ihren Platz gefunden hatten: Sie waren zu vierzig bis sechzig Prozent an den Einnahmen beteiligt – leicht verdientes Geld, das sie allwöchentlich vom Automatenbesitzer entgegennahmen, ohne auf ihrem ewig übermüdeten, mißmutigen Gesicht eine Miene zu verziehen.

So ausgefallen und auch nicht gerade vergnüglich das Spielunternehmen war, seine Freunde waren allemal guten Mutes. Er hört kein Gejammer über Emigrantenleid, keine quälerischen Worte des Mißbehagens, des Kummers oder der Lebensangst. Nur manches Mal kommt ihm ein unüberhörbarer Unterton von Skepsis entgegen, der wie ein Kontrapunkt Gespräche durchzieht, bei denen die Haltung der mit inneren Unruhen eingedeckten Franzosen gegenüber dem jüdischen Emigrantenpack diskutiert wird. Denn daß sie uns nicht mögen, wird auch ihm, dem abenteuerlich gestimmten Frischling auf dem Pariser Pflaster, bei der Suche nach einer Arbeit alsbald klar.

Die Zeit war gekommen, wo das Geld im Portemonnaie nur noch für das Zimmer im Hotel reichte und er weder von der Pariser Luft leben konnte noch vom Herumsitzen bei »Graff«, der auf dem Montmartre gelegenen, von der Demimonde frequentierten Brasserie, wo ihn das Bekanntschaftenmachen das Amsterdamer Debakel verwischen läßt. Es muß seinem Versorgungstemperament zuzuschreiben sein, daß ihm der Gedanke kommt, sich in einem Restaurant zu verdingen, da man dort, gleich, was man tut, etwas zu essen bekommt. Also los denn: Oben an der Place de l'Opéra fängt er an und geht links, rechts die Avenue de l'Opéra von einem Restaurant zum anderen auf Stellensuche. Tür ein, Tür aus wird der mit einem blauen Anzug und einem deutschen Akzent bekleidete Ansucher abgewiesen, bis er unten auf der Avenue, fast an der Place de la Comédie Française angekommen, ein Lokal auf der ersten Etage betritt, das sich Pâtisserie Danoise nennt. »Ja«, sagt der Eigentümer, Monsieur Svend Michelsen, »ich brauche einen Küchenjungen, aber Sie mit ihrem feinen Anzug, das ist wohl nichts.« Hierauf schnell das kleine Emigranten-Mitleidsliedchen angestimmt, und am nächsten Morgen steht er in der Küche einer vierschrötigen Köchin gegenüber, die ihn mit einem Gemisch aus Schwedisch und Französisch zum Abwasch kommandiert.

In diesem feinen Etablissement – nur von morgens zehn bis abends um sieben geöffnet – hat er zum erstenmal in seinem Leben Karriere gemacht. Was ihm bisher mehr oder weniger in den Schoß gelegt wurde, die Jurisprudenz, die Musik, das Druckereigewerbe, hier hat er sich etwas erarbeitet. Im Vergleich zu den Erfolgsgeschichten, die aus Amerika kommen und vorbildlich zeigen, wie man vom Zeitungsjungen zum Millionär aufsteigt, gleicht die seine höchstenfalls einem Karrierchen, zumal die Bezahlung – wie üblich für sich in Notlage Befindende – weit unter dem gesetzlich vorgeschriebenen Minimum lag. Zunächst steht er für einige Wochen an den Spülsteinen (Spülmaschinen gab's zu der Zeit noch nicht), wäscht Geschirr, Bestecke, Gläser, fettige Pfannen, Töpfe, Schüsseln und all den Dreck, der ihm unter die Hände geschoben wird, und wird angebrüllt, weil er zur Hochbetriebszeit nicht schnell genug mit Waschen und Trocknen nachkommt. Dann fällt mal wieder ein Kellner aus, und eiligst wird er aus der stickigen Küche ins Restaurant zum Servieren abkommandiert.

Dieses Glück, denn das war es, verdankte er seiner Sprachfertigkeit, die für einen Laden, der hauptsächlich von Touristen lebte, die fremdländisches Essen zu den Sehenswürdigkeiten von Paris zählten, ein Erfordernis war. »Smörrebröd«, diese mit ausgefallenen Fisch- und Fleischdelikatessen sowie einem Klatsch Mayonnaise belegten offenen Sandwiches; »Danish Pastry«, dieses blätterteigige, mit Marmeladen, Cremes oder Nüssen angefüllte Bröselgebäck; hochragende, aus vielfältigen Schichten von Schokolade, Obst, Teig und Massen von Schlagsahne bestehende Kuchen; und ein warmes Tagesgericht, das, ob Fisch oder Fleisch, meist in der Form von Klöpsen auf den Tellern lag – das waren so die Leckereien, die er, Serviette wedelnd, einer fragelustigen Klientel unter die Nase schob. Aus dieser von ihm mit unerwartet erstaunlichem Geschick durchgeführten Tätigkeit sowie der Empfehlung der teuersten auf der Speisekarte vermerkten Gerichte ergaben sich zwei Einnahmequellen. Zum einen das natürlich öfter anzumahnende Trinkgeld, da es damals noch nicht im Preis inbegriffen war, und zum anderen die Rührigkeit als Ratgeber in Sachen intimer Verlustierungen. Bei der Abrechnung mit Fremdlingen, denen Begehrlichkeit vielfach nur so aus den Augen sprühte, diskret befragt, wo man sich denn in Paris ungezügelt amüsieren könne, überreicht er die mit dem Vermerk »de la part de M. Alphonse« versehene Visitenkarte eines in der Rue de Lappe gelegenen Maison de Plaisir, landläufig benannt Bordell, wo das Angebot von einer Nacht im Bett der Marie Antoinette über Voyeurismus und Sadismus bis zur Schwarzen Messe reicht. Hatte der Lüsterne von dieser großzügig verteilten Empfehlungskarte Gebrauch gemacht, gab es von der Madame, landläufig benannt Puffmutter, eine beachtliche Kommission – eben die zweite Einnahmequelle.

Was sich da gar nicht mal so unvergnüglich gestaltete, zumal es erlaubte, ein geräumigeres Zimmer anzumieten, einige Bekleidungsstücke zu kaufen und sich von Zeit zu

Zeit in einschlägigen Bars sehen zu lassen, hatte eine überaus erschwerende, ja, er kann ohne Übertreibung sagen, quälende Schattenseite: die Fremdenpolizei mit ihrer Zuständigkeit für Aufenthalts- und Arbeitserlaubnis. Hatten doch die Franzosen ein tückisches und zugleich zermürbendes bürokratisches System ausgetüftelt, um ihre der Welt kundgetane Großzügigkeit gegenüber Verfolgten in Grenzen zu halten beziehungsweise, um unbemäntelt zu sprechen, um Exilanten, Emigranten und Flüchtlinge, in deren gutgläubigen Hirnen Frankreich als das gelobte Land der Freiheit spukte, auf dem schnellsten Wege außer Landes zu lavieren. Ein diesbezüglicher Weg war, uns ans Hungertuch zu knüpfen. Denn hattest du keine Aufenthaltserlaubnis, bekamst du keine Arbeitserlaubnis, und hattest du keine Arbeitserlaubnis, bekamst du keine Aufenthaltserlaubnis. Das heißt in praxi: Wie aufgeschreckte Hühner rannte man die stinkenden Gänge im Polizeigebäude von einem Schalter zum anderen rauf und runter, stand untertänigst lächelnd vor übellaunigen, obendrein abgetakelten weiblichen Amtspersonen, die, mit schwarzem Kittel und einer gehörlichen Portion Willkür bekleidet, sich wie allmächtige Dorfgewaltige aufspielten. Diese verflixte Weise, Menschen einer ersichtlichen Parallelität auszusetzen, brachte ihn wie alle auf den Etagen herumrennenden Ausweisbittsteller zu fauchender Verzweiflung und fügsamer Korruption: Die letzten Groschen in ein Couvert gesteckt, wurde dies mitsamt den diversen Bescheinigungen und Unterlagen dem hinter dem Schalter stehenden Dragoner still und leise zugeschoben.

Man möchte meinen, daß diese demütigende Verdrießlichkeit wenig dazu angetan war, in ihm ein Wohlgefallen an Paris und den Franzosen zu entfachen. Auch darf unterstellt werden, daß der tägliche Umgang mit dem Küchenpersonal und den Kellnerkollegen wenig dazu beitragen konnte, ihm einige der den Franzosen zugesprochenen, höherstehenden Einmaligkeiten zu veranschaulichen. Was hatte er in seiner Tretmühlenexistenz schon von der die Lüfte von Paris durchziehenden aufgeweckten Intellektualität? Wie in Holland war er in die Rolle eines Beobachters versetzt, den man die Vorgänge nur von der Türschwelle aus verfolgen läßt. Erneut wird er gewahr, daß sich Zugänge erst dann eröffnen, wenn anteilige Gemütsbewegungen die existentiellen Zufrieden- und Unzufriedenheiten begleiten. Bis dahin bleiben Eingliederungsversuche an der Oberfläche von Erfahrungen haften, besonders dann, wenn wie im Falle Silbermanns sich der Emigrant nicht in den Rollenzuschnitt eines Verfolgten einfügen läßt oder sich um gewisser Ersprießlichkeiten willen in diesen Stand versetzt. Es müssen diese Überlegungen angestellt werden, um zu verstehen, daß er sich zwar anstandslos bei den Franzosen eingelebt hat – zum Frühstück Croissants in den schlabbrigen Café au lait zu tauchen weiß; glühendes, strammriechendes schwarzes Zigarettenkraut im rechten Mundwinkel halten kann; sein Französisch mit unflätigen Worten aus dem Argot dekoriert und anerzogene Politesse auf ein Minimum reduziert hat; Zeitungen als Klopapier benutzt und versteht, sich Haufen von Pommes frites zusammen mit Brotscheiben in den Mund zu schieben –, daß aber das zum Zustandekommen einer Eingliederung notwendige verbindende Element, nämlich die Beziehung zu einem im vorliegenden Fall französischen Menschen seiner Wahl und seines Gefallens, also das Persönlichste und für ihn im tiefsten Sinne Freundschaftlichste fehlte.

Jetzt, wo er keine Klinken mehr zu putzen und satt zu essen hat und in keineswegs löblicher, eher verwunderlicher Weise keinen Augenblick einen Gedanken darauf verschwendet, wie das denn weitergehen soll, ob Kellnern ein aussichtsreicher Berufsweg ist und die Lebensumstände in Paris irgendeinem wünschenswerten Idealzustand entsprechen – jetzt erst erwacht er aus der Benommenheit, die ihn impulsiv Holland hat verlassen lassen, um in Paris Entlastung und zu gleicher Zeit Entwirrung seines Herzensbedürfnisses zu finden. Wenn er glaubt, von sich sagen zu können, er verfüge über ein mobiles Temperament, dann bezieht er sich auf ihm eigene Bewegungsvorgänge, bei denen Mondänität (im Sinne von Eleganz und Art der großen Welt) weder im Gegensatz noch in einem Spannungsverhältnis zu Primitivität (im Sinne von Ungeschlachtheit und Art der kleinen Welt) steht. Es sind der für den Franzosen stets gegenwärtige geistige Vorbehalt und vor allem die eine jede Millionenstadt und so auch Paris beherrschende Anonymität, welche die Unauffälligkeit der Zusammenführung von Mondänität und Primitivität ermöglichen. Nachdem er dies erkannt und den provinziellen holländischen Putz abgeworfen hat, zieht er bei seinen Erkundungen für das Zustandekommen von mehr als für eine Nacht vorgesehenem Getätschel hieraus uneingeschränkten Nutzen. Er hat über Angst und Bangen hinweg gelernt, daß der Weg zum Anknüpfen gleichgestimmter Freundschaftsbande über den Besuch der Freigehege der männerliebenden Gesellschaftsschicht führt, von denen eines die diese Klientel versorgenden Bars sind. Außerhalb dieser Treffpunkte, deren Adressen sich seinerzeit noch über Mundpropaganda verbreiteten (heute gibt es hierfür im Buchladen erwerbbare Führer), muß dem Zufall vertraut werden, was zu keiner Zeit und in keiner Situation seiner Dynamik entsprach.

Er besucht in engen Straßen liegende dunkle Spelunken, ebenso wie die sich durch höhere Preise der Getränke einer ausgewählteren Kundschaft versichernden, großzügig eingerichteten Nachtclubs, darunter das Bœuf sur le toit, dessen Renommee als Rendezvous-Ort zartbesaiteter und aufstrebender Künstler in mehr als einem Buch seinen literarischen Niederschlag gefunden hat. In dieser Umgebung fühlt er sich so wohl, daß diese Bar nach einer Weile zum seine Sehnsüchte erfüllenden Stammlokal wird. Sich dem geschäftigen und alle Welt kennenden Barmann Maurice als regelmäßiger, wenn auch aus erklärlichem Geldmangel wenig konsumierender Gast anvertrauend, sitzt er abendelang auf dem Barhocker und läßt seine großen braunen Augen durch die Gegend schwirren. Jemanden anquatschen, einen Drink anbieten oder um Feuer bitten, das war nie seine Stärke. Auch im Bœuf zieht er vermittelnde Verrichtungen durch Maurice der Eigeninitiative vor.

Und so geschieht es denn eines Abends, daß er Maurice um Auskunft bittet, wer denn dieser am anderen Ende der Bar sitzende, ein wenig trübselig vor sich hinstarrende lokkige Bursche ist. »Nichts für dich«, meint Maurice kurz angebunden, »der hat selbst nichts und ist für dich viel zu teuer.« Doch die Versunkenheit des feingeschnittenen Gesichts fasziniert ihn. Verlockung und Gefährdung versetzen ihn in einen Zustand der Anziehung, in einen Strudel, dem er entschlossen mit einer Einladung zum Souper nachgibt. Sie wird angenommen, und da er Eindruck schinden will, führt er den sich Charles nennenden Jungen zu einem der besseren Restaurants auf der Prachtavenue der Champs-Élysées, wohl wissend, daß ihn das seine letzten Francs kosten wird. Es wird ein heiterer, mit Delikatessen feinster französischer Küche gespickter Abend, bei dem sich die beiden Habenichtse wie feine Herren von einer Schar von Dienstbeflissenen bis zum Rande gefüllte Silberplatten vorhalten lassen.

Es entspricht nicht seinen Absichten, Entwicklung und Abfolge der Freundschaft zwischen ihm und dem um fünf Jahre jüngeren Charles in ihren Einzelheiten aufzuschlüsseln. Es muß genügen anzuzeigen, daß das an die zwölf Jahre dauernde Zusammensein der beiden vollauf ihren Neigungen und Erwartungen entsprach, daß trotz Abstürzen und Aufschwüngen eine menschliche Vernetzung entstanden war, die jene umfassende Befindlichkeit hervorruft, bei der der eine für den anderen und der andere für den einen lebt. Der Weg von der Sympathie über die Soziabilität bis hin zur liebreichen, wertschätzenden und auch beeinflussenden Beständigkeit war eingeschlagen worden.

Durch seine Vermittlung findet der aus einem Dorf in den Vogesen stammende, nach Paris verschlagene gelernte Koch Charles eine Stelle in der im Keller gelegenen Bäkkerei der Pâtisserie Danoise, was dem Freundespaar erlaubt, sich in einem aus zwei Zimmern bestehenden möblierten Appartement einzumieten. Wenig interessiert, an den anziehend-gefährlichen Abseitigkeiten des Pariser Lebens teilzunehmen und in ihrer Empfänglichkeit für mehr kultivierte Ergötzlichkeiten übereinstimmend, leben sie sparsam, begnügen sich für die Abend- und Sonntagessen mit Eßwaren, die im Restaurant übriggeblieben sind, wobei anstelliges Entwenden keine unerhebliche Rolle spielt, und entwickeln eine vorzügliche Methode für den Gratisbesuch von Theater- und Musikveranstaltungen. Sie nutzen die gutgläubige Gewißheit der Veranstalter, daß nur, wer seinen Platz bezahlt hat, nach der im Foyer oder vor dem Hause verbrachten Pause den Saal wieder betreten wird (Wiedereintrittskontrollen gab es seinerzeit noch nicht). Die beiden einigermaßen konvenabel bekleideten Nassauer mischen sich unters zahlende Volk, um sich dann nach Klingelzeichen und Verdunklung des Saales auf einem freien Platz niederzulassen. Mittels dieses unredlichen Bubenstreichs konnten sie sich wahllos das ernste und leichte, das dramatische und heitere Repertoire zu Gemüte führen, nur hatten sie sich selber auszudenken, was wohl in der ersten Hälfte des Stückes passiert war; konnten Symphonien, Liederabenden und Solokonzerten lauschen, ohne immer genau zu wissen, was ihnen vorgesetzt wurde. Letztendlich verschafften sie sich auf diese Weise eine Entrückung von ihrem Dasein als sich plackende Lohnarbeiter, ein Gegengewicht zu der Halbheit ihrer Lebensluft. Angeführt von Charles und dessen französischem Freundeskreis, worunter sich der eine oder andere amateurische Kunstbeflissene befand, beginnt er zu verspüren, daß Künstlerisches als Divertissements oder als Amüsement entgegenzunehmen weit durchgreifender die Grenzlinie zwischen Vorstellung und Wirklichkeit zu verwischen imstande ist als die Verstrickung in die kreative oder interpretative Tat.

Durch den beharrlichen Umgang mit Charles und dessen Freunden französisiert er sich immer mehr, und in diesem Lichte sind die selbstgefälligen Einzelheiten aus seinem täglichen Leben anzusehen, die im Vergleich zu den Mühen und Wunden, von denen in seinem nur aus jüdisch-deutschen Emigranten bestehenden Bekanntenkreis gesprochen wird, Nichtigkeiten gleichkommen. Dort werden die Gespräche immer drängender. Sie drehen sich ums Geld fürs tägliche Brot und die Miete, um Aufenthalts- und Arbeitserlaubnis im von Arbeitslosigkeit, Arbeiterunruhen, Wirtschaftsskandalen und politischer Unbeständigkeit geplagten Frankreich, um Aussichten auf Geschäfte, die übrigens immer krummer zu werden scheinen. Denn da ein Großteil der ihre letzten Mittel verzehrenden Emigranten nicht an ein sich als solide, stabil und planungsfähig erweisendes Geschäftemachen herankommen kann, verlegen sich die meist aus kaufmännischen Berufen stammenden jüdischen Flüchtlinge auf Kommissionärgeschäfte. Das heißt, sie bahnen Vermittlungen an, nach deren Zustandekommen ihnen eine Provision gezahlt wird. Da ist es ein Posten Seidenfehldrucke, der an den Mann gebracht werden soll, dort sind es geschmuggelte Zigaretten; der eine weiß von Elektroartikeln aus einem Konkurs, der andere von leicht vergammelten, als erstklassig präsentierten Konfitüren; Silbermünzen, rumänische Pfandbriefe, gefälschte Pässe, Ramsch, Schund, Tand, Wohnungen, Autos und Toilettenartikel werden angeboten – und vor allem: der Dunst, ohne Eigenkapital mit wenig Mühe und viel Schläue einen Batzen Geld zu verdienen.

Er muß gestehen, daß auch er auf eines dieser nebelhaften Geschäfte hereingefallen ist. Eines schönen Abends bietet ihm der Freund einer durchaus vertrauenswürdigen Bekannten aus der in Amsterdam verbrachten Zeit an, für ihn nach Istanbul zu fahren, um dort ein Paketchen mit Edelsteinen abzuholen, weil er selbst, der nicht ganz durchsichtige Freund, keinen gültigen Paß mehr besitze. Das Billett sei bezahlt, das Hotelzimmer, in das ihm der Türke Sowieso am Tage seiner Ankunft das Paketchen bringen werde, sei reserviert; alles, was er zu tun habe, sei das Zeug in die Tasche zu stecken, den nächsten Zug nach Paris zu nehmen und gegen eine beachtlich verführerische Kommission das Mitbringsel abzuliefern. Welch einem, der von der Hand in den Mund lebt, würde ein solches, obendrein noch als »Freundschaftsdienst« angepriesenes Angebot nicht in den Kram passen; was hat er schon zu verlieren? Schleunigst macht er sich auf die lange Zugreise, bezieht eine Art Zimmerloch in dem angegebenen, recht finster aussehenden Hotel und wartet auf das Erscheinen des ihm unbekannten Boten mitsamt dem Paketchen. Nach einer flohreichen Nacht betreten am nächsten Morgen gleich drei Männer sein Zimmer, von denen der eine, Französisch sprechend, ihm bedeutet, die beiden anderen seien von der Polizei, und hiermit sei er verhaftet. Es wird ihm ein in Türkisch geschriebener Wisch vor die Augen gehalten, man redet was vom Ausländer, dem man bereit sei entgegenzukommen, er dürfe das Zimmer nicht verlassen, und er, der Dolmetschende, stünde ihm zur Verteidigung beziehungsweise zur Regelung des schwerwiegenden, mit hohen Strafen bedachten Schmuggelvergehens zur Verfügung. Die grimmig dreinschauenden Polizisten nehmen seinen Paß, alle Mann verschwinden, und er steht da wie ein begossener Pudel.

Um die für ihn höchst unerquickliche Geschichte kurz zu machen: Das Ganze war eine von dem »guten Freund« in Paris arrangierte Krimi-Inszenierung, um gegen Freilassung aus ihm durch die Erpresserbande, den Dolmetscher und die trügerischen Polizisten, eine ansehnliche Summe Geldes herauszuholen. Offenbar war der »gute Freund« von der »guten Bekannten« hinlänglich darüber informiert worden, daß die Geldquelle nur seine Eltern in Amsterdam sein konnten; denn der dolmetschende verbrecherische

Kumpan empfahl, sie schnellstens zu kontaktieren. Der erledigte denn auch den in jammernden Worten gehaltenen Telegrammwechsel mit dem um den Sohn bangenden Vater, der ohne Zögern die verlangte Lösegeldsumme an die Adresse des ausgepichten »guten Freundes« in Paris überwies. Das Gaunertrio setzt ihn in den Zug, und ängstlich um sich herumblickend betritt er wie ein frevelhafter Missetäter wieder Paris, das ihn nicht mehr so wohlgesinnt wie einst anspricht.

Der Traum vom flotten Geld war ausgeträumt. Allerdings unvergleichlich schmerzhafter berührte ihn die Erkenntnis, daß er mit Hilfe einer nach Dürftigkeit stinkenden Geschichte zum gefoppten Einfaltspinsel gestutzt worden war. Am Boden zerschmettert liegen Vernunft, Zutrauen, Selbstgewißheit, Faßlichkeit und, was ihn besonders bestürzt, der Verlust des absoluten Spielraums seiner auf sich selbst und sein Können gestellten leitfigürlichen Selbständigkeit gegenüber Charles und den Eltern. Lendenlahm begegnet er der ihm einen kurzen Besuch abstattenden Mutter, die ihn ob seiner Dummheit schilt. Ein wenig erleichtert sie sein schlechtes Gewissen durch die Mitteilung, daß Vater ihm nicht grollt und das verlorene Geld aus dem Topf gekommen ist, den der Vater aus der Einigung mit den Kinsbergen über sein plötzliches Ausscheiden aus der Druckereifirma hat herausholen können; im übrigen erwarte man ihn baldigst zu einem Besuch in Amsterdam. Indes, die mütterlichen Trostspenden bringen seine emotionale Skala nicht wieder auf Touren. Sein Auftreten ist mickerig geworden, das Abenteuer Paris zum Fluch, die freiheitlichen Flötentöne zum Unsegen der Anforderungen nach Stempeln auf den Aufenthalts- und Arbeitserlaubnisscheinen. Die beständige Angst vor dem rüden Ausstoß aus Zufluchtsort und Arbeitsstätte, gar nicht zu sprechen vom Verlust der einträchtigen Gemeinsamkeit mit Charles, dies zusammen mit der erniedrigenden türkischen Unbedachtsamkeit wird zu einem sich als unabdingbar erweisenden Sprengsatz, der Erwartungen in eine ferne, unbestimmte Zukunft verweist.

Um das Korrumpiertheater bei der Polizei zu umgehen, wird von Schlaumeiern empfohlen, sich als selbständiger Unternehmer ins Handelsregister eintragen zu lassen – eine dieser Findigkeiten, denen sich so mancher der aus ihrem Lande Verbannten zu bedienen scheint. Daß eine solche, die Aufenthaltsgenehmigung erleichternde Eintragung bei der im Schneckentempo arbeitenden französischen Bürokratie eine beängstigende Umstandskrämerei beinhaltet, versteht sich von selbst, und deswegen muß dafür ein zu honorierender Besorger her. Doch auch dieser kann mit seinen Eingaben nichts erreichen, wenn er nicht angeben kann, womit das Handelsunternehmen zu handeln gedenkt. Ein französischer Schlawiner, empfohlen von seinen Spielmaschinenfreunden, wußte da Rat: »Ich besorge Ihnen eine von diesen Maschinen« (es waren jetzt nicht mehr die inzwischen abgetakelten Grues, sondern »machines à sou«, auch genannt »Slot Machine« oder »Einarmige Banditen«) »und lasse als objet de commerce eintragen: Organisation de vente.« So geschah es, und unter dem 12. Februar 1938 wurde das grandiose Unternehmen unter der Nummer 698219 im Registre du Commerce beim Tribunal de Commerce de la Seine eingetragen.

Es ist ein leichtes und daher viel praktiziertes Verfahren, dergleichen karge Berichte über das Hinterherrennen nach Freibriefen mit verschnörkelnden Ornamenten zu versehen, die mit ihren wehleidigen Anklagen gegen die Niedertracht auf dieser Erde, die Bösartigkeit, Ungesittetheit, Willkürherrschaft und Geringschätzung in dieser Welt ein schlammbedecktes Jammertal entwerfen. Später, aus eigener Kraft oder mit Hilfe anderer aus dem Sumpf heraus, werden die Notzeichen mit schönfärberischen Erinnerungen umgeben. Das ist zwar redlich gegenüber einer womöglich mitfühlenden, doch in keiner Weise in Mitleidenschaft gezogenen Außenwelt, aber höchst unredlich, wenn es die

Einschätzung des Widerscheins auf die eigene Person betrifft. Wer bei Lebensgeschichten gleich welcher Art – denen der aller Welt bekannten hintersinnigen Filmstars oder denen der in der gesellschaftlichen Rangordnung hintangestellten nomadischen Flüchtlinge – der Versuchung nicht widersteht, den Reichtum des Sichtbaren durch umstands- und situationsbedingte Willfährigkeiten zu überdecken, begeht frevelhafte Schurkerei gegenüber sich selbst sowie gegenüber der Vorbildlichkeit des persönlich eingetönten Ablaufs der Geschichte.

Wer wie er als Emigrant die Jahre 1937/38 in Paris durchlebt hat – ob armselig, bemittelt oder vermögend, mit gültigen Papieren versehen oder nicht, gejagt oder behäbig –, dem kann er nicht erzählen, daß er von seinem gewiß leidigen Schicksal so betäubt gewesen wäre, um mit Blindheit, lies: Eindruckslosigkeit geschlagen gewesen zu sein. Denn gerade das Sichtbare des Paris, das einem auf Schritt und Tritt begegnet – die vielen Postkartenmotive, die hier nicht aufzuzählen sind, die eigentümlichen Gerüche in den Gängen der Metro oder rund um die Zentralmarkthallen, die Warteschlangen und die abgerissenen Clochards –, ist ebenso beeindruckend, wie es beeinträchtigende und daher unvergeßliche Spiegelungen von Vergangenheit und Gegenwart, innerer und äußerer Wirklichkeit sind. Diese Entsprechungen, um die es sich letztlich handelt, machten ihn dagegen gefeit, sein Leben in Paris auf das Piedestal des Morbiden oder des Faszinierenden, des Irritierenden oder des Bodenlosen zu stellen. Er bleibt der irdischen Realität verpflichtet, werde sie von philosophischen Magiern, erleuchteten Romanciers und gesellschaftskritischen Besserwissern auch noch so ledern und banal besehen.

Die erste Ein-Arm-Banditen-Maschine auf Kredit gekauft und darüber belehrt, wie man ihren Mechanismus so verarztet, daß sie möglichst wenig Gewinn auszahlt, schleppen er und Charles das schwere Ding durch Paris, um einen Kneipier zu finden, der es – gegen Beteiligung am Umsatz

– bei sich aufstellen läßt. Nach aufwendiger Überredungskunst und dem Spendieren mehrerer Gläser Vin rouge finden sie einen Ausschank in der Rue St.-Dominique im siebten Arrondissement. Diese schmale, sich lang hinziehende, mit vielerlei kleineren und mittleren Bistros versorgte Straße wird nach und nach zur Nutzbarmachungsgegend des Silbermannschen Spielmaschinenunternehmens, nach dem aus dem ersten Geldscheißer deren vier geworden waren. Das Geschäft blühte, verlangte jedoch nach angespanntem Einsatz, weil ja auch noch der Kellnerjob lief. Das heißt: Tagsüber die zur Üblichkeit gewordene Serviererei und Einkassiererei im Restaurant, und dann in die Rue St.-Dominique zum Beaufsichtigen, Kassieren, Abrechnen und mehr als einmal Reparieren der Maschinen, auf die wutentbrannte Verlierer draufgehauen oder statt der Geldstücke Knöpfe, Haken, Ösen und was immer sich an flachen Rundlichkeiten finden ließ eingeworfen hatten. Man lief sich die Füße platt, und trotz aller Liebe und Notwendigkeit zur finanziellen Verbesserung war es nicht mehr zu schaffen. Ein Beförderungsmittel mußte her, zumal die am Umsatz beteiligten Kneipenwirte nicht zögerten, auch mitten in der Nacht anzurufen, damit jemand komme, um die lädierte Maschine zu deblockieren. Und so kommt es zur Anschaffung eines Miniautos der Marke Rosengard, zärtlich benannt Rosalie, das, mindestens aus dritter Hand stammend, nur unter Aufwendung besonderer Mühen und Kunstgriffe zum Durchbrausen der überfüllten einbahnigen Straßen von Paris zu bringen war.

Zwischenzeitlich, wegen der Überbeschäftigung beim Aufbau einer beständigen Existenz von ihm nur im Vorübergehen vermerkt, häufen sich die Schachzüge des deutschen Faschistenregimes, dessen Sinnbild auf der Pariser Weltausstellung 1937 – der von aufdringlichen Hakenkreuzfahnen umwehte deutsche Adler auf dem meterhohen deutschen Pavillon – grimmig von seinem Horst zu Väterchen Stalins Andachtsmonument hinüberblickte. Aus allen

Ecken eines wirtschaftlich und politisch erschöpften Europas kommen so viele, eine Schlagzeile nach der anderen jagende, meist unerquickliche Informationen, daß ihm, wie einem Großteil der Bevölkerung, Zusammenhänge und Ausmaß der Vorgänge schlicht undurchsichtig bleiben. Hinzu kommt, daß die Nischen, in die das eine oder andere Ereignis einzuordnen wäre – beispielsweise der Kampf der Internationalen Brigade gegen den spanischen Faschismus; Schuschniggs an Mussolini gerichteter Hilferuf gegen den Nationalsozialismus; Chamberlains Verhandlungen mit Hitler –, in Frankreich traditionsgemäß mit verbalen Ergüssen abgedeckt werden, von denen auch er sich einlullen läßt. Daß auch in Frankreich der Faschismus mit dem Exroyalisten Maurras, dem Neu-Nazi Déat, der Action française, den Camelots sowie der ultrarechten Französischen Volkspartei seine giftigen Blüten treibt, wird ihm erst klar, als er das jubelnde Echo der vor vielen tausend Arbeitern im riesigen Vélodrome d'hiver gehaltenen Hetzreden gegen die Bolschewisten und das Weltjudentum vernimmt. Es tun sich ihm Gefahren auf, die ihn das zwischen Pflicht und Glück gelegene unscheinbare Alltägliche ernst nehmen lassen. Sie werden ihm eindringlichst vor Augen geführt, als sich über ihn wie die zahlreichen jüdischen Emigranten die Flutwelle der Verweigerung von Aufenthalts- und Arbeitserlaubnissen ergießt.

Der Tag war gekommen, an dem seine Beschäftigung im Gaststättengewerbe den Ausländergesetzen entsprechend ein ruckartiges Ende nimmt. Es war auch der Tag, von dem an er sich nur noch klandestin in dem ihm vertraut gewordenen Paris aufhalten kann, was nach der Beherrschung der hohen Kunst, nicht geschnappt zu werden, verlangt. Sie läßt sich mit ein wenig Köpfchen im Anlauf erlernen: Kommt dir auf der Straße ein Polizist entgegen, mache kehrt und verschwinde in die nächste Seitenstraße, ins nächste Garagentor oder ins nächste Bistro; meide Menschenansammlungen gleich welcher Art, den Besuch von

Kaffeehäusern und Restaurants, die zum Treffpunkt von Ausländern und Emigranten geworden sind, sowie zweideutige Gegenden und Bars, das heißt Orte, wo die Möglichkeit von Razzien auf der Tagesordnung steht. Auch die Absicherung durch frühzeitiges Erkennen von erreichbaren Hinterausgängen ist als probate Vorkehrung gegenüber unerquicklichen Begegnungen mit der Obrigkeit anzusehen.

Mit diesen und anderen Finten, die in jedem einigermaßen wohldramaturgisierten Krimi- oder Gangsterfilm als belebende Kurzweiligkeiten zur Schau gestellt werden, gelingt es ihm, noch für Monate der angeordneten Ausweisung zu entgehen, mit Hilfe von Rosalie den einträglichen Spielmaschinensatz zu bedienen und sich seinem neuen Beruf als Gebäck- und Chocolaterie-de-Luxe-Verkäufer zu widmen, ein Vertrieb, der als »Le Lys Bleu« unter dem Namen seines Freundes Charles mit Adresse und Telefonnummer der gemeinsamen Zweizimmerwohnung eingetragen ward. Mit einem Karton unter dem Arm, in dem sich Muster der bei seiner vormaligen Arbeitsstätte, der Pâtisserie Danoise, hergestellten Ware befanden, zieht er nunmehr durch die besseren Gegenden von Paris, dort, wo sich Tea Rooms und Schokoladenläden finden lassen, um Bestellungen – vier Stück von dem, sechs Stück von diesem, ein Pfund hiervon und zwei Schachteln davon – zu ergattern. Schon nach nicht allzulanger Zeit stellt sich heraus, daß diesem Kleinhandel trotz aller Mühe und Emsigkeit kein Erfolg beschieden ist. Erstens kommt er nicht mit den sich ungeheuerlich vornehm gebenden Eigentümerinnen dieser erlesenen Läden zurecht, diesen aufgedonnerten Weibern, denen ihre unglücklichen Ehen oder ihre leidselige Witwenschaft nur so aus den mißtrauischen Augen trieft. Zweitens bleibt so gut wie nichts unter dem Strich übrig, wenn der Einkauf beim Hersteller der Ware plus durch Akquisition, Verpackung, Lieferung und Rechnungsstellung entstandene Unkosten mit der minimalen

Gewinnspanne verrechnet werden. Es war ein Reinfall – weder der erste in seinem Leben noch der letzte.

Weniger ein Fehlschlag denn ein Schlag ins Gesicht war indessen das vom Innenministerium von einem Tag auf den anderen erlassene Verbot der Spielmaschinen, die, wenn der Besitzer sie nicht aus den Bistros herausnimmt, von der Polizei beschlagnahmt werden. Seine Situation wurde im wahrsten Sinne des Wortes äußerst ungemütlich: Das Herumlaufen mit dem Gebäck- und Schokoladenkarton brachte nichts ein, das Spielmaschinengeschäft war kaputt, Charles' Lohntüte reichte notdürftig aus, um von der Hand in den Mund zu leben, und an jeder Ecke lauerte die Gefahr der Ausweisung. Es war das rüde Erwachen aus einem Karneval der Unstimmigkeiten, die Ernsthaftigkeit von Herabwürdigung und Verschmähung. Jetzt mußte in der Tat die Flucht angetreten werden – weder die vor sich selbst noch die vor dem stetig gleisnerischer werdenden politischen Spuk, sondern die vor den Verlockungen und dem Niederbeugen. Halbherzigkeiten, Gemütswärme und Innigkeit, das ganze Hoheitsgebiet der Seele muß hintangestellt werden, will der im Verlassensein dahinvegetierende Emigrant aus dem Dilemma zwischen Identifikation und Bedenken sich erheben. Diese kluge, den fortwährenden Zwiespalt zwischen Herz und Vernunft unterstreichende Erörterung – erst im nachhinein als geistige Erfahrung erkannt – dient der Beleuchtung des Standortes, von dem aus ein aus seinem Kulturkreis Geschaßter und vom selbsterwählten Fremden Betrogener unverzagt dem Traum von einer neuen Morgenröte nachgeht.

Ohne entrückte Nachdenklichkeit gesprochen, hat ihn die Anhäufung der ihn direkt wie indirekt betreffenden Ereignisse darauf gestoßen, daß er nicht länger in Frankreich bleiben kann, wobei die Frage: Wohin denn? nicht nur die seine war. Ganze Bündel von jüdischen Emigranten stellten sich schon in den Monaten, bevor die Franzosen, die Engländer und die Italiener im »Münchener Abkommen« dem geifernden Diktator Hitler zu Füßen krochen, diese Frage, erwogen dieses oder jenes Land, um ernüchtert zu erfahren, daß da die Tore schon geschlossen waren, dort man im Begriff ist, sie zu schließen. Eines stand fest, im Grunde genommen wollte keiner die wandernde Judenschaft bei sich haben, und wenn sich dennoch einige Regierungen aus humanitären Gründen, wie es so schön hypokritisch hieß, dazu herabließen, eine beschränkte Quote dieser Menschenware in ihrem Land aufzunehmen, dann wurden Aberdutzende von schwer überwindbaren bürokratischen Fußangeln ausgelegt, um auf diese Weise die Bittsteller von vornherein zu entmutigen.

Als teuflische Experten auf diesem Feld zeigten sich die für die Einreise nach Palästina zuständigen Engländer, doch auch die amerikanischen Behörden ließen diesbezüglich nichts zu wünschen übrig. Und da diese Art von Flüchtlingspolitik – die offizielle Bezeichnung für die Strategie, verfolgte Heimatlose, vor allem Juden, zu Unerwünschten zu machen – bestens bekannt geworden war, mußten Emigrationsländer her, bei denen die Einwanderung noch nicht absichtlich durch undurchdringlichen Formalitätenkram verhindert wurde. Das war einer der Gesichtspunkte, wieso der von der Mehrzahl seiner an die Mär vom einwanderungsfreundlichen Amerika glaubenden Freunde belächelte Silbermann dazu kam, es mit Australien als nächstem Aufenthaltsort zu versuchen. Der andere, ungemein einfältig und unversetzt, jedoch durchaus gediegen, war das Auffinden eines Ortes weit weg vom Schuß.

Nachdem zusammen mit Charles der Beschluß gefaßt war, Frankreich gegen Australien einzutauschen – ohne auch nur die geringste Ahnung von diesem fernen Land, seiner Bevölkerung, seiner Wirtschaft, seinen Lebens- und Arbeitsbedingungen zu haben –, macht er sich zu der Adresse auf, die als Sitz der Interessenvertretung Australiens angegeben ist. Was müssen seine verblüfften Augen sehen? Das Dominion Australien wird vom britischen Konsulat, dem gegenüber Emigranten besonders engstirnigen Mutterland, vertreten, wobei, so besagt das Schild an der Türe des eindrucksvollen Gebäudes, die Bürostunden für australische Angelegenheiten vormittags von acht bis zehn Uhr sind. Das hieß in die aktualisierte Verfahrenspraxis übersetzt: Um an den Schreibtisch des die australischen Interessen vertretenden Einmannbetriebs zwischen acht und zehn zu kommen, Formulare abzuholen, Unterlagen beizubringen, Fotografien abzuliefern, Pässe zu deponieren, Bearbeitungskosten zu entrichten, ausgefragt, vernommen, verstempelt und versiegelt zu werden, war er gezwungen, sich spätestens um sechs Uhr früh anzustellen, damit er noch unter die wenigen ersten kommt, die bis zur obligaten britischen Morningtea-Zeremonie um neun Uhr vorgelassen werden. Das erstaunliche, sich rechtschaffen gebende Gehabe der Engländer war eben unübertrefflich, besonders als sich zeigte, daß die Schlange vor dem Konsulat mit jedem Tag länger wurde. Da er als vor Schaltern in Schlangen Wartender schon längst vollauf trainiert ist, können ihm weder die Parforcetour um den Zuzug ins unvertraute Australien noch die Erkältungen, die die frühen Morgenstunden mit sich bringen, die Geneigtheit für den verlockenden Kontinent im Pazifik vergällen. Außerdem drängte die Zeit.

Ein Besuch bei den Eltern in Amsterdam war fällig geworden. Einmal, um zu besprechen, ob und wie die in Frankreich verbotenen Spielmaschinen nach Holland transportiert werden können, damit sie dort vom Vater exploitiert werden, und zum anderen, weil es den Eltern in Holland mulmig geworden ist. War doch der stramme Antifaschismus der in erster Linie auf ein erkleckliches Leben bedachten Holländer schon seit geraumer Zeit durch politische Unbedachtsamkeiten und Zugeständnisse an den nachbarlichen Moloch durchlöchert worden, so daß auch hier der Boden unter den Juden, insbesondere den jüdischen Emigranten, zu zittern begann. Und da den Eltern Australien viel zu weit weg gelegen war und irgendeiner dieser Oberschlauen aus ihrem Bekanntenkreis das näher gelegene Island als idealen Zufluchtsort angepriesen hatte, wird er beauftragt, bei Islands Vertretung in Paris für sich und die Eltern vorstellig zu werden.

Jetzt steht er mal bei den Australiern, mal bei den Isländern vor der Türe, zusätzlich noch bei der Vertretung der Dominikanischen Republik, wo es Pässe zu kaufen geben soll. Ja, der Besitz eines gültigen Passes, das war eines der höchsten Güter der irgendwo Zuflucht Suchenden. Denn sich mit einem abgelaufenen oder nur noch ein paar Monate gültigen deutschen Paß auf den Konsulatsbüros zu präsentieren, brachte bei den Beamten nur ein müdes Lächeln hervor, und als Jude das deutsche Konsulat um Verlängerung des Passes anzugehen, konnte nur einem Irren in den Sinn kommen. Ohne einen Finger zu rühren, setzte die Nazibande auf diese Weise ihr Kesseltreiben gegen die bereits Vertriebenen fort. Ein entstaatlichter Paßloser war ein in betonierten Grenzen Eingeschlossener, der nicht einmal einen Blick über die Mauern wagen konnte. Glücklicherweise sind sein Paß und der Eltern Pässe noch für eine ganze Weile gültig, so daß er bei seinen zeitraubenden Bemühungen zumindest nicht mit diesem Problem konfrontiert wird. Wochenlang rennt er von Pontius zu Pilatus, sucht in Hilflosigkeit erstickende Flüchtlingskomitees auf, hört sich unverbindliches Wohltätigkeitsgerede bei jüdischen Verbänden an, füllt unzählige Formulare aus, deren Fragen er je nach den Umständen der Wahrheit entsprechend oder nicht beantwortet – alles nach dem Prinzip, nie auf nur eine Karte zu setzen beziehungsweise, wenn irgendmöglich, füglich auf allen Hochzeiten zu tanzen.

Die entnervende Herausforderung nahm ihr Ende, als ihm Mitte August 1938 vom britischen Australien-Sachbearbeiter, einem der ungekrönten Herrscher über menschliche Geschicke, das begehrte »Permit« – wie sich dieser aufgezäumte Einwanderungserlaubniswisch nannte – überreicht wird. Auch Charles, der das für einen Franzosen leicht zu erhaltende Besuchervisum angefordert hatte, war inzwischen mit den notwendigen Papieren ausgerüstet. Es ist kaum vorstellbar, und doch ist es so, daß sich die beiden Schlucker, der ausgewiesene Flüchtling und sein anhänglicher Freund, bis zum Augenblick der Aushändigung der Einreise- beziehungsweise Fluchtpapiere nie darüber Gedanken gemacht hatten, wie denn die Reise um die halbe Welt zu finanzieren sei. Nun aber erhob sich die Frage, wie das Geld für die Schiffspassagen herbeigeschafft werden kann. Sich bei Freunden Geld leihen, Armbanduhr und Siegelring versetzen, die Familien anbetteln, ein krummes Ding drehen, sich als blinder Passagier einschiffen, sich als Heizer, Steward oder Schiffskoch verdingen – jeden Tag wird eine neue Idee geboren und als unbrauchbar verworfen. Dennoch bringt ihn die erneute Herausforderung nicht zur Verzweiflung, noch hindert sie ihn daran, bei Reisebüros Erkundungen über Preise und Termine für Überfahrten einzuholen, wobei er es an selbstsicherer Großspurigkeit nicht mangeln läßt.

Da er weiß, daß er weg muß und weg will, und sich angesichts dieser Durchdringung nicht als Flüchtling, sondern als Entwurzelter sieht, überweist er die Finanzierungsfrage des ihm aufgezwungenen Trips in ferne Lande wie einen ungedeckten Scheck in die Hände einer tunlichen Zukunftserwartung, sei es in der Form eines Umstandes, eines Zufalls, einer Fügung, einer Vorsehung oder eines Glücksfalls. Das klingt alles wie beschauliche Schicksalsergebenheit, wie träumerischer Fatalismus, oder wie lyrisches Fabulieren, um bestimmende oder hemmende Regellosigkeiten in einen Lebensablauf einbauen zu können. Gegen den Eindruck, hier handle es sich um die ausgeklügelte Einbalsamierung einer Überbrückungskonstruktion, muß er sich strikt verwehren, obwohl, wie heute zu übersehen ist, in seinem Leben mehr als einmal seine von Wille und Denken geleiteten Taten erst durch schicksalhafte Vorsehung zustande gekommen sein müssen. Warum soll er sich etwas vormachen, wenn er jetzt von jenem Zufall sprechen wird, durch den er das Geld für die Reise nach Australien aufbrachte, eine Aus- und Übersiedlung, die ihn vor einem Ende im Konzentrationslager bewahrt hat?

Nach wie vor, obwohl zu nichts mehr nutze, stand vor der Haustüre die arbeitslos gewordene Rosalie, dieser so gut wie wertlose Kasten mit einem Motor, der auf den letzten Löchern puffte. Eines Tages war er verschwunden; geschickte Hände mußten ihn zum Laufen gebracht haben, wobei zweifelhaft war, ob der Dieb sehr weit damit hat kommen können. Sofort Polizei und Versicherung informiert, dauerte es nur zwei Tage, und der Wagen war nicht weit von der Wohnung entfernt gefunden worden. Soweit eine durchaus alltägliche Geschichte, deren unrühmliche Besonderheit darin besteht, daß er die Versicherung davon hat überzeugen können, daß der Dieb den Wagen komplett ruiniert habe, Rosalie entweder vollständig repariert oder ersetzt werden müsse. Die Versicherungsgesellschaft entschied sich für die Reparatur, so daß er nach einer Woche der Besitzer eines bestens seinen Pflichten nachkommenden Automobils war. Stehenden Fußes wurde es verhökert, und das durch einen geschickten Versicherungsbetrug ergatterte Geld in zwei Schiffskarten umgesetzt: eine auf einem englischen Passagierschiff ab Southampton für ihn, eine ab Le Havre auf einem französischen Handelsschiff für Charles.

Es bringt ihn in Verlegenheit, die zweite Station seiner Auswanderung nicht mit dem stereotypen pathetischen Geseufze aus der Emigrationsliteratur dekorieren zu können; unbeschwerte, mit faszinierenden Gesprächen und Gläsern von Pernod durchsetzte Abende nicht mit sehnsuchtsvollen Huldigungen an die Ville de la lumière aufblähen zu können; weder von innerer Verödung, Armseligkeit, Bloßlegung, unvermittelten und schockierenden Wahrnehmungen noch von fingerdicken Schichten gewöhnlichsten menschlichen Drecks sprechen zu können. Sang- und klanglos verläßt er Paris, von dem er nicht wissen kann, andererseits auch nicht wissen will, ob er es je wiedersehen wird; ob es ihm Selbstwertgefühl oder Selbstverachtung eingebracht hat, Enthüllungen, Berechnung, Gleichgültigkeit, Beunruhigungen oder Geringschätzungen. Alles deutet darauf hin, daß sich bei ihm angesichts der mannigfaltigen, die zerbrechliche Struktur seines Daseins gefährdenden Schwierigkeiten und Herausforderungen ein aus Selbstvertrauen, Lebenserwartung und Zuversicht bestehendes Potential entfaltet hat, das er wie eine Waffe gegen die auf ihn eindringende menschliche Entwertung einsetzt. Seine Geisteskraft – nenne man sie Freimut, Einfalt, Selbsttäuschung, Hoffnungs- oder Vertrauensseligkeit – führt ihn über alle Verstandesschärfe und Besonnenheit hinweg einem von Glaubhaftigkeit erfüllten Glaubensgut entgegen, das sowohl die Berührung mit Menschen, das Walten schicksalhaften Zufalls als auch die Allmacht seines Gottes umfaßt.

Drum auch, um dieser Begabung willen – denn als eine solche sieht er seine Haltung sowohl gegenüber bitteren Enttäuschungen als auch heiteren Vergnüglichkeiten –, kann er weder einen Lobgesang noch ein Klagelied über die Zeit anstimmen, die er als Emigrant in Paris verbracht hat. Sie bleibt ihm als eine Zeit des geschichtlichen Nacheinanders, als eine Grenzerfahrung, die bei ihm die letzten Reste einer hausbackenen Heimatgebundenheit in einen luftleeren Raum sich hat verflüchten lassen.

VIII

Während sich am europäischen Horizont immer mehr Sturmwolken zusammenballen, die es Tschechen, Polen, Rumänen, Franzosen und Russen erlauben, ihr politisches Süppchen zu kochen, packt er seine Siebensachen und rattelt über die quietschenden Eisenbahnschienen Belgiens nach Amsterdam, um von den Eltern Abschied zu nehmen. Der ging ebenso besonnen vor sich wie das Adieu von Charles in Paris, da ein Wiedersehen in Australien vorgesehen war. Natürlich fiel die eine oder andere, von belanglosen Ermahnungen und wohlgemeinten Wünschen begleitete Träne, doch sie gingen an ihm so schmerzlos vorüber wie an dem indischen Fakir die spitzen Nägel auf seiner Liegestatt. Auch muß er zu seiner Schande gestehen, daß ihm das im Herbst 1938 abrollende staatlich organisierte Judenpogrom mit seinen brennenden Synagogen – für immer in die Schandgeschichte mit dem Schauer erweckenden Namen »Kristallnacht« eingegangen – nur wie eine Verlautbarung aus einer anderen Welt entgegenkommt. War das Gleichmut, Kaltblütigkeit oder jene Nüchternheit, mit der außerhalb und innerhalb der Grenzen des Nazireiches die Grausamkeiten eines angeblich zivilisierten Volkes so gut wie protestlos hingenommen wurden?

Was ihn betrifft, und nicht etwa das »zivilisierte Volk«, kommt er bei längerem Nachdenken dahinter, daß die Unerschütterlichkeit, mit der er alles beiseite geschoben hat, was ihn auf dem Weg über die Meere in aussichtsreiche Gehege belasten und einengen könnte, von seinem drängenden Verlangen nach Erfolg und vor allem Anerkennung, ob auf geistigem, gefühlsmäßigem oder materiellem Gebiet, herrührt. Nicht, daß er der Schönste, Geistreichste, Tüchtigste sein wollte – nur eine Niete wollte er nicht sein, will sagen, so erfolglos, wie es der nunmehr Dreißigjährige bis dato gewesen ist. Die Entgegengesetztheit von Erfolg und Erfolglosigkeit unterliegt einem normativen Druck, der die

Erfahrungen des Lebens bis hin zu einer Ideologie des Erfolges führt. Diesem bis zum Zwang reichenden Druck ist Verständnis entgegenzubringen, will man begreifen, daß er mit dem Besteigen des ihn nach Australien führenden Schiffes sowohl die Fesseln der Erfolglosigkeit von sich wirft wie auch hemmende Gedankengänge über das Schicksal seiner Glaubensgenossen und des Landes seiner Väter.

Obwohl er nur über wenige englische Pfund verfügt und in der billigsten Sechsbettenkabine des P&O Liner Strathеden kampiert, führt er sich auf wie ein Könner. Das ganze untertänige Getue gegenüber Behörden, Arbeitgeber und Kundschaft ist von ihm abgefallen. Aus dem Zustand der Illegalität ist er heraus, und als ein im Land der feinen Küche ausgebildeter Restaurateur (als der er sich ausgibt) hat er nicht den geringsten Zweifel, Sydney im Sturm zu erobern. Während die meisten der wenigen auf dem Schiff sich befindenden Emigranten der Gnadenbrotempfängerhaltung sich noch nicht entledigt haben, tummelt er sich – seine mageren, in England erworbenen Sprachkenntnisse nutzend – inmitten gestandener Briten wie ein Tourist auf Vergnügungsreise. Ohne Murren findet er sich mit dem elenden Fraß ab, mit der stickigen Kabine, mit dem ewigen von vorne nach hinten und von links nach rechts sich vollziehenden Geschaukel, mit dem rüden Ton des Personals, den hochnäsigen Blicken der Offiziere und überhaupt mit der auf diesem konkurrenzlosen Verbindungsmittel zwischen Europa und dem fünften Kontinent vorherrschenden, militärisch angehauchten Monopolaura. Selbst Zeitbegriffe verschwinden bei der über sechs Wochen dauernden Seereise, bei der der Anblick von Wasser, Wasser und noch mehr Wasser nur hier und da durch auf der Reiseroute liegende eintägige Landaufenthalte unterbrochen wird. Port Said, Sudan, Aden, Bombay, Colombo, Freemantle heißen die Stationen, auf denen er nichts Eiligeres zu tun hat, als an Land zu rennen, um sich in Sudan einen durch das

Schlucken von Salztabletten geheilten Sonnenstich zu holen und sich in Bombay durch auf den Straßen liegende heilige Kühe sowie immense Haufen von Dreck und armseligen Menschen beeindrucken und anwidern zu lassen.

Endlich, nach mehrfachem Verstellen der Armbanduhr und geziemender Bewunderung des südlichen Sternenhimmels, beginnt unter lautstarkem Getute der Schiffssirenen die Einfahrt in den Hafen von Sydney, von dem angesagt ist, daß er sich durch besondere Schönheit auszeichne, was dem Alphons so lang wie dünn ist. Und da Australien nicht wie Amerika über eine Freiheitsstatue verfügt, kann er auch nicht von Jubelgeschrei, Hallelujas und Hosiannas berichten. Im übrigen fühlt er sich in keiner Weise befreit, sondern widmet sich unter dem Schein der grölenden Sonne Australiens schweißgebadet der Beantwortung der zahllosen Fragen stämmiger, kurzbehoster Zollbeamter.

So, und nun steht er, von seinen zwei Koffern umrahmt, auf der von Menschen und Autos wimmelnden Werft und fragt sich: Wohin? Es währt nicht allzulange, und er wird zu einer Gruppe herangewunken, die bei einem mit Schreibstift und Papierkram ausgestatteten Menschen steht. Dieser entpuppt sich als Repräsentant einer Australian Jewish Welfare Society, und nach dem Ton, den er anschlägt, muß es sich wohl um eine Art offizielle Aufnahme-, Registrierungs-, Hilfs- oder Unterbringungsinstanz handeln.

In der Tat wird er nach Vorzeigen von Paß und Einreisepapieren auf einer Liste abgehakt, mitsamt den anderen dringend ermahnt, um Himmels willen in der Öffentlichkeit kein Wort Deutsch, sondern nur Englisch zu sprechen oder, wenn man es nicht kann, den Mund zu halten, und aufgefordert, sich zur Registrierung auf dem Büro zu melden, und im übrigen sei in einer sich Pitt Street nennenden Straße unter der Nummer Sowieso auf der ersten Etage ein Treffpunkt eingerichtet, wo man über die Mittagszeit eine Tasse Tee und eine mit Butter bestrichene Semmel oder so was ähnliches zum Preise von drei Pence sowie gute Ratschläge von freiwilligen Mitarbeitern der Wohlfahrtsgesellschaft entgegennehmen könne.

Auf die ganz natürliche Frage nach einem billigen Hotel weist ihn der gestrenge Flüchtlingsbewacher darauf hin, daß Australien kein großzügig mit Hotels bestücktes Tourismusland sei, es für Unbemittelte genügend möblierte Zimmer gebe und der Herr, der da drüben stehe, ihm bei der Suche nach einem solchen gerne behilflich sein werde, wobei sich dann herausstellt, daß »der Herr da drüben« der Vermieter eines Zimmers ist, zu dem er geführt wird. Das nach seinen Vorstellungen durchaus preiswerte Zimmer erweist sich als eine zur Straße gelegene überdeckte Veranda, zu der man mühelos nach Durchschreiten des stets mit irgendwelchen Menschen angefüllten, sich »sitting room« nennenden und mit Plüschsofa und -sesseln ausstaffierten Wohnzimmers gelangt, das er je nach den Umständen bekleidet oder nur leicht beschürzt zu durchschreiten hat, falls ihn dringende Bedürfnisse ins Bad oder auf die Toilette rufen. Was soll es, sagt er sich, so sind nun mal die australischen Sitten: Zähne putzen kann man überall, Hauptsache, man putzt sie.

Da das australische Völkchen angesichts der klimatischen Bedingungen gerne ein Leben im Freien führt, haben Außenveranden selbstverständlich keine Vorhänge, so daß ihm schon in der Herrgottsfrühe seines ersten australischen Sommertages die Sonne gütigst in die Augen blinzelt. Zusammen mit einer Bande kreischender Kinder und einer unfrisch dreinblickenden Mutter verzehrt er sein dem englischen Breakfast ähnliches Frühstück – dieses barbarische Gemisch aus geschmorten Würsten, aufgeweichtem Stockfisch, in Speckfett schwimmenden Eiern, hochgesüßter Orangenmarmelade und in Milch ertränktem Tee – und begibt sich guten Mutes zur Anlaufstelle der Jewish Welfare Society in die City. Auf dem ihm angewiesenen Weg sieht er viel Grün, uniform aussehende Häuschen mit Vorgarten und dann in der City, dem Kern der Stadt, hohe und niedrige Gebäude, was in ihm allemal Erinnerungen an seinen Aufenthalt als Schüler in London weckt. Sie ziehen an ihm höchst unwesentlich vorüber, ebenso belanglos wie eine an dieser Stelle zu erwartende gründliche Schilderung des Ortes, an dem er einen Großteil seines Lebens zu verbringen haben wird. Er versagt sie sich, da er weiß, daß das heutige Sydney in keiner Weise dem damals noch von internationaler Städteplanung und Architektur kaum beleckten Aussehen entspricht, und er nicht gewillt ist, als Entwicklungsländer-Historiker oder Verfasser eines dem Fremdenverkehr dienlichen Besinnungsaufsatzes in Erscheinung zu treten. Er wird noch oft genug Gelegenheit haben, ihn betreffende Situationsbeschreibungen im Zusammenhang mit Zeugnissen über die Disharmonie zwischen abbröckelnden äußerlichen Erscheinungsformen und ungestümer innerlicher Verfassung darzutun.

Es war nicht gerade epochemachend, was ihm und den anderen Hilfestellung erwartenden Emigranten von dem einen oder anderen Wohlfahrtsherrn in beschwingten Ansprachen in dem Tee- und Brötchenraum vorgesetzt wurde. Unentwegt stimmten sie Lobgesänge über die Herrlichkeit und Freizügigkeit des Landes sowie über angebrachte Dankesbezeugungen an, erwiesen sich aber nur selten als Ratgeber oder Vermittler für Arbeitsstellen. Das war schon recht so, denn schließlich waren die dort ihre Mittagsstunde opfernden Herren freiwillige Helfer ohne Eigeninteresse, nur von einer auf sich selbst blickenden Wohltätigkeitsmoral geleitet, nach der es sich als Jude gehört, vertriebenen Juden irgendwie beizustehen. Die mit jovialem Schulterklopfen verbundenen Worte: »You will be allright« klingen ihm heute noch wie ein Motto für die Totalität australischer Lebensauffassung in den Ohren: jeder für sich selbst; niemandem verpflichtet; sieh, wie du weiterkommst; wird schon werden; im Lande der Pioniere verreckt man nicht – das war, ins Reale übersetzt, der Kern dieser im

Brustton der Überzeugung aufgestellten Leitplanke. Sie sollte sich ihm einprägen, denn er wollte ja »allright« sein. Auf dem Wege dorthin waren im Augenblick zwei Aufgaben zu lösen: ein Job für ihn, eine Einreiseerlaubnis für die Eltern.

Selbstverständlich hatte er schon weit und breit verkündet, daß er ein aus Frankreich kommender Restaurantfachmann sei (was übrigens auch auf seinen Einreisepapieren stand) und diesbezüglich über die besten Zeugnisse verfüge. Es waren derer zwei: ein Original, von der Pâtisserie Danoise ausgestellt, und ein von ihm auf geklautem Briefpapier eines berühmten Pariser Hotels mit verstellter Handschrift selbst hergestelltes; beide in französischer Sprache, von der er zu Recht annahm, daß man dieser Sprache im Hinterland der Welt wohl kaum mächtig sein würde. Mit ihrer Hilfe und aufgrund seiner wahrlich schamlosen Angeberei kommt ihm eine Aufforderung zu einem Vorstellungsgespräch zu, wie sich heutzutage salbungsvoll eine jede noch so klägliche Stellenbewerbung nennt. Und zwar werden für die Eröffnung eines ultraschicken, französisch gestylten Restaurants gelernte Kellner gesucht, die das Vorlegen von Speisen und Brutzeleien am Tisch des Gastes aus dem Effeff beherrschen. Sein mit dem zukünftigen Geschäftsführer des Restaurants in Französisch geführtes Palaver sowie seine beiden blendenden Zeugnisse führen stehenden Fußes zum Engagement, ferner zur Anweisung, sich in einem Spezialladen einen Frack anmessen zu lassen und sich in etwa sechs Wochen bei der Eröffnung des Etablissements befrackt einzufinden.

Diese sechs Wochen waren eine bittere Pille, weil er sich ausrechnen konnte, daß bis dahin sein Geld nicht mehr ausreichen wird. Also auf zum Wohlfahrtstreffpunkt, vielleicht gibt es dort eine gütige Seele, die sich anschnorren läßt. Obwohl er sich jetzt denkbar klein und mitleiderregend gibt, hat er keinen Erfolg. Dafür die Empfehlung, am »Quai«, einer nicht gerade anmutigen Gegend, einen

Tabakladen aufzusuchen, dessen jüdischer Besitzer dieser Tage etwas über einen Job in einem Restaurant habe verlauten lassen. Äußerst kurz angebunden, ihn wie einen lästigen Eindringling behandelnd, drückt dieser ihm einen verkrumpelten Zettel mit der Adresse eines Hotels in die Hand, wo er nach dem Besitzer fragen soll. Der sei ein »mate« von ihm, ein Wort in der beachtlich sonderbaren australischen Umgangssprache, das zur Kennzeichnung für alle möglichen Beziehungsgrade, von Genosse, Kamerad, Freund, Bekannter, Arbeitskollege, Kumpel, Vertrauter bis zu Saufbruder, genutzt wird.

Bevor er sich dorthin begibt, hält er es für angebracht, etliche Undurchsichtigkeiten zu entwölken, die das Umfeld der zur Betreuung der Emigranten eingerichteten Jewish Welfare Society und ihre nicht unbeträchtliche Rolle in der australischen Flüchtlingspolitik betreffen. Zum anderen bedarf Silbermanns Betätigung in einem »Hotel« der Erklärung, ein Begriff, der in Australien nicht ganz der geläufigen Bedeutung einer zeitweiligen Schlaf- und Aufenthaltsstätte gegen Bezahlung entspricht. Ist es doch wenig bekannt und auch ihm erst nach Jahren des Aufenthaltes in Sydney zur Kenntnis gekommen, daß sich bis zum Ausbruch des Zweiten Weltkrieges mehr als siebentausend Juden in Australien niederließen, womit – gemessen an seiner Einwohnerzahl – Australien zu den großzügigsten der zweiunddreißig Nationen zählte, die auf der Flüchtlingskonferenz von Evian im Juli 1938 den von den Nationalsozialisten verfolgten Juden eine Heimatstatt versprachen. Dabei legte die australische Regierung größten Wert darauf, den Charakter des weitgehend britisch geprägten Landes zu wahren, ohne allerdings über Einwanderungsbehörden, Polizei oder ähnliche Autoritäten in hochgeschätzte demokratische Freiheiten einzugreifen. Unterdessen war sichtbar geworden, daß die weitab lebende insulare Bevölkerung Australiens schon allein aus wirtschaftlichen Gründen (man befand sich am Ende einer weltweiten Depression) die jüdischen Ankömmlinge nicht gerade mit offenen Armen aufzunehmen gewillt war. Hinzu kam, daß auch die australischen Judengemeinden über die Einwanderung nicht besonders erfreut waren. Denn angliziert und größtenteils arriviert, wie die Juden Australiens waren, sahen sie in den Flüchtlingen eine Bedrohung ihres gesellschaftlichen Status. Um allen hieraus möglicherweise erwachsenden Schwierigkeiten aus dem Wege zu gehen, zum Beispiel unter anderem einer bis zu militantem Antisemitismus führenden Judenfeindschaft, war es den Behörden nur allzu recht, daß sich diese englischen Vorbildern angeglichene semi-offizielle Wohlfahrtsorganisation etablierte. Sie reüssierte sehr wohl als Betreuungsstelle und Anstandswauwau, hingegen überhaupt nicht im Bereich dringend notwendiger Integrationsabläufe. Als der Krieg ausbrach und die australischen Behörden die aus Deutschland und Österreich eingewanderten Juden zu »feindlichen Ausländern« deklarierten, versagte die sich königlicher als der König aufspielende Welfare Society vollständig. Doch so weit sind wir noch nicht.

Derzeit folgt er der Empfehlung, sich beim Besitzer eines in der George Street gelegenen, The Plaza Hotel nennenden Betriebs zu melden, wo ein Küchenmanager gesucht wird. Diese »Hotels«, die weder Gasthöfe, Logierhäuser noch Herbergen sind, hatte er bei seinen Gängen durch Sydneys Straßen schon mehrfach gesehen, wobei es ihm nicht ohne Erstaunen aufgefallen war, daß zu erwartende Hoteleingänge stets in kneipenähnliche Räumlichkeiten führten, an deren Türen oder Fenstern meistens die Beschriftung »Lounge« zu lesen war. Des Rätsels Lösung enthüllt sich ihm erst, als er später mit mehr als einer der eigentümlich verdrehten Regelungen im öffentlichen Leben seiner Wahlheimat konfrontiert wird. Es war nämlich bis gegen Ende der sechziger Jahre so, daß die Erteilung einer für den Ausschank und den Verkauf von Alkoholika erforderlichen Lizenz mit der Auflage verbunden war, eine Anzahl von vermietbaren Übernachtungsstätten bereitzustellen. Dem tieferen Grund für diese ungewöhnliche Gesetzgebung ist er nie nachgegangen. Wohl hat er sehr bald mitbekommen, daß es irgendwo in den Häusern über den Public bars, den sogenannten Pubs, ein paar mit Bett, Schrank und Stuhl ausgestattete, selten genutzte und gelüftete Gemächer gibt, um der Lizenzverordnung nachzukommen. Denn wer auf die groteske Idee kam, sich hier einzunisten, erhielt prompt die Antwort, alles sei besetzt. Im übrigen galten zu der Zeit, als Silbermann das von der Sonne aufgeweichte Pflaster Sydneys betrat, noch immer jene vorsintflutlichen Vorschriften, nach denen der öffentliche Alkoholausschank Punkt sechs Uhr abends sein Ende zu finden hatte. Eine Ausnahme hiervon, nämlich Ausschank bis neun Uhr abends, beruhte auf einer Lizenz, die als Hotels verkleideten Pubs gegeben wurde, die zur Auswahl ein reguläres Mahl servierten, was zur Folge hatte, daß jeder, der sich unter den trinklustigen Sydneyern bis sechs Uhr abends mit seinem geliebten Bier noch nicht zur Genüge hatte volllaufen lassen, dann zu einer dieser bis neun Uhr offenen Durstlöschstellen pilgerte. Da gering an Zahl, war die lizenzierte, zirka zweihundert Personen fassende, als Diningroom bezeichnete Trinkhalle des unterhalb eines Stadtbahnhofs gelegenen Plaza Hotels eine ausgesprochene Goldmine.

Von ihrem Besitzer, einem pfennigfuchsenden, geldgierigen, offensichtlich an Schlafstörungen leidenden Altaustralier zur ungöttlichen Stunde gleich dreimal hintereinander um fünf Uhr morgens zu einer Besprechung bestellt, erfährt er, daß man für die mit ungefähr fünfundzwanzig Personen bestückte Küche einen Küchenmanager suche, einen Organisator, der zugleich Aufseher, Qualitäts-, Portionen-, Verschwendungskontrolleur und Antreiber zu sein habe, vor allem aber den Angestellten auf ihre diebischen Finger sehen solle. Als Arbeitszeit wird ihm wochentags von neun Uhr vormittags bis halb zehn Uhr abends, sonntags von zwölf Uhr mittags bis halb acht Uhr abends angekündigt, das Ganze mit einem ihm fürstlich erscheinenden Gehalt beglichen, von dem er alsbald feststellen kann, daß es weit unter dem Niveau der gesetzlichen Fixierungen liegt. Mit einem Bündel Schlüssel für die Eisschränke und das Warenlager versehen, wird er an einem am Durchgang von Küche zu Diningroom gestellten Tisch installiert, an dem er nunmehr täglich seinen Job – mehr als Küchenbuchhalter, denn als Küchenmanager – versieht. Denn da er mit keinerlei Autorität ausgestattet ist, weder entlassen noch engagieren, weder einkaufen, aushandeln noch überhaupt etwas bestimmen kann – was in jeder Küche, ob groß oder klein, sowieso nur dem Chefkoch zukommt –, reduziert sich seine Rolle auf die eines Schnüfflers und Zwischenträgers, was ihm verständlicherweise nicht gerade die Sympathien des Küchenpersonals, vom Chef bis zur Abwaschfrau, einbringt.

Er konnte machen, was er wollte, mit ihnen Bierchen trinken, sich am Wohlergehen ihrer Brut interessiert zeigen, seine saubere Aussprache des Englischen für ihr australisches Vulgärenglisch fallenlassen, großzügig Zigaretten anbieten und übersehen, wie Köche mit dem Glimmstengel im Mund in den Töpfen rühren, zu faul sind, ranziges Fett auszuwechseln, zu spät zur Arbeit kommen, schmutzige Schürzen tragen und was sonst noch dieses ihn wie der Abschaum der Arbeiterklasse berührende Gesindel anstellte – nichts half, er war und blieb die verlängerte Hand, der bezahlte Informant des als Sklaventreiber berüchtigten Besitzers. Jeder wußte, daß er diesem Miesling täglich Listen vorzulegen und Bericht zu erstatten hatte, so wie er wußte, daß er, wenn er nicht mindestens zweimal pro Woche dem unredlichen Ausnutzer die Entdeckung eines Schlupflochs faßlich machen oder auf diesen oder jenen Koch einen Verdacht lenken konnte, seinen Job nach kürzester Zeit verlieren würde.

Die unfreiwillig zwischen Arbeitgeber und Arbeitnehmer, zwischen Behagen und Unbehagen gelegene, Druck und Aufprall abfangende Stellung dauerte etwas über sechs Monate bis hinein in die Mitte des Jahres 1939. Und da sie in ihm trotz aller Mißstände keinerlei Groll hinterlassen hat, andererseits er auch nicht bereit ist, die erste seiner engeren Umgangsphasen mit den Australiern zu verallgemeinern, kann er nicht in einen bewegenden Aufschrei über Ausbeutung, Hungerlohn und unmenschliche Behandlung ausbrechen. Sitzt man mal angeschnallt in der Kabine und das Flugzeug beginnt wie toll rauf und runter, hin und her zu schütteln, muß man es hinnehmen – aussteigen kann man nicht. Die ihm eigene zweckdienliche Geneigtheit zur Befreiung von Entsprechungen, Parallelismen und Antagonismen, kurz ein Hinnehmen, macht es ihm leicht, davon abzusehen, mit klotzigen Steinen entmutigender Reizungen, Klagen und Anklagen um sich zu werfen. Eher möchte er festgestellt sehen, daß er mit jedem Tag der sechsmonatigen Plackerei im Bierdunst des Plaza Hotels eine Unmenge über australisches Geschäftsgebaren, australische Arbeitsmoral, australische Griffigkeit, Naivität, Tradition und Verlockungen gelernt hat, was ihn davon abhält, in den Chor unduldsam Anmaßender einzustimmen, der noch heute, nach Jahren des Aufenthalts auf der pazifischen Insel, die Australier und ihre Mentalität von vornherein mit der von ungehobelten Kreaturen gleichsetzt.

Die Angleichung an australische Wertstrukturen und Verhaltensmuster vollzog sich bei ihm mit erstaunlicher Schnelle, quasi reibungslos. Er möchte meinen, daß hierbei gewisse Elemente eine Rolle gespielt haben, die anzuführen sind, weil sie nicht als Gruppe, Organisation, Ideologie oder Herrschaftsinstrument hervortreten, sondern als in der australischen Luft liegende körperlose Gestaltungen, die, wenn erkannt und begriffen, aus außengeleiteter Integration eine bewußtseinsmäßige Eingliederung durch sich selbst machen. Und zwar ist hier als erstes der Ungezwungenheit Erwähnung zu tun, mit der für den australischen

Menschen der Dialog mit seinem Mitmenschen sich abspielt; dies auf gleich welchem Felde und in gleich welcher Situation. Ferner ist von einer nur auf das Notwendigste begrenzten Bewegungsfreiheit zu sprechen, die für den Bewohner des Landes, ob Alteingesessener oder Neuling, so weit geht, daß es beispielsweise keiner Anmelde-, Abmelde- oder Ausweispapiere bedarf. Und drittens wurde es ihm als einem nunmehr bereits zweimal durch die spröden Mühlen einer auferzwungenen Emigration Gegangenen baldigst klar, daß er sich im Lande der Freibeuter befand, in einem Land, wo Erklärungen für Mißstände, Versehen oder Vergehen entweder mit dem Ausruf: »Wir sind ein junges Land« oder »Wir sind ein Land der Pioniere« als in Stolz gekleidete Entschuldigungen vorgelegt werden, wobei überdies mit eben dem gleichen Stolz verlautbar gemacht wird, daß die ersten Ansiedler Australiens aus England verbannte Sträflinge gewesen waren. Letztlich dann war es dieses einprägsame »You will be allright«, das ihm nie aus dem Sinn gegangen ist, verstärkt durch die Bekundung: »Australia is God's own country«, in unsichtbaren Lettern auf jeder australischen Fahne durchscheinend.

Dank der Schnelligkeit, mit der sich seine Selbstintegration vollzieht, was meint, daß er soziale Gesamtzusammenhänge in ihren funktionalen Abhängigkeiten versteht und überschaut, wird aus dem bisher Getriebenen ein Vorwärtstreibender. Er vereinnahmt vollwertig den australischen Umkreis und faßt nachdrücklich dessen Milden, Strengen, Zwänge und Methoden ans Portepee. Nach mehrmaligen vergeblichen Versuchen, über die Jewish Welfare Society das Einreisepermit für die Eltern zu erhalten – nicht wissend, daß man dort eine Politik betreibt, die den Zustrom von noch mehr Glaubensbrüdern hintanzuhalten sucht –, begibt er sich auf inoffizielle Nebenwege. Hier trifft er alsbald auf einen Vermittler der Art, wie er sie schon aus seinen Tagen in Paris her kennt. Ein gewisser hinter einem beeindruckenden Schreibtisch in einem wohleingerichteten Büro sitzender Mister Wolfensohn wird aufgesucht, der angeblich besonders gute Beziehungen zu den Behörden hat. In britisch getönten jovialen Worten wird ihm zu verstehen gegeben, daß man – natürlich gegen Ersatz der Unkosten – es wohl erreichen könne, die Erteilung der Einreisebewilligung für die Eltern zu beschleunigen, und zwar mittels eines Senators, der sich – natürlich gegen Ersatz der Unkosten – dafür einsetzen werde. Selbiger Wolfensohn, in der Gemeinde als frommer und fleißiger Synagogenbesucher bekannt, meint ihm überdies mitteilen zu können, daß besagter Senator in der Aufsichtsbehörde eines dem Staat gehörenden Ferienhotels sitze, wo gerade verzweifelt nach einem kompetenten Diningroom-Manager gesucht werde. Ein deftiges Gehalt stehe zur Verfügung.

So etwas läßt sich Fachmann Silbermann nicht zweimal sagen. Auf in die City zum Verwaltungsbüro des Ferienhotels, das vierzehn Zugstunden von Sydney entfernt, in den australischen Alpen gelegen, sich Hotel Kosciusko nennt und als Wintersportquartier gilt. Ja, ja, man suche einen qualifizierten Manager für den Diningroom und alles, was damit zusammenhängt, sei aber vor allem daran interessiert, gewisse Mißstände auszuräumen, die sich dort eingeschlichen hätten. Mit einer Offenheit sondergleichen wird er darüber unterrichtet, daß der das Hotel leitende Direktor unter Verdacht stehe, sich am Verkauf der Spirituosen zu bereichern, daß dem Einhalt geboten werden müsse und es zu seinen Aufgaben gehören würde, allwöchentlich einen selbstverständlich vertraulich behandelten Bericht über die Geschehnisse im besonderen und allgemeinen dem Zentralbüro zukommen zu lassen. Erneut ein Posten als Aufpasser. Wo zum Teufel soll das nur hinführen? Er bespricht sich mit Charles, der inzwischen angekommen ist und als Koch im Abend- und Nachtbetrieb des als teuer und exklusiv geltenden französischen Restaurants Romanos Arbeit gefunden hat. Ihr Zusammenleben findet in einem zweibettigen möblierten Zimmer statt, in dem sie sich angesichts ihrer ungleichen Arbeitszeiten meist nur schlafend sehen; nur sonntags können sie einige Stunden miteinander verbringen. Charles rät zur Annahme des etwas seltsamen Jobs: erstens, um der Verdienstmöglichkeiten willen, zweitens, weil das tägliche Gezeter im Plaza Hotel sich auf die Dauer als eine unhaltbare, nervenzerrüttende Beschäftigung herauszustellen beginnt.

Mit einem waschechten Angestelltenvertrag, Gebetbuch, Zahnbürste und ein paar Klamotten im Koffer rumpelt er in einem vorsintflutigen Eisenbahnzug geschlagene vierzehn Stunden bis an einen am Fuße der höchsten Erhebung Australiens, dem Mount Kosciusko, gelegenen Ort, wo ihn zu schneebedeckter abendlicher Stunde ein Lieferwagen abholt, der ihn vor einem einsam daliegenden stattlichen Hotelgebäude, dem Ort seines vertragsmäßig abgegrenzten Wirkungsbereiches, absetzt. Als einem von vielen Angestellten wird ihm im Anbau des Hotels eine klosterzellenähnliche Wohnkammer angewiesen. Für den nächsten Morgen ins Büro zum Direktor bestellt, empfängt ihn dort ein etwas gelangweilt dreinschauender, mit einer nichtssagenden Visage und einem prächtigen australischen Akzent versehener Hauswirttyp, der ihn in seine Pflichten einweist: Beaufsichtigung und Verteilung der Lunchpakete für die skifahrenden Gäste; Maître-d'hôtel plus Oberkellnerrolle bei Frühstück, Mittag- und Abendessen und Fressalienversorger beim gemütlichen Beisammensein der Gäste zu spätabendlichen Supperstunden – ihn alles in allem die Kleinigkeit von sieben Uhr morgens bis zehn Uhr abends auf den Beinen haltend.

Außer dem das weitab von irgendwelchen Behausungen gelegene Hotel wie ein Kurfürst regierenden Direktor waren bei der Leitung des Freizeitunternehmens noch zwei weitere Personen von gewichtiger Bedeutung: ein für die gesamte Hotellerie zuständiges spätes Mädchen mittleren Alters und der Küchenchef, ein entgegenkommender Brite, den ein Lungenleiden in die Höhenluft der gottverlassenen

Einöde verschlagen hatte. Von ihm wird er bei nachmittäglichem Stapfen durch den Schnee über die im Hause herrschenden Sachverhalte informiert, als da wären: daß der Herr des Hauses, obwohl von Frau und Kindern umgeben, ein überaus vertrauliches Verhältnis, wenn nicht gar eine intime Liebschaft mit der den Tagesablauf der Sportherberge gebieterisch überwachenden Dulzinea hat; daß die beiden gemeinsam das unehrliche Spielchen mit dem Ein- und Verkauf der Alkoholika betreiben; und daß zu dessen Aufdeckung schon so mancher Überwacher von der Sydneyer Zentrale ins Hochland geschickt worden war. Wer da seine Nase reingesteckt hatte, konnte jedesmal baldigst seine Koffer packen.

Silbermann sollte es nicht anders ergehen. Er bringt es bis auf vier der von ihm verlangten »vertraulichen« Berichte, doch diese wurden offenbar so vertraulich gehandhabt, daß sie dem Gaunerpaar bekannt wurden; erkennbar daran, daß er bei der Durchführung seiner Pflichten beständig behindert, eingeengt, bedrängt und gejagt wird. Vor allem das Weibsbild, schon einige Male bei ihren Mogeleien beobachtet und nach Sydney reportiert, nörgelt an ihm herum, faucht ihn an und putzt ihn herunter, wann und wo immer es geht. Er lebt jetzt in den Griffen der Herausekelmethode, diesem hinterhältigen Versteckspiel, welches den Beschäftigten dazu bringt, von sich aus die Entlassung einzureichen. Da aber stieß man bei Silbermann auf ein Widerstandsnest, das sich aus abgehärteter Abgebrühtheit, der begründeten Notwendigkeit, Geld zu verdienen, und einem von der Bestallung durch das Hauptbüro in Sydney herrührenden Sicherheitsgefühl zusammensetzte. Diese Einhelligkeit wird indes rüde durchbrochen, als er pflichtbewußt dem Direktor Einzelheiten über das Verhalten und die Unregelmäßigkeiten der Oberbeaufsichtigerin überbringt. Der setzt seine froststarre Pokermiene auf, sagt weder ja noch nein und kündigt ihm mit sofortiger Wirkung. Es ist gar nicht auszudenken – Pflicht hin, Pflicht her –, wie ein

Mensch so saudumm sein kann, der Mätresse des Chefs etwas anzuheften! Nun, es ist geschehen, und das auch noch zu einem Zeitpunkt, als er von der Erteilung der Einreiseerlaubnis für die Eltern vernimmt, mit der Folge, daß sie bei ihrer Ankunft einem arbeitslosen Sohn gegenüberstehen werden.

Seines hochklingenden Titels »Kitchen and Dining Room Superintendent« entkleidet, mit einem Zeugnis ausgestattet, das ihm in drei Zeilen die Dauer seiner Beschäftigung, jedoch keinerlei Qualitäten zertifiziert, geht's per zweiter Klasse Ende Juni des Jahres 1939 wieder runter nach Sydney. Von Charles freudig begrüßt, überschlagen sie die Schattenseiten ihrer Existenz als von herumkommandierenden Vorgesetzten abhängige Lohndiener. So hatten sie sich das Leben in Gottes eigenem Land nun auch wieder nicht vorgestellt. Aber was tun? Als geduldete Fremdlinge gibt es kein Aufmucken, und gegen die im Lande vorherrschende amateurische Begabung für Unlauterkeit, Falschheit und Verschlagenheit ist nicht anzugehen. So etwas gehört eben zu einem Land der Pioniere, als das sich die Australier angesichts der ihnen fehlenden Normen der Stetigkeit auszugeben belieben. Ebenso gehören zum Pioniergeist Eigenschaften, die rundum als Unternehmungslust, Rührigkeit und Wagemut angepriesen werden, ohne daß sofort von Draufgängertum oder Heldentaten zu sprechen ist. Wenn von Silbermann ein Gran von den guten und schlechten wegbahnerischen Grundstoffen übernommen worden ist, dann nicht, weil er zu der seit Jahrzehnten andauernden Urbarmachung des Kolonialterritoriums Australien beizutragen gedachte, sondern, weil er den vibrierenden Schwebezustand zwischen Demut, Mißtrauen, Schulung, Erfahrenem und Gesehenem zu einem lebensbedingten Halt zu bringen hatte. Für den Pioniergeist hängt kein Früchtekorb zu hoch, man muß ihn nur entdecken.

Seine Entdeckung – zugegebenermaßen im folgenreichen Zusammenhang ein vollgewichtiges Wort – lag in der

Hauptstraße des Vororts um die Ecke der Einzimmerbehausung, die er mit Charles teilte. Es war eine unscheinbare, ungelüftete, doch nett herausgeputzte Imbißstube mit ein paar Tischen und einer Theke, in der auf einer im Fenster zur Straße hin stehenden Grillplatte Steaks und Hamburger gebrutzelt und zu Minipreisen serviert wurden. Dort waren Charles und er angesichts der günstigen Lage und der billigen Preise Stammgäste. Immer wieder gerieten sie darüber ins Staunen, wie gut der Laden mit dem Verkauf der fürchterlich einfach herzustellenden Ware lief, vor allem mit diesen für sie ungewöhnlichen, zwischen zwei Brötchenscheiben gelegenen, plattgedrückten und mit viel Tomatentunke übergossenen Fleischscheiben, genannt Hamburger. Von aufwendiger Kochkunst mit Soßen, Gewürzen, Beilagen und anderem Chichi konnte keine Rede sein. Tagelang drehten sich die Gespräche der beiden Beköstigungsexperten um die eigenständige Errichtung einer solchen Bude, die Einrichtungskosten, die Bewirtschaftung und einen günstigen Standort.

Der mit Glanz und Gloria aus Australiens Winterlandschaft herausgeflogene, in Sydneys Großstadtprovinzialismus zurückversetzte Silbermann macht sich auf Erkundungsstreifzug. Er klopft bei von jüdischen Emigranten eingerichteten Eßlokalen an, von denen die einen von Mutters vorzüglichen Rezepten leben, die anderen von der Überredungskunst ihres jovialen Besitzers und wieder andere vom illegalen, in Teekannen servierten Weinausschank. Alle miteinander liegen in einem dichtbevölkerten Amüsementvorort und bewerben sich um eine bessere, köstliche Speisen würdigende, lies zahlungskräftige Klientel, die Erbsensuppe mit Würstchen, gebratene Entenbrust und Apfelstrudel für ausgefallene Delikatessen hält. Das billige, in Amerika erfundene Hamburger-Zeug rührt diese Kundschaft nicht an, womöglich aber ein weniger kulinarisch geschliffener Kundenkreis, jener, der sich tagsüber durch die Straßen des nach Londoner Vorbild angelegten

Stadtkerns wälzt. Dort, wo es allerdings nach sechs Uhr abends so still ist wie eine tote Maus, dort, stellt er fest, gibt es weit und breit keinen Hamburger-Laden, und so glaubt er, daß gerade dort mit Einfach-, Billig- und Schnellspeisen ein Geschäft zu machen sein müßte.

Doch bis seine Idee wägbare Formen annimmt, hat der tatendurstige Silbermann noch manche dieser Demarchen zu vollziehen, die ihn vor die Schreibtische von Ordnungs-, Zulassungs-, Eintragungs- und Gesundheitsbehörden führen, nicht zu vergessen vor die Türen von Geldgebern, die bereit wären, seine geringen vorhandenen Mittel durch die ihren auf die Höhe der vorkalkulierten Gründungssumme aufzustocken. Wie vorauszusehen war, stößt er hierbei auf undurchdringliches Geröll. Denn der von ihm verlangte Betrag war viel zu gering, als daß sich Geldverleiher, von Schacherern bis Kreditanstalten, darauf einließen, darüber auch nur zu verhandeln. Ja, hätte er furchtlos und frivol das Vier- bis Fünffache verlangt, gerne wäre man ihm entgegengekommen, womit ihm eine Unterrichtsstunde über Finanzierungsgebaren zugute kam, deren er sich bestens erinnerte, als er sich Jahrzehnte später zur Finanzierung von wissenschaftlichen Projekten an Forschungsgemeinschaften wandte: je bescheidener die verlangte Geldsumme, desto sicherer die Ablehnung.

Jetzt ist Not am Mann, und so führt ihn der Weg letztendlich wieder zu Mister Wolfensohn, dem Besorger von Einreiseerlaubnissen – natürlich gegen Ersatz der Unkosten. Bei dieser geschäftstüchtigen Vermittlerseele stößt er auf ungeziertes Verständnis. War der doch das, was sich heute Management-Berater oder, ausgesuchter, Management-Consultant tituliert und für anderer Leute Geld akzentuierte psycho-volkswirtschaftliche Sperenzchen ausarbeitet. Bei Wolfensohn, einem Einzimmerbetrieb ohne Schild an der Tür, sozusagen ein Geheimtip, gab es keine Exposés, Marktdurchleuchtungen, Voranschläge oder Projektdesigns – der ging direkt aufs Verdienst einbringende

Handwerkszeug los. Erst, sprach der weise Sachkenner, gründen wir eine Firma, so eine das Geschäftsrisiko einschränkende Teilhaberschaft, eine Proprietary Limited (Pty. Ltd.), das englisch-rechtliche Ebenbild der dem ehemaligen Gerichtsreferendar bekannten Gesellschaft mit beschränkter Haftung (GmbH). Dann muß dafür ein einigermaßen eindrucksvoller, auf die untrügliche Solvenz des Unternehmens hindeutender Name her, wobei der Teutonenklang des Namens Silbermann einen jeden der haufenweise australischen Xenophoben sofort auf die Palme bringen würde. Eine hinlängliche Knobelei brachte schließlich den Namen »Silvers« zustande und für die noch ungeborene Firma den Namen »Silvers Food Bars«, ein angeberischer Plural für ein Vorhaben, das noch nicht einmal auf einem halbfinanzierten Bein stand.

Firmengründungen der vorgesehenen Art bedürfen bekanntlich überall bestimmter, juristisch ausgearbeiteter Unterlagen, auf deren Herstellung ein ansehnlicher Teil des Einkommens von Rechtsanwälten beruht; auch in Australien. Einem solchen, unter der Bezeichnung Sollicitor tätigen, mit Wolfensohn befreundeten Wesen wird er zur Erledigung der notwendigen rechtlichen Dokumentenbelange mit dem Hinweis empfohlen, daß er dort ohne Zögern auch seine noch keineswegs abgesicherte Finanzlage vortragen könne. Das erstaunt ihn ungemein, da von seiner juristischen Lehrzeit her der Begriff Rechtsanwalt für ihn mit der Aura des weit über landläufige Geldangelegenheiten erhabenen, nur der Gerechtigkeit dienenden Paragraphenanwenders umgeben war. Doch nicht so im britischen Kolonialland Australien, wo es den gelehrigen, Perücke und Talar tragenden Barristers zukommt, gegen teures Geld Rechtsauslegungen vor den Gerichten auszubreiten. So bleibt den verstehbar ebenfalls auf gutes Geld erpichten Advokaten gar nichts anderes übrig, als ihren Tätigkeiten als Rechtsberater, Verträge-, Dokumente- und Formulareverfasser die des Händlers, Maklers, Finanzmanns, Geldanlegers, Aufkäufers und Darleihers hinzuzufügen – alles in den Mantel der dem Beruf zugeschriebenen rechtschaffenen Lauterkeit gehüllt.

Ein Glück, daß dem so war, sonst wäre Silbermanns mausgrauer Sollicitor wohl nicht so närrisch gewesen, ihm im Namen eines seiner Klienten eine schmale Beteiligung an dem bisher nur auf gestempeltem Papier stehenden Eßlokal anzubieten. Da gab es kein Zögern, keine Bedenken oder ähnliche Unschlüssigkeiten – zugreifen war alles. Also dann: das Budget gedeckt, mit guten Ratschlägen, Adressen und dem Segen seines juristisch geschulten Geldvermittlers versehen, macht er sich auf die Suche nach einem passenden Lokal mit angemessenem Mietzins in City-Lage. Und da Australiens Wirtschaft zur Zeit noch unter den Folgen der weltweiten Depression litt, das heißt, der Pleitegeier so manchen Ladenbesitzer zur Aufgabe seines Geschäfts gezwungen hatte, war die Auswahl so groß, daß sich Vermieter nicht einmal nach der Bonität der Aspiranten erkundigten. Eine Gunst der Stunde für das nur mit den spärlichsten Mitteln ausgerüstete Unternehmerpaar, von dem man in besseren Zeiten gewiß eine kaum erstellbare Kaution verlangt hätte.

Wenn er im Augenblick noch daran glaubt und es Charles und wen immer noch hören läßt, daß sowohl der sich ohne sonderliche Schwierigkeiten vollzogene Erhalt von zusätzlichem Gründungs- und Betriebskapital als auch das spielend bewältigte Erlangen eines Mietvertrags ohne Garantien auf seine treffsichere Geschäftstüchtigkeit, sein Auftreten und seinen unüberbietbaren Charme zurückzuführen ist, dann sollte er bei näherer Kenntnis australischer Charakterzüge eines Besseren belehrt werden. Denn noch hatte er nicht bemerkt, daß gemäß dem ungeschriebenen australischen Typologienkatalog das Hasardieren zum Pioniertum gehört, das Spielen in allen seinen Formen, vom Risiko bis zur Wette, von der Spekulation bis zum Glücksspiel. Und wenn es ein Volk der Spieler gibt, dann sind es ohne Zweifel die in ihrer Unbekümmertheit unübertrefflichen Australier, denen selbst das nicht voraussehbare Kriechen eines Käfers in diese oder jene Richtung eine Wette wert ist. Wer wie jeder ehrbare Australier allwöchentlich mindestens ein Los in einer der täglich stattfindenden Lotterien kauft und das Wetten beim wöchentlichen Pferde- und Hunderennen für eine sportive Aktivität hält, was sind dem schon die paar hundert Pfund (mehr waren es nicht), die er als Teilhaber oder Vermieter auf eine ihm unbekannte Größe setzt?

Silbermann war nie eine Spielernatur; seine Rationalität hat alle seine Lebensbereiche durchdrungen. An alles, was er je in seinem Leben unternommen hat, ist er mit einer Reglementierung herangegangen, die da sagt: Was habe ich schon zu verlieren! So auch an die verwegene Errichtung eines Hamburger-Ladens an einer der großen Verkehrsadern mitten in der City von Sydney. Schreiner, Klempner, Glaser und Anstreicher werden aufgetan, Grillplatte, Toaster, Kaffeemaschine, Pfannen, Töpfe, Geschirr, Besteck und was sonst noch für die Herstellung und den Verzehr von Eßbarem vonnöten ist angeschafft und dann, nach einigen Wochen chaotischen Lärmens, Herumrennens, Fluchens, Putzens, fachmännischen Arrangierens sowie einer Ansammlung unbezahlter Rechnungen, steht die Türe zum Einmarsch hungriger Münder offen.

Der Holterdiepolter-Lauf durch die Plaza- und Kosciusko-Hotels bis in den Eigentümerbereich war ihm ein einziges Drängen. Er fügte sich ihm ohne Widerwillen, Grund genug, sich langatmiger Schicksalsenthüllungen zu enthalten und die einstimmige Melodieführung mit anekdotischen Einschüben zu versehen. Noch gibt es keine unausgefüllten Stunden, Kurzweiligkeiten, ergötzlichen Schwärmereien, Vorfreuden oder Gedankenflüge – alles ist so sehr Nüchternheit und Berechnung, daß ihm selbst das Nichtgegenständliche zum Gegenständlichen geworden ist. So auch die Geisteshaltung, mit der er, ohne zu schmollen, mehr oder minder entzaubert die Jahre 1939 und 1940 – seine Gründerjahre – trockenstilig wachruft. Möglicherweise auch umfängt ihn schneller als gedacht die das Leben in Australien beherrschende, der dortigen Natur und Kultur angepaßte, wenn nicht gar von ihr hervorgerufene Eintönigkeit, ein ewiges Einerlei, hinter dem alle Wünschbarkeiten schwinden. Er würde sich dem Fluch anreißerischer Teufelei aussetzen, wenn er sich der Kavallerie der Aufgeblasenen anschlösse, die vorgeben, sie verdankten ihre Erfolge dem Ritt durch den Wald ihrer geistigen Unübertreffflichkeit. Um den Strick der Silbermannschen Schreib- und Denkart weiter zu knüpfen, muß es erlaubt sein zu sagen, daß das, was wir einen sprühenden Gedanken nennen, gewöhnlich nur eine verfängliche Ausdrucksweise ist, die mit Hilfe einer Spur von Wahrheit uns einen Irrtum aufbürdet, der uns in Erstaunen versetzt.

Das aus dem Freundespaar Charles und Alphons bestehende Zweimannunternehmen, ein Hamburger-Laden und nicht, wie heute noch aus boshaft grienenden Munden von nichtarrivierten Kollegen aus dem Wissenschaftsgeschäft zu hören ist: eine Fritten- oder Würstchenbude, verzeichnete mit seinen dreißig Sitzen einen kaum nennenswerten Erfolg. Ja, draußen auf der Straße, da standen klumpenweise diese dörflerischen Stadtbewohner vor dem Schaufenster und beglotzten den mit feingestärkter Kochmütze und in schneeigem Weiß gekleideten Charles, wie er an der Kochplatte herumhantierte, mal Spaghetti ins Wasser warf, mal das Nudelzeug aus dem Wasser zog oder aber die große Silvers-Spezialität, nämlich Pancakes (auf Deutsch: Pfannkuchen oder Eierkuchen; ehrerbietiger in französisch: Crêpe), aus der Pfanne mit Drehschwung hochwarf und makellos wieder in der Pfanne landen ließ – aber in den Laden zu kommen, sich von Doktor Alphons Silbermann im ausgesuchtesten Englisch bedienen zu lassen und die Köstlichkeiten des Hauses zu verzehren, dazu brachten es nur allzu wenige. Am liebsten wäre er wie ein Schaubudenbesitzer auf der Kirmes an die Tür gegangen und hätte »Nur hereinspaziert, meine Herrschaften« gebrüllt; aber wer tut das schon. Offensichtlich waren die Australier doch nicht so mutig, wie sie zu sein vorgaben, oder aber, und das erwies sich als das tugendsamere Argument, sie folgten der uralten durchaus einsichtigen Maxime: »Was der Bauer nicht kennt, frißt er nicht.«

Natürlich braucht jedes neue Geschäft eine gewisse Anlaufzeit. Das wußten auch die beiden von neun Uhr in der Frühe bis nach Mitternacht auf den Beinen stehenden Eigentümer. Doch dieses Wissen reicht nun mal nicht aus, um Lieferanten von Fleisch, Brot, Eiern, Tomaten etc. Geldscheine in die rechte Hand zu drücken, bevor sie mit der linken die Waren aushändigen. Und es reicht auch nicht aus, um den allabendlich zur Inspektion vorbeikommenden rechtskundigen Darleiher zu beschwichtigen, der sie obendrein mit possenhaften Ratschlägen versorgt, wie: Die Spaghetti sind zu lang, der Kaffee ist zu stark, die Tomatensauce zu dickflüssig, die Beleuchtung zu grell und derlei Sottisen mehr. Es wäre anzunehmen, daß den aufstrebenden Gastwirt diese verdrießlichen Verästelungen in Gefühlslagen versetzt haben, die in der Nähe von Niedergeschlagenheit, Mutlosigkeit oder gar Verzweiflung liegen; von Schuldbewußtsein und Existenzangst gar nicht erst zu sprechen. Doch nichts dergleichen. Warum sollte er, der bereits einigermaßen gegen die Nachtseiten und Verfinsterungen einer in dumpfiger Luft schwebenden Existenz gefeit ist, über seine Nasenspitze hinaus blicken, an ökonomische Schicklichkeit, Offenbarungseid, Pleite oder Schuldgefängnis denken, wissend, daß dort, wo nichts ist, auch nichts zu holen ist? Durch den Umgang mit den vielen, ihm auf seinem Weg entgegengetretenen Fach-, Berufs- und Genußmenschen mit oder ohne Herz ist er, was Tugendhaftigkeit oder makellosen Lebenswandel betrifft (man beachte, wie er die Unsitte vermeidet, den Begriff Moral zu verunglimpfen), schon längst an einem Punkt der Unverbindlichkeit angelangt: Seine Sachlichkeit entbindet ihn von seelischen Regungen fauchender oder wimmernder Art.

Es bleibt dabei: Das Geschäft geht nach wie vor schlecht, und nur mit Mühe wird das Geld zusammengekratzt, um Miete, Elektrizität, Wasser, Wäsche und das ansonsten Anfallende zu bezahlen. Die Sonntage, an denen in der City eiserne Ruhe herrscht, benutzen die beiden Ladenbesitzer zum Aufräumen, Putzen, Anstreichen, Schrubben, Polieren, wobei es ihnen an einem dieser Tage auffällt, daß in der Nachmittagsstunde aus den drei in der Straße gelegenen Kinos Menschen strömen, obwohl doch in diesem Lande alles, was auch nur annähernd nach Verlustigung riecht, angesichts der Heiligkeit des Tages strikt untersagt ist. Was tut sich denn da? Nun, die drei Kinos, und nicht nur diese, verwandelten sich am Sonntag in Gebetsstätten für die Unzahl von Glaubensgemeinschaften und Sekten, die sich in Australien die Danksagung an den Herrn untereinander aufgeteilt haben: Methodisten, Baptisten, Quäker, Adventisten, Zeugen Jehovas, Presbyterianer, Unitarier und andere mehr. Daß wie bei allen diesen der Heilsgewißheit dienenden Gruppen weltweit glaubensstolze Frauen mittleren bis hohen Alters in der Mehrzahl sind, braucht nicht hervorgehoben zu werden, was allerdings für das Gedeihen des Silbermannschen Eßlokals nicht unbedeutend war. Denn mehrfach klopfte es an die Türe mit der Frage: »Gibt's bei euch Tee und Toast?«

Schon am nächsten Sonntag hing ein den Verkauf dieser Götterspeise britischer Herkunft anpreisendes Schild im Fenster, was einen willkommenen Andrang von sonntagsstaatlich bekleideter Klientel einbrachte, der Charles übrigens auch noch hie und da einen seiner mit Orangenmarmelade überdeckten Pfannkuchen andrehen konnte. Der unerwartete, dringend benötigte Einnahmen ins Haus bringende Glücksumstand läßt Silbermann mit einem Bevölkerungssektor Bekanntschaft machen, der ihn betonter als der gemischte Kundenkreis an den Wochentagen auf den ihm zukommenden Platz in der Schichtzugehörigkeit verweist; gelehriger und darum treffender gesagt: Seine selbsteinschätzende Denkgewohnheit wird durch Fremdeinschätzung entzaubert und zum Nutzen des noch auf ihn Zukommenden an den rechten Ort gestellt.

Er muß von dieser, wie soll er es nennen, Weltgewandtheit, diesem Wohlanstand mit seinen Höflichkeitsphrasen und -bezeigungen, Verbeugungen, Verneigungen und ähnlichen Artigkeiten herunter. Oh, nicht etwa bösartig oder verwildert hat er zu sein, nein: rauh, leicht ungehobelt, ungetüncht wären da die angebrachten Eigenschaften. Kein Zweifel kann darüber bestehen, daß Ausländerschaft von der australischen Bevölkerung als die unleugbare Voraussetzung für die Ausübung des Verfütterungsgewerbes angesehen wird: Die meisten der sogenannten Milkbars gehören den griechischen Einwanderern, die Obst- und Gemüseläden den Italienern und der Großhandelsmarkt, zu dem er allmorgendlich hintrottet, um Tomaten und Kopfsalat einzukaufen, wird von den Chinesen beherrscht. Und kommt es zu Restaurants, Coffeeshops, Snackbars und dergleichen, tummeln sich dort Russen, Ungarn, Deutsche und Österreicher, die an der fremdländischen Aussprache ihres Englisch zu erkennen sind. Der Nahrungsmittelhandel, ob im Kleinen oder Großen betrieben, ob aufgezogen als Krämerladen, Zwischen- oder Großhandel, fällt nun mal unter die Rubrik »Dienstleistungen«, wobei der Nachdruck auf »Dienen« zu legen ist. Eben das widerstrebt der von Freiheitlichkeit und Untertanengegnerschaft besessenen australischen Mentalität so grundsätzlich, daß das Dienen, Bedienen, Aufwarten, Bewirten, Auftischen, ganz allgemein das In-Diensten-Stehen, den als Fremden gebändigten Zweitklasslern überlassen wird. Wenn er als wohlsituiertes Mitglied der Gelehrtenwelt heutzutage seine Mahlzeiten in deutschen, österreichischen und sogar in an sich kaum erschwinglichen Schweizer Hotels einnimmt und von Kellnern bedient wird, die so gut wie keiner der dort gesprochenen Sprachen mächtig sind, ist es ihm, als stünde er seiner eigenen geistigen Bevormundung gegenüber.

Die Ankunft der Eltern im sonnigen Sydney ruft ihn aus dem grenzüberschreitenden Verfall in Abschweifungen in die pulsierende Realität zurück. Am Landungssteg des mit »bloody refugees«, von den Australiern mit verächtlichem Unterton kurz »refos« betitelt, vollgestopften britischen Passagierboots spulen sich mit und ohne Tränen die Bezeugungen der Wiedersehensfreude ab ebenso wie das Suchen nach dem Gepäck; die Abfertigung durch Einwanderungsbeamte, auf deren Gesichtern eine nicht sonderlich einladende abgeschmackte Mischung aus Langeweile und Mißtrauen abzulesen ist; mit Küßchen versehene Verabschiedungen von liebgewonnenen Mitpassagieren nebst nie eingehaltenen Versprechungen, sich wiederzutreffen; die Jagd auf ein Beförderungsmittel konventioneller Art – und auf geht's in ein möbliertes Zweizimmerstudio, das er in einer einigermaßen freundlichen Umgebung als erste Unterkunft für die Eltern angemietet hat. Übrigens hat er auch schon wegen einer Wohnung mit dem gleichen Agenten, der das Ladenlokal vermittelt hat, Verbindung aufgenommen, so daß Besichtigungen in den nächsten Tagen vonstatten gehen können.

Der Zeitpunkt bietet sich an, wo er schnurgerade auf den Gesprächsfluß zwischen ihm und den Eltern einzugehen haben wird, auf die Berichte aus seiner und der Eltern Arbeits-, Familien- und Dorfwelt, auf das Ineinanderfließen von Stofflichem und Gefühligkeiten. Doch ein gewisses Ungenügen spielt ihm hier einen Streich, da er sich auf Teufel komm raus nicht in der Lage sieht, der Ansammlung von Details eine solche Aussagekraft zuzuordnen, daß sie, in einen abgesteckten Bereich passend, über tagtägliche Erfahrungen hinausragen könnten. Es gehen ihm die Wortreihen über die Auflösung des Haushalts in Amsterdam, das Schicksal dieser Tante und jenes Cousins, die Mühen mit dem Transfer des Geldes auf eine australische Bank, des Vaters neue Augengläser, der Mutter schmerzhafte Krampfadern, die Schreckensnachrichten aus dem Naziland und alle die Urszenen aus einer durch allgemeine Regeln des Verstehens in sich geschlossenen Miniwelt sozusagen in das eine Ohr rein und zum anderen wieder raus. Die Distanzierung vom Erfahrenen und Gesehenen bewirkt bei ihm eine Stummheit, die zu erwartende Gefühlsbezeugungen ohne Hinterlassung einer Fahrspur rundweg überdeckt. Eine Assoziation mit den raunenden Leiden und Mühseligkeiten findet nicht statt; behutsam haben bei ihm die Auswirkungen der Unverbindlichkeit des besonnt-fröhlich dahinlebenden Australiens die Oberhand gewonnen.

IX

Wir schreiben das Jahr 1940. Inzwischen hat der unselige Verrottungsprozeß mit Hitlers Überfall auf Polen, der Kriegserklärung Frankreichs und Großbritanniens sowie, dem Mutterlandverständnis entsprechend, Australiens, dem Überfall auf Dänemark und Norwegen, dem Einmarsch in Belgien, Luxemburg und den Niederlanden, der militärischen Niederlage Frankreichs und dem demonstrativ in Compiègne diktierten deutsch-französischen Waffenstillstand begonnen. Was er hier unkommentiert und undiagnostiziert wie eine kaltherzige Inventur vorlegt – politische Voraussicht und Erfassen des Zeitgeschehens war nie seine Sache –, erfährt er aus dem australischen Pressearsenal, das in seiner Oberflächenberichterstattung, seinen Schilderungen, Verdammungen und Beurteilungen seinerzeit dem Standard billigster Asphaltliteratur die Ehre erwies. Allerdings gab es zusätzlich die von vielen prasselnden Störungen durchsetzten weitaus informativeren Kurzwellensendungen der BBC aus London, die wohlbegründet den Gesetzmäßigkeiten der Kriegspropaganda Folge zu leisten hatten. Nur die einstens noch auf der Flamme eintreffender Flüchtlinge wallende Gerüchteküche verstummte mit der Beschränkung der Schiffahrt vollauf. Sie war für ihn und seinesgleichen von außerordentlicher Bedeutung gewesen, weil über das Schicksal der Juden weder in der australischen Presse, im australischen Rundfunk noch in den BBC-News auch nur ein Tönchen zu vernehmen war.

Was da Schlag auf Schlag geschehen war, seitdem er im September 1938 die europäischen Gefilde verlassen hatte – Auferlegung einer Sühneleistung von einer Milliarde Reichsmark auf die Gesamtheit der deutschen Juden, Auflösung aller jüdischen Betriebe und Ablieferung aller Wertpapiere und Schmucksachen, Deportation österreichischer und deutscher Juden nach Polen –, von alledem und auch dem, was danach bis in das Jahr 1942 noch folgen sollte:

Juden müssen einen Judenstern tragen, Juden ist die Benutzung öffentlicher Verkehrsmittel untersagt, Juden erhalten kein Fleisch, keine Eier und keine Milch, Verlegung aller Juden aus deutschen Konzentrationslagern nach Auschwitz, von alledem, was er hier rekapitulierend anspricht, werden er und seine Glaubensgenossen – gleich, ob sie davon direkt, seelisch, materiell, verwandtschaftlich oder nur indirekt betroffen sind – kaum etwas wissen. Selbst wenn es möglich gewesen wäre, konnten sie nichts tun; sie konnten weder mit Menschenrechts- und Menschenwürdeprotesten vor die Weltöffentlichkeit treten noch die politische und intellektuelle Führung des Gastlandes dazu bringen, anklagend die Stimme zu erheben. So ist das nun mal, wenn man im Hinterhof des Weltgeschehens lebt.

Indes, es kann nicht an ihm sein, mit Vorwürfen und Selbstanklagen um sich zu werfen oder anmaßend äußeres Geschehen als wahrnehmbare Zeichen eines seelisch-geistigen Vorgangs hinzustellen. Auch muß er sich trotz der Faszination des Eintauchens in die dramatische Zuspitzung der Verhältnisse davor hüten, die zeitliche Polarität zwischen aktuellem Geschehen und erinnerter Zeit zu verdichten. Er wird sich an die Kandare nehmen und beim Abdruck des Bildes seiner Lebensführung im Rahmen der Unausweichlichkeit bleiben.

Mit der Behendigkeit eines gelernten Australiers widmet er sich während der Leerlaufstunden des Geschäfts der Betreuung der Eltern, die in einem der südlichen Vororte Sydneys, genannt Rose Bay, eine Wohnung gefunden haben; eine der guten Adressen für einigermaßen Bemittelte und solche, die was auf sich halten. Das Appartement liegt auf der ersten Etage eines Hauses in der nach einem ihm unbekannten Herrn benannten O'Sullivan Road und enthält eine Minimalzimmerflucht, bestehend aus einem Wohnzimmer (bei uns Angelsachsen bildwirksam als »livingroom« bezeichnet), einem von dort aus erreichbaren, vier Männerschritte langen, mit Schiebefenstern versehenen, als

»outdoor veranda« angekündigten Schlauch, dem geräumigen Elternschlafzimmer, Küche, Bad und, dicht neben der Eingangstüre gelegen, einem Beizimmer im Sardinenbüchsenformat, das, längsweise mit zwei Betten ausgestattet, zum Schlafgemach des Herrn Sohn und seines Freundes Charles designiert wird. Die Wohnstätte wird mit den aus Holland verschifften und von der Zollbehörde peinlichst genau durchmusterten Möbeln und Utensilien ausgestattet, einem Sammelsurium von brauchbarem und unbrauchbarem, stilvollem und stillosem, wertvollem und wertlosem, über Jahre zusammengetragenem bourgeoisem Wohngut, mit dessen Putzen, Schrubben, Waschen und Polieren die Mutter mit Vaters reichlich ungeschickter Assistenz vollauf beschäftigt ist. Es sei noch angemerkt, daß die Eltern diesen Wohnsitz bis zu ihrem Hinscheiden beibehalten haben; auch, als sie sich in späteren Jahren, so wie ein Großteil der Konemigranten, eine dieser großspurigen Villen mit vorzeigbarem Schwimmbad und Prunksalons hätten leisten können.

Wie zu erwarten, hat der mit der für den Selfmade-Mann typischen Energie ausgestattete Vater (unvorstellbar, mit welchem Eifer er sich stundenlang in englische Sprachlehrbücher vertieft) nichts Eiligeres zu tun, als sich über die tiefgreifenderen Findigkeiten des Hamburger-Geschäfts aufklären zu lassen. Glücklicherweise war der Laden ein wenig in Schwung gekommen, so daß er dem Vater nichts vorzujammern hat, außer der pausenlosen Quengelei seines gar nicht so »stillen« Teilhabers, des Rechtsanwalts, der sich wie ein Gerichtsvollzieher aufspielt. »Ich bin bereit«, sagt da kurz entschlossen der Vater im Kölnisch eingefärbten bajuwarischen Tonfall (dem beisitzenden Charles hurtig ins Englische übertragen), »euch das Geld zur Rückzahlung zu leihen – aber unter einer Bedingung, nämlich, daß ich mitarbeiten kann. Denn«, so fügt er mit der ihm eigenen unmißverständlichen Offenheit unverzüglich hinzu, »ich habe nicht das geringste Vertrauen in deine kaufmännischen Fähigkeiten!« Hier kann er nur verlegen lächeln, denn er versteht genau, daß das durch die überstürzte Flucht aus dem holländischen Druckereikäfig und das türkische Schnellverdienstabenteuer verursachte Loch in Vaters Portemonnaie noch nicht verheilt ist. Doch so schnell läßt er sich nun auch nicht ins Bockshorn jagen beziehungsweise unter die väterliche Bevormundung stellen und setzt dem mehr als willkommenen Angebot brüsk die Frage entgegen: »Mitarbeiten? Was willst du denn mitarbeiten? Kochen kannst du nicht; bedienen kannst du nicht; willst du etwa abwaschen?« »Warum nicht?« sagt ohne Zögern der soignierte Herr Vater – und steht am nächsten Morgen, von der Mutter mit einer Schürze bedacht, am Abwaschbecken im Laden in der Pitt Street Nummer 216.

Damit wurde aus der Wohngemeinschaft zusätzlich eine Geschäftsgemeinschaft. Ohne juristische Klauseln und Verschreibungen arbeitet das Dreierteam Hand in Hand am Gedeihen ihres Ladengeschäfts, eine Eintracht, bei der Betriebsrationalität und Herausforderung ineinanderfließen. Während ersteres dem kapitalistischen Habitus der Gewinnerzielung entspricht, sieht er letzteres beispielhaft in der mit väterlicher Autorität bekleideten Person vor sich, die sich, ohne ein Wort über Ansehensverlust, Erniedrigung, Demütigung, Entwürdigung und dergleichen zu verlieren, schelten und antreiben läßt, wenn nicht schnell genug ein Nachschub an von Essensresten und Schmierigkeiten gesäuberten Tellern, Tassen und Bestecken bereit liegt. Er kann nicht sagen, ob diese Sicht bei ihm Mitleid, Reumütigkeit, Gewissensbisse, Hochachtung, Respekt oder Bewunderung ausgelöst hat, wohl aber kann er sagen – und das ohne sich in den Himmel moralischer Wohligkeit zu versetzen –, daß von dieser Stunde an sich aus dem Gemengsel seines Lebensschemas die Stetigkeit einer verantwortungsbewußten Verpflichtung gegenüber dem Elternpaar herausgeschält hat.

Es erscheint ihm angebracht, für einen Augenblick aus

dem Labyrinth der Erinnerung auszusteigen, um darüber nachzudenken, was ihn das mit der inhaltlichen Schwere von Kampfansage, Drohung, Provokation und Brüskierung angefüllte Wort »Herausforderung« in einem nicht über die Grenzen der Werktätigkeit hinausragenden Zusammenhang hat gebrauchen lassen. War es der Ökonomie des Erzählens zuzuschreiben, seinem Denken in Mehrsprachigkeit (»challenge« und »provocation« waren immerwährend die zu Mut und Entschlossenheit aufrufenden Schlagworte propagandistischer Kriegsrhetorik), oder dem Abruf eines für schwierige Zeiten gedachten, sich aber auch in guten Zeiten als förderlich erweisenden Leitmotivs in eigener Sache? Gewiß, er scheut nicht die Polemik, noch die geistige Provokation, aber die Welt, den Teufel oder gar den lieben Gott herausfordern, bei Gott, das war nie seine Verrichtung. Wer die Proportionen zu wahren weiß, wird davor zurückschrecken, die Überwindung der unausbleiblichen Schwierigkeiten eines Emigrantenschicksals als Antwort auf eine Herausforderung hinzustellen. Die Ausgefallenheit des Verfolgtenstatus bedarf weder des Zartgefühls noch der Heiligsprechung – sie ist und bleibt eine Zumutung des Weltenlaufs. Die Selbsternennung zum kleinen, großen, bekannten oder unbekannten Märtyrer in bebilderten oder unbebilderten Schriften aus jüdischer Feder ist unwürdig, nein, sie ist ihm, geradeheraus gesagt, widerwärtig.

Das weit von den Fronten gelegene Australien steckt jetzt mitten im Aufmarsch in den Krieg. Ohne aufgehäuften Hurrapatriotismus, nüchtern und leidenschaftslos wird darangegangen, die bescheidene Berufsarmee und Marine mit neu zu Verpflichtenden und Freiwilligen aufzustocken; erste Vorbereitungen für eine Kriegsbewirtschaftung zu treffen; auf der einen Seite Antinazismus als Kriegsziel zu schüren, auf der anderen die herkömmliche Anhänglichkeit an das sich in Not befindende britische Mutterland zur Geltung zu bringen; und nicht zuletzt Erinnerungen an unsere kampfesmutigen Soldaten, die Diggers, wie sie geheißen werden, wachzurufen, mit deren Einsatz (nach ihren eigenen Verlautbarungen zu urteilen) im Ersten Weltkrieg der Sieg über die Deutschen erfochten wurde. Soweit er es bei seinem täglichen Kontakt mit Kunden beobachten kann, wird weder getrauert, gejubelt noch befürchtet: Der Kriegszustand und das Wir-ziehen-in-den-Krieg nebst seinen dazugehörigen Verordnungen, Anweisungen und Auslassungen werden ohne pessimistisches Aufheben mit einem Noblesse-oblige-Edelsinn entgegengenommen, ebenso wie die verbreitete Unvernunft, daß wir's den »bloody Germans« im Handumdrehen zeigen werden. Daß man uns, die jüdischen und nichtjüdischen Flüchtlinge deutscher und österreichischer Herkunft, uns Fremde zunächst noch mit Spezialanordnungen verschont, wir nicht angepöbelt, bei unserem Broterwerb nicht eingeschränkt oder boykottiert werden, ist nicht einem Sympathiebekenntnis zuzuschreiben, sondern unserer Einreihung in diese kuriose, keinen Menschen störende Gruppe: die Refos. So erfährt denn auch das Silvers-Unternehmen keinerlei Einbuße.

Wäre er seinerzeit, seine analytische Gabe nutzend, den Gründen für das gewinnbringende Voranschreiten der Geschäftslage nachgegangen – eine Kellnerin und eine Abwaschfrau müssen her, Vater wird an die Kasse gesetzt –, könnte er jetzt mit allen möglichen verklausulierten Faktoren aus dem Repertoire der theoretisch scharfblickenden Betriebswirtschaftslehre aufwarten. Doch lieber gibt er der hellhörigen Lebenswirklichkeit die Ehre und beschränkt sich auf jene Tatbestandsmerkmale, die ihm der Rückblick in die Vergangenheit ermöglicht.

Der Fleiß der drei Beköstigungsmusketiere, ihr Arbeitseinsatz und -aufwand – wie unverdrossene Tatkraft heutzutage genannt wird, um marxistischen Leitgedanken und vergleichender Meßbarkeit Konzessionen machen zu können – waren unbändig. Sie stehen von den frühen Morgen- bis späten Abendstunden auf den Beinen und verrichten mit geschäftiger Gleichmäßigkeit die ihnen zukommenden

Obliegenheiten. Nur wenn, wie bei Eßlokalen üblich, in den Nachmittagsstunden der Betrieb nachläßt, sitzt mal der eine, mal der andere hinten in der Ecke und macht ein wohlverdientes Nickerchen. Das wäre der erste, ohne weitere Ausschmückungen anzuführende Punkt. Folgt als nächster, mit dem vorhergehenden in unmittelbarer Verbindung stehend, die wirtschaftliche Sparsamkeit. Was das im Restaurantgewerbe bedeutet, war ihm bereits bei seiner Beschäftigung in der Pâtisserie Danoise und erst recht bei seiner unersprießlichen Managerstelle im Rummelladen des Plaza Hotels aufgegangen, nämlich der Leitsatz: Das Geld wird in der Küche verdient! Das heißt, nichts, aber auch gar nichts darf verschwendet, weggeworfen, vergeudet werden oder unverwendet bleiben; auch der verbrutzelte Hamburger, das zerbrochene Ei müssen wieder Verwendung finden. Vor allem aber müssen die Maße stimmen: In die Teekanne gehört ein Löffel Tee und nicht ein Körnchen mehr; in dem in Höhe und Umfang genauestens abgezirkelten Hamburger darf nicht zu wenig und nicht zu viel Fett sein, auch nicht in den vom Metzger fertig geschnitten gelieferten Steaks. Diese waren es übrigens, denen die rapide Umsatzsteigerung zu verdanken war. Denn bald ward entdeckt, daß ein einigermaßen zartgebratener Lappen Rindfleisch gepaart mit angewärmten hauchdünnen Tomatenscheiben oder sorgfältig abgezählten Pilzen, einem Ei oder einer Scheibe Bacon zu den favorisierten Speisen des durch wenig Auswahl verwöhnten Australiers gehören.

Das hier nur knapp angedeutete Pfennigfuchserprinzip folgt nicht etwa irgendeiner Weltanschauung – eine solche Glaubensgewißheit ist bei ihm sowieso nicht aufzustöbern –, sondern einer fachmännischen Bemessung: Das exquisite Restaurant mit seinem Raffinement und seinen Spitzendeckchen lebt von einem Pro-Tisch-Umsatz, an dem die Gäste bis zu zwei Stunden sitzen, um sich an mehreren Gängen zu delektieren, was heißt: beschränkter Umsatz, große Preise. Die Verdienstspanne wirft das einzelne Gericht ab, bis hin zum Täßchen Verdauungskaffee. Die Billig-, Schnell- oder Eilgaststätte hingegen darf nicht zur Raststätte werden; denn hier bestimmen großer Umsatz und kleine Preise den Profit, was heißt: An jedem Hamburger bleibt ein viertel Penny, an jedem Steak drei Pence berechenbarer Gewinn. Ergo: Anordnung rapidester Pro-Tisch-Nutzung.

Er weiß, daß es gar nicht primitiver geht, um den Leitsatz darzutun, der ihn letztendlich zum Eigentümer einer Kette von Hamburger-Läden gemacht hat. Schließlich ist es ja auch nicht seine Absicht, Rezepte für den Erfolg im Gaststättengewerbe vorzulegen, sondern vielmehr nur das von ihm als Pfennigfuchserei bezeichnete, im allgemeinen übelbeleumundete Prinzip in die Realität der Erfahrungen einzubringen. Das gleiche gilt für den Augenblick, als es seine Kräfte übersteigt, noch länger die Kisten mit dem Beilegezeug Tomaten und Salat zu Fuß vom Markt zum Geschäft zu schleppen. Ein Auto mußte angeschafft werden, und da es kein billigeres als einen auf allen Seiten offenen, völlig lädierten Chevrolet, Baujahr anno dazumal, gab, fiel auf diesen Stinker seine Wahl. Mit dieser Karosse, vollgeladen mit Gemüsekisten und den daraus auf dem Hintersitz sich breitmachenden Würmern, kutschiert er dreimal in der Woche hin und her; bei Regenschauern mit einer Gratisdusche bedacht.

Bald aber wird zu einem komfortableren Gefährt übergegangen, als nämlich das Dreiergespann, den Anforderungen eines auf Mengenumsatz ausgerichteten Unternehmens entsprechend, beschließt, sich einen weiteren Laden zuzulegen. Bei der Suche nach einer geeigneten Lokalität läßt er sich von seiner Erinnerung an den Vorstadtladen leiten, in dem ihm und Charles die Idee zu dieser Art von Geschäft gekommen war, sowie von der ihm durch den fortlaufenden Zustrom in den City-Laden gekommenen faßlichen Erleuchtung, daß sich Erfolg leichter einstellt, wenn man schlummernden Bedürfnissen nachgeht, als wenn man sie erst schaffen muß. Somit fällt seine Wahl auf ein Arbeiterwohnviertel, das zum Gedenken an einen Australienforscher vom Anfang des 19. Jahrhunderts den Namen Leichhardt trägt. Dort, wo weit und breit kein Eßlokal in Sicht ist, wird alsbald der zweite Silvers-Laden mit ebensowenig Pomp eröffnet wie der erste. Allerdings mit dem Unterschied, daß hier die Öffnungszeiten auf die Abend- und Nachtstunden beschränkt bleiben; denn tagsüber ist die Hauptstraße ebenso leer wie die in der Nähe des Geschäfts gelegenen Pubs, auf deren Besucher man als Kunden zählt. Die Geschäftsführung übernimmt der schon nach kurzer Zeit in der Gegend als »Pop« beliebt gewordene Herr Papa zusammen mit einem Koch und einer Abwaschfrau, bei deren Nichterscheinen Mutter telefonisch als Aushilfe herbeigeordert wird. Freitags und samstags läuft die Bude auf Hochtouren, was mit dem australischen Entlohnungssystem zusammenhängt: Arbeiter erhalten ihren Lohn wöchentlich, Angestellte monatlich. Und wer ein kernhafter australischer Arbeitsmann ist, weiß, was sich gehört: Die Frau bekommt ihren Batzen Haushaltsgeld, ein Betrag für die fälligen Ratenzahlungen geht in die Schublade, den Rest setzt er in Bier und Wetten um. Und was von den seit eh und je ungemein hohen Löhnen noch übrigbleibt, kann er, wenn er hungrig ist, für ein saftiges Steak zu »Silvers« tragen.

Durch das zusätzliche Geschäft verändert sich sein Tagesablauf, da er als der für den Transport zuständige Chauffeur morgens die Waren in die Filiale nach Leichhardt zu bringen hat, abends um mitternächtliche Stunde dort Papa und anschließend Charles im Hauptgeschäft abholen muß. Wenn sie dann in der gemeinsamen Wohnung gelandet sind, beginnt die Abteilung Buchhaltung. Die Einnahmen werden gezählt, gebündelt und gerollt; Vater, der schon bald nach Eintritt in die Firma das Amt des Oberbuchhalters übernommen hat, kritzelt das Tagesergebnis in das dafür angelegte Büchlein; Bestellungen für den nächsten Tag werden aufgelistet, und nach Verrichtung der üblichen Waschzeremonien versinkt ein jedes Mitglied der Sippe todmüde in das ihm zustehende Bett. Zwischendurch erzählt Mutter, was sie von Bekannten oder beim Einkaufen erfahren hat; der zur Vertrauensperson im Leichhardtschen Arbeiterkreis aufgestiegene Vater von seinen Kunden; Charles von ihn anhimmelnden, Pancakes verzehrenden Büromädchen; Alphons von Schicksalsgenossen, die sich im Laden zu einem Kaffee niederließen, um Ratschläge einzuholen oder auszutauschen.

Über diese Kontakte, besser wohl gesagt Berührungsmechanismen, denen sich die zur Abwicklung des Geschäftslebens unabdingbaren Gespräche mit dem Steuerberater, dem Rechtsanwalt, der Bank, Lieferanten, Handwerkern und anderen Gewerbetreibenden zugesellen, wird auf natürlichstem Weg die Verbindung mit der außerhalb des zeitverschlingenden täglichen Arbeitseinerleis gelegenen Welt aufrechterhalten. Die Welt der Arbeit erfährt so aus anderen individuellen Umkreisen herbeigeführte beifällige Einstimmung in Empfindungen, Vorstellungen, Irrtümer und Gestaltungskräfte. Noch läßt sich nicht von Verkehr, Geselligkeit oder Anschluß sprechen, von Gastereien, Besuchen und Verabredungen, die dem Gedankenaustausch auf hoher oder niedriger Ebene in gefälliger Umgebung entgegenkommen. Und falls sich bei ihm dieses Lebensbedürfnis in kaum bemerkbaren Umrissen andeutet, verschwindet es ebenso schnell, wie es hervorgetreten ist. Denn Vaters Emsigkeit und Fleiß, die Vorbildlichkeit seines Einsatzes binden die Erfolgssträhne des Unternehmens sowie die Inganghaltung des Tagesrasters an die Schnur seiner herkunftsbedingten Verbindlichkeit, die sich nach dem unseligen Motto »Man lebt, um zu arbeiten« vollzieht. Vom frühen Morgen bis zum späten Abend, Tag für Tag bleibt das zentrale Gesprächsthema: Geschäft, Geschäft und wieder Geschäft, so daß es zu einer geistigen und gefühlsmäßigen Ausblutung kommt, die sich bis auf die Intimität des Freundespaares erstreckt. Aus ihrer Innigkeit wird ein versiegender Begleitumstand, verstärkt sowohl durch die Behinderungen, die das Leben in der Wohnung der Eltern mit sich bringt, als auch durch die Beschwerlichkeiten, die sich notabene aus dem aus Deutsch, Französisch und Englisch bestehenden Sprachengemisch ergeben. Charles zog daraus die Konsequenzen und verließ die gemeinsame Wohnstätte.

Trotz dieser Unzulänglichkeiten darf nicht der Eindruck entstehen, er habe ein freudloses und beklagenswertes Dasein geführt. Keineswegs. Alles vollzieht sich mit wohlgemuter Bereitwilligkeit, durchaus angepaßt an die besondere Ausstrahlung des das Land und seine Bevölkerung in Frieden oder Krieg durchziehenden Happy-go-lucky-Lebenszuschnittes. Unter Anpassung, den Begriff vielleicht etwas leichtfertig ins Spiel bringend, möchte er nicht Angleichung, Einvernehmen oder Gesinnungsverwandtschaft verstanden wissen, sondern die eigennützige Angleichung an eine vorgegebene Situation, rundweg gesagt, die Nutzbarmachung des Unfleißes der Australier, denen es mehr als einmal zum Vorwurf gemacht wurde, sich wie in der Sonne liegende, gluckende Hennen zu gehaben. Sein unwahrscheinlich schnelles Vorwärtskommen in dem ihm verständnisinnig nicht am Herzen liegenden Gewerbebetrieb beruht zu einem Großteil auf dem Verzicht, Arbeitsstunden zu zählen, sich an den bildschönen Stränden Sydneys zu aalen, lästigen und beschwerlichen Aufgaben und Verpflichtungen aus dem Wege zu gehen, ein Bierchen zu trinken, Sport zu treiben, Kinos zu besuchen, ein Buch zu lesen und was es sonst noch an als unerläßlich angesehenen Freizeitbeschäftigungen gibt. In einem Land, in dem eine über die Maßen ausgedehnte soziale Beschirmung dem Müßiggang den Rücken deckt, was heißt da Entdecken einer Bedürfnislücke und renommierte Geschäftstüchtigkeit? Der Zugriff auf durch Trägheit und Faulheit hervorgerufene Konkurrenzschwächen gehört zu den handfesten Zauberformeln des Erfolgs.

So lebt denn der Restaurateur wider Willen ohne inneres Befremden und äußere Bedrohung eindringlich in der insularen Handelswelt durch das Jahr 1941 und registriert mit bedächtigem Gleichmut die sich einstellenden Inzidenzen, soweit sie die Geschäftsführung und den damit eng verknüpften Dauerkontakt mit den Eltern betreffen. Natürlich passiert immer etwas – ohne dem wäre es auch allzu langweilig –, aber aufzutischen, wie er beim Rausschmiß von Betrunkenen eins auf den Schädel bekommt, wie Mutter endlich die passende Schneiderin findet, Vater sich in den Finger schneidet, die Preise für Kaffee und Tee ruckartig ansteigen und zuverlässiges Personal kaum zu finden ist und so weiter und so fort, heißt doch nur, Hellhörigkeit für die Gemeinplätze des Alltags zu bezeugen. Stetigkeiten der Art wie der Besuch beim Friseur oder beim Zahnarzt, der Kauf eines Hutes, einer Hose und anderer Bedürftigkeiten, Plaudereien mit Nachbarn, Lieferanten, Handwerkern, Konkurrenten, Angestellten und Kunden, Aufforderungen zu einem Umtrunk und was es sonst noch an Flüchtigkeiten gibt, vertiefen sein Einvernehmen mit den Eigentümlichkeiten des Denkbereichs der einheimischen Landesbewohner.

Er legt nicht nur den von den Australiern vielbelachten europäischen Bekleidungsstil ab, vor allem die Refo-Erkennungszeichen: knielanger Mantel, klobige Schuhe, feine Stoffqualitäten sowie die unvermeidliche Aktentasche; nicht nur entfernt er sich von dem im Flüchtlingssektor zur ungeschriebenen Übereinkunft gewordenen Habitus, die Geschäfte, Einkäufe, Gesundheitspflege usw. vorzugsweise mit und bei seinesgleichen zu bewerkstelligen; nicht nur anvertraut er, von der Ehrbarkeit des australischen Menschenschlages überzeugt, zu seiner und Charles' Entlastung einer australischen Angestellten, einer Miss Matheson, im Pitt-Street-Laden Geschäftsführung und Kasse, sondern er verwirft, das Gesamt des hier nur beispielhaft Angeführten überlagernd, den ihm aus den in Holland und Frankreich verbrachten Zeiten bekannten, elendig bedrückenden Gastland-Pessimismus, um einen beinahe völligen, wenn nicht gar kategorischen Einklang mit allem, was *sein* Australien vergegenwärtigt, herzustellen. Zwar stimmt er keine patriotischen Lieder an, bangt auch nicht um das Schicksal unserer nach Nordafrika abgesegelten siegesbewußten Jungens, nimmt jedoch das immer enger werdende Netzwerk der Kriegsbewirtschaftung hin, als hätte er es aus innerlicher Einsicht zum Wohle des Landes selbst ausgerichtet, kurzum, vermeintlich wird er zum Besitzer des australischen Nationalbewußtseins.

Unter die Lupe genommen, erweist sich seine »bibeltreue« Haltung als das Auskommen eines Ideen- und Handlungskonglomerats, bei dem »Gelingen« dominant ist. Auf diesem Luftkissen schwebt er und vereinnahmt dabei die sich ihm im Gastland bietenden Möglichkeiten quasi erfahrungsunabhängig als das Verdienst des Landes, dem dafür Dank zu zollen ist. In der Tat, es gelingt ihm alles, was er ausrichtet. In einer ebenfalls in der City gelegenen Hauptverkehrsstraße, der George Street, nicht weit vom Plaza Hotel, wird ihm ein Ladenlokal angeboten, das, wohlberechnet eingerichtet, die doppelte Sitzkapazität der beiden anderen Verkaufsstätten umfassen kann. Ohne langes Zögern – stur das Prinzip vom einträglichen Mengenumsatz verfolgend – wird angemietet, eingerichtet und den Sydneyern Silvers Nummer drei präsentiert. Dabei darf nicht unerwähnt bleiben, daß dem ein gehöriger Krach mit Vater, dem Geldverwalter, vorausging, da der von hochfliegender Unternehmungslust beflügelte Sohn zur Finanzierung des neuen Ladens mit der Bank wegen eines Kredits von keineswegs ungewöhnlicher Höhe verhandelt hatte. »Ich mache keine Kreditgeschäfte, wünsche in Ruhe zu schlafen, will nicht, daß irgend jemand wegen der Zinsen an meine Türe klopft«, faucht erzürnt der in Geldsachen überaus konservative Vater den Springinsfeld an und wechselt tagelang kein Wort mit ihm. Der Krach mitsamt Gebrüll, Türenschlagen und Mutters jammervollem Geheule ist ihm wie ein Warnruf im Sinn geblieben: Er hat sich in seinem Leben nirgends je durch Kredit verschuldet.

Dieses »Gelingen« – der neue Laden läuft ausgezeichnet – verlangt nach einem reibungslos verlaufenden Organisationsaufbau, der dafür sorgt, daß vom Einkauf bis zum Verkauf nicht nur alles effizient, sondern auch bruchlos vor sich geht. Ihn herzurichten mag dort eine Kleinigkeit sein, wo bei den Dienstleistenden – bei ihm: Köchen, Kellnerinnen, Kassierern, Abwasch- und Putzfrauen – eine einfügsame, aus Zuverlässigkeit, Redlichkeit, Beflissenheit und ein wenig Geschäftsinteresse bestehende herkömmliche Arbeitsmoral vorhanden ist. Doch bei den australischen Arbeitskräften, besonders im Gaststättengewerbe, wo sich hauptsächlich die Gruppe der Ungelernten mal schnell durch ein paar Wochen Arbeit mit ein bißchen vom gerade notwendigen Mammon versorgt, da steht man unverhofft zur Hauptgeschäftszeit ohne den zweiten Koch da, hat anstatt der vorgesehenen acht Kellnerinnen nur sechs zur Hand, und von den Abwaschfrauen ist überhaupt keine erschienen. In einem Land, in dem man die als herabwürdigend angesehene Sitte des Trinkgeldes nicht kennt und Gewerkschaftsvertreter wie Luchse auf die genaue Einhaltung von Arbeitsstunden und Arbeitsbedingungen achten, in einem Land, in dem die Vergangenheit als britische Sträflingskolonie an jeder Ecke und Kante deutliche Spuren hinterlassen hat, da gibt es kein Antreiben, und sei es noch so subtil in Geldscheine eingewickelt.

Es ist schwer zu sagen, ob ihm bei der Auswahl und Einbringung der Belegschaft in den auf einträgliche Wirtschaftlichkeit ausgerichteten Arbeitsprozeß das rudimentäre Rüstzeug eines jeden einigermaßen fähigen Personalchefs, genannt Menschenkenntnis, zu Hilfe kam. Im Grunde genommen kann er, der mit seinen zweiunddreißig Jahren in den Beziehungen mit ihm nahe- oder fernstehenden Menschen so oft reingelegt worden ist, das Wort Menschenkenntnis nicht einmal mehr hören. Wer ihm damit kommt, den verweist er schnellstens in die Ecke berufsmäßiger Seelenhelfer, die angesichts ihrer verflachten Vorstellungen von den abgestuften und komplexen Gaben des Menschen Verstand und Intuition für unvereinbar und Optimismus und Vertrauen für Überschätzungen halten. Er hat sich nie, selbst nicht in seinen übelsten Zeiten, der lähmenden und bornierten Tyrannis des Schwarzsehens unterworfen, hat das Gute und das Böse im Menschen für bare Münze genommen und sich keinen Kehricht um deren dialektisches Verhältnis gekümmert. Mit verstandesmäßigem Zutrauen geht er an seine Mitmenschen heran – selbst an das Gelichter im australischen Gastgewerbe –, denn niemand ist daran zu hindern, Enttäuschungen zu bereiten: Über kurz oder lang werden sie sich schon zeigen. Auch Charles war nicht daran zu hindern, die Wohn- und Freundesgemeinschaft zu verlassen, um von nun an sein Privatleben in den ihn verlockenden Armen des weiblichen Geschlechts zu verbringen. Sie bleiben Geschäftspartner, wie sich dergleichen unkolorierte Verhältnisse benennen, haben sich aber nebenhergehend nichts mehr zu sagen.

Hier ist noch einmal das Thema »Gelingen« aufzugreifen, und zwar, um unter Zurücklassung der nüchternen geschäftlichen Freistatt den Bereich seines Intimlebens zu betreten. Durch das Erlöschen seiner Vertrautheit mit Charles fühlt er sich folgerichtig genötigt, Begegnungen zu suchen, die dem Seltsamen in seinem Leben entsprechen. Woran ihn bisher der Mangel an ein paar Stunden freier Zeit hinderte, nämlich sich umzusehen und fündig zu werden, war inzwischen durch den Einsatz seiner organisatorischen Wendigkeit (verantwortliche Manager für jeden Laden, Zentralbüro mit Sekretärin, Ein- und Verkaufsinventuren u.a.m.) möglich geworden. Er macht sich auf Erkundigungsstreifzüge und entdeckt eine ihm wie eine steife Brise ins Gesicht wehende, jedweder Souplesse entbehrende Fülle von Spielformen, die allemal im Zeichen verdrehter

Promiskuität stehen. Im als Treffpunkt ausgewählten Pub mit Stentorstimme ausrufen zu können: »Den, diesen oder jenen habe ich schon gehabt!«, ist für den promiskuitiven, männerliebenden Australier höchster Ausdruck der Gefühle. Kein Wunder also, daß man ihn umgirrt, denn ihn hat man noch nicht gehabt. Solchermaßen beginnt bei ihm eine Periode der »One night stands« – Inbegriff abschüssiger Schamlosigkeit –, die in der Folge eine Bestattung seiner erotischen Gefühle und ein Aufblühen seiner intellektuellen Bedürftigkeit hervorruft. In der Person von Ross Buchanan, einem Schauspieler und Ästhet Oscar Wildeschem Zuschnitts, trifft er auf ein Geschöpf britischer Herkunft, das mit ihm die Abneigung gegenüber dem australischen Gehabe der homosexuellen Buhlschaft teilt sowie die Erfüllung einer in Australien gestrandeten Existenz durch das unverbrüchliche Künstlerische in allen seinen Facetten. Durch Ross wird er nicht nur in ihm bisher unbekannte heterogene Künstlerkreise und deren Betätigungsfelder eingeführt, sondern auch – und dafür ist dem inzwischen Verstorbenen besonderer Dank auszusprechen – zur eigenständigen Beschäftigung mit den Künsten zurückgeführt: ein Gelingen der Anbindung an ein rückläufiges Zeitband.

Das Echo der Bombendetonation über Pearl Harbor und die Nachricht vom Eintritt der Vereinigten Staaten von Amerika in den Zweiten Weltkrieg, so geschehen Anfang Dezember 1941, erreichen Sydneys Bevölkerung im heißesten Monat des Jahres, jenem Monat, in dem sich die Kräfte verlieren und die von Schlaffheit und Abgespanntheit bis zu Gleichgültigkeit und Untätigkeit reichende Interesselosigkeitsskala ihren Tiefstand erreicht. Kein Aufschrei des Entsetzens war zu vernehmen, weder Beunruhigungen, Befürchtungen noch bange Ahnungen störten das Weihnachtsgeschäft. Das Schreckgespenst des in den Krieg verwickelten, in Australiens Hemisphäre gelegenen Japan versank in den mit Menschenmassen belegten weichen Sand der zahlreichen prächtigen Sydneyer Strände. Wenn auch das Land mobilisiert und auf Kriegsstand gebracht worden war, es fehlte die martialische Note. Jedoch diese in den Taktschlag kriegerischer Disharmonien einzubringen, gehört unabdingbar zu den Aufgaben einer jeden sich ihrer Verantwortung für die Wiederherstellung friedlicher Harmonien bewußten Regierung. Wissend, daß dem Australier demagogisch verpackte kraftmeierische Visionen à la »Siegreich wollen wir den Gegner schlagen« wenig liegen – die Geschichte des Landes hat noch nie einen entflammenden Demagogen vermelden können –, wird als Aneiferungsmittel die Demonstration der Wehrhaftigkeit eingesetzt. Meistens von trefflich uniformierten Soldaten auf fein gestriegelten Pferden angeführt und von lärmenden Pauken und Trompeten begleitet, paradieren in regelmäßigem Turnus kleinere Truppenkontingente durch die Innenstadt, damit nur ja niemand glaube, wir Australier ließen uns lumpen. Mehr auch nicht. Denn wenn er bei seinen Wegen von Laden zu Laden an diesen Aufmärschen vorbeikommt, vernimmt er so gut wie nie Schlachtrufe oder Jubelgeschrei von auf den Bürgersteigen verharrenden Schaulustigen.

Es ist wenig glaubhaft, auch nur zu wähnen, dem mit seinen nutzbringenden und persönlichen Hantierungen vollauf befaßten Silbermann sei die altüberlieferte Kriegsweisheit aufgegangen, nach der sich Feindseligkeit nicht mit demonstrativen Parolen vom Eigenbild, sondern mit denen vom Feindbild verknüpft. Die australischen Kriegsstrategen und -administratoren indessen, denen das unsagbare Glück beschert worden war, noch nie Angriffen auf ihrem eigenen Territorium widerstehen zu müssen, realisierten auf die Dauer durchaus, daß die kriegerische Perspektive danach verlangt, sowohl ins thematische als auch ins visuelle Blickfeld gerückt zu werden. Die paar Bilder und Karikaturen, die man von den Feinden, den Deutschen, Italienern, Österreichern, Japanern, Hitler und seiner Rotte, zur Hand hatte, genügten da nicht, und leibhaftige Kriegsgefangene waren nun ja auch nicht zur Hand.

Was wir aber wohl zur Hand haben, sind doch diese übers Land verstreuten, bei der Landung sorgfältig registrierten und daher auffindbaren Einwanderungsgruppen mit ihren deutschen und österreichischen Pässen – und, wer weiß, einem ihrem europäischen Vaterland stets noch fest verbundenen Treueverhältnis; von Quislings und Spionen gar nicht zu sprechen!

Diese Neulinge sind zwar keine vorzeigbaren Objekte, die wie unsere an Ketten geschmiedeten Vorfahren durch die Straßen geführt werden können, bieten sich aber als Bekundung des vorgefaßten Vorstellungsbildes von der Gruppe an (als »Image«, wie es knapp gehalten im Englischen heißt) sowie als Merkzeichen für einen bekämpfenswerten Feind an Ort und Stelle. Ohne Hellseher zu sein, muß es in etwa diese nicht gerade hinreißende Gedankenfolge gewesen sein, die aus ihm und anderen, die den Krallen der Hitlerianer entgangen waren, von heute auf morgen einen »enemy alien«, einen feindlichen Ausländer, machte. Die das Flüchtlingswesen betreffenden internationalen Übereinkünfte beziehungsweise humanitären Angemessenheiten wurden am 3. Februar 1942, vom Minister of State for Defence Coordination unterzeichnet, in den »Regulations under the National Security Act« mit dem übelbeleumundeten Federstrich vom Tisch gewischt, und damit war er nunmehr ein feindlicher Ausländer, nach den »Regulations« definiert als: »A person who, not being a British subject, possesses the nationality of a State at war with His Majesty.« Er muß diese Auslegung aus dem Schanddokument im originalen Englisch vorlegen, damit ihr despotischer Inhalt auf der Zunge zergehen kann; sodann auch, um den sich daraus ergebenden Folgen den geziemenden Hintergrund zu verleihen.

Sehr bald werden er und seine zu Feinden erklärten Mitflüchtlinge in einen insofern schwer durchsichtigen Wirrwarr von Ausführungsverordnungen verwickelt, als sich parallel zueinander unterschiedliche Vollzugsgewaltige des unleidlichen Emigrantenhäufleins annehmen: die Beauftragten der Australian Military Forces, des Office of Man Power, des National Service Office, des Allied Works Council beziehungsweise Civil Alien Corps und der Polizei. Jeden Morgen, den Gott geschaffen hat, fährt er zwischen sechs und sieben Uhr ordnungsgemäß zur für seinen Wohnbezirk zuständigen Polizeistation, wo ihm nach Vorlage seiner Akkreditive die Erlaubnis erteilt wird, mit seinem Fahrzeug bis sieben Uhr abends in die City zu fahren, um dort seinen Geschäften nachzugehen. Zur Beschleunigung dieser zeitraubenden Possierlichkeit dient das dem Polizeibeamten diskret zugeschobene Päckchen rationierter Zigaretten. Gehorsamer Geduldeter, der er ist, verläßt er denn auch pünktlichst zwanzig Minuten vor Tagesschluß die City und braust in seinen Vorort. Eines Tages wird er von der Polizei angehalten, weil am Auto das Rücklicht nicht brennt. Und siehe da, über eine langatmige Gardinenpredigt der Polizisten mitsamt Vorzeigen der Papiere wird es zehn Minuten nach sieben Uhr – und damit sind Fahrerlaubnis und Führerschein futsch.

Nach diesem Zwischenfall bekommt er vom Department of Road Transport mitgeteilt, daß er nicht länger »eine geeignete und angemessene Person (a fit and proper person) ist, um der Besitzer eines Führerscheins zu sein«. Zudem wird er trotz Einschaltung eines Anwalts mit einer Geldstrafe belegt, was ihm Jahre später bei Gelegenheit des Einbürgerungsverfahrens als verbrecherisches Vergehen unter die Nase gehalten wird. Zum Tableau der polizeilichen Betätigungen zur Niederwerfung des schurkigen Feindes gehört auch die sofortige Ablieferung aller im Besitz der »feindlichen Ausländer« sich befindenden Fotoapparate. Zwei dieser Dinger trägt er zum Polizeipräsidium, wo er mit der Empfangsbestätigung die Zusicherung der Rückgabe nach Kriegsende erhält. Er hat sie nie wiedergesehen, was er als höchst unwilliger Amateurfotograf keineswegs bedauerte. Auch ließ es sich die Polizei, der Schwere ihrer

Verantwortung bewußt, nicht entgehen, sich in den Wohnungen der Emigranten nach Spionagegerätschaften umzusehen. Als zwei stramme Polizisten in der Silbermannschen Behausung erscheinen, entdecken sie über dem Doppelbett der Eltern eine Mehrfachsteckdose, von der aus Schnüre zu verschiedenen Lampen führen. Sie rücken Betten und Nachttische ab, stülpen Matratzen um und durchwühlen Schränke, bis sie nach intensiver Befragung betrübt abziehen, da sie keinen Geheimsender hatten finden können, mit dem die Silbermanns Hitler über Australiens Kriegsanstrengungen auf dem laufenden halten. Diese und andere polizeiliche Interventionen – zu läppisch, um ihnen viel Platz einzuräumen – sind zwar störend, verursachen aber keine lastende Behinderung bei der Verrichtung des täglichen Arbeitspensums. Es waren unwillkommene Zwischenspiele ohne weitere Konsequenzen.

Ganz anders war es da um weitaus zupackendere Spielarten bestellt, die sich die Behörden zur Absicherung gegenüber den zu feindlichen Ausländern Ernannten ausgedacht hatten. Anerkennenswert wendig werden Maßnahmen ergriffen, welche die männlichen Ausländer aus dem Verkehr ziehen, ohne daß ihre Arbeitskraft im Dienste der Verteidigung verlorengeht. Das kriegführende Australien ließ sich zwei Möglichkeiten der zwangsweisen Einbindung in den Dienst für König und Vaterland einfallen: Entweder unterstellte es die ehemaligen deutschen und österreichischen Mannen dem Militärdienst für Heimatverteidigung oder verpflichtete sie zum Dienst in einem sich Civil Alien Corps nennenden Truppenkörper, der zu dem vom Innenministerium ad hoc geschaffenen Allied Works Council gehörte. Im Februar 1942 erreicht ihn die verwunschene Botschaft, daß er in die australische Armee eingeschrieben sei und sich in der Kaserne zu melden habe. Das vorgedruckte Formular stipuliert, daß er zwei zurechtgeschnittene Mahlzeiten, Rasierapparat, Seife, Zahnpasta und Zahnbürste, Hosenträger, Eßgerät, Email- oder Blechteller und Haarbürste mitzubringen habe. Da er nicht die geringste Absicht hat, dem barschen Geheiß zu folgen, beruft er sich mit der Unterstützung von hierfür honorierten Politikern und Anwälten auf die Ausnahmeregelung, nach der Eigentümer und Leiter eines »unentbehrlichen Industriezweiges« vom Militärdienst befreit oder zurückgestellt werden können. Es entspinnt sich ein Hin- und Hergeschreibe, das mit Bittschriften, Zurückstellungen und erneuten Aufforderungen, in der Kaserne anzutreten, bis in den Juni 1943 andauert. Dann aber war Feierabend. Die Militärbehörde hat von seinem Geschicklichkeitsspiel genug und verweist ihn an den Allied Works Council zum Dienst im Civil Aliens Corps. Das war entschieden ein arger Schlag, denn er weiß von seinen zwangsrekrutierten Leidensgefährten, daß bei dem Arbeitsrat rücksichtslos vorgegangen wird, daß selbst kranke Menschen zu Arbeiten wie Holzkohleherstellung und Straßenbau ins tiefe Innere des Riesenlandes verschickt werden; ferner, daß mit den bei dieser mit furchterregenden Strafmaßnahmen ausgestatteten Behörde Beschäftigten – abgetakelten und rüden Landesverteidigern – nicht zu spaßen ist.

Nun beginnt ein Theater, das bis ins Jahr 1944 gehen sollte. Mit Grausen denkt er daran zurück und zieht es daher vor, nur in groben Zügen von seinem Kampf gegen die alle nationalen und internationalen Gesetzlichkeiten mißachtenden Fänge dieser Zwangsarbeitsanstalt zu sprechen. Zu Anfang des nichtswürdigen Spektakels erreicht ihn – sinnigerweise auf gelbem Papier gedruckt – die Anordnung, sich zur medizinischen Untersuchung einzufinden, die in einem provisorisch errichteten Verschlag von einem unwirschen, in Bierdunst eingehüllten Typen verrichtet wird. Der blickt ihm in die Augen, fühlt den Puls, horcht in der Gegend des Herzens herum, fragt, ob er Syphilis gehabt hat – und schreibt ihn »A 1«, das heißt, bestens für den Dienst geeignet. Diese Methode nebst dem A1-Ergebnis kam übrigens jedwedem der Herbeizitierten zugute, gleich, ob der

Rekrut alt, verkrüppelt oder, wie sein Vater, auf einem Auge fast blind war. Es sollte nicht lange dauern, und er bekommt schwarz auf gelb die Nachricht, daß er unter der Nummer CAN.7408 im Civil Aliens Corps eingeschrieben ist, sich am Bahnhof, mit Arbeitskleidung, Decken und Waschsachen ausstaffiert, zu melden hat, um nach Alice Springs verfrachtet zu werden. (Diese in Zentralaustralien gelegene Siedlung – so muß man wissen – war seinerzeit ein von zirka zweitausend Menschen bewohntes Drecksloch, Endpunkt der Südnord-Transkontinentbahn; nicht vergleichbar mit dem heutigen, gar für Touristen aufgeputzten Alice Springs.) Dort hatten, ob jung oder alt, dick oder dünn, kräftig oder schwach, die fürs Arbeitscorps Ausgewählten gehorsamst Straßen zu bauen.

Um aus diesem Sklavendienst herauszukommen, setzt er alle Hebel in Bewegung. Wieder werden von Politikern, Anwälten und anderen, gute Beziehungen zu den Oberen der Behörde vorflunkernden Geldempfängern Eingaben gemacht und zeitweilig Verschiebungen des Dienstes zur Verteidigung des Landes inmitten Australiens gigantischer Wüste erzielt. Doch auch das nahm ein Ende, und jetzt gab es nur noch die Berufung auf einen lädierten Gesundheitszustand; echt oder vorgetäuscht. Dazu bedurfte es jedoch eines ärztlichen Attestes, aber bei den ihrer professionellen Unbescholtenheit würdigen australischen Ärzten gab es selbst gegen ein Zugeld keine unwahrhaften Bescheinigungen. Mit dem von einem soeben zugelassenen Einwanderer-Doktor ausgestellten Attest über alle möglichen fiktiven Krankheitserscheinungen zur erneuten medizinischen Untersuchung zu gehen, hätte außer einem Lächeln auf den faltigen Gesichtern der diensthabenden abgedankten Militärärzte nur noch eine Verschlechterung der bereits prekären Situation hervorgebracht.

Jetzt war endgültig Not am Mann, denn es wird ihm avisiert, daß, falls er sich auf die erneute Aufforderung zum Transport nach Alice Springs nicht einfindet, er von der Polizei abgeholt wird. Um diesem unnachsichtlichen, gestapoähnlichen Vorgang zu entkommen, muß er als letztes Mittel untransportierbar bettlägerig krank sein. Und da bekanntlich der Zweck die Mittel heiligt, folgt er willig dem Rat des den Vater bis zum Ende seiner Tage behandelnden deutschen Arztes zur Herstellung einer Gallenkolik. »Frau Silbermann«, spricht der genüßlich an seiner Zigarre ziehende Freund des Hauses, »machen Sie dem Alphons einen großen Pott Sauerkraut mit viel fettem Speck, und den soll er zusammen mit einer ganzen Flasche sauren Weißweins verschlingen. Dann können Sie ein paar Stunden später einen Arzt rufen, der den Buben wegen einer schweren Gallenentzündung zu behandeln haben wird. Aber sehen Sie um Gottes willen zu, daß die Wohnung nicht nach Sauerkraut riecht.« Gesagt, getan, liegt der »feindliche Ausländer« einen Tag später mit den wahrlich elendigsten Schmerzen im Bett, und der Abholtransport fällt aus. Die Nachwehen der Parforcetour waren monatelanges Pillenschlucken, die grundlegende Abneigung gegen Sauerkraut und selbst gegen die exquisitesten Weine; sie sind ihm alle wie essigsaure Tonerde. Im Glauben, endgültig dem Fangnetz behördlicher Ungeschlachtheit entgangen zu sein, geht er mit leidlich ertragbaren Schmerzen und viel Gerülpse wieder seinen Geschäften nach. Doch der Frieden sollte nicht lange dauern, und erneut liegt ein nichtswürdiger gelber Zettel im Briefkasten, der ihm unter Androhung von sechs Monaten Gefängnis befiehlt, bei seinem Sachbearbeiter im Zentralbüro des Allied Works Council zu erscheinen. Inzwischen hatte er vernommen, daß diese mit Allmächtigkeit ausgestattete Kreatur diskret überreichten Geldgaben nicht abhold sei. So rüstet er sich mit einem Paket von Pfundnoten aus, deren Nummernfolge er sich vorsorglich notiert (man kann nie wissen), und schiebt es dem Unsympathen während der Aufzugfahrt zur erneuten medizinischen Untersuchung wortlos in die Tasche. Einige Tage darauf trifft der kostbare Wisch ein, dementsprechend er vorläufig vom Dienst freigestellt ist; er werde benachrichtigt, wenn er sich zum Dienstantritt wieder zu melden habe. Diese Aufforderung traf glücklicherweise nie ein.

Es konnte nicht ausbleiben, daß die mit ungleichen Waffen geführte Fehde den fadenscheinig zum feindlichen Ausländer erniedrigten Silbermann Schritt für Schritt seines Australiengepräges beraubte. Es wurde durchkreuzt, wegpraktiziert, bedingungslos persifliert, was bei ihm die peinliche Empfindung aufkommen ließ, er werde als ein aus Deutschland Vertriebener mit der Sorte der verbrecherischen Hitleranhänger gleichgesetzt. Es ist nicht zu viel gesagt, daß die sich über Jahre hinziehende trostlose und zugleich erniedrigende Balgerei mit der unappetitlichen Rotte von behördlichen Treuhändern die Struktur seines Verhältnisses zu den Bewohnern seines Zufluchtsortes zerrüttet hat. Zwar betrachtet er die vielen Australier, mit denen er täglich in Berührung kommt, nicht gerade als ausgesprochene Greuelgestalten – was einer unbedachten fehlerhaften Verallgemeinerung gleichkäme –, aber es entsteht bei ihm das Bedürfnis nach einem Kreis von Menschen, der allein schon durch die Gemeinsamkeit der deutschen Sprache einen gegengewichtigen Stellenwert aufweist. Es war nicht allein der mit dem Aufbau eines Unternehmens verbundene Beschäftigungs- und Zeitdruck, der ihn davon abgehalten hatte, engere Kontakte mit anderen Mitgliedern des Emigrantenzirkels aufzunehmen, sondern vordringlich die bei seinen beiden ersten Emigrationsstationen gemachte Erfahrung der zweckdienlichen Abkapselung gegenüber der Vergangenheit, der idealisierten wie der erzwungenen. Von der überhasteten Anstrengung, seine Eigenart und sein Eigengewicht zugunsten der australischen Lebensordnung abzulegen, ist er nunmehr geheilt.

Für diesen von der Demontage eines in Ungleichartigkeit erstickten Nebeneinanders angeführten, sich allmählich vollziehenden Umschwungs kann er keine Markierungen vorlegen, die eine kohärente Anordnung schlüssig demonstrieren würden. Der Wunsch, dem flachen sprachlichen Handlungsverlauf zu entgehen, führt ihn zum Griff in die von den Eltern mitgebrachte, in einer Ecke des Wohnzimmers nach Vaters Ordnungssinn säuberlich aneinandergereiht stehende Sammlung deutscher Bücher, die er monatelang keines Blickes gewürdigt hat. Für ihn, den ans Lesen vor dem Einschlafen gewohnten züchtigen australischen Vaterländer, gab es nur die Lektüre englischsprachiger Bücher, wenn irgendmöglich trivialsten Inhalts. Jetzt waren es auf einmal wieder Aufzeichnungen aus einer anderen, seiner früheren Welt; es waren die einst in die Bibliothek eines jeden etwas auf sich haltenden deutschen Juden gehörenden Wassermanns, Zweigs, Manns, Feuchtwangers und nicht zu vergessen die lumpigen Reclam-Bändchen mit Theaterstücken der deutschen Dichterfürsten, die mit ins Bett genommen wurden. Fern rabbinischen Zugriffs oder wohlfeiler Spötterei – es übermannt ihn die Eindringlichkeit des Gebildetseins.

Sie führt ihn an den dank der organisatorischen Vervollkommnung seiner Geschäfte freien Abenden in Sydneys Theaterwelt, damals ein mehr oder weniger amateurischer Tingeltangel, recht und schlecht bemüht, zumindest eine Lanze für die englische Hochsprache zu brechen. Eingeführt durch seinen Freund, den Schauspieler Ross Buchanan, dessen flamboyantes Auftreten keinen Zweifel an der Freizügigkeit seiner Sitten aufkommen ließ, öffnen sich ihm die Türen zu geselligem Beisammensein größeren oder kleineren Ausmaßes, die im angelsächsischen Sprachraum unter dem Vorzeichen »Parties« laufen. Die Einladungen zu Treffen mit dem sich menschlich und geistig unversperrt gehabenden Theatervölkchen kommen ihm wie gerufen, um sich an einem einigermaßen kongenialen Gedankenaustausch intellektuell aufzurichten und zu erquicken. Mit unverhohlener Genugtuung stellt er fest, daß die Tatsache, Europäer zu sein, und dazu noch ein Kontinentaleuropäer, der im Paris der künstlerischen Lichter gelebt hat, achtsam seinen Ergüssen und Meinungen lauschen macht, ihn als kosmopolitischen Kenner und nicht als Fremdling zu würdigen weiß. Und da vielfach auch von Musik die Rede ist, kann er bei diesen Gelegenheiten ohne Angeberei die Rolle des Experten ausfüllen; selbst auf vorhandenen Klavieren kann er mit seinen inzwischen mangels Übung ungelenkig gewordenen Fingern ein paar Töne hervorzaubern. Eine ordnende Befriedung stellt sich ein, deren Spannweite jedoch nicht weiter als bis zu gelegentlicher Stimmigkeit reicht.

Was darüber hinausgeht, läßt auf sich warten: sowohl der Ausgleich der ihm zuteilwerdenden herrischen Verachtung durch den Behördenapparat als auch die Aufrichtung aus dem zeitfüllenden, barschen Gefackel des Geschäftslebens, kurzab, die Deckungsgleichheit von Charakter, Bildungshintergrund und Aspirationen. In dem Maße, wie sein auf die australische Perspektive ausgerichtetes Zugehörigkeitsempfinden schwindet, entfalten sich trächtige Fühlungsaufnahmen mit gleichaltrigen deutschsprachigen jüdischen Emigranten, die er durch seine geschäftlichen Aktivitäten oder beim hartnäckigen Ringen gegen Militärdienst und Verschickung ins Innere des Landes kennengelernt hat. Meistenteils handelt es sich um Geschäftsleute, die genau wie er den Aufbau einer Existenz zum Mittelpunkt ihres Daseins haben machen müssen. Der gemeinsamen Interessenlage ist es zuzuschreiben, daß sich die Konversation auf einen wenn auch gelegentlich willkommenen, so doch wenig selbstreflexiven Informationsaustausch beschränkt. Auch verschwinden in derlei aus gemeinsamen Nöten und Regsamkeiten hervorgegangenen Situationen Herkunfts-, Standes- und Bildungsunterschiede in den Verwobenheiten des Emporkommens: Sage mir, wieviel Geld du hattest und jetzt hast, und ich sage dir, wer du bist.

Kein Wunder, daß der in Wien oder Berlin einst armselig dahinvegetierende Angestellte oder der dort mit unsauberen Geschäften zu Wohlstand avancierte Gauner – wenn er jetzt mit finanzieller Potenz aufwarten kann – sich hoch oben auf die Statusskala placiert. Die Perserteppiche, Silberleuchter, Perlenketten, Grundstücke und Großhandelsunternehmen waren gar nicht zu zählen, die man notgedrungen hatte hinterlassen müssen, und wenn man dem Glauben schenkte, mußte man es auch als wahr hinnehmen, daß sie dermaleinst mindestens einmal in der Woche im Burgtheater oder in der Komischen Oper gewesen waren, obwohl sie nur deren Außenansicht beschreiben konnten. Doch da im ferngelegenen Australien eh niemand ihre Fabeleien kontrollieren konnte – so wenig wie sein selbst ausgestelltes Pariser Zeugnis –, nahm man sie zur Kenntnis und stellte keine indiskreten Fragen: Auch der historische Roman ist eine fiktionale Darstellung. Seine Ohren spitzten sich gleichwohl, wenn die Windmacher begannen, über das trostlose kulturelle Leben in Australien zu lamentieren, wenn sie schmerzbewegt aufrechneten, wie sehr es ihnen am Theater, an Konzerten und der Oper fehlte, aber Leoncavallo mit dem Vornamen Giuseppe versahen.

Sein Eintritt in einen dieser sich hauptsächlich aus Wienern zusammensetzenden Kreise vollzieht sich nur zögernd. Er wird das Empfinden nicht los, daß man in ihm so etwas wie ein Unikum sieht: gebildeter Mensch, Piefke-Manieren, Händler mit plebejischer Massenware, Junggeselle ohne eigene Wohnung, der keine Freundin oder einen jüdischen Witz auf Lager hat und sich snobistisch eines perfekten Oxford-Englisch bedient – wahrscheinlich eine dieser undurchsichtigen Gestalten, denen man anmerkt, daß sie dem sich herausbildenden Réfugié-Ghetto abhold sind. Und doch wird ihm dieser Bekanntenkreis zu einem Bollwerk gegen die Stumpfheit seiner täglichen Geschäfte und die Verruchtheiten behördlicher Wegelagerer. Diese Art von gefügtem Asyl wurde durch die charmante Disposition von Else, einer früheren Wiener Schauspielerin, gestaltet, verheiratet mit Fredi, einem studierten Ingenieur, der in Australien zum Stempelfabrikanten umgesattelt hatte. Beide beeindrucken ihn als lebensfrohe, mit klanglicher Sprache, künstlerischem Verständnis und Witz bescherte Personen, die durch animierende Geselligkeit für sich und ihre Freunde der unverwischbaren Gegenwart des Vergangenen ein Schnippchen zu schlagen suchen. Else, ihrem von dichterischen Ambitionen geplagten, bis ans Ende seiner Tage der englischen Sprache nie mächtig gewordenen Gatten liebend ergeben, entpuppt sich mit der Zeit als eine Sammlerin von Menschen, die sie samaritanisch umhegt. Öfter wird er sie noch sagen hören: »Den oder die kaufe ich mir!«

Sie nimmt Alphons, den Junggesellen, unter ihre Fittiche, wogegen er trotz seiner nicht sonderlichen Zuneigung für den Liebreiz des weiblichen Geschlechts nichts einzuwenden hat, und betreut ihn im Stile eines Hausfreundes. Umsichtig und liebevoll schleppt sie ihn hier- und dorthin, ins Kino, Theater, zu dieser oder jener Einladung bei ihm wildfremden Menschen österreichischen Geblütes, so daß es alsbald wie eine Selbstverständlichkeit angesehen wird, das Ehepaar nie ohne den Freund des Hauses zu einem Besuch aufzufordern. Dieser Position als unumgängliches Pendant gewinnt er die besten Seiten ab, wobei er es bewußt vermeidet, auf die romantisierenden Sonderheiten der Freundin, den als privatissime angeordneten Gesprächen über Liebesbezeugungen, Liebesseligkeit, Liebschaften und Liebesverlangen, einzugehen. Pointiert beharrt er darauf, sich weder ummodeln zu lassen noch anstellig gehaltenen Herausforderungen nachzugeben, noch Einzelheiten über intime Seiten seines Verkehrs zu erörtern.

Durch die Trennung von Charles bedingt, hatten diese ohnehin neue Formen angenommen: Der festen Bindung folgte die unverbindliche Promiskuität nach australischem Muster. Das heißt, Aufsuchen eines einschlägigen Pubs bis zur Sechs-Uhr-Schließungsstunde, Anbiederung über gemeinsames und übermäßiges Trinken, Abschleppversuch und, wenn erfolgreich durchgeführt, Fortsetzung der Sauferei in der Nähe einer Couch oder eines Bettes, der Möglichkeit eines knapp bemessenen körperlichen Beisammenseins entgegensehend – Anonymität garantiert. Der immer noch bei den Eltern wohnende Silbermann hatte für diese Zwecke eines der vielen, spärlich möblierten Einzimmerappartements gemietet, in dem der Eisschrank vorsorglich und ausschließlich mit Bier und Whisky angefüllt war. Mehr über die Garstigkeit der unter dem Motto »Sex in Australia means getting drunk together« stehenden intimen, die Grenz- und Berührungszone überschreitenden Beziehungen zu sagen, verbietet ihm sein Feingefühl. Er hüllt sich in den für derlei Zwecke speziell angefertigten Mantel des Schweigens, zumal er bald dieses unbefriedigende, unbehaglichen Nachgeschmack erzeugende Lottermilieu mitsamt der Absteige drangibt.

Ungern sähe er die Verwerfung der eingebürgerten Gepflogenheiten als die Tat eines idealistischen Moralheldens, ein Standort, den er nie eingenommen hat. Sein Rückzug aus dem geschmacklos ungepflegten Milieu macht ihn weder zum Banausen, Gecken noch zum Asketen; auch von Umbesinnung oder Abschiednahme kann nicht die Rede sein. Die Zielrichtung seiner Sensualität bleibt unverändert, und es ist auch nicht Mangel an Gelegenheit, die ursächlich für seine zeitweilige Abstinenz gelten kann. Eher ist es das Hineingezogenwerden in sich gleichzeitig entwikkelnde gesellschaftsorientierte, unschwer zu dokumentierende Aktualitäten und Beschäftigungen.

Der durch Pearl Harbor provozierte Eintritt der Vereinigten Staaten in den Weltkrieg zwang die Amerikaner sowohl in Europa als auch im pazifischen Raum, ihre Militärmacht einzusetzen. Ehe die Bevölkerung sich versah, wurde Sydney einer der Stützpunkte der amerikanischen Flotte, um den Kampf gegen die mit immenser Schnelligkeit vorstoßenden Japaner aufzunehmen. Das bereits einmal durch die lokalen Uniformträger unterschiedlicher Couleur veränderte Straßenbild Sydneys verändert sich erneut durch das Auftreten der mit schmucken blauen oder weißen Uniformen und lustigen weißen Käppchen bekleideten amerikanischen Matrosen, die sich gelegentlich auch in ihrer Arbeitskleidung, diesen Jeans benannten Drillichhosen, sehen lassen. Die »amerikanische Invasion«, wie gutheißend die ansprechende Präsenz der Verbündeten genannt wurde, gestaltete gewissermaßen den vorherrschenden Kriegführungsstil um. Denn der Blick auf die im Hafen Sydneys liegenden amerikanischen Kriegsschiffe, die Anordnungen zum Schutz gegen Fliegerangriffe, die strenge Rationierung von Lebensmitteln und Konsumgütern verdeutlichen den Australiern, daß der Krieg ab nun vor ihrer Tür steht und sich nicht mehr nur in fernen Landen abspielt. Der Bösewicht Hitler räumt den schlitzäugigen Japs den Platz.

Es fällt ihm auf, daß sich die zum Kriegsdienst nach Australien überstellten amerikanischen Burschen ungezwungener, geselliger, ja gar weltgewandter durch die Gegend bewegen als die ungeschliffene, rüpelig auftretende australische Soldateska. Auch beobachtet er, daß die seine Läden zum Verzehr ihrer Nationalspeise Hamburger frequentierenden Amerikaner sich nie und nimmer mit ihren australischen Waffenbrüdern zusammentun, dafür aber von den Zivilisten, von Weiblein und Männlein, auffällig umgirrt werden. Spendabel wie sie sind, zudem noch reichlich mit köstlichen amerikanischen Zigaretten und Flaschen von Whisky ausstaffiert, profitiert die gesamte Gastgewerbe- und Vergnügungsindustrie, inklusive der Pubs, der Dancings und der Nutten, von ihrer leichtherzigen Gegenwart. Auch innerhalb seines männerliebenden Milieus werden Kontakte legerer Art geknüpft, doch hiervon hält er sich fern. Ihm ist nur zu gut bewußt, daß er ein geduldeter »feindlicher Ausländer« ist, den man mir nichts, dir nichts nach dem an allen Ecken angeklebten warnenden Steckbrief »Der Feind hört mit« als Spion denunzieren kann. Wenn auch zu seinem Leidwesen, bleibt er daher dem aufreizenden amerikanischen Zustrom fern, verleugnet sich selbst und wendet sich um so intensiver der Umsatzsteigerung in seinen Geschäften zu.

Hier muß er als erstes zusehen, die täglich benötigten Fleischmengen, das A und O seines Unternehmens, aufzustocken; denn die ihm zuerteilten Rationen würden höchstens bis in den Nachmittag hinein reichen. Aber wie? Auf geradem Wege ist da nichts zu machen; also muß er sich einen krummen einfallen lassen. Und da das gute alte Bestechungssystem keinen beachtenswerten Erfolg herbeiführt, sieht er sich nach einer Versorgungsquelle, einem zum Verkauf stehenden Metzgerladen um. Dann kann er nämlich einen Teil der der Metzgerei für den öffentlichen Verkauf gegen Lebensmittelkarten zuerteilten Rindfleischmenge stiekum, sozusagen durch die Hintertüre, auf seine Läden verteilen. Dem Vater, der immer noch daran glaubt, daß Fleiß und Ehrlichkeit zur unumstößlichen Richtschnur der Kaufmannschaft gehören, ist das alles ungereimt und beängstigend. Der Ärmste hat eben keine Phantasie, aber eine ihm vorgelegte Aufrechnung über eventuelle Verluste im Metzgerladen und den Gewinn im Hauptgeschäft überzeugt ihn. Nur mit der meist um die Sechsuhr-Morgenstunde stattfindenden Raus- und Reinschmuggelei der dem Publikumsverkehr entzogenen Ware will er nichts zu tun haben.

Mit genügend Fleisch zur Verfügung kann Silbermann im Gegensatz zur Konkurrenz seine Eßlokale bis Mitternacht offenhalten, so daß die Firma blüht und gedeiht. Nur bei dem schwer kontrollierbaren Laden im Arbeiterviertel Leichhardt, wo sich unendliche Schwierigkeiten mit dem Personal auftun, ist der Niedergang voraussehbar. Obwohl diese Bude immer noch Vaters kleiner Augapfel ist, weil er dort seine Gesellenzeit als Speisungsmanager durchgemacht hat, entschließt man sich (nicht ohne hierdurch anfallende Steuervorteile miteinzubeziehen), den Laden dichtzumachen. Dort gab's ja auch keine die Geschäfte beflügelnden Amerikaner, deren Dollarscheine der Vater mit

Vorliebe, wenn auch gemäßigt, dem Fiskus hinterzog, indem er sie in der Privatschatulle verschwinden ließ, was nach seiner Ansicht offensichtlich dem Prinzip der kaufmännischen Ehrlichkeit in keiner Weise widersprach. Nur für Bestechungen war er nach wie vor nicht zu haben, was der Firma Last und viele Ausgaben verursachen sollte.

Gab es doch da, wie es sich für ein properes Land gehörte, das Gesundheitsamt mit den dazugehörigen Gesundheitsinspektoren. Diese mit einem grauen Schutzkittel und einer in nikotinverfärbter Hand gehaltenen Taschenlampe ausgerüsteten Aufseher kamen mindestens alle zwei Wochen, wenn möglich zur Hauptgeschäftszeit, in die Läden, um Schmutze ausfindig zu machen, die geeignet wären, den Gesundheitszustand der Bevölkerung zu untergraben. Sie waren mit der Autorität versehen, nach hygienischem Gutdünken Auflagen zu verordnen; zum Beispiel den Eisschrank im Boden einzubetonieren oder einen Zentimeter über den Boden zu erheben; die Wände gelblich und nicht weiß zu streichen; eine krumme Ecke gerade oder eine gerade Ecke gebogen zu machen; elektrische Leitungen nach oben oder nach unten zu verlegen und derlei, den Betrieb aufhaltende kostspielige Menkenkes mehr. Als gelernter Australier weiß er sehr wohl, daß alles dies vermeidbar ist, wenn sich erreichen läßt, den geflissentlichen Blick des Inspektors durch eine milde Gabe zu entschärfen. Davon aber wollte der rechtschaffene Silbermann senior nichts wissen; auch das lästige Gezeter von Gewerkschaftsfunktionären ließ er die Firma lieber einen Haufen Geld kosten, als die inspizierenden Typen mit einem Bakschisch von dannen ziehen zu lassen. Ansonsten aber läßt man das Unternehmen ungeschoren ackern, was unter anderem das Auskommen eines nicht sonderlich gewitzten Schachzuges ist, bei den vielen sich ergebenden Zusammentreffen mit Vertretern des Behördenapparates seine australischen Manager nach vorne zu schicken.

Es waren derer zwei, die sich durch reges Interesse am Erfolg des Unternehmens und, besonders betonenswert, durch absolute Loyalität auszeichneten: die rigorose und geschäftstüchtige Miss Matheson, schon seit den Tagen des ersten Hamburger-Ladens in der Firma – nebenbei bemerkt, dem Vater anhänglich zugetan –, und der jugendliche, sehr sympathische Eddy, den er bei seiner Suche nach einer Wohnung in der Eigenschaft eines Immobilienagenten kennengelernt hatte. Es war nämlich inzwischen soweit gekommen, daß ihn seine Betätigungen morgens früh aus der Wohnung raus und abends unregelmäßig spät wieder zurückbrachten, was sich nicht länger mit dem Tagesablauf der Eltern und deren verdienter Ruhe vereinbaren ließ; überdies wünschte er ein unbeaufsichtigtes Privatleben zu führen. Willig, sich von ihm anheuern zu lassen – typisch für den einigermaßen mobilen Australier, der vom Gaststättengewerbe nicht mehr versteht als vom Immobilienhandel –, wird der junge Eddy der Firma bald zu einem zuverlässigen Mitarbeiter und geschickten, alle Schliche des australischen Geschäftsgebarens beherrschenden Berater. Er ist es auch, der ihn bei einem ihrer privaten Tête-à-têtes davon überzeugt, daß sich durch Übernahme eines zur Zeit freistehenden, nicht weit vom George-Street-Geschäft entfernt gelegenen Ladens die Gelegenheit bietet, das Unternehmen zu einer umsatzstarken Kette auszubauen. Während Vater dies für eine größenwahnsinnige Furzidee hält, Miss Matheson hingegen dem Plan zustimmt, führt Eddy bereits die Verhandlungen mit dem Vermieter und der wagemutige Juniorchef die mit dem Architekten für die Innenausstattung.

Irgendwo hat er zwei aus Berlin emigrierte Architekten aufgetan, ein etwas älteres, sehr dezentes Freundespaar, denen er die Einrichtung der neuen Filiale in Nummer 402 George Street anvertraut. Er möchte diesmal ein etwas geschmackvoller ausgestattetes Restaurant eröffnen als die üblichen Freßhöhlen. Dafür waren die beiden Berliner gegen war, die als Selbstironie, Witzigkeit, Schlagfertigkeit und Galgenhumor einen Teil der Verschanzung und des Selbstschutzes ausmacht, mit dem jüdischer Geist und jüdisches Handeln auferlegten oder selbstverschuldeten Mißgeschicken entgegenkommt. Obwohl nicht alle in dem von Österreichern dominierten Kreis Juden sind – die Anführerin Else ist katholisch, ihr Mann Fredi ein getaufter Jude –, wird doch in die ernsten, lustigen, bissigen und spielerischen Gespräche so viel prägnantes jüdisches Hintergrundwissen eingebracht, daß sein durch Ereignisse und Umgang verschütteter jüdisch-religiöser Eigenraum fruchtbare Auffrischung erfährt.

Er ist nicht etwa ungläubig geworden, nein, er hält nach wie vor Zwiesprache mit seinem Gott, dankt ihm zur Nacht betend für die Errettung aus der Nazi-Barbarei, dem Krieg und den Fängen des ausgepichten Allied Works Council, legt aber keinen Wert auf Frömmigkeitsbezeugungen, wie Besuch der Synagoge, Einhaltung jüdischer Feiertage etc., oder auf Gemeinsinndemonstrationen durch Teilnahme an den außergottesdienstlichen Aktivitäten der Sydneyer jüdischen Gemeinde. Die Umsetzung dieser beiden Orientierungen in den tätigen Zuschnitt wurde ihm wie der Mehrzahl seiner jüdischen Einwanderungsgenossen buchstäblich durch das unziemliche Verhalten der australischen Juden verwehrt. Trifft er doch bei dieser, die dritte Generation von meistenteils aus Polen eingewanderten Juden repräsentierenden und sich deshalb als Alteingesessene aufführenden Gruppe auf die gleiche verstiegen distanzierte Haltung, wie sie in Kaiser Franz Josephs und Weimars Zeiten von den assimilierten Juden in Österreich und Deutschland den aus dem Osten Europas zugewanderten entgegengebracht wurde. Natürlich verweigern sie niemandem den Zutritt zu ihrer inmitten der Stadt gelegenen, sich mit Stolz The Great Synagogue nennenden Betstätte, aber dort einen festen Sitzplatz mit dem dazugehörigen Namensschild zu erhalten, so, wie es aus finanziellen und reputierlichen Gründen in vielen Teilen der Welt üblich ist, wurde mit allerlei faulen Ausreden abschlägig beschieden. Es war allzu peinlich, durch die Gegenwart dieser Einwanderer ins eigene Spiegelbild zu blicken. Obendrein haben wir, die jüdischen Altaustralier, uns als verläßliche Patrioten im Dienste seiner Majestät zu bezeugen, was uns dazu verpflichtet, vorwärtsgewandt dieses gnädigst aufgenommene Überbleibsel von jüdischen Deutschkis soweit wie möglich von uns fernzuhalten. Schließlich stellen wir unseren Rabbiner als Militärgeistlichen zur Verfügung, wenn uns auch sein deutlich vernehmbarer Breslauer Dialekt nicht sonderlich angenehm in den Ohren klingt. Doch was soll's – in seinen Predigten, den Talar über der Uniform, beschimpft er das feindliche deutsche Gesindel so fanatisch und betet so eindringlich für das Wohl des Königlichen Hauses und den Sieg unserer Truppen, daß wem immer die deutsche Sprache mit auf den Weg gegeben worden war, vor Scham in den Boden versinken muß. Selbst das hohe Gebot im jüdischen Denken, nämlich Barmherzigkeit, hat der zu seinem Mißbehagen mit dem deutschstämmigen Namen »Falk« bedachte Rabbiner abgelegt, und er besteht darauf, keine Silbe Deutsch reden zu können, selbst wenn sich ein armseliges, kaum Englisch sprechendes Mütterchen seelsorgend an ihn wendet. Im Reverend Falk, wie dieser sich ehrwürdig gebende Diener Gottes anzusprechen war, gipfelte die vom Vorstand der jüdischen Gemeinde in Sydney und einem Großteil ihrer mehr oder minder frommen Mitglieder mit sichtlicher Wonne gepflegte Hypokrisie.

So verunsichert Silbermann auch durch seinen Status als feindlicher Ausländer ist, nimmt er, eingedenk des proverblichen Spruches, daß man den lieben Gott nicht nach seinen Dienern einschätzen soll, den Fehdehandschuh auf und tobt so lange im Gemeindebüro herum, manchmal gar mit den unflätigsten Worten in Gegenwart des hochnäsigen Reverend, bis er für Vater, Mutter und sich Plätze nebst repräsentativem Namensschildchen zuerteilt erhält. Hinter dieser von den weniger erfolgreichen Applikanten als Heldentat angesehenen Durchlöcherung beflissener Zurücksetzung stand zum einen die Erfüllung einer Dankespflicht gegenüber Mutter Silbermann, die darunter litt, daß sie beim Synagogenbesuch mal hier, mal dort zu sitzen oder, wenn der Gottesdienst gut besucht war, sogar zu stehen hatte. Zum anderen war ihm Hypokrisie, gleich, in welchem Zusammenhang sie ihr schmähliches Haupt erhebt, schon seit den Tagen zu einem bekämpfenswerten Ekel geworden, als Menschen ihm entgegentraten, die ihn mit in Mitleid getauchter Miene wissen ließen, daß sie unendliches Verständnis für seine homosexuelle Veranlagung aufzubringen imstande seien.

Nun, den Kampf gewonnen, besucht er die kommod in der Nähe seiner Geschäfte gelegene Great Synagogue – Noblesse oblige – mehrfach im Monat zum Schabbes-Gottesdienst, wenn auch meist nur für eine halbe Stunde, so daß er den in die heiligen Hallen gebrüllten Schimpfkanonaden des unglaubwürdigen Patriotenpredigers entgeht. Im übrigen sagt ihm der mit Chor begleitete, konservativ orientierte Gottesdienst sehr zu. Er erweckt in ihm Regungen, die den erkalteten Blick auf sein Judentum auftauen und zur Beschäftigung mit der Gegenwartsliteratur über die Geschichte der Juden führen. Es setzt sich ein Lernprozeß des Hineinwachsens in eine Materie in Bewegung, welcher über die formalen Normen der erfahrenen jüdischen Lebenswirklichkeit hinausgeht. Das windbeutelige Wort von der Selbstfindung ist hier nicht am Platze; auch vom Erwachen einer Glaubensinbrunst zu sprechen, käme einem übermäßigen Anspruch gleich. Der Welt der Täuschungen abhold, handelt es sich für ihn um nichts anderes als das Wiedererlernen einst vorhandenen Wissens. Störende Unsicherheiten müssen aus dem Wege geräumt werden, die gleichen, die ihn daran hindern, geläufig die Finger auf den Tasten seines fein polierten Flügels zu bewegen. Es ist wie mit dem Radfahren: Zwar verlernt man es nicht, aber schnell und kurvensicher läßt sich nach Jahren des Stillstands nicht mehr ohne eine Weile der Einübung fahren. Es drängt sich ihm der Vergleich zwischen der Werterneuerung bei der Vertiefung in die Gedankenwelt des Judentums und der bei der Beglückung durch treffliches Musizieren auf. Während er der einen durch ausgiebiges Lesen nachgeht, begibt er sich für die andere in die Hände eines Lehrers am Sydneyer Konservatorium, dem er alle paar Wochen Fortschritte in der Fingerfertigkeit vorzeigen kann. Das klingt alles fürchterlich hausbacken, aber so ist es nun einmal, wenn das Erfordernis aufkommt, dem Wertezerfall durch das motorisch abrollende, fahle wirtschaftliche Klima entgegenzuwirken.

Punktuell, will sagen, ohne Einhaltung der Abfolge der beschreibbaren zentralen Ereignisse, fällt in die letzten Kriegsjahre seine gleichgestimmte Freundschaft mit Raymond, genannt Butch. Er entdeckt den in die amerikanische Uniform gekleideten stämmigen Matrosen nicht etwa hinter einem Kriegsschiff, sondern in den Gängen des Konservatoriums während einer Konzertpause. Die Anwesenheit des Matrosen war ihm insofern ein Kuriosum, als sie der eingewurzelten Vorstellung widersprach, daß zur Ergötzung von Schiffsmannschaften Weiber, Suff, Bars und Kneipen vorgesehen seien, nicht aber der gesitteten Kunst gewidmete Musentempel. Als er den hinter seiner Brille gewinnend dreinblickenden jungen Landesverteidiger nun auch noch ein zweites und drittes Mal im Konzert sieht, geht er trotz aller Vorwarnungen von wegen Anbändelung mit Soldaten und Spionage mit der nicht beachtlich geistreichen Frage: »Sind Sie Musiker?« stracks auf den Mariner zu. Es dürfte sich erübrigen, auf das Anquatschgespräch einzugehen, denn erstens verlaufen diese Fühlungnahmen – die bessere Schriftstellerei nennt es Anbiederungen – stets nach dem gleichen abgegriffenen Muster, zweitens liegt es nicht in seiner Absicht, einen dieser Leitfäden für Gesprächsführung vorzulegen, die das Zustandekommen unkonventioneller Zweisamkeiten garantieren.

Butch, ein musikliebender, anschaulicher gesagt, musikbesessener Amateur, dessen Leid es war, keine Gelegenheit gehabt zu haben, das Spielen eines Instruments zu erlernen, folgt gerne der Aufforderung, sich an freien Abenden zusammen mit dem musikverständigen Silbermann in dessen Wohnung Schallplatten anzuhören und sich darüber mehrstündig zu unterhalten. Und, wie das zwar nicht immer, diesmal aber erfreulicherweise so geht, sie kommen sich über ihre gemeinsame Liebe zur klassischen Klangwelt in einer Weise näher, die sie zu einer vielfältigen Bindung führt. Jede Stunde ihrer freien Zeit, wenn der Imbißstubeneigentümer nicht seinen Geschäften nachzugehen und Butch keinen Dienst hat, verbringen sie zusammen, so daß es angebracht ist, in ihrem Verhältnis zueinander von einer Freundschaft im dehnbarsten Sinne des Wortes zu sprechen – vorbildlich für alles, was, altbewährt ausgedrückt, über eine Romanze hinausgeht. Obwohl von keiner akademischen Ausbildung beleckt, bringt der junge Freund eine intellektuelle Vollwertigkeit in sein Leben ein, die das Dunkel der Triebe mit der Helle des Bewußtseins korrespondieren macht.

Doch genug des dankbezeugenden Lobgesangs, denn es naht der Tag, an dem Butchs Einheit in die vordere Front auf eine der Inseln im Pazifischen Ozean verschickt wird, die im Kampf gegen die Japaner von strategischer Bedeutung sind. Der Abschied von seinem Freund vollzieht sich unter dem Zeichen der Gelassenheit gegenüber dem Unabänderlichen und in der Gewißheit, daß sie sich wiedersehen werden, sobald die Kriegsfanfaren verstummt sind.

X

Die verhältnismäßig erlesenen Worte, die der Halbaustralier über Geschäftsleben, Liederlichkeiten, Wiener Kreis, Judentum, Musik verliert, dürfen nicht glauben machen, daß das welterschütternde Kriegsgeschehen wie ein kaum vernehmliches Säuseln an ihm vorbeigezogen sei. Stalingrad, Verbrannte Erde, Luftangriffe auf England, U-Boot-Krieg, Rommel, Verhaftung Mussolinis, Monte Cassino, Eisenhower, MacArthur, um nur diese anschaulichen Namen als Erinnerungszeichen ins Protokoll zu setzen, müssen zumindest als aufspürbare Nachdenklichkeiten bei ihm Einlaß gefunden haben. Um so mehr, als die Japaner nach ihrem Vormarsch bis auf den Bismarckarchipel, die Salomonen und die Aleuten begonnen hatten, Luftangriffe gegen Australien zu fliegen, und das schrille Geschmetter der Luftschutzsirenen auch über Sydneys Dächern wogte. Er käme sich wie ein unverfrorener Gimpel vor, wenn er in seiner Erinnerung für die Textur von Niedergeschlagenheit, Angst, Bedrohung, Zittern und Beben keine Worte fände. Nichtsdestoweniger gerät er beim ausgemachten Behufe, sich linientreu zugleich auf den Ort der Spiegelung des Individuellen wie den der gesellschaftlichen Entwicklung zu besinnen, in eine gedrängte Verschlingung von Gegensätzen, Koinzidenzen, Notwendigkeiten, Verzückungen und anderen Begriffszwängen, die eine lautstarke Zeitspanne unter die Botmäßigkeit eines nicht mehr überschaubaren lieblosen Alltags bringen. Was zu sagen er sich angelegen sein läßt, ist, daß die menschenfressende Weltkriegskatastrophe sich ihm (wenn auch glücklicherweise blutlos) in dem beständigen Krieg vermittelte, den das australische Behördentum – diese sich ihrer Fairneß rühmenden Verwalter eines Zufluchtsortes für von der Ausrottung Bedrohte – vom Augenblick des Ergatterns einer Einreiseerlaubnis bis zur würdelosen Erniedrigung zum feindlichen Ausländer und den sich daraus ergebenden Folgen gegen ihn und seinesgleichen geführt hat. Es regt sich in ihm nicht das geringste Schuldgefühl, wenn er kundtut, daß sein Interesse am Sieg über die Feinde in erster Linie vom Interesse an sich selbst, an der Befreiung von äußerem und innerem Zwang gefördert worden war.

Sollte man ihn daraufhin fragen, was er zur Überwindung des Feindes – der ja, Ausländer hin, Ausländer her, auch der seine war – getan hat, ob und wie er, wenn auch nur durch demonstratives Fahnenschwenken, daran teilgenommen hat, übersieht man, daß er als zum »Ausländer« Gestempelter von jedweder politischen, selbst wohltätigen Betätigung rigoros ausgeschlossen worden war. Es vergißt sich nicht leicht, wie er eines schönen Tages zur Polizei beordert wird, zwei kräftige Plattfußindianer ihn in eine Ecke setzen und ihn nach der bestbekannten Hollywoodmanier – »Antworten Sie ja oder nein« – beschimpfend befragen, was er von dem Soldaten wissen wollte, den er an einem dieser trostlosen Sydneyer Sonntage zu einem Mittagessen in die elterliche Wohnung mitgenommen hatte, was er ausspionieren wollte und was das für ein Zeug sei, diese mit einem deutschsprachigen Text und den Ziffern 4711 versehene Flasche (Vaters beständige Taschentuchbenetzung), und warum er nach der Adresse des Infanteristen gefragt habe, und überhaupt … Alles das und noch so manch andere dieser in der Rückschau törichten, zu jener Zeit jedoch belastenden Zwischenspiele, darunter zum Beispiel seine Demarchen von Behörde zu Behörde, um seinen aus England in ein australisches Internierungslager verfrachteten Vetter Isi (seine Frau und Kinder kamen im Konzentrationslager um) aus dem Lager herauszubekommen – alles das, was festzuhalten epische Längen in Anspruch nehmen würde, hat sein Weltbild so sehr verstellt, daß ihm die Vernichtungen und Verwüstungen, das Blutvergießen und Völkermorden, Untergang und Kapitulation bis hin zur Atombombe auf Hiroshima weder als geschichtliche Perspektive noch als Grundorientierung für sein Handeln, Denken und Streben damls wahrnehmbar wurden.

Das Gutbefinden, mit dem der in der Mitte seines vierten Jahrzehnts stehende, auf sein Aussehen wohlbedachte Silbermann merkbar zwei voneinander getrennte, manchmal ineinander übergehende Leben führt – das eine auf seine Geschäfte fixiert, das andere auf Selbstbespiegelung und Selbstgewißheit durch Umgang mit gefühlig und künstlerisch gleichgesinnten Menschen –, hat nichts mit den wohlgesetzten Worten von den zwei in einer Brust lebenden Seelen zu tun. Die beträchtliche Erfolgssträhne seiner Hamburger-Läden war nicht allein seinem, des Vaters und seiner engsten Mitarbeiter Fleiß und ihrer Geschäftstüchtigkeit zuzuschreiben, sondern überdies auf die sich aus Großeinkauf und schnellem Großumsatz ergebenden Möglichkeit des Einhaltens eines niedrigen Preisniveaus sowie der Nutzbarmachung einer durch Lebensmittelknappheit bedingten Konjunktur.

Selbstverständlich wird er von seiten einer Konkurrenz angegriffen, die, dem australischen Arbeitsrhythmus entsprechend, mehr auf der faulen Haut liegt, als auf fleißigen Füßen sich zu bewegen. Doch daran war ihm wenig gelegen; wohl aber am Aufkommen von mehreren, vom Erfolg seines Unternehmens angeregten, lagemäßig seine Läden sozusagen einkreisenden Hamburger-Shops. Nun ist ihm der treuherzige Leitsatz »Konkurrenz hebt das Geschäft« (beliebter Aufhänger für mehrstündige volkswirtschaftliche Vorlesungen) angesichts seiner geringen Wirklichkeitsentsprechung nie ein taugliches Ruhekissen gewesen. Jammergesänge über die böse Konkurrenz werden nur von entnervten Einfallslosen angestimmt, die Rückschlägen kein produktives Gespür für deren Abwendung entgegenzusetzen haben. Der Ton liegt hier auf »produktiv«; denn das in der Essensbranche öfter eingesetzte Mittel der Verunglimpfung – beispielsweise durch Anzeige der Entdeckung eines im Essen gefundenen (eingeschmuggelten) Mauseschwanzes –, richtet mangels größerer Verbreitungsqualität meist nur vorübergehend und beschränkt Schaden an.

Sein auf dem Prinzip des Massenumsatzes gründendes Abwehrmittel war erfinderischer. Ausgangspunkt war das bei den Australiern beliebte, von ihren seefahrenden englischen Vorfahren übernommene Gericht, das sich kurz und bündig »Fish and chips« nennt, wobei, nebenbei gesagt, nie feststellbar ist, um welche Sorte Fisch es sich handelt. Diese Kost wird ebenso wie Hamburger in Restaurants verzehrt oder über den Ladentisch zum Mitnehmen verkauft. Besonders umsatzstark ist der Verkauf vor der kurzbemessenen einstündigen Mittagspause, in der viele Angestellte ihre Büros nicht verlassen. Die Lehrlinge werden rausgeschickt und kaufen tragbare, Lunch genannte Eßwaren ein: Sandwiches, die traditionelle britische Lieblingsspeise, Meatpies, eine runde, in gebackenen Teig gehüllte undefinierbare Fleischmasse, Hamburgers und besagte Fish and chips. Seinem Knüller Hamburger die Billigware Sandwiches hinzuzufügen, ist ihm zu kompliziert; Meatpies kann er nicht fabrizieren; Fisch stinkt ihm den Laden aus – bleiben also Chips, wie das englische Wort für Pommes frites lautet. Und zwar in Tüten abgefüllte, duftend heiße Chips zum Mitnehmen; je nach der Menge für sechs Pennies oder einen Schilling. Kaum eingeführt und an den Ladenfenstern plakatiert, wird der Chips-Verkauf über den Ladentisch zu einem solchen Riesengeschäft, daß Räume angemietet werden müssen, um die Tonnen von Kartoffeln zu schälen, sie auf Pommes-frites-Länge zu schneiden und so weit anzubraten, daß sie sich in den Läden für den Verkauf über die Theke geschwind aufheizen lassen. Seine Kreation, wie man in der Modebranche sagen würde, umrandet er mit einer effizienten Herstellungs- und Verteilerorganisation, so daß der Chips-Vertrieb nach kürzester Zeit wie am Schnürchen läuft.

Hiernach führt ihn seine von erfinderischem Talent und geschicktem Vorgehen geleitete Unternehmungslust einer weiteren Eroberung entgegen. Auf seinen täglichen Wegen von und zur Innenstadt überquert er einen Verkehrsknotenpunkt, der den majestätischen Namen King's Cross trägt. Von dort aus zieht sich eine Straße zum Hafen hin, die links und rechts mit Wohnhäusern gleichen eintönigen Aussehens bedeckt ist, in denen, nach den dunklen und hellen, verdreckten oder sauberen Eingängen zu urteilen, allerlei Berufstätige, von lockeren Damen bis zu achtbaren Ärzten, ihre Unterkunft haben. Man wohnt oder praktiziert über auf Straßenhöhe gelegenen Läden, die ein Sortiment von wohlfeilen Waren anbieten, unterbrochen von zwei stets gerammelt vollen Coffee Shops. Der Cross gilt in den Abendstunden als das Amüsementviertel der Art, vor der gewissenhafte Eltern ihre Kinder warnen. In Wirklichkeit tut sich dort so gut wie nichts, außer daß an den Samstagabenden Scharen von Vergnügung, Abenteuer oder Begegnungen suchenden Jungmännern bis zum Zustand der Ermattung rauf und runter flanieren. Auch er gehört zusammen mit Mitgliedern seiner australischen Kumpanei zu denjenigen, die sich von Zeit zu Zeit dort die Zeit anzufüllen suchen, um nach stundenlangem vergeblichem Herumwandern (im Englischen begriffsverwandt »cruising« genannt) im California zu landen. Das war ein recht frohgemut eingerichteter Coffeeshop mit einer am Eingang gelegenen ovalen Bar und, ein paar Stufen höher, einem geräumigen, ungefähr dreißig Tische enthaltenden Saal, in dem auch Essen serviert wurde. Der Eigentümer – man kannte sich als Kollegen – war ein nach Sydney verschlagener Amerikaner (daher der Name California), dem der Ruf vorausging, zu Sydneys Unterwelt zu gehören. Irgend etwas Anrüchiges mußte geschehen sein, denn eines Abends, nachdem sich Silbermann mal wieder unnütz die Füße platt gelaufen hatte, setzte sich der Amerikaner an seinen Tisch, bedachte ihn mit geschmuggelten Lucky-Strike-Zigaretten und sagte: »Ich gehe in die Staaten zurück. Wollt ihr das California kaufen?« Vater Silbermann, dem Rechenkünstler der Firma, dem eine gutaussehende Bilanz vorgelegt wird, meint: »Alles in bester Ordnung, nur das sage ich dir jetzt schon, ich kümmere mich um diesen Bumsladen nicht. Kannst du eigentlich den Rachen nicht voll kriegen?«

In der Tat, er kann den Rachen nicht voll kriegen, handelt den Kaufpreis etwas runter und übernimmt nach ein paar Wochen höchstpersönlich die Leitung des immerhin im Ansehen weit über Hamburger-Verkaufsstellen gelegenen Coffeeshops. Schließlich ist er damit eine Stufe höher auf der Restaurantgewerbeleiter gestiegen und kann achtunggebietende Töne schwingen. Sie vergehen ihm im Nu, denn kaum hat er nach Säuberung, Umgestaltung, neuer Speisekarte und Ausmistung von eingefahrenem Schlendrian das übliche, zur Anlockung von Kunden gedachte Plakat »Unter neuer Direktion« ankleben lassen, bleiben ihm bündelweise die Kunden weg. Diese kostspielige Bescherung macht ihm ein für allemal klar, daß Übernahmen und Gründungen höchst unterschiedliche Folgerichtigkeiten aufweisen, ob es sich um Ladengeschäfte, Zahnarztpraxen, Steuerberaterbüros, Beerdigungsinstitute oder fachspezifische Universitätslehrstühle handelt. Belämmert steht er mit seiner Geschäftstüchtigkeit da, und vor allem mit seiner vorgeblich so unvergleichlichen Menschenkenntnis. Denn hätte er sich mit seinen goldenen Äuglein das vom Morgen bis zum Abend an der schönen ovalen Kaffeebar herumsitzende Stammpublikum des Vorgängers etwas sorgfältiger angesehen, wäre ihm nicht entgangen, daß hier die Animateure und Parasiten des Amüsementviertels King's Cross ihre Zelte errichtet hatten: die Schmarotzer, Nichtstuer, Tagediebe, Schwarzhändler, Hehler, Zuhälter und die dazugehörigen Weibsbilder. Man sollte es ihm zum Vorwurf machen, daß er sich nicht genügend in Sittenromane vertieft hat, denn dann hätte er gewußt, daß sich Gelichter nur in Spelunken, in finsteren, ärmlichen, verdächtigen Höhlen wohl fühlt, daß es Trübung über Lauterkeit stellt. Nun war's zu spät, und etwas mußte geschehen. Zwar sagt ein jüdisches Wort, ein Geschäft ohne Sorgen sei kein Geschäft, aber was hat er davon: Ein Geschäft ohne Kundschaft ist bei Gott kein Geschäft.

Mittlerweile macht sich kreatives Erfassen der Situation bemerkbar. Es führt ihm deutlicher denn je vor Augen, daß es in diesem trostlosen, puritanischen, nur durch sengenden Sonnenschein erhellten Sydney und seinem King's-Cross-Viertel mit vergnüglichen Amüsements oder, bescheidener gesagt, Divertissements recht lausig aussieht. Es gibt die abgegriffenen Pubs, diese um sechs Uhr abends ihre Türen schließenden Saufanstalten, es gibt ein paar Dancings, geheime, weil verbotene Spielhöllen, organisierte und unorganisierte Prostitution, massenhaft Kinos und zwei oder drei feine Küche zu unerschwinglichen Preisen anbietende Nachtklubs – aber einen Ort, wo jung und alt zu räsonablen Preisen bei einem Tee oder einem Essen sich aufhalten und mit ein wenig leichter, unterhaltsamer Musik ein paar Stunden vertändeln kann, das gibt es nicht. Über dieses Gedankenspiel steigt Silbermann in die Rolle des Impresario ein. Das California wird mit einem kleinen Podium ausgestattet, auf dem nun allabendlich von sieben bis zehn Uhr abwechselnd kleine Bands, ein Pianist oder ein Gitarrist nicht allzu laute Töne aus dem alten und neuesten Schlagerrepertoire von sich geben. Jetzt geht es nur noch darum, den ganzen Rummel dem hochverehrten Publikum nahezubringen, wozu er strotzende Annoncen mit Programmankündigungen unter der fettgedruckten Überschrift »Gay music while you eat at the California« in die Zeitung setzen läßt. Eine derartige Novität hatte Sydney noch nie gesehen, und schon kommen Beschwerden unter der Bezichtigung des unlauteren Wettbewerbs auf ihn zu. Alle möglichen Stellen mischen sich ein: das Amt für öffentliche Ordnung, die Sittenpolizei, das Gesundheitsamt, die Gewerkschaft, die Urheberrechtsvertretung etc., und Vater ist angesichts der vielen Beschwerdebriefe und unerquicklichen Telefonanrufe wie aus dem Häuschen. Fürwahr, mit seinem grandiosen Einfall und seiner Annoncenkampagne – zu einer Zeit, als »Kommunikation«, »Werbung« und »Öffentlichkeitsarbeit« noch unbesetztes Terrain waren – hatte er sich was angetan. Selbst beim Einbürgerungsamt, wohin man ihn nach Einreichung seines Antrags auf Naturalisierung zu einem Interview bestellt hatte, kam ihm der Beamte mit gegebenem Zweifel und Ablehnungsmöglichkeiten aus moralischen Gründen entgegen.

Mit diesen Zwieträchtigkeiten kamen sie bei Silbermann allerdings an die falsche Adresse. Sie konnten nicht ahnen, daß er durch erfahrene Zurücksetzungen, Diskriminierungen, Rückschläge und andere Mißlichkeiten schon längst zu einem durchtrainierten Hürdenläufer mit nachhaltigem Mobilitätsvermögen geworden war. Sein Potential an Beweglichkeit, augenscheinlich aufgezeigt an bekundeten ertragreichen Bewegungsvorgängen, möchte er nicht mit Durchsetzungskraft verwechselt sehen, mit Kraftmeierei, derer sich im allgemeinen diejenigen rühmen, die bereit sind, auch über Leichen zu gehen. Die Bestimmungen seiner Mobilität sind im geschichtlichen Prozeß des Umgangs mit Menschen angelegt, mit denen, die ihm Gutes oder Böses angetan haben, die ihn enttäuscht oder zufriedengestellt, angeregt oder gelangweilt, gestoßen oder verstoßen haben. Im Laufe der Jahre – eben geschichtlich – hat er bei der Erkundung von Menschen im Vis-à-vis und deren Behandlung eine Flexibilität entwickelt, die soziale Barrieren mit Lockerheit überwindet. Es zeigt sich eine Motivationslage, die dem bemerkbaren physischen und geistigen Sein von Individuen mehr abzugewinnen weiß als kollektive Rigiditäten gleich welcher Art. Er kann sich nicht mit den in philosophischen Wolken schwebenden Verzweiflungsexperten befreunden, die sich schlechterdings für die Menschheit engagieren, ohne in ihren Analysen dem individuellen Fleisch und Blut je in die Nähe gelangt zu sein. Aus ihren Diskursen über das Profane und das Heilige, über Macht, Hoffnung und Verantwortung sprechen nach seinem Empfinden ans Schreibpult gefesselte Mönchsnaturen, die sich dem Griff ins volle Menschenleben entzogen haben. Passons, wie der Franzose sagt, wenn er Fatales zu vermeiden sucht, denn es steht Silbermann gewiß nicht an, am Denken großer Geister herumzuknabbern. Soll er doch erst mal mit sich selbst ins reine kommen und nicht versuchen, seine inneren Zwänge durch die Überlappung seiner unermüdlichen Regsamkeiten zu übertünchen: das Führen der Geschäfte; die Besuche in Kinos, Konzerten etc. mit anschließendem Imbiß bei flüchtigen Bekannten; die nächtlichen Kontrollen von Küchen und Mülleimern, um Verschwendungen zu vermeiden; mal allein, mal in Gegenwart sympathischer Jünglinge Klavier spielen und Schallplatten hören; sonntags bei den Eltern zu Mittag essen; und was sich ansonsten noch ergibt.

Dank der von Anwälten aus dem Weg geräumten tückischen Bedenklichkeiten ist es ihm inzwischen gelungen, eingebürgert zu werden. Nachdem der Staatenlose, wie es im »Certificate of Naturalization« heißt, am 6. Juni 1945 Seiner Majestät König Georg VI., seinen Erben und Thronfolgern Untertanentreue geschworen hat, ist er nunmehr im Besitz eines Passes, der ihn als »British Subject and Australian Citizen« ausweist. (Erst viele Jahre später besann sich der Commonwealth of Australia darauf, das Untertänigkeit bezeugende »British Subject« fallenzulassen.)

Mit seiner gelegentlich noch bedrohlichen Außenwelt hat er sich versöhnt, teilweise dadurch, daß er ihr mit einer selbstgerechten Indifferenz entgegenkommt. Unleidlich ist ihm indes der Widerstand, der es nicht zuläßt, seinen zwanghaften Innenraum zu sprengen. Er umzäunt nicht nur die Visionen von jenen körperlichen Belastungen, die sich eines gedämpften sprachlichen Zugriffs entziehen, sondern darüber hinausgehend auch die schwunghafte Stoßkraft der Allüre. Seine eigene enge Welt ist ebenso kleingekästelt wie die Kulisse, in der sie abrollt. Unter Bezug auf das australische Treibhaus meint er, es sei undurchlässige, spießerhafte Bürgerlichkeit, womit er – erstaunlich oberflächlich – ein abgeschmacktes standesbewußtes Muster zur Entlastung seiner Annäherungen, Gefühle und Entfremdungen im Menschlichen herbeizieht. Bei behutsamerem Nachdenken, wozu ihm (zur Abbüßung gesagt) angesichts seines Tanzens auf mehreren Hochzeiten kaum Zeit blieb, wäre ihm aufgegangen, daß die bedrängende Anordnung der australischen Zivilisation und ihrer Menschen auf den ehernen Füßen der Mittelmäßigkeit steht. So wie dort auf den weiten Flächen kein saftig strahlendes, sondern nur ein bedecktes, gelbgraues Grün sprießt, so unaufdringlich ist Mittelmäßigkeit. Sie ergeht sich nicht in Gepränge, Großzügigkeit, Anmut oder Weltgewandtheit, schicklich gesagt, sie läßt den Menschen nicht aus sich herausgehen. Die Vorherrschaft dieser farblosen Fassade unterdrückt die weitausholende Geste, erstickt die Freude am Gelungenen und den Mut zum Außergewöhnlichen, sie kultiviert Dilettantismus.

Jetzt ist es aber an der Zeit, den unfügsamen Meditationen des erfolgreichen Karrieristen Halt zu gebieten, auf daß er nicht zum öffentlichen Verteidigungstaktiker in Sachen persönlicher Gewissensfragen wird. Das Schicksal ist ihm viel zu gütig, als daß er sich auf hinter den Phänomenen stehende Triebkräfte des Unbewußten verläßt. Was er jetzt gegen Ende des Jahres 1946 unternimmt – eine Reise via England in die USA –, beruht zwar nicht auf einer von irgendwoher bestimmten Fügung, ist aber doch insofern von der Bestimmung begünstigt, als sie sich wie aus Unerläßlichkeit hervorgegangen anbietet. Im Vordergrund des Vorbedachts stand mal wieder das Geschäft. Es war zu einer wohlgeölten, eingefahrenen Repertoirevorstellung geworden, die, wenn auch gedeihlich, zu stagnieren drohte. Ein neues Programm mußte her, und dafür lag nichts näher, als sich im Geburtsland des Hamburgers, dem Land der umsatzstarken Massenartikel, umzusehen. Wie er beim Umgang mit seiner amerikanischen Matrosenkundschaft mehrfach vernommen hat, soll es dort ein deliziöses, krapfenähnliches Gebäck namens Doughnut geben, das, mittels speziell hierfür konstruierter Maschinen in rauhen Mengen herstellbar, ein gewaltiger Verkaufsknüller ist. Sich das anzusehen, Verbindungen mit den Herstellern der ingeniösen Maschine aufzunehmen und eventuell den Artikel einzuführen, um dadurch womöglich den manuell herzurichtenden, raschen Umsatz hemmenden Pfannkuchen zu ersetzen, sagte auch dem Vater zu. Ferner gab es auch noch das dem vom Krieg in seine Heimatstadt Albany in Kalifornien zurückgekehrten Freund Butch gemachte, in ihrem Briefwechsel mehrfach wiederholte Versprechen, ihn zur Fortsetzung ihres innigen Verhältnisses nach Sydney zurückzuholen. Und nicht zuletzt wollte er dem inneren Druck der stickigen, mit Täuschungen und Enttäuschungen aufgeheizten Nestwärme entgehen, um die Süße des Abenteuers, lang vermißte künstlerische Genüsse und die Geste der großen Welt über sich ergehen lassen. Es war eine selbstverordnete Therapie, die seit den bitteren Tagen der Pariser Armseligkeit von der Aussicht, in physischer und geistiger Ergiebigkeit leben zu können, untermauert war.

Obwohl er (wohlgemerkt von heute aus gesehen) ausloten kann, daß es die erste Reise in die Nachkriegswelt gewesen war, die bei ihm eine Erneuerung oder, weniger verstiegen gesagt, Änderung im Miteinander von Bewahren und Umgestalten hervorgerufen hat, zögert er, die sich vollziehenden Anklänge anhand einer Serie von Einzelheiten vorzulegen. Er befürchtet, selbstgefällig von geringfügigen Dingen zu sprechen, freventlich fehlerhafte Perspektiven zu gestalten und falsche Akzente zu setzen. Diese Ehrenerklärung abgegeben und damit dem inneren Wert seiner Gemütsverfassung Genüge geleistet, greift er zu einem Notizbuch, in dem über Seiten, mal mit Bleistift, mal mit Tinte, Tag für Tag die Einzelheiten seiner Reise vermerkt sind. Es ist bis dahin das einzige Tagebuch, das er je geführt hat.

Das hastig hingeworfene Stichwortgeschreibsel ohne literarischen Wert – Geschäftliches auf Englisch, Privates auf Deutsch – entstand als Beweismaterial für abzugsgerechte Steuervergünstigung. Doch zuvor galt es, die Erlaubnis zu erhalten, aus dem devisenbewirtschafteten Australien Geld mitzunehmen und nicht über die Vernehmung beim amerikanischen Konsulat zum Erhalt eines Visums zu stolpern, bei der ihm Fragen wie: »Was für eine Geborene war Ihre Großmutter?«, »Weswegen wollen Sie in die Staaten?«, »Sind Sie Kommunist?«, »Warum sind Sie nicht verheiratet?«, »Sind Sie homosexuell?« und derlei Indiskretionen mehr gestellt wurden. Besonders nervenzerfetzend waren die Vorbereitungen für die Anordnung der Rundreise (Billette, Anschlüsse, Hotelreservierungen); denn damals gab es den zünftig organisierten Tourismus mit Reisebüros, die fertig programmierte Pauschalreisen anbieten, noch nicht, auch verläßliche Fahr- und Flugpläne, weltweite Telexverbindungen und das ausgeklügelte Kreditkartensystem waren noch nicht geboren.

Doch genug der Präliminarien. Mit Koffer, Adressenliste von Verwandten, Handelskammern, Bekannten, sachdienlichen Treffpunkten und massig guten Wünschen für das Gelingen eines waghalsigen Fluges über die Ozeane versehen, klettert er in ein für den Personenverkehr umgestaltetes Militärflugzeug vom Typ Lancaster, in dem die Sitze beziehungsweise Liegen nicht mit der Nase nach vorne zum Piloten, sondern parallel zu den Wänden des mit Propellern angetriebenen Gefährts angeordnet sind. Mit Piffs, Paffs, Puffs und ohrenbetäubender Lärmerzeugung geht es an der Südküste Australiens entlang nach dem am anderen Ende der gigantischen Insel liegenden Perth, dem ersten Stopp der langen Reise. Nach zweistündigem Aufenthalt geht es von dort aus binnen acht Stunden weiter zur Landung auf der tropischen Miniinsel Cocos Island, von der er und wahrscheinlich auch die anderen dreißig Passagiere noch nie gehört haben. Am Rande der Insel setzt das Flugzeug auf, und wenn es nicht schnell genug bremst, saust es am anderen Ende in den Ozean. Jetzt wird erst mal drei Stunden herumgesessen, weil dem Flugzeug irgendeine Schraube fehlt, und dann geht's quer über den Indischen Ozean nach Colombo, bei dessen furchterweckendem Anblick ihm reichlich unwohl wird. Dort gibt es in einer stinkend heißen Baracke etwas zu essen (Aufwärmküchen nebst eifrigen Servierdamen kannten diese Flugmaschinen noch nicht), und erneut weiter in dem engen Luftfahrzeug bis nach Karatschi, wo mitten in der Nacht schludernde Inder zähe Hühnerbeine verteilen. Hier wird in ein anderes Flugzeug umgestiegen, welches am nächsten Tag auf dem in der Nähe von Tel Aviv gelegenen Flughafen Lidda landet. Auch hier Aufenthalt mit Essen und Fazilitäten für Zähneputzen, Rasieren und Duschen, wobei er zu bemerken wünscht, daß das Betreten des Heiligen Landes in ihm nicht die geringste Regung erweckte. Endlich, nach weiteren zehn Stunden Flug, kann er völlig verdreckt und todmüde in England, auf dem Flughafen Hurn, den Knatterkasten verlassen. Nach intensiver Befragung durch lässig murmelnde Paß- und Zollbeamte findet die Verfrachtung in einen Eisenbahnzug statt, der ihn nach London bringt, wo ihn ein riesiges Badezimmer und ein wohlgepflegtes Bett im feudalen, an der Park Lane gelegenen, fabulöse Preise berechnenden Hotel, dem Grosvenor House, erwarten.

Jetzt müßte vom britischen Untertanen Silbermann anstandshalber ein schmerzlicher Gesang auf das zerbombte London angestimmt werden, wie es sich aufrappelt, wühlt, gräbt, auffrischt und wiedererweckt, oder empfindsamer eine nostalgische Kavatine geträllert werden, die den Tagen gewidmet ist, als er als angehender Abiturient zur Vervollkommnung seiner Sprachkenntnisse in die Weltstadt geschickt wurde. Weder das eine noch das andere findet statt. Da er nach London nur als der Umsteigestation auf dem seinerzeit von Australien aus noch nicht direkt erreichbaren Amerika gekommen ist, genießt er die dort zu verbringende Woche wie eine Ferienzeit, eine arbeitsfreie Verschnaufpause, ein ungezwungenes Eintauchen, angelegt unter dem Vorzeichen der Daseinsfreude am Wohlgeschmack der großen Welt. Hier ist für ihn alles, was das verkarstete Sydney nicht zu bieten hat: Annehmlichkeit, Schnabel-, Augen- und Ohrenweide, Sinnesreiz, eigenwilliges Gehabe ohne Leiden und bitteren Beigeschmack.

Er tummelt sich unermüdlich – meist in Gesellschaft von anempfohlenen oder neu geflochtenen Bekanntschaften – in den exklusiv für Männertreffen geschaffenen Bars und Clubs; diniert und soupiert mit betont weltmännischer Selbstverständlichkeit in Londons erlesensten, mit im Nachklang an Edward VII. Umgangsformen in Französisch verfertigten Speisekarten ausgerüsteten En-vogue-Lokalen; entwickelt sich zum Langschläfer, und wenn er sich endlich aus dem Bett geräkelt hat, besucht er pflichtgemäß den Tower, die Tate Gallery, St. Pauls Cathedral, die Wachablösung am Buckingham Palace und die anderen in jedem Stadtrundfahrtprogramm vorgesehenen Sehenswürdigkeiten. Für die Lunchstunde sucht er sich vollgepackte Massenverzehrlokale aus, notiert zu Zwecken zukünftiger Aufwertung seiner Läden diesen und jenen griffigen Einfall und stellt an seinem Verdauungsmotor fest, daß, was alle Spatzen von den Dächern pfeifen, der englische Fraß so gut wie ungenießbar ist.

Dafür aber ist ihm das Theater in London – stets noch wie in den Kriegsjahren am Spätnachmittag um sechs Uhr dreißig beginnend – ein solcher Hochgenuß, daß er allabendlich aus vordersten Reihen auf die Bretter blickt, die ihm viel, ja so viel bedeuten, daß er, mit angemessenen Randnoten begleitet, Stück für Stück in seinem Notizbuch verewigt. Als er sich daranmacht, aus den Aufzeichnungen eine vorzeigbare Liste zusammenzustellen – mit Shakespeares »Henry IV« beginnend, über Oscar Wildes »Lady Windermere's Fan«, zwei längst vergessene Musicals, ein paar Boulevardstücken bis zu Verdis »Don Carlos«, und dem abendfüllenden Ballett »The Sleeping Princess« führend –, schwindet die intellektuelle Kraft, um mit scharfsinnigen Beschreibungen aufwarten zu können. Zwar fühlt er sich in seinem Element, doch ist er noch weit davon entfernt zu erkennen, wie sich mit dem theatralischen Geschehen eine Symbiose zwischen Lebensnotwendigkeit und Bewunderung einstellt. Was sich bei ihm in London und nach der Unsumme von Theaterbesuchen auf der Reise durch die Vereinigten Staaten abspielt, kann er nur wie eine fragwürdige Verherrlichung verspüren. Erst Jahrzehnte später – man verzeihe ihm diesen Vorgriff –, als er die Stufen zur Position eines eminenten Kunstsoziologen erklommen hat und sich an die Arbeit an einer umfassenden theatersoziologischen Studie macht, werden ihm die vielen Theaterbesuche gemischtester Sorte (Eklektizismus wäre vielleicht das angebrachtere Wort) zu einnehmenden Vorzeichen und unverrückbarer Grundsubstanz für akkurate ästhetische und soziologische Denkbereiche. Darüber soll nicht vergessen werden, daß sich durch den Besuch einiger Ballettabende bei ihm eine besondere Vorliebe für die beschwingende Grazie in Terpsichores Kunst herausgebildet hat, deren männliche Protagonisten er mit der Verve eines Teenagers anstarrt.

In Hurn besteigt er ein für damalige Zeiten komfortables Skymaster-Flugzeug, das ihn, Wartezeiten inbegriffen, binnen vierundzwanzig Stunden über Island und Labrador nach New York bringt. Am Flughafen spielt sich die bis in die heutigen Tage bekannte Szene des Anstehens in Schlangen und Durchwühlens der Koffer ab, und dann hinein in eines dieser verschmutzten und verschrammten Taxis, aus deren beschädigten Polstersitzen einem die Sprungfedern als gediegene Marterinstrumente entgegenblicken. Es ist der Anfang einer monatelangen Reise, die ihn per Auto, Bahn, Flugzeug von New York nach San Francisco, Los Angeles, Chicago, New York und wieder San Francisco führt, von wo aus es nach Sydney zurückgeht. Es bedarf keines sonderlichen Vorstellungsvermögens, um zu erfassen, daß ihn der Berufliches und Privates zusammenführende Streifzug durch das als die Welt der unbegrenzten Möglichkeiten geltende Land mit unzähligen Sachverhalten und einem Schwarm von Menschen in teils nahe, teils bündige Berührungen gebracht hat. Sie sind alle Punkt für Punkt, Name für Name in besagtem zweisprachigen Protokollbüchlein aufgezeichnet.

Beim Durchblättern kommt er angesichts durchlebter erfreulicher, unerfreulicher, beeindruckender, läppischer, dummer und gescheiter Situationen zu der Einsicht, daß ihn eine Niederschrift der detaillierten Notizen womöglich eine leidenschaftliche Faszination verspüren lassen wird, der die Unverfrorenheit des Vortrags einer wenig enthusiasmierenden Schau gegenübersteht. Andererseits darf er nicht verhehlen, daß aus der Mitte des – ohne Übertreibung – vielgestaltigen Gewoges Einflußfährten hervorgegangen sind, die er später strammen Schrittes beackern wird. Je stärker sich diese Kunde bei der Durchsicht seiner Amerika-Buchhaltung aus dem hinteren Winkel der Fernsicht nach vorne drängt, desto mehr weigert er sich, zur reflektierenden Randfigur seiner selbst, der Ereignisse und – fraglos – der Menschen rund um ihn herum zu werden. Dem Tiefsinn dieser Zwischenrede folgend, wird er sich an die Seite zusammenfassenden Thematisierens stellen, wird ohne Selbsttäuschung den Genuß von Kaviar oder Limburger Käse ebenso als gegeben hinnehmen wie diese oder jene geschäftliche Machenschaft oder die Rasanz seiner Bettgeschichten. Und da die Reise mündlich und schriftlich aller Welt als geschäftliche Entdeckungsfahrt angekündigt wurde, lautet das erste Thema: Unternehmer Silbermann auf Geschäftsreise.

Im Einklang mit einer gewählten und deswegen recht bleichsüchtigen Ausdrucksweise ist zu sagen, daß er mit seiner Reise Zeit, Geld und Rührigkeit investiert, um Einblick in das amerikanische Restaurantwesen zu gewinnen. Mit Vorbedacht zergliedert und dadurch bestimmt, richtet lohnender »Einblick« sein Augenmerk, einseitig formuliert, auf die Beantwortung der Fragestellungen: »Wie machen es die anderen?«, »Wie und mit welchen Mitteln lassen sich Herstellungskosten reduzieren und Umsatz steigern?«, »Was gibt es Neues?« und ähnliche handgerechte Gemeinplätze einer von Wissenschaftlichkeit unbeleckten, von privatkapitalistischer Gewinnsucht angetriebenen Wirtschaftsführung. Vorsorglich mit ein paar Beglaubigungs- und Empfehlungsschreiben versehen, die bekräftigen, daß er dies oder das ist und nichts Böses im Sinn hat, sucht er voller Erwartungen als erstes Australiens Handelsvertretung auf, da es landläufigen Regeln zufolge solchen Einrichtungen zukommt, beim Zustandekommen von Wirtschaftsbeziehungen ihre Marktkenntnisse unterstützend zur Verfügung zu stellen. Der ihn dort empfangende australische Gentleman war erstaunlich liebenswürdig, machte ihn mehrere Tassen Tee verschlucken, überschüttete ihn mit Komplimenten – alles, um seine stümperhaften Allgemeinkenntnisse in bezug auf das amerikanische Wirtschaftsleben – vom Gaststättengewerbe gar nicht zu sprechen – keineswegs ungeschickt, indes recht offensichtlich zu überspielen. Wahrscheinlich verstand er etwas von Schafzucht und Wollpreisen, damals noch das Nationaleinkommen des hinter der Industrialisierung herschlurfenden Landes.

Nächste Station: das Büro der amerikanischen Restaurant Association, einem freiwilligen Zusammenschluß kleiner, mittlerer und großer Unternehmen, wenn man so will eine Art Standesvertretung, die ebenso wie beispielsweise der Verband der Schornsteinfeger oder der freien Berufe organisierten Lobbyismus betreibt. Dort wird er von einer wie aus einem amerikanischen Zweitklassefilm geschnittenen schicken Mann-Weib-Gestalt an die Hand genommen und herumgereicht. Sie trifft für ihn Verabredungen, versieht ihn mit Adressen und Telefonnummern, führt ihn zum Lunch und gibt ihm ungefragt handliche Ratschläge für den

Umgang mit den Industriebonzen, kurzum, sie widmet sich höchst eindringlich ihm und seinem Ansinnen, entweder weil sie ihn für einen aus fernen Landen kommenden einflußreichen Großmogul hält oder weil sie nichts Besseres zu tun hat. Wie dem auch sei, sie ist ihm mit ihrer Hilfsbereitschaft und ihrem überschwenglichen Entzücken für die Überreichung eines Blumenstraußes als unverhoffter Lichtblick in dankbarer Erinnerung geblieben.

Der Startschuß war gefallen, und es beginnen für ihn der Marathonlauf durch Türen, Tore, Pforten und Portale von in New York, San Francisco und Chicago gelegenen Fabriken, Büros, Küchen, Backstuben und Kontoren sowie die Treffen mit den dazugehörigen Firmeninhabern, Betriebsleitern, Zwischenhändlern, Küchenchefs, Maschinenbauern und sonstigen im Gastgewerbe tätigen Kopf- und Handarbeitern. Mit seltenen Ausnahmen präsentieren sie sich ihm als Managertypen, von denen erbauliche Wirtschaftszeitschriften schwärmerisch sagen, daß ihr Erfolg das Resultat sei von Können, Initiative und dem Mut, Entscheidungen zu treffen. Es soll ihm recht sein, solange sie ihm nicht ob des Sonnenscheins ihres Erfolges schon zu früher Morgenstunde mit dem Angebot eines ermannenden Glases Dry Martini entgegenkommen. Natürlich weihen sie ihn nicht in die tieferen Geheimnisse ihres Geschäftsgebarens ein – warum sollten sie auch –, sind aber erstaunlich freimütig, wenn die Rede beispielsweise auf Umsatzziffern, Gewinnmengen und Spitzfindigkeiten zu Zwecken der Profitmaximierung kommt. Manchesmal springen sie gar über ihren oft gebrandmarkten Time-is-Money-Schatten, entledigen sich ihrer im amerikanischen Geschäftsleben gebräuchlichen ungeläuterten Maulfertigkeit, werfen ein paar Angelhaken in den Zuschnitt seiner Person und sind ohne Zurückhaltung bereit, ihn an die Kollegen von der Konkurrenz weiterzuempfehlen. Er kann also, ohne zu fabulieren, dem stets etwas argwöhnischen Vater schreiben, daß er anstandslos überall mit den bekanntlich wohlgemuten offenen Armen empfangen wird. Wenn er bedenkt, daß er, der im Vergleich zu den Eigentümern und Geschäftsführern von über vierzig oder gar hundert Filialen mit Riesenumsätzen nur ein kleiner Fisch ist, von diesen Tycoons nicht wie eine Spottfigur mit der linken Hand abgetan wird, kommt er aus dem Staunen kaum heraus.

Es tut sich ihm eine Erfahrung auf, die zwar Emotionen berührt, jedoch gedeihlich nur mit Hilfe einer rationalen Musterung aufzudecken ist. Ohne Anspruch auf besonders gescheite Schlüssigkeiten dürften es drei Faktoren gewesen sein, die den Bodensatz für das ihm entgegengebrachte hohe Maß an Hilfsbereitschaft und Vertrauen – nennen wir es wortgetreu ruhig mal Konfliktlosigkeit – gebildet haben. Zu beginnen ist mit seiner Legitimation als Geschäftsmann aus Australien, einem dieser Menschen, die auf dem Schulglobus weit unten in der Ecke der Welt inmitten von Schafen und Känguruhs leben – also eine Rarität, etwas noch nie Gesehenes, eine Art Exot, der für seine Visite im Land der Geldmacher seinen Lendenschurz gegen Jacke und Hose eingetauscht hat. Und da es sich gehört, Exoten – auch wenn sie keine Löffel oder Federn im Haar tragen – mit allgütiger christlicher Nächstenliebe zu begegnen, damit sie sich ja nicht als Minderwertige fühlen, ist hilfsbereite Bedachtsamkeit die angebrachte, zudem auch noch kostenloseste Handlungsweise. Doch kaum ist die hierzu gehörende einleitende Australiensequenz mit der vollwichtigen Redefigur »So, so, Sie kommen aus Australien!« verhallt, folgt das unausbleibliche »Was kann ich für Sie tun?«, gesprochen in einem die Skala der Jovialität verlassenden Tonfall, der zu verstehen gibt: »Versuch nur ja nicht, mir was anzudrehen!« In diesem Augenblick exzelliert der erfahrene Bittsteller Silbermann mit der Kunst der Verwerfung, indem er, ohne seine Absichten kundzutun, kurz andeutet, was er nicht im Sinne hat: Weder will er etwas verkaufen noch finanziert werden, noch sich beteiligen, noch sich kommerziell auf dem Boden des mit Konkurrenz reichlich bedachten Amerika niederlassen. Und um das letztere doppelt und dreifach zu unterstreichen – schließlich, wer will sich schon den Vipern der Konkurrenz ausliefern –, läßt er diskret Dauer seines Visums, Datum seiner Abreise, weitere Besuchsplanungen bei Kollegen, die Tätigung von Einkäufen auf dem amerikanischen Maschinenmarkt, Dankbarkeit für die Hilfestellungen usw. durchblicken, damit absolut klar wird, daß er sich als Gast, als nichts anderes als ein Gast im Lande und natürlich (als Kompliment eingeflochten) auch bei seinem Gesprächspartner sieht. Nach dem Zugvogelprinzip attestiert er sich als der gerngesehene Gast, da der Gastgeber weiß, daß der Vogel wieder abziehen wird. Auch die zwanglose Liebenswürdigkeit der Kollegenschaft, von der Gastprofessoren in höchsten Tönen zu berichten wissen, wenn sie nach mehrmonatiger Tätigkeit an einer fremden Universität zu ihrer eigenen Arbeitsstätte zurückkehren, beruht auf der Handhabung dieses vortrefflichen Prinzips.

Da er sich nicht Tratschliesel oder Langeweiler schelten lassen möchte, was gewiß geschehen würde, wenn er jetzt anfinge, sorgfältig aufpoliert, Besuch nach Besuch, Besichtigung nach Besichtigung, Gespräch nach Gespräch Revue passieren zu lassen – eine demaskierende Entkräftung dramaturgisch vorgezeichneter Wechselfälle des Lebens –, geht er schnurstracks und ohne Gewissensbisse auf den für ihn umsetzbaren Ertrag einer Reise durch die amerikanische Abfütterungslandschaft zu. Einmal ist dies die Kenntnisnahme von maschinellen, Zeit und Arbeitskraft einsparenden Verarbeitungs- und Herrichtungsmethoden von Speisewaren, wodurch Verkaufspreise auf niedrigem Niveau gehalten werden können. Drei solcher Maschinen kauft er an und läßt sie nach Sydney verschiffen. Zum anderen durchläuft er eine Lehre in Kostenberechnungs- und Kontrollmethoden, die er später, als sich die Anzahl seiner Läden verdoppelt hat, mit Nutzen einsetzt. Und dann, nach Ablehnung diverser, für Massenumsatz bestimmter, nach seiner Ansicht jedoch dem australischen Geschmacksmarkt nicht entsprechender Waren (zum Beispiel heiße Waffeln überschwemmt mit klebrigem Maple Syrup oder felsenharter Cheese Cake), findet er im Doughnut den Massenartikel, von dem er hofft, daß er dem etwas erlahmenden Umsatz des Hamburgers zur Seite stehen wird. Es bedurfte langwieriger Erkundigungen quer durchs Land, bis er einen Hersteller von Doughnut-Gerätschaften fand, der ihm beim Ankauf von zwei kleinen und einer großen Fabrikationsmaschine sowohl das Rezept für das zu verwendende Spezialmehl lieferte als auch bereit war, einen noch an Ort und Stelle anzuheuernden Mitarbeiter für den Herstellungsprozeß auszubilden. Es bedarf wohl keiner deutenden Zusätze, um zu verstehen, was er zu bewältigen hatte, bis die diesbezüglichen Kauf-, Ausbildungs-, Zahlungs-, Garantie- und Verschiffungsverträge (vorsorglich unter Einsatz eines Anwalts) zur Ausführung gekommen waren.

Die Beschaulichkeit, mit der er den Kreuz- und Querspuren seines Profils als geschäftsbeflissener Forschungsreisender nachgeht, weicht der Exaltation, sobald er zum nachtschwärmenden Pfadfinder wird. Es wäre Verleugnung seiner selbst, wollte er die Erinnerung an die Wucht, mit der er sich kurz- oder langatmig von einem genießerischen Abenteuer in das nächste stürzt, durch beklommenen Kleinlaut überdecken. Selfmademenschen wie er werden bis zu einem gewissen Grad auch unterhalb der Gürtellinie zu streberhaften Herausforderern. Er sprengt das mit zurückhaltenden traditionellen Vorbildern beladene Schiff, auf dem er sich bis dahin durch die australische Langeweile hat schaukeln lassen müssen. Ob phantasierende, mythologisierende oder moralisierende Geister da von Frustrationsüberwindung oder Nachholbedarf sprechen, um Nützlichkeitserweise zu erbringen, soll ihm gleichgültig sein: Er sieht sich nicht als Stütze der Gesellschaft, er sucht Gesellschaft.

Wie leicht ihm das doch in den Gay Bars von New York

(»gay« für »homosexuell« und nicht etwa für »lustig«) gemacht wurde. Niemand stand unnahbar herum und tat so, als sei er nur gekommen, um ein bis zum Rande mit Eis und einer Kostprobe von Whisky gefülltes Glas zu sich zu nehmen. Ganz im Gegenteil, kaum am Glase genippt und den Blick ein- und abschätzend durch die Gegend geworfen, kommt schon irgendwer mit einem Glase in der Hand und dem Begrüßungsschlachtruf »Hi« (zeitersparende Abkürzung für »How are you?«) auf einen zu und läßt mit der spendablen Herausforderung »Have a drink« den Status eines Freiers durchblicken. Die darauffolgende Konversation – falls man dem knappen, meist aus Fragen nach Vorname, Herkunft, Wohnort und Beruf bestehenden stereotypen Wortwechsel die Artigkeit einer Plauderei zuweisen kann – endet schon nach kürzester Zeit ohne Getue, Schwärmerei, Anlockungs- oder Auflockerungsversuche mit der eindimensionalen »Shall we go?«-Phrase, die, so kurz angebunden sie auch ist, schmelzender in den Ohren klingt als ein brüskes »Geh'n wir?«. Das Ungewöhnlichste an dieser schnuppigen Art der Anbändelung ist ihm jedoch, daß kein Mensch je eine enttäuschte oder gar böse Miene aufsetzt, wenn der Frage in barscher oder eleganter Weise, beispielsweise mit den Worten: »Ich möchte noch etwas hier bleiben«, ein Nein entgegengesetzt wird – der Freier zieht einfach von dannen.

Er stellt sich diesen Sitten und Bräuchen so kaltschnäuzig wie ein begehrter Bruder Liederlich, läßt Normalitäten wie Perversitäten über sich ergehen und vergißt darüber zeitweilig gar die Gediegenheit und Seriosität der ausgewogenen Freundschaft mit dem in San Francisco auf ihn wartenden Butch. Erst nachdem ihn die Faszination von Lenwood umfängt, einem, da schwarz, zu der Zeit noch am Rande der amerikanischen Gesellschaft lebenden bildschönen Ballettänzer, verläßt er das Experimentierfeld. Mit und durch Lenwood, dem Solotänzer einer der ersten schwarzen Tanztruppen, der Katherine Dunham Company, zieht er erneut in die ihn von jeher berückende Welt des Theaters ein. Anstatt Abende und Nächte seine Kräfte in Bars und Betten zu erproben, werden Theatervorstellungen und daran sich anschließende Erörterungen zur Weide seiner musischen Sinne. Auch gewinnt er durch den Umgang mit dem kaffeebraunen Liebhaber sachverständige Einblicke in die choreographische Kunst, lernt durch ihn Musiker, Bühnenbildner und Literaten kennen, von denen er einige nie aus den Augen verlieren wird, und ist auf der weniger erfreulichen Seite gegenwärtig, wenn dem Negerfreund der Eintritt hier oder dort verwehrt wird: Die Leiden der Ohnmächtigen, der Schwarzen wie der Juden, schlagen ihm ins Gesicht.

Als er sich in San Francisco mit dem vor Freude überbordenden Butch zum Einschiffen nach Sydney wiedertrifft, hatte er ein Mammutprogramm hinter sich gebracht. Er hat Geschäfte gemacht, hat unzählige Theaterstücke gesehen, herumgehurt, verpflichtende und unverpflichtende Mengen von Alkohol in sich hineingegossen, Museen durchlaufen und Sehenswürdigkeiten beglotzt, er hat Kinos, Filmstudios, Synagogen und weit entfernte Verwandte zum ersten und letzten Mal besucht, hat Buchhandlungen und die Bekleidungsindustrie durch reichhaltige Einkäufe beglückt und vielen netten und weniger netten Amerikanern ins Gesicht und auf die Schuhsohlen ihrer auf den Tisch gestreckten Beine geblickt. Kurzum, fast möchte er am Ende seiner vogelhaften Reise vor sich selbst bewundernd in die Knie gehen. Doch dafür war jetzt keine Zeit. Das angesammelte Gut wurde verpackt, einer Schiffahrtsgesellschaft anvertraut, und Butch und er besteigen ein sich Clipper nennendes Propellerflugzeug, das sie nach Honolulu bringt, wo sie sich in einem Hotel an der damals vom Massentourismus noch unbefleckten Waikiki Beach ein paar Tage ausruhen. Dann geht's nach einem zehnstündigen Flug weiter auf einen gottverlassenen Flecken namens Canton Island, wo sie wegen eines Motorschadens in einer Armeebaracke zu übernachten haben, dann auf nach Fidschi, die Nacht wieder in halb verpesteten Baracken verbringend, weiter nach Nouméa, womit sie nunmehr insgesamt vierzig Stunden Fliegerei hinter sich gebracht haben. Nächste Station: Auckland auf Neuseeland, dort Wechsel in ein aus dem Wasser aufsteigendes Flugzeug, das sie um sieben Uhr morgens in Sydney wieder aufs Wasser setzt. Es öffnen sich die Arme von Vater, Mutter und Else, die es sich von da an nie mehr nehmen lassen wird, bei seinen Abflügen und Ankünften zugegen zu sein. Seine erste Reise um die Welt ist beendet, ein Neuorientierter wird vorzeigbar.

XI

Aufrichtig gesagt, ödet es ihn an, den Faden seiner geschäftlichen Obliegenheit und Laufbahn weiter zu verfolgen, zumal er festzustellen hat, daß die Geschäfte während seiner monatelangen Abwesenheit auch ohne ihn splendid reüssiert haben. Zudem aber auch, weil er sich nicht wie ruhmredige Filmdarsteller gebärden will, in deren meist von fremder Hand verfaßten Selbstdarstellungen von einer Rolle zur nächsten gesaust wird. Andererseits wiederum, wenn er jetzt plötzlich anheben sollte, die Bestandsaufnahme seiner geschäftlichen Betätigungen unter den Tisch fallenzulassen, nur weil sie ihren Reiz verloren haben, würde er sich selbst etwas vormachen. Er würde die Herkunft des Wohlstands übergehen, der es ihm erlaubt, sich, fern vom Händlerischen liegend, weitaus ansprechenderen Betriebsamkeiten zu widmen, und verfehlen, sich vor sich selbst sichtbar zu machen. Er gehört sonach nicht zu der Gruppe der Selbsttäuscher, die versuchen, wie der Atheist von Gott von sich selbst Distanz zu gewinnen.

Nun gut, Öde, Beklemmung oder Seelenqual, genug der seichten Worte. Mache er sich daran, kurz angebunden die Blöcke vorzuzeigen, mit denen er die Pyramide seines Unternehmens weiter aufbaut. Ein erster Brocken kommt ihm in der Gestalt von drei Hamburger-Verkaufsstätten entgegen. Ihre ihm bekannten Eigentümer – ein ständig besoffener und ein bauernschlauer Australier – bieten ihm eine Beteiligung an ihrer Firma an. Er soll den Trunkenbold auskaufen und die Geschäftsführung übernehmen, während der offensichtlich an Arbeit nicht besonders interessierte Oberschlaue zur Hälfte als stiller Teilhaber verbleibt. Das heißt auf Hochdeutsch, die Silvers-Organisation tut die Arbeit, der fein säuberlich gekleidete Herr Teilhaber gibt beim monatlichen Treffen seinen Senf dazu, und im übrigen kassiert er, wenn es was zu kassieren gibt. Solche Beteiligungsgeschäfte sind bekanntermaßen der helle Wahnsinn, was der Vater dadurch unterstreicht, daß ihm der Anbieter suspekt erscheint und die drei am Rande der City gelegenen Hamburger-Läden – sowohl was ihre Einrichtung als auch ihre Kundschaft angeht – nicht gerade das Feinste vom Feinsten sind. Darüber konnte kein Zweifel sein. Dennoch, so meint der Juniorchef, bleibt es immer eine gute Sache, die Konkurrenz durch Aufkauf auszuschalten. Im übrigen, und das war für ihn das Ausschlaggebende, brauchen wir Absatzgebiete für die von uns zentral hergestellte beziehungsweise vorgefertigte Massenware, die Hamburger, die Steaks, die Chips und, bitte nicht zu vergessen, den Artikel Doughnuts, der sozusagen vor der Türe steht. Als er dem Vater dann noch die in Amerika ergatterte trickige Finesse der doppelten Gewinn erbringenden gegenseitigen Warenlieferung durch zum gleichen Konzern gehörende selbständige Gesellschaften vor Augen führt – eine Angelegenheit der Organisation und Buchführung –, willigt Papa Silbermann ein, die Firma Silvers um weitere drei Läden aufzustocken. Schonungslos realistisch, sich seiner demütigenden Erfahrung mit den Partnern im Amsterdamer Druckereibetrieb erinnernd, klammert er in den Verträgen soweit wie möglich jedwede Einwirkung auf die Geschäftsführung durch den in die Stille versetzten Teilhaber aus.

Er macht sich auf die Beine, einen Geschäftsführer für die drei Geschäfte zu finden, die angesichts ihrer Lage im Hafen-, Amüsement- und einem runtergekommenen Arbeiterviertel von einer entsprechend zwielichtigen Kundschaft frequentiert werden. Wie gut es doch ist, daß er keine Berührungsfurcht kennt und sich auch dort zu bewegen weiß, wo, wie in seinem Musikrestaurant California an der Kaffeebar, eine nicht sonderlich gut beleumundete Klientel herumhängt. Dorthin begibt er sich, um sich nach einem Manager umzusehen, der so in etwa den Typen entspricht, die in den drei Sumpfläden verkehren und dort beschäftigt sind. Denn: Gleich und gleich gesellt sich nicht nur gern, sondern läßt sich auch von gleichen, vor allem solchen, die die gleiche Sprache sprechen, leichter führen.

Seine Wahl fällt auf einen Mister Wallace, seines Zeichens ein aus dem Krieg zurückgekehrter, bei den Klüngeleien der lokalen Arbeiterpartei mitwirkender Australier der robusten Art, Amateur im Geldverdienen ohne Fachkenntnisse. In die Organisation, den Herstellungs- und Verkaufsablauf, die Angestellten- und Kundenbehandlung, Abrechnungs- und Kontrollmethoden eingeweiht, erweist sich der mit vielen Wassern Gewaschene als ein cleverer Bursche, der es schon nach einigen Monaten versteht, sein Gehalt regelmäßig durch ein paar verschleierte Griffe in die Tageseinnahmen aufzubessern. Der an der Proletenseite hängende Mann, mit dem er im Gegensatz zu Vater und den anderen Managern gut auskommt, ist tüchtig; Wachstum und reibungsloser Ablauf zeigen es. Das war ein Segen, denn je weniger er sich um diesen modrigen Dreiachser zu kümmern und ihn aufzusuchen hatte, um so lieber war es ihm. Man muß eben zu delegieren wissen, meint er gegenüber dem ständig mäkelnden Vater, der mit einem Leistenbruch im Hospital liegt, weil er lieber selber schwere Kisten schleppt, als jemanden darum zu bitten. Als verdienstlich erwähnenswert bleibt übrigens noch, daß es dem Manager Wallace mittels althergebrachter australischer Bestechungsmethoden gelungen war, den einen, im Vergnügungsviertel King's Cross gelegenen Laden durchgehend vierundzwanzig Stunden offenzuhalten, was allerseits wie ein neumodisches Wunder angesehen wurde.

Ein weiterer geschäftlicher Akzent ist auf die Ankunft der Doughnut-Maschinen aus Amerika, ihre Einrichtung, die Herstellung und den Vertrieb der Teigware zu setzen. Die zwei kleinen Maschinen werden in den in der George Street situierten Läden aufgestellt, von dem inzwischen in Sydney angekommenen, in New York ausgebildeten Fachmann unter Fluchen, Schimpfen, Durchbrennen zahlloser Sicherungen und Nutzung verschiedenartiger Schraubenzieher in Bewegung gebracht und vom Publikum pflichtig bestaunt. Wie seinerzeit bei den Hamburgern läuft der Verkauf sehr langsam an, so daß die Maschinen zeitweise wie arme Verwandte unbeschäftigt in der Ecke stehen. Die Riesenmaschine, die zweitausend Doughnuts in einer Stunde ausspuckt, kommt auf die erste Etage des Fabrikgebäudes, in dem die Hamburger gerollt, die Chips angebraten und die Steaks auf Maß geschnitten werden. Das bringt fürchterlichen Ärger mit sich, denn die Fritzen vom Gesundheitsamt, obwohl sie ein dergestaltiges Unikum noch nie gesehen haben, quengeln daran herum, verlangen die Hinzuziehung von Gutachtern und Statikern, und da sie in rauhen Mengen auftauchen, sind sie nicht zu bestechen. Endlich, nach monatelanger Verzögerung, währenddessen Elektriker, Klempner und Bauarbeiter mit ihrem Hämmern, Stampfen und Rammen das Gebäude fast zum Einsturz gebracht haben, schwimmen die runden Dinger durch das für sie vorgesehene heiße Backfett und tauchen am Ende des vier Meter langen Getriebes, mit einer Schokoladenpampe übergossen, verzehrbereit auf.

Nun muß das Zeug en gros an den Mann gebracht werden, wofür Vetter Isi vorgesehen wurde, der nach seiner Entlassung aus dem für die aus England verschifften unerwünschten deutschen Juden eingerichteten Internierungslager auf Vaters Wunsch hin in die Firma aufgenommen worden war. Isi wird mit eben einem solchen Musterkarton ausgerüstet, mit dem Alphons seinerzeit Paris durchstreifte, um dänisches Gebäck zu verkaufen – und ist ebenso erfolglos. Zwar wurden mal hier und da ein paar Dutzend Doughnuts bestellt, aber dafür dieses Ungeheuer von Maschine auch nur anlaufen zu lassen, war der Höhepunkt der Unwirtschaftlichkeit. Trotz allen Einsatzes für die Popularisierung des eigentlich recht schmackhaften Gebäcks stand der Umsatz in keinem Verhältnis zu den Herstellungs- und Vertriebskosten. Kurz gesagt: Es war ein grandioser und kostspieliger Mißerfolg. Als einziger Trost blieb die Tatsache, daß sich Verluste von der Steuer absetzen lassen. Der technische Riesenkasten wurde stillgelegt, und die beiden in den Läden aufgestellten Doughnut-Maschinen führten auch nur noch ein armseliges Dasein, bis sie durch das viele Herumhantieren an ihrem Mechanismus das Leben drangaben.

Zu sagen, er habe den Reinfall als ein persönliches Debakel empfunden, wäre eine geschwätzige Übertreibung. Schließlich war es nicht das erste Mal, daß er sich die Finger verbrannt hatte. Das bei ihm vorhandene Quentchen Fatalismus ließ sich selbst durch Vaters vorwurfsvolle Anspielungen nicht schmälern. Überdies hatte ja die Amerikareise bei ihm nicht nur kommerziell Dienliches in Bewegung gesetzt, auch ein Häuflein intellektuell reizvoller Anstöße lag zum Anschub bereit. Er braucht nur mit dem inzwischen in der gemeinsamen Wohnung wohlinstallierten Freund Butch ins Konzert oder Theater zu gehen, einen Abend am Flügel zu verbringen, Schallplatten zu hören oder die mitgebrachte Menge an Programmen, Büchern und Fotos durchzusehen, und unverzüglich überfällt ihn eine Findungssuche, die, weitab vom täglichen Geldverdienen liegend, in Richtung von Betätigungen verläuft, die irgend etwas mit den Künsten zu tun haben. Untrüglich – wie könnte es auch anders sein – stehen dabei Musik und Musikleben im Vordergrund, trotz der ohrenzerreißenden Töne, die der zum Studium am Konservatorium eingeschriebene Butch beim Üben auf seinem Waldhorn von sich gibt.

Es wäre zu hoch gegriffen, würde er sagen, er habe versucht, seinen Lebenskreis in die Enge der verführerischen Einheit von Musik und Leben einzubinden, obwohl dies herrlich märtyrerhaft klingt. Und ebenso verstiegen wäre es, wenn er für sich das inspirierende Feuer eines Interpreten in Anspruch nehmen würde, der nur auf die Chance wartet, mit der Wiedergabe von Chopins »Balladen« tosende Bravorufe hervorzurufen. Nein, nein, er weiß nur allzugut, Träume vom Leben abzuschirmen, weiß oder fühlt zumindest, daß es, wenn ihn etwas an- oder vorantreibt, sein Geltungsdrang ist, gleich, ob dieser auf die Teilhabe am Musikleben ausgerichtet ist, auf das Spiel mit den Requisiten der Ökonomie, die Variationen seiner Freundschaften oder sein herausforderndes Benehmen. Es ist kein leichtes, den Geltungsdrang sich austoben zu lassen, ohne zu einem ewigen Störenfried zu werden, und so kann er beim Hinweis auf seine musikalische Vortrefflichkeit nur mit gebotener Behutsamkeit zu Werke gehen. Die ihn als ihren Hausfreund nie aus den Augen lassende Else ist ihm dabei von unersetzlicher Hilfe. Denn nicht nur hat sie seinen Geltungsdrang erkannt, da sie selbst davon besessen ist, sondern unterstützt und fördert ihn, weil sie sich dann in dessen noch so minimaler Ergiebigkeit verschwärmt sonnen kann.

Als eifrige Besucher von künstlerischen Veranstaltungen sowie infolge mannigfacher Kontakte zu an den Künsten interessierten Alt- und Neuaustraliern erkennen beide, die mit gesellschaftlichen Talenten ausgestattete Else und ihr ehrgeiziger Page, die unverhohlene Begierde der im fernen Land Ansässigen nach Informationen über den neuesten Stand der künstlerischen Aktivitäten in anderen, besonders den englischsprechenden Teilen der Welt. Dieses heftige Verlangen eröffnet ihm den Zugang zu einem Kreis, der über seinen eigenen, auf Emigranten beschränkten hinausgeht. Auf Wunsch aller möglichen kunstfreundlich gesinnten Vereine, Verbände, Förderkreise und von der Wohltätigkeit zugewandten Damen- und Herrengesellschaften tritt er wie ein mit der Aureole des Experten umgebener Redner auf, dessen mehrfach wiederholter und erfolgreicher Vortrag den unverfrorenen und zugleich unwahrhaften Titel »Kritischer Bericht über eine Kunstreise« trägt. Er läßt sich über Theaterstücke und Schauspieler aus, über Konzertprogramme und Interpreten, über Ballettabende, Choreographen und Tänzer, alles begleitet von kritischen Bemerkungen, die er einleitend als Zutaten für die Förderung der Künste in Australien hinstellt. Diese wohlüberlegte schmackhafte Bauchpinselei sowie Ankündigungen und Berichte über seine Vorträge in der Presse – die ersten von vielen Hunderten in seinem Leben – erfüllen genau das seinem Geltungsdrang entsprechende Mitmischungsziel. Er, der sich als Geduldeter bis nach dem Kriege wie ein sprachloser Duckmäuser hat verhalten müssen, wollte dort seinen Einfluß geltend machen, wo das Land der Amateure jahrelang seine musikalischen Sinne aufs trockene gelegt hatte. Das muß gesagt werden, denn er möchte nicht den Eindruck erwecken, seine aktive Beteiligung am künstlerischen Leben der Millionenstadt Sydney, so diversifiziert und bescheiden sie auch gewesen war, sei eine Art Dankesbezeugung gegenüber dem Gastland gewesen – es war reiner Selbstzweck.

Wie kam die aktive Beteiligung zustande und woraus bestand sie? Um auf diesen Fragenkomplex eine der historischen Wirklichkeit angemessene Antwort zu geben, durchbricht er die Enge von Zeitspanne und Personenkreis. Es geht einfach nicht an, das Emporkommen auf einer zubereiteten Hügelkette in noch so schönen und geistreichen Passagen nachzuerzählen oder gar vorwegzunehmen, ohne die Landschaft – hier die musikalische – sowie deren Anziehungskraft mit in Betracht zu ziehen. Wer wie Silbermann während des ersten Jahrzehnts seines Einlebens in die australische Gesellschaft dem dortigen mageren Musikleben mit Befremden gegenüberstand, später dann miterlebt, wie amateurische und professionelle Beflissene sich ans Werk machen, um quantitativ und qualitativ das Musikleben einer Großstadt von einem verhängten Traditionshimmel zu befreien, der darf seinen kritischen Blick nicht an Verachtung aufzäumen.

Er muß erfassen, was es für sich entwickelnde Musikzeitläufte bedeutet, wenn er der australischen musikgeschichtlichen Vergangenheit entnimmt, daß 1836 das erste große öffentliche Konzert stattfand, im gleichen Jahr ein Konservatorium eröffnet wurde und 1843 die erste Aufführung einer italienischen Oper über die Bühne ging. Erst von 1850 an, als in Europa Konzert- und Opernveranstaltungen schon lange zu feststehenden Einrichtungen geworden waren, machten sich englische Sänger, Violinisten und Pianisten als Besucher auf den drei Monate hin und drei Monate zurück dauernden mühsamen Schiffsweg nach Australien. Die meisten unter ihnen waren so zweit- und drittrangig, daß man ihre Namen in keinem noch so voluminösen Musiklexikon findet. Sie nahmen die stürmische Seefahrt auf sich, weil sie in England niemand hören wollte und sich bei den Kolonialen noch was Geld verdienen ließ; auch konnte man sich eventuell als musikgescheiter Lehrer niederlassen.

Von der Jahrhundertwende an, als die Reisebedingungen wesentlich verbessert waren, landeten an den Küsten Australiens international bekanntere und einflußreichere Künstler, darunter die vielgefeierte, bis auf die heutigen Tage in der Süßspeise Pfirsich Melba verewigte Sängerin Nellie Melba, deren sich die Australier immer noch brüsten, da sie in einem Kaff in der Nähe von Melbourne geboren wurde. Von ihr stammt ein häufig zitiertes Wort, welches die musikalische Geschmacksebene des damaligen australischen Musiklebens treffend charakterisiert. Und zwar geschah es auf hoher See, als das Schiff, auf dem sich die Melba auf dem Rückweg nach England befand, das Schiff kreuzte, auf dem sich die ebenfalls berühmte Sängerin Clara Butt zu einer Konzerttournee nach Australien begab. Die geadelte Dame Melba nahm die Gelegenheit wahr und ließ der Kollegin telegraphisch den Erfolg versprechenden Rat zukommen: »Give them muck.« Mit dem »muck«, dem »Dreck« oder auch »Mist«, war das aus englischen, irischen und schottischen Volksweisen, Seemanns- und Bänkelliedern, Gassenhauern und ähnlichem Singsang bestehende Repertoire gemeint, einschließlich der »Letzten Rose im

Sommer«, bei der einem jeden ehrbaren Englischstämmigen sofort die Tränen in die Augen steigen.

Es bedarf keiner Seiten füllenden, in Musikgelehrtensprache gefaßten Analysen, um zu verstehen, wie sich in Australien im Verlauf der ersten Jahrzehnte des 20. Jahrhunderts eine sich fast überstürzende Entwicklung des bis dato in der gnädigen Mundart englischer Tradition verbliebenen Musiklebens gestaltete. Da war erstens die ständige Verbesserung der durch Schiffsreisen aufrechterhaltenen Verbindungslinien zwischen dem europäischen und dem australischen Kontinent. Was einstens eine gewagte, recht unbequeme Seefahrt von drei Monaten war, wurde zu einer nur noch sechs Wochen dauernden Überfahrt auf Wasserfahrzeugen, die neben Sicherheit auch noch Zeitvertreib anboten. Sodann, vor allem nach dem Ersten Weltkrieg und in den Jahren des wirtschaftlichen Niedergangs, wurde das ferne Australien das gebenedeite Land für Ruhe, Frieden und wirtschaftlichen Erfolg Suchende sowie ein ertragreiches Importterritorium. Und somit, um nicht von der Musik abzuschweifen, kamen zum einen Musiker aller Kategorien ins Land und zum anderen die zum Musizieren notwendigen, in Australien nicht hergestellten Materialien (Noten, Instrumente, Schallplatten, Bücher); damit zusammenhängend auch Kennerschaften, Geschmacksurteile und Informiertheiten. Mit freudigem Entzücken öffneten sich die Ohren des musikliebenden Publikums, als ihnen vorgeführt wurde, daß das Musikschaffen nicht bei den Klassikern und Romantikern ein Ende gefunden hatte.

Als nächstes, viele Jahre überspringend, hält während dieser hurtigen Hintergrundbesichtigung das Radio mit endlosem Verbrauch an Musiken seinen Einzug. Wie auf den meisten Gebieten orientiert sich Australien auch hier am Vorbild Großbritannien. Die Australian Broadcasting Commission, abgekürzt ABC, folgt dem Beispiel der in London stationierten BBC und wird neben anderem zu einer verdienstvollen Musikversorgungsanstalt. Dank der ihr zur

Verfügung stehenden Mittel kann sie sich in jeder der großen Städte ein permanentes Symphonieorchester nebst Dirigent leisten, kann sich ohne Rücksicht auf Gewinn oder Verlust als Konzertagent betätigen, wohldotierte Künstler großen und kleinen Namens für landesweite Tourneen importieren und öffentliche Konzerte organisieren, von denen sie ein jedes in ihr drahtlos übertragenes Abendprogramm einspeist. Es ergießt sich im Vergleich zu früheren Jahren eine Flut von Musik über das Land, die großenteils von Herren englischer Herkunft und Ausbildung programmiert und administriert wird. Verantwortungsvoll versuchen sie, ein Ineinander von Provinz und Internationalität herbeizuführen und passive Hörgewohnheiten zu aktiven umzugestalten.

Mit dieser erkenntnisfrohen Einschätzung bricht er seinen zwangsläufig unabgerundeten geschichtlichen Extrakt ab; denn damit ist er in die Gegenwart seines Einfiltrierens in das sich ruckartig entwickelnde, streckenweise überbordende Musik- und Kunstleben in der australischen Hemisphäre eingetreten. Die ihm an dieser Stelle angebracht erscheinenden Reizworte lauten, wenn großspurig und anmaßend genutzt: Kunstförderung, Qualitätsbeeinflussung und Experimentierfreudigkeit. Auf die pragmatische Ebene seines Denk- und Empfänglichkeitsbereiches zurückgeschraubt, sind es Ärgernisse, Widerwärtigkeiten und vor allem Mißachtung des die Konzert- und Theatersäle füllenden Publikums, die bei ihm aufrichtigen Unmut haben aufkommen lassen.

Wie überall in der Welt erhält er beim Besuch der Konzerte jene Programmhefte in die Hand gedrückt, die dem Hörer Einblick in die aufzuführenden Werke und ihre Komponisten geben sollen, sich jedoch als ausgesprochene Publikumsanödungs-Schwarten herausstellen. Seitenlang werden die Sätze einer Symphonie, eines Violinkonzerts oder einer Klaviersonate auseinandergenommen und in musiktheoretischer Sprache sequenzenmäßig seziert, damit der Hörer nur ja wisse, daß das Thema im siebzehnten Takt von der Oboe übernommen, im achtundzwanzigsten von der Piccoloflöte aus D-Dur in die Es-Moll komponierte Durchführung eingebracht wird, die sich dann unter Verwendung von Dissonanzen und plötzlichen Modulationen (im zweihundertdreiundzwanzigsten Takt) einer kühnen Koda zuwendet, die ein Beispiel vollendeter Polytonalität ist. Vor seinem geistigen Auge sieht er förmlich, wie Reihen von Konzertbesuchern der Schweiß von der Stirne trieft, wenn sie versuchen, rechtzeitig die angegebene Taktzahl aufzufangen, die Kühnheit der Koda zu enträtseln und sich dabei noch in ihrem Gemütszustand von der Musik erfassen zu lassen.

Und kommt es erst zu Programmheften für Opernvorstellungen (eine zusammengewürfelte italienische Truppe ließ damals gerade ihre Bel-Cantos auf die Australier los) – ja, dann ist erst recht kein Halten mehr. Das Hochglanzpapier ist übersät mit tiefgründigen Aussagen über Ausdrucksgestus, Schematismen, Solokantilenen, Parlando usw., ist angefüllt mit Fragen geisteswissenschaftlicher Fixierungen, psychologischer Abgründe, paraphrasierter Perspektiven und, nicht zu vergessen, liebgewonnener Vorstellungen und falscher Selbstverständlichkeiten über Schaffensperiode, Privatleben, Erfolg und Zeiterleben des Komponisten. Nun schön, er weiß natürlich so gut wie die virtuosen Verfasser beziehungsweise Zusammensteller der Druckwerke (in Europa nennt man sie auch Dramaturgen), daß das Zeug höchstenfalls, wenn überhaupt, nach den Vorstellungen gelesen wird – aber selbst dann sind diese Taschenspielertricks mehr destruktiv als instruktiv. Sie überdecken den Reiz und den Zauber, den Musik in gleich welcher Form auszuüben imstande ist und um derentwillen Menschen gewillt sind, ihre respektiven Hintern stundenlang in unkomfortable Sitze zu quetschen.

In den verschiedenen Kreisen, in denen er verkehrt – Ältere, Gleichaltrige und Jüngere, Alt- und Neuaustralier,

Kunstbeflissene und Kunstbanausen –, werden immer häufiger die Musikerzeugnisse diskutiert. Was den einen gefallen hat, wird den anderen mißfallen, wobei sich in der Mehrheit die Zustimmungs- oder Ablehnungsargumente am Ende im unergiebigen Sande des »Ich liebe Musik, aber verstehe nichts davon« verlaufen. Für ein über wenig Tradition verfügendes aufblühendes Musikleben, gar für die Kunstsparte selbst kann dies tödlich sein; denn es werden dann Besuche von Musikveranstaltungen zu Verpflichtungen gegenüber einer Fashionabilität und die Besucher zu mit Minderwertigkeitskomplexen belasteten Ausflüglern in einen mit sinnentstellenden Trümmern angefüllten Mußekult. Das Versagen der sich durch alle musicotechnischen Verzweigungen hindurch schlängelnden Programmnotizen ist offensichtlich.

Aber es gibt ja noch eine andere Stütze, auf die sich zurückgreifen läßt, um über Gründe und Ursachen des eigenen Gefallens oder Nichtgefallens unterrichtet zu werden, nämlich die Musikkritik der Tagespresse. Diese Meinungsbildner gab es auch in Sydney. In der reichhaltig vertretenen Boulevardpresse waren dafür von keinerlei weitreichenden musikalischen Kenntnissen beleckte Reporter zuständig, die ihre Ausführungen dem Stil und Inhalt einer Klatschkolumne, zur Not noch einer Sportberichterstattung anpaßten. Die etwas auf ihren seriösen Standard gebende Presse hingegen ließ sich von gelernten Musikern bedienen, die, weil es doch um Kultur im jungen Land ging, selbstverständlich aus England zu kommen hatten. In geschliffenem englischem Musikwissenschaftlerstil trampelten sie dermaßen auf Repertoire und Interpreten herum, daß es nur so knatterte, wodurch es ihnen gelang – womöglich nicht mal absichtlich –, ein an die Kunst heranzuführendes Publikum vollauf zu entmündigen.

Silbermann, dem man schon während seiner ersten Musiklehrjahre beigebracht hatte, daß die Musik und alles, was sich in ihrem Umkreis bewegt, keine Angelegenheit einer hochfahrenden Musikwissenschaft und Musikkritik ist, war weiß Gott nicht der einzige, der mit ärgerlichem Stirnrunzeln die schmähliche Publikumsverachtung verfolgte. Aber wer ist er schon, daß er sich in einen kulturellen Müßiggang einmischt? Die Aktualisierbarkeit von Deutungen verlangt neben forderndem Intellekt nach gefestigten Positionen in Schlüsselstellungen, beispielsweise bei der australischen Rundfunkorganisation, der ABC, die aus Eigeninteresse und in Ermangelung offizieller, das heißt gemeinde- oder staatsgelenkter Kulturinstitutionen die Verantwortung für Förderung, Finanzierung, Organisation und Entwicklung eines eigenständigen Musiklebens übernommen hatte. Dort steht selbstverständlich ein dem Milieu der Eßwarenverkäufer angehörender Fremdling vor verschlossenen Türen. Wenn er auch in den Pausen oder bei Gelegenheit von durch Gläschen Sherry aufgelockerten Empfängen im Gespräch mit diesem oder jenem der Musik- und Kulturadministratoren in gepflegtem Englisch gefragt oder ungefragt seine Musikbeurteilung zum besten gibt – mehr als ein gewährendes Kopfnicken war nie drin. Dabei hätte er doch liebend gerne seine amerikanischen Erfahrungen und seine durch den Umgang mit Freund Butch erworbenen Kenntnisse der ihm bis dahin verschlossen gebliebenen sinnesstarken englischen Literatur – von John Keats anwärts – an den Mann gebracht sowie sein Drängen, sich wie ein national gesinnter waschechter Australier höherer Bildungsstufe zu gebärden.

Von der Revolte gegen fremde Gemeinsamkeiten, Konflikte und Lebensgänge ist er zu einer heimischen vaterländischen Poesie übergelaufen. Er wird zum Verräter seiner selbst, indem er sich zur Befriedigung seines Geltungsbedürfnisses in die nivellierte Tradition und Vergangenheit eines Landes einfügt, dessen naiver Schwachsinn ihm jahrelang unselige Widerfahrnis gewesen ist. Sein Beteiligungswille, gestützt durch errungene finanzielle Unabhängigkeit und beflissene Aneignung erheblichen und unerheblichen

Lektürewissens und Bildungsgutes, macht ihm aus der australischen Welt eine greifbare, ihn einfordernde Welt. Es schert ihn wenig, was sich in Europa an politischem Hickhack tut oder an Kulturellem wiedergeboren wird beziehungsweise neu aufblüht. Dort, vor allem in dem verruchten Deutschland, was kann er dort schon werden, falls bei ihm überhaupt der absurde Gedanke aufkommen sollte, in den Genuß ihrer wohl noch auf lange Zeit nach Mord und Totschlag stinkenden Institutionen zu gelangen?

Hätte er über seinen Gesinnungswandel gegenüber dem unzulänglichen australischen Gesichtsfeld auch nur einen Augenblick nachgedacht – was sich angesichts seines Fakkelns zwischen den verschiedenen Perspektiven und Voraussetzungen wohl kaum verlangen läßt –, dann hätte er erkannt, daß er seßhaft geworden war und Seßhaftigkeit neue Sinnzusammenhänge stiftet. Er hätte gar erkannt, wie der Drang nach Seßhaftigkeit sowie die Vorteile, die sich daraus ergeben, eng mit dem Verzicht auf die Verknüpfungen einer inneren Emigration in Verbindung stehen, wobei diese Begriffskonstellation nicht im Sinne derjenigen verwertet wird, die damit eine handgeknüpfte Wolldecke über ihre Tatenlosigkeit werfen. Er macht sich nicht verächtlich, wenn er gesteht, daß er sich sukzessive zu äußeren Zeichen seiner Seßhaftigkeit bekennt, beispielsweise, wenn er die Sportbesessenheit seiner Landsleute nachahmt: in brennender Sonne zu stehen, um verständnislos mitzujubeln, wenn verschwitzte Männer sich wegen eines ovalen Balles die Köpfe einschlagen; in unsanfte Wellen zu tauchen, auf denen Benommenheit verursachende, ekelhafte, giftige, quallige Biester herumsegeln; fachmännisch mit einer Last von ungleich gekrümmten Eisenstöcken über Landflächen zu trampeln, um widerspenstige Bällchen durch die Gegend zu jagen; erlesen gekleidet sonntags auf dem Rücken eines eigens für diesen Zweck gekauften Pferdes durch den Park zu galoppieren und andere zu Muskelversteifungen führende Albernheiten mehr. Besonderen Eindruck aber glaubt er durch den Ankauf eines zirka eine Stunde von Sydney entfernt gelegenen Landhauses zu erwecken.

Gestützt auf diese Äußerlichkeiten, zu denen noch geselliges Beisammensein in seiner Wohnung, Wochenendeinladungen aufs Landhaus, ein rasantes Auto, feine Kleidung und ein gesundes Bankkonto gehören, fällt es ihm nicht schwer, die Aufmerksamkeit auch auf sein geistiges, sich um das Musikleben in seinem, dem australischen Land bekümmerndes Potential zu lenken. Erst ist es ein sich »The New Citizen« nennendes, in englischer Sprache von einer Association of New Citizens herausgegebenes, für die Information und Eingliederung der Neuaustralier gedachtes Wochenblatt, das ihn – natürlich ohne Bezahlung – um seine Mitarbeit bittet. Dort, zwischen von Neubürgern für Neubürger aufgegebenen Annoncen eingepfercht, läßt er sich mit längeren kritischen Betrachtungen aus. Geschickt setzt er sie unter Überschriften wie »Der Kampf gegen Mittelmäßigkeit«, »Standards des Klavierspiels«, »Wesentlichkeiten zeitgenössischer Musik«, »Wie kommentiert man ein Konzert?« etc., womit er sich einer Sichtweise verschreibt, die über die Alltagskritik hinaus in das Feld der von ihm in Amerika bewunderten sogenannten »music appreciation«, der Vermittlung ästhetischer Einsichten auf allgemeinverständlicher Grundlage führt. Und damit nur ja niemand auf den Gedanken komme, er sei ein unsolider Emporkömmling, pflanzt er von nun an den Doktortitel vor seinen Namen – eine im australischen Land so unübliche Tat wie das von ihm gepflegte Tragen eines Ringes und eines glitzernden Goldarmbands. Natürlich konnte keine Rede davon sein, daß seine mit einer Menge Fachkenntnis gespickten, in einem auf eine spezielle Leserschaft beschränkten Käseblatt erscheinenden Spalten irgendwelche Folgen bei denjenigen nach sich zogen, die an den schätzenswerten Schalthebeln saßen. So schwach im Kopf war er nun auch wieder nicht, um zu erwarten, daß man sich mit Brio auf seine Auslassungen stürzen und ihn in eine maßgebliche Position versetzen würde.

Wenn er sich dennoch daran wagt, einige Erfolgsstufen im künstlerischen Rayon anzuführen, dann ist zu verstehen, daß sie nicht auf Abgebrühtheit oder Blasiertheit beruhen, sondern auf einem Beifall, den er sich für ein noch nicht vorgesehenes Fortschreiten im Rahmen eines Selbstfindungsprozesses im nachhinein selbst zollt. Erfolgsbegebnis Nummer eins war, sich gedruckt zu sehen; seine wohlgesetzten Worte durch Druckerschwärze der davonlaufenden Zeit anvertraut und beziehungsstark gemacht zu haben; seine Heldentaten über und über noch einmal lesen zu können. Auch geistige Selbstbefriedigung bringt Glücksgefühle hervor. Und dann, wenn Artikel nach Artikel erscheint – mal über Oper, mal über Ballett, mal über Ibsens »Gespenster«, Noel Cowards »Blithe spirit«, Gilbert und Sullivans »Mikado« oder Gustav Mahlers »Auferstehungs-Symphonie« –, welch Eigenerfolg ist es doch, Lernfähigkeit zu besitzen, das heißt anstellig gesprochen: die richtigen Bücher angeschafft zu haben und das triftige »Gewußt wo« zu beherrschen, deren sich eigentlich niemand zu schämen hat, der sich gegenüber seinen Lesern als allwissend anempfiehlt. Mit seiner jederzeit vorzeigbaren, kritisch berichterstattenden Schreibtätigkeit hat er die Erfolgsstufe Nummer zwei erklommen – den wohligen Adelsbrief, der einem jeden sich nachweislich haupt- oder nebenberuflich als Kritiker Betätigenden gebefreudig von Veranstaltern verliehen wird. Er öffnet nicht nur den Kassenschalter für vorzügliche Gratissitzplätze, sondern überdies auch die Künstlerlogen und damit, wenn gewünscht, Kontakte mit der Künstlerschar von Angesicht zu Angesicht.

Mittels dieser Bereitstellungen erreicht er unter anderem eine engere Fühlungnahme mit der Kunst des klassischen Tanzes, dem Ballett. Diese Kunstform war den Australiern bis kurz vor Ausbruch des Zweiten Weltkrieges verschlossen geblieben, als eine Gasttournee von »De Basils Ballet Russe de Monte Carlo« beim Publikum Begeisterungsstürme entfachte. Auch er saß damals im Parkett und war von dem Anblick von so viel athletischer, sensueller und artistischer Grazie fasziniert. Damals schon begann er, sich hier und da in Bücher über Ballettkoryphäen und Ballettgeschichte zu vertiefen, wobei er sich als Bewunderer der männlichen Schönheit besonders an den Abbildungen ergötzte. Von der Russentruppe war ein kleines Häuflein von Tänzern in Australien geblieben, darunter ein gewisser Edouard Borovansky, seines Zeichens Charaktertänzer, der in Melbourne eine Ballettschule eröffnete, aus der eine professionelle Truppe hervorgegangen war, die mit Klassikerproduktionen durch Australiens größere Städte reiste – wahrlich ein waghalsiges Unterfangen im Lande der künstlerisch Unbedarften.

Als die nunmehr aus ungefähr fünfzig Tänzern bestehende Compagnie wieder in Sydney ihre alljährliche Saison abwickelte, saß Silbermann allabendlich im Parkett. Er läßt die Sylphiden, die Schwäne, die Giselle, den Faun, den Nußknacker und die schöne Donau an sich vorbeiziehen und stellt den Lesern in seinen Kritiken von Begeisterung entfachte, fachmännisch getrimmte Ausführungen vor ihre schwerfälligen Füße – wohlgemerkt nicht ohne ausgedehnte Nutzung des bei der England-Amerika-Reise erworbenen »Complete Guide to Appreciation« des Balletts von Arnold Haskell, bei dessen Name einem jedem Ballettkenner sofort die Ohren klingeln. Silbermann war zum Ballettomanen geworden (ein Ausdruck, der übrigens von dem soeben erwähnten Haskell geprägt wurde), das heißt ein kenntnisreicher und leidenschaftlicher Anteilnehmer am Ballett und – wie das gesamte homosexuelle Völkchen – an seinen Tänzern. So war denn auch seine Begeisterung für die Borovansky-Truppe und seine Kontaktaufnahme mit ihrem Chef, seiner Frau und seiner Entourage – sie folgten prompt einer Einladung auf sein Landhaus – nicht ganz ohne eigensüchtige Interessen. Denn wenn man schon in der zweiten Reihe des Corps de ballet in dem Dritten von links ein goldiges Knäblein entdeckt, kommt man am einfachsten an ihn über den Chef heran. Das Bübchen mit den schönen Beinen war deliziös, aber im Bett genauso langweilig wie all die anderen, von ihrem Training und Auftreten voll erschöpften Tänzer, mit denen er mal eine nächtliche Stunde verbracht hatte, zumal sie auch dann noch unaufhörlich nur von Dégagé, Port de bras, Tour en l'air, Plié und Pirouetten zu sprechen wissen. Es sollte ihn nicht davon abhalten, die oft überraschenden und beunruhigenden Durchblicke auf die klassische Ballettkunst in Schrift und Wort wachzuhalten und anzuregen. Allerdings sträubt er sich gegen jene modernistische Tanzakrobatik, bei der Herumgerenne, Bodenkriecherei, Händegewedel und andere Verunschönungen der ästhetischen Grazie prätentiös als sinn- und bedeutungsvolle Seelen- und Weltverbesserungen dargetan werden. Er weigert sich, Tanzabende zu besuchen, bei denen das Ballett in den im Programmheft abgedruckten Absichtserklärungen stattfindet, anstatt auf der Bühne.

Auch bei anderen Gelegenheiten drängt sich der Schmalspurkritiker nach den Vorstellungen in die Aufenthaltsräume der Protagonisten. Manchmal darf er nur Händchen geben, andere Male wird er nach seiner Meinung gefragt, was ihn öfter in Verlegenheit versetzt. Denn sich durch abfällige Bemerkungen unbeliebt zu machen, ist ebenso fatal wie der Versuch, sich durch begeisterte Akklamationen beliebt zu machen. Beides untergräbt den Ruf der Seriosität. Wer ihm nach verklungenem Beifallsrausch inmitten des üblichen, aus Anhimmlerinnen, Autogrammjägern, Neugierigen, geschäftigen Kulturbeamten und neidischen Konkurrenten bestehenden Gedränges die unkluge Frage »Wie war ich?« oder »Wie hat es Ihnen gefallen?« stellt, für den hat er sich schon längst die zu nichts verpflichtende Antwort »Höchst stimulierend!« zurechtgelegt, womit er nie Anstoß erregt, weil ein Konzert auch zum Einschlafen »stimulieren« kann.

Dieser meist durch Langeweile hervorgerufene Abschalt- und Absonderungsvorgang überkam ihn nie, wenn das Sydney Symphony Orchestra unter seinem Dirigenten Eugène Goossens spielte. Goossens, Engländer vom Scheitel bis zur Sohle, war vom Veranstalter der Konzerte seines Orchesters, der Australischen Rundfunkkommission, von seinem Posten in Amerika nach Australien berufen worden, um aus dem stark zur farblosen Mittelmäßigkeit tendierenden Orchester einen kohärenten Klangkörper zu machen, der in der Lage war, mehr als notengerecht eine Brahms-Symphonie zu exekutieren. Überdies, und zwar im Zuge der sich über das ganze Land und in allen Wirtschaftssparten hinziehenden Tendenz, den Anschluß an eine sich wiederaufbauende Epoche nicht zu versäumen, mußte eine Persönlichkeit her, die diesen Anschluß in Musik und Musikerziehung anregen und vollziehen konnte. Goossens, ein international anerkannter Dirigent der englischen Schule, Komponist einiger Opern und Orchesterwerke und Mann von Welt, war eine vorzügliche Wahl. Natürlich war er keine billige Akquisition, und so kam es zu der gewitzten Lösung, ihm einen Doppelposten anzubieten: Chefdirigent des Sydney Symphony Orchestra und Direktor des Sydneyer Konservatoriums, wobei die Rundfunkanstalt den einen und das Erziehungsministerium den anderen bezahlt. Goossens war dies durchaus recht, denn er wußte nur zu gut, daß, um aus dem Orchester etwas zu machen, er dringend Nachwuchs nach seinem Zuschnitt für viele der verschlampten Fiedler und Bläser brauchte.

Wie das nun einmal so ist, wenn neue Besen fegen, bildeten sich bald nach Goossens Amtsübernahme zwei Gruppen. Von zum Klatschbasenjournalismus gehörenden Kritikern angeführt, rekrutiert sich eine Gruppe in ihrer Mehrzahl aus Konzertabonnenten, die bei Straussens »Heldenleben« die Annehmlichkeit von Händels »Messias« vermissen, sowie aus Orchestermitgliedern, die sich gezwungen sehen, ihre probenfreie Zeit mit Üben ausfüllen zu müssen, vor allem wenn solch schreckliche Dinge wie Strawinskys »Feuervogel« auf dem Programm stehen. Auch einige der Lehrer am Konservatorium bekunden hinter vorgehaltener Hand ihren Unmut über des Direktors Geschmacksverirrungen, wenn in den von ihm dirigierten Konzerten beispielsweise Musiken aus der französischen Komponistengilde erklingen, wenn Debussy, Fauré, d'Indy oder César Franck auf ihre von Haydn- und Beethoven-Symphonien verstopfte Ohren stoßen. Ihnen allen waren Goossens Vorgänger, »our boys«, wie diese unbehauenen Schrumm-Schrumm-Taktschläger kosend genannt wurden, so lieb geworden, daß ein unübersehbarer Grabenkrieg mitsamt Verriegelungen und Fluchtburgen entstand.

Zur Gefolgschaft des Maestros zählen die weniger traditionsgebundenen Konzertgänger, denen Musikveranstaltungen mehr bedeuten als eine kulturelle Pflichterfüllung durch Vorzeigen eines mit Kaninchenfell besetzten Abendkleides. Sie wissen vom Überfluß der Musik und ihren abseitigen Wegen und sind schon aus lauter Neugierde bereit, sich aus der Konvention und Norm abgesicherter, gemäßigter Zonen herausführen zu lassen. Weniger lautstark treten in der Pro-Goossens-Gruppe die europäischen Neuaustralier auf, obwohl ohne sie die modrige viktorianische Konzerthalle halb leer bleiben würde. Gleich, ob sie was von Musik verstehen oder vorgeben, Musikverständige zu sein, ihnen war Musik ein zu ihrer Aufbringung gehörendes, althergebrachtes Kulturgut und nicht eine neuerdings eingeführte Absonderlichkeit aus einer märchenhaften, träumerisch-spekulativen Welt. Überdies, um im Pragmatischen zu verbleiben, war ihnen die Sprache der Musik weitaus eingängiger und darum bequemer als die Subtilitäten des auf der Schauspielbühne gesprochenen Englisch. Es überkreuzten sich Bedürfnisstrukturen mit Bildungsfunktionalität, Faktoren der Erinnerung mit denen der einengenden Verwandlung ihrer Lebensverhältnisse sowie das Klammern an einen Genußmodus, der ihnen lange Zeit versagt geblieben war. Ob das nun so oder so erkannt wurde, festzuhalten bleibt, daß die Gruppe der musikinteressierten Neuankömmlinge in der Figur des sie aus der musikalischen Oberflächlichkeit in die Wahrheiten der Musik eintauchenden europäischen Dirigenten eine Leitfigur sahen, die einige unter ihnen gar die Initiative zur Gründung einer Kammermusikvereinigung unter dem Namen »Musica Viva« ergreifen ließ, damit auch diese Musiksparte durch öffentliche Konzerte abgedeckt und gepflegt werde.

Goossens fühlte sich in der Rolle des Musikfürsten, der berufen war, die Leerräume der Sydneyer Musiklandschaft zu füllen, durchaus wohl. Er arbeitete wie ein Berserker, wobei er es nicht versäumte, mittels öffentlicher Auftritte bei Vereins- und Verbandstreffen, bei Förderkreisen, Sänger- und Soldatenbünden, Lese- und Tischgesellschaften seine in Amerika erlernten Werbemethoden anzuwenden. Da aber stockte die Aufnahmewilligkeit der Australier; ihre absprecherische Altklugheit machte sie höchstfalls schmunzeln. Der Maestro war den Australiern einfach zu kultiviert, zu zurückhaltend, zu distanziert und – das Schlimmste von allem – zu wissend.

Auf ein plattes Wort gebracht: In seinen Außenwirkungen kam er nicht an, und, im gleichen platten Sinn gesprochen, es fehlte ihm an Gesprächspartnern. Gewiß, die Musikbürokraten seines Brötchengebers, der ABC, standen ihm immer zur Verfügung und so auch ein oder zwei der an dem von ihm geleiteten Konservatorium tätigen Lehrer. Aber was konnten sie schon einem Künstler bieten, der mit einem Weltmann wie Sir Thomas Beacham gearbeitet, am Covent Garden den »Parsival«, am Théâtre Royal de la Monnaie den »Falstaff« dirigiert hatte, seinen Shakespeare kannte wie seinen Baudelaire, die Kaschemmen in der Rue de Lappe so gut wie die Glasfenster der Kathedrale in Chartres?

Die Schilderung, die er hier in Verbindung mit einer längst im Grabe versunkenen Persönlichkeit erzählerisch aus seinem analytischen Handgelenk schüttelt, ist die situationäre Bestandsaufnahme von Gruppenkonflikten und

Gruppenidentitäten, die sich innerhalb einer unausgegorenen Übergangskultur, der australischen nämlich, abspielen beziehungsweise abgespielt haben. Denn wenn sich heute, sagen wir in den letzten fünfzehn Jahren, Scharen von Künstlern danach drängen, in Australien zu konzertieren, und achtbare Regisseure freudigst angereist kommen, um in Sydneys Opernhaus (wie der Dom für Köln die Landmarke der Stadt) mit viel Aplomb, australischen Sängern und Publikumsbegeisterung Wagners »Meistersinger« auf die Bühne zu stellen – wissen sie eigentlich, daß es dieser Eugène Goossens gewesen war, der in jahrelanger intensiver Arbeit das Orchester, das Konservatorium, das Publikum, also das gesamte Musikleben der Millionenstadt von seinem hinterwäldlerischen Gestrüpp befreit hat? Wissen sie, daß hinter dem Kosmopoliten Goossens eine Druckwelle der Sympathie und eine tatkräftige Bestärkung von seiten des musikhungrigen deutsch-österreichischen Emigrantenschwarms gestanden hat, ohne den selbst der tüchtigste und dickköpfigste Musikerzieher längst das Bündel hingeworfen hätte? Natürlich können sie es nicht wissen, weil es das selbstrühmliche, kulturell aus zweiter Hand lebende australische Völklein selbst nicht wissen will. Es will ja auch nicht wissen, daß es den Mann, auf dessen Drängen und Initiative hin heute an Sydneys Hafenrand eines der schönsten und kostbarsten Opernhäuser steht, auf perfide Weise aus dem Land vertrieben hat und es Jahrzehnte dauerte, bis es ihm mit dem Aufstellen einer Bronzebüste schuldvoll Dank erwies.

Es bedarf nicht des Anrufs himmlischer Kräfte des unter dem Zeichen des Löwen geborenen Silbermann, wenn er wutschnaubend seinem Ärger über die nichtswürdige Vernachlässigung der Leistungen eines Edelmanns freien Lauf läßt. Versetzungen in die Vergangenheit haben es an sich, im Skizzieren von Alternativen des Gemeinschaftslebens steckenzubleiben. Beim Leben des einzelnen ist das anders, und daher kann er ohne weitere Verzögerung von seiner

Seite aus Dankesbezeugungen von sich geben. Sie gelten eben diesem Eugène Goossens, da dieser es gewesen war, der ihn durch die Ernennung zum Lecturer am im Jahre 1915 gegründeten New South Wales State Conservatorium of Music wie eine Kugel auf die Bahn inmitten musikwissenschaftlicher Kegel geworfen hat. Er soll eine Pflichtveranstaltung für Studenten im letzten Jahr ihres Diplomkursus leiten, die – neu eingerichtet – als »Seminar for Aesthetics« im Prospectus Seite siebzehn angekündigt wird. Dies war zu einer Zeit geschehen, als sich der von den Australiern wenig gefragte Musikchef privatim mehr und mehr jenem aus dem europäischen Bildungshintergrund hervorgegangenen Kreis zuwandte, der in ihm den Befreier aus einer musikalischen Totenstille sah. Eingespannt in seinen Doppeljob, waren für Goossens die Stunden nach den Konzerten Ruhepause und Rekreation – aber bitte nicht zusammen mit der windbeuteligen Ansammlung netter Leute, die mit Wiener Schnitzel und Linzer Torte aufgestockte Soupers veranstalteten: »Nur eine Scheibe Toast und eine Tasse Tee«, wie er zu sagen pflegte. Es wäre zu viel verlangt, und ist auch wirklich unerheblich, das Gewirr der Verstrickungen aufzuzeigen – vom ersten Händedruck im Künstlerzimmer über gedruckte Bravorufe bis zu gelegentlichen Treffen bei sich anbiedernden Prominentenhaschern –, aus dem sich die in Abständen stattfindenden Abendgespräche tête-à-tête bei Tee und Toastgeknabber in Alphonsens Wohnung entwickelten. Man spricht über Musik, Musik und wieder Musik, reminisziert über ungeliebte Objektwelten, ironisiert die erschreckende Konformität der die Konzerthalle füllenden Taubenschar sowie die Plumpheit der Lehrerschaft am Konservatorium, und nur von Zeit zu Zeit kommen aus Eugènes Munde Worte, die seine Scheu vor der Sensibilität des Empfindens durchbrechen. Silbermann bewundert den Meister der Selbstzügelung und umarmt ihn im Geiste, als dieser ihm anbietet mitzuhelfen, von den in seine Obhut gegebenen angehenden Musicisti die in der

Sydneyer Musikerziehungsanstalt über Jahre angesammelte Provinzpatina zu entfernen.

Es wird sich wohl inzwischen vieles geändert haben, aber damals, 1949/50, gab es an dem Staatskonservatorium noch keine der schleppenden Präliminarien wie Bewerbung, Überprüfung, Verhandlung, Berufung, Ernennung, Treueschwur etc., die einem jeden für einen Lehrposten vorgesehenen Kandidaten unumgänglich gärendes Leibweh verursachen. Kein Minister schüttelt dem zum Lecturer ernannten Silbermann die Hand, kein fein ziseliertes Dokument flattert auf seinen Schreibtisch. Punkt 5 pm steht er, der von nun an auf Visitenkarte, Briefpapier und in Karrierebeschreibungen als Lecturer of Music, State Conservatorium, Sydney, geltende, unbezahlte Lehrbeauftragte, jeden Mittwoch in einem mit Flügel und Grammophon bestückten Hinterzimmer vor einem aus ungefähr fünfzehn Studenten der Diploma Class bestehenden Häuflein. In vielen Abend- und Nachtstunden hat er sich unter Nutzung zahlloser Schriften in die Wissenschaft vom Schönen und das Schöne in der Musik eingelesen, Notizen und Exzerpte gemacht, Noten- und Plattenbeispiele rausgesucht, bis er fein säuberlich einen umfang- und klangreichen Text zusammengeklaubt hat, den er mit der Überschrift »Die Ästhetik der Musik – ihre Bedeutung und Notwendigkeit für den Musiker« versieht. Ohne sich lange bei den Platons, den Theophrastussen, Avisons, Hegels und ihren Genossen aufzuhalten, die alle mit philosophisch durchdrungenen Einsichten den Bereich der Musikästhetik haben anklingen lassen, steigt er unbeirrt und ohne Anschauungsängste in die Präsenzen ästhetischer Vollendungen ein und befreit sie von Forschereitelkeit, musikwissenschaftlichen Grausamkeiten, Devotionalienkitsch, metaphysischen Kompositionsdispositionen und billigen Historismen. Für ihn sind ästhetische Kontemplationen die Entfaltung der Beziehungen zwischen Mensch und Musik, zwischen Eigen- und Fremdkräften, sind der Grundstock für Wahrnehmung und

Wertschätzung des musikalischen Geschehens. Dennoch: Wenn auch meilenweit vom Tiefgang des (musik-)philosophischen Denkvermögens entfernt, ist und bleibt ihm nach Aufbringung, Zugänglichkeit und Lebenserfahrung – frei nach Aristoteles gesagt – die vernunftgemäße geistige Betätigung das höchste Gut.

Sein Seminar mit Ausführungen und Diskussionen über das Schöne und das Aristokratische, über Empfindungen und Gefühl, über Perioden-Ismen, den Hintergrund der französischen Musik nach Debussy, die Psychologie der Interpretation, alles gespickt mit am Flügel demonstrierten oder von der Schallplatte genommenen Beispielen, war ein ausgesprochener Erfolg. So etwas hatte man in diesen eingedämmerten Hallen noch nie vernommen, zumal er sich nicht des triefenden Ernstes bediente, mit dem Lehrende gegebenenfalls eigene Unsicherheit zu überdecken suchen. Bei ihm – das Ganze in Richtung des aus Amerika übernommenen »Music Appreciation«-Stils aufgebaut – herrscht Freude an der Musik, und es darf auch gelacht werden. Die Folge war die Aufforderung, öffentliche, dem allgemeinen Publikum zugängliche, sogenannte Luncheon Lectures zu veranstalten, die in den Tageszeitungen angekündigt wurden. Durch die in Australien übliche Beschränkung der Mittagspause auf eine Stunde zwischen ein und zwei Uhr möglich gemacht, versammelt sich vor ihm in der für diesen Zweck hergerichteten »kleinen Halle« des Konservatoriums ein meist aus jüngeren Menschen beiderlei Geschlechts bestehender Schwarm von Musikinteressierten, darunter in der ersten Reihe selbstverständlich seine Else mit den dazugehörigen Damen aus dem Bridgekränzchen. Aber auch ohne diese war es stets packevoll, wenn er, am Flügel sitzend, die Schauergeschichten aus Wagners »Ring« vortrug, Leitmotive hervorholte, ariose Sopran- oder Tenorstellen im unausgebildeten Bariton vorsang oder, wenn sie zu hoch lagen, pfiff und gegebenenfalls das Grammophon seine Dienste verrichten ließ. Selbst der eine oder andere der Lehrerkollegen wurde gesichtet – eine besondere Ehrung – sowie der brummige Hausmeister, weil der Boden mit Papierfetzen und Essensresten bedeckt war, da man sich zu einer Luncheon Lecture seine Sandwiches, Schokoladenrippchen, Meatpies, Hamburgers etc. mitbringt; ansonsten wären es ja keine Mittagsmahlvorträge gewesen.

Apropos Hamburger-Verzehr: Der wohlgestaltete Geldfluß aus seinen Geschäften hatte nicht abgenommen; doch Vaters Unmut über seine Säumigkeiten steigerte sich mehr und mehr: »Sieh mal da, der Herr Baron kommen auch mal wieder ins Büro.« – »Hast du die Nase noch nicht voll von deinen Sperenzchen?« – »Du wolltest dich um den Verkauf des Metzgerladens kümmern; muß man dich an alles erinnern ...?« Und obendrauf, so zwischendurch: »Erst kaufst du dir da draußen ein Haus, und jetzt ist es wieder ein neues Auto.« – »Du wirfst dein Geld zum Fenster raus. Die Leute müssen ja meinen, du seist ein Millionär, wenn du dich vor deine Närrischen umsonst hinstellst«, etceterapepe. Ja, der Herr Vater war schon recht böse, obwohl er zu des Juniors Behagen schon längst und offensichtlich frohgemut die Rolle des rührigen Wagenlenkers übernommen hatte. Wann immer sich Vaters Murrigkeiten über ihn ergossen, trat Mutter Bella mit solch liebevollen Worten wie »Sieh mal, wie schlecht der Junge aussieht« als Schlichterin dazwischen. Ihres war das gleiche Dilemma wie das des Vaters: einerseits die offenkundige Laxheit, mit der sich der Sohn den Geschäften widmete, andererseits der Stolz auf dessen Errungenschaften im Felde nagelneuer Zielstrebigkeiten. Allerdings mit dem Unterschied, daß Vater über das Gedeihen des Umsattelungsgeschehens nur durch lückenhafte Tagesgespräche informiert wird, während Mama dabei ist, wenn er in Konzertpausen in eine Fachsimpelei verwikkelt wird, in der er selbstgewiß sachverständige Meinungen von sich gibt. Erst an dem Tage, als über Radio zum erstenmal Doktor Silbermanns Stimme in einem von ihm verfaßten Musik und Literatur verbindenden Feature erklingt, war Vater beeindruckt. Mit Fragen wie: »Woher hast du das?«, »Wie machst du das?« und »Was zahlt man dir dafür?« bekundet Vater nicht nur Interesse, sondern bestärkt noch sein Vorschreiten. Der Unterbau für eine verständige Übereinkunft zwischen Vater und Sohn war gelegt worden.

Aufbruchsfreudig stürzt er sich ins nächste Abenteuer: Er nimmt das Angebot an, seine Lectures zu veröffentlichen. Es soll ein Buch werden, woran sich ein lokaler Verlag, Eigentümer einer Buchhandlung, heranwagt. Also setzt er sich hin, nimmt die für die Seminare aufgeschriebenen Texte zur Hand, stellt was hinten ist nach vorne und was vorne ist nach hinten, fügt hier ein Zitat hinzu, nimmt dort einen Absatz heraus, qualmt seine Bude voll und bekommt Bauchweh vor der eigenen Courage. Hat er doch seine Texte angriffslustig mit Polemiken gegen maßgebliche Gestalten aus dem ansässigen Musikleben gespickt, von denen man nie weiß, was sie einem noch alles antun können. Es ist bekanntermaßen etwas anderes, ob man gebührliche oder ungeziemende Bösartigkeiten in Säle spricht oder in Drucklettern nachlesbar macht. Aber das mutige Wort hebt auch die Autorität, vorausgesetzt, daß es nicht aus dem Hinterhalt der Irritation, sondern aus der Sichtbarkeit der Überzeugung hervorgeht. Derlei Besinnungen über die zweckbestimmten Vor- und Nachteile literarischer Arschkriecherei, Brüskierung oder Biederkeit waren dem Verfasser der »… of musical things« betitelten Sammlung von neun Vorlesungen dermaleinst noch fremd. Er schreibt drauflos, wie ihm der Schnabel gewachsen ist; denn noch ist er kein Literat, wenn er überhaupt wußte, was dieser Ehrentitel beinhaltet und welche Verpflichtungen er nach sich zieht.

Mit viel Tamtam, Cocktails, Buchpräsentation in Gegenwart des Autors, Zeitungsannoncen und Interviews wird das Buch auf einen Markt gebracht, auf dem – wenn es hochkommt – pro Jahr zehn in einem australischen Verlag erscheinende, von einem australischen Autor verfaßte Bücher das Tageslicht erblicken, wobei erwähnenswert ist, daß darunter Bücher mit Themen aus dem Musikbereich Seltenheitswert besitzen. Das muß wohl auch einer der Gründe gewesen sein, weswegen das Buch, anders als sonst üblich, bereits kurze Zeit nach Erscheinen in der gesamten Presse, Fachzeitschriften inbegriffen, mal kurz, mal lang besprochen oder zumindest erwähnt wurde. Die armesünderische Bettelei um Rezensionen blieb ihm erspart. Unaufgefordert nahmen sich die mit oder ohne Namen apostrophierten Musikjournalisten den Eindringling vor, um ihm die Leviten zu lesen. Vor allem irritierte es sie – gar unter Nutzung von an ihn gerichteten »Offenen Briefen« –, daß er mit barschen Worten das Unverständnis für das musikalisch Schöne mit der generellen Mediokrität des australischen Kunstlebens verbunden hatte. Indes, da die meisten unter den Besprechern nicht so unverständig waren, um die seine Schrift durchziehende Tendenz nicht zu erkennen, umreißen sie seine Ausführungen unisono als ein faszinierendes und herausforderndes Buch über die Ästhetik der Musik, als einen einzigartigen Beitrag zu Australiens musikalischer Gedankenwelt. Manch einer erkennt auch die von ihm unentwegt betonte Linie, daß, gleich, ob er sich über Bruckner, Ravel, Bach, Weber oder Wagner ausläßt, Musikästhetik mit der Zurückstrahlung einer Gesellschaftsästhetik in enger Verbindung steht – der erste Anklang dessen, was er später in den Rahmen seiner »soziologischen Ästhetik« einbringt.

Das Buch verkauft sich gut, doch möge man nicht glauben, es habe auch nur den geringsten Einfluß auf das Musikleben der Stadt oder des Landes ausgeübt. Hier geht es weiter im schwerfälligen Trott. Immerhin, wenn irgend etwas erreicht worden war, und zwar – man kann es ihm glauben – unbeabsichtigt und unvorhergesehen, dann war es die anerkennende Beförderung zum Musikwissenschaftler, zum Musicologist, wie man diese Berufssparte allumfassend im Englischen nennt. Jetzt besitzt er einen Status, gegen den auch die Klatschjournalisten nicht mehr ankommen, wenn sie seine sich nach dem Buchskandälchen mehrenden Auftritte in der Öffentlichkeit mit den ihnen possierlich erscheinenden Kommentaren über »Musik und Hamburgers« oder »Kunst à la carte« begleiten.

Die Eltern, Else und ihre Emigrantenentourage finden das unmöglich; er ergötzt sich daran und klebt Stück für Stück, auch Karikaturen, die ihn mit Kochmütze bedeckt zeigen, einen Hamburger in der einen Hand, eine Lilie in der anderen, in sein jederzeit vorlegbares Scrap Book ein. Es gehört zu seinen lauteren Erkenntnissen, daß wer einen Orkan auslösen will, sich nicht mit einem Hauch begnügen soll. Doch wie gesagt, der Orkan blieb aus: Keine Rundfunkanstalt, keine Zeitung, kein offiziöser oder öffentlicher Behördenapparat tritt an ihn heran, um ihn an irgendeiner etwas gehobeneren und tonangebenderen Stelle wirksam werden zu lassen. In einem Land, in dem kundbares Lehren und Streiten in die Kategorie unerwünschter Fremdstoffe eingemauert wird, wäre es auch verwunderlich gewesen. Er hat es auch nicht erwartet und sonnt sich in der Zufriedenheit, in breiteren Schichten Aufmerksamkeit auf sich gezogen zu haben. Aber tut er das wirklich?

Wir, die wir ihn bei dem jahrelangen Verwirrspiel in Deutschland, Holland und Frankreich begleitet haben, wissen nur zu gut, daß sich seine zur Schau getragene Gelassenheit, seine Zuvorkommenheit ebenso wie seine Eitelkeit weitgehend als Gegengewicht zu Zurückstellungen und Demütigungen erwiesen haben. Gewiß, es freut ihn, seinen Namen in dicken Buchstaben auf dem Buchumschlag gedruckt zu sehen; auf seine Reputation hin gastierende Künstler großen und kleinen Formats bei sich beköstigen zu können; in der Presse als Anwesender bei diesem oder jenem künstlerischen Ereignis aufgeführt zu werden; zuzusehen, wie sich seine Lectures immer mehr füllen und ihm ein Schwarm von Studenten mit glimmernden Augen zu

Füßen sitzt – aber, wenn er aufrichtig sein soll, das alles sind ihm nur Bühnenbilder im Spielplan seiner Lebensverhältnisse. Sie verlangen nach mehr und immer mehr, nach Aufbruch und Verlassen des Gewohnten. Im Intimbereich baut ihm Freund Butch hierzu die Brücke, da dieser sich angesichts gefahrvoller pädophiler Bedrängungen sowie zur Fortsetzung seines Studiums nach dem seiner Ansicht nach weniger gefährlichen Neapel absetzt. Im neu betretenen musikologischen Bereich ist es wiederum die Fördererhand des Eugène Goossens, der ihn über lange Abendgespräche hinweg in der ihm eigenen delikaten Weise auffordert, ihn biographisch »abzuhandeln«, wie er sagt. Es soll nicht ein Werk der bequemen Übereinkunft werden, was ihn notwendigerweise zu sozialgeschichtlichen und von dort aus zu soziologischen Ergründlichkeiten führt. Doch erst segelt er auf ein neues nach Europa.

XII

Der Mise en scène seiner Selbstbeleuchtung mangelt es an einer wohlangeordneten Füglichkeit der Scheinwerfer. Kaum hat er im Lichte von Bravos und Bravissimos gestanden, umfällt ihn das Dunkel von Beschimpfungen und Ermahnungen; kaum wärmt ihn das Licht einer ausgeglichenen Freundschaft, findet er sich in der Kälte der Verlassenheit; kaum betritt er die lichten Pfade zur musikalisch-geistigen Betätigung, wird er auf die grau gepflasterte Chaussee des Kommerzes zurückversetzt. Es ist alles so verwirrend, daß er selbst nicht mehr weiß, was er will. Nur insgeheim, wenn ihn das Innere der Hand juckt und dies nach einfältigem Aberglauben erlaubt, schnell einen Wunsch auszusprechen, murmelt er im Geiste: »Bedeutend und glücklich sein« – ein begieriges Eingeständnis, das ihn meilenweit von Selbstlosigkeit, Selbstlob oder gar Selbstmitleid entfernt. Ach, er hat ja schon, falls man das so nennen kann, eine gewisse Bedeutung erreicht, denn man hat ihn beim australischen Ableger der International Society of Contemporary Music hinzugerufen; hat ihn nicht ohne eine größere Geldgabe zum Governor in einer jüdischen Wohltätigkeitsgesellschaft, dem Montefiore Home, gemacht; hat ihn in den künstlerischen Beirat eines eifrigen Amateurtheaters, des Independent Theatre, berufen; und hinten und vorne eingeladen. Aber was ist das schon? Im Grunde genommen doch nur gefälliges Pfauenfederspreizen ohne Hieb und Stich, zur Not improvisiertes Geplänkel, dem alles das fehlt, was er in seinem bisherigen australischen Dasein beobachtet, erfahren und, ohne Scham gesagt, ausgenutzt hat, nämlich: fachgerechtes Wissen und Können. Er möchte sich nicht dazu versteigen, himmelstürmend von Perfektion im Sinne von Vortrefflichkeit oder Vollkommenheit zu sprechen. Denn hiermit gelänge er in die Nähe des sich selbst überschätzenden Hochmuts der sich allwissend Gebenden. Was er sich zu verschaffen sucht, ist Sicherheit im Denken. Er will heraus aus dem Gebäude des angelernten Halbwissens, aus der Höhle des Flunkerns und Mogelns, aus diesem milden australischen Gefälle, in dem das Gefühl für die Qualität des Denkens nur allzuleicht verlorengeht.

Wie schon so oft klammert er sich hierzu an Vorbilder. Er sieht mit neiderfüllten Augen, daß wer in Australien etwas werden will, die Segnungen des Erfolgs eines Aufenthalts im Mutterland England mit sich bringen muß. Als man ihm vorschlägt, sich bei der Sydneyer Universität um einen Posten im Music Department zu bewerben, hat er erfahren, daß sein Doktortitel von der in ihrem Ruf nicht unbekannten Universität Köln im Vergleich zu dem seines Konkurrenten von der so gut wie unbekannten kümmerlichen Universität Birmingham einen Dreck wert ist. Also auf nach England; diesmal aber nicht als der soeben gnädigst eingebürgerte australische Kaufmann Silbermann, sondern als der mit dem Titel Lecturer of Music versehene vollaustralische Musikologe, quasi ein Nachkomme der einstens in das ferne Land verschickten Sträflinge. Ob Mythos, Symbol, Utopie oder Wunschdenken – England, das ist das gelobte Land, wo man ihn mit Handkuß empfangen wird. Dort werden sich Verleger drängen, das erschienene und das noch zu verfassende Buch aufzulegen, und Konservatorien, Universitäten, Musikorganisationen aller Arten werden ihn bitten, seine grandiosen Ideen in Vorträgen auszubreiten. Er wird ihnen schon zeigen, wozu ein Australier alles gut ist.

Natürlich wird es schwierig sein, diese hochfliegende Gedankenfolge dem Vater nahezubringen, um damit eine erneute Abwesenheit zu begründen. Aber Vater ist erstaunlicherweise keineswegs konsterniert. Im Gegenteil, er ist sofort einverstanden, besteht allerdings darauf, daß er nicht wieder so eine abenteuerliche Fliegerei wie das letzte Mal unternimmt, sondern wie ein vernünftiger Mensch mit dem Schiff fährt. Außerdem soll er sich nicht Hals über Kopf in

Pläne stürzen, sondern sich erst mal nach belangreichen Empfehlungen und Verbindungen umsehen, damit auch was erreicht wird. Letzteres hat er schon längst getan, hat eine solche Menge von dem Vater unbekannten Leuten bekniet, daß er sich ein neues Adressenbüchlein zulegen muß. Einige der Mitglieder dieses Beziehungsgeflechts bitten ihn, sozusagen als unausgesprochene Gegenleistung, doch Umschau nach Novitäten, Künstlern und anderer importfähiger Kulturware zu halten. Als ein letztes Behelfsmittel besorgt er sich noch einen mit Siegel versehenen, vom Premierminister unterschriebenen, sehr eindrucksvollen Geleitbrief, der allen, die es wissen wollen, verkündet, daß er ein so angesehener Bürger sei, daß man ihm vertrauend jederzeit hilfreich zur Seite stehen könne. Daß auf diesen Hofjudenbrief nicht einmal ein Zollbeamter einen Pfifferling gab, hätte er sich eigentlich denken können.

Nun, das wär's. Nachdem er Paßformalitäten, Impfungen, Ausstellung des so unendlich wertvollen Geldausgabenkreditbriefs erledigt und, wie sich das für eine Weltumsegelung gehört, zwei riesengroße Koffer mit Sommer- und Winterbekleidung, einem Haufen zu studierender Wälzer und anderen Etceteras vollgestopft hat, begeben sich seine Erlaucht, der VIP-Musikwissenschaftler, in seine Erste-Klasse-Kajüte auf dem Schiff S.S. Strathaird, das ihn binnen fünf Wochen an die Ufer der britannischen Insel bringen wird. Während der Reise wird hier und dort haltgemacht, für ein paar Stunden durch die Straßen von Colombo, Bombay und Aden flaniert, Decktennis gespielt, beim Schwimmen ein Sonnenbrand ergattert, Seeübelkeit bekämpft, bei Cocktailpartys dezent geflirtet, nächtens vergeblich nach willigen Matrosen oder Stewards Ausschau gehalten, auf fein gedeckten Tischen britischer Einheitsfraß verzehrt und mit allen zur Verfügung stehenden Mitteln versucht, die unvorstellbare Langeweile dieser Seereise zu überwinden. Als guter Planer und in Erinnerung an seine erste Seefahrt nach Australien, nutzt er die hohlen Stunden, indem er, mit Bleistift und Notizpapier bewaffnet, systematisch Riesenschinken, wie beispielsweise Oswald Spenglers »Untergang des Abendlandes« (auf Englisch), Max Webers »Wirtschaft und Gesellschaft« (auf Deutsch) und Hippolyte Taines »Philosophie der Kunst« (auf Französisch) durchakkert.

Da er zu jener Zeit noch der Mensch war, der ohne zu musizieren nicht leben kann, sitzt er einen über den anderen Tag am verstimmten Bechsteinflügel und klimpert, umgeben von im Salon herumrennenden Gören, aus den wenigen Notenbänden, die er mit auf die Reise genommen hat. Hieraufhin erfolgte unvermeidlicherweise die ehrende Aufforderung des Kapitäns, ein Musical Recital zu geben, dessen Programmgestaltung ihm voll und ganz überlassen bleibe. Jetzt übt er in Ermangelung populärer Musikstücke die beiden Schubertsonaten op. 120 und 122, mit denen er einigen Passagieren um 9.15 pm, nach Einnahme des mit Silberbesteck verbrämten Abendessens, auf dem Horrorinstrument ein wenig die Langeweile vertreibt. Das mit einigen einführenden Worten versehene stupende Ereignis führt zur Bekanntschaft mit einem achtzehnjährigen, mit hinreißenden Augen und blitzenden Zähnen ausgestatteten Inder, dem Prinzen Mandi, genannt Bebu, der, von seiner Mutter, der Maharani von irgend etwas, begleitet, auf dem Weg zum Studium in Cambridge ist. Es folgt eine diskrete Anhimmelung erster Ordnung, unausbleiblich ohne Folgen. Da dies miteins nicht das erste Mal ist, daß sein emotionaler Überschwang auf den granitenen Stein argloser Einfalt stößt, tröstet er sich mit dem Gedanken an die Erfüllung seiner Sehnsüchte der natürlichen Art, die ihm gewißlich das großstädtische Anonymat Londons bringen wird. Nicht einmal im engen Kreis seiner Intimi hat er verlauten lassen, daß die Reise nach Europa auch diesem Zweck Vorschub leisten soll.

In London angekommen, im Grosvenor House, Park Lane, der piekfeinen Adresse abgestiegen, setzt er das Telefon in Bewegung. Aus seiner Adressenliste fischt er als erstes ein paar Bekannte heraus, mit denen er noch aus ihren australischen Zeiten auf Du und Du steht. Darunter den gleichaltrigen Evan, der, in britisch nachlässigem Unschick gekleidet, sofort angetrottet kommt. Evan, der sich so hochgeboren gibt, als würde er jede Woche bei Hofe den Nachmittagstee einnehmen, vereinigt in seiner Person den Herausgeber, Schriftleiter, Redakteur und Kritiker einer monatlich erscheinenden, mit kläglichen Fotos versehenen Tanzzeitschrift, mit der er wie ein nackter Neger angibt. Immerhin kennt er Gott und alle Welt und ist dieserhalb eine große Hilfe. Zum einen schleppt er ihn in Konzerte, Ballettabende und auf Kosten des Mitgeschleppten in Londons teuerste Supper-Clubs, um dort die angedienten Imbisse und Weine zu verschlingen. Zum anderen ist ihm Evan eine ergiebige Informationsquelle über das Londoner Musikleben, die Vorgehensweisen, um dort Eintritt zu finden, die Verwirr- und Ordnungsrituale der britischen Musikakademien und Musikverleger, der Musikkritik, Musikveranstalter und Musikliebhaber. Auch führt er ihn in dunkle Straßen vor fest verschlossene Türen, hinter denen sich, nach englischem Gesetz wegen »obszönen Verhaltens« strafbar, für die Männerwelt eingerichtete Clubs befinden, wo er sich zu Zwecken zukünftiger Besuche eiligst als Mitglied einschreibt.

Sein wohlabgerichtetes Gedächtnis, unterstützt von Eintragungen im kleinen ledergebundenen Taschenkalender, macht es ihm möglich, die Abende zu verfolgen, in denen er in Konzerthallen und Theatersälen gesessen hat, um beeindruckt, angeregt, beklommen oder verdrossen Vorstellungen über sich ergehen zu lassen. Auch mit einer Aneinanderreihung von seinerzeit angebeteten, inzwischen zu stummen Bilderbuchmumien gewordenen Künstlernamen kann er aufwarten, kann sich damit hervortun, daß es ihm mit Geschick gelang, dieser oder jener Vedette ein Souper zu spendieren und zum Cocktail in adligen Häusern Zutritt gefunden zu haben. Es soll nicht als eine Unterlassungssünde angesehen werden, wenn er sich die Zusammenstellung eines dementsprechenden Kataloges erspart. Lassen sich doch an derlei Auflistungen weder sinnvolle Verknüpfungen noch Deutungsmöglichkeiten erproben.

Da ist es schon anders um das Klinkenputzen bestellt, worunter er die zahlreichen Verabredungen versteht, die ihn von Tür zu Tür in die Gegenwart von mal freundlich, mal murrig gestimmten Literatur- und Musikagenten, von leitenden und unbedeutenden Rundfunkmannen, von quicklebendigen und ausgetrockneten Geschäftsführerinnen künstlerischer Zweckverbände führt – alles, um sein Buch, seine Vorträge, sich und seinen Bedeutungswert an den Mann oder die Frau zu bringen. Von Schreibtisch zu Schreibtisch weitergereicht, mit unzähligen Tassen Tee begossen, lauscht man ganzen oder halben Ohres seinen bittstellerischen Ansuchen, bei denen er nie versäumt, in gepflegtem, nichtsdestoweniger übertriebenem Maße auf seinen Wirkungskreis im australischen Lande hinzuweisen. Doch gerade dieser Hinweis soll eher Unfruchtbarkeit als Wertschätzung einbringen. Bei Literaturagenten, diesen im englischen Literaturbetrieb nicht zu umgehenden parasitären Mittelsmännern zwischen Provisionen zahlenden Autoren und möglichst wenig Tantiemen zahlenden Verlagshäusern, wird ihm aus dem von der Pfeife nicht besetzten Mundwinkel zu verstehen gegeben, daß uns ein in Australien bereits erschienenes Buch nicht interessiert. Denn: My dear fellow (wie die gönnerhafte Anrede lautet, wenn man den Namen des Gegenübers nicht zu memorisieren gedenkt), wir verkaufen unsere Bücher nach Australien und nicht umgekehrt! Auch bei dem uralten, angesehenen Musikverlag Chester, Verleger von Goossens Kompositionen, steht er alsbald wieder vor der Türe. Denn: My dear fellow, eine Biographie über den guten Goossens – wer will die schon lesen? Also beide Male kehrt Marsch und die Schriftstellerfahne auf Halbmast gesetzt.

Bleibt sein zielstrebiges Bemühen um öffentliche Auftritte als Redner, Mitarbeiter in Fachzeitschriften und Rundfunksendungen. Hier geht er wie ein gewiefter Handelsreisender vor, indem er den Gesprächspartnern ein fein säuberlich getipptes Programm mit Themen aus dem Musikästhetikbereich über den Schreibtisch schiebt und dabei aufdringlich seine australische Herkunft und musikalischen Kompetenzen unterstreicht. Auch bedient er sich der alten Masche, einigermaßen sympathische Funktionsträger und von wohltätigem Entgegenkommen triefende Matronen zum Lunch oder zu einem Bier im Pub nebenan einzuladen. Seine mit aller Geschmeidigkeit geführten Gespräche enden entweder bei deutlich vernehmbaren Zeichen des Desinteresses an dem vom australischen Himmel auf unsere mit hochstehender Kultur angefüllte britische Erde gefallenen Eindringling oder rundheraus bei einer Auskundschaftung der australischen Lebens-, Kunst- und Berufsverhältnisse. Es bedurfte keiner weithergeholten Meditationen, um zu ermessen, daß manch einer seiner Gesprächspartner, darunter große und kleine, hochgestimmte und untertänige Organisatoren und Agenten, nichts über ihn und seine Verheißungen wissen wollten, sondern über die für sie exploitierbare Neue Welt. Es enthusiasmierte sie wenig, ob Anton Bruckner ein Komponist zwischen zwei Stühlen war oder Frauen auf Wagners Musik Einfluß hatten, wie – reißerisch formuliert – einige der von ihm angebotenen Vortragsthemen lauten. »Wie wäre es mit einem Vortrag über Musik in Australien?« flöten sie ihm entgegen. »Dafür könnten wir was arrangieren ...«

Gesagt, getan, stoppelt er einen einstündigen Vortrag zusammen, mit dem er ein paarmal vor ein Publikum geringen Ausmaßes tritt, welches ihn in der daran anschließenden Diskussion wie eine willkommene und zudem kostenlose Auskunftei in Anspruch nimmt. Die Windeseile, mit der sich seine erbauliche Schilderung des australischen Musiklebens herumspricht, bringt ihm Aufforderungen zu

Treffen mit Künstlern und Künstlervermittlern aller Genres ein sowie eine Einladung, seinen Australien-Vortrag bei Gelegenheit der Festspiele in Edinburgh zu wiederholen. Obwohl er weiß, daß er für die ihn für einen nützlichen Schleusenöffner haltenden Künstler und Agenten nichts Haltbares tun kann, fühlt er sich gebauchpinselt. Und so versteigt er sich langsam aber sicher in die Rolle eines Abgesandten für die Propagierung des australischen Musikmarktes, in die eines Quasi-Kulturattachés. Mit der gleichen Bravour, mit der er sich seinerzeit, mit unwahrhaften Zeugnissen ausgerüstet, der Rolle des Küchenexperten entledigte, bezeugt er jetzt seine Gemeinsamkeiten mit den australischen Musikgepflogenheiten. Was kann ihm schon Besseres passieren, wenn er sieht, wie seiner neuen Identität, der eines beziehungs- und einflußreichen australischen Musikwissenschaftlers, eine Werthaltung entgegengebracht wird, die bis zur Tummelei mit mannhaften Tänzerbeinen unterm Schottenkilt reicht. Die Leichtgläubigkeit seiner verblendeten Gegenüber ruft bei ihm eine nervenkitzelnde Leichtfertigkeit hervor, die er als Entschädigung für die Erfolglosigkeiten in eigener Sache mißbraucht.

Zurück aus Edinburgh, das ihn mit seinem steinalten Mauerwerk und seiner einsilbigen Bevölkerung nicht als der ideale Festort für freudiges Musizieren beeindruckt, genießt er mit Evan und abstruser Gesellschaft im Schlepptau noch für eine Woche das Nachtleben Londons, bis ihm auch das zum Hals und Geldbeutel heraushängt. Was soll er hier noch länger bleiben? Er hat den großen und den kleinen Mann gespielt, hat elitäre, verschrobene und volkstümliche Gelände durchstreift, hat künstlerische Genüsse in Mengen an sich vorüberziehen lassen, spielend den Australier, den Musikologen und den angesehenen Kontaktmann vorgeführt – aber nirgends auch nur eine Ermutigung für die Durchsetzung seiner mit Nachdruck ausposaunten vollwertigen Projekte gefunden: Hermetische Abgeschlossenheit ohne Nachschub ist das Fazit des hoffnungsfreudig angetretenen Aufenthalts am Angelpunkt der britischen Kunstbetätigung. Doch da es ihm halb und halb schon zur Gewöhnung geworden ist, daß man ihm den Stuhl vor die Türe setzt, läßt er sich weder den Teppich unter seinen ambitiösen Füßen wegziehen noch wird er fassungslos. Er tröstet sich damit, daß er nicht wie die um Vermittlung nach Australien heischenden Schlucker von der Musik zu leben hat, andererseits mit der Aussicht auf ein paar Wochen Ferien, verbunden mit in Sydney nur mühevoll erreichbaren Abenteuern der leiblichen Art. Kopf hoch und unbelastet von seinem musikwissenschaftlichen Gepäck macht er sich, vorfreudig gestimmt, auf nach Paris, um die Stadt wiederzusehen, in der er trotz Widerwärtigkeiten und Armseligkeit frohgemute Tage verbracht hat.

Indessen, was er sich so wunderschön und plausibel vorredet, steht nach wie vor unter dem Eindruck der bei weitem noch nicht verrauchten Fehlschläge. Denn sobald er im Flèche d'or genannten stattlichen Eisenbahnzug über Dover und Calais nach Paris sitzt und sich sein selbstzweckhaftes Denken, vom Londoner Ballast befreit, wieder seinen Wünschen und Interessen zuwendet, entsinnt er sich, daß er bei der Vorbereitung seiner Europareise auch einige Anlaufadressen in Paris erhalten hat, die vielleicht zum Eintritt in die dortige Musikwelt dienlich sein könnten. Auf Anraten des Direktors der in Sydney stationierten Alliance française, für deren Nachrichtenblatt Le Courrier Australien er eine Reihe von Artikelchen verfaßt hat, hatte er sein Buch an einige französische Zeitschriften zur Besprechung gesandt. Da er es sich an den zehn Fingern ausrechnen kann, daß in Paris kein Mensch daran interessiert sein wird, weder sein Buch noch die zu verfassende Goossens-Biographie zu veröffentlichen, noch daß sich ihm ein Forum für Vorträge über Australien anbieten dürfte, macht er sich vollauf darauf gefaßt, als Talentsucher für den australischen Markt aufzutreten, beiläufig auch noch als Journalist, falls es ihm danach stehen sollte, Entree in das Pariser Kunstleben zu erreichen. Damit entledigt er sich einiger Bruchteile seiner vielschichtigen Figurenkonstellation, ohne jedoch seinen Wissensdurst mit Bezug auf die Qualität des soziologisch-ästhetischen Denkens und Schaffens zu verlieren.

Der Aufenthalt in Paris war als ein Divertissement ersonnen, verbunden mit der Aussicht auf ein Treffen mit Freunden und Bekannten aus prä-australischen Zeiten. Eine ganze Gruppe seiner Freiburger Studienfreunde, darunter sein Leibbursche Erich, hatten erneut ihre Zelte in Paris aufgeschlagen, nachdem sie den kriegerischen Greueln auf die eine oder andere Weise entgangen waren. Genau wie er hatten sie ihre akademischen Grade an den Nagel gehängt und sich der Kunst des kommerziellen Geldverdienens verschrieben: Was ihm die Schliche der Gastronomie waren, waren ihnen Plagereien mit dem Uhrengroßhandel. Seine Ankunft im vorhinein mitgeteilt, empfangen sie ihn am Bahnhof mit Freudenrufen aus der gemeinsamen deutschen Muttersprache, deponieren ihn im Hotel und begeben sich in Erichs Wohnung, wo Margot, seine Frau, lange Zeit vermißte knusprige Bratkartoffeln nach deutscher Hausfrauenart herrichtet. Es ist so, als hätte man sich erst gestern adieu gesagt, so daß die Varianten der Lebensromane mitteilsam und vertrauensselig bis tief in die Nacht über die Lippen fließen. Zwangsläufig treten dabei auch Ansichten und Anmerkungen zum politischen Zeitklima zutage. Sie meckern über die Abwertung des französischen Francs und Georges Bidaults Regierung der Mitte, lassen sich skeptisch über Nordatlantikpakt und die Wahl Trumans zum US-Präsidenten aus und verrennen sich in ein ungewisses Pro und Contra über die Gründung des Staates Israel. Natürlich fällt auch ein Wort über das sich jetzt Bundesrepublik nennende Deutschland und seine neue Hauptstadt Bonn, diesem Vorortdorf von Köln, über einen gewissen Theodor Heuss und den zum Kanzler aufgestiegenen Kölner Oberbürgermeister Adenauer – aber eben nur ein Wort. Denn Deutschland und alles, was damit zusammenhängt, ist ihnen eine leidbetroffene Erfahrung, an die auch nur zu denken zur verlockenden Herausforderung für uneingeschränkte Destruktion wird. Sie nehmen es als Zeichen seiner Übereinstimmung, daß ihm bei seinen ehrgeizigen Versuchen, das musikwissenschaftliche Feld zu betreten, nicht einmal der Gedanke gekommen war, sich im einstigen Deutschland, dem Land der Musikpflege und Musikberühmtheiten, umzusehen.

Ginge es ihm nur darum, mit Hilfe der Disposition seines Erinnerungsvermögens faktenreich den Faden fortzuspinnen, dann wäre jetzt die Rückkehr- und Wiedersehenslaute anzustimmen, auf der am Ende der literarischen Komposition die mit Ausrufezeichen versehene, ungeheuerlich sinnige Erkenntnis erklingt, daß, obwohl Notre-Dame immer noch am Rande der Seine liegt und die Mona Lisa nach wie vor im Louvre hängt, sich das Bild der Stadt verändert hat. Mit derlei windigen Selbstverständlichkeiten des szenischen Arrangements braucht er sich nicht erst abzugeben; denn schon nach den ersten Tagen seines Aufenthaltes umgibt ihn jene Quietschlebendigkeit, die für ihn schon damals Anziehungskraft und Markenzeichen von Paris und seiner Bevölkerung gewesen ist. Hier müssen die Menschen nicht wie in dem trägen Sydney oder dem phlegmatischen London zuvor auf Dampf gebracht werden, wenn es darum geht, ihnen etwas anzudrehen, mit ihnen anzubändeln, sie zu lieben oder sie zu entgeistern. Sie halten sich nicht lange auf mit Hypothesen und Interpolationen.

Geschlagene Tage sitzt er im Hotelzimmer vor dem Telefon und belämmert das mißmutige Telefonfräulein mit der Durchsage von Nummer auf Nummer, von denen es entweder heißt, daß es sie nicht mehr gibt, sie besetzt sind, sie nicht antworten oder daß sie sich geändert haben. Mit dem dickleibigen, nur mit den schärfsten Brillengläsern entzifferbaren Telefonbuch auf den Knien, sucht er nach den Gleichveranlagten, mit denen er und Freund

Charles vor Auswanderung und Krieg Verbindung hatten. Die meisten waren von der Bildfläche verschwunden.

Unter den wenigen, die er wiederfindet, ist Gaston, der ihn mit den herzerwärmenden Worten »Wie schön, daß es dich gibt« noch am gleichen Abend zu sich bittet. Gaston war in jeder Hinsicht arriviert: Im Viertel der Luxusstraße St. Honoré gelegen, ist er Herr über ein Herrenschneideratelier tonangebender und teuerster Art; Besitzer einer mit modernstem Schnickschnack und symbolträchtigen Antiquitäten eingerichteten Wohnung; einem Diener, einer Köchin und einem bezaubernden jungen Freund, der sich nicht ohne Stolz rühmt, Mitglied des Balletts der Grand Opéra zu sein. Sie schwätzen über alte und neue Zeiten, reden in verwehtem Gedenken über diesen Copain und jenes Abenteuer, ihre frühere Armut und ihr jetziges Wohlergehen, über Theater, Bars, Restaurants und andere Vergnügungen, die zur Zeit en vogue sind und zu frequentieren wären, falls es ihn amüsieren würde, am Treiben der Jeunesse dorée teilzunehmen. Und ob es ihn amüsieren wird! meint Alphonse, der im Begriff ist, die in Australien angesetzten schwerfälligen bürgerlichen Schlacken abzuwerfen und die musikwissenschaftlichen Ambitionen hinter Schloß und Riegel zu setzen. Gaston ist ihm ein Engelsbote aus dem Himmel der Sinnenlust, was er ihm dadurch dankt, daß er sich von ihm – natürlich zu unerheblichem Freundespreis – einen überhaupt nicht zu ihm passenden grellfarbigen Anzug sowie einen extravagant geschnittenen hellgelben Kaschmirmantel mit knallrotem Seidenfutter anpassen läßt.

Aus seiner früheren Clique tut er noch ein paar andere Bekannte seiner Generation auf, durchzieht mit ihnen oder ohne sie allnächtlich miese und bessere Buden und findet die Gefälligkeit höchst bekömmlich, mit der das jüngere Volk ihm entgegenkommt. Während bei ihm zu Hause der junge Bursche nur für den etwa gleichaltrigen Jüngling Augen hat, erfährt er bei den Franzosen die Vorliebe der Jüngeren für die Älteren, weil sie mehr zu bieten haben als nur das sexuelle Erlebnis. So ist es ihm ein leichtes, einen recht gutaussehenden, vifen italo-französischen Studenten der politischen Wissenschaften aufzugabeln, der bereit und willig ist, ihn auf einer Reise nach Italien zu begleiten. Es ist ihm heute noch rätselhaft, wieso und weswegen er seinen Pariser Aufenthalt unterbrochen hat und sich auf diese überhaupt nicht vorgesehene Reise begibt. War es des Teutonen Sehnsucht nach dem Land, in dem die Zitronen blühen, seine Versessenheit, die angepriesenen Schönheiten des Landes und seiner Kunstwerke kennenzulernen, die Befriedigung seiner Augenlust oder nur eine Art Notbehelf in Ermangelung eines Besseren, deutlicher gesagt, eines Erfolgreicheren? Er kann es nicht sagen, weiß nur, daß er all die Wunderdinge, die ihm in Mailand, Perugia, Florenz, Rom, Neapel und Capri entgegenkamen, mit einer solch durchdringenden Wucht in sich aufgesogen hat, daß es ihm zu einer Unumgänglichkeit wurde, jede seiner Reisen nach Europa mit einem Aufenthalt in dem Land zu verbinden, in dem immer noch der unverdrängbare Duft der glorreichen Renaissance weht und Menschen singen, auch wenn sie nicht dafür bezahlt werden.

Sein Begleiter ist ein lustiger Vogel, der es versteht, ihm verschwenderisches Geldausgeben zur wahren Wonne werden zu lassen. Auch daß er hie und da das Mein und Dein verwechselt und ihn hintergeht, nimmt er ihm nicht übel, denn er verdankt seiner unverfrorenen und dennoch putzigen Redseligkeit die Begegnung mit einer Gruppe wohlsituierter römischer und neapolitanischer Altersgenossen, in deren mit Kunstgegenständen angefüllten und übermöblierten Plüschwohnungen er an manchen Abenden in das aufgeweckte Geflunker der Südländer einbezogen wird. Unter ihnen war es Angelo, ein Rechtsanwalt, der während des Krieges aus ersichtlichen Gründen seinen Zunamen von Cohen in Brocca geändert hatte, der ihm zum innigsten Vertrauten auf der italienischen Halbinsel wurde. Bis zu seinem Tode – der gepflegte Angelo erlag in einem Taxi einem Herzanfall – haben sie je nach den Umständen Tage und Wochen zusammen verbracht, und es ist ohne abgeschmackte Sentimentalität gesagt, daß ihm der schelmige Angelo noch heute am Herzen gelegen ist …

Mit der Absicht, noch einige Wochen in Paris zu verbringen, zieht er nach seiner Rückkehr aus Italien in ein Hotel auf dem Montmartre. Es ist September, und Paris erwacht für den Start in die Saison: Die Theater kündigen ihre neuen Produktionen an; die Schaufenster sind frisch dekoriert; auf den Zeitungsseiten häufen sich Annoncen zu Neuerscheinungen auf dem Buchmarkt; es flattern Einladungen zu Cocktails, Vernissagen, Modeschauen, Jubiläen, Geburtstagen und anderen gesellschaftlichen Salonbegegnungen in die Briefkästen; im Quartier Latin drängen sich Knäuel von Studenten in die Eingänge der Sorbonne; und in den Caféhäusern ist nur mit viel Glück ein freier Tisch aufzutreiben. Was ihn betrifft, verdankt er der Emsigkeit des Saisonbeginns die Kontaktaufnahme mit denjenigen seiner Bekanntschaften aus früheren Zeiten, die bis dahin fern der Hauptstadt irgendwo in der Sonne gelegen hatten. Manche unter ihnen waren das geblieben, was sie schon immer gewesen waren, nämlich annehmbare Niemande; andere Mitglieder der »république des amis«, wie er den gleichgesinnten Kreis der dem männlichen Eros Huldigenden zu nennen pflegt, waren in soziale Positionen aufgerückt, die ihren Neigungen und Befähigungen entsprachen. Wahllos trifft er sich mit dem einen oder anderen zu Déjeuners, Cafés, Tees oder mit Vorliebe zu Drinks nach dem Theater in der immer noch bestehenden, angesichts ihrer hohen Preise für die bessere Herrenklientel bestimmten Bar Le Bœuf sur le toit, in der er einstens die Bekanntschaft des nunmehr als Ehemann mit Kind in Sydney lebenden Intimfreundes Charles gemacht hat.

Wie es sich bei solchen Wiedertreffen ergibt, wird er mit mehr oder weniger Interesse nach seinem Tun und Lassen befragt. Nur selten spricht er von seinem Gedeihen im Gastgewerbe – sei es, weil dieser Berufszweig nicht gerade zu den feinsten gehört, sei es, weil zu dieser Zeit noch kein Franzose je einen Hamburger gesehen hat –, dafür mehr, und das mit wohldosiertem, großspurigem Unterton, von seinem eminenten Rang als Hochschullehrer, Musikwissenschaftler, Kunstkenner und den damit verbundenen Einflußbereichen im exotischen Australien.

Es wäre zu verwickelt nachzuzeichnen, auf welchen Wegen und Umwegen er aus der Mitte der antikonformen Verflochtenheiten auf diejenigen Personen gestoßen ist, die mit eigennützigem oder selbstlosem Interesse seinen in England so makellos gescheiterten Begehren entgegengekommen sind, ohne darum gebeten worden zu sein. Als unerwarteter, will sagen, indirekter Helfer tritt in diesem Zusammenhang der ihm kameradschaftlich zugetane Herrenbekleider und Ballettgefolgsmann Gaston in Erscheinung. Er nimmt ihn zum jährlichen Examen de danse in die Große Oper mit, wo dessen Freundchen seine Künste vorzuführen hat, um in der hierarchisch angeordneten Ballettrangfolge eine höhere Stufe zu erklimmen. Nachdem der junge Tänzer blendend reüssiert hat, muß gefeiert werden. Mit Bravogerufe, Küßchen hin und Küßchen her geht es zur Zelebration des offenbar welterschütternden Ereignisses in eines der stinkfeinen Pariser Restaurants, in dem sowohl die Bestecke als auch die Preise vergoldet sind. In Gegenwart einiger, mit viel Schmuck aufgetakelter Ballerinen, solcher, die unter den Balletteusen den höchsten Klassenplatz, den eines Étoile, erreicht haben, schlürft Sydneys Hamburger-König Silbermann mit unnachahmlicher Kennermiene gewaltig große Austern, so, als sei er damit aufgewachsen.

Zu später Stunde taucht Serge Lifar auf, der Chef des renommierten Ballet de l'Opéra, russisch-französischer Tänzer, Choreograph und Schriftsteller, dem in jedem Ballettlexikon mindestens drei Spalten gewidmet sind, und nimmt ihm gegenüber Platz. Mit einer bezwingenden Vertrautheit sondergleichen wird der australische Gast von Lifar in ein Gespräch verwickelt (gehörig, wie bei allen Tänzern, nur über Ballett und sich selbst), was ihn schlicht verdutzt. Doch gegen Ende des mit köstlichem Champagner begossenen munteren Abends und nachdem der stets ungewaschene Lifar löffelweise Kaviar in sich hinein geschlungen hat, wirft Ästhetiker Silbermann in bestem Französisch mit seinen angelesenen und beäugten Ballettkenntnissen in so verwegener Weise um sich, daß der große Ballettmeister ihn auffordert, an dem von ihm gegründeten Institut Choréographique ein paar Vorträge zum Thema Ballettästhetik zu halten. »Suchen Sie mich nach dem nächsten Ballettabend in meiner Loge auf, und dann werden wir alles arrangieren«, lauteten die verheißungsvollen Worte, mit denen er champagner- und erfolgstrunken in sein Hotel zurücktorkelt.

Es mag zur geschulten Kunst der Ausfertigung von Reiseberichten und Lebenserinnerungen gehören, zur Vermeidung von Durchmischungen von Vergangenheit, Gegenwart und Zukunft Zeitspannen nicht zu überspringen. Dies führt unweigerlich zum kühnen Griff nach Verweisfloskeln, wie sie dutzendweise die Seiten von mittelprächtigen Diplom- und Doktorarbeiten anfüllen. Entweder heißt es: »Wie bereits gesagt oder erwähnt«, in dem füglichen Glauben an Gedächtnispotenzen, die es möglich machen, das gesamte Nibelungenlied von vorne bis hinten herunterzulallen; oder aber: »Wir werden darauf noch zurückkommen«, in der Hoffnung, der Leser sitze ab sofort auf brennenden Kohlen, um ja nicht den Augenblick zu verpassen, an dem das säumige Versprechen eingelöst wird. Silbermann gedenkt nicht, in den Graben dieser Marschsicherung zu springen, nur um seiner literarischen Selbststilisierung einen Liebesdienst zu erweisen.

Lifar, so möchte er jetzt schon wissen lassen, hielt sich an die Absprache. Nur wenige Wochen vergehen, und geputzt und geschniegelt sitzt Silbermann zu nachmittäglicher Stunde an einem Tisch in der Bibliothek der ehrwürdigen Oper vor mit von Tänzern und Tänzerinnen aller Kategorien besetzten Stuhlreihen und hält die erste seiner fünf Vorlesungen über »Aspekte der Ballettästhetik«. Entbrannt bereitet er sich auf die Ansprachen vor, verbringt Tage in der Bibliothèque nationale bei der Lektüre von Geschichts- und Lehrbüchern, Abhandlungen und Biographien, durchstöbert in der einzigen Spezialbuchhandlung für Tanz- und Ballettliteratur verstaubte Ecken, verschafft sich Eingang zu Studios, in denen verkrumpelte Matronen mit unaussprechlichen russischen Namen schweißtriefende Anfänger mit dem ersten und hochnäsige Tagesberühmtheiten mit dem letzten Schliff versorgen, und darf auf Freikarten in der Oper jedem Ballettabend in einer Loge beiwohnen, in der Lifars Dauerbewunderer Mitglieder der näheren und weiteren Umgebung des Animateurs der französischen Ballettszene empfängt. Alles aneinandergefügt: Der Name Silbermann rangiert eine ganze Weile unter den Experten und Verfechtern des mit dem Stempel des Neoklassizismus versehenen Pariser Ballettgeschehens. Seine in einer auflagenschwachen Tanzzeitschrift erscheinenden diesbezüglichen Artikel bringen ihm bei den Ballettomanen so manches willkommene Kompliment ein.

Während die Eltern von seinem rasanten Erfolg in Windeseile durch die Zusendung eines Fotos informiert werden, das ihn beim Vortrag in den erlesenen Räumen der Bibliothèque de l'Opéra zeigt, expediert er an seine beiden Sydneyer Zeitungen gehaltvoll stilisierte Beiträge über das Ballettleben und seinen eigenen eminenten Anteil an dieser ihn immer mehr berückenden Kunstform. Seine Stellung als kostenlose Zacke in Lifars Glorienschein erfordert ein längeres Verbleiben in Paris und demzufolge die Anmietung einer möblierten Wohnung, die er in der im feinen sechzehnten Arrondissement gelegenen Rue Spontini findet. Als Untermieter einer Emigrantin ist er jetzt Herr über drei mit

Möbeln in irgendeinem falschen Louis-Stil eingerichtete Räume, ein angemietetes Klavier, eine Küche und ein zeitweilig funktionierendes Telefon. Angespornt durch die ihm bezeugte Anerkennung (man spricht ihn schon als »Monsieur le Professeur« an), sucht er durch eine Reihe von äußerlich verbundenen Handlungen nunmehr von hier aus seinen Bedeutungsknäuel weiter zu entrollen.

Mit einer Liste von Namen, Adressen und Telefonnummern in Händen sowie eilends erworbenen Kenntnissen des Pariser Kunstbetriebs versehen, schlängelt er sich vermittels Besuchen, Aufwartungen, Einladungen, Empfängen und ähnlichen, seine Zeit und Mittel erlaubenden Geselligkeiten durch die Verkettung von vergleichsweise bemerkenswerten, durchschnittlichen, nassauernden, unbedeutenden, gefälligen und unleidlichen Personenkreisen. Er tritt als Kenner der australischen Kunstszene, als Musikwissenschaftler, Schriftsteller und aufgeweckter Schöngeist auf. Aus den in England erfahrenen Erschütterungen seiner ehrgeizigen Verlangen hat er zurückgefunden. Gespräche, Lektüre und Beobachtungen verstärken die Gewißheit, daß er mit seiner Behandlungsweise ästhetischer Phänomene in den Kunstformen Ballett und Musik als sozialkulturellen Phänomenen die folgerichtige Verfahrensweise aufgenommen hat, um die ärgerliche Kluft zwischen Sehen und Hören einerseits und Empfinden und Verstehen andererseits zu überwinden. Wie in seiner ersten Buchveröffentlichung, die er mit schmeichelhaften Widmungen versehen großzügig herumreicht, stellt er seine Darlegungen unter Nutzung sozialgeschichtlicher Fakten stärker auf den Einfluß der Kunstkonsumenten auf Entstehen und Wirkung der Kunstwerke ein als auf die Bewunderung der aus dem Nichts hervorgetretenen Einzigartigkeiten ihrer Schöpfer, ihrer Interpreten und ihrer ästhetischen Finessen. Damit betritt er nicht etwa Niemandsland, wohl aber ein wenig und besonders ungern oder zumindest mit Vorsicht bearbeitetes Feld. Kann es doch nicht ausbleiben, daß bei Vortrag und Verteidigung einer solchen, quasi an Demystifizierung grenzenden Auffassung Aktualitäten zur Sprache kommen, von Polemiken ganz zu schweigen, beispielsweise, wenn es sich um die ungereimten Scharlatanerien bei gewissen zeitgenössischen Komponistencliquen handelt. Silbermann weiß, daß er nichts zu verlieren hat, weiß, daß er sich jederzeit auf sein wenn auch wenig begehrenswertes australisches Betätigungsfeld zurückziehen kann, und schlägt drum in der ihm eigenen emphatischen, aber dennoch subtilen Weise um sich.

Wie bei der Verbreitung jedweder Ideen bedarf es hierzu der Gunst der Stunde, der Gelegenheiten, der Beziehungen und Zuständigkeiten, kurz der Stützen, die beim Schopf zu ergreifen sind. Und damit ist er wieder bei der Benennung derjenigen angekommen, die ihm und seinem bei weitem noch nicht voll ausgereiften Gedankengut verständnisvoll, wohlwollend und verbindlich entgegenkommen. Allzugerne möchte er den reichhaltigen Fundus von kleinen und großen Namen, von angesehenen und belanglosen Künstlern, Wissenschaftlern, Journalisten, Schriftstellern, Damen und Herren der besseren und unrühmlichen Gesellschaft entfalten, schon allein, um Eindruck hervorzurufen. Doch muß er sich Beschränkungen auferlegen: zum einen, um sein eigenes Rollenspiel nicht durch belanglose oder beachtliche Eintragungen in ein Staunen erweckendes Gästebuch zu übertünchen, zum anderen, weil sein Verleger nicht bereit ist, seinem Leben zwei dickwanstige Bände zu widmen.

In seinen vergangenen und huldreich eingekellerten Pariser Zeiten gab es eine ärmliche deutsch-jüdische Familie, die mit dem unvergleichbaren Namen »Rotkugel« ausgezeichnet worden war. Vater Rotkugel versuchte sich in Vermittlungsgeschäften, und der einzige – oh, so mißratene – Sohn Hans, ein nicht unhübscher Kerl, trieb sich herum. Ihn hatte er einst bei seinen Nachtbummeleien kennengelernt und, wie man zu sagen pflegt, prompt wieder aus den

Augen verloren. Eines Abends nun, als er wie in früheren Tagen sein gut über den Krieg hinweggekommenes Stammlokal, Le Bœuf sur le toit, aufsucht, wird er mit den knapp gefaßten Worten »Sie sind doch Monsieur Alphonse, der früher in der Pâtisserie Danoise bedient hat«, angesprochen. Kein Wunder, daß es dem australischen Chef über hundert Kellnerinnen und beflissenen Reisenden in Kunst den Atem verschlägt. Sein verlegen hingekichertes »Ja, ja« wird zur unbefangenen Umarmung, als sich der jetzige Jean-Claude Rivière als der damalige Lausejunge Hans Rotkugel zu erkennen gibt. Ihr überraschendes Zusammentreffen endet in den ersten Morgenstunden nach ausführlicher Berichterstattung über glückliche und unglückliche Geschicke sowie ihre respektiven Betätigungsfelder. Er vernimmt nicht ohne Erstaunen, daß, wie er sich zum Musikwissenschaftler, Hänschen sich zum Musikkritiker gemausert hat, der Hauptstadt- und Provinzjournale mit kenntnisreichen Auslassungen bedient.

Der Musikbeurteiler Jean-Claude ist unumwunden der Avantgarde verbunden und hat nichts Eiligeres zu tun, als ihn einige Tage später zu einer dieser Soiréen mit zeitgenössischer Musik zu schleifen, die bekanntlich in kleinen Sälen so gut wie unter Ausschluß der Öffentlichkeit stattfinden. Der Ort war ein Gebäude in der Rue de l'Université, in dem auf mehreren Etagen eine Art Versuchsstation des Französischen Rundfunks untergebracht war, ein Centre d'Études, das anspruchsvolle Kulturprogramme des ausgefallenen Literatur- und Musikgenres produzierte und diese über einen wenig weitreichenden schwachen Sender ein paar Stunden dem Äther anvertraute. Es war die typische und mit wenig Geld ausgestattete Experimentiereinrichtung, die sich staatliche Stellen leisten, um ihre Fortschrittlichkeit zu bezeugen. Dem war ein Club d'Essai angeschlossen, der bei freiem Eintritt öffentliche Vorträge, Lesungen und Konzerte veranstaltete, bei denen das Ungewöhnliche zu Wort und Ton kam, gefolgt von streckenweise lärmenden Diskussionen.

»Heute abend«, vertraut ihm Jean-Claude an, während er sich mit viel Gehupe durch die wie immer verstopften Pariser Straßen schlängelt, »wirst du was ganz Besonderes hören, nämlich Musique Concrète – was immer das sein mag.« Und was war es? Es war ein aus mehreren Lautsprechern auf das Publikum losgelassenes ohrenbetäubendes Geknatter und Gerülpse, eine unzusammenhängende Folge von Rattern, Quietschen, Blubbern, Stöhnen, Pfeifen und anderen undefinierbaren Geräuschen – ein nicht enden wollendes Inferno für jedes gesittete Ohr. Nach einer geziemenden Verschnaufpause, in der er von Jean-Claude als australisches Präsentationsobjekt herumgereicht wurde, begann eine Diskussion mit dem Verfasser der sich als Komposition beziehungsweise Musik bezeichnenden, bleierne Magenkrämpfe hervorrufenden Zubereitung. Den lautstark und gestenreich geführten Wortgefechten entnimmt er, daß der Erschaffer des die musikalische Kunst mißkreditierenden Werkes eine von hübschen Mägdelein hochgeschätzte Zusammenfügung aus Ingenieur, Romancier und Philosoph ist und seine Opponenten und Bundesgenossen – soweit sie den Mund aufmachen – eine Mischung aus exaltierten und biederen Musikern, Poeten, Schwätzern sowie Natur- und Geisteswissenschaftlern. Es wird viel von »erlöschender Tonbeschaffenheit«, »doppelter Spiegelung«, »jungfräulicher Offenbarung«, »Formelementen«, »fulminanten Zwischentönen« etc. gesprochen – aber weder von den Adressaten dieses wenig attraktiven Geräuschemischmaschs noch von dessen Denaturierung aller natürlichen musikalischen Empfindungen.

Diese ihm einfältig erscheinende Mißachtung der Funktionen dessen, was immer sich »Musik« nennt, bringt ihn, den entschiedenen Verteidiger der soziokulturellen Ansprüche und Einflüsse der Hörerschaft, so sehr auf die Palme, daß er, die gesamte Virtuosität seiner Sprachbeherrschung aufbietend, eine geharnischte Philippika auf diese Publikumsverachter losläßt. Offensichtlich muß er etwas

Richtiges gegen diese technologische Tatensüchtigkeit, gegen diese selbstzerstörerische Melange (wie er das unverdauliche Gehörte nennt) gesagt haben, denn jetzt trauen sich auch andere Teilnehmer, dem konsternierten Maître der konkreten Musik vorzuhalten, daß aus dem von ihm fabrizierten Gekluckse und Gepruste keine gesellschaftliche oder ästhetische Aktualität hervorginge. Sehr pointiert bringt dies in ironisch-bissiger Weise eine schlicht gekleidete, mit Brille versehene, bürgerlich anmutende Dame zum Ausdruck, die sich ihm nach Abschluß des Abends durch Jean-Claude vorstellen läßt. Mit leise quäkender Stimme bedankt sie sich bei ihm für seinen berechtigten Zwischenruf und fordert ihn auf, dem nächste Woche im gleichen Saal stattfindenden Konzertabend beizuwohnen, an dem sie Klavierwerke von Béla Bartók spielen werde; anschließend könne man zusammen mit ihren Freunden soupieren.

Der sich im Helldunkel dieser Esoteriker trefflich auskennende Jean-Claude läßt ihn wissen, daß das klavierspielende, etwas mickerig dreinschauende Wesen bei Namen Gisèle Brelet keine besonders virtuose Tastenschlägerin ist, wohl aber eine hochgescheite und sehr geschätzte Musikwissenschaftlerin, deren Schriften unter den an Musikphilosophie und Musikästhetik Interessierten wie Glaubenssätze gehandelt werden. Er selbst sei dabeigewesen, als sie an der Sorbonne ihre in zwei Bänden erschienene These über »Le Temps musical« mit Eklat verteidigt habe, gestehe aber, von dem superphilosophischen Geistesprodukt kein Wort verstanden zu haben. Auf jeden Fall: »Du kannst mir glauben, diese unscheinbare und hausbackene Frau hat mehr Einfluß als alle deine Komtessen, Soziologenbrüder und die halbe Musikantenbande zusammen. Du wirst ja sehen, wenn sie nächste Woche ihren Bartók herunterhämmert, sind Rang und Namen vertreten – von Rundfunkdirektoren, Uniprofessoren, Philosophen bis runter zu unmusikalischen Literaten, bekannten und undefinierbaren Musikern. Übrigens, obwohl sie verheiratet ist, sieht man ihren Mann nie; dafür aber immer ihre Mutter, eine recht stattliche Frau, die sich nicht genug daran tun kann, wie eine Puffmamsell kontinuierlich Loblieder auf die vielseitigen Qualitäten ihres anbetungswürdigen Abkömmlings anzustimmen. Und wenn du noch was aus der Lästerküche hören willst: Gisèles Mann soll der Liebhaber der Mama gewesen sein, und von Gisèle wird gesagt, daß sie es sehr wohl versteht, Einfluß und nymphomanes Streben miteinander zu verbinden.«

Willig vergegenwärtigt er ein wenig ausführlicher als sonst, indessen ohne Hineindenken oder Hineinleben, die Umrisse der inzwischen längst verstorbenen Menschengestalt Gisèle Brelet; denn sie kutschierte ihn maßgeblich in ein Dasein, in dem ephemere Illusionen und flüchtige Verbände sich verdichten konnten. Während ihn Else, die andere Frauengestalt in seinem Leben, mit der ziemlich pathetischen Sorgfalt des guten Engels umgibt, überschüttet ihn die kühle Gisèle mit den Aufblendungen einer musikwissenschaftlichen Missionarin. Sie braucht Paladine, die ihr bei ihren Sprüngen in die Helle der musikphilosophischen Strahlen die Schleppe der Nüchternheit tragen und ihr bei ihrem Anmarsch in die Dunkelphasen ihrer Weiblichkeit Unterstützung angedeihen lassen. Was letzteres betrifft, finden ihre Bemühungen bei ihm keinen Halt, ein Umstand, den sie bei Gelegenheit eines Treffens durch die ungebogene Frage: »Alphonse, mir scheint, Sie lieben Frauen nicht?« ein für allemal auszumachen sucht. Wer so penibel präzisiert fragt, verdient eine ebenso fleckenlose Antwort, jene, die er sich bei Anlässen ähnlicher Art fürsorglich zurechtgelegt hat und die in Französisch fast poetisch klingt: »Gisèle, j'aime les femmes, mais j'adore les hommes.« Zweifellos hat er recht getan, denn von dem Augenblick an, als er sich unbehelligt ihrer Dringlichkeiten entzogen hat, wird sie ihm zur Mitverschworenen seiner soziologisch ausgerichteten musikästhetischen Denkweise und – dankerfüllt gesagt – zum überzeugten Beistand bei Aufklang und Verwirklichung seiner wissenschaftlichen Laufbahn im Lande des cartesianischen Geistes.

Er fühlt sich gedrängt, auf der Stelle einige der ihm denkwürdig erscheinenden, miteinander verwobenen Haltepunkte aneinanderzureihen, so, wie sie sich unter der Schirmherrschaft der zur Busenfreundin aufgestiegenen Gisèle ergeben haben. In dem zum Centre d'Études Radiophoniques gehörenden Club d'Essai – mehr oder weniger der feste Wohnsitz für Madame Brelets pianistische Künste – präsentiert er sich mit zwei Vorträgen, in denen er die Aufgaben einer soziologisch ausgerichteten Musikästhetik ausdeutet. Dabei bezieht er sich einerseits auf Ausführungen in seinem Buch »... of musical things«, das sich inzwischen durch eine tiefschürfende und lobende Besprechung in der hoch angesehenen »Revue philosophique« – mit dem Signum »G.B.« gezeichnet – einer gewissen Reputation erfreuen kann, andererseits auf Arbeiten des Sorbonne-Professors Charles Lalo (besonders seiner gehaltreichen Schrift »Notions Esthétique«), der Gisèles ansehnliche These betreut hatte. Durch Silbermanns mit Prägnanz und Sorgfalt ausgearbeitete Vorträge muß ein neuer Wind geweht haben, denn alsbald – Gisèle hat hierbei wiederum ihre Hand im Spiel – wird er in eine Reihe von Gesprächen mit betitelten Prominenten verwickelt, darunter der Direktor des Centre d'Études, Jean Tardieu, bekannt als Autor sogenannter absurder Gedichtsammlungen und Theaterstücke, und der Professor für Ästhetik an der Pariser Universität, Raymond Bayer, dessen Werk »Traité d'Esthétique« dem Charakter eines Lehrbuches entspricht. Dieser lädt ihn ein, an den wie Seminare geführten Sitzungen des in der Universität tagenden Institut de l'Art et Esthétique teilzunehmen, das er zusammen mit Étienne Souriau, einem anderen, sich vor allem der Literatur- und Theaterästhetik widmenden Philosophen, leitet. Auch fordert er ihn auf, für die »Revue d'esthétique« einen Beitrag zu schreiben, was sich der angehende Musiksoziologe nicht zweimal sagen läßt.

Schließlich wird er gar von dem agilen Professor Bayer zu einem Essen, und zwar in dessen Wohnung, gebeten, was zu den Raritäten französischer Sitten gehört. Entweder hat Monsieur le Professeur an ihm einen Narren gefressen oder sieht in ihm einen Mitarbeiter und kostenlosen Assistenten. Denn die ehrenvolle Einladung endet mit dem Anerbieten, während seines Pariser Aufenthalts alle vierzehn Tage eine halbstündige Vorlesung mit anschließender zweistündiger Seminardiskussion zum Thema »Soziologische Ästhetik« abzuhalten. »Was Sie am Institut de Chorégraphie über Ballett den doch wohl wenig vorgebildeten Tanzakrobaten auseinanderlegen, findet bei uns an der Sorbonne sicher seinen gehaltvolleren Platz. Ich lasse Ihnen die Wahl, ob Sie sich an Literatur, Musik oder bildende Kunst halten wollen; nur die Tanzerei, die lassen wir draußen vor der Türe. Wenn es Ihnen recht ist, kündigen wir die erste Sitzung für übernächste Woche an. Eines kann ich Ihnen jetzt schon sagen: Den Kollegen von der Soziologie werden die Augen überlaufen, und, im Vertrauen gesagt, darüber freue ich mich bereits. Also dann: Au revoir, mon cher collègue.«

Als er ins Taxi steigt, um in seine Wohnung zu fahren, dreht sich ihm der Kopf. Er, der mit keinen hochgradigen akademischen Wassern gewaschene erbärmliche australische Lecturer of Music wird als »Kollege« in einem der Amphitheater der ruhmbedeckten Sorbonne dozieren, in deren Mauern noch heute die Worte der geistigen Elite Frankreichs widerhallen. Nicht möglich! Schon allein bei dem Gedanken dreht sich ihm außer dem Kopf auch noch der Magen. Doch das soll nicht lange währen. Schnellstens sagt er alle möglichen Verabredungen ab, durchbraust die Bücher seiner nunmehrigen Kollegen Lalo, Souriau, Bayer, begibt sich ins Institut de Sociologie, wo er von ein paar lausigen Assistenten abgefertigt wird (aus denen übrigens zu seiner seraphischen Genugtuung nie etwas geworden ist), telefoniert Rat suchend so oft mit Gisèle, bis er ihr auf die Nerven geht, schlürft Gallonen von bitterem Zichorienkaffee und schreibt, schreibt und schreibt, falls sich das über Seiten ergießende Gekritzel Schreiben nennen läßt. Kluges Kind, das er ist, holt er sich eine Studentin heran, der er sein Elaborat in die Schreibmaschine diktiert, nicht ohne die Auflage, seine Schwächen der französischen Grammatik zurechtzubasteln.

Das Manuskript wurde ein blendendes Stück Werk, so gekonnt, daß er immer wieder – mit anklingenden Variationen, versteht sich – darauf hat zurückgreifen können. Sei noch gesagt, daß sein mit viel Bammel versehenes erstes Auftreten vor einer das Amphitheater füllenden Ansammlung alter, älterer, jüngerer und junger Köpfe vonstatten ging, die von Gisèle, Bayer und Freunden zusammengetrommelt worden war. Nach der Diskussion und der anschließenden Gratulationscour zu urteilen, muß seine Premiere ein voller Erfolg gewesen sein. Doch das ist bei der den Franzosen eigenen Höflichkeit und, nicht zu vergessen, der Anwesenheit manniger Personen aus seiner Bekanntenschar schwer zu sagen.

Immerhin ergeben sich aus den von ihm im Club d'Essai und in der Sorbonne angerissenen Perspektiven hinlänglich Gelegenheiten zu Debatten in kleinen und größeren Kreisen, die sich zunehmend an gegenwärtigen musikgesellschaftlichen Verhältnissen orientieren. Mit teilweise ätzender Kritik werden Traditionen, Hintergründe und Gefühligkeiten unter die Lupe genommen, wobei mehr mit gelegentlichen Impressionen, irregeleitetem Idealismus, antitechnologischen Zwischentönen und lokker hingeworfenen Unkenntnissen über die soziale und wirtschaftliche Lage der Musikkonsumenten argumentiert wird als mit handfestem, von Fakten unterlegtem verstehendem und begreifendem Menschenverstand. Das Centre d'Études, das dem Namen entsprechend seine Existenz nebst der zur Verfügung gestellten Geldmittel nicht nur durch die Herstellung experimenteller Musik und einiger anspruchsvoller Sendungen pro Woche rechtfertigen konnte, war bis dato noch mit keiner einzigen »étude« beziehungsweise Untersuchung über radiophonische Elemente und ihre Auswirkungen auf Hörergruppen hervorgetreten. Man hatte sich immer nur über Formelemente und (wie es so nichtssagend und gefällig heißt) unbekannte Standorte Gedanken gemacht. Eindringlich, fast zudringlich plädiert der soziologisch angehauchte Silbermann in den Diskussionen daher immer wieder für die Erkundung positivistischer Grundvorstellungen in bezug auf den Stoff der Musik und besonders den über das Radio dem Publikum zugeleiteten.

Für den die Abteilung Studien leitenden Jungwissenschaftler, einen sympathischen Streber mit abgebrochenem Studium, müssen Silbermanns Eröffnungen wie ein Himmelszeichen gekommen sein. Fragt ihn doch der junge Mann während eines Déjeuners in einem angesichts seiner unbekömmlichen spanischen Gerichte unvergeßlich gebliebenen Restaurant, ob er gewillt sei, unter seiner Leitung an einem von ihm ausgedachten Projekt über die soziologischen Aspekte der Musik im Radio mitzuarbeiten. »Gewiß, gerne, sicherlich«, antwortet der über die kühne Ausdrücklichkeit der geistigen Ausplünderung beträchtlich verwunderte Sachkenner, »nur werde ich in einigen Wochen nach Australien zurückgehen, um meinen dortigen Verpflichtungen nachzukommen.« Gegen Ende des Mittagessens hatten sich der ein wenig ins Schwanken geratene Studienleiter und der sich der Chuzpe dieses aus zweiter Hand lebenden Kulis widersetzende zukünftige Mitarbeiter dahingehend geeinigt, daß man sich zusammenfinde, um das Projekt gemeinsam so auszuarbeiten, daß es eingereicht, begutachtet, genehmigt und auch finanziert werden könne. Im übrigen bleibe man nach seiner Abreise in schriftlicher Verbindung; denn auf Silbermanns Mitwirkung wollte der Schlaukopf auf keinen Fall verzichten.

Zu den weiteren Verwurzelungen in der Sachwelt der Musiksoziologie gehört die Anregung der umsichtigen Gisèle, ein Buch zu schreiben, das einige der Grundideen einer soziologischen Annäherung an die Musik darlegt, eine Art Einführung. Dabei müßten die Verbindungen zwischen Musikwissenschaft und Musiksoziologie ausgeführt werden; denn nur so, meint sie, könne das Buch in der von ihr bei der Nummer eins der französischen Verlage, der Presses Universitaires de France, herausgegebenen »Bibliothèque Internationale de Musicologie« einen Platz finden. Obwohl er die bisher in der Reihe erschienenen Arbeiten – »Psychoanalyse der Musik«, »Die Musik und das Kind«, »Die kreative Interpretation« etc. – als äußerst anspruchsvoll und schwierig zu verstehen befunden hat, verschreibt er sich rückhaltlos der ihm von Gisèle angetragenen Aufgabe. Es wird eine geeignete Gelegenheit sein, bei der trefflichen Mischung von Kunst und Wissenschaft mitzuwirken, die seiner deutschen Aufbringung so fremd und den Franzosen so gegenwärtig ist.

Auf den Spuren, oder, besser gesagt, auf der Schwelle seines Einsprungs in die Entsprechungen seines wissenschaftlichen Trachtens vernebelt sich die Aufrechterhaltung seiner gesellschaftlichen Engagements sowie seiner sozialen und erotischen Belange in einer wenig erklecklichen Hetze, die bei kaum nennenswerten Flüchtigkeiten endet. Nur noch einmal, kurz vor seiner Abreise, auf die erboste Mahnbriefe des Vaters drängen, fühlt er sich in Liebesgetändel verstrickt. Abermals hat es ihm ein Tänzer angetan, und zwar der französische Premier Danseur einer englischen Truppe, der seine choreographischen Ambitionen bei Soloabenden im kleinen Théâtre de l'Étoile auf ein einsichtiges Publikum losläßt. Ihre Schwüre ewiger Treue führen so weit, daß er dem mit stahlharten blauen Augen unter einem Bündel pechschwarzer Haare ausgestatteten Herzensliebling für eine Woche nach London folgt und dieser bei allen Heiligen verspricht, nach Ablauf seines Vertrags ihm in Sydney wieder in die Arme zu fallen; doch ward er nie wiedergesehen. Erst viele, viele Jahre später, als der genialische Superopportunist unter den Choreographen zur weltweiten Berühmtheit in den elysischen Gefilden der Ballettkunst geworden war, trafen sie mit der Ungutwilligkeit zu Eingeständnissen wieder aufeinander.

XIII

Anfang 1950 verläßt er das britische Festland, um auf dem Liner Himalaya erneut die halbe Weltkugel gen Sydney zu umsegeln. Der australische Musikverständige, Autor und selbsternannte Fürsprecher für das australische Musikleben und sich selbst, sagt Mutter England trotz des dort erlittenen Mißgeschicks ohne Groll adieu. Mit welch gesitteter Großzügigkeit sind ihm, dem Fremdling, da doch die für ihren Chauvinismus verschrienen Franzosen entgegengekommen. Es ist wahrlich Ironie des Schicksals, daß er dort, wo man ihn als schofeligen Flüchtling unter Androhung grimmer Strafmaßnahmen ausgewiesen hat, Betätigungsfelder gefunden hat, die weit über das hinausgehen, was er je erträumt hatte. Verwirrung stellt sich ein, wenn er in seiner Kabine beim Auspacken und Ordnen der vielen in Paris gekauften und angesammelten Bücher und Schriften gewahr wird, zu was er sich alles verpflichtet hat: Mitarbeit an einer Rundfunkmusikuntersuchung, Herstellung eines Musiksoziologiebuches, weitere Serien von Vorträgen und Lehrveranstaltungen beim Choreographie-Institut und an der Sorbonne und obendrein –ojemine! – die Goossens-Biographie, für die er ja nicht umsonst in London massig Material gesammelt hat. Dabei wird ihm klar, daß er wie ein Herumtreiber aus den Scheunen der Jurisprudenz, der Musik und der Ästhetik in den Palast der Soziologie versetzt worden ist, von dem er eigentlich nur das Vestibül kennt. Er kann sich nicht wie seine zukünftigen Soziologiekollegen damit aufplustern, zu den Füßen der Vierkandts, Webers, Durkheims und anderer Topsoziologen gesessen zu haben; ihm waren in seiner schnell verrauschten Studienzeit nur ein paar Stunden bei dem nicht gerade als hochwertig angesehenen Leopold von Wiese vergönnt. Aber was war das schon? Ist es doch um den autodidaktischen Wissenserwerb nicht anders bestellt als um die Selbstunterrichtung im Kellnern, Kuchenverkaufen und Gaststättenführen. Auf die Zeit, in der Rat kommt, ist kein Verlaß: Auffassungsgabe, Gedächtnis, Lese- und Lerneifer sind hier die wägbaren Mittel, die zum Ziel führen, und, wenn vorhanden, diese neunundneunzig Prozent Fleiß und das eine Prozent Talent, von dem schon der alte Edison gesprochen hat.

Anstatt im Deckstuhl zu sitzen und Bouillon zu schlürfen, ungelernte Kopfsprünge ins Schwimmbassin vorzulegen, Decktennis und ähnlich neckische Spielchen zu verrichten und ausgemergelte oder starkleibige Weiber im paillettenbesetzten Abendkleid über den Tanzboden zu schleifen, sitzt er tagein, tagaus vor verständlichen und verworrenen Theorien und Praxisbezüge aufbietenden Soziologiebüchern. Als er nach dreimaliger beschwerlicher Seekrankheit in Sydney angelangt ist, hat er den dunklen Laubengang durch Gemeinschaft und Gesellschaft, Klein- und Großgruppe, Ideologie und soziale Verantwortung, Masse, Menge und Publikum, Kunst und Religion, Strukturen, Funktionen und Verstehen, Assoziation, Organisation und Institution, soziale Mobilität, soziales Vorurteil, Interview, Beobachtung und wie die Dinge alle heißen durchschritten, wobei ihm Émile Durkheims »Les Règles de la méthode sociologique« zu einer Art Bibel geworden ist, in der er bis zum heutigen Tag blättert, wenn er umstandsbedingt im Begriff ist, den Glauben an die Nützlichkeit der soziologischen Sichtweise zu verlieren.

Nicht mit Trompetengeschmetter, wohl aber mit Freude wird der als deutsch-australischer Musikologe in die Fremde Gezogene und als französierter Sozialwissenschaftler Heimgekehrte von Vater, Mutter, Else, ihrem Mann Fredi und dem schauerlichen Klang des australischen Englisch willkommen geheißen, mit Sack und Pack in seine Wohnung verfrachtet, wo ihn eine von Mutter engagierte, die Ausstrahlung einer Xanthippe vor sich hertragende Haushälterin erwartet. Schon am nächsten Tag (Vater kennt da keine Gemäßtheit) sitzt er in seinem Büro und läßt den Vormittag mit halbem Ohr mit Umsatz- und Kontoziffern,

Beschwerden, Schwierigkeiten, Anschaffungen, Veränderungen, geschäftlichem Klein- und Großkram und dergleichen mehr über sich ergehen. Noch ist er in einer anderen Welt und bringt es nicht weiter als bis zu stammelnden Ja-Jas, Hm-Hms und Sieh-mal-an. Insgesamt hat er den Eindruck, daß recht gut verdient worden ist und alles wie am Schnürchen läuft.

Doch hier irrte der Juniorchef: Das dicke Geld ist in den drei Läden in der City gemacht worden; das California hält sich noch zur Not, und von den drei Sumpfläden am Rande der Stadt nur noch der im Amüsementviertel gelegene Betrieb. Was ist geschehen? Den von Vater, der Managerin Miss Matheson und dem Manager Eddy angestimmten polyphonen Lamentationen entnimmt er, daß man im California auf Anordnung der Polizei die abendlichen Musikveranstaltungen hat einstellen müssen, da sich die Nachbarschaft über den Lärm beschwert hat. Als dann die Kundschaft ausgeblieben ist und die Kellnerinnen gegen teures Geld nur noch herumstanden, hatte man den großen Saal geschlossen. Jetzt ist nur noch vorne am Eingang die Coffeebar offen, und die geht einigermaßen gut. Übrigens gibt es jetzt im King's-Cross-Viertel jede Menge Nachtlokale und Restaurants, von denen die meisten Ungarn gehören, gegen deren Geriebenheit und Tricks kein anständiger Geschäftsmann ankommt: »Willst du vielleicht, daß wir aus dem California einen Puff machen?« – Über die drei Vorstadtläden und »deinen Mister Wallace«, mit der Betonung auf »dein«, möchte der Vater am liebsten gar nicht reden, weil ihn schon beim bloßen Gedanken daran die heile bajuwarische Wut erfaßt. »Mit allen möglichen Flunkereien betrügt uns dieser australische Gauner von hinten und vorne. Er steckt mit unserem stillen Teilhaber, diesem Schleimer, unter einer Decke. Ich werde mit diesen Verbrechern nicht fertig – kümmer du dich darum!« Spricht's und schlägt die Bürotür hinter sich zu.

Vaters Wutausbruch und der Fehlschlag zweier von ihm mit kühler Bezifferung angetriebener Geschäftsunternehmungen wecken ihn aus seiner durch die französischen Traumgebilde hervorgerufenen Interesselosigkeit wie die eisige Dusche, die man in diesem Sonnenland am besten mehrmals am Tage über sich ergehen läßt, um den Denkapparat in Bewegung zu bringen. Der wohlversetzte Schock treibt ihn auf Wochen hinaus in fast tobsüchtiges Arbeitsungestüm. Vom frühen Morgen bis zum späten Abend ist er auf den Beinen, und selbst die nächtens arbeitenden Putzfrauen werden von ihm beaufsichtigt und zusammengestaucht, wenn er sie beim Herumlungern ertappt. In den heruntergekommenen Vorstadtbuden steht er zu den Hauptgeschäftszeiten mal in der einen, mal in der anderen hinter der Kasse und verdirbt damit dem Gauner Wallace seine dunklen Geschäfte. Im California wirft er die stundenlang bei einer Tasse Kaffee Sitzenden und die unfähige Kassiererin raus, erneuert die Kaffeemaschine, läßt anstreichen, und wenn er die City-Restaurants inspiziert, findet er garantiert stets noch etwas, um zu brüllen, zu schimpfen, anzuordnen und zu verändern. Es ist eine Treibjagd, mit der er sich von Tag zu Tag rundum unbeliebter macht. Selbst seine nächste Umgebung kommt nicht umhin festzustellen, daß er – wie Mutter beim sonntäglichen Mittagessen sagt – ungenießbar geworden ist.

Das soll sich auch nicht ändern bis zu dem Tag, an dem er dem inzwischen fett und faul gewordenen Banditen Wallace einen Riesenkrach hinlegt und mit Entlassung droht. Da lacht der Bursche nur mal kurz auf: »Weißt du was, ich kaufe dir die Scheißläden ab. Ihr seid doch viel zu feine Pinkel, um euch die Hände schmutzig zu machen. Mit dir kann man sich nicht mal richtig besaufen!« Ja, wo er recht hat, hat er recht. Vor allem was den Stolz eines jeden australischen Proleten von echtem Schrot und Korn angeht, nämlich Gallonen von Bier hinter die Binde gießen zu können, ohne auch nur mit der Wimper zu zucken. Da ihm die Läden, das sich dort herumtreibende Gesindel mitsamt dem Wallace schon längst zum Halse heraushängen, wäre er ein Blödian gewesen, wenn er nicht sofort mit dem nichtswürdigen Typen ins nächste Pub gezogen wäre, um bei zahllosen, seinen Magen zu unermüdlichem Gerülpse auffordernden Bieren redselig Bewerkstelligungen des – wie er beim fünften Bier feststellen konnte – ernstgemeinten Angebots zu debattieren. Nach der ausgiebigen Durchtränkung erreicht er wie dazumal der dem Erlkönig entfleuchende Reiter mit Müh und Not seine Wohnung, lallt dem Vater am Telefon noch schnell was über die Abmachung vor, bekommt die Antwort: »Du bist ja besoffen« und fällt volltrunken ins Bett. Zu Vaters größtem Erstaunen hält der Gauner Wort und legt bei der Unterzeichnung der Verträge einen Scheck auf den Tisch, der auf Heller und Pfennig dem Betrag entspricht, den die Silbermanns seinerzeit für ihre Beteiligung bezahlt haben. Auch den anderen Klotz am Bein, das California, ist er losgeworden. Doch es lohnt nicht, sich dabei lange aufzuhalten: Erst hat er den Laden hochgetrimmt, damit sich in den Büchern respektable Einnahmen nachweisen lassen, dann hat er ihn ein paar Agenten zum Verkauf übergeben, bis sich ein Grieche fand, der die Firma Silvers – allerdings mit Verlust – auch von diesem Übel befreite.

Über die Entflechtung dieser unfruchtbaren Niederung sind Monate vergangen, bis das Crescendo seines kaufmännischen Tatendurstes allmählich abnimmt, um sich beim Mezzoforte der für ihn ersprießlicheren Gepflogenheiten wiederzufinden. Die Aneinanderfügung mehrerer Leben, das eine an das andere, ist ihm keine Misere. Sie erlaubt ihm, über Dunkelphasen hinwegzugleiten, ohne sich zu verlieren. Während der Zeit, die er wiederfindet, um zu musizieren, zu lesen, die aus Europa mitgebrachten Materialien zu sichten, Theater und Konzerte zu besuchen, erneut Vorlesungen abzuhalten, bei der Alliance française, der Drama League, im Opera Council und anderen, von eifrigen Damen der Gesellschaft organisierten Zusammenkünften das Lob des französischen Kulturlebens zu singen, kann es nicht ausbleiben, daß er sein Verhalten und seine Erfahrungen in dem ihm unfreundlich entgegengekommenen London und dem ihm liebgewordenen Paris durchdenkt, um ein möglichst ansprechendes und eindrucksvolles Bild aufzurichten, das seine zukünftigen Verhaltensweisen motivieren wird. Er sieht darin eine Art Selbst-Schema, das heißt (in den Worten seiner sozialpsychologischen Gelehrigkeit ausgedrückt) die kognitive Struktur, mit der der Mensch sich selbst definiert und Informationen über sich selbst und andere in Anspruch nimmt.

Sporadisch gesehen oder punktuell erfaßt, wie immer man will, indessen kaum datierbar, gehören zum Aufbau selbsterkenntnerischen Gefüges Kernstücke, die zu skizzieren sind, will er nicht in fahrlässiger Weise die neben ihm Stehenden spurlos in den Strom des Vergessens versinken lassen. Ob er wollte oder nicht, unermüdlich zieht ihn die blonde beziehungsweise blondierte, trotz ihrer Vollschlankheit wie ein jugendliches Dirndl dahinschreitende Else in ihren Bannkreis. Sie spielt mit der Perfektion der gelernten Schauspielerin, die sie in Österreich einstens gewesen war, die zwischen allen Stühlen verlaufende Rolle der Vertrauensperson, der Ratgeberin, der Seelengeleiterin, der Allesverstehenden und Alleswissenden, der Verführerin, der Stütze der Gesellschaft, der Gattin, der Hauszierde, der heimlichen Geliebten und der von allen Männern Begehrten. Kurzum, sie ist in ihrer Rastlosigkeit bewundernswert, vor allem, weil es für sie auf dieser Erde nichts Schlechtes, Schwieriges, Unangenehmes, Schmerzhaftes oder Unseliges gibt – alles ist ihr samtweich und wird mit den Worten »geht vorüber« abgetan. Genau das, dieser sie umgebende und von ihr ausgehende Tröstungsoptimismus, diese Selbstanzeige fehlender Tiefendimensionen, läßt ihn aus der Vielfalt der ihm wohlwollend und gebefreudig angebotenen Individuationen jeweils nur diejenigen anstreifen, die ihn nicht zu einem Anheimgegebenen machen. Seine Zugeständnisse an ihren Drang, Seiten im Buche seines Schicksals zu schreiben oder sie wenigstens abschirmend zu korrigieren, verbleiben im dankbar entgegengenommenen Rahmen ihrer Dienlichkeit als Entstörungsfaktor bei der verworrenen Unbestimmtheit und notgedrungenen Unschlüssigkeit seiner existentiellen Anwandlungen und Verlangen.

Um der Glaubwürdigkeit die Ehre zu erweisen und dem Verdacht auszuweichen, mit lehrhaften Worten Sand von gestern in die Augen von heute zu streuen, greift er aus dem Erinnerungsbehälter einige der ablandigen Bewandtnisse heraus, die seine Bedenken im Umgang mit Else verschärften. Da waren wieder und wieder die von Else veranstalteten langandauernden Nachtmahle bei Gelegenheit von Geburts- und Gedenktagen, Eheschließungen, Wohnungswechsel, Geschäftseröffnungen, Feiertagen, Abreisen in den Urlaub, Rückkehr aus den Ferien und anderen, an den Haaren herbeigezogenen Nichtigkeiten. Um den Tisch versammelte sich je nach dem zu preisenden Umstand eine Auswahl aus dem bis zu dreißig Ehepaaren reichenden australianisierten deutsch-österreichischen Bekanntenkreis von Else und Fredi, der jede der angeführten Gelegenheiten wahrnahm, um ein von ihm verfaßtes, mindestens zehn Strophen langes, nach seiner Ansicht launiges Gedicht zwischen knuspriger Ente und importiertem Käse vorzutragen. Einem jeden dieser Abende folgte selbstverständlich eine Revanchiereinladung, was einen sich weit erstreckenden Geselligkeitsmultiplikatoreneffekt hervorrief. Nicht anders war es um die Supper bestellt, welchselbe mal in der Wohnung dieses oder jenes Ehepaars aus dem Elseschen Kreis zwangsläufig nach wochenlang im voraus organisierten gemeinsamen Kino-, Theater-, Konzert- und Musicalbesuchen stattfanden – allerdings ohne Fredis poetische Ergüsse.

Zu all diesen Festivitäten, die monatein, monataus mindestens zwei Abende pro Woche anfüllten, wird er auf den unabweisbaren Wunsch der um sein leibliches wie geistiges

Wohl sich aufdringlich bekümmernden Else eingeladen oder als der anerkannte Hausfreund gutdünkend mitgeschleppt. Zwischen fein gestriegelte Ehebündel gesetzt, läßt der Weiblose immer wieder das gleiche Heißluft verströmende Geplapper über sich ergehen. Es sind immer wieder die gleichen »schönen Leute« – wie Else diejenigen benennt, die sie an sich selbst und ihrem Geschmackssinn mißt –, immer die gleichen neuen Ringe, Armbänder, Kettchen und Abendkleider, die bewundert werden, immer die gleichen politischen und wirtschaftlichen Kennerschaften, die, der Zeitung von gestern entnommen, herumgereicht werden, immer die gleichen unbesonnenen Anmerkungen über die Kunst, den Hamlet zu spielen oder wie Fred Astaire zu steppen, immer die gleichen faulen Judenwitze und der gleiche Tratsch – kurz, immer die gleiche stumpfsinnige Anspruchslosigkeit von gefälligen Menschen, denen die unnachgiebige, intellektuelle Kargheit des australischen Lebens ein willkommener Deckmantel für die Versäumnisse in ihren Lebensumständen war.

Die von Else wohlwollend bezweckte Einsickerung in den von ihr gelenkten Kreis war ihm in keiner Weise das angebrachte Heilverfahren für den Sinn seines Daseins. Im Gegenteil. Je öfter er in dieses Netz unschöpferischen Lebensgenusses geführt wird, desto ungestümer beginnt er, die Außen- und Innenaspekte der anderen, der Pariser Lebenswelt zu idealisieren, denkt er an eine Flucht aus dem Gewahrsam der Mediokrität sowie der Umklammerung durch Gleichaltrige, die seiner ihn bedrängenden Veranlagung in keiner Weise entsprechen. Er möchte nicht behaupten, Elses unentwegte Betreuungen und Beschirmungen seien von der sorgfältig ausgeklügelten Absicht getragen gewesen, ihn nie wieder aus dem Land zu lassen und von den ihn interessierenden Jugendlichen fernzuhalten, obwohl dies ihrer penetranten Possessivität durchaus hätte entsprechen können. Wohl aber kann er mit Fug und Recht erhärten, daß es unter anderem und ansehnlich dem Niederschlag ihrer immer transparenter werdenden Entstörungsversuche zuzuschreiben war, daß es ihn drängte, die zwischen der australischen Provinzialität und dem Pariser Weltbürgertum liegenden Wasserflächen auf ein neues zu überqueren. Dafür muß er ihr noch im nachhinein danken; denn auch Strahlkräfte, die genau das Gegenteil vom Beabsichtigten hervorbringen, sind des Dankes wert.

Bis es jedoch zu einem erneuten Aufbruch aus seiner pflichtschuldigen Gebundenheit kommt – eine Voraussicht, die er mit verhaltenem Atem vor sich hinträgt –, sollen noch viele Monate ins Land der schafzüchtenden Potentaten gehen. Aus dieser Zeit immerwährender Eintönigkeit ragen wie Kuppen einige Vorkommnisse heraus, die, so wenig spektakulär sie auch sind, wenigstens eine Andeutung finden müssen. Ansonsten müßte er sich der beeinträchtigenden Verheimlichung von Bindegliedern schuldig bekennen, die seine kreuz und quer verlaufenden Energiequellen aufgestockt haben. Sein Stern als lokale Schriftstellergröße funkelt nochmals auf, als er von der Direktorin des Independent Theatre aufgefordert wird, eine englische Fassung des von Stefan Zweig bearbeiteten Ben Johnsonschen »Volpone« herzustellen, das heißt, die deutsche Adaptation des elisabethanischen Theaterstücks ins moderne Englisch zu übertragen. Nur ein bis über die Nasenspitze mit Ruhmsucht angefüllter argloser Naivling konnte das Unterfangen wagen, sich in das Kielwasser gleich zweier weltweit anerkannter Meister der Literatur abzusetzen. Er ist so einer und macht sich bedenkenlos ans Werk. Da Stefan Zweig aus der viele Stunden dauernden Johnsonschen Sittenkomödie ein in unserer Zeit spielbares, dramaturgisch geschicktes Theaterstück gemacht hat, braucht er sich nur noch um die Übertragung in ein Englisch zu bemühen, bei dem die Alltagssprache mit Ausdrücken im Stil der Renaissance durchsetzt ist. Bei den Proben, wo er ohne Gegenbezeugungen mit dem prächtig aussehenden Hauptdarsteller liebäugelt, werden hier und dort noch Verbesserungen angebracht, und nicht ohne Nervenzucken und Bangen ist Premierenabend. Wie überall, wo Theater gespielt wird, haben die Mitwirkenden, wie es stets so lauter heißt, »ihr Bestes gegeben« (weil es ihnen eben nie in den Sinn kommt, ihr Schlechtestes vorzuführen), und auch er, der Bearbeiter, darf Beifall entgegennehmen.

Doch siehe da, schon am nächsten Tag werden er und die Direktorin aufs Polizeihauptquartier zitiert, wo man ihnen eröffnet, daß nach Paragraph soundso des Gesetzes gegen öffentliches Ärgernis erregende Obszönitäten eine weitere Aufführung des Stückes in der vorliegenden Form verboten werde. Vom Notizblock liest der gestrenge Tugendwächter den von ihrem geldgierigen Mann zu seiner Frau gesprochenen Satz: »Häng nicht immer deinen Busen aus dem Fenster raus« vor, an dem zwei bei der Premiere anwesende Polizeibeamte Anstoß genommen haben. Ergo: Erregung öffentlichen Ärgernisses. Ja, so streng sind die Sitten in diesem Land der Spießbürger! Es ist schon ein Glück, daß der grimmige Zensor nicht auch noch seine sexuelle Veranlagung aufs Tapet gebracht hat, denn die fällt nach englischer Rechtsprechung unter das gleiche Gesetz. Um das Stück nicht absetzen zu müssen, versprechen sie bei allen ihnen bekannten Heiligen, es umgehend von sämtlichen Anspielungen auf irgendwie geartete weibliche oder männliche Reize zu bereinigen. Dies getan und sich grundlegend über diese absoluten Sittenherrscher geärgert, die nicht einmal vor einem Klassiker wie Ben Johnson, wahrscheinlich nicht mal vor Shakespeare haltmachen würden, übergibt er den absurden Zwischenfall der Presse. Den Journalisten ist die Angelegenheit ein gefundenes Fressen. Spaltenlang toben sie sich aus, wobei sie zu aller Leidwesen nur im Vorübergehen auf das Stück, die Qualität der Bearbeitung, der Inszenierung und der Darsteller eingehen. Dieser althergebrachte glühende Stil des Boulevardjournalismus bringt dem Theater einen ausverkauften Abend nach dem anderen ein – und Silbermann eine weit über den Hamburger-Fabrikanten hinausragende Reputation, in der er sich genüßlich sonnt.

Gedächtnismäßig parallellaufend stehen in der zu vergegenwärtigenden Zeit Rührigkeiten, die mit seinem Judentum zu tun haben. Der in Paris reichlich vernachlässigte, nur in unregelmäßigen Abständen wahrgenommene Synagogenbesuch findet wieder statt, um dem Herrgott für die Segnungen zu danken, die er auf ihn bestaut hat. Indessen wohl auch, um ein wenig Ausgleich zum goischen Umkreis zu finden, in dessen Mitte er sich geschäftlich, künstlerisch und privatissime bewegt. Aber da ist doch der Else-Anhimmelungsschwarm, der mit ein oder zwei Ausnahmen aus lauter Juden besteht – allerdings, beim Barte des Propheten, was für Juden? Etwa assimilierten, angepaßten, ungläubigen Glaubensgenossen? Nein, in ihrer Mehrzahl sind es in ihrem Tun, Denken und Sprechen so vollauf – wie soll er sagen – verkorkste goiminierte Juden, daß nur einer der Apostel das Zimmer betreten müßte, und sie würden ein Ave Maria anstimmen. Es überkommt ihn, der wahrhaftig kein frommer Jude ist, der höllische Zorn, wenn er daran zurückdenkt, welchen Einfluß die Geselligkeitsanführerin, die Katholikin Else, und ihr Mann, der zum Katholizismus übergetretene Jude Fredi, auf diese als Juden Verfolgten gehabt haben müssen, daß sie sich widerstandslos – zumindest wenn sie beisammen waren – von dieser, wohlgemerkt nie angesprochenen, unjüdischen Lufthülle haben einlullen lassen. Vielleicht übertreibt er, denn gerade Fredi, der Konvertit, streicht wie alle Übergetretenen in der Gegenwart von Juden unentwegt seine Anhänglichkeit an die Juden, nicht etwa ans Judentum, mit Sätzen heraus wie: »Ist dieses oder das Geschehen gut für die Juden?« Wenn es zu den Verdiensten des Freundespaares Else und Fredi gerechnet werden darf, und darum hält er sich dabei so lange auf, dann ist es diese die gesamten Umstände durchdringende Hypokrisie, die ihn dazu bringt, sich neben Synagogenbesuch und Einhaltung der hohen Festtage mehr dem zuzuwenden, was die Juden und sein Judentum betrifft.

Als erstes macht er sich als zum Governor ernanntes Vorstandsmitglied bei den Sitzungen des nach dem großen englischen Wohltäter benannten Montefiore Home, dem jüdischen Alters- und Waisenheim, bemerkbar. Anstatt dumm dabei herumzusitzen und anzuhören, ob man ein neues Bett, und wenn ja, zu welchem Preis anschaffen solle und wie man am schnellsten die Köchin loswerde, bietet er sich an, die seinen Kollegen lästige und peinliche Außenstelle für hilfsbedürftige Juden zu übernehmen. Er empfängt in den dafür eingerichteten Sprechstunden durch eigenes oder fremdes Verschulden in Not geratene Männer und Frauen, die sich entweder eine wöchentliche Unterstützung abholen oder ein Zimmer suchen, Kleider brauchen, jemanden verklagen wollen, auf den Rabbiner schimpfen, einen sie kostenlos behandelnden Arzt suchen oder überhaupt mal einem, der zuhört, sich anvertrauen wollen. Er handhabt die tröstende, ratgebende, vermittelnde und verteilende Wohlfahrtsstelle mit der anstelligen Legitimation desjenigen, der einst selbst auf der mageren Seite des Lebens gestanden hat.

Was ihm die Arbeit mit und für die jüdische Wohlfahrtseinrichtung an Berührungspunkten der unerquicklichen Art einbringt, wird durch seine Tätigkeit in der Jugendgruppe der Synagoge durch solche der frohsinnigen Art ausgeglichen. Man hat ihm ein Häuflein von Jungen und Mädchen anvertraut, die sich in seiner Wohnung treffen, um in Musikverständnis einführenden Worten und Beispielen zu lauschen, wobei er der synagonalen Musik älterer und neuerer Herkunft besondere Aufmerksamkeit widmet. Jedoch, als wahrlich ausschlaggebendem Angelpunkt für eine ergiebige Bemessung seines Judeseins und dem, was an Vorteilhaftem und Nachteiligem damit zusammenhängt, bedurfte es eines dieser von redegewandten Emissären abgehaltenen Vortragsabende, die für die finanzielle Unterstützung des jungen Staates Israel, seiner Institutionen und Leistungen warben. Tief beeindruckt schnellt er über den Schatten des von seiner Erziehung her assimilierten Juden, der zu Zionismus, jüdischer Heimstätte, Urbarmachung, Kibbuz, Landankauf, jüdischem Idealismus etc. wenig oder gar keine Zuweisung hat. Er wird sich eingehender mit dem Überleben des Judentums befassen, denn hierin, ob mit oder ohne zionistische Ideologie, sieht er den Bedeutungswert des jüdischen Staates. Natürlich realisiert er, daß, wenn er ab sofort und in Zukunft Gelder nach Israel schickt, seine unterstützende Geste ihm so wie vielen anderen, in der Diaspora lebenden Juden ein Loskauf von der Willigkeit ist, beim Aufbau des jüdischen Staates, der Rettungsinsel eines über Jahrhunderte verfolgten Volkes, an Ort und Stelle Hand anzulegen. Weniger sind es die Verfolgungen, denen er ausgesetzt war und durch die er sich recht glimpflich hindurchgeschlängelt hat, als die allzu merkbar verdrängten Nazigreuel, die am Schicksal seiner im Konzentrationslager umgekommenen Familienmitglieder wieder auftauchen. Er überzeugt den Vater, seine in die Worte: »Ich will mit den Deutschen nichts zu tun haben« gekleidete Haltung fallenzulassen und einen Anwalt mit der Wiedergutmachung der ihm und der Verwandtschaft angetanen Niederträchtigkeiten zu betrauen. Lege man diese Inanspruchnahme aus, wie man wolle – auch hier zeichnen sich Verbindungsstücke zum Judesein ab.

So gut er auch seine Zeit einzuteilen und zu organisieren weiß und die Gabe besitzt, unterschiedliche und unstimmige Denksubstanzen auf gesonderte Schubläden zu verteilen, liegt es mit seinen Zeitläuften dennoch im argen. Zuviel Zeit wird preisgegeben, viele der Lagerstätten bleiben verschlossen. Darunter die mit Erfülltheit angegangene Beschäftigung mit der Soziologie, die Bewerkstelligung des hoffnungsfreudig entgegengenommenen Auftrags, eine Einführung in die Musiksoziologie zu schreiben und die Nacherzählung des Lebens und Schaffens seines Freundes und Gönners Goossens. Ist es der Zeitdruck, unter den ihn das tägliche Einmaleins der Geschäftsführung setzt, oder sind es die zum Zeitvertreib gewordenen Zeitverschwendungen in der Gesellschaft von löblichen, schöntuerischen und großsprecherischen Freunden, Bekannten, Kumpeln und Gespielen, oder ist es eine durch Überschätzung seiner selbst hervorgerufene bare Ernüchterung?

Es behagt ihm nicht, darüber nachzudenken, denn auch dafür hat er keine Zeit. Jedoch, um es nicht allzu spannend zu machen, sie wird ihm gegeben beziehungsweise bemächtigt sich seiner, als er fünf Wochen lang auf die einsame Bettstatt eines Krankenhauses verdammt wird. Hat sich doch der von jeher sportlich ungelenke Silbermann zu Zwecken der körperlichen Ertüchtigung sowie zur Aufrechterhaltung seiner nie gertenschlank gewesenen Linie, und letztlich um Zeit zu sparen, dem innerhalb von einer halben Stunde absolvierbaren Squashspiel anvertraut, bei dem er prompt mit einem Riß der linken Achillessehne auf den Arsch gefallen ist. Operiert und zusammengeflickt, hat man ihm, wie das seinerzeit wenig fortschrittlich noch üblich war, das halbe Bein in starren Gips gelegt und zur Bekämpfung der Juckreize eine lange Stricknadel gereicht. Jetzt verfügt er über den Segen der Zeit und nutzt ihn zum Lesen, zum Nach- und Vordenken.

Es umfängt ihn die Unmittelbarkeit des Wunsches »bedeutend und glücklich zu sein«, den er, gemäß eines von wo immer herrührenden einfältigen Aberglaubens, stets vor sich hinspricht, wenn ihn das Innere der Hand juckt. Diese sprachliche Gestaltung mag von intellektueller und emotionaler Subtilität sein, doch hilft sie wenig weiter, wenn sie vom Trott der Üblichkeiten vergewaltigt wird, wenn sie auf einem Treidelweg endet. Gewiß, in dem begrenzten Kreis der Sydneyer Bekannten- und Kunstcliquen hat er die Bewährungsprobe der Bedeutsamkeit bestanden. Aber ist das im Grunde genommen nicht alles Stümperei, insbesondere, wenn er im Angesicht der in Paris erfahrenen geistigen und wissenschaftlichen Ermunterungen auf seine eigene Stubengelehrsamkeit blickt?

Man hat schön sagen, der Einäugige sei König unter den Blinden, doch derlei bramsige Luftballons sind ihm wenig Trost, wenn er, vor den einschlägigen Dokumenten sitzend, einen Versuch nach dem anderen unternimmt, sich biographisch über seinen Freund Goossens auszulassen. Er hat Stapel von Musikerbiographien durchbraust und ist, was die Anlage einer solchen Darstellung betrifft, genauso klug wie zuvor. Er will dem langweiligen Nachschlage- und Anekdotengedöns von »Er wurde geboren« bis zu »Er starb« mitsamt der musikwissenschaftlichen Analyse einer jeden unvollendet gebliebenen Skizze eines Chorals nicht Folge leisten. Zudem kommt ihm, je mehr er sich mit der Sache beschäftigt, die bittere Erkenntnis, daß Goossens und seine Musik – so trefflich sie ihm auch sind – als Exponate wenig hergeben. Da arbeitet er lieber an der ihm von Gisèle aufgetragenen Schrift über Musiksoziologie – und landet mit diesem Hin und Her bei einer Kreuzfahrt, die ihn nirgends hinführt.

Im allgemeinen war er für Aufschübe nicht zu haben, doch jetzt, angesichts des desolaten Zustands unergiebiger Unschlüssigkeit, war ihm eine Verzögerung höchst willkommen. Sie ließ nicht auf sich warten. Denn kaum aus dem Hospital entlassen, das Bein alle zwei Tage von einer Verwandten des Chirurgen zur Verbesserung ihrer wirtschaftlichen Existenz massiert und mit einem Stock herumhumpelnd, finden langwierige Diskussionen über die Anlage der Gelder statt, die aus dem Verkauf der diversen Läden auf der Bank liegen. Hierfür waren Ideen kaufmännischer Gültigkeit gefragt, deren Abwägungen sich auf dem Boden informativer Realitäten abspielen. Also hört er sich um, bespricht sich mit Geschäftsfreunden, sondiert Angebote redlicher und dubioser Art und achtet darauf, sich nichts aufschwätzen zu lassen. Von vornherein waren Vater und er darin übereingekommen, das bestehende Gewerbe nicht weiter auszudehnen, weder durch die Eröffnung einer neuen Filiale noch durch Beteiligungen. Der Arbeitsanfall und die täglichen Ärgernisse mit der Unzuverlässigkeit und Faulheit des australischen Personals waren dem Vater über den Kopf gewachsen, und dem Sohn war nichts daran gelegen, sich erneut die Fesseln permanenter Anwesenheit anzulegen. Andererseits wollten sich die Silbermanns aber auch nicht in einer fremden Branche engagieren oder an der Börse spekulieren, denn beides hatte den Vater seinerzeit in Holland beinahe Kopf und Kragen gekostet.

Beim Vorschlag, das Geld einem der für ihre Cleverness berühmt-berüchtigten Solicitors anzuvertrauen oder einem der privaten Kreditvermittler aus dem jüdischen Emigrantenkreis, die sich für sie an der risikolosen Ausleihe von ihnen zur Verfügung gestellten Geldern zu weit überzogenen Zinsen dumm und duselig bereichern, fällt das Wort von den Halsabschneidern, denen man selbst schon zum Opfer gefallen ist. Allerdings leitet das dem Geldverleih unterliegende Prinzip, von der Arbeit und Emsigkeit anderer zu profitieren, ohne selbst Hand anlegen zu müssen, auch die Anordnung ihres finanziellen Einstiegs. Die in dieser Richtung verlaufende Ideensuche endete bei der in der Nähe der Eßindustrie gelegenen Trinkindustrie, beim Erwerb eines mit der Lizenz für Alkoholausschank und -verkauf versehenen Hotels, diesen von den Australiern so hoch geschätzten Stätten ausgiebiger Benässung ihrer überdurstigen Kehlen. Wer ein solches »Hotel« nebst Grundstück, Gebäude, einigen vom Gesetz vorgeschriebenen Übernachtungszimmern und, dem wichtigsten, zur Straße gelegenen lizenzierten Ausschank- und Verkaufsräumen sein eigen nennt, der muß nicht selbst Kneipenwirt spielen, sondern überläßt den gesamten Wirtshausbetrieb einem, wenn irgend möglich, bei der gestreng auf die vorsintflutlichen Schließungsstunden achtenden Polizei gut beleumundeten Pächter. Ein ideales Anlageobjekt, denn es hat dank der grotesken restriktiven Vorschriften eine Monopolstellung und kann wie ein Lehnsgut verwaltet werden. Drum waren diese Objekte schwer zu haben; im Sydneyer Raum schon gar nicht.

Obwohl der Vater nicht übermäßig begeistert ist, zumal er noch nie einen dieser Bierställe betreten hat, andererseits das Geld auch nicht länger zu einem lächerlichen Zinssatz auf der Bank schmoren lassen will, läßt er den Sohn sich auf die Lappen machen. Der beauftragt auf das Pub-Gewerbe spezialisierte Agenten und zieht mit dem einen oder anderen in einem Umkreis von zirka drei Autostunden außerhalb Sydneys zur Besichtigung von Angeboten durchs Land. Darüber vergehen viele, mit Tagesreisen, Begutachtungen, Installations-, Keller- und Zimmerinspektionen, Pächtergeplauder, Preisdiskussionen etc. angefüllte Wochen, bis er endlich auf ein sowohl von außen wie von innen ansprechend aussehendes Hotelgebäude stößt. Es ist in einem Ort namens Bowral gelegen, hat außer der Pub-Einrichtung zwölf für australische Verhältnisse gut ausgestattete Zimmer und weist einen recht annehmbaren Umsatz auf. Bowral, so informiert man ihn, ist ein Ferienort (daher wohl die schmucken Zimmer als zusätzliche Einnahmequelle), bekannt für seine liebliche Gegend, seine gute Luft, eine wohlhabende Farmerbevölkerung und einen vielgerühmten, immens großen Golfplatz, eine Attraktion für Profis und Amateure. Konkurrenz gibt es natürlich auch, und zwar zwei weitere Hotels, aber die liegen am anderen Ende des mit kleinen, villenartigen Häusern bebauten Ortes, je nachdem, ob man von der einen oder der anderen Seite in die ohne Zugverbindung sich aufrechterhaltende ganz sympathische Ortschaft kommt.

Nach mehrmaligen Besichtigungen, an denen auch der Vater teilnimmt (Mutter kommt ebenfalls mit und benutzt die Gelegenheit, reinigungsbedürftige Örtchen zu entdekken), wird verhandelt, gefeilscht und konferiert. Es werden Verträge aufgesetzt, Abmachungen getroffen und all der Kram erledigt, den ein jeder kennt, der wie ein Senkrechtstarter einen Landbesitz mit Boden, Haus, Hof und obendrein einer Schanklizenz ersteht. Also damit wäre dieses sich gebührend lange hinziehende Geschäft geregelt, wobei er noch hinzufügen möchte, daß sich die Investition in allen Hinsichten als profitabel erwies, solange ein einigermaßen geschäftstüchtiger, fleißiger und vor allem ehrlicher Pächter im Hotel Bowral das Zepter schwang. Daß dies nicht immer der Fall sein wird, hat er, der Kenner des in Australien vorherrschenden, nicht ganz stubenreinen Gedankengutes, sich an den fünf Fingern abgezählt und dementsprechende Vorsorgen getroffen. Nach diesem Zwischenstück, welches durch die geschäftliche Ereiferung den Einförmigkeitstrott etwas ausgemittelt und willkommenen Aufschub für die übernommenen schriftstellerischen Aufgaben beschert hat, steht er wieder vor dem ungeduldigen Aufbegehren seiner gebändigten Ambitionen.

Sie werden durch Briefe aufgeheizt, die ihn über den Jahreswechsel 1950/51 aus Paris erreichen und mehr als nur Bonne-Année-Segen spenden oder sich nach seinem Gesundheitszustand erkundigen. Sie erinnern ihn an eingegangene, wenn auch nicht vertraglich verbürgte Verpflichtungen: Ablieferung von Manuskripten; Daten für Vorträge und Kurse; Teilnahme an Tagungen; Zusammenkünfte zur Radioforschung sowie Zuneigungsbezeugungen der liebeverlangenden Art.

Es macht ihn hochgemut, weil er gefragt ist, und macht ihn zappelig, weil er spürt, das Ebenmaß seines Verantwortungsbewußtseins zersplittern zu müssen. Die glückverheißenden Trompeten des Aufbruchs klingen in seinen Ohren, doch wie sag ich's meinem Kinde – dem Vater. »Erst lädst du uns ein Hotel auf den Buckel«, wird er sagen, »und dann läßt du mich mit der ganzen Arbeit allein, um nach Paris zu fahren, was dir keinen Heller einbringt.« Wie recht der alte Herr doch hat, wenn es nur um der Zuversicht auf eine wissenschaftliche Betätigung willen wäre, daß es ihn drängt, erneut dem Sydneyer Raum Lebewohl zu sagen.

Es käme einer Durchbrechung des Verheimlichungssyndroms gleich, würde er dem Vater von der erotischen Mißernte sprechen, die ihn seit seiner Rückkehr in die australische Umgebung derart bedrängt, daß sich ihm die verbrachte Zeit wie ein vollgewichtiges Notjahr entspinnt. Er weiß nur allzugut, daß seine Schaffens- und Lebensfähigkeit nach Zusammenleben verlangt und nicht nach unablässigem Umherwandern, nach Zufälligkeiten, die fern der Triebfeder für Geistiges gelegen sind. Er glaubt es sich selbst schuldig zu sein, der vulgären Roheit der australischen Sittsamkeit zu entfliehen, um sich dort einzurichten, wo sich männliche Freundschaften in Freiheit und Harmonie festigen können. Auch im Felde der Ungleichen möchte er nicht zu den Zukurzgekommenen gehören. Was nutzen ihm die Reden der einen, die da sagen: »Gib es dran«, oder die Benevolenz der anderen, die mit ihrem »Ich habe ja Verständnis für deine Veranlagung, aber ...«, wie zu einem seelisch Depravierten sprechen? Da lobt er sich Vaters gewiß nicht blindes Stillschweigen oder Mutters Arglosigkeit, mit der sie ihn in regelmäßigen Abständen fragt: »Wann wirst du heiraten?« Es hat im Dunkel zu bleiben, was ihm Haupt- und Nebenverlangen, Vorder- oder Hintergründiges ist, das ihn mit aller Gewalt nach räumlicher Entfernung von zu Hause drängt; selbst auf die Gefahr hin, bei der Familie und dem engeren Vertrautenkreis Unverständnis hervorzurufen. Wie sehr hat er doch des Vaters gütige Weisheit unterschätzt. Denn als er ihm wagemutig klipp und klar eröffnet, daß er sich der wissenschaftlichen Betätigung zuzuwenden gedenke und ihm hierzu Möglichkeiten in Paris offenstünden, kommt wider alles Erwarten die ebenso klipp und klare Antwort: »Wenn du glaubst, du bist dazu tüchtig genug und es macht dich glücklich – dann tu's. Ich werde hier schon nach dem Rechten sehen.« Keines der belehrenden Worte, die zu erbringenden Opfer über das Wie und Wo der Pariser Gestaltungen, nur die Frage: »Wie lange bleibst du?«, weil es für den Vater unstreitig war, und zu dieser Zeit auch noch für den Sohn, daß er die wahlheimatlichen Wurzeln seiner Existenzbasis nicht durchsägen werde.

XIV

Mit Hallis und Hallos, guten Wünschen und der Versicherung, regelmäßig zu schreiben, besteigt er ein viermotoriges Flugschiff zur sich seinerzeit noch nicht so geschäftsmäßig und hurtig abwickelnden Reise um die halbe Welt. Von athletisch gebauten Stewards gehegt und gepflegt, in Singapur, Karatschi und Kairo zur Übernachtung in zweitklassige Hotels verfrachtet, kommt er in Rom an. Hier unterbricht er die vieltägige Reise, um sich mit dem inzwischen dort ansässig gewordenen Freund Butch zu treffen und Dollarnoten abzuholen, die er wegen der Devisenbeschränkung aus Sydney Brief nach Brief an seinen italienischen Freund Angelo zur Aufbewahrung gesandt hat. Das stattliche Sümmchen einkassiert, vom eleganten Angelo zu Einkäufen modischer Kluft angetrieben, einen Abend in der Oper verbracht, um den unvergleichlichen Boris Christoff zu bewundern, eine Nacht im Hotelzimmer auf ein Telefongespräch mit Sydney zu Vaters Geburtstag gewartet, trifft er sich mit Butch, der so heruntergekommen ist, daß er in ihm einen Außenstehenden zu sehen glaubt. Er wandert durch die Besichtigungsstätten und Orte, wobei er auch an der rauschenden Fontana di Trevi vorbeikommt und nicht versäumt, dort die obligate Liremünze hineinzuwerfen, auf daß er – wie es abergläubiger Mumpitz verspricht – dermaleinst Rom wiedersehen werde.

In der Nähe, so hatte man ihm versichert, liege eine von der Männerwelt weithin geschätzte Sauna, in der sich die durch die katholische Zucht hervorgerufenen Schwierigkeiten des Bekanntschaftenmachens tunlich besiegen ließen. Obwohl nicht Praktikus von Saunagepflogenheiten – regelmäßig erkältet er sich nach einem Besuch dieser Wechselbadhöhlen –, geht er munteren Fußes dort hinein und kommt, begleitet von dem anmutigen Peppino, von Beruf arbeitsloser Metzgergeselle, wieder raus. Was soll er lange um den Brei herumreden: Das junge Herzblättchen ist alles, was er sich wünscht, und wird nicht mehr losgelassen. Mit einem Gemisch aus Französisch, ein paar aus Opernlibretti entnommenen Brocken Italienisch und verschlissenem Latein verständigen sich die Gefährten darüber, daß Peppino nach Paris kommen soll, sobald er die in Italien von jeher langwierige Prozedur der Besorgung eines Reisepasses über sich hat ergehen lassen. Den vortrefflichen Händen von Angelo anvertraut, der sich bereit erklärt, dem Jungen mit Rat und als Verwalter des für ihn hinterlassenen Geldes zur Seite zu stehen, macht sich der glückberauschte Halbmusik- und Halbsoziologiemeister auf den Weg nach London.

London interessiert ihn nur insoweit, als dort zwei Angelegenheiten zu erledigen sind. Einmal der Ankauf eines Autos, das, wenn für den Export bestimmt, zu verbilligtem Preis in australischer Währung zu haben ist. Zum anderen ist die Verbindung zu der in London behausten Zentralstelle der International Society for Contemporary Music (ISCM) herzustellen. Er hatte nämlich in Sydney bei der Gründung einer australischen Sektion zur Förderung zeitgenössischer Musik mitgeholfen, was ihm das Amt des Vizepräsidenten eingebracht hat. Bei der ISCM erhält er eine Liste mit Adressen von Tochterassoziationen auf dem Kontinent (wie die insularen Engländer vom europäischen Festland mit dem Unterton der Geringschätzung zu sprechen pflegen) und wird aufgefordert, auf pünktliche Überweisung der Mitgliedsbeiträge zu achten. Die herablassende Führung des Gespräches läßt ihn erneut die Verunglimpfung des kolonialen Zweitrangigen erkennen. Doch da ihm diese Hochfahrenheit bestens bekannt ist, läßt sie ihn so kalt wie eine Eiskiste, zumal es ihm nur darum geht, auf das Hütchen des inoffiziellen Sachwalters des australischen Musiklebens eine zumindest halb-offizielle, verschlossene Türen öffnende Feder zu setzen. Die Auswahl und der Kauf des Autos waren viel packender; denn das sollte ein richtiger Angeberwagen sein, so ein schickes Ding mit sportlichrasantem Einschlag. Und als auch dieses närrische Problem zu seiner Zufriedenheit gelöst war – ein in Blau funkelnder Riley mit kaum erreichbar tiefliegenden Sitzen steht jetzt, von den Vorbeigehenden beäugelt, vor der Hoteltüre –, folgt noch die letzte aufrichtende Tat, indem er Ivan, dem Modefriseur der besseren Herrenschicht, erlaubt, ihm eine neue Frisur zu verpassen, bei der die Haare nach vorne über die Stirne und nicht nach hinten über die ankommende Enthaarung gekämmt sind. Diese Coiffure trägt er noch heute, obwohl er die größte Mühe hat, die ihm gebliebenen fünfzehn Haare in diese unwiderstehbare Position zu bringen.

Seine Ansiedelung im winterlichen Paris des Jahres 1951, wo er sich diesmal in einer möblierten Wohnung im feudalen Quartier Auteuil niederläßt, erstreckt sich bis in den Sommer 1952. Das sind, an den Fingern abgezählt, insgesamt sechzehn Monate, eine für selbstdarstellerische Erörterungen lange, mit vielen und vieldeutigen Vorfällen, Begegnissen, Erfahrungen, Abenteuern, Verrichtungen und Folgen angefüllte Periode, die, wenn nicht auf das Unerläßliche beschränkt, entweder wie in Montaignes Reisebeschreibungen dabei endet, jede quälende Blähung anzuführen, oder bei einem Drahtseilakt, bei dem das Netz aus mit römischen Ziffern gekennzeichneten Miszellen geflochten ist. Selbst der Vorwurf, die Verhältnismäßigkeit von Zeitdauer und Umfang nicht eingehalten zu haben, berührt ihn nicht, da er übersehen kann, daß er an einem Punkt angelangt ist, bei dem die Bloßstellung der Höhepunkte einer Epoche genügt, um dem Vorgang des Hineinwachsens in einen zukünftigen Lebensstil und Beruf interpretativ entgegenzukommen.

Schon nach wenigen Wochen in der Pariser Luft hat er die plagenden intellektuellen Abgründe des in Sydney verbrachten Jahres überwunden. Mit nahezu beschaulicher Normalität frischt er die zeitweilig unterbrochenen Kontakte mit den Adressaten seiner geltungsbedürftigen Aspirationen wieder auf und sieht sich je nach Anlaß als Ballett-, Musik-, Soziologiewissenschaftler oder mondäner Snob zwischen Universität, choreographischem Institut, Rundfunkinstitut, Bibliotheken, Déjeuners, Diners, Soupers, Bars und Theater- und Konzertbesuchen hin und her pendeln. Bei einem der in Frankreich üblichen, sich über zwei Stunden hinziehenden, als Arbeitsessen angekündigten Mittagessen, zu dem er von dem etwas aufgeblasenen Vorsteher des Centre d'Études Radiophoniques der Radiodiffusion-Télévision Française gebeten worden ist, wird ihm eröffnet, daß man aufgrund des gemeinsam erarbeiteten Exposés die Forschungsgruppe Sociologie de la musique à la radio eingerichtet habe und schon ganz gut am Werke sei. Eine Musikologin namens Micheline Banzet kümmere sich darum, die, da sie erstens nicht viel von Soziologie verstehe, zweitens noch in einer anderen Forschungsgruppe mitarbeite und drittens, da ihr Mann verstorben sei, für ihre vier Kinder zu sorgen habe, kaum und nur mit größten Schwierigkeiten weitergekommen sei. Er appelliere an seine Lumière – wie im Französischen annehmbare Kenntnisse und Geistesgaben geschmeidig und erwartungsvoll angesprochen werden – und biete ihm als Chargé de recherches an, Leitung und Durchführung der Untersuchung zu übernehmen. Jetzt aber – es war inzwischen drei Uhr geworden und die Kellner hatten mit dem Aufräumen begonnen – müsse er zurück ins Büro, wo alles Weitere zu besprechen wäre.

Was soll er lange wundersam in seinem Innenleben kramen, um die Fasern seiner Genugtuung auszusortieren, die ihm das Angebot einbrachte. Etwas von dem Ersehnten hatte Gestalt angenommen; die Triebfeder fürs Geistige war in Bewegung geraten; sein spannungsgeladenes Streben ist durch eine Reihe von annehmlichen Zufälligkeiten oder zufälligen Annehmlichkeiten zu einer Bewährungsprobe geworden. In weniger volltönende Worte eingezwängt und die abstrakte Distanz übergehend, steht er bei der Ausarbeitung der als »Soziologie der Musik am Radio« vom Auftraggeber formulierten Studie gleichrangig drei nach Kompetenz verlangenden Kenntnisbereichen gegenüber: der Soziologie, der Musik und dem Rundfunk. Unter ihnen ist die Musik ein von der Wissenschaft wohlgepflügtes Feld, währenddessen eine praxisbezogene Soziologie in Frankreich gerade erst Fuß faßt und der Rundfunk von einem Großteil der Gelehrtenwelt noch stets als das Wunder einer kulturlosen Technik angesehen wird. Es darf nicht übersehen werden, daß zu der Zeit, von der er im Augenblick spricht, weder das Wort »Soziologie« noch Bezeichnungen wie »Kommunikationsmittel« oder »Medium« für die mitteilsame Technologie »Radio« in das Allerlei der Alltagssprache eingegangen sind. Dazumal von einem Medienwissenschaftler, Mediensoziologen, einem Kommunikationswissenschaftler, einem Medienexperten zu sprechen, oder wie sonst noch er heute auf den Steuerbescheiden benannt wird, hätte wie eine dämonische Beschwörungsformel geklungen. Noch war die Ohnmacht gegenüber den Lüsten der Soziologie und des Rundfunks offenkundig.

Doch nun zurück in die Rue de l'Université ins Büro des Centre d'Études, wo er ohne Zurückhaltung als erstes das Thema der Honorierung seiner Arbeit anschneidet. Denn nicht nur schallt ihm Vaters berechtigter Vorwurf von wegen in Frankreich keinen Heller zu verdienen in den Ohren, sondern überdies hat er längst erkannt, daß seine Beliebtheit als Vortragender und Dozent unter anderem auf kostenloser Zur-Verfügungstellung beruht. Das Centre läßt sich nicht lumpen, und die Bezahlungsfrage wird durch das Angebot der Erstattung von Unkosten und eines monatlichen Honorars geregelt, das zwar höchstfalls für die Haushaltsführung in einer bescheidenen Studentenbude reichen würde, aber ihm immerhin eine Gegenleistung, eine Art Ehrensold ist. Es wird ihm eine Büroecke zugewiesen, Madame Banzet und ein weiterer Mitarbeiter werden herbeizitiert, und die Grobstrukturen, die Haupt- und Nebenstränge, das Beziehungsgewebe, kurz das gesamte Drehbuch der Untersuchung durchexerziert. Auch wird ihm eröffnet, daß man die notwendigen Gelder und ein paar an der Sache interessierte Prominente aufgetrieben habe – den auch als Komponist hervorgetretenen Direktor einer Rundfunkstation, einen ebenfalls komponierenden und dirigierenden Musikabteilungsleiter und zwei universitäre Repräsentanten der Soziologie –, die er baldigst als Chargé aufsuchen solle, um sie zu domestizieren.

Als erstes sucht er den an der Sorbonne regierenden Soziologiepapst, Georges Gurvitch, auf, dessen Name und Reputation einmal durch die in Amerika herausgegebene dienliche Übersicht »Twentieth Century Sociology« bekannt waren, zum anderen durch dessen Bestreben, alles, was auch nur im entferntesten nach Durkheimscher Luft, seinem Vorgänger, roch, aus den Hörsälen zu vertreiben. Also heißt es für Silbermann, den Durkheim-Bewunderer, vorsichtig ans Werk zu gehen. Er ruft den großen Meister wegen einer Verabredung an, und ihm wird mit brüllender Stimme und russisch gerollten R's befohlen, Punkt sieben Uhr abends, keine Minute vor- oder nachher, in der Wohnung des nicht gerade freundlich klingenden Herrn zu erscheinen. Mit »Kommen Sie rein. Wollen Sie Französisch oder Englisch sprechen?« ist die schrilltönende Begrüßungszeremonie ruckartig beendet, und in des Meisters, mit Büchern und Papieren vollgestopftem Arbeitszimmer auf einen Hocker plaziert, beginnt der verwahrlost aussehende Gelehrte ohne Punkt und Komma furios auf ihn einzureden: »Also, Sie wollen eine Doktorarbeit über Musiksoziologie schreiben. Dann will ich Ihnen sagen, wie Sie das machen, was Sie zu lesen haben, wie Sie das aufbauen, worauf Sie zu achten haben«, und so weiter und so fort, bis es Silbermann endlich gelingt, dem Redeschwall mit der dreimal übergangenen Bemerkung: »Ich besitze bereits einen Doktortitel und bin nicht deswegen zu Ihnen gekommen« ein Ende zu bereiten. »Warum haben Sie das nicht sofort gesagt?« brüllt ihn der Obersoziologe im lamentabelsten russifizierten Französisch an und weist ihm mit einem hingehuschten Adieu die Tür.

Da lobt er sich den geschmeidigeren Georges Friedmann, auch ein Großkopferter der französischen Soziologie, der zusammen mit dem widerborstigen Gurvitch das soziologische Institut leitet und dem Vernehmen nach vom Kommunisten zum sozialistischen Kapitalisten aufgestiegen ist. Der ist zwar nicht sonderlich hilfreich, aber zumindest nimmt er sich die Zeit, um Wißbegierde zu bezeugen. Daß Friedmann, nachdem auch er sich – wie alle Welt – mit Gurvitch verfeindet hatte, ein Institut zur Erforschung der Massenmedien gründete, mag durch den ihm von Silbermann vorgetragenen Forschungskatalog angeregt worden sein, obwohl er ebenso wie Gurvitch dem Fortgang der Rundfunkstudie nie auch nur das geringste Interesse gegenüber bekundete. Darüber war er nicht nur überaus glücklich, sondern zog daraus auch die Lehre, daß man bei Unterhaltungen mit sich als Götter gehabenden soziologischen Groß- oder Kleingeistern facettenreiche Bonhomie besser zu Hause lasse.

Jetzt kommen die anderen Meister an die Reihe, und als erster der Direktor einer der drei Rundfunkstationen, der sich in erster Linie zum Komponisten berufen fühlt. Mit ihm sind der Zutritt zu Studios, die Anwesenheit bei Musikproduktionen und eventuell durchzuführende Experimente und Befragungen zu besprechen. Nach kurzer gegenseitiger Beschnupperung erledigt sich dieses Kapitel im Handumdrehen. Hingegen wird der Aufwartungsbesuch für eine lange Dauer mit Klagen angefüllt, die sich auf das mangelnde Verständnis für des Direktors ausgedehntes Musikschaffen beziehen, welchselbes (wie er zu Recht vermutet) nur gespielt wird, weil der Komponist eben über den Einfluß eines Rundfunkdirektors verfügt. Immerhin, der verkannte Tonsetzer ist hilfreich, besonders nachdem Forschungsleiter Silbermann das (nie eingehaltene) Versprechen, seine Schöpfungen in Australien zu verbreiten, auf ihn losläßt. Diese Finte geschlagen, sitzt er als nächstes vor dem jovialen, eine luftverpestende Gauloise nach der anderen rauchenden Pierre Capdevielle, Musikabteilungsleiter, Dirigent eines unter seiner Fuchtel stehenden Kammerorchesters, Verfechter zeitgenössischer Musik, Präsident der französischen Sektion der ISCM und Gourmet erster Klasse. Mit ihm ist er auf Anhieb auf dem leitmotivischen Du und Du, auf der gleichen Antenne, wie es sich für Rundfunkleute zu sagen gehört, was möglicherweise damit zu tun hatte, daß, wie man munkelte, dem Kammermusikchef die Forschungsassistentin Micheline Banzet näherstand als seine eigene Frau.

Er hält es für angebracht, sich nach diesen Begegnissen für einen Augenblick von seinen Selbstgefälligkeiten abzuwenden und schon allein um einer einstufenden Orientierung willen anzuführen, daß während seines ersten Forschungsjahres René Pleven als Ministerpräsident die sich langsam von den durch den Krieg hervorgerufenen wirtschaftlichen Malaisen erholende französische Republik regierte; daß bei den Wahlen zur französischen Nationalversammlung die Mehrheit der Stimmen den Gaullisten, den Sozialisten und den Kommunisten zukam; der deutsche Bundeskanzler Adenauer seine erste Reise nach Paris unternahm; daß in England das in die UdSSR geflohene Spionenpärchen MacLean und Burgess Aufsehen erregte; Churchill eine konservative Regierung bildete und der Schumanplan über die Montanunion unterzeichnet wurde. Auch möchte er wissen lassen, daß er dabei ist, als Louis Jouvet, der eminente Schauspieler und Theaterregisseur, mit dem gleichen beeindruckenden Pomp zu Grabe getragen wird wie der Schriftsteller André Gide, dessen freiausholender Geist – von »Corydon« bis »Die Falschmünzer« – ihn schon in jüngeren Jahren so manche Hürde seiner Veranlagung hat überwinden helfen.

Als eifriger Konzertbesucher und wie es sich für einen Musiksoziologen, der diesem Namen Ehre machen will, gehört, läßt er die neuesten Töne von ihm bisher noch nicht sehr geläufigen Namen – Pizzetti, Jolivet, Menotti, Milhaud, Honegger, Foss und der noch nicht in die Internationalität aufgestiegenen Deutschen Hartmann, Fortner, Henze und Blacher – an seinen Ohren verklingen und ist somit genügend up to date, daß er die ihm anvertraute Untersuchung wenigstens annäherungsweise in den Zeitlauf einbetten kann. Im Gegensatz hierzu ist ihm bei Aufriß seines Studienobjektes die Nebelhaftigkeit dessen, was als Rundfunksoziologie oder Soziologie des Rundfunks oder als der soziologische Innen- und Außenschein des Rundfunks durch den Raum spukt, eine hinderliche Einengung. Kein Mensch scheint zu durchschauen und auszuloten, wie oder wo sich bei einem technischen Verbreitungsmittel soziologische Zusammenhänge miteinander verknüpfen; denn in Diskussionen und im mageren französischen Schrifttum zum Thema Radio laufen die Auseinandersetzungen allemal darauf hin, dem Radio die Qualität einer Kunstform zuzuweisen, von der »radiophonischen Kunst« oder noch prätentiöser von der Mission des Radios als der »achten Kunst« zu sprechen. So beeindruckend und manches Mal geradezu überwältigend diese den Franzosen geläufige geistige Gelenkigkeit auch ist, was läßt sich damit schon anfangen, wenn dem Ort, der Gelegenheit, dem Gegenstand und der Wirkung von mittels Radio verbreiteter Musikgenres nachzugehen ist? Er wird sich einen anderen, einen greifbareren Denkkittel überziehen müssen, um diesen intellektuellen Veitstänzen zu entgehen, wird der gesellschaftlichen Praxis den Vorrang vor unergiebiger Kulturphilosophie einräumen müssen und sich weder hinter ungenauen, oberflächlichen und moralischen Argumenten noch hinter persönlichen Vorlieben verbergen.

Es ist typisch für sein soziologisches Draufgängertum, daß er seine Überlegungen nicht tugendhaft bei festgelegten Bezirken wie Kultur-, Kunst-, Bildungs-, Arbeits-, Wissens- oder Erziehungssoziologie unterbringt, sondern dort anklopft, wo er der Vernunft die Fähigkeit zuspricht, Ziele vorzugeben und Probleme zu lösen. Was scheren ihn die Buhs und Bravos, die den nüchternen, sich mit der Aktualität und der Zukunft des Hörfunks befassenden amerikanischen Forschern entgegengerufen werden? Was kümmert es ihn, ob diese fein säuberlich als soziologische und/oder sozialpsychologische Ästheten, Manager, Therapeuten, Kulturkritiker, Methodologen oder Protestierer eingereiht werden? Hauptsache: Sie bieten etwas Einleuchtendes für das zu konstruierende Gestänge an, an dem er für seine Exerzitien Halt finden kann. Dabei kommt ihm die Beherrschung des Englischen zustatten; denn im Gegensatz zu seinen fremdsprachenfeindlichen Französlingen versteht er die von amerikanischen Forschern vorgelegten, sich in der einen oder anderen Weise auf das Rundfunkfeld beziehenden Schriften. Darin ist zwar nur selten von Musik die Rede, dafür aber um so mehr von Radiohörern, Hörerreaktionen, Wahrnehmungen, Wirkungen, Einflußkoeffizienten und – ihm besonders nutzbar – vom Aufbau von Fall- und Feldstudien, von Panel, Interview, Beobachtung, Experiment sowie ihm nicht immer leicht begreiflichen statistischen Untersuchungsmethoden.

Nach dem, was er beim Durchstöbern von erreichbaren Publikationen links und rechts eingeheimst hat (die Wissenschaftssprache nennt dieses inspirative Nachbildungsverfahren verblümt Literaturanalyse), instruiert er die fürbaß erstaunten Adlaten über die im einzelnen vorzunehmenden Vorgänge, Entwürfe und Schritte zur Herstellung dessen, was er letztlich als eine Feldstudie zu unterbreiten gedenkt. Damit hat jeder seine Hausaufgaben. Denn wie ihm schnellstens beigebracht wird, gibt es im Centre d'Études keine Bürostunden, Stechuhren, Ablieferungstermine und ähnlich geordnete Einzwängungen – wir alle, vom literarischen Direktor bis zum Lautsprecher bedienenden Elektriker, sind nach Recht und Billigkeit Künstler, und drum steht es uns an, uns durch unsere Verrichtungen hindurchzuwursteln. Diese manches Mal bis ins hinderliche Chaotische führende Zeiteinteilung ist ihm durchaus genehm, denn so ist er nicht gezwungen, seine anderen Interessen verwahrlosen zu lassen. Gewiß, die Tätigkeit als Forschungsleiter reizt ihn – schon allein, um nach Hause von einer bezahlten Arbeit berichten zu können –, doch hat er nicht die geringste Absicht, seine Fähigkeiten in den Schoß einer Wissenschaft zu legen, die wie eine in der Nähe der Philosophie gelegene Soziologie dauernd mit dem moralischen Zeigefinger winkt. Er will ein anerkannter Musikwissenschaftler werden, ob nun als Australier, als musikalischer Soziologe oder als soziologischer Musikexperte. Deshalb bemüht er sich mit steigender Betriebsamkeit, mit und ohne Nutzung der mannigfachen, im Pariser Musikleben aufgerollten Beziehungsdrähte im Felde der Musik, Einladungen zu Vorträgen, Tagungen und Kongressen gleich wo und unter welcher Ägide, mit oder ohne Bezahlung zu ergattern.

Auf diese Weise erreicht ihn als erstes eine Aufforderung von der Universität Wien, in der Musikabteilung seine inzwischen zu Standardreferaten gewordenen Vorträge über »Die soziologische Entwicklung der Musik in Australien« und »Die Stellung der Musik im australischen Kulturleben« zu halten. Mit den zur damaligen Zeit für Grenzüberschreitungen noch notwendigen Visa, komplizierten Autopapieren und seinen mangelnden Ortssinn unterstützenden Landkarten versehen, rattert er durch Frankreich über durchlöcherte Landstraßen, bis er hinter der in der Nähe von Straßburg gelegenen Grenze zum deutschen Land auf die ihn als formidabel beeindruckenden Autostraßen stößt, die ihn bis nach München führen. Beim Betreten des entrahmten Heimatlandes sollte sich ihm eigentlich der Magen umdrehen. Doch weder mit Schadenfreude noch mit Groll blickt er auf ein Loch hier oder eine Ruine dort und stellt sich nicht wie manche seiner Emigrantenfreunde dumm an, indem er abschätzig so tut, als spräche er kein Wort

Deutsch mehr. Er bemerkt nicht, ob die Leute gedrückt, freudig, stur oder glücklich aussehen, ob sie eine gerechte oder ungerechte Strafe getroffen hat – es interessiert den längst aus dem Deutschtum Herausgewachsenen einfach nicht. Drum kann er auch nicht jenen wehleidigen oder gehässigen Singsang anstimmen, der schablonenhaft bei der Rückkehr von verlorenen Söhnen tremoliert wird.

Über das nachlässig dahinschlafende Salzburg geht es nach Wien, wo er bei einem Freundespaar unterkommt, mit dessen jüngerem Teil, einem angehenden australischen Klaviervirtuosen, er in Sydney manch vergnügliches Stündchen verbracht hat. Er wird in dem ihm unbekannten, ziemlich trübe dreinblickenden Wien vom Stephansdom bis Schönbrunn herumgeführt; wird in Theater geschleppt, wo er altmodische Pappmaché-Inszenierungen von »Götterdämmerung« über »Emilia Galotti« bis »Nacht in Venedig« bestaunen kann; macht Bekanntschaft mit diesem und jenem entweder als arriviert oder als aufstrebend sich gebenden Musiker; und steht dann endlich im musikwissenschaftlichen Institut der Universität Wien.

Hier empfängt ihn sein Anerbieter, der Ordinarius Professor Erich Schenk, der, nach den Eintragungen in den wohlweislich vor dem Treffen eingesehenen Lexika zu urteilen, sich wie viele seiner Kollegen mit den »Wiener Klassikern« herumschlägt, indem sie mindestens jede zweite Note des göttlichen Mozart mit einem sechsseitigen Kommentar versehen. Der ihn mit wenig überzeugender Jovialität und dem dazugehörenden Schmäh empfangende Lehrstuhlinhaber sitzt seit 1940 auf dem Sessel des 1941 verstorbenen, von den Nazis verfolgten Juden Guido Adler, einem der Großen der Musikwissenschaft. Schenk hat nichts Eiligeres zu tun, als zu erzählen, wie er alles versucht habe, Adler vor den Nazischergen zu retten, warum es ihm nicht gelungen sei et cetera – eine dieser Mären, die er noch oft hören soll und die ihn jedesmal fuchsteufelswild machen. Sollen diese Typen doch geradeheraus sagen, daß sie opportunistisch ins Heil-Hitler-Gebrüll eingestimmt haben, dann kann man es sich ersparen, ihnen eine Ohrfeige zu verabreichen. Hier schon, bei diesem ersten Treffen mit einem der namhaften deutschsprachigen Musikwissenschaftler, die die Bereinigung der Musik von nicht-arischem Blut lobend und helfend unterstützt haben, hier schon gerät er in ein Dilemma: Soll er diesem Arschpauker sagen: »Mein Herr, mit Ihnen will ich nichts zu tun haben«, oder, weil ihm das seine Karriere wert ist, freundliche Miene zum bösen Spiel machen? Er entschließt sich, wenn auch mit einem üblen Geschmack im Munde, zu letzterem; denn er sagt sich, warum sollte ich nicht auch unreine Hände benutzen, um die Stufen meines Aufstiegs zu erklimmen, später kann ich immer noch auf sie spucken.

Mit einem Packen neuer Adressen (man weiß ja nie, wann sie gelegen kommen) kehrt er in sein wohlorganisiertes Pariser Leben zurück, wo er entschlossen und mit weltmännischer Glätte weiter die Stühle zurechtzimmert, auf die er sich zu gegebener Zeit felsenfest niederzusetzen gedenkt. Mal schlüpft er in die Kluft des abgeordneten australischen Kulturexperten, mal in den Bratenrock des übernationalen Musikwissenschaftlers, mal trägt er den Arbeitskittel des soziologischen Forschers und Buchverfassers, mal hüllt er sich in die Maßkleidung mondäner Genüsse, an denen der inzwischen aus Italien angekommene attraktive und anhängliche Peppino als gerngesehener Gast regen Anteil nimmt. Es ist um diese Zeit seiner sich immer mehr verfestigenden Selbstsicherheit, daß er mit einem Kreis von prominenten Schriftstellern und Poeten in Berührung kommt, von denen alle Welt weiß, daß sie in fester Verbindung mit einem Freund leben und dennoch vollauf als gleichwertige Mitglieder der Gesellschaft akzeptiert und geschätzt werden. Ihre Haltung hilft ihm, über den Rest der Skrupel hinwegzukommen, die angesichts seiner homosexuellen Veranlagung stets noch auf seinem Alltags- und Berufsgeschick lasten. Er nimmt sich diejenigen zum Vorbild, die es weder für erforderlich halten, so wie Marcel Proust aus Albert eine Albertine zu machen, noch Schnüfflern, Sittenrichtern, Philistern und Neugierigen mit Verlautbarungen über ihre Veranlagung entgegenkommen. Sie nehmen für sich den naturgesetzlichen Schöpfungsakt in Anspruch sowie einen Lebenswandel, der den moralischen und ethischen Normen allgegenwärtiger Konventionen entspricht. Sie veranlassen niemanden, die Kerze zu halten, wenn sie mit einem Gleichartigen die Bettstatt teilen. Die Figuren, an denen er sich aufrichtet, zeigen weder Demuts- noch Verzichtshaltung; sie sind aus dem Holz angreifiger Leistungen geschnitzt, die selbst die Greifarme der Intoleranz nicht entwürdigen können.

Er kann nicht sagen, ob ihn das Verfügungsrecht der Leistung über gesellschaftliche Achtung und Mißachtung genau zu diesem Zeitpunkt erfaßt hat, denn Gefühls- und Denkprozesse dieser Art erreichen wie bei allen Menschen ihre Unerschütterlichkeit nicht von heute auf morgen. Nicht umsonst vergehen bei literarischen Meisterwerken – er denkt hier an Stendhals »Le Rouge et le Noir« – Hunderte von Seiten, bis unübersichtliche motivische Irritationen gebändigte Formen annehmen. Er weiß nur, daß er, durch die Errungenschaften der ihm bekanntgewordenen, im öffentlichen Leben stehenden Persönlichkeiten angespornt, jeder der Gabelungen seiner Interessensgebiete wie seiner vielstrebigen Wissensbegierde mit ungemeinem Einsatz und Eifer nachgeht, so, als wolle er den wissenschaftlichen Emporkömmling mit einer Ehrenrettung umgeben. So zögert er auch nicht, Deutschland länger als nur für eine Durchfahrt zu betreten, indem er – inmitten einer französischen Delegation betont als Australier auftretend – am Musikfest der International Society of Contemporary Music in Frankfurt teilnimmt und in Darmstadt bei den Internationalen Ferienkursen für Neue Musik als Vortragender auftritt. Er glaubt nicht, bei den internationalen Musikgoliathen großen Eindruck geschunden zu haben, und was die

Deutschen betrifft, so kamen sie ihm mit der Zurückhaltung entgegen, mit der man heiße Eisen anfaßt.

Abgesehen von der Kenntnisnahme neuer Musiken hinterlassen die Treffen bei ihm keine belangreichen Eindrücke. Erstens empfindet er eine starke Abneigung gegen diese durchorganisierte Vereinsmeierei mit ihrer streberhaften Gemeinschaftsnahrung, und zweitens hat sich zwischen ihm und allem Deutschen, inklusive der Menschen, über die Jahre ein Fluidum überragender Gleichgültigkeit herausgebildet. Irgendwie erleichtert kehrt er in den Schoß der aufgestochenen Pariser Lebenslust zurück und plant nach gut französischer Sitte noch vor den martialischen Aufmärschen zum Gedenken des Falls der Bastille seinen Abzug in die Ferien. Die Wahl fällt auf die noch nicht dem Billigtourismus und Campinggestank verfallene Côte d'Azur, wo außer blauem Himmel und klarem Wasser, besonders in Cannes, die Realitäten der gleichgeschlechtlichen Erotik unbehindert genossen werden konnten. Diesbezüglich hatte Cannes die früheren von der katholischen Kirche bereinigten Eldorados Venedig und Capri ersetzt. Nicht weit von dort, in Saint-Jean-Cap-Ferrat, mietet er zusammen mit dem züchtig den Haushalt beaufsichtigenden Peppino ein mäßig möbliertes, direkt am Meer gelegenes Häuschen mit einem von dicken Feigenbäumen überdeckten Garten, wo sie den Sommer verbringen. Er führt das Leben eines wohlsituierten Tonangebenden, empfängt, füttert und beherbergt jüngere und ältere Ansässige sowie Durchreisende aus seinem bis nach Australien reichenden Freundes- und Bekanntenkreis. Sonnengebräunt taucht er ins bläuliche Mittelmeerwasser, schäkert in den Trois Cloches, der international reputierten Homosexuellenbar, mit kurzbehosten Schönlingen, fährt zum Festival in Menton, besucht die Festspiele des sich seiner Mozart-Pflege rühmenden Aix-en-Provence, macht einen Abstecher nach Salzburg, wo er bei einer musikpädagogischen Tagung über »Musikerziehung in Australien« sein Expertenliedchen singt und dem

Obernazi unter den Musikwissenschaftlern, Hans Joachim Moser, gegenübersteht. Im übrigen aber, und das mit immer drängenderer Unruhe, sitzt er mal im Haus, mal im Garten festgenagelt vor dem Wust an Unterlagen, Notizen, Dokumenten und Büchern, mit deren Hilfe das bei ihm in Auftrag gegebene musiksoziologische Einführungsbuch herzustellen ist.

Nachdem er sich mehrmals mit seiner verbindlichen Förderin Gisèle Brelet über den geschicktesten Ansatz für das Buch beraten hat, drängt sie nun auf die Ablieferung des Manuskripts, um die Kontinuität der von ihr herausgegebenen Reihe aufrechtzuerhalten. Seine zögernde Unsicherheit hatte gute Gründe. Bei seinen Vorbereitungen hat er feststellen müssen, daß sich unter den sich ausdrücklich mit der soziologischen Annäherung an die Musik befassenden Schriften zwar einige wenige finden, an die er sich anlehnen und/oder mit denen er sich auseinandersetzen konnte. Dennoch fühlt er sich nicht imstande, etwas so Prinzipielles vorzulegen, daß es einer anspruchsvollen Einführung in den noch wenig behandelten Wissenschaftszweig gerecht würde. Hinzu kommt, daß ihm ein Verlaß auf rein theoretisches Denken beziehungsweise die beeindruckende Entwicklung von handfesten Theorien so fremd ist wie die Geometrie der Schneekristalle. Er braucht einen Halt, eine geschlossene Phalanx von Fakten, das dem wundersamen Leben der Menschen Entströmende. Ohne sich als Pionier aufzuspielen, möchte er die ihm in Fleisch und Blut übergegangene Musik – gleich an welchem tatsächlich erfaßbaren Beispiel – von ihrer musikwissenschaftlichen Denkmalstarre erlösen.

Nachdem er dies der lieben Gisèle in hitzigen Abenddiskussionen klargemacht hat, verfällt sie auf die ihr glorreich erscheinende Idee, einen modernen Komponisten und sein Werk, am liebsten den von ihr heftigst am Klavier vorgeführten Bartók soziologisch auszudeuten. Doch das paßt ihm gar nicht. Denn zum einen steht er mit dem ungarischen Komponisten nicht auf Liebhaberfuß, zum anderen widerspricht es seiner Auffassung von musiksoziologischen Denkansätzen und Analysen, in die Musik gleich welches Komponisten Soziologisches hinein- oder herauszulesen. Dann kann er auch gleich mit Herumphilosophieren beginnen, sagt er der bestürzten Gisèle und verweist sie auf das Buch von einem gewissen Adorno, das ihm bei seinem Besuch in Deutschland unter die Augen gekommen ist. In ihm wird über die Musik zweier moderner Komponisten, Strawinsky und Schönberg, ein solch undurchsichtiger philosophischer Schleier gezogen, daß einem das Nachsinnen über Realitäten und Gesellschaftsbezogenheiten glatt vergeht. Wenn überhaupt seine introduzierende musiksoziologische Schrift an einem Komponisten auf- und angehangen werden soll, dann als das, was sich in der Soziologie als eine Case study, eine Fallstudie, vorstellt. Das heißt, so muß er Gisèle lang und breit erläutern, nicht versuchen, aus einer biographischen Monographie eine Fallstudie zu machen, sondern Typikalitäten sowohl an einem komponierenden Menschen wie an der von ihm der Gesellschaft vorgesetzten Musik und ihrer Rezeption durch die Gesellschaft aufzuzeigen, eben eine »typische Fallstudie« zu verfassen.

Aus diesen Überlegungen kommt sein Buch »Introduction à une Sociologie de la Musique« zustande, an dem er in Cap-Ferrat alltäglich bastelt. Es geht von dem Fall des weitverbreiteten Diktums: »England, das Land ohne Musik« aus und behandelt den Fall des englischen Dirigenten und Komponisten Eugène Goossens, seines Freundes, ohne eine Biographie im eigentlichen Sinne des Wortes zu sein. Von Kapitel zu Kapitel analysiert er die die beiden typischen Fälle umgebenden Einzelfälle – den Fall der englischen Musik, den der Oper, den des musikalischen Abenteuers, den der Ideologie des Erfolges etc. –, alles aus der Sicht des Musik- beziehungsweise Kultursoziologischen. Darum auch wird er sein Buch nicht mit dem Titel einer

Einführung in *die* Musiksoziologie, sondern mit der Einführung in *eine* Musiksoziologie versehen. Er kann es als eine gelungene Starthilfe in das wissenschaftliche Schlachtengetümmel ansehen, daß er sich nicht zur Anempfehlung der einen und einzigen Musiksoziologie versteigt. Ansonsten wären nach Erscheinen des Buches noch mehr Schlagstockhiebe auf seine Unschuldsmiene gefallen. Doch was redet er, noch ist sein Erzeugnis längst nicht fertig. Dadurch, daß er sich an den zwei Blickwänden Musik und Soziologie entlangtasten muß, solchermaßen von einem Haus in das andere blickt, geht die ganze Schreibarbeit recht mühsam voran. Sie bringt ihn bis in einen Zustand des Sich-Verlierens, in eine Lage, die einem sich selbst gegenüber aufrichtigen Menschen die Fähigkeit des klaren Denkens fast entzieht.

An diesem Punkt angelangt, packt er die Koffer und durchstößt die aus Gedankenverwirrungen errichtete Kaimauer, indem er nach Italien entfleucht. Ein hierfür wohltuender Vorwand war die Beschnupperung der Arbeiten der Forschungsabteilung des italienischen Rundfunks in Rom, wo man ihn mit der Grazie der improvisierten italienischen Luftsprünge, mit Klatsch, deftigen Espressos und Spaghetti al dente empfängt, im übrigen aber erbärmliche Unwissenheit an den Tag legt. Dies mit Mißmut zur Kenntnis genommen, mit seinen Freunden das Wiedersehen begossen und begessen, wieder bewundernd vor der Bildersammlung in der Villa Borghese gestanden, Peppinos in bedauernswerter Armut lebende Familie aufgesucht, geht er zurück nach Paris. Da er nicht das dringende Bedürfnis hat, seinen Werkplatz sofort wieder zu besetzen, lenkt er das Auto durch die unvergleichliche Toskana, wo das Freundespaar mehrfach Station macht, um glotzäugig durch Hallen von Kirchen und Museen zu schlendern. Dann lädiert ihm ein kopfloser Raserich eine Tür des Autos, was sie zwingt, sich wegen der Reparatur ein paar Tage bei den Schweizern in Zürich aufzuhalten, die mit ihrem eidgenössischen Gebabbel, ihrer potenten Geldsucht und ihrem mürrischen Gehabe schon mehr als einem zivilisierten Menschen den Blutdruck zu unbekömmlichen Höhen haben anschwellen lassen.

In Paris setzt er seine kategoriengebundenen Aktivitäten fort, wo er sie verlassen hat. Da er sich geschworen hat, bei der Wiedererweckung seiner Lebensstufen seine Figur nicht mit eingerosteten Wiedereröffnungen zu überziehen – allein schon, um keine Zweifel an seiner anschaulichen literarischen Leistungsfähigkeit aufkommen zu lassen –, schmiert er sich nicht noch einmal den aus Vorträgen, Arbeit am Buch, Leitung der Forschung, unterhaltsamen Theaterbesuchen, stumpfsinnigen Rencontres und kostspieligen Mondänitäten zusammengerührten Honig um den Bart. In allen diesen Cerclen ist er wer, und das muß genügen, um das sich bewegende Perspektivenspiel nicht auseinanderfließen zu lassen. Indes, um nicht den Eindruck übermütiger Reglosigkeit zu erwecken, ist das Licht auf einige belangreiche, den girlandesken Park seines Pariser Aufenthalts durchkreuzende Schneisen zu werfen.

Besonders aufreibend und Kopfschmerz bereitend war die sich noch monatelang hinziehende Fertigstellung des Buches, das er angesichts seiner ihm wohlbewußten Unzulänglichkeiten in bezug auf die französischen Sprachformungen in Englisch schreibt, womit er sich selbst sowie der sich im englischen Sprachraum abspielenden Fallstudie einen abgepaßten Dienst erweist. So war es im Einverständnis mit Gisèle Brelet von Anfang an vorgesehen, die ihm den Übersetzer, einen ihr anhänglichen Gesellen namens Pierre Billard, vorstellt. Der geschäftige, von ihm zu honorierende Billard (heute noch kommt er ihm als Essayist, Film- und Buchbesprecher in Zeitschriften entgegen) wird ihm zu einer dauerhaften Nervensäge, da er, wie sich bald herausstellen sollte, nur ein rudimentäres Englisch versteht und weder die im Französischen gebräuchlichen musikalischen noch die soziologischen Fachausdrücke kennt. Ob dieser Unmündigkeit muß er sich überreichlich oft mit dem Übersetzer treffen, damit der ihm nicht völlig Sinnentstellendes zusammenbraut. Selbst nach fünf Monaten, bevor er sich wieder nach Sydney begibt, ist das Elaborat immer noch nicht fertiggestellt.

Wir bewegen uns dem Jahr 1952 entgegen, und in einem Brief von Vater heißt es, daß der von einem seiner Skatbrüder empfohlene, in Gießen ansässige, unsere Wiedergutmachungssachen handhabende Anwalt ein Schlappschwanz ist, Vergleiche schließt, bei denen ein Appel und ein Ei herauskommen, und offensichtlich auch auf dem besten Weg ist, seine Referendarangelegenheit zu vermasseln. Also rein in das PS-starke Gefährt und auf nach Gießen, wo immer das gelegen sein mag. Aus alledem, was ihm der Landadvokat beim für ihn im Familienkreis hergerichteten Abendessen vorklönt – Vaters Druckerei sei nicht auffindbar, wegen der Villa habe er sich vergleichen müssen, die Behörde lasse sich nicht drängen, Unterlagen seien verschwunden, und er und seine Familie hätten unter den Nazis schrecklich gelitten –, entnimmt er, daß der Mann entweder unfähig ist oder nicht fähig sein will und daß es überhaupt eine bestußte Idee ist, den Rechtsweg mit Gerichtsstand Köln ausgerechnet über Gießen zu beschreiten. Ohne langes Fackeln ist er schon am nächsten Tag in Köln, ergeht sich nicht in langem Wiedersehenstheater, sondern macht sich schnurstracks auf die Suche nach der Silbermannschen Druckerei.

Mit der Penetranz und Arroganz von Raymond Chandlers Einzelgängerdetektiv Philip Marlowe findet er im Hinterhof eines weit draußen in einem Vorort gelegenen Gebäudes ein unansehnliches Druckereichen, noch mickeriger als seine ehemalige holländische Werkstelle, und Vaters vormaligen Meister, den Herrn Flamme, den Mann, mit dem er als Kind hat Buchdrucker spielen dürfen. Der zweiundvierzigjährige Silbermann muß wahrlich abgebrüht gewesen sein, denn obwohl der Flamme die einzige aus früheren Zeiten wiedergefundene Person ist, überkommen ihn nicht die geringsten Gemütsbewegungen; nicht einmal zu einem Kaffee lädt er den gealterten Buchbindermeister ein. Er hört sich den vom Eigentümer unter Jammern und Klagen entrollten Bericht an, dem er entnimmt, daß Vaters, von dem Nazi-Holländer damals ergaunerte Druckerei bei einem Fliegerangriff zerstört und der Schaden vom Staat ersetzt wurde, woraus der Schuppen entstanden ist, den er mitsamt den paar Maschinen dem inzwischen verschwundenen oder umgekommenen Holländer abgekauft hat.

Nach diesem Lamento fährt er zu dem unversehrt gebliebenen Haus, das sich Vater seinerzeit erbaut hat, wo man ihn aber nicht reinläßt. Er chauffiert an Ruinen, Baustellen und neuerrichteten Betonwohnblöcken vorbei, bis er das Büro der jüdischen Gemeinde gefunden hat, wo er ein paar dämliche Weiber um Auskunft über den Verbleib früherer Bekannter und einen guten Anwalt bittet. Als, wie bei dem kaum des Deutschen mächtigen Hilfspersonal vorauszusehen, keine Auskünfte zu erhalten sind, ist er fast der Verzweiflung nahe, bis ihm die Erleuchtung kommt, bei der Anwaltskammer anzuklopfen, wo man ihm jenes Anwaltsbüro empfiehlt, das über die kommenden Jahre seine und Vaters Wiedergutmachungsangelegenheiten korrekt und erfolgreich erledigen wird. Jetzt blieb nur noch der von seinem neuen Anwalt aufgesetzte Brief des Entzugs des Mandats nach Gießen abzusenden, und schnellstens läßt er das mattglänzende, von Modergeruch umgebene Köln hinter sich.

Noch zwei weitere Reisen sind zu machen, von denen die eine wieder nach London führt. Hier würgt er sich durch ein Bürokratengewimmel, um für Peppino ein Einreisevisum nach Australien zu beschaffen. Mit Hilfe von Bekannten, die in London einen gutgeölten Draht zu den Wächtern über die australische Gitterumfriedung haben, von ein paar Drinks, eines blind unterschriebenen Garantiescheins und mehrerer, in offene Hände gedrückter englischer Pfunde erhält Peppi das blau gestempelte Visum in seinen italienischen Paß. Damit ist die freudeleere Bedrückung, eventuell in Sydney wieder allein leben zu müssen, überwunden.

Die zweite, gegen Ende seiner Pariser Seßhaftigkeit im schönen Monat Mai stattfindende Reise geht erneut nach Wien, wohin er zu einem mehrtägigen Musikkongreß eingeladen ist, um in seiner Eigenschaft als Rundfunkmusikforscher aufzutreten. Zu diesem Behufe hat er sich aus bereits hier und da veröffentlichten Artikeln und Vorträgen sowie aufgrund der bisherigen Forschungsergebnisse ein Manuskript zusammengestellt, welches er der illustren Gesellschaft unter der Überschrift »Musiksoziologie im Dienste des Rundfunks« vorsetzt. Sein Referat trifft die Mehrzahl der bis auf die Knochen erstarrten antitechnischen Musikwissenschaftler wie eine Entehrung. Es hagelt nur so von in Schuld und Versagen eingebetteten Angriffen und Vorwürfen bis hin zu den Ausführungen eines sich als Musiksoziologe ausgebenden, cholerisch durch den Saal brüllenden Professors – Hans Engel –, der es sich nicht nehmen läßt, mehrfach das belastete widerliche Wort von der Entartung in den Mund zu nehmen. Damit war er bei Silbermann an die falsche Adresse gekommen, der den Unverbesserlichen ebenso wutentbrannt eines wurstigen Faschismus zieh. Die Folge war, daß ihm der den unbescholtenen Mann spielende Engel nach der Sitzung Ohrfeigen anbietet, worauf er mit den kruden Worten: »Wenn Sie nicht so alt wären, würde ich Sie in die Eier treten«, repliziert. Der höchst unheitere Zwischenfall, von den umherstehenden gepflegten Lehrstuhlinhabern mit Schaudern bemerkt, ward nie vergessen: Er brachte ihm ein beachtliches Renommee ein sowie – Jahre später – eine sich lange hinziehende Verfolgungsjagd durch den rachsüchtigen Altnazi. Wien mitsamt den deutschen Musikwissenschaftlern wurde ihm grundlegend verleidet.

Damit wären die noch zu erwähnenden Begebenheiten abgetan, und mit Peppino, dem Auto, den schicken Pariser Klamotten und Haufen von Zetteln, Papieren, Ordnern und

Büchern geht es aufs Schiff, zurück in das mit einer dünnen Kruste von Kultur überzogene australische Land.

XV

Sobald der Pendler zwischen zwei Welten das Wiedersehenszeremoniell mit den Eltern und der auf ihn erpichten Else überstanden und ausführliche Erzählabende absolviert hat, umfaßt ihn wieder das alte Klischeemodell seiner Sydneyer Existenz. Es sind die gleichen Doppel- und Trippelbesetzungen, die ihm begegnen, die gleichen unverträglichen Eindrücke und Machenschaften, die gleichen Vorurteile, die gleichen Symmetrien mangelnder Feinhörigkeit. Drum gibt er zu verstehen, daß er eine neuerliche, mit Verzweiflungsgesten unterstrichene Enumeration dieses sich zwischen August 1952 und Mitte Mai 1953 abspielenden ewig Gleichen vermeiden wird. Man verschone ihn mit jenem schätzenswerten Ruck, den man sich nur zu geben hat, um Faulheit, Hilflosigkeit, Feigheit und Verzicht zu übermannen. Mit diesem Wenigen will er sich unerbittlich an die Exposition des Bogens halten, der dorthin führt, wo sich sein Leben als Emigrant auf ein Leben als Soziologe hin entwickelt. Die honorige Prägnanz seiner Gläubigkeit versagt es ihm, schicksalhafte Federkräfte abzuwenden oder anzutreiben, sich für Zeitabläufe und Zeitausfüllungen, für Erfolge oder Scheitern, nicht einmal für auf ihn einfallendes persönliches Unbehagen verantwortlich zu machen. Die göttliche Hand ist sein Maßstab, und darum verwehrt er sich weder dem Wiedereintritt in das minderwertige Erleben kaufmännischer Tätigkeiten noch ihrer nicht voraussehbaren Dauer. Kein Zweifel kann darüber bestehen, daß er stets noch das Leben als ein den Künsten ergebener Wissenschaftler anvisiert – aber auf welcher Grundlage und in welcher Position: als Hobbyist, Journalist, Schriftsteller, Forschungsbeauftragter, Privatgelehrter, universitärer Dozent? Es tun sich ihm so viele auf wankenden Füßen stehende Unverträglichkeiten auf, daß der blutige Ernst, mit dem er sich auf die Wissenschaft gestürzt hat, wie ein klägliches Versagen verraucht.

Auch die Ankunft vieler der noch durchzusehenden Seiten der französischen Buchübersetzung sowie langsam eintröpfelnde Berichte seiner Forschungsassistenten bringen ihn nicht auf Trab. Ganz im Gegenteil, erinnern sie ihn doch daran, daß in Paris sein Name – wenn auch nur in einem an den zehn Fingern abzählbaren geistesverwandten Kreis – und der daran angebundene Ritterschlag, ein gelehrtes Haus zu sein, als etwas Eindrückliches gilt, während er hier, im geistig und kulturell barhäuptig dahintrottenden Sydney trotz aller eindringlichen Mühen wie ein auf der Vorbühne sich spreizender, belangloser Schalk gehandelt wird. Die wegen der regelmäßig stattfindenden Streiks im Lande der arbeitsscheuen Genossen nur bummelig eintreffende Post bringt ihm überdies in Erinnerung, daß von ihm erwartet wird, baldigst in Paris wieder in Erscheinung zu treten.

Ohne es nach außen zu zeigen, erfaßt ihn eine bis zur Angst reichende Verstörtheit über den möglichen Zusammenbruch der in Paris virtuos errichteten Wissenschaftsgalerie. Mit einem Blick auf den siebzigjährigen Vater und Ordnungshüter des Geldgewinns erkennt er die Unzumutbarkeit, dessen geschäftstüchtige Fleißarbeit nur wie eine proppenvolle Quelle anzusehen. Es ist einfach unmöglich, dem Vater, der sich gerade einer lästigen Altherrenoperation zu unterziehen hat, mit windelweichen oder glänzenden Worten über das Musterhafte seines errungenen Umgangs mit der Wissenswelt zu kommen, um einen erneuten Ausfall als mitschaffender Geschäftsführer zu rechtfertigen. Hat er doch schon Mühe genug, die gelegentlich auch von Mutter angebrachten Andeutungen in bezug auf unmäßige Ausgaben und die unbesonnenen Gunstbezeigungen gegenüber dem durchaus genügsamen Peppino durch indignierte Wortkargheit abzuwiegeln. Ach, wäre er doch ein Münchhausen und könnte sich am eigenen Schopf aus dem unerschlossenen Grauen des Selbstverdrusses herausziehen, ohne zum verderbten Schuldigen zu werden!

Die lange Strecke seiner Niederfahrt – sie sollte fast ein ganzes Jahr dauern – war weder von Wehleid, Verzweiflung, Aufrüttelung noch von anspornender Stützung begleitet. Sie läpperte so ungeschoren dahin, daß auf die Gedächtnisauffrischung nur noch wenige erhellende Momente fallen. Er durchblättert seine Tagesagenda und beugt seine Denkerstirn über die dort eingetragenen Vermerke: Dinner mit Else, Lecture, Anstreicher, Montefiore Home, Bowral, Bank, Konzert, Alan, Maria etc. – alles nichts weiter als plombierte Rückstände, knochenlose Überbleibsel ohne Gewicht. An dieser Stelle ließe sich sowohl ausweichend als auch entlarvend endlich die so populär gewordene Begriffseinheit von der Verdrängung anbringen, von dem Abwehrmechanismus gegenüber Ereignissen, die das Selbstwertgefühl beeinträchtigen, natürlich soweit man über eine solch entmutigende Anstellerei verfügt. Ein Glück, daß er keiner dieser mit neurotischen Störungen belasteten Verdränger ist, die haufenweise Geldscheine auf die Tische der Hemmungsbefreier blättern. Ihm ist die Gabe zuteil geworden, ja, er nennt es bewußt eine Gabe, in freier Selbstbeziehung ein Konstrukt aufgebaut zu haben, das Sinnlose, soweit es Unannehmlichkeit, Ohnmacht, Torso, Widerwärtigkeit enthält, in einen weit von seinem Lebenstor entfernt stehenden Mülleimer abzuladen. Soll sich die Müllabfuhr darum kümmern. Der Vater benamst ihn daher öfter einen Maulabwischer, zumal er nicht weiß, noch wissen kann, daß für den Junior nur das Geltungsmögliche gilt. Man könnte es eine Einebnungstendenz nennen, für die Vernunftprinzipien nicht zur Verfügung stehen. Man könnte es aber auch einen Kompromiß zwischen Ausstand und Einstand nennen, auf daß die Dinge dorthin ihren Lauf nehmen, wo die Überzeugung überwiegt, daß Glücklichsein keine Schande ist.

Um nicht den Eindruck zu erwecken, er vergleiche das Ungleiche mit dem Gleichen, sieht er sich veranlaßt, wenigstens an ein paar Stellen den Harnisch des belanglosen

Einerleis zu öffnen. Eingefädelt vom Vater und vom Vermittler des günstigen Ertrag einbringenden Hotels Bowral beschwätzt, wird er mit dem Ankauf eines weiteren Hotels konfrontiert. Es steht in Warialda, einem in Gottes weiter Ferne gelegenen Nest, dort, wo sich alljährig eine Truppe der Schafscherer niederläßt, welchselben für ihre schweißtriefende Spezialistenarbeit nach ausdrücklicher Vorschrift bis an den Rand gefüllte Bottiche mit Bier in die Scherstätte gestellt werden müssen. In der Tat, so streng sind da die Sitten, und das bedeutet einen von vornherein garantierten Umsatz. Also auf nach Warialda, lautet der Schlachtruf, wo er per einmotorigem Flugzeug auf einer einsam und verlassen liegenden Wiese landet. Der Pilot – zugleich Navigator, Steward, Stationskontrolleur, Gepäckträger und Kassierer – verfrachtet ihn in ein bereitstehendes Auto, und vor sich hat er das in der Sonne brütende Dörflein, das Inbild australischer Trägheit, versehen mit einer von einer griechischen Familie geführten Eßstube, einem Krämerladen, mit Scheunen, Schuppen und dem hochgepriesenen, sich Hotel Warialda nennenden Holzgestell. Mehrere Tage und Nächte verbringt er in einem von Mückenhorden besetzten, weit von Klo und Waschgelegenheit entfernten Zimmer, bis er sich durch die Buchhaltung durchgearbeitet, die Kundschaft beäugelt, das Grundbuch sowie verschmierte Konzessionspapiere kontrolliert und endlose Bierchen nebst ungenießbarem Fraß zu sich genommen hat. Immerhin, eines muß man dem Loch lassen: Alles stimmt, der Ertrag ist gut, der Pächter macht einen soliden Eindruck, es wird viel gesoffen, und auch der die Schließungsstunden überwachende Polizist drückt für zwei Flaschen Gratisbier ein Auge zu.

Obwohl es ihm davor graust, möglicherweise wieder und wieder zur Überwachung des Geschäfts nach Warialda zu müssen, und sei es nur, um die Baracke in Brand zu stecken und die Versicherungssumme zu kassieren, berichtet er dem unternehmungslustigen Papa alles wortgetreu. Dieser macht mit den Worten: »Schau dir an, was wir im Hotel Bowral verdienen« die Firma durch den Ankauf des Hotel Warialda zum Multiunternehmen. Kaum getan, verläßt der Schuft von Pächter Haus und Hof. Nun wird nach einem neuen Pächter gesucht, konferiert, verhandelt und unterhandelt, und schon sitzt er wieder in dem fliegenden Rappelkasten, um einem neuen Pächter das Hotel zu übergeben, Inventar aufzunehmen, hinterlassene Schulden zu begleichen und mit allen möglichen Anordnungen zu versuchen, die ausgefuchsten Pächtertypen an eine Betrug verhindernde Kandare zu legen. Er spricht hier in der Mehrzahl, denn da es offensichtlich niemand, selbst nicht der tugendloseste Spitzbube, in dieser unergiebigen Wildnis aushalten kann, wiederholt sich der Vorgang alle paar Monate. Ein zeitraubendes, abominables Sorgenkind ward geboren, der Pesthauch einer Pleite erster Ordnung lag in der Luft. Und als dann noch das Dach erneuert werden mußte, auf Geheiß irgendwelcher Inspektoren die Abtritte vom Hof ins Haus verlegt und andere kostspielige Reparaturen vorgenommen werden mußten, hatten der verzagte Vater und Maulabwischer Alphons die Nase voll. Der Wurf auf den Markt wird veranstaltet, und nachdem er mehrere sogenannte Interessenten ergebnislos zur gelobten Stätte geführt hat, findet sich endlich ein Unbesonnener und kauft ihnen das Wirtshaus Zum schmutzigen Löffel ab.

Was hilft schon Wimmern und Weinen – das Kräftefeld der Kunstbeflissenheit verblaßt gegenüber dem der kommerziellen Zucht. Was bleibt, ist der ungestillte Appetit, und mit diesem im Magen folgt er dem Drängen seiner Busenfreundin Else, sich mit der Schauspielkunst anzufreunden, was knapp zu streifen ist. Nicht, weil das unvorhergesehene Ereignis der Nachwelt als Teil eines Rundblicks auf seine unvorstellbaren Begabungen als Amateur in vielen Gassen erhalten bleiben soll, sondern weil es ihn letztendlich aus dem Kielwasser des kränkelnden künstlerischen und wissenschaftlichen Ehrgeizes herauszieht. Das Kleine

Wiener Theater, ein Zusammenschluß von begabten Theaterliebhabern, war schon mehrfach mit Abenden vor das deutschsprechende, hauptsächlich aus jüdischen Emigranten bestehende Publikum getreten und hatte ihm Kabarett nach dem Muster des weitbekannten Wiener Simplizissimus vorgesetzt sowie nach wenig Kopfarbeit verlangende, auf kleiner Flamme brennende, augenzwinkernde Kost aus dem Rayon der leichten Unterhaltung. Die vier oder fünf Abende, an denen in der Gemeinde bekannte Lederwarenhändler, Schuhfabrikanten, Reisebüroangestellte, Spielwarenvertreter und ihre respektiven Gattinnen ihre amateurischen Künste präsentierten, wurden von den stets ausverkauften Häusern wie ein gesellschaftliches Ereignis entgegengenommen und tosend beklatscht.

Doch da sich Else und ihr Dramen verfassender Mann Fredi, die organisatorischen Oberhäupter der zusammengewürfelten Truppe, nicht dem Vorwurf mangelnder Intellektualität aussetzen wollten, rangen sie sich von der niederen heiteren auf die ernste höhere Kunststufe empor. Es begann in eben dem Jahr 1952 mit einer Lesevorstellung des Traumaktes »Don Juan in der Hölle« aus George Bernard Shaws »Mensch und Übermensch« und endete bei Strindbergs gewaltiger »Gespenstersonate«. Zu diesen beiden anspruchsvollen Unterfangen wird er zugezogen: Bei Shaw darf er mit Pult und Text vor den Augen den Don Juan sprechen, und bei Strindberg wird ihm die Regie anvertraut. Beiden Aufgaben widmet er sich mit der Begeisterung dessen, der danach lechzt, die immer sich stärker miniaturisierenden Erinnerungen aufzufrischen, und sei es nur um der vergehenden intellektuellen Beweglichkeit willen. Im übrigen findet er hier Gelegenheit, sich seinem beispiellosen Exhibitionismus voll hinzugeben. Durch den bestimmt nicht weiter als in die Vororte Sydneys reichenden Erfolg seiner Entfaltungen finden bei ihm Selbstbehauptung, aber auch Selbstschutz wieder ihren rechten Platz; dem verschütteten kunstwissenschaftlichen Selbst wird Gewicht verliehen, das belangvolle Alltägliche blättert ab.

Vater und Mutter nahmen mit unverhohlenem Stolz die Komplimente über den tüchtigen Sohn entgegen, der die Gelegenheit ergreift, ihnen zu erklären, daß er sich bald wieder nach Paris zu begeben haben wird. Dabei tischt er den Eltern weder bedeutungslose Details auf noch Illusionen mit Bezug auf den kühnen Versuch, sich endgültig im Milieu der Wissenschaft zu etablieren. Wohl aber spricht er ihnen davon, daß es wahrscheinlich diesmal mit einer Stippvisite nicht getan sein wird, worauf er sich auch selbst einrichtet. Als ein erstes, den Fortgang seines privaten Lebens im Sinne, setzt er dem oft von südländisch-hitziger Eifersucht verzehrten Peppino auseinander, daß er ihn mitnehmen wolle. Doch Peppino ist hierzu nicht bereit. Es kullern die Tränen aus seinen wunderschönen großen Augen, während er zu verstehen bittet, daß er jetzt, wo er gutes Geld durch seiner Hände Arbeit verdiene, nicht wieder in den wenig begeisternden Zustand des auf dem Portemonnaie eines Freundes liegenden beschäftigungslosen Nichtsnutzes kommen wolle. Kommentarlos bewundert er das unfehlbare Gespür des Jungen für die Unwürdigkeit patenhafter Unterstützung durch einen Liebhaber ohne festen Wohnsitz. Zunächst jedoch bleibt es bei Vorbereitungen. Emsig hockt er vor dem Schreibtisch, wo er angeforderte und unangeforderte Artikel für die »Revue Internationale de Musique«, »Das Musikleben«, »Buenos Aires Musical« und »Musical America« sowie seine beiden Lokalblättchen verfertigt und Anbiederungsbriefe rund um den Globus versendet. Intensiv kümmert er sich darum, sein kaum mehr aufgesuchtes Landhaus loszuwerden, das, anstatt zu einer Erholung in freier Natur, zu einer verwunschenen Last geworden ist, ganz abgesehen davon, daß er das Geld für den in Sicht liegenden Aufenthalt in Paris vortrefflich gebrauchen kann. Einer Neuinterpretation ähnlich ist ihm das Leben wieder lebenswert – komme, was da wolle.

Er ist drauf und dran, sich der Windeseile des ihn zunächst nach Rom bringenden Flugzeuges anzuschließen, um schubweise Eigenheit nach Eigenheit der Abrundungen seiner Ansinnen in den Pariser Jahren 1953 bis 1955 schwarz auf weiß zu attestieren. Doch er zögert. Denn schon bei dem Gedanken, wiederum, das heißt wie gehabt, Freundeskreis und Herumwandern in Italiens altertümlicher und gleichzeitig neuzeitlicher Hauptstadt zu erwähnen oder Bescheid über die Eindrücke zu geben, die ihm Neapel hinterließ, wohin er sich zwecks Abholen seines per Schiff nach Europa transportierten Automobils begibt, stellt sich ihm die Frage, ob er nicht auf dem besten Wege ist, sich zu verlieren. Steht er doch der Gefahr gegenüber, sich repetierend am Lauf vom Hundertstel ins Tausendstel zu erwärmen, womit er, der mit seinen vierundvierzig Jahren nicht wissen kann, wie lange ihn der Herrgott noch auf dieser Erde belassen wird, unweigerlich an die Umgehung seiner Lebensgestaltung gerät. Also muß er für seine Besichtigungsfahrt in eine eingekeilte Fahrspur einrücken, muß sich vom Gleichgültigen wie vom Ungesicherten abwenden und das Exzessive der Formung vermeiden. Sich in den Rausch unvertilgbarer Einzelheiten zu stürzen, führt zu Durcheinander und zu der Verlegenheit, aus Zubehör gestalterische Kernstücke zu machen. Es geht darum, die wechselseitigen Durchdringungen von Leistungen, Berührungen und Lebensführung ohne Drum und Dran in die Gegenwart seines Gewordenen und nicht seines Werdenden zu versetzen, die mit der Persönlichkeit verbundene wissenschaftliche Vita nicht zu verdunkeln. Also entschließt er sich zu einer von seinen wissenschaftlichen Tätigkeiten und Erzeugnissen angeführten Themensetzung, zu der in der Lehre von der Massenkommunikation bekannten »agenda setting«, die danach verlangt, den Erkenntnisreichtum vom Geschaffenen her aufzuzäumen.

Mit diesem Vorsatz wendet er sich dem fast zwei Jahre dauernden Aufenthalt in Paris zu, in dessen Verlauf nach Stalins Tod Nikita Chruschtschow Generalsekretär der KPdSU wird; Frankreich in einen erbitterten Kleinkrieg mit Algerien verwickelt ist; der Arbeiteraufstand in Ostberlin durch sowjetische Panzer niedergeschlagen wird; Eisenhowers Außenminister John Foster Dulles die Geschicke Europas in die amerikanische Zucht zu nehmen versucht; Gamal Abdel Nasser Ägypten als Vormacht im Nahen Osten reetabliert; und das Fernsehen durch die weltweite Übertragung der Krönung von Königin Elisabeth II. die erste Stufe seiner beherrschenden Stellung als moderne Nachrichtentechnik erklimmt. Während ihm in Frankreich – abgesehen von Olivier Messiaen, Darius Milhaud, Henri Sauguet – kaum neue Töne entgegenkommen, schreitet das internationale Musikleben mit Blacher, Fortner, Hartmann, Henze, Martin, Nono, Peragallo, Stockhausen, Zimmermann, Maderna, Dallapiccola und der konzertanten Aufführung von Arnold Schönbergs unvollendeter Oper »Moses und Aaron« einer neuen Klangwelt entgegen.

Am 10. Dezember 1954, ab achtzehn Uhr, steht der Docteur Alphons Silbermann auf dem Teppich der Librairie Vents et Marées in der Rue de l'Université und schüttelt die fröstelnden Hände der zur Signature seines Buches »La Musique, la Radio et l'Auditeur« erschienenen Eingeladenen. Prominent sichtbar scharen sich Gisèle Brelet, Freundin und Direktorin der musikologischen Schriftenreihe, in der das Buch erschienen ist, um ihn sowie seine beiden Assistenten Micheline und Claude. Auch beide Übersetzer des Buches sind anwesend, denn da Antoine Goléa, ein Musikkritiker rumänischer Herkunft, weder des Englischen noch des Französischen genügend mächtig war, wurde der junge Bernard Hamel zugezogen, um des Hauptübersetzers holpriges Französisch in die Nähe eines verfeinerten Duktus zu bringen. Allesamt und auch der Auftraggeber, das Centre d'Études Radiophoniques, finden auf der ersten Seite der Auslassungen jene glattzüngigen Danksagungen, welche die dem Autor aufgeladenen Beschwerlichkeiten ohne Vorbehalt unter den Teppich fegen.

Denn in der Tat, es hat Schwierigkeiten aller Sorten gegeben, vor allem finanzieller Art, indem mangels Geld drei Monate lang die Equipe keine Gehälter erhielt; dann auf einmal kein Geld für vorgesehene Experimente und Befragungen zur Verfügung stand; dann rundfunk- und musikpolitische Fußangeln ausgelegt wurden – insgesamt alles Widerwärtigkeiten, die er hier zum ersten, aber bei Gott nicht zum letzten Mal erleben sollte, wenn es um Untersuchungen geht, die nur verschwommen budgetiert sind. Eine weitaus größere Schwierigkeit stellte sich ihm im Zusammenhalt der inhaltlichen Linie – platterdings gesagt, um die durch Rundfunk vermittelte Musik unter Zuhilfenahme der Erkenntnis der Soziologie in ihren Beziehungen zur Gesellschaft bei der Stange zu halten. Hatte er sich doch wie ein treuherziger Naivling auf das Glatteis der Wirkungsforschung begeben, auf dem bis zum heutigen Tage Aberdutzende Medienexperten kläglich ausgerutscht sind. Wenn es ihm dennoch gelungen ist, eine »Étude sociologique« (so der Untertitel des Buches) vorzulegen, die – wie die weltweiten Kritiken und die Übersetzungen ins Deutsche, Spanische und Japanische aufzeigen – zu einem Klassiker geworden ist, dann wohl darum, weil er sich strikt an die ihm einleuchtende, theoretisch fundierte Regel gehalten hat, der Analyse von Funktionen eine Analyse der Strukturen vorauszuschicken, ohne – und das meint er mit »bei der Stange halten« – in gängiges Geschwätz über Kulturniedergang, Kulturvernichtung, Kulturkontrolle, Kulturdirigismus etc. zu verfallen. Er darf wohl sagen, daß ihn das Licht der soziologischen Vernunft geleitet hat, nicht die Lust am kulturellen Untergang.

Bevor es zur Niederschrift dieses zweiten Opus gekommen war, hatte er den empfehlenswerten Schritt unternommen, im Centre d'Études und am geheiligten Ort der Sorbonne Bruchstücke aus der Forschung innerhalb einer Vortragsreihe zu entrollen, die, auf sein unverfrorenes Verlangen hin als »Cours de Sociologie appliquée« (Kursus angewandter Soziologie) angekündigt, seinen Namen als Musikästhetiker, Musikologe und Musikwissenschaftler, wenn auch nicht verblassen, so doch durch den eines Experten in Musik- und Rundfunksoziologie ersetzen ließ. Die Vorherrschaft seines Liebesverhältnisses zur Musik mußte durchbrochen werden. Es war ihm sowohl in Australien als auch in Paris klar geworden, daß die wenigen wesentlichen Positionen auf der wissenschaftlichen Musikschiene seit altersher, fast hätte er gesagt, seit Guido von Arezzo die Notenschrift erfand, cliquenhaft ohne Durchlaß festgebunden sind, während sich bei der allgemeinen wie bei der speziellen Soziologie als einer von ihrer Natur her sich stetig in Bewegung befindenden Humanwissenschaft weniger verbindliche, nahezu verwegene Durchstiege anbahnen lassen. Wie diese positionsmäßig aussehen könnten, ob er wissenschaftlicher Assistent, soziologischer Berater oder Musikprogrammverfertiger beim Rundfunk, Forschungsbeauftragter, Journalist oder gar professoraler Lehrstuhlinhaber werden will, darüber hat er nicht einmal nachgedacht. Bei allem Ehrgeiz überwiegt bei ihm das Bestreben nach größtmöglicher Bewegungsfreiheit, nach Abwurf konformistischer Fesseln kommerzieller, geistiger oder moralischer Art, ohne die Vernunft zu pervertieren. Das wissenschaftliche Arbeiten muß ihm ein ebenso ungeschmälertes Wohlbehagen einbringen wie sein Liebesverlangen.

Das ist der Grund, warum er sich für die mehrmonatige Dauer der Niederschrift des nunmehr der Öffentlichkeit vorgelegten, zweihundertneunundzwanzig Seiten umfassenden Schriftstücks das seinerzeit vom geballten Tourismusstrom noch nicht beleckte, zwischen Sorrent und Amalfi gelegene italienische Örtchen Positano ausgesucht hat, in das sich eine Gruppe von deutschen Malern mit ihren Sitten und Unsitten während der Nazizeit zurückgezogen hatte. Mit dem gleichaltrigen Jacques de Ricaumont, Homme de lettres gräflicher Herkunft, einem von Geist,

Geiz, Mondänität und Monarchismus benetzten Jesuiten und, wie er in Paris genannt wurde, Großmeister des Homosexuellenordens, mietete er ein die Bucht von Neapel überblickendes Haus, in dem sie tagsüber der Schriftstellerei, abends und nächtens mit oder ohne romantischen Mondschein tiefsinniger Konversation, leichtherzigen Schelmereien oder ungehemmter Liebe mit der Dorfjugend frönten. Mag sein, daß, wie ein Kritiker schrieb, seinem Buch daher die Sensibilität des Menschheitsgefühls entströmt und nicht die Euphorie des Technizismus.

Das Erscheinen des Rundfunkbuches und die darauffolgenden Lobsagungen führen ihn nicht in die Höhenluft des Entzückens. Es muß ihm genügen, an den Rand der Vorzüge wissenschaftlicher Bindungslosigkeit gelangt zu sein, so daß er zumindest zeitweilig wohltuenden Haltbarmachungen etwas abgewinnen kann. Zwar sind ihm Abschiednehmen, Trägheitsgesetze und Wertevakuum nichts Fremdes, doch wurden sie stets von der Quelle der Unwillkürlichkeit überspült. Diesmal sprudelt sie durch den Auftrag, für das Centre d'Études Radiophoniques einen internationalen wissenschaftlichen Kongreß unter dem Thema »Die soziologischen Aspekte der Musik am Rundfunk« zu organisieren, um den durch seine Studie auf das Centre geworfenen Glanz – nämlich als erstes eine Thematik dieser Art in Angriff genommen zu haben – auszuweiten.

Daß die Wahl auf ihn, den Nicht-Franzosen fiel, hatte gewiß mit seiner Sachkenntnis, seinem erwiesenen Organisationstalent und seinen mäßigen Honoraransprüchen zu tun. Letztlich jedoch geschah die Beauftragung auf dem Umweg über seine Mitgliedschaft und Tätigkeit im Comité International der sich großsprecherisch Centre de Documentation de Musique Internationale (CDMI) nennenden Einrichtung. Das aus einem, im Hause des 1812 gegründeten Musikverlages Heugel et Cie. untergebrachten muffigen Büro bestehende Zentrum, ein Ableger der International Society for Contemporary Music, war eine Gründung des am französischen Rundfunk tätigen Musikabteilungsleiters, Komponisten und Dirigenten Pierre Capdevielle, dieses Bonvivants, der seit ihrem ersten Rencontre, gleich zu Beginn seiner Forschungsarbeit, einen Narren an ihm gefressen hatte. Über etlichen Einfluß verfügend, hatte ihm dieser Königsmacher der diskreten Sorte schon lange von einem vom CDMI zu veranstaltenden internationalen Festival gesprochen, welches einen so breit wie möglich angelegten Überblick über das zeitgenössische Musikschaffen darbieten sollte.

Mit der Findigkeit und dem Machtbewußtsein eines Menschen, der nie marschiert, sondern immerdar defiliert, war es dem Maître nach dem einleuchtenden Orakelspruch: »Was ist ein Musik-Radio-Kongreß ohne Musik« gelungen, sein Musikfestival mit dem beabsichtigten Kongreß unter einen Hut zu bringen. Wie bei allen zwischen Wissenschaft und Kunst koordinierten Veranstaltungen waren neben den ideellen Vorteilen die finanziellen Erträglichkeiten übersehbar, da sich mit Nachdruck Kassen auf beiden Seiten anzapfen ließen. Dem mit der Organisation der Angelegenheit beauftragten bereitwilligen Gesellen Silbermann plätschert nur von seiten des Dokumentationszentrums ein pekuniäres Etwas in die Tasche; das Rundfunkzentrum ködert ihn mit dem nie eingehaltenen Versprechen der Auszeichnung mit dem roten Bändchen der französischen Ehrenlegion.

Obwohl er es im Grunde genommen müde ist, auf Kosten der Sydneyer Frikadellen wissenschaftliche Kunststücke zu vollbringen, und auch bereits den Abbruch seiner Pariser Zelte angekündigt hat, läßt er sich das Angebot, Directeur Exécutif sowohl vom Festival als auch vom Kongreß zu werden, nicht entgehen. Denn er begreift, daß, wenn er als federführende Verteilungsstelle die Sache so groß oder gar noch größer aufzieht, als sie von den erfinderischen Leuten veranschlagt worden ist, sein Name nebst seiner fachlichen Reputation über die Grenzen Frankreichs hinaus bekannt werden wird. Es wird ja an ihm sein zu bestimmen, was von wem in den Konzerten gespielt und wer über was beim internationalen Kongreß referieren wird. Tatsächlich wird er auf ihm durchaus bekömmliche Weise auf einmal von links und rechts kotiert. Nicht nur, daß ihm Einladungen zu Déjeuners nur so ins Haus flattern, er von Agenten mit Freikarten für Konzerte, Theater- und Ballettabende überschüttet und zu Cocktails, Vernissagen und Empfängen gebeten wird, auch zur Teilnahme an internationalen Jurys und Musikfestivals in London, Rom, Donaueschingen und sonstwo wird er aufgefordert und hier und dort für Interviews zu Radiostationen geschleppt. Selbst der Internationale Musikrat der geldverschwenderischen, in ein Prachtgebäude und hinter undurchdringlichen bürokratischen Stahlmauern eingeschlossenen UNESCO läßt sich, wie es seine Art ist, zu unverbindlichen Gesprächen herab. Unnötig zu sagen, daß ihm verständlicherweise so unauffällig wie nur möglich sympathieträchtige Gegenleistungen entgegengebracht werden – Widmungen, Mitarbeiten, Ernennungen, extravagante Pläne, Ehrenpöstchen und andere Versprechungen –, von denen er nur allzugut weiß, daß sie nicht mehr sind als ausgebrannte Glühbirnen. Dabei ist der musikalische Teil des sich im Hintergrund des Gesamtunternehmens haltenden Capdevielle schon längst festgelegt; dem Gehilfen und Haushofmeister Silbermann kommt es nur noch zu, die organisatorischen Teppiche so zu legen, daß niemand darüber stolpert.

Gänzlich anders war es um die Anleierung des wissenschaftlichen Teils der für vier Tage geplanten Großveranstaltung bestellt. Hier legte der erprobte Meister Capdevielle nicht Hand an, sondern es war an ihm, für die thematischen Inhalte, den Ablauf, die Referenten (Soziologen, Musiker, Rundfunkspezialisten) und die Räumlichkeiten zu sorgen. Unterstützt von einem ihm zugeordneten Assistenten schläfriger, aber verständiger Art, kann er alsbald seinen Oberen ein fünfteiliges Themenprogramm vorlegen, das sich eng an die in seiner Studie angeschnittenen Probleme hält. Alles schön wissenschaftlich formuliert, wird es auch ohne Wenns und Abers akzeptiert, wahrscheinlich, weil es so oder so in ihre weidlich unsachverständige Tragetasche paßte. Als Bürde größeren Maßes stellte sich das Ausfindigmachen sachkundiger Redner, zirka vierzig an der Zahl aus aller Herren Länder, dar. Das Risiko, daß da einer herkommt und womöglich das Auditorium mit Ausführungen über den Einfluß von Steinmörsern auf radiophonische Schwankungserscheinungen bequatscht, kann er nicht auf sich nehmen. Außerdem möchte er Kollegen heranziehen, denen er für erwiesene Gunstbezeugungen zu danken hat oder von denen er weitere erwartet. Am Ende bringt er eine sich aus Amerikanern, Österreichern, Mexikanern, Belgiern, Schweizern, Deutschen, Italienern, Holländern, Engländern, Polen und natürlich massig Franzosen zusammensetzende Referentenliste zustande, die sich sehen lassen kann. Um das Pünktchen auf das i seiner Bemühungen um den möglichen Eintritt in die akademischen Würden zu setzen, legt er sich gar mit dem Doyen der Faculté des Lettres der Universität Paris so lange an, bis er diesen dazu bringt, die feierliche Eröffnung des Kongresses in der Sorbonne, selbstverständlich unter dessen Vorsitz, stattfinden zu lassen.

Seinen Einsatz für diesen Premier Congrès International Consacré aux Aspects Sociologiques de la Musique à la Radio darf er mit Fug und Recht als gewaltig bezeichnen. Nicht nur arbeitet er sich Tage und Nächte durch das unmöglichste Zeug von Referaten, rennt zugesagten Geldern nach, beantwortet als Mädchen für alles die aus allen möglichen Ecken kommenden Anfragen, Beschwerden, Einwände von dummen, pöbelhaften, weisen und überkandidelten Gelehrten, telefoniert rund um die Uhr, becirct Sekretärinnen, Hotelrezeptionisten, Studioleiter und ähnliche sich nur gemächlich zu Leistungen verpflichtet fühlende Dienstleiter, sondern ist obendrein gezwungen, das ihn ansprechende künstlerische, gesellschaftliche und erotische Leben zu vernachlässigen. Dafür war denn auch der Kongreß ein großer Erfolg und fand jenes weltweite Echo, von dem jeder Veranstalter schon spricht, wenn die von ihm organisierte Tagung auch nur in zwei Provinzzeitungen Erwähnung gefunden hat.

Zweifellos hat er sich als allgegenwärtiger Perfektionist entpuppt, so daß zu fragen bleibt, inwieweit der Erfolg sich auf seine höchst eigene Person auswirkte. Dazu fällt ihm außer vielem Händeschütteln, verhaltenen Komplimenten und Danksagesprüchen recht wenig ein. Beispielsweise wurden seine Vorhaben, sich als der Directeur Exécutif bei der feierlichen Eröffnung in der Sorbonne durch Begrüßungsworte herauszustellen und, wie er es geplant hatte, zumindest einen der Sitzungstage zu leiten, kaltlächelnd durchkreuzt. Damit taten sich der Thematik keineswegs gewachsene Rundfunkbonzen hervor, unter denen einer es denn auch war, der für die von Silbermann geleistete vorzügliche Organisation das ihm hoch und heilig versprochene Ehrenlegionbändchen ins Knopfloch stecken konnte.

Obwohl in die Rolle des untergebenen Zulieferers, Empfangschefs, der Löschanstalt für unvorhergesehene Verdrießlichkeiten, des Türstehers und Verteilers von Kopfschmerzmitteln versetzt, kommt er immerhin mit einigen der anwesenden Geistesgrößen in ausführlichere Gespräche, besonders, wenn sich drinnen im Saal die dicke Luft der Langeweile breitmacht. Auch die Treffen bei Mittag- und Abendessen erlauben ihm, gattungsgemäße Konversation zu pflegen, durch die er eine immer klarere Einsicht in die Verschachtelungen der internationalen Wissenschaftswelt gewinnt. Und da er nie zögert, denjenigen, die Französisch verstehen, sein Buch zu verehren und ohne jedwede Beklemmung dessen Ideengehalt als Anstoß für den Kongreß zu verdeutlichen, gelingt es Silbermann, wenigstens manchen seiner Gesprächspartner seine Eminenz als Musik- und Rundfunksoziologe augenfällig zu machen.

Auf diese Weise ergibt sich der unumstößliche Austausch von Visitenkarten sowie die unverbindliche Höflichkeitsbezeigung: »Wenn Sie mal nach Berlin, Arizona, Graz, Jerusalem etc. kommen, lassen Sie es mich wissen, und wir arrangieren einen Vortrag.« Auch der joviale, wildmähnige Kölner Soziologieprofessor René König, der mit blendender Rhetorik und in perfektem Französisch ein sehr beeindrukkendes Referat gehalten hatte, fragt, ob er nicht mal in seine Gegend komme. »Doch, ich habe demnächst wegen meiner Wiedergutmachungssache in Köln zu tun«, lautet die Antwort des Kongreßherrichters, worauf der Gelehrte einen winzigen Kalender zückt und ihm da und dort Datum, Uhrzeit und Ort für einen Gastvortrag innerhalb seiner Lehrveranstaltung anbietet. Als ihn dann der Professor im weiteren Verlauf des Tischgesprächs unaufgefordert wissen läßt, daß auch er, obwohl nicht Jude, die Nazijahre in der Emigration verbracht hat, erfaßt ihn ein ungemeines Vertrauensgefühl zu diesem seines Wissens und seiner Bedeutung ungeheuerlich bewußten, die Kehle mit Litern von Rotwein benetzenden Mann von Welt.

Somit war zumindest ein kleiner Erfolg zu registrieren, ein Trittbretterfolg, von dem man nie wissen kann, ob er auf einen Sitzplatz im Innern des Omnibus führt. Gegen Ende der Tagung, bei der fast nur noch von Franzosen besuchten Soirée d'adieu – die meisten Ausländer hatten nach vier Tagen das Weite gesucht –, kommt ein unscheinbares Männlein auf ihn zu und stellt sich ihm als Lektor eines ihm unbekannten deutschen Musikverlages vor. Er bekundet das Interesse seines Verlages an einem in deutscher Sprache verfaßten Buch über Musiksoziologie, woraufhin ihm Autor Silbermann flugs die Übersetzung der noch immer nicht erschienenen »Introduction« anbietet. Doch davon will der stirnrunzelnde Bote nichts wissen. Der Verlag sähe gerne ein Original, keine Einführung, sondern etwas

Prinzipielles, sozusagen das Schul- und Lehrbuch für einen aufkommenden Wissenschaftszweig, und zwar schnellstens, damit man den Anschluß nicht verpasse. Nun, wer den ehrgeizigen Tausendsassa Silbermann kennt, der weiß, daß er auch eine Analyse über das Summen der Schmetterlinge verfassen würde, wenn es seiner Laufbahn weiterhelfen könnte. Daher bedurfte es auch keines großen Beschwatzens, obwohl er sich nicht im mindesten darüber im klaren war, was er – wie die Deutschen es ja immer wollen – an Prinzipiellem von sich geben sollte. Dennoch sagt er zu, ein deutsches Musiksoziologiebuch zu schreiben, und läßt sich kühn auf ein Ablieferungsdatum im Jahre 1957 ein.

Nichtsdestoweniger macht sich bei ihm ungewöhnlicher Mißmut breit. Denn wenn er zurückblickt, war das ganze Unternehmen für seine Ambitionen ein ausgesprochenes Debakel. Wo immer er sich mit seiner Tatkraft eingesetzt hat, ob bei der Programmgestaltung der Konzerte, damit dort die verschiedenen ästhetischen Denkschulen zeitgenössischer Komponisten zu Wort kommen, oder beim internationalen Treffen, das von dem Gehalt her durch die von ihm mühevoll erarbeiteten erkenntnisreichen Forschungsergebnisse angespornt worden war – im Endeffekt erkennt er sich auf den Rang eines in der hintersten Linie stehenden Mitspielers versetzt, als das australische Unikum, dem man gnädigst erlaubt hat, ein wenig die französische Wissenschaftskrippe aufzufüllen. Darüber hinaus umfängt ihn ein Mißmut mit Bezug auf die Bindung in ein festes und dauerhaftes Freundschaftsverhältnis. Es bestärkt nicht die Reichweite seiner Fähigkeiten, wenn er mal mit diesem, mal mit jenem ein paar Stunden in der Nähe eines Bettes verbringen kann. Er ist aber auch nicht bereit, seinen Tagesablauf mit Überstunden in Kneipen, Bars und anderen Treffpunkten anzufüllen. Also läßt er den lieben Gott einen guten Mann sein und verkriecht sich in die Aufarbeitung von ebenfalls übernommenen Verpflichtungen und in die kümmerliche Aufrechterhaltung seiner von ihm viel zu hoch eingeschätzten Beziehungen zu den Mitgesellen, Kumpanen und Beschirmern sowie in die Anordnung seiner Rückkehr in die Mitte der Australier, die er angesichts des unmißverständlichen Verhaltens der Franzosen jetzt wie vergoldete Kavaliere wahrnimmt.

Wie immer, ob bei Primitivem, Elementarem oder Ungesichertem, sein Hang zu wehklagenden Übertreibungen ist unausstehlich. Er ist es selbst schuld, wenn er sich eingebildet hat, die Franzosen würden ihm die Einbeziehung in den geordneten Kultus der Wissenschaft auf einer von ihm ziselierten silbernen Platte darreichen. Sollen sie ihm doch allesamt gestohlen bleiben – er muß ja nicht unbedingt am gelehrigen und künstlerischen Geschehen seiner Zeit und Umgebung teilnehmen, kann es sich erlauben, bindungslos seinem Geschmack, seiner Begeisterung und seinem Trachten nachzugehen! Allerdings, der Absprache, bei dem Kölner Professor König einen Vortrag zu halten, wird er noch nachkommen. Also macht er sich auf nach Köln und hält in Königs Anwesenheit den verabredeten musiksoziologischen Vortrag, ohne sich davon stören zu lassen, daß er in Räumen steht, in denen er in den dreißiger Jahren kein Gehör mehr gefunden hätte. Was ihm dabei hilft, sind der Anblick und die Teilnahme einer den Hörsaal bis auf den letzten Platz füllenden Studentenschar, die so gänzlich anders ist – wie, kann er nicht sagen – als die Jugendlichen, die in Sydney und Paris vor ihm gesessen haben. Freundlichst von dem selbstsicher auftretenden Soziologieordinarius zum Abendessen eingeladen, wo ihm in einer recht billig eingerichteten Wohnung die etwas kühle Frau des Hauses und ein blondes und ein dunkles Söhnlein vorgestellt werden, entspinnt sich eine bis tief in die Nacht dauernde Unterhaltung, die sich zum einen um das von beiden Seiten erfahrene Emigrantenleben dreht, zum anderen um sein Rundfunkbuch, seinen Vortrag und den elenden Zustand der von den Nazis zertrümmerten Soziologie. Gerade wir, meint in emphatischer Weise der Professor, wir, die man uns vertrieben hat, wir sind dazu aufgerufen, der deutschen Jugend wahres und demokratisch-freiheitliches Wissen und Denken beizubringen. »Was treiben Sie sich in Australien herum«, sagt er, ihn wie einen unbeschäftigten Soziologienovizen betrachtend. »Kommen Sie zu uns und arbeiten Sie hier.« Die Worte sind ihm unvergeßlich geblieben, obwohl nicht einmal angedeutet wurde, als was er denn »zu uns kommen soll«. Sehr wohl hat er aus dem langandauernden Gespräch nicht nur den Eindruck gewonnen, daß hier ein Mann spricht, der es ehrlich meint, sondern auch einer, der weiß, daß es der Faust bedarf, wenn man in die Welt des Tuns gestellt ist.

Obwohl das Anerbieten ziemlich unbestimmt ist, richtet es ihn aus seinen Bekümmernissen doch ganz gehörig auf. Andererseits verwirrt es ihn, denn da der Abschied von Paris und das Zurück nach Sydney im Begriff sind, Gestalt anzunehmen, kann er sich nur hinter ungetünchten Absichtserklärungen verstecken. Auch beim Zusammentreffen mit ein paar Rundfunkleuten, die er beim Kongreß in Paris kennengelernt hat und die Interesse an der Fortsetzung seiner Arbeit in Deutschland bezeugen, verstrickt er sich nicht in ungereimte Zusagen. Und da ihm überdies dieses neue Deutschland so bedenklich wie eine Scheinwelt ist, zieht er sich auf die Rolle des international Vielgefragten und Vielbeschäftigten zurück, der im Begriff steht, ein grundlegendes Werk über Musiksoziologie zu schreiben.

Sein ganzes Auftreten läuft darauf hinaus, sich manierlich Türen offenzuhalten, die ihm für die Erfüllung seines Wissenschaftsdranges möglicherweise eines Tages, wenn ihm der Sinn danach steht, zugute kommen können. Man wird in Verbindung bleiben, und mit dieser auf kleiner Flamme brennenden Grundlage für ein erneutes Zusammentreffen kehrt er in das ihm wieder etwas wohlwollender erscheinende Paris zurück. Er verbringt die zu Ende gehenden Tage am Schreibtisch, die Abende mit Freunden oder im Theater und ist im übrigen ganz zufrieden mit sich selbst. Allerdings, ein für seine Gemütsruhe nicht unwichtiger Funke der Unzufriedenheit liegt nach wie vor in der Luft: das Alleinleben, das Leben ohne das vertraute Verhältnis mit einem Jüngeren, für den und mit dem es sich lohnt zu bestehen. Dieser Dringlichkeit kann er einen Monat vor der Beschließung seines Pariser Daseins nicht mehr nachkommen, möchte jedoch für die mehrtägige Fahrt nach Neapel, von wo aus sein Prachtstück, das Auto, nach Australien zu verschiffen ist, gerne einen Begleiter haben.

Das Ansinnen im Kreise mitgefälliger Bekannter ausposaunt, steht eines Abends ein sich als Vicky vorstellender, etwas abgerissener und nicht gerade Vertrauen erweckender Bursche vor der Tür, der, von Jean-Pierre geschickt, ihn auf der Fahrt in den Süden begleiten könne, um von dort aus nach Oran, wo er professioneller Fußballspieler sei, weiterzureisen. Folgt eine der wenig überzeugenden halbwahren Jammergeschichten von wegen zur Zeit ohne Geld und Obdach, wie er sie bereits mehr als einmal aus dem Munde von ihren Körper Verkaufenden gehört hat. Vicky, das Erzeugnis einer französischen Mutter und eines polnischen Vaters, ist nach Gesichtszügen und Statur auf den ersten Blick so hundertprozentig sein Typ – das dämlichste, aber einschlägigste Auswahlmerkmal für homosexuelle Kontakte –, daß er nicht zögert, ihn bis zur gemeinsamen Abreise bei sich aufzunehmen. Es kann ihm nicht zur Schande gereichen, wenn er gesteht, daß er sich sinnlos in den sich öfter brummig aufführenden Vicky verliebt, obwohl ihm der Hergelaufene viel von Frauen, einem in Oran hinterlassenen Mädchen und dem Kind, das er ihr gemacht hat, erzählt. Was er sich da angelacht hatte, war, auf eine kurze Formel gebracht, die faszinierend einprägsame Mischung aus einem Zuhälter und einem Stricher. Der erste Teil der Vicky-Story – ein kaum in Worte zu fassender, von Liebe und Haß geprägter Roman – endet nach einer in Positano verbrachten sorgenlosen Woche in Rom, wo er das

Flugzeug nach Sydney zu besteigen hat. Inzwischen war es beschlossene Sache, daß Vicky ihm nach Australien folgen wird, nachdem dieser die Unangetraute nebst Kind aufgesucht hat. Mit Geld und einem Flugbillett nach Sydney versorgt, verabschiedet sich Vicky von ihm mit einem mehrfach bekräftigten »Au revoir« und »À bientôt«, womit sich Alphons glückselig gen Australien transportieren läßt.

XVI

Als er begann, sich seiner Wiederentdeckung zu befleißigen, war ihm nie der Gedanke gekommen, daß er gegen den Bestand eines mit unendlich vielen Vereinzelungen angefüllten, verhältnismäßig langen Lebens – Gott sei's gedankt – anrennen werden muß. Damals beflügelte ihn noch die Ruhe des Erinnerns. Inzwischen haben sich seine Selbstbesinnungen eines Ungestüms bemächtigt, das leicht bis zu jener zermürbenden Unruhe führt, die manch einem Besseren schon die Feder aus der Hand hat fallen lassen. Soweit ihm ein Gespür für das windelweiche Odium patriarchalischer Verhaltensweisen gegeben ist, muß er, jetzt dem unliebsamen Zäsurjahr des Fünfzigers entgegengehend, einen Überweg betreten, auf daß er weder die Seele verzärtelt noch die Ergiebigkeiten seines sich wieder für geraume Zeit im Kerker der Sydneyer Provinz abspielenden Daseins verleugnet. Er wird flächendeckend sprechen müssen, und zwar nicht nur, um die Fallgrube der Langeweile zu vermeiden, sondern auch und vordringlich, um Ergiebigkeiten und Unergiebigkeiten nicht aus der Sicht einer sensiblen Mimose vorzubringen.

Die sich bis in die Mitte des Jahres 1957 hinziehende Periode, die er an seinem Wahlheimatort vor sich hat, steht noch und immer wieder unter dem Zeichen der wenig inspirierenden Obliegenheiten gegenüber der Firma. Wieder geht es los mit den täglichen Beaufsichtigungsgängen durch die Läden, mit Kassemachen, Bürositzen, Herumschlagen mit Lieferanten, Angestellten, Behörden und sonstigem Krimskram, bis die Üblichkeiten durch die Verwandlung eines der Hamburger-Läden in eine Coffee Lounge unterbrochen werden. Er wird umgebaut, neue Speisen werden eingeführt, darunter die den schlechten Zähnen der Australier angepaßten klitschigen Sandwiches, den Kellnerinnen werden farbige Uniformen verpaßt, die blechernen Bestecke, Tee- und Kaffeekannen durch versilberte ersetzt, kurzum eine bessere Stufe von Gaststätte erklommen, die er mit dem schneidigen Namen Siroco bedenkt. Ein neues Goldgrübchen tut sich auf, das von dem dort sieben Stunden pro Tag verbringenden Vater wie ein Mädchenpensionat gehegt und gepflegt wird.

Kaum ist dieser Stern am Himmel des Sydneyer Gastgewerbes aufgegangen, zerstört ein Brand bis auf den letzten Stein das Gebäude in der George Street Nummer 327, in dem sich seit Jahren der größte Hamburger-Laden des Silvers-Unternehmens befindet. Die Aufregung ist, gelinde gesagt, immens. Natürlich ist man versichert, auch gegen Geschäftsausfall, aber das ist nicht der springende Punkt. Was braucht man bei zwei übriggebliebenen Verkaufsstätten und einem Hotel auf dem Lande noch eine Großorganisation mit Warenherstellungszentrum, Kontrollbüro, Manager etc.? Entweder auflösen oder auf den Wiederaufbau des Gebäudes und die Rückgabe der alten Geschäftsräume warten. Denn in der eng bemessenen City, in der inzwischen auf jedem Quadratmeter größenwahnsinnige Hochhäuser errichtet werden, sind gleichwertige Ersatzpositionen so gut wie nicht zu finden. Also läuft er schnellstens zum Hauseigentümer, um die Angelegenheit unter ein neues Dach und Fach zu bringen. Dort wird er vertröstet, hingehalten und irregeführt, bis es eines Tages heißt, das mit Trümmern übersäte Grundstück sei verkauft und er möge sich mal schön an den neuen Eigentümer wenden. Der ist so stur wie ein Bock und denkt gar nicht daran, ihm in dem neu zu errichtenden Bürohaus die Lokalität für einen stinkenden Hamburger-Shop zur Verfügung zu stellen. Abgebrannt ist abgebrannt, und damit sind alle Mietansprüche erloschen. Wahrlich eine schöne Bescherung. Nun wäre er einer der letzten, der sich so kurz und bündig abfertigen ließe – schließlich hat er ja mal Jura studiert und besitzt noch ein einigermaßen unversehrtes Rechtsempfinden. Auf zum Advokaten, dann zum rechtsgelehrten Barrister – und rein in die monatelange Gerichtsprozedur, die bis zum höchsten Berufungsgericht, dem High Court, führt. Dort hört er sich das ehrerbietig gemurmelte Zwiegespräch zwischen dem als »Your Honour« angesprochenen Richter und seinem als »My learned friend« titulierten Barrister an und erhält Wochen darauf einen Fetzen Papier mit dem Bescheid der Klageablehnung, begleitet von einer zum Himmel schreienden Kostenaufstellung. Offensichtlich hat er seinerzeit geschlafen, als in der Vorlesung über das Greshamsche Gesetz doziert wurde, das letztendlich darauf hinausläuft, daß zu vermeiden ist, gutes Geld dem schlechten nachzuwerfen.

Das Einkommensloch mußte gestopft werden. Doch als er dem Vater wieder damit kommt, die von der Versicherung erhaltene Geldsumme einem der jüdischen Privatkreditgeber zu überlassen, der es zu einem hohen Zinssatz unterbringen würde, erhält er die schroff-ablehnende Antwort: »Ich habe immer von meiner Hände Arbeit gelebt und gebe das Geld lieber dem Altersheim als in die Hände dieser Wucherer. Mir ist mein guter Name mehr wert!« Nach dieser Abfuhr geht es lange hin und her, viel zu lange, um alles aufzuzählen, bis man sich nach dem Motto: »Grundbesitz behält immer seinen Wert« dazu entschließt, zwei Häuser zu kaufen, in denen sich eine Anzahl zur Vermietung hergerichteter Zimmer befinden. Es waren sogenannte Boarding houses, die ein Bett mit oder ohne Frühstück an minderbemittelte Alleinstehende auf längere Dauer vermieten. Sie werden nicht nur von sauertöpfigen Witwen geführt, sondern, wie das Beispiel der Silbermanns zeigt, auch nach unternehmerischen Richtschnuren. Die Manageress, Miss Matheson, die unersetzliche Allzweckstütze der Firma, zeigt sich hier ganz in ihrem Element. Sie vermietet, kündigt, wirft säumige Zahler raus, beaufsichtigt die Putzfrauen und den Elektrizitätsverbrauch. Freitags macht Vater die Runde zur Inspektion und zum Einkassieren der wöchentlich zu zahlenden Mieten. Er aber, der den Kopf voll mit wissenschaftlichen Rosinen hat, hält sich so gut er kann fern; er kann sich nicht dazu bringen, sich in dieses kleinkarierte Zimmervermietungsgeschäft einzumischen. Solange die Kasse stimmt, selbst wenn sie nicht mehr stimmen sollte, will er mit diesen von Wohlfeilheits- und Desinfektionsgeruch durchzogenen Stätten nichts zu tun haben. Es würde nur dazu führen, den negativ gefärbten Stimmungshintergrund seines nicht absehbaren Aufenthalts im Sydneyer Dunstkreis zu verstärken.

Es wäre übertrieben, seinen Gemütszustand als resignativ zu umschreiben; denn das würde bedeuten, daß er den von ihm als erstrebenswert angegangenen Zielen entsagt hätte, weil er sie nicht mehr für erreichbar hält. Nein, sein Zustand ist ganz einfach beklommen, bildrichtig gesagt: belämmert. Zwar wird er aus dieser Schlechtwetterecke herausgelockt, indem er hier und dort Vorträge absolviert oder sich mal wieder als Schauspieler betätigt, wobei er mit Aplomb in einer Lesevorstellung die Worte des Mephisto aus Goethes »Faust« herunterrattelt. Auch tummelt er sich mit den Mitgliedern eines amerikanischen Schwimmspektakels, den Water Follies, an dem er sich um des Reizes willen finanziell beteiligt hat, aber in Wirklichkeit doch nur, um sich nicht außerhalb der Zeit zu stellen, um nicht Gefahr zu laufen, in einer anderen als der realen Welt zu leben. Sind ihm doch gleich zwei Träume zerschellt: Einmal die Vision von einer gemeinsamen Lebensführung mit Vicky, dem Heißgeliebten, von dem ihn seit Monaten keine Nachricht erreicht; zum anderen das Traumgebilde von der erfolgreichen Besteigung der wissenschaftlichen Türme. Auch als endlich ein Paket mit zehn fein gebundenen Exemplaren seiner »Introduction à une Sociologie de la Musique« eintrifft, erfüllt ihn weder Stolz noch Freude. Was soll er damit? Hier im Lande der kulturellen Toren kann eh niemand Französisch lesen, und selbst wenn sie es könnten, würden sie sich mit Händen und Füßen dagegen sträuben, den Neukömmling (als den einen die Blaublut-Australier noch nach jahrzehntelanger Residenz ansehen) auch nur in die Nähe der akademischen Krippe gelangen zu lassen: Leistungen werden mit mokantem Abstand zur Kenntnis genommen. Auch als ihm um die gleiche Zeit vom Secrétaire perpétuel der zum Institut de France gehörenden Académie des Beaux Arts mitgeteilt wird, daß sein Buch »La Musique, la Radio et l'Auditeur« preisgekrönt wurde und er somit in Zukunft als Lauréat de l'Institut in Erscheinung treten kann, hinterläßt diese von ihm sofort der Presse übergebene Ehrung nicht den geringsten Eindruck. In Australien muß man erfolgreicher Rennstallbesitzer sein, um Eindruck zu schinden.

Doch lassen wir das, er hat schon genug auf der Mentalität des australischen Landes und seiner Bevölkerung herumgehackt. Ihm ist der Preis Genugtuung und Aufmunterung zugleich. Wenn er auch nicht mit mehr als zwei läppischen englischen Pfunden dotiert ist, die Nachricht von der Verleihung kommt wie gerufen, um düstere Schatten und ungereimte Behelfsbrücken beiseite zu schieben. Er kramt Satzfragmente und Abschnitte aus seinem Entwurf für das musiksoziologische Prinzipienbuch heraus und macht sich daran, deutlicher, einsichtiger und überzeugender als im französischen »Introduction«-Buch seine musiksoziologischen Grundsätze und Erkenntnisse zu verarbeiten. Dabei fällt es ihm sonderlich schwer, den Ausdrucksmöglichkeiten und der Satzstellung der deutschen Sprache gerecht zu werden. Mal denkt er in Englisch, mal in Französisch, mal in Deutsch, und dieser Mischmasch wird ihn noch auf Jahre hinaus belästigen. Dennoch kommt er mit einer Rapidität sondergleichen voran, was wohl damit zusammenhängen muß, daß er es ihnen allen, den verknöcherten Musikwissenschaftlern, den wirklichkeitsfremden Soziologen ebenso wie den verschrobenen Kulturpessimisten zeigen wird, daß sie ein Brett vor dem Kopf haben, wenn sie nicht einsehen wollen, daß – wie Alfred Polgar es gesellschaftsumfassend sagte – manche Musik ins Herz trifft, andere ins Rückenmark, die Wissenden ins Ohr.

Die Neubelebung seiner wissenschaftlichen Neigungen und damit verbunden der scheibchenweise Abwurf anspruchsloser Vorlagen sowie die Entstehung eines vorzeigbaren Textes standen nicht nur unter dem Zeichen der Verknüpfungen mit Prestigegewinn und Einträglichkeit. Auch die Nachricht, daß Vicky sich auf dem Wege nach Sydney befinde, tat das ihre. Es entsteht bei ihm eine starke und freie Verfügungskraft, angeführt durch die Sinngebung des auf einen Menschen und eine Sache gerichteten Lebenszuschnitts. Was sich manche von vornherein als eine mühsame Erfahrung verweigern, ist ihm eine allfällige Unerläßlichkeit. Dahinter steht seine Vorstellung von der Folgerichtigkeit eines innigen Freundschaftsbandes zwischen Gleichgeschlechtlichen, bei dem das Faire l'amour hinter der Amour als Triebkraft gegenseitiger Bekümmerung in den Hintergrund rücken sollte.

Mit diesem, weitab von des Römerkaisers Heliogabal Verehrung des Penis gelegenen Vorgedanken geht er an die Entfaltung eines gleichgesinnten Neben- und Miteinanders mit dem physisch harmonisch, psychisch jedoch ungleich geformten Vicky heran. Ganz nach Willen oder Unwillen, je nachdem, wie das Lüftchen weht, besucht der französische Import den Englischunterricht, nimmt einen Job als Mittelstürmer in einer Fußballequipe an, kommt mit zu Freunden und Bekannten, in Konzerte und Museen, ist mal redselig, mal stumm, mal brummig, mal heiter – immer aber launisch, ja selbst noch, als er seine künstlerische Begabung entdeckt zu haben glaubt und einer Ausbildung als Bildhauer nachgeht. Das ersehnte Miteinander (außer einer alle paar Wochen im Bett verbrachten halben Stunde) kommt nicht zustande. Vicky spielt sich zum terrorisierenden Choleriker seiner Umgebung auf; denn offensichtlich meint er, daß dies der Freizügigkeit des Künstlers und seiner Kreationen zukomme, selbst wenn sie, wie bei ihm, noch nicht weiter als bis zu imitativen Knetarbeiten gediehen sind. Während der Soziologe Silbermann über das Soziale in der Musik nachgrübelt, wird der Stand der Dinge immer asozialer: Es wird gebrüllt und geschrien, Teller und Stühle fliegen durch den Raum, Besucher werden beleidigt, Geld wird gestohlen, mal kommt der Vicky mitten in der Nacht, mal am frühen Morgen nach Hause, kurz, es herrscht auf die Dauer ein solch chaotischer Zustand, daß sich der peinlichst Geprellte für vierzehn Tage in einen Ferienort im Norden Australiens zurückzieht.

Am Tage seiner Rückkehr findet er Vicky mit einem Mädchen im Bett, was bei ihm Ärger aufwallen läßt, sowie – wenn auch nicht gerade in diesem bühnenreifen Augenblick – die unangenehme Erkenntnis, daß es ein Fehler ist, an die Möglichkeit zu glauben, mit einem bisexuellen Mann die Lebensart eines Homosexuellen pflegen zu können. Da Bisexuelle nicht wissen, ob sie Fisch oder Fleisch sind, steht der Homosexuelle stets am Ende des Drahtseils. Mit dem ihm vor Augen geführten galanten Abenteuer ist es dem trotz all seiner Macken glaubhaft liebgewonnenen Vicky gelungen, seinen Abscheu zu entzünden, worauf sich folgerichtig die Frage erhebt: Wie werde ich ihn los? Von selbst wird der Hundesohn bestimmt nicht gehen. Also muß abgewartet und die als hilfreich anerkannte gute Miene zum bösen Spiel angeschminkt werden, es muß die großzügige Güte in Person vorgetäuscht werden, Haß und Eifersucht unterdrückt und mit Gleichgültigkeit Versteck gespielt werden. Im nachhinein erscheint es fast possierlich, die Nähe eines Dauerthemas der Welt- und Trivialliteratur durchlebt zu haben, gegenwärtig jedoch fühlt er sich in die Rolle des Unduldsamen versetzt, der sich weder einem Schrecken ohne Ende noch einem Ende mit Schrecken aussetzen will. Von verblendeter, womöglich blinder Zuversicht getragen, hat er die Romanze eingeleitet und gepflegt, auf daß sie ihm den Rückhalt eines intimen Freundschaftsbandes bescheren, ohne das er ein ständiges Dasein in der hemmungslosen Oberflächlichkeit des australischen Lebens als unmöglich erfahren hat. Die Enttäuschungen in

Frankreich und die vagen Anerbieten aus Deutschland hatten ihn dazu bekehrt, im Lande zu bleiben und dort oder von dort aus sich mit annehmbaren wissenschaftlichen Lorbeeren zu schmücken. Deswegen, aber auch, um so wenig wie möglich dem Kontakt mit Vicky und Belästigungen ausgesetzt zu sein, nutzt er jede freie Stunde und manche Nacht zur Vollendung des Musiksoziologiebuches, dessen Manuskript in Bälde abzuliefern ist.

Versenkt in die Abstufungen seines soziologischen Sachlichkeitsdenkens und die Gebrochenheit seiner Gefühlslage erreichen ihn in Abständen zwei Briefe. Der Kölner Anwalt teilt ihm mit, daß sich in seiner Wiedergutmachungsangelegenheit Schwierigkeiten aufgetan haben und demnächst eine Verhandlung vor dem Verwaltungsgericht in Düsseldorf anberaumt werde, bei der er gehört werden solle. Der andere, vom Bosse Verlag in Regensburg, mahnt das Manuskript an, damit das Buch noch rechtzeitig zur Buchmesse ausgeliefert werden könne. Die Briefe sind ihm wie Schlaglichter, wie der Auftritt des Boten im Shakespeareschen Drama oder das Telefongeklingel in der Boulevardkomödie – sie können, müssen aber nicht überraschend herbeigezauberte Fortführungen oder Auflösungen eines eingefädelten Fadens sein. Was ihm hier entgegenkommt, reicht nicht zur Fluchtergreifung aus, zur Flucht aus einer Beziehung, die ihn, wie er sich in stillen Leidensstunden zu seiner Schmach gestehen muß, in ein Hörigkeitsverhältnis gebracht hat. Und zwar, damit man wohl begreife, warum er sich angesichts des Aufschubs einer Trennung zu diesem Inbegriff der Würdelosigkeit versteigt, sowohl in sexueller als auch dinglicher Hinsicht. »Mit dem Versprechen, für meinen Lebensunterhalt und meine Zukunft zu sorgen, hast du mich hierher kommen lassen«, räsoniert der Halunke, »weil du scharf auf mich bist und nichts anderes. Ich brauch' doch nur zu winken, und du hüpfst mit mir ins Bett. Und wenn du nicht mehr willst, laß es eben bleiben, aber denk nur ja nicht, du kannst mich auf die Straße setzen!« Wie richtig ihn der Bursche einschätzt, wenn er nicht nur seine Lust, sondern auch seine Verantwortung anspricht. Es ist an ihm, die Suppe auszulöffeln, die er sich eingebrockt hat, und zwar in einer Weise, um einen dem Vicky bestens zuzutrauenden Skandal zu vermeiden.

Unabdingbar muß er sich des Franzosen auf Nimmerwiedersehen entledigen, nur reicht hierzu eine als beruflich notwendig erklärte Reise nach Europa nicht aus. Denn wenn er zurückkommt, ist Vicky immer noch da, und das gleiche Theater beginnt von vorne. Da wird es schon besser sein, daß er ihn nach Europa mitnimmt und zusieht, wie er sich dort der durchtriebenen Klette entledigt. Auf Wochen hinaus peinigen ihn Gedanken über eine verschlagene Möglichkeit der Lösung aus einer eingerosteten Umstrikkung. Er könnte versuchen, den Vicky über die Grenze nach Frankreich zu locken und ihn dort als den vom Militär Desertierten verhaften zu lassen; könnte ihn durch eine angeheuerte Unterweltbande krankenhausreif zusammenschlagen, überfahren, vergiften, erwürgen lassen – alles einfältige, aus Gangsterfilmen entnommene Ausgeburten einer rachsüchtigen Phantasie, die nichtsdestoweniger den Wert, Sinn und Plan des Entkommens durch Flucht reifen lassen.

Um diese Zeit der Widerwärtigkeiten wird seine Welt nicht nur durch die Gangart des Verwüstens seiner Zuversicht entgöttert, sondern obendrein durch die Besudelung seines von ihm so hochgeschätzten Dirigenten, Hochschuldirektors, Freundes und Mentors Eugène Goossens. Von einer Gastspielreise zurück, findet der Zoll in dessen Koffer einige zwischen Partituren liegende Pornofotos und Gesichtsmasken, woraufhin von einer dem Maestro mißgünstig gesinnten Musikantengilde ein Skandal entfacht wird, der den hypokritischen australischen Sittenverteidigern ein bekömmliches Fressen ist. Mit Übereifer aller Posten enthoben – einem solchen Menschen darf man unsere Jugend und unser Musikleben nicht anvertrauen –, packt Goossens stehenden Fußes die Koffer und entflieht als geschlagener

Mann dem Land der sozialen und kulturellen Intoleranz. Dieser haarsträubende Vorgang bewegt Silbermann, seine Tauglichkeit zur Flucht zu erproben. Tropfenweise spricht er den Eltern, den Freunden, den Bekannten und dem Vicky von der Notwendigkeit eines erneuten Aufenthaltes in Europa. Zu seiner Überraschung nimmt der herrische Flegel die Nachricht nicht mit der erwarteten Schroffheit entgegen, sondern zeigt sich sichtlich erfreut, streicht seine besten Seiten heraus, ist die Liebenswürdigkeit und das Entgegenkommen selbst. Des Rätsels Lösung läßt nicht lange auf sich warten. Als wenn es nichts Selbstverständlicheres auf der Erde gebe, erklärt der Kunstlehrling, daß er mitfahren und die Zeit bis zur Rückkehr nach Sydney zur Weiterbildung in einem ihm empfohlenen Atelier eines Schweizer Bildhauers verbringen werde – fürwahr nichts Einfacheres als das, solange Väterchen zahlt.

Unter Aufwendung seiner gesamten schauspielerischen Talente spielt das Väterchen – angesichts der mehr als willkommenen Nachricht – den an der Bildungsfähigkeit des künstlerischen Jüngers interessierten Getreuen. Entkrampft geht er an die Vorbereitung der Reise, von der er hofft, daß sie ihm Freiheit, Gesittung und wissenschaftliche Wohlfahrt einbringen werde. Schon allein bei dem Gedanken an die Absetzung aus einem verhängnisvollen, nervenbelastenden Jahr hebt er dankbar die Hände zum Himmel.

Während ihn das pfeifende und gurgelnde Geräusch des Flugzeugs umgibt, das ihn zur Abhaltung eines fünftägigen Seminars über Musikerziehung nach Bangkok bringt, überdenkt er über und über den mehr oder weniger pfiffigen Plan, mit dem er sich in Europa von dem ihm folgenden unerbaulichen Vicky befreien wird. In Köln wird man sich treffen, und dann, so lautet der fast an ruchlosen Machiavellismus grenzende Plan, vom Intimus Alphons mit Geld ausgestattet, wird der ungesellige Vicky in die Schweiz zu seinem Kunstausbildungsort weiterreisen, er selbst in das für den Deserteur unbetretbare Frankreich. Danach werden wir weitersehen …

XVII

Als eifriger Sammler von Verbindungen und Soziologieassimilant hat es der gelernte Europareisende verstanden, über das Krisenjahr hinweg Korrespondenzen zu führen, damit weder die Thematik seiner wissenschaftlichen Rechtfertigung in Vergessenheit gerate noch die Weiterführung der angebändelten Verheißungen. Er glaubt, in der Alten Welt kein Unbekannter zu sein, und stützt sich zur Untermauerung seiner Selbstgewißheit auf die Anerkennung seiner beiden französischen Veröffentlichungen sowie auf einige der von ihm in deutschen Zeitschriften erschienenen, mit provokativen Überschriften versehenen Beiträge, in denen er seine musiksoziologischen Ansichten ausgebreitet und Auseinandersetzungen mit denjenigen geführt hat, denen dieser Wissenschaftszweig nichts weiter als eine Sozialgeschichte der Musik oder eine von destruktiver Weltfremdheit getragene Musikphilosophie ist. Den Eltern und den wenigen Freunden, die an seinem wissenschaftlichen Fortkommen mehr als ein Aha-Interesse zeigten, hat er mal hier und da von der ihm bei seinem letzten Aufenthalt in Köln entgegengebrachten, allerdings wenig handfesten Aufforderung gesprochen, seine Arbeit in dem Deutschland fortzusetzen, in dessen Sprache er zur Zeit einen Buchauftrag erfüllt. Doch diese Kunde brachte ihm stets nur wohlgemeinte Rufe des Einspruchs ein: »Wie kann man nur! Du willst doch nicht etwa ins Land der Mörder zurück? Hast du vergessen, wie viele Juden sie umgebracht haben; auch aus deiner Familie? Dort könnt' ich keinen Augenblick ruhig schlafen!« Und dann: »Liest du keine Zeitung? Jetzt erst erklären sie den Verbrecher Hitler für tot; verbieten die Kommunistische Partei; führen die Wehrpflicht ein; und überhaupt: Diese Deutschen tun sich so wichtig, als wäre nie was geschehen! Hol dir dein Wiedergutmachungsgeld und bleib im Lande ...« Das hatte er ja auch vor, wenn nicht die verdammte Vicky-Geschichte dazwischengekommen wäre. Aber nun ist es soweit. Vicky wird erst später in der deutschen Fluchtzone erwartet, und bis dahin wird er auf dem Quivive sein, damit er von den Deutschen nicht mit der kurvenreichen Tour der Franzosen reingelegt wird.

Der Zwischenaufenthalt in Bangkok, angefüllt mit Seminarleitung, Besichtigungen und begehrlichen Blicken auf die grazilen Thai-Boys, befreit ihn kaum von dem unbehaglichen Bangen, mit dem er dem verabredeten Treffen mit Vicky in Köln entgegengeht. Auch während er sich auf den Weg über Rom und Mailand nach München macht, wo er sich zu einem Spottpreis mit einem von den amerikanischen Besetzern hinterlassenen Riesenschlitten eindeckt, um dann zwecks Ablieferung des Buchmanuskripts nach Regensburg zu brausen, begleitet ihn eine memmenhafte Beklemmung; der ausgeheckte Plan zur Verabschiedung des Burschen wird ihm zu einer Last. Oft genug hat er selbst tückischer Hinterlist gegenübergestanden und deren Rückprall beobachtet. Doch das komödiantische Spiel verläuft genehm. Mit des Verräters heiterster Miene stattet er das einstens so geliebte Herz mit Geld aus, gibt vor, sich beruflich dahin und dorthin zu begeben – auch in das für den Deserteur unbetretbare Frankreich –, hinterläßt als treffliche Kontaktadresse die seines Kölner Anwalts, den er bereits vertrauensvoll gebeten hat, niemandem über seinen Aufenthalt Auskunft zu geben, und begleitet den Luderjan zum Bahnhof, wo er ihn, hoffentlich zum letztenmal, umarmt.

Nun auf zu frischen Taten, mögen sie auch noch so sehr durch die Fortdauer der Befürchtung, der aus seinem Leben Ausgestoßene könne ihn wiederfinden, beengt sein. Er macht sich erneut bei all denen bemerkbar, die seine Bekanntschaftsliste zieren, darunter so manche Namen aus Musik- und Soziologenkreisen, die ob ihrer noch bis auf den heutigen Tag gültigen Prominenz der Erwähnung wert wären. Er weiß sehr wohl, daß er dem einen oder anderen unter ihnen schon allein dafür dankbar zu sein hat, daß sie ihn, der unaufgefordert an ihre Türe geklopft hat, mit Wohlwollen angehört und direkt oder indirekt – manches Mal nur durch eine Weiterempfehlung oder einen versteckten Hinweis – gefördert haben. Dennoch weigert er sich als der Aufzeichner seines Lebens und nicht das der anderen, sie allesamt, mit schmückenden oder dornigen Girlanden umgeben, beim Namen zu nennen. Allzuleicht könnte dies dazu führen, sich ihrer Bekanntschaft zu brüsten – sollen sie es mit der seinen tun. Es darf doch wohl unterstellt werden, daß der in der Welt herumgekommene, durch seine vielen Schriften wie durch sein öffentliches Auftreten bekannt gewordene Protokollant neben großen und kleinen Zelebritäten gesessen oder gestanden hat, worauf er sich nicht das geringste einbilden kann und auch nie eingebildet hat. Die ihm derzeit oft gestellte Frage: »Komme ich in den Memoiren vor?« ist die dümmste aller Fragen, denn aus seiner Sicht kann die Antwort nur dann ja lauten, wenn ihm die oder der Fragende in dieser oder jener Hinsicht, ob privat, anziehend, abstoßend, beeinflussend, helfend oder inspirierend, etwas bedeutet hat oder noch bedeutet. Er mag im Umgang mit Menschen als einigermaßen geschickt gelten, aber ein Autogrammjäger oder bedächtig ergebener Schleimfritze war er nie gewesen.

Im Verhältnis zu den anderen, mit denen er jetzt in Verbindung kommt – Hochschullehrer, Rundfunkleute, Musiker, Geisteswissenschaftler oder gar von keinerlei Intellektualität Befleckte –, ist er zu einem Begehrer von Anerkennung geworden. Längst hat er das Gewand des Bittstellers abgelegt und präsentiert sich auf Tagungen, Kongressen und Musikfesten als Eiferer für eine dem Leben der Musik wie der musikkonsumierenden Gesellschaft dienende Musiksoziologie. Man setzt ihn vor Mikrophone, Vortragspulte und an Gesprächsrundentische, und immer wieder verkündet und verteidigt er wie ein Zelot seine Thesen zur Erfaßbarkeit des im Mittelpunkt des soziomusikalischen Geschehens stehenden Musikerlebnisses, dieser sozialen Tatsache, auf die alles hinzielt und von der alles ausgeht. Darum auch ist er mit dem Vorschlag seines Verlegers einverstanden, seinem Buch mit dem fettgedruckten Obertitel »Wovon lebt die Musik?« den Untertitel »Die Prinzipien der Musiksoziologie« zu geben.

Inzwischen findet die Verhandlung vor dem Verwaltungsgericht in Düsseldorf im Wiedergutmachungsverfahren des bei der Staatsanwaltschaft Köln tätig gewesenen Referendars Alphons Silbermann statt. Er entgeht den vom Sachbearbeiter ausgelegten juristischen Fußangeln durch ein offensichtlich das Gericht beeindruckendes Plädoyer, so daß nach nur kurzer Beratung vom Vorsitzenden des Gerichts verkündet wird: »Hiermit werden Sie im Zuge der Wiedergutmachung zum Staatsanwalt ernannt.« Auf die darauf folgende Frage: »Wünschen Sie das Amt auszuüben?« antwortet er mit Nein, woraufhin der Richter mit den weisen Worten: »Dann sind Sie hiermit pensioniert« die Verhandlung schließt. Die Ernennung zum »Staatsanwalt a.D.« ist ihm mehr als eine sein Bankkonto zierende Rente: Sie ist ihm ein Baustein in der Kontur seines Anerkennungsbegehrens. Kurz darauf – gemeint ist die Zeit zwischen Staatsanwaltsernennung und Bucherscheinen – treffen bei seinem Anwalt mehrere Geldanforderungsbriefe und Rückreiseankündigungen von Vicky ein sowie Anfragen nach seinem augenblicklichen Aufenthalt. Alles bleibt wie vorgesehen unbeantwortet, erregt ihn jedoch so sehr, daß er sich Hals über Kopf nach Paris aufmacht, wo er, wohl durch das Zusammentreffen der vielen Reisen mit Prozeß und Vicky-Androhungen, wochenlang mit einer hochfiebrigen Grippe daniederliegt. Genau in diesem Gefahrenmoment kommen ihm die Korrekturfahnen seines Prinzipienbuches zu. Doch selbst mit dem besten Willen kann sich der Bettlägerige ihnen nicht zuwenden. Und so kommt es dazu, daß die Korrekturfahnen von irgendeinem mit Blindheit und der Unkenntnis der deutschen Sprache geschlagenen Angestellten des nicht sonderlich wohlausgestatteten Verlags korrigiert werden. Als Ergebnis erscheint ein Buch auf dem Markt, das von Druckfehlern und unrichtigem Satzbau nur so wimmelt. Trotz und alledem, sagen wir es gemessen vernehmlich: Diese mit Entschlossenheit verfaßte Darlegung der musiksoziologischen Prinzipien ist die schillernde Perle in der langen Reihe seiner Veröffentlichungen, die Proklamation seines Wissens und seiner Originalität, der Wegbereiter einer im deutschen Land sich vollziehenden akademischen Laufbahn eines dahergelaufenen Emigranten, der außer einem Doktortitel weder eine Habilitationsschrift noch eine Ernennung zum Privatdozenten vorzeigen kann.

Doch eilen wir den Dingen nicht voraus. Noch sucht er im winterlichen Paris Erholung von seiner grippalen Verseuchung und dem Schreckgespenst einer Wiederkehr des in Ungnade gefallenen, natterhaften Vicky. Erst als er in Paris auf einen abenteuerlustig herumstreifenden Burschen trifft, den er aus Wien kennt und der bereit ist, ihm, dem noch immer Geschwächten, als Chauffeur und angesichts der gefahrvollen Vicky-Affäre als Bodyguard für alle Eventualitäten zu dienen, macht er sich wieder auf den Weg nach Köln. Hier soll er im Arbeitsraum des Soziologischen Seminars am Dienstag, dem 7. Januar 1958, eine bis zum Ende des Semesters dauernde Vortragsreihe über »Die Prinzipien der Musiksoziologie« beginnen, die gemeinsam vom Institut für Musikwissenschaft und der Soziologischen Abteilung der Universität veranstaltet wird. Auf den hierfür auf seinen Wunsch und seine Kosten gedruckten Einladungskarten fungiert er nach wie vor als der am Sydneyer Konservatorium Tätige, so daß man sich genötigt sieht auszudrucken, daß die Vorträge in deutscher Sprache gehalten werden. Vor Beginn der ersten Sitzung geben die beiden Unterzeichner der Einladung – der Musikwissenschaftsprofessor Fellerer und der Soziologieprofessor König – einige lobende Worte von sich, und ohne das geringste Lampenfieber brennt Silbermann ein Feuerwerk perfekter Formulierungen und gehöriger Seitenhiebe vor einer aus Studenten und einer bemerkenswert großen Anzahl von im beruflichen Erwachsenenalter stehenden Zuhörerschaft ab, für das man ihm offenen Dank bezeugt. Es muß ein ungewöhnliches Ereignis gewesen sein, denn die ansonsten bei derlei Veranstaltungen schweigsame Lokalpresse läßt es sich nicht nehmen, unter Überschriften wie »Der Musiksoziologe spricht« mehrfach über die Vortragsreihe zu berichten. Es kommt ihm recht, wenn geschrieben wird, daß seine Vorlesung deshalb von großer Bedeutung sei, »weil sie«, wie es heißt, »die erste geschlossene Vorlesung über diesen Gegenstand in Deutschland überhaupt ist«. Erhofft er sich doch, daß ihm entweder der Soziologie- oder der Musikordinarius eine bestandfähige Position an der Universität antragen wird. Doch nichts von alledem geschieht; es war offenkundig auch nie vorgesehen.

Wenn er dennoch nicht desillusioniert ist, dann durch das bei weitem Unerwartete: Das Angebot von seiten des Direktors der Staatlichen Hochschule für Musik Köln, Professor Heinz Schröter, als Lehrbeauftragter ein Seminar über Musikkritik und Musikästhetik zu übernehmen. Schröter, ein sauber Haydn und Scarlatti spielender und damit die Zuhörerschaft der Goethe-Institute in der Welt beglückender Klaviervirtuose, war ein netter, umgänglicher und fortschrittlich gesinnter Mensch. So wie er einer der ersten war, der die Notwendigkeit erkannte, die Problematik der Musik im Zeichen der Massenmedien durch die Einrichtung eines Seminars für Rundfunk- und Filmmusik in die pädagogische Verbindung von Forschung und Lehre einzubetten, war er auch der erste, der es für notwendig erachtete, dem Mangel an fachlich ausgebildeten Musikschriftstellern abzuhelfen, jenen, denen es zukommt, musikalische Ereignisse zu umschreiben, zu analysieren, zu vermitteln und zu bewerten. Inwieweit seine Bestallung als Lehrbeauftragter mit Funk und den anderen Massenkommunikationsmedien zu tun hat, wird ihm erst klar, als der

Direktor bei Gelegenheit der Erörterung des Lehrplans auf die Ansichten des Frankfurter Musiksoziologen Adorno zu sprechen kommt, der den Funk und seine Auswirkungen aus der Musiksoziologie ausgeklammert wissen will, während er, Silbermann, nach seinen Veröffentlichungen zu urteilen, den Funk mitsamt den Methoden der Rundfunkkritik wie der Rundfunkkommentare als Gegenstand soziologischer und ästhetischer Betrachtung ansieht. Diese Linie verfolgend, beginnt er mit wohlgesetztem Enthusiasmus und durch eine ansehnliche Bezahlung gestützt alsbald vor einer kleinen Schar ein Seminar, das über die Jahre mit einigen inhaltlichen Veränderungen zu einer festen, vielbesuchten Einrichtung der Musikhochschule Köln wird.

Als weitere Folge seines Auftritts, der ihm übrigens den oft wiederholten, aber überaus ungeläuterten Namen des »Vaters der Musiksoziologie« einbringt, erweisen sich die zweckentsprechenden Ermunterungen durch den meist verbindlichen, nur wenn es auf die Deutschen zu sprechen kommt schroffen René König. Mit seltener Geschwindigkeit entwickelt sich zwischen ihm und dem seine Wissenschaft mit missionarischem Eifer betreibenden Soziologen eine unmißverständliche Duzfreundschaft, bei der er den kleinen Jungen spielen darf, der etwa gleichaltrige René den allwissenden Lehrherrn. In der Tat, dieser Mensch ist ein Geist zu Pferd und verdient vollauf die Bewunderung, die er ihm entgegenbringt: die Basis und Quintessenz seiner freundschaftlichen Bindung. Warum der große Meister ihn an sich zieht, kann er nicht sagen; wohl aber spürt er in seiner Gegenwart ein ermunterndes Entgegenkommen (für den Halbfranzosen König wäre das Wort »condescendance« besser am Platze), das höchstwahrscheinlich dem Austausch ihrer Leidenserfahrungen in der Emigration zuzuschreiben ist.

Mit der gleichen Schneidigkeit, mit der ihm der achtunggebietende René König vor Jahren beim Kongreß in Paris die Worte: »Was tun Sie hier, kommen Sie zu uns« zuschmetterte, läßt ihn der von berserkerhafter Arbeitswut Besessene wissen, daß er in wissenschaftlich wiederauferstandene Emigranten wenig Vertrauen hat. Sie müssen ihm beweisen, daß sich ihre wissenschaftliche Bewegungsfreiheit mit Zuverlässigkeit verbindet, daß sie aus ihren Verpflichtungen nicht ausscheren. Wie zur Erprobung des Regelzwanges beauftragt ihn König, zu dessen Ehre gesagt werden muß, daß er ihm keinerlei Versprechungen gemacht hat, mit der Abfassung des Stichwortes »Kunst« für das Fischer-Lexikon »Soziologie«, ein Angebot, das er mit Handkuß annimmt. Wissend, daß zur Verfertigung eines dem Anspruch eines Lexikons gerecht werdenden Beitrags und möglicherweise noch weiterer soziologischer Arbeiten die Nähe der Universitätsbibliothek vonnöten ist, bietet ihm der Freund René die Nutzung eines leerstehenden Büros an. Es befindet sich in einem im Universitätsviertel gelegenen Gebäude, in dem unter anderem ein Institut der UNESCO untergebracht ist, das unter der Leitung eines amerikanischen Soziologen steht. Hier denn, in einer dranglosen, von Kaffeetrinken und Plauderchen mit ebenfalls dort residierenden Forschern unterbrochenen Atmosphäre entsteht der besagte Artikel, mit dem der gestrenge, sich nur selten zu einem Lob herablassende Soziologiegewaltige wohl zufrieden sein muß, da er ihn entgegen seiner unleidlichen Gewohnheit unverändert übernimmt.

Der Lexikonband »Soziologie«, in dem der größte Teil vom Herausgeber König selbst verfaßt worden ist, ist seit seinem Erscheinen im Jahre 1958 zu einem in viele Sprachen übersetzten Standardwerk geworden; im Mai 1980 kam die vierhundertzehntausendste Auflage auf den Büchermarkt. An sein darin enthaltenes, nur neun Druckseiten umfassendes Stichwort »Kunst« haben sich über die Jahrzehnte kunstsoziologisch Interessierte geklammert, obwohl gewisse, seinerzeit geäußerte Auffassungen schon längst korrekturbedürftig sind. Doch was soll es ihn verdrießen: Im Gesamtzusammenhang der Aufdeckung des inneren Wesens und der Gestaltungsprinzipien hat er mit diesem sicherlich nicht gewichtigsten seiner Beiträge die Reibungsfläche für einen noch nicht als klassisch zu bezeichnenden Soziologiezweig unterbreitet, an der sich die Forderungen nach Wachstumsgesetzmäßigkeiten entzünden konnten. Um verläßlich einer Sache nach der anderen nachzugehen, bleibt noch von einem Treffen mit dem Kulturredakteur einer der Kölner Tageszeitungen zu berichten, der sich besonders lobend über seine Vortragsreihe ausgelassen hat. Obwohl er nicht länger zu den Beschäftigungslosen zählt, läßt er sich nicht zweimal fragen, ob er bereit sei, bei gegebenen Gelegenheiten Musik- und Ballettkritiken zu schreiben, quasi ein Reputationsanhängsel zu seinen Kritikseminaren an der Musikhochschule.

Das Jahr 1958, in dem der frühere Kölner Oberbürgermeister Adenauer die Deutschen wieder mit politischem Rückgrat versorgt, der autoritäre General de Gaulle die Franzosen mit einer Fünften Republik versieht und der lautstarke Despot Chruschtschow in der Weltpolitik Unruhe stiftet, läßt sich – nach Australien und Frankreich – als das Jahr des dritten Versuchs seines Einstiegs in die wissenschaftlichen Zielstrebigkeiten vermerken. Und da diese Einsickerung zwangsläufig nach einem Wohnsitz in der für ihn mit unverwischbaren Untaten verbundenen Stadt verlangt sowie nach einer ratsamen Teilnahme am geistigen, kulturellen und gesellschaftlichen Leben, hält er es für angebracht, die Vorführung seines Lebensbereiches für einen Augenblick zu unterbrechen. Das Bedürfnis nach einer Gewissensentlastung tritt nach vorne, um den notwendigen Abstand gegenüber sich selbst und seinen unablässigen Anstrengungen nicht zu verlieren. Nüchtern gesehen, ist er ursprünglich mit keinerlei anderen Absichten in die Vaterstadt Köln gekommen, als dort seine Rechtsansprüche zu regeln und, tunlich hiermit verquickt, die Flucht aus einem belastenden Gefühlsraum zu bewerkstelligen. An eine irgendwie geartete wissenschaftliche Betätigung im einstmaligen Heimatland, vielleicht abgesehen von der Anteilnahme am Erscheinen seines Prinzipien-Buches, von dem er sich übrigens nicht die Welt versprach, war schon allein deswegen nicht gedacht, weil er angesichts des ihm bescherten Verdrusses über die Folgenlosigkeit seiner intensiven Bemühungen bei den Franzosen in eine resignative Verfassung geraten war: Dem Streben, zumindest was die akademischen Ehrbarkeitsfragmente betraf, hatte er im Geiste ein Ende gesetzt. Und da weder materielle noch immaterielle Zwänge für eine Weiterführung seiner selbsterrichteten geistigen Inanspruchnahme vorliegen, stellt sich ihm die Gewissensfrage, ob der Rückruf in die wissenschaftliche Sachlichkeit am Orte seiner Herkunft gewollt oder ungewollt, gefügt oder ungefügt ist. Mehr noch, ob, aus diesen kantigen Gegenwinkeln hervorgehend, seine Aufrichtung aus geduckter Kleinheit in aufgereckte Anerkennung Eigen- oder Fremdverdienst ist.

Hierbei kommt ihm als erstes der Gedanke an seine immerhin gebührlichen Leistungen in den Sinn, denn wenn er allein schon die darin eingetrichterte Leistungskraft einigermaßen überschlägt, kann er schwarze Schatten der Selbstunterschätzung vertreiben. Aber seit wann werden in einer durch Konkurrenz bedingten sozialökonomischen Gesellschaft – außer in Glücksfällen – Menschen am Rande ob ihrer handwerklichen oder auf dem Papier stehenden Leistungen aus ihrer Sonderstellung emporgehoben? Er braucht sich nur einige wenige der wirklich großen Figuren aus dem Geistes- und Kunstleben vorzuhalten, deren Leistungen, wie huldreich gesagt wird, zu ihren Lebzeiten verkannt wurden, um zu begreifen, daß Leistungen höchstenfalls bündige Vorbedingungen für das Gerufen-Werden sind, nicht aber die Erfüllung von Verlockungen. In einem weiteren Schritt führen ihn seine Überlegungen zum Thema Lückenfüller. Hatten ihn doch nur von ihm geplante Angelegenheiten – die eine materiell reputativ, die andere gemütvoll verkorkst – in einem Moment das Kölner Pflaster betreten lassen, als sich die Gelegenheit (wohlgemerkt: nicht die Notwendigkeit) auftat, zwei gattungsbildende Nebenränge der musikalischen Ausdrucksformen anzufüllen, deren nicht allzu kostspielige, aber dennoch kompetente Besetzung nach einem der wenigen Spezialisten seiner Art verlangte. Hier von ihm als einem Ausgenutzten zu sprechen, wäre durchaus fehlerhaft. Ebensowenig genehm ist der Gedanke, die Unterbreiter des Angebots wissenschaftlicher, pädagogischer und journalistischer Betätigung hätten ihn über die Klinge des Almosensammlers springen lassen. Dem hat er stets vorgebeugt, indem er, bei gleich welchen Gelegenheiten, vorsorglich hat wissen lassen, daß er kann, aber nicht muß.

Soweit er fernerhin darüber reflektiert, welche Ordnung ihn wohl zur Pflege seines wissenschaftlichen Verlangens an den Ort Köln versetzt hat, an dem er sich mühelos einlebt (im vornehmsten Vorort hat er eine möblierte Wohnung bezogen), glaubt er in der ihm hier von mannigen Seiten entgegengebrachten Haltung der Gastfreundlichkeit, Hilfsbereitschaft und anderer Umgänglichkeiten das Auskommen einer selbstauferlegten Pflicht zur Gutmachung der von den Deutschen ihm und den Juden verursachten Übel zu verspüren. Es mag an seinem Auftreten liegen, dem eines Unabhängigkeit und keinerlei Ranküne oder ahnenden Eifer aufweisenden australischen Wissenschaftlers, daß in Gesprächen mit gleichaltrigen und älteren Kollegen, Gastgebern, Kunstschaffenden oder Wohltätern Bezugnahmen auf sein Schicksal als aus Deutschland vertriebener und nunmehr in Deutschland tätiger Jude nur selten auftreten. Hier tappt er im dunkeln: Ist es Behutsamkeit, Feigheit, Beklemmung, Besonnenheit oder jene Denkmalspflege, die leichthin vom schmerzlich vermißten, wohlgestalteten Beitrag der Juden zum deutschen Geistes- und Kulturleben spricht?

Die offenherzig ehrlichen oder verdeckt heuchlerisch bekundeten Aufrichtungen aus einer erlittenen Demütigung beschämen ihn; denn sie sind ihm Verkennung seiner Person wie seiner Leistungen: Gutmachung, oder wie immer man es nennen mag, ist ihm keine Futterweide. Daß dem aber so sein kann, indem exploitativ auf der Klaviatur der Schuldzuweisung gespielt wird, wird ihm bei der Fühlungnahme mit seinen jüdischen Glaubensgenossen bezeugt. Beim Besuch der Synagoge und der dürftig gestalteten Gemeindeveranstaltungen trifft er auf eine Ansammlung von des Deutschen nur lückenhaft mächtigen, durchweg als wohlsituiert anzusehenden Menschen, die, wie seine Erkundigungen ergeben, über und mit Hilfe geschickter Nutzbarmachung ihres Verfolgtenstatus zu Seßhaftigkeit und behaglichen Erdengütern gekommen sind. Er kann an den zehn Fingern die früher in Köln Ansässigen zählen, die wie er den nicht notwendigerweise gerechtfertigten Namen des Rückwanderers tragen, während der überwiegende, großenteils aus östlichen Ländern stammende Rest in geziemender Weise als Zuwanderer zu kennzeichnen ist. Da er nie an die Fabel vom Zusammenhalt der Juden geglaubt und ihn auch nie erfahren hat, im übrigen viel zu sehr in von ihm gewünschte Arbeiten eingenommen ist, gibt er den zögernden Versuch auf, seiner sich vollziehenden Wiederansiedlung am Orte seiner Geburt durch eine engere Beziehung mit der jüdischen Gemeinde beziehungsweise den Mitgliedern derselben zusätzliche Abstützung zu verleihen. Er möchte ebensowenig mit ihnen zu tun haben wie sie mit ihm, was ihm deutlich zu verstehen gegeben wird, als er sich bei gegebener Gelegenheit erlaubt, das mangelnde kulturelle Niveau des Gemeindelebens sowie die Polenisierung des synagogalen Ritus durch Gehudel und Gewimmer als einen Schaden für das sich soeben wieder in Deutschland etablierende Judentum zu kritisieren.

Für eine Weile ist er entmutigt, sein Judentum – das deutsche Judentum – nicht nur in der Kölner Gemeinde, sondern auch in anderen, in der Bundesrepublik wiedererrichteten jüdischen Gemeinden niedergehen zu sehen.

Doch dann rafft er sich auf, nimmt für sich und sein Judentum das Recht in Anspruch, die Vernichtung eines kulturellen Erbes anzuprangern, wenn es ihm auch als Verunglimpfung der eigenen Gruppe, als eine Beschmutzung des eigenen Hauses angekreidet werden sollte. Mit soziologischer Sorgfalt und ohne pathetische Inbrunst erarbeitet er eine Analyse mit dem Titel »Die Nöte der geistigen Wiedergutmachung«, die sowohl in der nur Fachkreisen zugänglichen »Kölner Zeitschrift für Soziologie und Sozialpsychologie« als auch in der in jüdischen Haushalten verbreiteten »Allgemeinen Jüdischen Wochenzeitung« erscheint. Seine Ausführungen bringen ihm von nichtjüdischer Seite lobende Anerkennung ein; von jüdischer Seite werden sie weitgehend ignoriert, es sei denn, das verstohlene Wegblikken oder knapp gehaltenes Kopfnicken, das ihn beim Betreten der Synagoge empfängt, ist als Zeichen betroffener Zurkenntnisnahme zu deuten. Hinter vorgehaltener Hand, so wird ihm berichtet, spricht man von ihm als einem unerwünschten Einmischling, als einem Denunzianten, ja gar als einem Antisemiten unter den Juden. Nur der Rabbiner Zvi Asaria, ein Israeli, der seine Aufgabe als geistlicher und geistiger Führer mühsam gegen die unkultivierte Selbstsüchtigkeit des heuchlerisch-frommen Gemeindevorstands durchsetzen kann, läßt sich nicht beirren. Er zieht ihn bei der Herstellung des Buches »Die Juden in Köln« heran, das 1959 zur Einweihung der wiedererrichteten Synagoge in der Roonstraße zu Köln – der Synagoge, in der der dreizehnjährige Alphons Bar Mizwa, das heißt zum Gebotspflichtigenden wurde – erschien. Silbermann wird das Kapitel über das Wirken jüdischer Musiker in Köln anvertraut, ein Beitrag, dem er wie allen seinen Schriften über Musik und Musiker einen soziologischen Aspekt verleiht.

Das Schwanken seiner Gedankenverknüpfungen zwischen Leistungsfähigkeit, Lückenfüller und Wiedergutmachungsangebot wird durch den Kraftakt der Durchführung von verschiedenartige Gebiete berührenden Abhandlungen zum Verschwinden gebracht. Er liefert sich willig dem Gegendruck aus, der ihn von der Empfindsamkeit zur Vielseitigkeit führt. Allerdings, in Momenten der sachlichen Wahrnehmung von immer mehr auf ihn zukommenden Aufforderungen, bei Veranstaltungen, Tagungen und am Radio seine Ausblicke auf die musiksoziologische Wirklichkeit vorzutragen, drängt sich ihm eine Verkehrung der leistungsbedingten Zufälligkeiten in das gültige Ordnungsschema der vom Himmel geleiteten Fügung auf. Dies wird ihm weidlich klar, als er, der sich des Tadels nicht entziehen kann, mit verhältnismäßiger Achtlosigkeit an seinem eigenen Schicksal als Jude und dem seiner Glaubensgenossen sowie seinem und ihrem Juden-Sein vorübergegangen zu sein, zu einem teils erfreulichen, teils unerfreulichen Eintritt in die jüdische Lebens-, Denk- und Schaffenswelt geführt wird. Er wird es sich versagen, sich diesbezüglich lang und breit auf eine philosophische Rechtfertigung der Souveränität des Eins- und Uneinsseins von Fügung einzulassen, und kurzum beim unvorhergesehenen Hergang verbleiben.

Bei Gelegenheit der Teilnahme an einer Musikveranstaltung in Berlin kommt er ins Gespräch mit dem Eigentümer des alten deutschen Musikverlags Bote & Bock, der ihn mit unverhohlenem Stolz durch das von seinem Haus verlegte Sortiment weltweit bekannter Komponisten führt. Sie kommen beim mit »O« markierten Regal an, dort, wo Dutzende von Partituren der Werke des Jacques Offenbach liegen. »Tja«, sagt ein wenig verdrossen der Verlagschef, »unser Offenbach, der lebt nach dem Verbot durch die Nazis erst jetzt langsam wieder auf. Wir haben es glücklicherweise verhindern können, daß man das gesamte Material ins Feuer geworfen und uns nicht obendrein als Verbreiter entarteter Kunst ins Gefängnis gesteckt hat. Unsere Firma war die erste, die zu Lebzeiten Offenbachs einen großen Teil seiner Werke angekauft, verlegt und bei den Bühnen untergebracht hat.« Noch für eine ganze Weile legt ihm der Verleger seine Sorge über das Ergehen seines ihm aus glücklicheren Zeiten hinterlassenen Bestsellers dar. Was jetzt zur Wiederaufrichtung der ins Abseits verdammten Werke Offenbachs vonnöten sei, meint der Verleger, ist eine gehaltvolle Offenbach-Biographie, zumal es außer den üblichen kurzgefaßten Erwähnungen in Operettenführern nichts dergleichen auf dem Buchmarkt gebe. Im übrigen wäre eine gescheite Biographie über den Juden Offenbach geradezu eine Wiedergutmachung des Verdammungsgetöses der nazistischen Musikwissenschaftler. Wahrheitsgetreu bekundet Silbermann daraufhin dem temperamentvollen Musikkaufmann, daß er Offenbachs Musik außerordentlich schätze, ihn vor allem aber gewisse Übereinstimmungen in seinem, des jüdischen Deutsch-Australiers Leben mit dem des jüdischen Deutsch-Franzosen Offenbach, beides Emigranten, fasziniert hätten. Daraufhin bedurfte es nur noch eines Blickes der Bereitschaft, und Silbermann setzt seinen schön abgerundeten Namenszug unter den Vertrag zwischen ihm und dem Verlag Bote & Bock zur Herstellung einer Biographie über Jacques Offenbach.

Das unvorhergesehene Zusammentreffen mit einem wildfremden Menschen und die daraus folgende Beschäftigung mit einer Persönlichkeit, der wie ihm das Judentum auf die Stirne geschrieben war, ist ihm die Ausstrahlung einer der Lesarten des Beziehungsbegriffes »Fügung«. Nicht so hingegen die ihm angetragene Veröffentlichung einer deutschen Ausgabe seines Radiomusik-Buches, die er als ersten Band in einer von ihm herauszugebenden Reihe unter dem Gesamttitel »Schriften zur Kunstsoziologie und Massenkommunikation« unterbringt. Bei diesem Unternehmen darf er die Vollkommenheit der Fügung nicht in Anspruch nehmen; denn hier handelt es sich um einen kühl und kühn überlegten weiteren Vorstoß, um seinem Verbleib im universitären Wartesaal ein Ende zu bereiten. Mit kläräugiger Logik versucht er, mit der Schriftenreihe mehrere Einzugsgebiete zu entfalten: zum einen die Verdeutlichung der Eignungen seiner wissenschaftlichen Seriosität, zum anderen die empirische Aufbereitung des kunst- und massenkommunikationssoziologischen Feldes, dem sich die Wissenschaft bisher wenig zugewandt hat.

Bei der Aufbereitung der zehnbändigen, bis ins Jahr 1963 laufenden Reihe bedient er sich der über die Jahre zustande gekommenen internationalen Beziehungen und kann so den deutschen Lesern der Materie würdige Wissenschaftler aus Frankreich, Österreich, Belgien, den USA und selbstverständlich auch aus der Bundesrepublik vorstellen. Wohl überlegt, zieht er nach der Devise, daß eine Hand die andere wäscht, Autoren heran, die sich ihm beim Aufbau seiner Karriere sowie bei der Verbreitung seiner soziologischen Grundideen als zugänglich erwiesen haben. Der durch verborgene Zusammenhänge Gefügte übernimmt mehr und mehr die Rolle eines kontextorientierten Fügers, ohne der Utopie des Machtbewußtseins anheimzufallen. Sein Vergnügen an der Herausgabe der Reihe nahm durch die kaufmännische Untüchtigkeit des damaligen Leiters des gewichtigen Westdeutschen Verlages ein unsanftes Ende. Nichtsdestoweniger sollte die Gestaltung der von ihm konzipierten Schriftenreihen noch mehrere Male zu einem reizvollen Anliegen seines wissenschaftlichen Betätigungsdranges werden.

Seine pulsierenden Bereitschaften, sich breitbandig als Musikkritik-Lehrbeauftragter, Offenbach-Biographieverfasser, soziologischer Essayschreiber, Schriftenherausgeber und Zeitungsrezensent auszubreiten, lassen ihn nicht sein immerwährendes Wohlgefallen an der Kunst des Balletts und der darin sich mit Grazie darbietenden, athletisch geformten Tänzer tatenlos übergehen. Aus den Kreisen derjenigen, von denen Oscar Wilde sagte, daß sie jener Liebe huldigen, die ihren Namen nicht zu nennen wagt, kommt ihm die Kunde von einer in jeder Hinsicht admirablen Ballettcompagnie, die auf der Bühne des Opernhauses der Provinzstadt Wuppertal ihre der tänzerischen Sensualität verschriebenen Künste vorführt. Alsbald wird er zu einem beständigen Pilger an den Ort der Gucklochrealität, so daß es nicht lange dauert, bis er Stunden mit den Leitern der Truppe, dem Freundespaar Erich Walter (Choreograph) und Heinrich Wendel (Bühnenbildner), verbringen kann. Von der Bühne herunter hat es ihm einer der Solotänzer angetan, den zu umwerben er sich nicht scheut. Günter ist ein schwieriger Fall. Sein mit einer Ponyfrisur bedeckter Kopf entspricht genau dem, was einen guten Charaktertänzer ausmacht, nämlich Besitz eines gehörigen Bestandes an Aufrichtigkeit, die seine unumstößliche Treue und seine unbegrenzte Liebe sinngemäß umfaßt. Von den Freunden gefragt, warum er sich nach vielen Monaten eines offenbar innigen und glücklichen Zusammenseins von Günter getrennt habe, weiß er mit Pein und ohne unzüchtige Anspielung zu antworten: »Wenn ich mit ihm im Bett lag, lag seine Mutti immer dazwischen.«

Die Intimität mit Günter, dem Tänzer, der wie die meisten unter ihnen körperbewußt ist, das heißt, um ihre Kondition zu pflegen, ihr Dasein nur mit Einschränkungen und Zurückhaltung leben können, führt ihn zu der im Verhältnis zu seiner wissenschaftlichen Betätigung nur als absurd zu bezeichnenden und darum auch wohlgehüteten Idee, eben über diese Tänzerkondition das Libretto zu einem Ballett zu verfertigen, welchselbes seinen Günter in den Mittelpunkt stellt. Meint er doch, was der von ihm bewunderte Jean Cocteau für seinen Jean Marais getan habe, komme auch ihm zu. Doch hier macht ihm Erich Walter einen Strich durch die Rechnung: »Ich bin gerne bereit, ein Ballett von dir aufzuführen, aber kein altmodisches Handlungsballett; es muß eine Novität sein. Nach einer neuartig abstrakten Ballettschöpfung steht mir der Sinn; dementsprechend muß natürlich auch die Musik sein. Mach dich daran, finde den geeigneten Komponisten, und wir werden euch einen Auftrag erteilen.« Der liebenswerte Fachmann hat gesprochen, und Alphons in allen Gassen macht sich ans Werk. Er entwirft dies, das und jenes, bespricht sich mit dem sich seinen Ideen gegenüber nur allmählich aufgeschlossen zeigenden Choreographen, bis aus der ursprünglich entworfenen »Condition humaine« eine »Construction humaine« wird, ein Titel, unter dem das abstrakte Ballettwerk in den kommenden Monaten angegangen wird. Da alles so fürchterlich abstrakt sein soll, muß eine eigens für das Ballett hergestellte abstrakte Musik her, mit deren Komposition der österreichische, in Paris lebende und ihm von dorther bekannte Alexander von Spitzmüller beauftragt wird. Selbst ein Verleger, nämlich sein Offenbachbuch-Auftraggeber, wird gefunden, und so ist alles auf dem besten aller Wege.

Gar nicht gut aber ist es um die Offenbach-Biographie bestellt. Jetzt hat er schon an die vier Monate über deutschen, französischen und englischen Monographien und Essays musikwissenschaftlicher, gemeinverständlicher, verlogener, anhimmelnder und abwertender Art gesessen, hat Klavierauszüge angekauft und durchgearbeitet, hat sich aus allen Ecken der Welt Mikrofilme von Offenbachschen Briefen, Postkarten etc. kommen lassen, ist in Paris in Bibliotheken und Archiven morsche Leitern rauf- und runtergeklettert – und muß letztendlich erkennen, daß es bereits zwei vorzügliche Beschreibungen des Lebens und des Werkes dieses Meisters der leichtfüßig beschwingten Muse gibt; die von seinem nach Amerika emigrierten Soziologiekollegen Siegfried Kracauer verfaßte, 1937 in Amsterdam erschienene sozialgeschichtliche Biographie »Jacques Offenbach und das Paris seiner Zeit« und die 1930 in Berlin erschienene, großartig recherchierte, vierhundertsechsundneunzig Seiten umfassende, mit vielen Notenbeispielen versehene Biographie »Jakob Offenbach« seines Musikwissenschaftskollegen Anton Henseler, von der ein Großteil der rassistischen Bücherausräucherung zum Opfer gefallen ist. Warum also die ganze Breikost neu aufrühren, wo schon alles bestens zubereitet ist? So schade es auch um das aufgestöberte Material und um die zum Einverständnis mit der Persönlichkeit des jüdischen Emporkömmlings und seiner Musik eingebrachte Zeit ist – mehr als einen lauen Aufwasch oder gar eine umgestülpte Abschreiberei kann er nicht produzieren. Der Offenbach war nun mal kein Beethoven oder Goethe, über die sich aufgrund ihrer Monumentalität alle paar Jahre dickleibige Betrachtungen präsentieren lassen.

Kurz entschlossen schlägt er dem Verleger vor, anstatt einer neu zu verfassenden Biographie die den Verbrennungstod erlittene musikwissenschaftliche Arbeit von Anton Henseler wieder aufzulegen und ihn aus dem Vertrag zu entlassen. Doch sein Vorschlag findet kein Gehör. Nach hinlänglicher Diskussion kommt man überein, daß er nochmals gründlich darüber nachdenke, den weltberühmten Offenbach mit einem – dessen sei man sicher – stupenden Buch zu verewigen; es müsse ja nicht unbedingt an den üblichen musikwissenschaftlichen Fäden aufgezogen werden. Einerseits ist er über die Absage seiner Absage erfreut, andererseits versetzt sie ihn in die aufreißende Qual, sich eine Bildfläche auszudenken, auf der er Persönlichkeit, Musik sowie den politischen, sozialen, kulturellen und religiösen Hintergrund der Epoche so ausmalen kann, daß die zusammengetragenen Materialien sich nicht dem Biographen Silbermann, sondern dem Offenbach dienlich machen. Er denkt da an solch bekömmliche Ich-Erzählungen wie Graves »Ich, Claudius, Kaiser und Gott«, findet aber, daß es hierzu seinem Titelhelden an dem notwendigen souveränen Zuschnitt mangelt. Wieder und wieder sieht er den auf seinem Schreibtisch liegenden Haufen von Noten, Dokumenten und Büchern durch, darunter auch die sich mit dem Paris des Zweiten Empire befassenden, in dem der Kölner Musiker die längste Zeit seines Lebens verbracht hat. Durchsicht und Grübeln bringen ihn auf ein diskussionswürdiges Geleise: Der Offenbach hat so unermeßlich oft die Feder geführt, hat so viele Noten aufs Papier gesetzt, so viele Briefe, Postkarten, Notizen und Zettelchen gekritzelt, stand geschäftsmäßig und privat, gesprächsweise und handschriftlich mit den großen und kleinen Kunstschaffenden in Verbindung, so daß unterstellt werden darf, daß er, der vollauf französisierte Theatermann und Familienvater – so wie heute noch ein jeder einigermaßen intellektuell angehauchte Franzose – ein Tagebuch geführt hat.

Die aus der Offenbachschen Zeit stammenden Mémoires, Commérages, Journaux und Souvenirs, wie beispielsweise die des Comte de Viel Castel oder der Brüder Edmond und Jules Goncourt, in denen auch Offenbachs Name fällt, waren ihm zunächst nicht mehr als eine Fundgrube für die Dekoration der Bildmitte. Doch als er angesichts der Aneiferung zur Fortsetzung der begonnenen Lebenssilhouette erneut darin blättert, verlocken sie ihn dazu, dem nach Paris ausgewanderten Kölner Kantorensohn die Führung eines Tagebuches zuzuschreiben, das sein Bild wie ein Trichter pointieren könnte. Es wird kein leichtes sein, auf dem Grundbau unübersteiglicher Quellen, Schriftstücke und Beurkundungen ungeschoren und einverständlich das Kunststück der Illusionistik durchzustehen, aber leichthändig geknüpft, wird es ihm, dem Emigranten, schon gelingen, das Leben eines anderen Emigranten so darzustellen, daß utopische Dimensionen dessen Vielfigurigkeit wie eine Welterfahrung aufstocken. Von diesem Vorstellungsinhalt geleitet, fertigt er den Titel »Das imaginäre Tagebuch des Herrn Jacques Offenbach« an, der, vom Verleger unverzagt genehmigt, das Utopische durch das Beiwort »imaginär«, das Emigrantische durch die Zusammenfügung der deutschen Titulatur »Herr« mit dem französischen Vornamen »Jacques« hervorhebt. Noch viele Monate führt jetzt der vom Mister zum Herrn Silbermann Zurückgeführte mit dem vom Herrn Jakob zum Monsieur Jacques Geleiteten ein menschliches, geistiges und jüdisches Sein von Angesicht zu Angesicht.

XVIII

Mittlerweile fast über zwei Jahre in der europäischen Region verbracht, darunter die meiste Zeit in seinem Ursprungsland, empfindet er es wie einen unerbittlichen Mechanismus, sich wieder auf den inzwischen etwas komfortabler gewordenen, aber stets noch unverfroren kostspieligen Flug in die südliche Halbkugel aufzumachen. Was hat er dort eigentlich noch zu suchen? Na selbstverständlich die Eltern und ein bißchen auch das Geschäft, doch ansonsten ist das dort Erfahrene und Erlittene nur noch von einem düster schillernden Glanz umflossen. Australischer Bürger zu sein, wie es in seinem Paß vermerkt ist, ist ihm ein konvenables Aushängeschild, wenn ihm wenig guter Wille oder ungesicherte Freiheit entgegenkommen. Oder glauben diese ungehobelten Australier etwa, er habe vergessen, wie sie seine Andersheit zum Anlaß nahmen, ihm den Zugang zu einem Lehrposten an der wirklich nicht mit sonderlichem Ruhm bedeckten Sydney University zu verwehren? Er hält es schlicht für seine Sohnespflicht, durch seine Gegenwart dem ihm stets ungemein einläßlich, verständnisvoll und forthelfend entgegengekommenen Elternpaar seine Liebe und Dankbarkeit an Ort und Stelle zu bekunden. Auch ist es an der Zeit, ihnen ausführlicher, als dies brieflich geschehen kann, erzählend aufzuzeigen, wie und wo er die Türschwelle zum wissenschaftlichen und schriftstellerischen Erfolg überschritten hat. Es ist ihm um das Begreifen-Wollen und das Begriffen-Werden zu tun, damit sie seinen Stolz zu dem ihren machen können.

Auf der soundsovielten Reise in das Land der Koalabären macht er diesmal einen Umweg über Israel. Bei Gelegenheit eines der vielen Musikfestivals, auf denen er sich gezeigt hatte, wurde er vom Direktor des Tel Aviver Konservatoriums, dem Komponisten Ödön Partos, gefragt, ob er willens sei, bei dem alle Jahre stattfindenden Musikseminar im Künstlerheim Beth Daniel in Sichron Yaakow Seminare über Musikkritik und Musikästhetik abzuhalten. Bereitwillig nahm er das Angebot an, denn es war ihm ein abgepaßter Umstand, die Anfahrt in die mattgesetzte, australische Klimazone hinauszuzögern und bei dieser Gelegenheit zumindest einen kursorischen Blick auf das Gelobte Land, dessen musikalische Jugend und das dortige Musikschaffen zu werfen.

Bevor er sich zu dem Künstlerheim begibt, schlägt er in Tel Aviv Quartier auf, von wo aus er die ihm empfohlenen Besichtigungen in Nazareth, Bethlehem, dem geteilten Jerusalem etc. unternimmt. In einem Kibbuz besucht er Vetter Berthold, den er nicht mag, und läßt sich von ihm die Ohren mit zionistischen Grundsätzen volltönen, die er nicht versteht; trifft sich pflichtgemäß mit einer Cousine, die mit zwei ungezogenen Bälgern angerückt kommt; besucht in Jerusalem das Bethaus auf dem Hügel, unter dem angeblich König David begraben ist, und läßt sich dort nach Entrichtung einer Geldgabe segnen; meldet sich beim an der Hebräischen Universität amtierenden Soziologieprofessor Eisenstadt an und wird mit ein paar übers Telefon gemauschelten Worten miesester Unhöflichkeit abgewiesen; und versäumt nicht, das von den orthodoxen Juden selbst errichtete Ghetto, Mea Shearim, zu durchstreifen, was ihn mit Widerstreben und Mitleid erfüllt.

Alles dies und zahlreiche Gespräche mit Musikausübenden, Journalisten, Behördenvertretern, vorgestellten und wieder weggestellten Glaubensgenossen spielt sich in einem Zeitabschnitt ab, der elf Jahre nach der Proklamation des Staates Israel, zwei Jahre nach Beendigung des israelischen Rückzuges aus Sinai und Gaza liegt und in dem Ben Gurion Premierminister ist. Zwei die Aufmerksamkeit der Welt mehr denn je auf Existenz und Zukunft des jüdischen Staates richtende Ereignisse, der Eichmann-Prozeß und der Sechstagekrieg, liegen noch vor uns.

Manch einer der dem Staat Israel wohl- oder übelwollend gegenüberstehenden jüdischen oder nichtjüdischen

Beobachter sieht sich imstande, gescheite Analysen über den politischen, sozioökonomischen, kulturellen und anthropologischen Zustand des bei seinem Besuch erst elf Jahre alten Staates vorzulegen, vor allem, wenn sie später mittels Vergleichen aus zwanzig, dreißig oder vierzig Jahren danach entwicklungsgeschichtlich durchgeführt werden. Er sieht sich hierzu nicht in der Lage. Nicht allein, weil er zu kurz im Lande gewesen ist und es nie wieder besucht hat, sondern weil ihn das Gesehene und Gehörte eher bedrückte als begeisterte. Vor ihm stand eine aus der jüdischen Tragödie hervorgegangene, notdürftig eingerichtete und darum um so mehr unterstützenswerte Rettungsinsel, die seine Sinne gespenstisch fremd berührte. Was also soll er unverbindliche Bewunderungsgesänge anstimmen oder gar beschwörende politische Appelle von sich geben? Sich mehr der jüdischen Sache zu widmen, womit er ohne unnützen Wortschwall die Aufrechterhaltung des Judentums und die Bekämpfung der Judenfeinde meint, das ist die Inventur seines Israelbesuches. Nicht aber sich in das Einmachglas mit dem hypokritischen Etikett »Unsere jüdischen Brüder und Schwestern« legen zu lassen, wie die mit Vorliebe von Rabbinern bei Predigten, von Rednern bei Fest- und Gedächtnisfeiern und von Geldsammlern für israelische Organisationen benutzte Redewendung lautet. Er ist der letzte, der wie manche seiner Freunde sarkastisch sagen würde, es sei das Unglück des Staates Israel, daß es dort zu viele Juden gebe; er ist aber auch nicht bereit, in die fatale Identitätsangleichung zwischen Juden und Israelis einzustimmen.

Nun aber auf ins schöne und mit warmem Herzen geleitete Künstlerheim Beth Daniel, wo ihn vierundvierzig überwiegend junge Musikstudierende und auch einige grauhaarige erwarten. Unter den letzteren muß derjenige gewesen sein, der für die Tel Aviver Zeitung »Jedioth Hajom« in deutscher Sprache einen ausführlichen Bericht über das Musikseminar in Sichron Yaakow verfaßt hat, der am 7. August 1959, kurz vor Silbermanns Weiterreise nach Sydney und der Fälligkeit seines fünfzigsten Geburtstages, erschienen ist. Sorgfältig aufgehoben, wie all das Gute und Schlechte, das man über ihn geschrieben hat, findet er in dem mehrspaltigen Artikel ein treffendes Bild von sich selbst, seinen musiksoziologischen Ansichten sowie ein knappes Resümee seiner bisherigen Taten. Darum erlaubt er sich für einen Augenblick, die Selbstbeleuchtung durch eine Fremdbeleuchtung zu ersetzen, indem er einige Sätze aus dem Zeitungsbericht zielbewußt wiedergibt.

»Eine auf den ersten Blick fesselnde Erscheinung«, schreibt der Berichterstatter, »hat der ausländische Gast Alphons Silbermann, Musikschriftsteller, Musikkritiker, Verfechter und Wegbereiter einer ziemlich neuen Wissenschaft, der Soziologie der Künste ... Ein durchgeistigtes, sarkastisches Gesicht, dabei recht gewinnend und – als Widerspruch zum stark kritischen Sinn – human in den Zügen ... Sein Buch über das Radio-Hören gilt dem Rundfunk von Paris als Richtschnur für die Programmgestaltung. Ein neues musiksoziologisches Buch, ›Wovon lebt die Musik?‹, erregte überall Aufsehen. In Vorbereitung ›Das imaginäre Tagebuch des Herrn Jacques Offenbach‹ ... Er ist ein anregender Vortragender und schlagfertiger Debattierer. Im Seminar von Beth Daniel befaßte er sich überwiegend mit der Musikkritik, nicht nur dieser der Tagespresse, sondern mit der Beurteilung der Musikdarbietungen überhaupt ... Der Massenbesuch der Orchesterkonzerte ist eine rein soziale Erscheinung bei uns – meinte er –, denn sie bieten den einzigen Treffpunkt vieler Gesellschaftsschichten ... Er war von den jugendlichen Musikern sehr beeindruckt ...«

Eiligst sei dem Auszug noch hinzugefügt, daß ihm die jugendlichen Musiker im Künstlerheim Beth Daniel zum Abschied eine schön gebundene, mit einem gehämmerten Bild von Jerusalem auf dem Umschlag versehene kleine Bibel überreichten, in die sie alle ihre Namen eingetragen hatten – ein willkommenes Geschenk für eine aus Erkenntnisdrang unternommene Reise nach Israel.

Nach einem aufenthaltsreichen Flug, da dem Karren unterwegs eine Schraube oder was Ähnliches abhanden gekommen war, schreitet er müden Schrittes an den kraftprotzenden australischen Zollbeamten vorbei in die Arme der Eltern, der unabdingbaren Else und anderer, freudig strahlender Abholer. Dann begibt er sich in seine frisch aufgeputzte Dreizimmerwohnung und legt seine durch den Zeitunterschied leergepumpte Leibesbeschaffenheit für Stunden unter die Bettdecke. Von nun an, das heißt von Mitte August bis gegen Ende Dezember des Jahres, in dem Adenauer mit de Gaulle in Paris und Chruschtschow mit Eisenhower in Camp David parlieren, blinzelt ihm wieder die australische Sonne in die Augen. Oft genug hat er das Licht auf die rühmlichen und unrühmlichen Umstände seines Lebensablaufs im Sydneyer Zufluchtshafen geworfen, so daß er überzeugt ist, genügend Freiraum aufgegabelt zu haben, um nicht aus der jetzigen Übergangsperiode heraus auf ein neues daran anknüpfen zu müssen. Ungekünstelt und bündig wird er aus dem Zeitablauf dasjenige zusammenraffen, was durch eintönige Wiederholung noch nicht an Strahlkraft verloren hat.

Alles überlagernd – die Wiederaufnahme des Umgangs mit dem inzwischen kleiner und distanzierter gewordenen Bekanntenkreis; die Teilnahme an dem nach wie vor schlotternden Musik- und Theaterleben; die pfadlos aufgebrachten Interessenbezeugungen an den Einkommenstöpfen; sowie das plagende Ausbleiben leiblicher Vertrautheiten – ist der erlösende Gedanke an den Vollzug einer vernunftbegabten, weder ihm noch den Eltern Schaden verursachenden Auflösung der bestehenden Eigenzwänge. Der Vater hat längst erkannt, daß seines Sohnes einstens so eifriger Umgangsstil mit den existentiellen ökonomischen Dingen verklungen ist, und realisiert, daß er mit seinen über die Siebzig hinausragenden Jahren dem Trubel des Geschäftslebens wohl nicht länger gewachsen sein wird. So entstehen keine überlangen und heißköpfigen Diskussionen über einen allmählichen Abstoß einiger der Firmeninteressen, und zwar aller, bis auf die Boardinghäuser. Denn beschäftigungslos zu Hause zu sitzen, Däumchen zu drehen, der Mutter auf die Nerven zu gehen, würde den husarenschneidigen Vater schnellstens ins Grab bringen.

Nachdem übereinstimmend Ordnung in die Verknotung zwischen normativer Unbedingtheit und responsiver Auflösungsarbeit gebracht ist, kann er sich wieder in die weit von dem amusischen australischen Milieu gelegene Welt seines Offenbachs versetzen. Mit Ungestüm macht er sich daran, die Originaltexte aus des Komponisten Feder mit imaginären Tagebuchnotizen zu umgeben, die ihn nicht als ein über den Sterblichen seiner Zeit schwebendes Ausnahmewesen zeigen, sondern als das, was er war: ein genialischer Melodienschaffer, und als deutscher Jude und jüdischer Franzose unausbleiblich ein Opportunist. Er hat sich so sehr in das zum Jacques aufgestiegene Jaköble eingelebt, daß ihm die Seiten duftig aus dem Schreibzeug fließen; selbst dessen Amouren kann er in Einklang mit den seinen bringen. Auch das Pastichieren der Sprache des in jungen Jahren vom Rhein an die Seine Ausgewanderten gelingt ihm so prächtig wie dessen Nachahmung einer Tyrolienne oder des Wagnerischen Bombasts. Der Offenbach ist ihm so nahe ans Herz gewachsen, daß, wann immer ihn Schwermut überkommt, er das auf Mussets Verse gesetzte »Chanson de Fortunio« – ein Triumph von Offenbachs gefühlvoller Gestaltungskraft – vor sich hinsingt. Nicht gerade jetzt, wo ihn die Furien der Schreibwut festhalten, doch in späteren Jahren schwirrt ihm öfter der Gedanke durch den Kopf, testamentarisch festzulegen, daß man seinen Eintritt in die Seligkeit mit dem Spielen von »Fortunios Lied« begleite, anstatt gutgemeinte Verehrungssätze aneinanderzureihen. Er hat es nie getan.

Als der sich wie der Offenbach mit Vergnügen zynisch gebende Aktuar bei verträumten Empfindeleien angekommen ist, darf er sein Zusammentreffen mit dem zwanzigjährigen, mit bewundernswert langen Beinen und einer scheußlichen Akne ausgestatteten John, Sohn einer australischen Mutter und eines italienischen Vaters, nicht stillschweigend übergehen. Dies schon allein deshalb nicht, weil der Junge ihm durch seine Gegenwart manche Stunden seines vorübergehenden Sydney-Aufenthalts – wie die Marlitt gesagt haben würde – versüßt hat. Er lernt den verlockend, verschmitzt dreinschauenden Jonny beim Umtrunk nach der Neueinstudierung des von ihm frei nach Ben Johnson bearbeiteten Theaterstücks »Volpone« kennen, das als einträgliches Zugstück vom Independent Theatre wieder aufgenommen wird, weil es kurz vor der Pleite steht.

Jonny, bei einer Versicherungsgesellschaft arbeitend, ist Eleve in der dem Theater angeschlossenen Schauspielschule und darf daher seine Bühnenerfahrung in einer der im Stück vorkommenden stummen Rolle des Gerichtsdieners gewinnen. Obwohl der etwas zappelige Jüngling auf der Bühne nichts anderes gezeigt hat als die Kunst des unbeteiligten Dastehens, verwickelt er ihn in ein Gespräch über die Bezauberungen des Theaters und der Schauspielerei, das mit der Aufforderung endet, ihn, wann immer er Lust habe, mal anzurufen, um sich zur Fortsetzung der Unterhaltung zu verabreden. Und damit, mit dem ersten, kurz darauf erfolgenden Anruf und dem ersten Besuch in seiner Wohnung beginnt eine jener Liebesgeschichten aus uralten homoerotischen Zeiten zwischen dem seiner Veranlagung bewußten Älteren und dem noch auf der Selbstentdekkungsreise sich befindenden Jüngeren, wie sie Platon, Shakespeare, Wilde und Whitman in den höchsten literarischen Tönen besungen haben und wie sie heutzutage träumerisch verkitscht in jeder Homo-Zeitschrift ihren Platz finden. Wochen und Wochen vergehen mit Abendgesprächen, bei denen er es umsichtig vermeidet, den Nichtinitiierten durch eine drängende körperliche Berührung zu schockieren; nie setzt er sich neben ihn aufs Sofa. Jonny entpuppt sich als ein wißbegieriger Junge, ganz anders als die ihm bis dahin untergekommenen, nur von der Oberflächengestaltung ihres Lebens durchdrungenen australischen Jugendlichen. Die unbefangene Wonne, mit der ihn das Greenhorn über die Grundlegungen des künstlerischen, vor allem des theatralischen Lebensinhalts ausquetscht, über den Menschenschlag und Lebenszuschnitt des ihm sich wie ein Traumland abzeichnenden Europas, über aufrechte Vertrautheit, versetzt den Kameraden Alphons auf die Dauer so vollkräftig in die Stellung des Higgins aus Shaws »Pygmalion«, daß ihm sein begierliches Verlangen nach einer körperlichen Betastung zur Qual wird.

Mit allen möglichen Ausflüchten sucht er weiteren Begegnungen mit dem ihm Pein und Abirrung von seiner Schreibarbeit bereitenden Kleinod aus dem Weg zu gehen. Es kommt der Tag, wenn er sich recht erinnert, war es einer der australischen Sonntagnachmittage, an denen kein Halm wagt, sich im Winde zu bewegen, da steht nach mehreren Wochen beschwerlich ertragener Abwesenheit das weißgekleidete Langbein mit den Worten: »Ich komme vom Tennis; kann ich bei dir eine Dusche nehmen?« vor ihm. Ohne ein »Wie geht es dir?«, »Lange nicht gesehen« oder »Was ist los« fliegt vor seinen verblüfften Augen Jonnys Bekleidung durchs Wohnzimmer, rauscht hinter der Badezimmertüre das Wasser, und Jonny, das Handtuch um die Hüfte geklemmt, zieht den mühsam Gleichmut bewahrenden väterlichen Freund vom Schreibtisch weg ins Schlafzimmer. Keine Worte werden gewechselt, kein ausholendes Geschmuse wird veranstaltet – flüchtige Empfindungen sind zur Zuversicht geworden. Von nun an verläuft ihr Zusammensein im Glutatem des aufgeweckten Beieinanderhokkens von Leib und Seele, was ihn zum Anerbieten führt, Jonny auf die in naher Zukunft bevorstehende Reise nach Europa mitzunehmen. Doch bei diesem für beide Seiten wünschenswerten Vorschlag stößt er auf den Widerstand konsequenter Selbständigkeit: »Ich komme zu dir«, sagt Jonny, »sobald ich mir das Geld für die Reise verdient habe!« Und so geschieht es, aber erst nach vielen, mit Briefen hin und zurück angefüllten Monaten. Aller schwärmerischen Anzüglichkeit zum Trotz und sich des weisen Spruchs erinnernd, daß man allein denken, aber nicht allein leben muß, nimmt er Jonnys verschwenderisches Jungenlächeln und seine bewußte und anschmiegende Gangart mit auf die zielstrebige Durchquerung des wissenschaftlichen Getriebes in der deutschen Republik.

Hier trägt Silbermann zunächst zum wirtschaftswunderlichen Geschehen bei, indem er zu Wucherzinsen ein möbliertes Dachgeschoß anmietet, das, dicht am Rande der rechten Rheinseite gelegen, nicht nur einen Blick auf das trübe dahinfließende Wasser erlaubt, sondern auch die in Umlauf gebrachten Winde durch die hastig zusammengezimmerten Neubaufugen dringen läßt. Mit einem hierdurch erworbenen, bis an die gerötete Nasenspitze reichenden Schnupfen eilt er am Mittwoch, dem 30. Dezember 1959, zur Uraufführung seines Balletts »Construction humaine« nach Wuppertal. Seine stolzgeschwellte Brust sinkt dahin, als sich aufgrund der sparsamen Beifallsgeräusche der Vorhang nur kümmerliche zwei Male zu den üblichen Anerkennungs- und Verbeugungszwecken öffnet. Es war zugleich der Anfang und das Ende seiner glorreichen Berufung zum Ballettautor. Denn wer in der Presse die Bemerkungen über die wenig einfallsfreudige Musik, die uninspirierte Dekoration, die substanzarme Choreographie und das unverständliche Libretto gelesen hat, wird sich hüten, ihn auch nur um den Vorschlag für ein tänzerisches Vortragszeichen zu bitten. Indes, das Zwischenspiel der gescheiterten Offensive hat insofern wenig Schaden angerichtet, als es ihn zur Entfernung von tapsigen Selbsttäuschungen führt. Er hat sich von dem überlappenden Vorstellungsablauf seiner Rundumfähigkeiten, seines wissenschaftlichen Nimbus, seiner Beliebtheit als wendiger

Causeur und dem ihm entgegengebrachten Begehren von seiten herumschwirrender Pussis so unverhältnismäßig beirren lassen, daß er drauf und dran ist, seinen Orientierungshorizont, den der Systempartizipation, zu verlieren.

Wann immer er bei Musikern und Malern, Journalisten, Schriftstellern, Radio- und Alltagsmenschen zu Gast ist, hier und da sich auch bei Veranstaltungen zur christlich-jüdischen Verständigung blicken läßt, schiebt er plänkelnd die eine oder andere rhetorische Kulisse an die Vorderfront, anstatt das Bezugsfeld seines Wissens und Begehrens anschaulich aufzureißen. Nur in Gegenwart von René König, der ihm durch regelmäßige Einladungen zum Goutieren seiner Kochkünste und der seiner Frau Irmgard seine Gunst bezeugt, wird er deutlich. Hier, beim einzigen Mitglied des Kölner Professorenkollegiums, das ihn zu Tisch bittet, hat er das Gefühl, ohne Zurückhaltung die Schrägsichtigkeit seiner intellektuellen Verschränkungen dartun zu können. Bei diesen Gelegenheiten stutzt der über seinen Rotwein gebeugte, offenherzig und brillant argumentierende Soziologiekapitän den gesellschaftswissenschaftlichen Spätkömmling zum Gebrauchssoziologen um. Die von den Nazis zur staatsfeindlichen Wissenschaft erklärte und von den Freyers, Gehlens und Genossen mißbrauchte Soziologie muß wieder dorthin geführt werden, wo Moral keine bloße Floskel ist. »Ich warne dich«, läßt sich der im Herzen stets Moralphilosoph gebliebene Weltbürger König vernehmen, »steig heraus aus deinem Seinsdenken, oder du wirst wie viele der zur Wissenschaft zurückgekehrten Emigranten schmählich versagen. Von mir aus bleibst du bei der Musik- und Mediensoziologie, aber dann dort, wo sich Beginn und Bruch gegenwartsträchtig artikulieren, und nicht als wichtigtuerischer spekulativer Kommentator. Wir haben Warner vor Unterdrückung und Zwang sowie Anreicher einer glaubwürdigen Urteilsbildung zu sein.«

Wohlgemeinte Wegleitungen dieser Art bekommt er über und über zu hören, wenn er vom Fortgang der Arbeit am

Offenbach-Buch berichtet, von Treffen bei Vorträgen und besonders eindringlich von einem Besuch in Warschau, wo er beim Chopin-Kongreß die versammelten Musikgelehrten mit einer unheiligen soziologischen Demystifizierung der Musik und Gestalt des vielgerühmten Komponisten in Rage versetzte. Doch offensichtlich nicht nur sie, sondern auch irgendeine der Beobachtungs- und Schnüffelbehörden. Denn als er zur Verlängerung des festgesetzten Ausreisedatums bei der hierfür zuständigen Stelle vorspricht, hält man ihm vor, sich vom Kongreß absentiert und sich, anstatt wie die anderen Teilnehmer per Omnibus rundfahren zu lassen, mit Mitgliedern der Polnischen Soziologischen Gesellschaft in einem Journalistenklub getroffen zu haben. Überdies habe er sich in der Wohnung eines jüdischen Parteigenossen längere Zeit aufgehalten, sei mit diesem durchs frühere Ghetto gewandert und habe versucht, mit anderen Juden Verbindung aufzunehmen. Kurzum: Er sei der Spionage verdächtig und habe hierzubleiben. Umgehend rennt er zum britischen Konsulat (Australien war wie immer nirgends vertreten), von wo aus ihn ein Beamter zu irgendeinem hohen politischen Tier führt, das eine Bescheinigung ausstellt, mit der man ihn noch in der gleichen Nacht anstandslos die polnische Grenze überqueren läßt.

Das im Vergleich zu einem deftigen Spionagefilm nach außen hin harmlose Geschichtchen läßt nach innen hin glasklar Auswirkungen der judenfeindlichen Haltung erkennen, die den verabscheuungswürdigen Namen Antisemitismus trägt, ein Stichwort, welches den während der Hitlerzeit in die Emigration gegangenen Nichtjuden König, der aus seiner Studien- und Emigrationszeit viele Juden zu seinen Freunden zählt, auf die Palme bringt. Allgegenwärtig formuliert der sich zu seiner Aufgabe als Erzieher zur Toleranz bekennende René eine kurzfristig anzutretende, ihm absolut notwendig erscheinende Vortragsreise über das antisemitische Vorurteil, die, um eine größere Hörerschaft zu erreichen, ins Studium Generale gehört. König wird die ersten Stunden der Reihe mit der Darlegung von Theorie und Praxis der Vorurteilsforschung übernehmen, und der Rest – Ursachen und Auswirkungen des antisemitischen Vorurteils – ist vom Juden Silbermann abzuhandeln.

Trotz seiner Belastung durch die Vollendung des Offenbach-Buches geht er bereitwillig auf den Vorschlag ein, sieht in ihm allerdings mehr als nur eine wissenschaftlich ausgefeilte Aufklärungstat über ein soziales Vorurteil. Die Vorlesungsreihe ist ihm auch eine Vermittlungshoffnung über das Bild des deutschen Juden, der – wie er – nicht um der ihm dargebotenen Vorteile willen in das als Land der Mörder verpönte Heimatland zurückgekehrt ist, sondern um der Unkunde einer Jugend entgegenzuwirken, die den Juden nur über die ihn seit Jahrhunderten, von einer Generation zur nächsten überlieferten schmähenden Stereotypen kennt. So geht er vor der die Aula füllenden Zuhörerschaft vorsätzlich über die von seinem Freund König in den beiden ersten Vorlesungen genutzte Fachsprache hinaus, nennt die Dinge beim Namen, zeigt wachsende Bedrohungen auf sowie den Schiffbruch, den ein Land erleiden muß, welches rassische Verfolgung mit totalitärer Unterdrückung verbindet. Es ist ihm wie eine Feuertaufe, wenn er – mit einer die Heiligen Drei Könige zeigenden Tapisserie im Rücken – dasteht und ohne diplomatisch verfeinerte, vage tönende Formulierungen die menschenunwürdigen antisemitischen Verhaltensweisen von Gruppierungen, Bewegungen, politischen Parteien, Staat und Kirche nachzeichnet. Auch sein Polen-Erlebnis findet gebührenden Platz, nämlich dort, wo er warnend seine Stimme gegen einen »Antisemitismus ohne Juden« erhebt: in Polen, wo von den vielen Millionen Juden nur noch ein Häuflein übriggeblieben ist; in Deutschland, wo es vor Hitler annähernd sechshunderttausend Juden gab, jetzt nur noch eine unsichtbare Minderheit von rund dreißigtausend.

Nimmt es da wunder, wenn er – den Gleichlauf der Zeit überschreitend, gewissermaßen in Klammern gesetzt –

nach wie vor kein Verständnis dafür aufbringen kann, daß die Deutschen seit Jahren den Polen, diesem in berechtigter oder verallgemeinert unberechtigter Weise oft genug als Volk der Säufer und Antisemiten eingestuften Menschenschlag, alle erdenklichen Hilfen entgegenbringen, obwohl sie wissen oder zumindest wissen sollten, wie die meisten unter ihnen den Endlösern dabei geholfen haben, das große Reservoir des polnischen Judentums auszurotten?

Eine weitere, sich in den Jahren 1960/61 abzeichnende, für ihn wesentliche Orientierungslinie entsteht durch die Erteilung eines von René König veranlaßten Lehrauftrags an der Universität zu Köln, wodurch er, die Musikhochschule hinzugerechnet, als ein auf der untersten Stufe der akademischen Hierarchie stehender Doppeldozent angesehen werden kann. Während er an einem Ende der Stadt eine kleine Schar von Studenten mit den soziologischen Leitsätzen von Musikkritik und Musikästhetik vertraut macht, steht er am anderen Ende vor einer überraschend großen Anzahl von Erst- und Spätsemestern, die er in der ihm eigenen wohlvorbereiteten Weise in eine sich an die empirische Soziologie anlehnende Lehre von der Massenkommunikation einführt. Verwegen ließe sich sagen, daß sich seine Lehrperspektiven nach dem aristotelischen Zweiersystem von Inhalt, lies Musik, und Form, lies technische Medien, gestalten. Ihre bindende Verknüpfung findet über ihre gesamtgesellschaftlichen Erheblichkeiten statt, eben über die Klarheit des soziologischen Aufschlusses. In diese Richtung müssen wohl auch die Überlegungen von René König gegangen sein, als er ihm das sich in Deutschland gerade zur Not etablierende Fach »Massenkommunikation« anvertraut. Auch er hatte einmal dieser Zweigestaltung gehuldigt: in frühen Jahren der naturalistischen Künstlerästhetik in Frankreich, später als Verfasser des Stichworts »Massenkommunikation« in dem von ihm herausgegebenen Soziologie-Lexikon. Untrüglich mußte der Empiriker König bei der Abfassung dieses Stichwortes darauf gestoßen sein, daß die sich Publizistik nennende und als Vorläufer von der Lehre der Massenkommunikation gerierende Zeitungswissenschaft mit ihrer archäologischen Interessenlage (beispielsweise über das »Feuilleton unter Ludwig dem Sechzehnten« zu diskutieren) überholt ist, gar nicht davon zu sprechen, daß sich manche Vertreter dieses bastardisierten Wissenschaftszweiges in den Dienst der nationalsozialistischen Ideologie und ihrer Propagierung gestellt hatten.

Nach dem vielseitigen Echo auf die standhafte Antisemitismus-Vorlesung zieht ihn der bewundernswerte René immer dichter an sich heran. Er installiert ihn in einen Miniraum seines bereits über das Erträgliche ausgefüllten Instituts, vertraut ihm kleinere Arbeiten an (darunter die ersten seiner zahlreichen Buchbesprechungen für die angesehene »Kölner Zeitschrift für Soziologie und Sozialpsychologie«) sowie Studenten, die im medien- und kunstsoziologischen Bereich Diplomarbeiten anfertigen wollen. Für diese das Studium abschließenden Arbeiten, die selbstverständlich vom Soziologiechef und nicht von seinem mit keinerlei Autorität ausgestatteten Seitenstück begutachtet werden, waren von dem die Soziologie nicht als Tummelplatz für theoretische Wiederentdeckungen ansehenden Empiriker gewisse Regelungen festgelegt worden, darunter die Auflage der Behandlung eines forschungsrelevanten Kerns. Das heißt, eine problematische Stelle innerhalb der sozialen Existenz ist aufzurollen und mit Hilfe des sozialwissenschaftlichen Forschungsinstrumentariums realitätsnahe auszukundschaften. Für Silbermann bedeutet dies, die Studenten bei ihren Arbeiten in die Begrenzungen der ihm naheliegenden Erforschung von Verhaltensmustern und Beeinflussungen zu lenken, deren Grundlagen sich über den sogenannten Behaviorismus spannen. Obwohl diese soziologische Denkrichtung nicht unumstritten ist, zeitigt sie die einleuchtendsten Ergebnisse, wenn es sich um die Lösung von Problemkreisen bei den die Künste oder die Massenmedien konsumierenden Gruppen handelt.

Mit dieser konsequent durchgehaltenen Linie – erstmals im funktional ausgerichteten Rundfunk-Buch ausgesprochen, dann im Schlußkapitel des musiksoziologischen Prinzipien-Buches: »Von den sozio-musikalischen Gruppen und ihrem Verhalten« erkenntnisreich vertieft und selbst das teils dokumentarische, teils imaginäre Gegebenheiten vorlegende Offenbach-Buch durchziehend – geht er auch an die Ausarbeitung von Rundfunksendungen und Vorträgen heran, zu denen er mehr und mehr aufgefordert wird. Man ruft ihn zum Europäischen Forum nach Alpbach, wo er sich mit dem auf allen musikalischen Pferden reitenden Komponisten Ernst Křenek über die Konsumentenunfreundlichkeit seiner kompositorischen Esoterik und der mancher seiner Kollegen herumschlägt; fährt nach Berlin, wo er bei einer Tagung über die »Freiheit der Kultur« zum erstenmal auf den hinter seinen Brillengläsern grimm dreinblickenden Theodor Adorno stößt und mit wenig Erfolg versucht, ihn ebenso wie andere Anhänger einer elitären Kunstauffassung von ihrer Angst vor der Verhaltenswirklichkeit der Kunstkonsumenten zu befreien; spricht in Düsseldorf vor einer Ansammlung von Industriemanagern und im lieblichen Schweizer Örtchen Vevey vor der von einer internationalen Vereinigung zusammengetrommelten Schar von Medienwissenschaftlern über die Ökonomie der Nutzung der sich entwickelnden massenmedialen Kräfte. Dazwischen liegt sein Auftritt in München bei einem unter dem Werbespruch »Schöner Wohnen« stattfindenden Diskussionsforum, einer groß aufgezogenen Public-Relations-Veranstaltung des Verbandes der deutschen Teppich- und Möbelstoffindustrie. Den weltweit berühmten Architekten Eero Saarinen und Oscar Niemeyer ist das Hauptreferat anvertraut; er ist als einer der vier Koreferenten herbeigerufen, der einzige, der vom soziologischen Standort aus spricht.

Wohlverständlich kommt er mit all denjenigen ins Gehege, die auf den Lockruf »Schöner Wohnen« mit Ausführungen über Form und Funktion glänzen oder die Ganzheit der Architektur als Einflußquelle für die Wohnraumgestaltung hinstellen. Er nämlich fordert, daß man sich von ästhetisierenden, semiphilosophischen und pseudokünstlerischen Gedankengängen entferne und die Kontradiktion zwischen dem Wohnerlebnis des Menschen – als einem behavioristischen Prozeß – und dem, was aus Sucht nach Originalität von Architekten und Wohnindustrie hergestellt wird, zu überwinden suche. Wieder, wie bei allen seinen soziologischen Betrachtungen, tritt seine Auffassung von der Soziologie als einer Science humaine nach vorne, was für ihn bedeutet, daß der Mensch in seinem sozialen, religiösen, kulturellen und ökonomischen Sein, ob als Individuum oder in kleineren oder größeren Aggregaten auftretend, in der Mitte der Überlegungen zu stehen hat. Das ist ihm im Anklang an das eigene Auf und Ab seiner Lebenserfahrungen das Stimulationsgepräge der »sozialen Physik«, wie sich bis zum Altvorderen Auguste Comte die Soziologie noch benannte. Die klare Erkenntnis seiner Ich-Rolle als Soziologe läßt ihn gegen Ende seines den künstlerischen Nimbus der Unterkunftserrichter entweihenden Vortrags ohne Zögern ausrufen: »Gehen Sie hinweg von billigen Soziologismen. Lassen Sie Untersuchungen über das Verhalten beim aktuellen Wohnerlebnis anstellen, nach deren Ergebnissen man sich bei der Herstellung vom Aschenbecher bis zum Teppich richten kann. Denn damit dienen wir den Menschen und nicht der Phraseologie von der Menschheit, die bekanntlich nicht erfaßbar ist.«

Das Jahr 1961, in dem die Schandmauer zwischen Ost- und Westberlin errichtet wird, hat kaum begonnen, erhält er – ein Glücksfall für einen Forscher – eine erkleckliche Summe Geld vom Teppich- und Möbelstoffverband zur Durchführung einer Untersuchung über Wohnen und Wohnverhalten in der Bundesrepublik Deutschland; die erste ihrer Art. Annähernd zwei Jahre wird es dauern, bis sie unter Dach und Fach ist. Sie macht, in Buchform unter dem Titel: »Vom Wohnen der Deutschen« erschienen, Furore. Gegenwärtig ist er noch damit beschäftigt, eine soziologisch getrimmte Mitarbeiterequipe aufzubauen, um das Kind seiner intellektuellen Verwegenheit schmerzlos als ein soziologisches Operationsergebnis in die Welt der Realitäten setzen zu können. Aus dem engen Einpersonenloch in Königs Institut muß er jetzt hinaus und findet in der Nähe der Universität eine aus anderthalb Zimmern und einer Küche bestehende Höhle, die aus dem Wohnungsuntersuchungspott bezahlt wird. Mit Lehraufträgen und einer umfangreichen Forschung sowie erdenklichen Aufforderungen zur Teilnahme am künstlerischen und gesellschaftlichen Leben der Stadt Köln eingesegnet, mietet er sich jetzt – Permanenz in Sicht – einen unmöblierten Wohnsitz an, den er sich leicht extravagant von einem jungen Innenarchitekten einrichten läßt. Auch eine gute, auf den Namen Frau Plum hörende kölsche Seele wird herbeigezaubert, die ihn gegen ein der Steuer nicht zu unterbreitendes Entgelt bekocht und behaushaltet.

Mitten in die Entfaltung der wissenschaftlichen Verdoppelungen und das Gewoge herkömmlicher Erledigungen fällt das Erscheinen des imaginären Offenbach-Tagebuchs, das in Buchbesprechungskolumnen der Tagespresse, wenn überhaupt, mäßigen Beifall findet, in Musikzeitschriften gemäßigten Widerwillen. Es wird auf der Tatsache herumgetrampelt, daß er es versäumt habe, mittels eines ausführlichen Anmerkungsapparates anzugeben, wo der Verfasser den Offenbach im Original oder durch ihn sprechen lasse. Für wissenschaftliche Zwecke sei das Buch unbrauchbar, schreiben vor allem die auf den Umgang mit Notenbildern dressierten Verteidiger der Exklusivität ihres Musikwissenschaftsstandards, während – an den Verkaufsziffern und Zuschriften ablesbar – bei dem an Offenbach und seiner Zeit allgemein interessierten Leserkreis sein Verdienst einer

Verdeutlichung des Menschen und Musikers durch das von ihm zubereitete sozialgeschichtliche Sichtsystem Anklang findet. Wenn das aus seiner eigenen jüdischen Existenz inmitten einer nicht gerade judenfreundlich gesinnten christlichen Gesellschaft hervorgegangene, in die Mechanik der Zeitgeschichtsschreibung umgesetzte Werk noch viele Jahre brauchte, bis es die Gediegenheit des Vergriffenseins erreichte, lag dies an der Tatsache, daß es in einem für Buchproduktion und Buchvertrieb wenig angemessenen Musikverlag erschienen war. Noch war er nicht so reputiert, daß er sich den Verleger für seine Schriften aussuchen konnte. Immerhin, von nun an, er darf wohl sagen nicht zu Unrecht, wird er zum Offenbach-Spezialisten erhoben, mit der Folge zahlreicher Beiträge in Programmheften, auf Dramaturgietagungen, Gedenkfeiern und sonstigen feierlichen und anspruchsvollen Gelegenheiten. Das in seinem Buch zum Leben erweckte »Kölner Kind und Pariser Idol« bleibt ihm Spielführer seiner Reflexe, seiner Sensibilität, seiner Erinnerung und seines Glaubens.

Seine Vehemenz wird schlagartig durch eine im Namen des an der Universität Marburg tätigen Ordinarius der Musikwissenschaft, Hans Engel, geschriebene drohende Anwaltsaufforderung unterbrochen, nach dem Pressegesetz eine von Alphons Silbermann gezeichnete, in der »Kölner Zeitschrift für Soziologie und Sozialpsychologie« und im »Kölner Stadt-Anzeiger« erschienene Besprechung des Buches seines Mandanten »Musik und Gesellschaft« dahingehend zu berichtigen, daß darin keine antisemitischen Bemerkungen gemacht worden seien. Er verweigert die angeforderte Berichtigung. Zwar ist er inzwischen über die Nazivergangenheit dieses faschistoiden Ohrfeigenanbieters von der Wiener Tagung informiert – er war eingeschriebener Parteigenosse gewesen, Mitherausgeber der offiziellen Hakenkreuz-Musikzeitschrift und hat in seinen Schriften jeden Komponisten, der auch nur dem Namen nach Jude hätte sein können, mit einem J in Klammern gekennzeichnet –, jedoch auf die dunkle Vergangenheit des wohl durch einen manipulierten Persilschein wieder zu Ehren gekommenen Ordinarius bezieht er sich in dem von ihm verfaßten grundlegenden Verriß nur mit einem Satz, und der lautet: »Ja, Leser, Kandidaten und auch die Deutsche Forschungsgemeinschaft [sie hatte das Druckwerk finanziert] könnten sich zurückversetzt fühlen in Zeiten, wo man aus der unglücklich-unwissenden Verwechslung von ›sozial‹ und ›soziologisch‹ der Soziologie den Galgenstrick geflochten hat, um begeistert mit Engel wieder ausrufen zu können: ›Gleiche Rasse, Sippe, Schicht, Bildung, Religion, Einssein zwischen Musizierenden und Hörern lassen erst die vollkommene Erfüllung der Aufgabe der Musik zu.‹« (Seite 305) Er brauchte gar nicht und hat auch nicht das Anklagewörtchen »antisemitisch« verwandt; denn wer dieses Zitat las oder die Engelschen Anspielungen mal auf das »Dritte Reich«, mal auf das »sogenannte Dritte Reich«, wußte bei einigermaßener Intelligenz, wes Geistes Kind dieser Jugenderzieher war. Der wußte es ja bestens selbst – oder hätte er ansonsten die zitierte Stelle zum Anwurf des Antisemitismus erklärt? Nach Verweigerung einer Berichtigung werden Silbermann als Verfasser der Buchbesprechung und René König als Herausgeber der »Kölner Zeitschrift« vor den Kadi zitiert. König macht's sich einfach, weiß von nichts, überläßt den ganzen Rummel dem Kollegen Silbermann und verschwindet schnellstens, da er – übrigens wie immer, wenn es um kleine oder große, ihn nicht direkt betreffende Unannehmlichkeiten geht – dafür »keine Zeit« hat. Mit Engels offensichtlich aus Artikeln aus guten alten Nazizeiten zusammengestoppeltem, aber nur oberflächlich von der Bräune bereinigtem Buch zur Hand gehen der Richter und Silbermann Satz für Satz der inkriminierten Buchbesprechung durch, und das Berichtigungsverlangen wird abgewiesen.

Bereits bei der Lektüre des Engelschen Buches und einem Blick in dessen in der Bibliothek des musikwissenschaftlichen Universitätsinstituts wohlkonservierte Schriften aus seiner Parteigenossenzeit ist ihm der kalte Schauder über den Rücken gelaufen. Jetzt, nachdem er aufgrund einiger, mit umgänglicher Zurückhaltung geäußerter Hinweise auf verdammenswerte geistige Zusammenhänge vor den Richter gerufen worden ist, kommen ihm die Warnungen seiner Freunde vor einer Rückkehr ins Land der Henker wieder in den Sinn. Wie schamlos kann ein Staat sein, der einen offen deklarierten Nazi wieder in das Amt und die Würde eines Erziehers setzt, wie unverfroren kann eine staatliche Einrichtung, nämlich die Deutsche Forschungsgemeinschaft, sein, daß sie die Verbreitung verseuchenden Gedankenguts durch ihre Autorität und Geldgabe unterstützt? Nun ja, er will aus dem Vorfall keinen Abgesang machen, zumal es dem Engel doch offenbar darum geht, die auf seiner Weste übriggebliebenen braunen Flecken zu entfernen.

Hier irrte Silbermann, denn alsbald zeigte sich, was der Altnazi an viel Weitgehenderem im Sinne hatte, nämlich die Diskreditierung dieses seine Domäne betretenden und seine Reputation belastenden Eindringlings, die Unschädlichmachung des Juden mitsamt seinen unvölkischen musiksoziologischen Ideen. Vier Jahre lang, bis 1965, bleibt der Vergeltung heischende Engel hinter ihm her und veranstaltet unter Einsatz der Gerichtsbarkeit ein am Ende fehlgeschlagenes Affentheater, das ob seiner nervenbelastenden Umständlichkeit in einem Zuge, will sagen, den Zeitablauf absorbierend, zu berichten ist. Am Anfang steht die Vorladung des Staatsanwalts a.D. zum Erscheinen bei der Staatsanwaltschaft zur Vernehmung betreffend Anzeige wegen unberechtigter Führung des Doktortitels. Am Orte der Etappen aus seiner Referendarzeit wird ihm eröffnet, daß von dem Universitätsprofessor Hans Engel eine Anzeige vorliegt, nach der der Angezeigte nie den akademischen Doktortitel erworben hat. Der Anzeigende habe unterbreitet, daß sich keine Kopie der Doktorarbeit in der Leipziger

Staatsbibliothek befinde, an die damals ein Pflichtexemplar zu senden war, und eine zufriedenstellende Antwort von der Kölner Universität ausstünde, da die Archive unter den Bombenangriffen großenteils zerstört worden wären. »Ich bitte um Aufklärung und das Beibringen von Nachweisen, daß Sie den Doktortitel rechtmäßig erworben haben«, sagt der gelangweilte, wahrscheinlich überarbeitete Staatsanwalt, und vollauf konsterniert steht der Strafverdächtige auf der Treppe des Gerichtsgebäudes.

Sofort muß ein renommierter Strafverteidiger her, den er nach Rundfragen in dem Rechtsanwalt Peters II findet, einem stets gut aufgelegten, jovialen Zigarrenraucher, der sich lieber aufs Verhandeln als aufs Verfassen von Schriftsätzen verläßt. Klient Silbermann umreißt dem Anwalt seine Studiengeschichte, berichtet von der Hast, mit der er von dem eminenten Professor Hans Kelsen durchs Doktorexamen quasi geschoben wurde, und von seiner kurz darauf folgenden Flucht vor den SA-Horden nach Holland ohne Koffer, ohne Kleider und auch ohne Bescheinigungen und Zertifikate dieser oder jener Art. Eine Doktorurkunde hatte er sowieso nicht zur Hand gehabt; denn dazu gehörte die Ablieferung von soundsoviel gedruckten Exemplaren der Doktorarbeit, die in Vaters Druckerei hergestellt werden sollten. Ob dies je geschehen ist oder nicht, kann er nicht sagen, denn erstens hatte sich ein Gauner schnellstens die Druckerei angeeignet, zweitens hatten die Eltern in aller Eile Geschäft, Haus und Besitz hinter sich lassen müssen, und drittens war ihm die Rettung seines und der Eltern Leben wichtiger gewesen als der Fetzen Papier, der ihm einen Studienabschluß als Doktor der Rechte bescheinigt, mit dem man als Flüchtling nicht einmal eine Anstellung als Straßenkehrer hätte bekommen können. Der Anwalt unterbreitet die ganze Miserengeschichte dem ihm als sehr korrekt bekannten, für Aufsichtsbeschwerden und dergleichen Fälle zuständigen Staatsanwalt. Gleichzeitig läßt er wissen, daß aus den vorgetragenen Gründen verstempelte

Unterlagen nicht beizubringen sind, wohl aber Zeugen benannt werden können, die in der Lage sind, den Vollzug von Silbermanns Doktorexamen zu bestätigen, um – so fügt er angriffig hinzu – dem Rachefeldzug des Marburger Professors ein Ende zu bereiten.

Seiner Sache sicher, hatte der als Querulant bekannte Filou Engel inzwischen schon die halbe wissenschaftliche Welt in Bewegung gesetzt, inklusive des Rektors der Kölner Universität, den nicht gänzlich unbescholtenen Historiker Schieder, der den herbeigerufenen Silbermann mit einer Von-oben-herab-Haltung wissen läßt, daß die Angelegenheit wegen des Ansehens der Universität baldigst zu erledigen sei. Auch Freund König, mehr um sein Ansehen als um das der Universität besorgt, drängt ihn, sich zu stellen, macht aber keinerlei Anstalten, sich in irgendeiner Weise für ihn einzusetzen. Die dem Ermittler angebotene Zeugenbeibringung gestaltet sich, hélas, außerordentlich zeitraubend und schwierig. Denn Beglaubiger für Vorbereitung und Abschluß der Doktorprozedur konnten nur Altersgenossen, also ebenfalls Doktoranden oder Mitglieder des prüfenden Professoriums sein. Aber selbst wenn er sich ihrer Namen erinnert, wo und wie soll er sie finden? Seine Professoren waren zum größten Teil ins Grab gesunken, und die ihm bekannten Kostudenten waren, da meist Juden, in alle Welt verstreut. Dennoch läßt er Brief nach Brief los, erkundigt sich hier, da und dort und kann, die ihm gegebene Frist lange überschreitend, dem sich einsichtig zeigenden Staatsanwalt endlich ein Päckchen mit eidesstattlichen Versicherungen überreichen. Sie sind wenig beeindruckend, denn es sind Beobachtungen und keine Affirmationen.

Doktorvater Kelsen, gewiß der rechte Mann am rechten Platz, kann er erst nach monatelangem Suchen in Amerika aufstöbern, aber auch dessen Antwort, so einsichtig sie auch ist, ist nicht gerade glückverheißend. Er sei ein über achtzig Jahre alter Mann, schreibt der angesehene Begründer der reinen Rechtslehre, und könne, aber auch wolle sich der schrecklichen Kölner Zeit kaum noch erinnern. Allerdings führt er zwei Namen seiner damaligen Assistenten an, von denen einer, so viel er weiß, in Deutschland tätig sein muß. Unverzüglich macht sich Silbermann auf die Jagd nach Kelsens früheren Assistenten, deren er sich überhaupt nicht erinnert.

Als er auf den kunstgerechten Rat seines Anwalts hin den Herrn Staatsanwalt wie bei allen anderen Gelegenheiten auch über diesen zur Zeit laufenden Fortgang unterrichtet, händigt dieser ihm mit der trockenen Bemerkung: »Ihr Kollege ist sehr lästig« ein mehrere Seiten umfassendes Schreiben von Engel aus und bittet um Stellungnahme. Versucht doch dieser Typ die Chose jetzt in eine Richtung zu bringen, die die ermittelnde Instanz davon überzeugen soll, daß der besagte Silbermann nicht nur was den Doktortitel angeht, Unwahres verbreitet, sondern auch über Studienzeit und wissenschaftliche Veröffentlichungen; einem Hochstapler ähnlich. Mit emsiger Sorgfalt ist der Ehrenmann alle vorhandenen »Wer-ist-Wer« durchgegangen, hat die Eintragungen miteinander verglichen und, wie er in seinem Schrieb lang und breit ausführt, gewisse Unstimmigkeiten entdeckt. Vor allem hat es ihm die Rubrizierung in »Kürschners Deutschem Musiker-Kalender 1954« angetan, wo er, der Verteidiger der deutschen Musikkultur, eine ganze Spalte füllt, während Ausländer Silbermann nur mit siebzehn Zeilen vertreten ist, von denen vier seine Veröffentlichungen ausweisen. Auf diese vier Zeilen verweist der Querulant, da die dort angeführten Titel – es handelt sich um die beiden französischen Bücher – nicht dem Originaltitel entsprächen: Silbermann habe also wie mit seinem Doktortitel falsche Angaben gemacht. Übrigens stimme auch was mit dessen Studiengang nicht; denn auf seine Anfrage bei der Universität Grenoble, wo Silbermann in den dreißiger Jahren angeblich ein Sommersemester verbracht habe, habe er die

Antwort »Inconnu« erhalten, und aus Sydney »zu seinem Erstaunen«, wie er schreibt, überhaupt keine.

Die neu erfundene Verlästerungskampagne begann just in dem Augenblick, in dem der Staatsanwalt drauf und dran war, das Verfahren einzustellen, und zwar aufgrund eines Briefes von einem der früheren Kelsen-Assistenten, dem in Würzburg wirkenden Staatsrechtler von der Heydte, in dem es auf die Umstände der damaligen Zeit eingehend heißt, daß er sich bestens des Doktoranden Silbermann erinnere und das dementsprechende Zeugnis ablegen könne. Dennoch läßt das ränkeschmiedende Spiel des Engel den Staatsanwalt zögern. Er wünscht noch die Anzeigen im »Kürschner« aufgeklärt zu sehen. »Besorgen Sie mir das Originalformular, auf dem Sie die Angaben gemacht haben«, spricht der pflichtbewußte Beamte, so, als wäre das die leichteste Sache der Weltgeschichte. Eine langwierig-beharrliche Korrespondenz beginnt, erst mit dem Verlag des Musiker-Kalenders, dann mit den Herausgebern, einem Ehepaar von Asow, bis ihm mitgeteilt wird, daß der Herr von Asow verstorben sei, die gewünschten Unterlagen im Keller lagerten und das Herausfinden so gut wie unmöglich sei beziehungsweise bezahlt werden müßte. Also schickt er Geld, bittet und bettelt um Eile, da der verfluchte Engel inzwischen beim Oberstaatsanwalt Beschwerde wegen des langsamen Fortgangs der Ermittlung eingelegt hat. Offenbar muß der selige Herr von Asow halb blind gewesen sein, denn er hatte die Buchtitel nicht so korrekt übernommen, wie sie von Silbermanns eigener Hand angegeben worden waren. Nun wird das Verfahren endlich eingestellt, die hohe Anwaltsrechnung beglichen, und die braune Pestilenz kann zu den Akten gelegt werden.

Denkste – wo ein gewiefter Quengler am Werke ist, da gibt's keine Ruh! Kaum ein Monat vergeht, und er steht wieder vor seinem Sachbearbeiter: Der feurige Engel hat sich beim Vorgesetzten beschwert, und der hat die Wiedereröffnung des Verfahrens angeordnet. Nun ist Silbermann aber wirklich am Ende seines verteidigungsbereiten Lateins. Da kommt dem Staatsanwalt eine Idee, wohl ausgerichtet, um sich des Rüffels von oben zu entheben. Er fordert das Justizministerium in Düsseldorf auf, ihm Einsicht in die Akte des vormaligen Referendars Alphons Silbermann zu gewähren, falls diese noch auffindbar ist. Und siehe da, der Ladenhüter war sorgfältig aufgespeichert und mit ihm die erweisliche Eintragung: »Beurlaubt zur Herstellung der Doktorarbeit.« Wieder wird das mehrere dickleibige Ordner füllende Verfahren eingestellt; wieder bombardiert der Rachbegierige das Amt mit Briefen und allen möglichen denunzierenden Menkenkes; wieder wird diesen und jenen Verschiedenheiten nachgegangen – die peinliche Streitsache nahm einfach kein Ende. Auf die Dauer war sie zum Stadtgespräch geworden, wofür nicht nur sein Verfolger sorgte, sondern Silbermann auch selbst, der sich, dem Flucht-nach-vorne-Zuschnitt folgend, keine Gelegenheit entgehen läßt, den Justizmißbrauch herauszustellen.

So kommt die Sache auch zu Ohren des Dekans der rechtswissenschaftlichen Fakultät der Universität Köln, Professor Ulrich Klug, der mit dem Gehetzten insofern Gemeinsamkeiten besitzt, als er sich einerseits mit den Ansichten von Silbermanns Doktorvater Hans Kelsen befaßt und andererseits aufgrund persönlicher Erfahrungen eine Abneigung gegenüber allem hat, was den Geruch des Nazitums an sich hat. Der Strafrecht und Strafprozeßrecht lehrende ordentliche Professor weiß nur allzugut, daß bei Strafverfolgungen der vorliegenden Art letztendlich nur die Vorlage eines gedruckten und beglaubigten Dokumentes zählt; im Falle Silbermann: der Doktorurkunde. Ulrich Klug, später noch zu politischen Ehren als Staatssekretär und Justizsenator aufgestiegen, ist der rettende Engel gegenüber dem haßerfüllten Engel, als er, von der rechtswissenschaftlichen Fakultät beschlossen und auf den 11. Februar 1965 datiert, Alphons Silbermann die Urkunde überreicht, in der es heißt, daß die Fakultät ihm den »Grad eines Doktors der Rechte« verleiht, »nachdem er im Jahre 1933 die Promotionsleistungen im Rahmen der damals für ihn gegebenen Möglichkeiten erbracht hat«.

Damals, im Jahre 1961, als die leidige Affäre begann und er sich im Selbstaufbau seiner zunehmend wissenschaftlich ausgerichteten Existenz befand, war in der Person des Professors Erich Feldmann ein Anreger neuer Erkenntnisfelder aufgetreten. Von Hause aus Philosoph und ohne vollgültigen Lehrstuhl an der Bonner Universität tummelte sich Feldmann kulturphilosophisch und kulturpolitisch im Medienfeld. Er verfertigte Gutachten für Ministerien, entwarf Lehrpläne für Medienkunde, veröffentlichte medienthematische Schriften, präsidierte einem von ihm gegründeten Zusammenschluß von insbesondere am Film interessierten Wissenschaftlern und aktivierte diese Vereinigung, die erste ihrer Art auf bundesrepublikanischem Boden, durch die geschickte Handhabung politischer Herleitungen. Im professoralen Kollegium wird der solide auftretende Feldmann als ein närrischer Außenseiter angesehen, weil er neben seinen Lehrverpflichtungen in Philosophie Vorlesungen über solch nichtswürdige Bereiche wie Film und Radio hält und obendrein noch versucht, daraus ein Lehrfach zu machen. Eben das läßt ihn mit Silbermann Verbindung aufnehmen. Sind doch die beiden zu dieser Zeit die einzigen auf weiter universitärer Flur, die den Denk- und Forschungsgegenstand Medien und Massenkommunikation fachbezogen abhandeln, und zwar, so muß unumrandet hervorgehoben werden, ohne den Transport von Vorurteilen, Verzerrungen, Vieldeutigkeiten und ideologischen Konventionen. Obwohl es dem Patriarchen Feldmann, wie er liebenswerterweise genannt wird, nahe liegt, den Vorstoß in die Werte und Unwerte der massenmedialen Strukturen durch das Mittel des philosophischen Denkens zu instrumentalisieren, was dem Lehrbeauftragten Silbermann eher ein Dorn im Auge ist, verstehen sie sich par excellence. Es ist der Anfang einer engen Zusammenarbeit, deren erste Früchte sich zeigen, als der über politische Drähte verfügende Feldmann bei Ministerien Geld für Untersuchungen zum Bereich des Films lockermacht, die in Silbermanns anderthalb Zimmer umfassender Forschungsbude durchgeführt werden. Feldmann, der sich in selbstlosester Weise um die Etablierung der Medienwissenschaft als Hochschulfach bemüht hat, ist nie zu den ihm gebührenden Ehren gekommen.

Silbermann darf es sich nicht vergönnen, bei Augenblikken zu verweilen, und fährt daher zeitlich ungebunden mit seinen Klärungsvorhaben fort, indem er das Wiedersehen mit dem australischen Knaben Jonny, seinem Sehnsuchtsbild, umkreist. In Neapel gelandet, dort von diebischen Elstern um seine kärgliche Habe betrogen, gelingt es dem Patroklos, seinen Antonius per Geldanweisungen bis nach Köln zu schleusen, wo sie an die sechs Monate jede freie Stunde damit verbringen, von dem ausgreifenden Thema des Ich und Du in angenehmer Toleranz von ihren unterschiedlichen Lebenswelten Besitz zu ergreifen. Dann aber war mal wieder die Zeit gekommen, wo der Sog der Verpflichtungen Sohn Alphons zu einem Besuch der Eltern in Sydney nötigte. Jonny bleibt zurück, wird in den bevorstehenden Sommermonaten irgendeine Arbeit annehmen, um sich Taschengeld zu verdienen, und weiter an seinem Deutsch arbeiten; Frau Plum wird ihn umsorgen. Die Abschiedstränen aus den Augen gewischt, fliegt der wenig Rückkehrwillige auf nach Australien.

XIX

Das immer noch schwer zu erreichende Sydney präsentiert sich ihm wie gehabt. Zwar hat es sich mit unwahrscheinlicher Eile ausgedehnt und durch einige, dem amerikanischen Ideenreichtum entlehnte Elemente etwas modernisiert, aber die Lebensführung der Bevölkerung scheint nach wie vor so hartnäckig sich selbst verleugnend provinzialisiert zu sein wie die Wurzeln ihrer Eukalyptusbäume. Und auch die von der Intimfreundin Else in ihrer Wohnung zum Vorzeigen beim Diner zusammengetrommelte Bekanntengruppe aus ehegesternen Einwanderungszeiten präsentiert sich wie gehabt. Zwar sind sie alle älter geworden, lassen sich aber bestens an dem unveränderten, aufgepfropften Stuß wiedererkennen, mit dem sie Fragen stellen und die Konversation bestreiten. Aber was schert es ihn. Er ist nur zu Besuch hier, und das will heißen, sein Abreisedatum steht schon fest.

Mögen sie ihm einige Abende anfüllen, ihn mit ins Konzert, ins Theater und zu Soupers schleppen – sein Besuch gilt den Eltern. In der Tat, wenn es nicht um deren immer wieder in gleich welchen erbärmlichen oder vortrefflichen Zeitumständen geltend gemachter Liebe wäre, hätte er sich von der in Köln obsiegenden Liebe nicht entfernt. Es ist natürlich der bare Unfug, die Bedeutungsebene seiner Elternliebe mit der Liebe des Mannes zum Knaben zu vergleichen. Doch kommt es ihm jetzt, wo er nach einigen Jahren der Trennung den Eltern gegenübersitzt, ins Bewußtsein, daß deren tiefempfundene Gefühle den seinen gegenüber dem jüngeren Freund dort entsprechen, wo er sich, über alle körperlichen Berührungen hinweg, als die Leitfigur eines Vaters mit der Beigabe der Bemutterung sieht. Hier in der australischen Wildnis, hervorgerufen durch das auf Zeit begrenzte gleichgestimmte Beisammensein mit den Eltern, verfügt sich bei ihm der Wunsch nach Spielraum seiner homosexuellen Sensibilität: Dauerfreundschaft im Vater-

Sohn-Verhältnis. Durch diese Türe wird er von nun an gehen. Ob sie ihm Licht, Wärme und Glück bringen wird?

Bei seiner Rückkehr in die Kölner Wohnung fallen die erwarteten Freudenbezeigungen aus. Vor ihm steht ein in Niedergeschlagenheit eingetauchter Jonny, der kaum ein Lächeln zustande bringt. Hat sich doch der dumme Junge während seiner Abwesenheit als Bauarbeiter verdingt und sich dabei über und über mit einem scheußlich schmerzhaften Sonnenbrand eingedeckt. So wie der Hund es seinem Herrchen zuschreibt, wenn er Beschwerden hat, spricht auch aus Jonnys Augen anklägerische Mißbilligung. Sind es Vorhaltungen der Art, daß er ihn in seinem Elend hat sitzenlassen, die Freundschaft nicht überwacht und die Freizeit nicht genügend geplant hat oder sich überhaupt nicht als der besonnene Lebensführer erwiesen hat? Es gelingt ihm nicht, weder Jonnys gedrücktes Schweigen zu durchbrechen noch ihn in Betrachtungen über die Natur seiner Gedrücktheit zu verquicken. Kaum ist eine Woche vergangen – er kommt gerade von der ersten Vorlesung des Semesters nach Hause –, teilt ihm Jonny, vor gepackten Koffern stehend, mit, daß er zu einem Vetter nach London fahre. Keine Erklärung, keine Erläuterung. »Hier ist meine Londoner Adresse … Ich schreibe dir … Das Taxi wartet …« Kein Kuß, kein Händedruck – und der geliebte Jonny ist verschwunden.

In seiner Wehrlosigkeit müht er sich ab, das Aufquellen der Tränen zu unterbinden. Er muß dem Schock, den ihm Jonnys Treulosigkeit zugefügt hat, Widerstand leisten, will er nicht am eigenen Zeit- und Seelenbefund zusammenschrumpfen. Wo Lebenswürfel fallen, lassen sich die Abgründe der Gefühle und Triebregungen nicht länger sorgsam vergegenständlichen. Seine Antwort auf den von Jonny erhaltenen Brief, in dem ihm nur kurz mitgeteilt wird, daß er gut angekommen sei und in London zu bleiben gedenke, bleibt unbeantwortet. Auch seine Versuche, ihn durch Telegramme und weitere Briefe zu einer Rückkehr oder zumindest zur schriftlichen Aufrechterhaltung ihrer Beziehungen zu bewegen, bleiben ohne Rückwirkung: Jonny ist sang- und klanglos aus seinem Leben vergangen. Nur einmal noch, viele, viele Jahre später auf einem seiner regelmäßig stattfindenden Pflichtbesuche in Sydney, soll er ihn durch Zufall wiedersehen – als den Fahrer eines Taxis, das er besteigt. Doch, doch: Sie trinken eine Tasse Kaffee zusammen, sprechen aber kein Wort über vergangene Zeiten, auch nicht über die abrupte Lossagung von einer amourösen Ballade. Darüber kann man ja auch nicht mit einem Vater zweier Kinder sprechen ...

Wiewohl er weiß, daß es ihm schwerfallen wird, allein zu leben und nur sich selbst zu lieben, weiß er auch, daß es seiner Orientierung auf Menschen und Sachen nicht entspricht, Zeit für Unmögliches zu vergeuden. Was er seiner nun schon auf die Zahl drei angewachsenen Mitarbeiterschar predigt und womit er seine eigenen Arbeiten, gleich auf welchem Gebiet, durchtränkt, ist von dem Prinzip geprägt, die Gegenwart nicht zugunsten einer fernen abstrakten Zukunft zu vernachlässigen. Der Soziologe kann es sich nicht leisten, auch nicht der messianisch angehauchte jüdische, um der Rettung kommender Generationen willen über den Wolken zu schweben: Seine Mittel müssen so sauber sein wie die Ziele, ja noch sauberer. Mit dieser plusternden Aufzeichnung verabschiedet er sich von seiner Trübseligkeit und nutzt sie wie eine Trägerkolonne zur Einmündung in den von ihm zu kultivierenden Schrebergarten der Wissenschaft.

Füglich stellen sich ihm beim Fortgang seiner Konservierungsbeharrlichkeit beachtliche Bedenken entgegen. Soll er nun für diese Jahre sein eigenes Bild durch das Festhalten an jeder lehrenden und forschenden Aussage vervollständigen, also aus dem Überfluß der Auf- und Abwärtsbewegungen Eindringlichkeiten und Kommentare vorlegen sowie mit ellenlangen Einschüben aus dieser oder jener seiner Schriften ermüdende Längengrade markieren und obendrein noch den Blick über die lange Porträtgalerie seiner Bekanntschaften schweifen lassen, also die Namen aller derjenigen aufzeichnen, die ihm im Spiel der Rekonstruierung über den Weg gelaufen sind? Er wird sich entscheiden müssen, um auf der einen Seite keine Lücken in der ununterbrochenen Kette seines Selbstvertrauens aufkommen zu lassen und auf der anderen sich nicht in jene krankhafte Angeberei zu verlieren, von deren münchhausischer Fülle genügend Selbstillustrationen Zeugnis ablegen, und daran erliegen. Redlichkeit, Verwegenheit, Unbedingtheit und Lauterkeit zu Ehren muß er sich dem hybriden Durcheinander von Verhängnis, Zufall und Ordnung sowie der Kopulation von anregender Sinnlichkeit und kühler Gelehrsamkeit entziehen. Man nenne ihm einen besseren Weg als denjenigen, den er jetzt einschlagen wird, nämlich über das unsägliche Versagen in der Liebe hinwegzustolpern und, Kopf hoch, im unschätzbaren Gegenstand der wissenschaftlichen Besiegelung seine Lebhaftigkeit epigrammatisch zu veranschaulichen.

Die Verankerung des Lebens und der Lebensführung des dreiundfünfzigjährigen gelehrten Mannes in der wissenschaftlichen Weite fußt unmittelbar auf den Stützungen Massenmedien und Künste, wobei sich die Soziologie beziehungsweise das soziologische Denken als Quelle der Inspiration erweist. Ihr ist es zuzuschreiben, daß sich auch mittelbare Schauplätze eröffnen, die seine Tätigkeit in Anspruch nehmen. Die Festlegung auf die unmittelbaren Halteplätze wird durch den Arbeitsprozeß im Rahmen der untergeordneten Charge seiner Lehrbeauftragung begünstigt, einer Charge, die nicht nur zeitbefristet ist, da Lehraufträge alle Semester aufs neue erteilt werden müssen, sondern auch autoritätslos, da mit keinen Prüfungsrechten verbunden. Er weiß aus seiner jahrelang zurückliegenden Erfahrung als Sydneyer Lecturer of Music (auch nicht mehr als eine fleischlose Lehrbeauftragung), daß von hier aus das Erklimmen einer höhergelegenen, fest an die Fakultät gebundenen Charge nur möglich ist, besser gesagt, sich ergibt, wenn das vom Lehrbeauftragten vertretene Fach sich so weit verselbständigt, daß es sowohl im universitären Innern bei den mit beiden Augen auf das ihnen zuerteilte Lehrstuhlfach blickenden Sattelfesten Aufmerksamkeit erfährt als auch außerhalb des universitären Geheges.

Die Beschaffenheit dieses Mauerblümchenzustands macht ihn weder unzufrieden noch nachlässig, noch versucht er, Einflußbarkeiten anzustacheln oder für sich die Werbetrommel zu rühren. Ansehnlich gesagt, der ganze Vorlesungs- und Forschungsbetrieb macht ihm Spaß. Dabei bleibt als Grundfeste nicht etwa jene meist von den Unerfolgreichen ausgestoßene prätentiöse Redefloskel vom Dienst an der Wissenschaft – stetig ausgedruckt auf Ordensverleihungs- und Abschiedsurkunden –, sondern die ihm in mehrfachen Hinsichten von seiten der anwachsenden Studentenschar wie von den an ihn herantretenden Auftraggebern bezeugte Aufrichtung zum Experten, wenn es zu mißhelligen Fragen im Bereich des Presse-, Film- und Fernsehwesens kommt. Selbst der Brotverdienst, so zugehörig er auch ist, bleibt im Hintergrund der Szenerie – wichtig sind ihm die Merkzeichen seiner Vollwertigkeit, das Vermeiden, in der bereits mehrfach erfahrenen Kälte der Versenkung zu verschwinden.

Darum die Anstrengungen, denen er sich unterzieht, wenn er seine Vorlesungen und Seminare vorbereitet. Ob er unter der Ankündigung »Einführung in die Lehre von der Massenkommunikation« die Probleme von »Masse« und »Kommunikation« von ihrer thematischen Herkunft bis zur Aktualität aufrollt; über »Wirkungen der Massenkommunikation« empirisch erforschte Vorteile und Nachteile zur Diskussion stellt; die bis dato kaum angeklungenen Gebiete einer »Soziologie des Films« und einer »Soziologie des Theaters« betritt; oder unter der Fahne des Ringens gegen die ihm verhaßte Provinzialität des sich in der Entwicklung befindenden bundesrepublikanischen Monopolfernsehens

»Soziologische Probleme des Fernsehens« bespricht – was er anhand von stichwortartigen Notizen in freier Rede vorträgt, und nicht etwa wie ihrer Sache unsichere Magister vom ausgeschriebenen Manuskript vorliest –, zeichnet sich durch Enthusiasmus, Polemik und Mut aus, die nach seiner Ansicht die Grundfesten der Freiheit des Katheders sind. Er kennt keine Hindernisse, wenn er über wissenschaftlich-akademische Tabus hinwegfegt, Beispiele aus seinem eigenen Leben, aus der Politik, aus den vermischten Nachrichten oder dem spießigen Fernsehprogramm überzeichnet und kühn das bitter-ernste Wissenswerte mit erheiternden Einsprengseln versieht. Für ihn ist die Universität der Treffpunkt und der Erziehungsort der geistigen und idealistischen Elite, gleich, ob sich seine Hörerschaft aus Abkömmlingen der armen, der reichen, der linken oder der rechten Bevölkerungsschicht zusammensetzt. Ihm geht es um die Einprägsamkeit des vorgetragenen Gedankengutes, sei es seinem oder anderen Köpfen entsprungen, und dabei hilft einzig nur das den Zweck heiligende Mittel: die selbstgewisse Exposition der eigenen Person mitsamt der Materie.

Obwohl er nur ein Nebenfachler ist, sozusagen eine huldreich geduldete Beigabe zum soziologischen Lehrplan, hat sich der steigende Zulauf zu seinen Vorlesungen und Übungen herumgesprochen. Aus mancherlei wohlwollenden und wahrscheinlich auch neidischen Kollegenmunden kommen ihm Bemerkungen wie »Ihre Vorlesungen müssen ja geradezu Farbkleckse sein« entgegen. Von Freund König, bei dem er nach wie vor in regelmäßigen Abständen zu Gast ist, natürlich nie ein Wort des Lobes. Doch daran ist er gewöhnt, ebenso wie an unerwartet auf ihn losgelassene Bemerkungen wie »Du behandelst die Mitarbeiter in deinem Institut zu autoritär; das sind Gleichgestellte und keine Untergebenen«, womit König sich, als Antreiber seiner Assistenten bekannt, wohl selbst entlasten will. In der Tat, es ist ihm ersichtlich geworden, daß König sich in seinem Eifer, der während der Nazizeit zur ideologisierten Regimeanbetung heruntergekommenen Soziologie wieder zu ihrer einstigen gestalterischen und international anerkannten Größe durch seine blendenden Vorlesungen, seine anspruchsvollen Schriften und sein Auftreten bei Kongressen und Tagungen zu verhelfen, übernommen hat. Wie soll das ein einzelner ohne handgreiflichen Beistand schaffen, vor allem, wenn jemandem wie König die Ausbildung der jungen Leute mehr am Herzen gelegen ist als die Ausarbeitung strenger und bitterer Traktate über die Verfehlungen der immer noch auf ihren Lehrstühlen hockenden Unverbesserlichen. Er hat als kleinstes Rädchen am Wagen nur ein wenig in den Lehrbetrieb hineinzublicken und diesbezüglich anfallende Äußerungen der Unzufriedenheit von seiten Königs zur Kenntnis zu nehmen, um zu begreifen, daß die Hilfe zweier, als Privatdozenten akkreditierter Personen für die Durchführung eines stetig anwachsenden Vorlesungsbetriebs nicht ausreicht.

Um rechtschaffen zu sein, läßt er sich über diese verzweifelte Lage nur aus, weil sie ihm zugute kommt. Gerade im Jahre des Herrn 1962, als ihm der verdammte Altnazi Hans Engel immer noch auf den Fersen ist, während sich 143 Richter und Staatsanwälte aufgrund ihrer Tätigkeit in der NS-Justiz pensionieren lassen, der Verbrecher Adolf Eichmann wegen Beihilfe bei der Ermordung der Juden im NS-Reich hingerichtet wird und die Welt mit höchster Spannung die Blockade Kubas durch die USA verfolgt, gerade in diesem und in dem vorhergehenden Jahr macht sich an der Universität ein unmäßiger Zustrom von Studenten bemerkbar, die sich für Soziologie als Haupt- oder Nebenfach einschreiben. In Königs grandiose Vorlesung »Von Montesquieu bis Marx« drängen sich über zweihundertfünfzig Studenten in den viel zu kleinen Hörsaal, und auch Silbermann verzeichnet einen ungemeinen Zulauf, was wahrscheinlich an der Aktualitätsbezogenheit seiner Themen liegt. Allerdings, für den Aufbau einer soziologischen

Abteilung, die unser aller Oberhaupt nach dem Vorbild der Sociological Departments an den amerikanischen Universitäten im Sinne hat, ist das Angebot an Vorlesungen und Seminaren zu gering. Bei der Einrichtung zusätzlicher Stellen für das Fach Soziologie zeigen sich das Ministerium und die Fakultät starrsinnig zurückhaltend. Beide Instanzen sind der Soziologie als einem sich durch kritische Haltung hervortuenden Wissenschaftszweig nicht sonderlich gewogen, wobei hinzukommt, daß König, in der wirtschafts- und sozialwissenschaftlichen Fakultät untergebracht, dort mit einer Stimme zirka dreißig wirtschaftswissenschaftlichen Kollegen gegenübersitzt. Doch König läßt in der Entschlossenheit, sein Fach durch die Hinzuziehung von ihm geistig und wissenschaftlich verbundenen Mitarbeitern aufzuwerten, nicht nach. Einstweilen macht er seine Ansprüche geltend, indem er den schaffigen Lehrbeauftragten Silbermann auf den Schemel eines Honorarprofessors setzen läßt, was die Fakultät durch Beschluß mit Wonne vollzieht. Zwar kennt ihn dort keine Seele, noch weiß man über sein Lehrfach und seine Eignung Bescheid, aber mit der Ernennung hat man wenigstens für eine Weile die Heftigkeiten des Kollegen König beigelegt und dabei dem Staat nicht einen Pfennig aus der Tasche gezogen. Den Unwissenden sei gesagt, die achtunggebietende Wortbildung Honorarprofessor veranschaulicht nicht eine professorale Stelle mit, sondern, im Gegenteil, eine ohne Honorar – dafür aber mit ein paar mehr Verpflichtungen, Verantwortungen und Rechten.

Die urkundlich festgehaltene Betitelei bereitet ihm berechtigte Freuden, und als erstes bestellt er sich einen Talar nebst dem Kopfschmerz bereitenden Barett, um in voller Pracht und Würde bei den feierlichen Universitätszeremonien erscheinen zu können. Noch sind wir nicht in den Zeiten der gerammelten Abwertung des Professorentitels, in den Jahren, als es sich jeder Kackstudent durch das vorbedachte Fallenlassen der gebührlichen Anrede »Herr Professor« leisten kann, sich als stallwarmer Seinesgleichen aufzuspielen. Zu den anklingenden Freuden gehört auch der ausnahmsweise von der Mutter mitunterschriebene Gratulationsbrief des Vaters. Er bescheinigt ihm, daß er in seiner Beflissenheit das Vertrauen der Eltern nie und nimmer enttäuscht hat, daß er durch seine Erfolge ihre Wegbereitung mit Zins und Zinseszins vergolten hat, kurzum, daß sie stolz auf den Herrn Professor sind und hoffen, ihn als solchen baldigst wieder in Sydney zu sehen. Doch diese Zeit ist noch längst nicht gekommen. Im Augenblick macht er sich daran, das neuerworbene Ansehen auszumünzen, indem er seine verschiedenen, ineinander verschränkten Handlungsebenen mit dem universitären Versatzstück des Sachkenners versieht. Es erleichtert die Arbeit in seiner bald aus allen Fugen platzenden Miniforschungskemenate und eröffnet merklich den Zugang zu den Vergebern von Forschungsaufträgen und Veranstaltern wissenschaftlicher, manches Mal auch unterhaltsamer Tagungen. Vor allem auf dem Mediengebiet und auf dem die Bevölkerung umgarnenden Fernsehen bewegt sich in der ersten Hälfte der sechziger Jahre so manches. Die einen rufen: Heil dem Fernsehen, denn mit seinen statutengemäßen Verpflichtungen, Information, Bildung und Unterhaltung zu liefern, lockt es die Bundesbürger aus ihrem hinterwäldlerischen Gleichmut heraus; verbindet es sie mit dem öffentlichen Leben und dem Weltgeschehen; durchbricht es Vereinsamung, trägt zur Fortschrittlichkeit im Bildungswesen bei; und, wenn wohl kontrolliert und programmiert, fördert demokratisches Politik- und Kulturverständnis, kurzum, es ist eine willkommene Wunderwaffe bei der Fundierung eines gleichgewichtigen Gesellschaftslebens. Nein, tönen die anderen, dieses allen zugängliche Pantoffelkino ist der teuflische Wegbereiter für die Nivellierung und Vermassung unserer Gesellschaft; ein Verderber der Jugend; der Helfershelfer des Spießertums; der Gefährder von Lebendigkeit, Engagiertheit und kreativer Arbeit, kurzum, eine fluchwürdige Jahrmarktsbude mit technologisierter Billigware.

Inmitten dieses Schlagabtauschs, dem sich Filmunternehmen, Zeitungs- und Kinobesitzer aus verständlichem Eigeninteresse auf der abschlägigen Seite zugesellten, stand der Staat mit seiner Behörde und seinen Repräsentanten, die allesamt geglaubt hatten, durch ihre gesetzgeberischen Regelungen (Öffentlich-Rechtlichkeit, Statut, Rundfunk-, Verwaltungs- und Programmräte, Gebührenzwang u.a.m.) das Massenmedium auf alle Zeiten so weit gezähmt und abgesichert zu haben, daß sie auf kritische Anklänge mit Bezug auf Wirtschaftlichkeit, Handwerk und inhaltliches Spektrum wie auf ungereimte Nadelstiche herabsehen konnten. Doch aus diesem Schlummer sollten die Ministerialbürokraten ebenso wie die bis zur Selbstherrlichkeit aufgestiegenen Intendanten und Räte kopfüber geweckt werden. Politiker aller Färbungen beginnen, ohne von der Sache etwas zu verstehen, mit demokratischem Verlaub ihre ideologischen Süppchen zu kochen; die obersten Gerichtsherren werden angerufen, unter denen eine Vielzahl angesichts einer Fernsehantenne auf dem Hausdach ihr weises Haupt am liebsten in Scham hüllen würde; und überall im Lande – in Volkshochschulen, katholischen und protestantischen Akademien, Frauen- und Jugendverbänden und sonstigen, auf die Diskussion bedrohlich klingender Gegenwarts- und Zukunftsgedanken erpichten Interessengemeinschaften – blühen und gedeihen Tagungen über das vielgerühmte und vielgeschmähte Fernsehen. Unumgänglich, wahrscheinlich aus Mangel an Sachkenntnis oder Einfallsreichtum, werden Verhältnismäßigkeiten wie »Fernsehen und Kultur«, »Fernsehen und Politik«, »Fernsehen und Bildung«, »Fernsehen und Jugend«, »Fernsehen und Moral«, »Fernsehen und Unterhaltung«, »Fernsehen und Freiheit«, »Fernsehen und Werbung« und ähnliche Nachdenklichkeiten aus mottengeschützten Räumen problematisiert. Hierdurch aufgeschreckt haben die fest in ihren administrativen, beaufsichtigenden und gestalterischen Sesseln sitzenden Verantwortlichen nur hohle Worte zur Hand. Entweder heißt es: »Wir tun unser Bestes«, vergessend, daß für das Wohl der Gesellschaft das Beste noch nie gut genug war, oder: »Im Vergleich zur amerikanischen Television ist unser Fernsehprogramm erste Güteklasse«, ein Argument, welches unterstellt, daß die das deutsche Fernsehen durch ihre Gebühren finanzierenden Schmitzens und Müllers sich um der Verifikation dieser Aussage willen sofort in die USA begeben.

Das sichtlich schlotternde Geplänkel – in mehrvolumigen Bänden von geschichtsschreibenden Beteiligten in würdiger Stimmführung festgehalten – geht allmählich zu Ende, als die dem Fernsehen angekreideten Mißstände mit dem höhnischen Hinweis auf die kommode Nutzung des Abschaltknopfes nicht länger abgetan werden können. Die Wissenschaften werden zu Hilfe gerufen, denn von ihnen und ihren Untersuchungsergebnissen ist der Bürger nach altüblichem Herkommen überzeugt, daß sie sich nicht schuldhaft in ein Interessengestränge verstricken werden. Pädagogen, Philosophen, Psychologen, Neurologen, Moraltheologen und, wenn auch ein wenig zögernd, Soziologen werden aufs Tapet gerufen. Eine Vielfalt von Forschungsaufträgen wird erteilt, um aus der jeweiligen wissenschaftsspezifischen Sicht das neue Medium Fernsehen ohne Umgehung oder Beschädigung der altetablierten Medien, wie Presse, Film und Radio, aus der Spannung zwischen Träumen, Idealen und Wirklichkeit herauszureißen.

Hier kommt auch der professorale Medienexperte Silbermann ins Spiel. Nicht nur, weil er sich in aller Öffentlichkeit mit allmächtigen Intendanten und Fernsehdirektoren wegen ihres Bildungswahns und ihres unheilvollen Gesellschafts- und Kulturverständnisses angelegt hat, nicht nur, weil er mit durchdachten, auf seinen Forschungsarbeiten gründenden Auffassungen dem Windmühlengeklapper von falschen Propheten so weit entgegentritt, daß er bei einem in München abgehaltenen Kulturkongreß durch seinen Ausruf: »Ich bin geradezu begeistert über die hier herrschende Selbstzufriedenheit« und sein Verlassen des Saales mit den Worten: »Ich bin hier offensichtlich auf der falschen Hochzeit« Schlagzeilen macht, sondern weil er über den Rand der Auseinandersetzungen hinaus beständig seiner Überzeugung von der dienlichen Erkenntniskraft einer sich auf empirischer Grundlage bewegenden Soziologie Ausdruck und Formung verleiht. Ebenso wie bei der Erforschung der Künste, ihrer Entwicklung und ihrer Auswirkungen wirft er der nur mit Oberflächendaten laborierenden Fernsehforschung vor, daß sie bisher nur das Medium betrachtet hat, nicht aber die Verbindung zwischen Produzent und Konsument, weswegen man sich nicht wundern darf, daß die Gründe für eine sowohl das populäre wie das elitäre Fernseherlebnis überlagernde Fernsehfeindschaft nicht erkannt wurden.

Wahrlich, wenn er um sich blickt, dann ist er der einzige an den deutschen Universitäten, der Lehre und Forschung an die Erbschaften der Soziologie angebunden hat, der einzige, der im Fach Soziologie angesiedelt und weder unter dem Mantel philosophischer, staatskundlicher, naturwissenschaftlicher noch pädagogischer Fakultäten versteckt ist. Mit unverhohlener Befriedigung kann er registrieren, daß sich immer mehr von der bloßlegenden Gewißheit der soziologischen Forschung Überzeugte – Behörden, Wirtschaftsunternehmen, Werbefirmen, aber, bewahre, keine der im Verteidigerstuhl sitzenden öffentlich-rechtlichen Anstalten – an ihn beziehungsweise sein Institut mit Aufträgen wenden, die die ganze Breite von der Presse, über den Film, bis zum Fernsehen umfassen. Jetzt heißt es für ihn aufstocken, zumal die repräsentativ angelegte Wohnuntersuchung zur Zeit noch im Gange ist. So ist denn als erstes die Anmietung größerer Räume für sein nicht zur Universität gehörendes, sondern aus Auftragsmitteln finanziertes Institut für Massenkommunikation zu erledigen. Und dann ist nach Mitarbeitern Umschau zu halten, die, ebenfalls aus laufenden Projektmitteln bezahlt, nicht mit Daueranstellung und hohen Gehältern rechnen können. Beide Unterfangen sind risikoreich, da sie letztendlich seine Privatschatulle verpflichten. Doch sie gelingen. Die Miete der fern von der Universität in einer schmalen Gasse gelegenen Büroräume ist erschwinglich, und die Mehrzahl der aus seiner Studentenschar rekrutierten Forschungsnovizen erweist sich als kompetent und zuverlässig; manche unter ihnen, derzeit in gehobenen Positionen, sind ihm zu treuen Vertrauten geworden.

Der Massenkommunikator Silbermann, wie ihn Freund König sinnreich und spöttelnd zugleich benennt, ist keine kontemplative Natur. Selbst zu diesem Zeitpunkt, dem einer ansehnlichen Festigung seiner Position als Wissenschaftler und Forscher (ganz zu schweigen von deren nicht zu verachtender Einträglichkeit), erwägt er nicht, ob er sich von den vorhandenen Verhältnissen bestimmen läßt oder es unternommen hat, bestimmend auf sie einzuwirken. Welcher Anspruch leitet ihn oder, wenn es nicht zu hochgestochen klingt, welche Läuterungen weisen ihn, wenn er in Schrift und Rede seine Denkergebnisse ausbreitet? Verbirgt er sich hinter der Redlichkeit des Fürsprechers für eine gerechtere Welt, hinter der Verwegenheit eines Weltverbesserers, hinter der Unbedingtheit des von ihm in Dienst genommenen Wissenschaftszweiges? Oder stellt er sich vielleicht am hauchdünnen Vorbild derjenigen dar, die behaupten, sich aus Liebe zu ihrer Wissenschaft, aus Hingabe an die Vernichtung des Bösen und Falschen, an demokratische Unablässigkeiten, an die Jugenderziehung, an die Aufklärung zu Tode zu schuften? Mitnichten. Was immer er schreibt, vorträgt oder lehrt – ob er dabei je nach dem sich bietenden Anlaß hochgemut, zurückhaltend, theatralisch oder zugeknöpft auftritt –, aus ihm spricht selbst bei der beiläufigsten Sache die schicksalhafte Erfahrung der Unterjochung.

Das ist ein großes Wort, gleichmütig ausgesprochen, doch es stimmt, wenn auch nicht in der Weite, mit der Hiob vom Unsichtbaren mit Schwären übersät wurde. Er braucht nur zurückzudenken – wer käme daran vorbei –, und aufgestöbert werden Erinnerungen an den Fuß, den ihm die Nazis in den Nacken setzten, an die verdrießlichen Entmündigungen durch seine holländischen Geschäftspartner, an den Hindernislauf durch den jammervollen französischen und britischen Behördentrott, an die Unterwerfung unter die physischen und geistigen australischen Hemmschuhe, an die Hintertreibung seiner Leistungen im Paris der Nachkriegszeit und so weiter und so fort. Und da soll es verwundern, daß er gar dort Unterjochung wittert, wo Verhängnis, Zufall, Durcheinander oder Ordnung walten? Das Fernsehpublikum dem Bildungswahn auszusetzen, die Kunsterziehung verkümmern zu lassen, Kunst und Technik als Gegensätze zu propagieren, die Medien politisch zu gängeln, mit dialektischem Getöse gegen die Entwicklung einer aufrechten Populärkultur anzugehen, Tabus aus Wilhelminischen Zeiten aufzufrischen und Menschen in die Wohnräume von Betonkasernen zu zwängen – alles dies sind ihm Unterjochungen, gegen die anzugehen den Tenor seiner Schriften und Reden prägt. Es ist dieses Verständnis von seiner Arbeit sowie seiner Unerheblichkeit im Rahmen der Bestimmung von Verhältnissen, die ihn stets mit rückhaltloser Offenheit und schonungsloser Kritik sprechen läßt. Selbst das an der Grenze zum Unerfaßbaren liegende Getue der Seelenleser ist ihm manipulierte Unterjochung, und so zögert er nicht, auf einem Psychologenkongreß zum Thema »Antisemitismus« gegen die Entwurzelung dieser sozialen Seuche durch unentgeltliche psychoanalytische Komplexzuschreibungen, vom Ödipuskomplex bis zur narzißtischen Verbundenheit, anzugehen, da kein Judenfeind sich auf die Couch des Psychoanalytikers legen wird, um durch die noch so gescheite Erkenntnis seines Trieblebens von seinen wohlbekömmlichen antisemitischen Sinnen geheilt zu werden.

Dem Kopfüber, mit dem er sich in die Inganghaltung seiner Obliegenheiten stürzt – er hat sein Musikkritikseminar zu einer Lehrveranstaltung über Musiksoziologie umgestaltet und neben der Herausgabe der Schriftenreihe »Kunst und Kommunikation« noch die der Zeitschrift »Theater und Zeit« übernommen –, liegt ein weiterer Anschub zugrunde, der nicht wortlos übergangen werden kann. Auch er stammt aus der Tiefe seiner Vergangenheit, aus den Zeiten, als der in umsorgtem Komfort aufgewachsene Doktor der Rechte, aller Rechte beraubt, Jahre des Diskomforts physischer wie geistiger Art zu durchleben hatte. Damals schon, als er in Amsterdam mit von Druckerschwärze beschmutzten Fingern nach Aufträgen Ausschau hielt, in Paris mit klebrigen Händen Kuchen verkaufen ging, in Sydney Bier- und Fettdunst seine Kleider bis auf die Haut durchdrangen, ja damals schon, als ihm nicht einmal Zeit blieb, ein Buch aufzuschlagen, geschweige denn zu lesen, hatte er sich neben dem Wunsch, einmal bedeutend und glücklich zu sein, geschworen, in der Tat: geschworen, das Aufbegehren nach körperlicher und unkörperlicher Behaglichkeit wie ein Banner vor sich her zu tragen. Knallhart realistisch gedacht: Das soll der Lohn für Arbeit, Einsatz, Mut und Unmut sein. Er verweigert sich den Schmalspurigkeiten, die meist von seiten derer auf ihn zukommen, die am ehrenwerten Versuch der Selbstbehauptung gescheitert sind und ihn neidvoll als einen inmitten der um ihr Auskommen besorgten Soziologengemeinde lebenden kapitalistischen Luxusgent ansehen.

Keiner unter den stubenhockenden Kümmerlingen, sondern er, der weltmännisch auftretende Medienfachmann, wird vom zuständigen Referenten im Innenministerium beauftragt, sich in Japan über Medienlehre und Medienpädagogik umzusehen und anhand des den deutschen Institutionen weit vorausgeeilten Vorbilds mit Bezug auf die Auswirkungen des Fernsehens Vorschläge für universitäre Einrichtungen, Curricula und Jugendschutzmaßnahmen in der Bundesrepublik zu unterbreiten. Wohlgemerkt, Anreger des Plans und Empfehler seiner Person zur Durchführung desselben war der in Vereinsmeierei und erzieherischer Ehrsucht gleichermaßen hervortretende Gnoseologe Erich Feldmann, dessen pädagogische Gedankengänge von der Zusammenarbeit mit schweizerischen Gelehrten beeinflußt waren. Was für die Pestalozzianer gut ist, so heißt es, muß auch den Humboldtianern billig sein, und über diese Richtungsweisung entstand zum Schutze der Jugend und zum Gefallen darbender Volks-, Mittel- und Hochschullehrer, Kindergärtnerinnen, Sozialarbeiter, Jugendleiter und anderer Lehrmeister der medienkundliche Unterricht mitsamt Medienpädagogik und Mediendidaktik. Er hat sich wohlweislich von der Betriebsamkeit dieses halb ausgegorenen Schutz- und Trutzfaches stets ferngehalten und davon auch nichts in Japan gemerkt oder erfahren.

Doch noch ist er dort nicht angelangt. Erst muß über die Bedingungen, die Kosten, die Daten und was sonst noch zur Reise eines gewöhnlichen Sterblichen im Auftrage einer Behörde gehört verhandelt werden. Auch da stellt sich Feldmann, Gründer und Vorsitzender der Deutschen Gesellschaft für Film- und Fernsehforschung, als gewiefter Ministerienkenner heraus. Da er so gut wie alle Welt weiß, daß sich eine Regierungsstelle eher die Fußnägel abbeißen würde, bevor sie einer nicht in ihren Büros ansässigen Person eine so himmelschreiend teure Flugreise in ein so fernes Land finanziert, kommt er im Einvernehmen mit dem zuständigen Ministerialrat mit dem Vorschlag, die Japan-Besichtigung wie einen Umweg beim demnächst fälligen Besuch in Sydney zu gestalten, was in baren Dukaten heißt: Du zahlst den Weg von Europa nach Australien und zurück, und wir, dein staatlicher Vertragspartner, großzügig wie wir sind, tragen die Kosten für das »bißchen« Umweg plus – vermerke wohl – Übernachtung und Tagesgeldern nach den gültigen Sätzen, das heißt so, als würdest du für uns an einem Einführungskurs zur Automation der Rangierbahnhöfe in Dingsbums teilnehmen. Genau so wird die Forschungsreise geregelt, was ihn am Ende zwar einen Batzen Geld kostet, indes einen in Geld nicht aufwiegbaren Erfahrungsreichtum und erkennbaren Status einbringt.

Mit Visum und Empfehlungsschreiben diverser Sorten im Gepäck, folgt im Herbst des durch den Auschwitz-Prozeß, Präsident Kennedys Berlin-Besuch und dessen hinterhältige Ermordung markierten Jahres 1963 die in vielerlei Hinsichten erfreuliche Episode Australien/Japan. Er wird sich hüten, dem Kurzbesuch in Sydney mehr als ein paar Zeilen zu widmen, um dem Verlagslektorat nicht die Gelegenheit zu geben, den Wiederholungen und Langeweile unterdrückenden Kürzungsstift aus der Tasche zu ziehen. In Sydney ist eben alles beim alten, und was nicht beim alten ist, darüber hat er aus Vaters Briefen und denen der schreibfreudigen Else genügend entnommen. Er weiß, wie untüchtig die australische Regierung ist, wie die lokale Mafia ihr Unwesen treibt, wer sich hat scheiden lassen, wer mit wem Krach hat, sieht zu seinem Leidwesen, wie Vater trotz ansteigender Erblindung und erneuter Augenoperation stets noch der Arbeitswilligkeit frönt, Mutter sich über die schlampige Haushaltshilfe erbost und beide Elternteile sich an seinem Professorentitel und der Berichterstattung über den damit verbundenen Aufgabenbereich erfreuen. Er läßt sich blicken, herumreichen, besichtigen, gibt gelehrige und der Situation angepaßte einfältige Antworten von sich und verschwindet nach ein paar Wochen so schnell er kann in einem unangemessen engen Flugzeugsitz nach Tokio.

Hier erwartet ihn der im vorhinein benachrichtigte Übersetzer seiner beiden französischen Bücher, ein bescheiden aussehendes, sich unentwegt verbeugendes Männlein, das ein wenig Englisch stottert, seltsamerweise jedoch kein Wort Französisch spricht. Befragt, wird ihm erklärt, daß er Französisch lese und mit Hilfe eines Lexikons, allerdings etwas zeitraubend, alles bestens verstanden und übertragen habe; im übrigen die Bücher so erfolgreich seien, daß bereits von ihm zu überbringende Einladungen für Vorträge bei den Musikwissenschaftlern ausstünden. Von einem blind dahinrasenden Taxi im von der Bundesregierung nur zur Hälfte mitgetragenen schicken Hotelkasten Okura abgeliefert, setzt er sich als erstes mit der Deutschen Botschaft in Verbindung, der sein Kommen und seine Mission, wie hochtrabend auch die geringfügigsten gouvernementalen Extratouren genannt werden, von Bonn aus angekündigt worden waren. Ein netter Herr, der Kulturattaché, tritt auf, führt ihn zum Mittagessen und gibt ihm alsbald zu verstehen, daß er über Stellen, die sich mit Fernsehen, Medienerziehung, Soziologie und dergleichen Vorlagen befassen, absolut nicht Bescheid wisse, zumal sie mit seinen so ungeheuerlich bedeutsameren, eben auf die Repräsentanz der deutschen Kultur ausgerichteten Aktivitäten nichts zu tun hätten. In der Tat, ein netter Herr, dieser Kulturwesir, aber ein hoffnungsloser Fall. Immerhin, er zaubert einen höflichen japanischen Studenten herbei, der ihm gerne bei Kontaktaufnahmen und Übersetzung – gegen Bezahlung, aber, bewahre, nicht auf Kosten der Botschaft! – behilflich sein wird. Ein Glück, daß er sich bereits mit einigen der sogenannten Anlaufadressen versorgt hat; denn der Student, offensichtlich des Englischen ebensowenig mächtig wie sein Buchübersetzer des Französischen, stellt sich als eine ausgesprochene Niete heraus. Also wie immer: Selbst ist der Mann, ran ans gut funktionierende Telefon, und nach zahllosen »Muschi, Muschi« in seine abstehenden Ohren, von liebevollen Foppern auch Radarohren genannt, steht der seine Majestät, die Bundesrepublik, vertretende wendige Medien-, Musik- und Soziologieverständige – gerade wie es anfällt – auf dem Teppich vor Forschungsleitern, Fernsehbonzen staatlicher und kommerzieller Anstalten, vor Soziologie-, Kommunikations- und Musikprofessoren auskunftsfreudiger oder zurückhaltender Art. Sie alle sind angenehm artig, schleudern ihm ihre Visitenkarten entgegen, radebrechen ein schauriges Englisch und gehen ihm angesichts der

Disproportion der von ihnen üppig gestellten Fragen und der von ihm gewünschten Antworten beträchtlich auf die Nerven. Auch ihr Dauerlächeln trägt nicht gerade zur Vereinfachung der inquisitorischen Abläufe bei.

Zwar ehrt es ihn ungemein, vor den Mitarbeitern des Forschungsinstituts der staatlichen Fernsehanstalt NHK zu sprechen und mit ihnen Methodisches zu diskutieren; auch bereitet es ihm Vergnügen, einer Schar von unentwegt ihren Fotoapparat auf ihn richtenden Musikstudenten einige Grundthesen seiner Musiksoziologie vermitteln zu können, um anschließend von den Kollegen, beschwerlich auf dem Boden hockend, zu Festmahlen geführt zu werden – aber das alles macht ihn nicht bekannt mit Land und Leuten, mit ihren Kulturäußerungen, ihrer sozialen Schichtung, ihren hochschulgerechten Dienstleistungen, ihrem Fernsehkonsum und -verhalten ebensowenig wie die ihm überreichten, fein säuberlich ausgearbeiteten statistischen Zahlenanhäufungen. Nach einer Woche vergeblicher Suche nach dem notwendigen Hintergrund für die soziologischen Folgerichtigkeiten seiner Mission hat er mehr Glück als Verstand. Auf einem seiner abendlichen Streifzüge durch die ihm von Kennern des Milieus empfohlenen Bars der einschlägigen Lustbarkeiten macht er die Bekanntschaft von Koji, einem perfektes Amerikanisch sprechenden Japaner, der ihm zum willigen Dauerbegleiter, Organisator, Führer und elend eifersüchtigen Liebhaber wird. Ihm verdankt er mancherlei Einsichten, vor allem: wie, wo, wann und warum die japanische Familie das eine oder andere Fernsehprogramm zu sich nimmt. Auf sein Verlangen führt ihn Koji unablässig in die Wohnungen aller möglichen Menschen, so daß er sich von der Fernsehversorgung und -wirkung, zumindest in Annäherung, ein Bild machen kann.

Bei den wenigen japanischen Soziologen, bei denen er Zugang findet, stößt er für seine Anliegen auf keinerlei Verständnis. Für sie existiert weder die fortschreitende Westorientierung ihrer Gesellschaft noch die boomartige Entwicklung der Telekommunikation in ihrem Lande. Sie bekümmern sich stur um die strikte Trennung von Grundlagen- und angewandter Forschung. Bei diesen Eingefleischten war nichts zu holen. Einer unter ihnen verweist ihn allerdings an eine der privaten Universitäten Tokios, wo es einen speziellen Medienlehrgang geben soll. Mit Koji als Dolmetscher macht er sich dorthin auf und findet einen mustergültig ausgereiften Ausbildungslehrgang. Gleich, ob der Student Sprecher, Kameramann, Regisseur oder was sonst im Film- und Fernsehbetrieb werden will, erst muß er zwei Jahre ein Allgemeinstudium absolvieren, und erst wenn er das bestanden hat, erhält er Zutritt zur Abteilung Kommunikation, die über Studios, Apparaturen und eine Sendestation verfügt, wo die praxisnahe Ausbildung in dem ausgewählten Berufszweig durchgeführt wird. Dieses bewundernswerte Vorbild einer Aufteilung und – später – sorgsamen Verbindung von Allgemein- und Spezialwissen hat sich zu seinem Leidwesen in Deutschland nie durchsetzen können: Bei den Film- und Fernsehhochschulen ist alles ein Kuddelmuddel der Inkohärenz; bei den theater- und filmwissenschaftlichen Abteilungen an den deutschen Universitäten ein ungemischtes Umranken von Wolken ohne Geltungskraft.

Mit einer teuer als Übergewicht bezahlten Menge von Dokumenten im regnerisch trüben Köln zurück, verläßt ihn die euphorische Stimmung, mit der er die japanischen Begegnisse durchstöbert hat. Niemand ist da, um ihn mit Wiedersehensfreuden zu bedenken, was er sich gewiß selbst zuzuschreiben hat. Nach dem enttäuschenden Debakel mit dem davongelaufenen Jonny hat sich seine Privatsphäre auf ein paar zufällige Techtelmechtel ohne irgendwie gestaltete Anhänglichkeiten beschränkt. Ja, da gibt es den vaterlosen, stets heiteren und für dumme Streiche aufgelegten Wolfgang, aber mit ihm sein Leben zu teilen, dieses sein unwandelbares Sehnsuchtsbild, wäre vergebliche

Liebesmühe. Auch innerhalb seines reichlich bestückten Bekanntenschwarms bleibt es außer ein paar die unersättliche Neugierde befriedigenden Fragen bei der Zurkenntnisnahme seiner Anwesenheit. Es ergeben sich für ihn also genügend Raum und Zeit, sich an die inhaltliche Ausgestaltung seiner wissenschaftlichen, forschenden, schriftstellerischen, erzieherischen und, zum Ärger seiner Kollegen, journalistischen Vielspurigkeiten zu machen. Nun möge er aber nicht daherkommen und tiefe Einblicke in alle die Auslassungen seiner flinken Feder und seines vollen Mundes von sich geben – der Eindruck großspuriger Geistigkeit könnte erweckt werden. Nichts davon. Er bleibt beim Ereignisreichen, bei dem, was ihn getrieben, gestoßen, gejagt und herausgefordert hat, um aus der gedrängten Anonymität dynamischer und zeitlicher Werte abweichend oder vorangehend herauszutreten.

Der dem Ministerium überreichte seitenlange Japan-Bericht nebst der darin enthaltenen Rekommandationen verschwindet mit einem halbherzigen Dankeschön in der erstbesten Obrigkeitsschublade. Nur der Rechnungshof meldet sich und moniert, daß er sich mit ein paar Einladungen für ihm gewährte Gastfreundschaften revanchiert hat. Hoch erfreut ist indes der Instigator des Einsatzes, sein Vereinspräsident und Kollege Erich Feldmann, der mit dem Bericht in der Hand hofft, seinen Bemühungen um die Einrichtung eines überschaubaren Medienerziehungsprogramms mehr Nachdruck verleihen zu können. Silbermann selbst ist eigentlich wenig daran gelegen. Zwar setzt er die japanischen Erfahrungen durch ein paar feuilletonistische Reiseberichte in Umlauf, doch ganz andere, belang- und folgenreichere Dinge nehmen seine Zeit in Anspruch. Verfolgen wir sie der Reihe nach. Die Ergebnisse der in seinem Institut erarbeiteten Wohnuntersuchung erscheinen fein gedruckt und mit Fotos ausgestattet unter dem Titel »Vom Wohnen der Deutschen« und wirbeln sagenhaften Staub auf. Die Auseinandersetzungen in der Presse nehmen kein Ende; ihre Überschriften geben in bester Weise wieder, wo und wie er den Wohnnerv der Deutschen angerührt und getroffen hat: »Soziologie erforscht Wohnbedürfnisse« – »Man sehnt sich nach Geborgenheit« – »Wir wohnen mit Verspätung« – »Das Wohnerlebnis wurde getestet: Am häufigsten wird die Kommode vererbt. Der Blumentisch steht ganz hinten« – »Bauen für den kleinen Mann« – »Behaglichkeit kommt vor Schönheit« – »Die Architekten in der Löwengrube« – »Das Wohnerlebnis als Wille und Vorstellung« – »Von der guten Stube zu neuen Wohnwünschen« und dergleichen Tippel auf dem i mehr.

Für eine lange Zeit, noch bis nach 1966, als die inzwischen vergriffene Großausgabe des Wohnbuches in gekürzter Taschenbuchform verlegt wird, wird er auf den Sessel des Wohnsoziologen gesetzt, was ihm mannige Einladungen zu Vorträgen, Kongreßteilnahmen und für die Reputation und Aufrechterhaltung seines Instituts höchst willkommene Forschungsaufträge einbringt. Das Institut ist immer noch ein Privatunternehmen, das heißt, es finanziert sich – Miete, Mitarbeiter, Putzfrau, elektrisches Licht, Telefon, Porti und was sonst noch an Unkosten anfällt – aus eingebrachten Forschungsbudgets und, falls diese nicht ausreichen, aus seiner Tasche. Da das Institut mit der Universität nichts zu tun hat, bezieht es aus dem Universitätshaushalt keinen roten Heller.

Indessen werden das von ihm hand- und geldkräftig aufgebaute Institut sowie dessen Arbeiten und sein eigener Name in der Presse, im Tagungswesen und in der nationalen und internationalen Korrespondenz, wenn auch fälschlicherweise, so doch regelmäßig mit dem unter der Leitung des Soziologieordinarius René König stehenden, zur Universität gehörenden und von ihr unterhaltenen Forschungsinstituts für Soziologie in Verbindung gebracht, manches Mal gar gleichgesetzt. Dem muß Abhilfe geschaffen werden; denn sich mit fremden Federn zu schmücken, entspricht nicht seinem Interesse als Schaffender und Ausübender. König ist einsichtig, zum einen, weil es ihm verständlicherweise nicht liegt, in etwas verantwortlich involviert zu werden, über das er keine Kontrolle hat, zum anderen, wie es sich fügt, weil er just eine Untersuchung über die Situation der selbständigen Kunstschaffenden angenommen hat, für die er, der immer gegen die Zeit ankämpfende Vielbeschäftigte, keine Zeit hat. König möchte die Erhebung zusammen mit ihm machen, was de facto besagt: »Du besprichst die Sache mit mir, führst sie durch, redigierst sie, ich überlese sie, füge noch Notwendiges hinzu, und wir machen gemeinsam ein Buch daraus.« Eine glänzende Idee: Silbermann macht die Arbeit, König gibt seinen Senf dazu, und unter K wie »König und Silbermann« wird das Objekt in den Bibliographien als Forschungsarbeit des Königschen Universitätsinstituts zu finden sein. »Da ist allerdings ein Haken«, sagt er dem großen Meister. »Du glaubst doch nicht, daß, wenn ich unter Professor Silbermann oder meiner unter Privatflagge trappelnden selbstverantwortlichen Forschungsanstalt von offiziellen und offiziösen Stellen Auskünfte anfordere, ich auch nur ein Zifferchen herausholen werde?« – »Überlaß das mir«, meint der nie pflaumenweich auftretende König, »beginn die Enquete einstweilen unter meinem Namen; wir bekommen das schon hin!«

In der Tat, König erreicht bei der Fakultät die Einrichtung und – wichtig, wichtig! – die offizielle universitäre Anerkennung der Abteilung Massenkommunikation, Direktor Prof. Dr. Alphons Silbermann, des Forschungsinstituts für Soziologie der Universität zu Köln. Die auf dem Briefpapier ausgedruckte Nominierung waren der Fakultät und dem Oberchef ein treffliches Federchen auf dem Hut; ihm eine annehmliche, aber nach wie vor teuer zu bezahlende Kappe. Denn Bedingung für die Abteilungsinstitutionalisierung war der Bescheid, daß die Zurverfügungstellung von Assistentenposten, Räumen, Büroeinrichtungen und anderen Utensilien nicht vorgesehen sei. Was bleibt ihm schon anderes übrig, als sich mit dieser geschickt eingefädelten Umgarnung abzufinden ...

Während 1964 mit überspanntem Demokratieverständnis die Gründung der rechtsextremen Nationaldemokratischen Partei Deutschlands (NPD) zugelassen wird und sich ein arabischer Faschist namens Arafat lautstark zum Führer einer Bewegung zur Vertreibung der Juden aus Palästina aufschwingt, kommt wie vorgesehen unter Königs und Silbermanns Namen aus der neuerrichteten Abteilung das Büchlein »Der unversorgte selbständige Künstler« auf den Markt. Trotz der Aufklärung über abominable Zustände erregt es weder Aufsehen, noch zeitigt es irgendwelche Verbesserungen der Situation des Künstlervölkchens. Erst viele, viele Jahre später wird unter Bezugnahme auf die Veröffentlichung das Thema in weitaus umfassenderer Weise wieder aufgegriffen. Mit politischen Ideologievorstellungen im Visier führt dies zu einer höchst dubiosen, mit gesetzlichen Zwangsbehelfsmitteln versehenen Einrichtung, der Künstlersozialkasse.

Immer schön der Reihe nach. Um seine Handlungsfähigkeiten nicht durch zwischen die Zeilen gelegte Weisungen beeinträchtigen zu lassen, begibt es sich, daß er zur Teilnahme an einer Tagung über Massenkommunikation und Medienerziehung eingeladen wird – eine von vielen, auf denen er schon als eifriger Referent aufgetreten ist –, die in einem mehr als Wirtshaussaal denn als Tagungsstätte erkennbaren Raum in einem Nest in der Nähe von Lausanne stattfindet. Zusammen mit dem betriebsamen Medienedukator Feldmann trifft er dort auf eine Ansammlung Schweizer Studienratstypen, aus deren Munde ein nach bekannt Schweizer Art behäbiges Gemisch aus schlechtem Deutsch und feinstem Französisch fließt. Zwei oder drei der anwesenden, mit Professorentiteln geschmückten Herren, darunter Professor Panchaud von der Université Lausanne, verwickeln ihn beim Abendessen in eine Fachsimpelei, die mehr mit seinen Lehr- und Forschungsaktivitäten in Paris und Köln zu tun hat als mit dem Thema der sich als Erziehungskongreß ausweisenden Lehrerversammlung.

Am nächsten Tag saust er per Rheingold zurück nach Köln und fragt sich, wozu er sich zu diesem Auftritt auf dem Lande hat überreden lassen, zumal ihm nicht einmal die Reisekosten vergütet wurden. Doch dann dauert es keine zwei Wochen, und ein Brief von besagtem Professeur Panchaud erreicht ihn, der ihn, als Président der École des Sciences politiques et sociales der Universität Lausanne zeichnend, bittet, sich nach Lausanne zu einer Besprechung zu bemühen. Etwas vage das Ganze, aber warum nicht? Also wieder auf nach Lausanne, wo er noch am gleichen Abend in einem Restaurant mit einer Gruppe von vergnüglich gestimmten Trinkern und Essern konfrontiert wird, darunter als Wortführer ein Geschichtsprofessor und als Hauptwortführer der Bürgermeister von Lausanne, ein ehemaliger Politikprofessor mit Namen Chevallaz. Die Herren kommen, noch bevor er seinen Fisch aus dem Lac Léman, wie der Genfer See ab Lausanne heißt, in Angriff genommen hat, mit Windeseile zur Sache: Angebot einer Professur für Soziologie und Massenkommunikation an der École des Sciences politiques et sociales ab Wintersemester 1964 sowie als Direktor ein sich mit den Medien befassendes Forschungsinstitut aufzubauen und zu leiten, dessen Räumlichkeiten die Bürgermeisterei der Stadt Lausanne zur Verfügung stellen wird. Es werden Bedingungen, Einzelheiten etc. diskutiert, einige pertinente Fragen beantwortet, alle Hilfen bei seiner Niederlassung zugesagt, und nach Verzehr des Desserts, Händeschütteln und nachdrücklichem »Au revoir à Lausanne« steht der fürbaß verblüffte honorarprofessorale Silbermann auf der Straße. Alles hatte er erwartet, nur das nicht, obwohl ihm der patriarchalische Vermittler und offensichtliche Empfehler Feldmann diesbezüglich mal eine weitläufig ignorierte Andeutung gemacht hatte.

Der zu verlangten oder unverlangten Ratschlägen und Belehrungen allzeit bereite Freund König, selbst einmal in der deutschschweizerischen Universitätsszene mit Gutem und Schlechtem bedacht, räsoniert mit der von irgendwoher geholten Aussage, die Lausanner würden nicht mehr als ein Oberlehrergehalt zahlen, gegen die Annahme der Berufung, vergessend, daß die Kölner überhaupt nichts berappen. Auch der Hinweis, daß er in Lausanne zusammen mit einem anderen Soziologen auf dem ehrenwerten Lehrstuhl eines der weltberühmtesten Theoretiker, nämlich Vilfredo Pareto, sitzen werde, zieht bei König nicht. »Die Zeiten, als die aus der Lehrstätte von Walras und Pareto kommenden Arbeiten unter dem Kennzeichen École de Lausanne Weltruf hatten, sind längst vorbei. Im übrigen ist Lausanne, abgesehen von seiner Technischen Hochschule, die unbedeutendste Universität der ganzen Schweiz. Und dann«, so spricht der auf die Anerkennung seiner hohen moralischen Beständigkeit erpichte Gönner, »kannst du deine Studenten und Mitarbeiter hier nicht im Stich lassen; das ist unverantwortlich!« Folgt noch eine kurze Beschimpfung, in der Worte wie Undank, Affront, Gewissenlosigkeit, Vertrauensmißbrauch fallen, und es verdunkelt sich der Lausanner Horizont.

Wie er nun unentschlossen zwischen dem Verzicht auf die Eventualität eines Erfolgskurses im Kölner Aktionsradius und verheißungsvollen Ertragsperspektiven im Lausanner Betriebsgeschehen dasteht, wird die Spannung wetterwendisch durchbrochen: Er erhält ein Kündigungsschreiben seiner Wohnung, denn das Haus ist verkauft worden und wird in eine Therapeutenpraxis mit Schwimmbad und der Teufel weiß was noch umgebaut. Vor Wohnungssuche und Umziehen, diesen lästigen und immer mit großen Unkosten verbundenen Umwechslungen, hat er einen Horror, denn allzuoft ist er schon in Paris und dann in Köln wie ein Beduine von einer möblierten Wohnung zur nächsten gezogen. Noch mal umziehen, und diesmal auch noch mit eigenen Möbeln und einer Regale füllenden Bibliothek? Die Verstörung über das Optische muß die Oberhand über die

Zweifel an der aus der Schweiz kommenden Zeichenhaftigkeit gewonnen haben. Die Vision von der Umstülpung des Realraums verbindet sich mit der Veranschaulichung des Lebensstoffes eines bodenständigen Wirkungskreises, eines Einfluß- und Machtbereichs sowie der dazugehörigen Abgeltung.

Beschluß gefaßt und den Lausannern die Annahme der Position mitgeteilt, arrangiert er sich mit König dahingehend, daß er, obwohl als Honorarprofessor nicht dazu verpflichtet, alle vierzehn Tage nach Köln zu einer Vorlesung kommen und die Leitung der von ihm aufgebauten Abteilung Massenkommunikation fortsetzen wird. Es wird zu sehen sein, wie der Ablauf einer solch übersollerfüllenden Betreuung sich in Form bringen lassen wird. Jetzt geht es erst mal darum, den Umzug nach Lausanne zu organisieren und dort eine Wohnung zu finden, wobei ihm der junge Joachim, von dem schon längst die Rede hätte sein müssen, mit Rat und Tat zur Seite steht. Joachim ist ein aus dem Westerwald kommendes, attraktives blondes Erstsemester mit mondänen Allüren, versehen mit der Kenntnis der französischen Sprache, dem Talent eines Praktikus, dem ungetrübten Charme der Lebenslust, einem entschiedenen Wir-Gefühl – fern von emotionalen Sperrungen.

Inmitten der Auf- und Abräumungswochen erreicht ihn eines Tages um die Mittagszeit ein Telefonanruf, der ihn mehr anberaumend als andienend auffordert, noch heute nachmittag zu einer Besprechung ins Hotel Petersberg zu kommen, wo ihn der Verleger Axel Springer erwarte; ein Wagen werde ihn abholen. Der Name des deutschen Pressezaren ist dem Medienspezialisten natürlich bekannt; aber was der wohl von ihm will, bleibt ihm unergründlich. In einem Salon empfängt ihn ein liebenswürdiger, nach englischem Muster gekleideter Herr und eröffnet ihm, daß angesichts der rapiden Entwicklung des Medienwesens und der neuen Konkurrenzbedingungen zwischen den Medien, vor allem der Presse und dem Fernsehen, er beziehungsweise sein Unternehmen der Beratung durch einen Experten bedürfe, eine Position, die er ihm gegen ein noch zu vereinbarendes monatliches Fixum zu übernehmen anbiete. Warum nicht, sagt sich der schwer beeindruckte Sachkenner, obwohl er keine ausgemachte Ahnung hat, in wessen Boot er sich setzt, noch wie man auf ihn gekommen ist.

Er wird zu Cocktails auf die Terrasse zum obligatorischen Blick auf das Rheingelände geführt, wo ihn der Chef einer Gruppe nach Gewichtigkeit und Wohlstand riechenden Herren vorstellt, darunter dem Justitiar des Hauses, Rechtsanwalt Arning, neben den er beim anschließenden Abendessen plaziert wird. Von ihm wird er, hamburgisch sprechend und wann immer möglich Pfeife schmauchend, etwas mehr über die vorgesehene Beratertätigkeit unterrichtet. Mit ihm, dem in der Firma für Medienfragen Zuständigen sei die Zusammenarbeit vorgesehen, und er erwarte ihn in seinem Büro in der Verlagszentrale in Hamburg zu einem ausführlichen Gedankenaustausch. Arning war, ohne Trittbrettfahrer zu sein, was man einen politischen Menschen nennt, ein die Probleme hin- und herwendender, erfrischende Streitgespräche pflegender, hart arbeitender Legionär des Verlegers, den zu beraten schon deshalb ein Vergnügen war, weil er über Geschäftliches und Juristisches hinaus stets gemeinschaftsfähige, soziologische Zukunftsmechanismen zu erkennen vermochte. Als wenn es vorgesehen wäre, treffen sich ihre Sympathien auf der Basis des Vertrauens, unüblich im rauhen Klima eines Großunternehmens, wo der eine dem anderen nicht die Butter auf dem Brot gönnt.

Lausanne-Professur und Springer-Berater, beides von den Eltern hochbeglückt, von Freund König mißbilligend zur Kenntnis genommen, sind ihm sowohl gültige Anzeichen für seine Prominenz, für den Glorienschein auf seinem ergrauenden Haupt, als auch Abkehr von einem Pionierplatz, von dem aus er einst den Australiern mit Tomatensauce übergossene Hamburger schmackhaft gemacht hat. Selbst inmitten des durch das Ineinandergreifen von Arbeitsanfall und Umzugsvorbereitungen hervorgerufenen Tohuwabohus erstarrt er nicht in der Selbstgefälligkeit eines Davonläufers. Es braucht ihn niemand zur Räson zu bringen, um auszuloten, daß sich mit den neuen Aufmarschgebieten geistige Einschnitte auftürmen werden, wie sie zustande kamen, als er sich lauthals gegen eine das empirisch-soziologische Denken davonjagende Musiksoziologie wandte.

Es wäre von Übel, würde er diesen vordersten Graben im Laufschritt überspringen. Daher sieht er sich gezwungen, das Zeitrad behelfsmäßig bis an das Ende der fünfziger Jahre zurückzudrehen. Es war 1956 – Silbermann arbeitete noch an seinen 1957 erschienenen »Prinzipien der Musiksoziologie« –, da wurde die neuen Musiktönen zustrebende, von alten Schlacken sich befreiende deutsche Musikwelt durch das Büchlein »Dissonanzen« von Theodor W. Adorno, Inhaber eines Lehrstuhls für Philosophie und Soziologie an der Universität Frankfurt, in Bestürzung versetzt. Kaustisch und gnadenlos legt der Verfasser mit Anklagen, Jammern und einer unvergnüglichen sprachlichen Geschraubtheit den Finger auf offene Wunden des Musikbetriebs. Strich- und stückweise ergeht er sich in dialektischen Angriffen gegen Musik in der verwalteten Welt, gegen Preisgabe der Individualität und schwingt die Knute des musikalischen Untergangstheoretikers. Weil der zum Philosophen aufgestiegene Adorno selbst einmal komponiert hat und Schüler von Alban Berg gewesen ist, wie er bei jeder passenden und unpassenden Gelegenheit betont, sich also zur Gruppe der Verfechter und Kontributanten einer »neuen« Musik zählt, kann und will er alle zu Recht oder zu Unrecht vorgestellten Unheimlichkeiten des Musikbetriebs nur vom Standpunkt des Musikschaffenden aus angehen – auf das Publikum der Musik pfeift er, oder er beschimpft es.

Der komponierende Philosoph hält in dieser und den darauf folgenden Schriften dem Hörer das Scheinbild der

Masse mit allen seinen hypothetischen Folgen, wie Vermassung, Massengeschmack, Massenpsychologie und letzten Endes Kulturverfall, vor Augen; glaubt, von einer Konzession an die Masse sprechen zu können, wenn (wie Silbermann es ausgedrückt hat) verruchte Hörer es wagen, bei Puccini zu weinen, sich bei Rossini zu erfreuen, sich von Wagner orgiasmieren oder vom »Rosenkavalier«-Strauss hinreißen zu lassen. Adornos Aufrufe, scharfsinnig in Doppelbedeutungen verpackt und gleichzeitig in der »Frankfurter Allgemeinen Zeitung«, in Rundfunkvorträgen und in Sammelbänden verbreitet, laufen (in Silbermanns entweihenden Worten) in ihrem Kern auf das Folgende hinaus: Man verdamme mit mir, dem Philosophen Adorno, Rundfunk, Film, Unterhaltungs- und Tanzmusiken, erlaube nicht länger den Gebrauch von Gitarre, Blockflöte und Akkordeon, protestiere mit mir gegen die Unwissenheit derer, die niemals von Busoni oder Hanslick gehört haben, zertrample jene, denen Rock 'n' Roll ein Rhythmus, Calypso eine Melodie ist – denn ihre Freude, ihre Unvoreingenommenheit, ihr Gelächter und ihre Tränen rauben dir, Publikum, deine Musik und natürlich auch mir, deinem gelehrten Propheten, die Ehrfurcht vor dem Kunstwerk. Sie fördern Fühlen, wo nur Denken angebracht ist, sie vernichten den bitteren Ernst, nach dem die ernste Sache so ernstlich schreit! Der unter dem Mantel der Soziologie vorstürmende Philosoph, der zur Not noch als Sozialphilosoph einzuordnen wäre, kann auch jener »neuen« Musik nichts abgewinnen, die, wie er bei seinem provokativen Aufstand gegen Strawinsky in dem Buch »Philosophie der neuen Musik« als Exkurs zur »Dialektik der Aufklärung« erkennen läßt, sich nicht in der Folge der Vorläufer, der Nachkommen oder der Gefolgschaft von Arnold Schönberg bewegt.

Dieser Defekt, den der angesehene Adorno durch dasjenige, was er »Dechiffrierung« nennt, zu erkennen vermeint, in Wirklichkeit allerdings nur ein in das musikalische Geschehen arbiträr an- und aufgesetztes gedankliches

Hinein- und Herauslesen ist, läßt ihn vom »Altern der neuen Musik« sprechen, vom Verweis der Auflösung aller Ordnung, geradezu von einem Chaos der neuen Musik. Einem derartigen bedenkenswerten, zumal keineswegs empirisch untermauerten oder gar die Rezipienten von Musiken einbeziehenden Läuterungsweg setzt der von wirklichkeitsnahen Grundeinsichten in das aktuelle Leben der Musik und nicht von ihr aufgelasteten philosophischen Konstruktionen geleitete Silbermann entgegen, daß, wenn es ein »Chaos der neuen Musik« geben sollte, es nicht dadurch beklagt oder erkannt werden könne, indem die Grenzlinien der Erkenntnis verwischt werden. Denn es gehe nicht an, daß, während man sich wie der mit Wissensvorrat und Irrationalitäten ausgerüstete Adorno philosophisch um den Schöpfer in seinem elfenbeinernen Turm bekümmere, man auch gleichzeitig zu Schlüssen komme, die nachzuweisen versuchten, inwieweit die heute oder gestern geschaffene Musik ihrer Zeit, das heißt ihrer Gesellschaft entspricht oder nicht.

Im Jahre 1958, nachdem Silbermanns »Prinzipien der Musiksoziologie« erschienen sind und ein gewisses Aufsehen erregt haben, flattert ihm der in den reputablen »Schweizer Monatsheften« abgedruckte Aufsatz »Ideen zur Musiksoziologie« von Theodor W. Adorno ins Haus. Ohne den »Prinzipien«-Verfasser auch nur mit einem Sterbenswörtchen zu erwähnen, der ungeheuerlich eingebildete Adorno hat Gegner oder Anhänger nie mit einer Namensnennung oder einer Anmerkung bedacht, entwickelt der Sozialphilosoph Leitsätze der musiksoziologischen Arbeit, ohne sie, wie er betont, von inhaltlichen Fragen zu trennen, womit er, wenn auch nicht in diesen Worten, sein Verfahren der Musikdechiffrierung meint. Wahrlich eine soziologisch unempiristische Methode, unentgeltlich bis dorthinaus; eine unerträgliche Situation, Anzeichen für ein bewußtes, selbstdienliches Hinwegführen von positivistischen Präsentationen, die dazu angetan sind, kühnem, menschenverachtendem Denken die soziologischen Grenzen zu weisen. Die von Adorno in diesem Zusammenhang wiederholt zwischen die Zeilen gelegten, mal grollenden, mal ironischen Kernsprüche, wie »übereifriger Empirismus« oder »Allheilmittel der Research-Methoden«, sind Wunden schlagende Dolchstiche in den gesamten Korpus der um die Musik kreisenden empirischen Soziologie, von ihrem Anbeginn bis hin zu ihren derzeitigen Vertretern.

Doch wie diesen Verführungskünsten entgegentreten? Adorno ist eine in Deutschland bekannte geistige Größe, hat als Anerkennungsstütze hinter sich einen Lehrstuhl und eine streitbare Schule, während der Silbermann, über denkbare Minderwertigkeitskomplexe hinweg, ein reichlich unbefiederter Lehrbeauftragter ist, ein grauer Import ohne Rollenzuweisung. Von einem solchen Liegeplatz aus läßt sich nicht mit donnernd hadernden Granaten schießen, zumal er auf einer Soziologentagung hat beobachten können, wie dem Adorno die Kollegen, inklusive des Kollegen René König, Kratzfüßchen entgegenbrachten. Also entschließt er sich, die pseudosoziologischen Ungereimtheiten des Musikphilosophen in den Entwicklungsvollzug einer auf soliden empirischen Füßen stehenden Musiksoziologie mit nachsichtig wissenschaftlich formulierten Worten einzubauen. Seine beiden in der »Kölner Zeitschrift für Soziologie und Sozialpsychologie« erschienenen Artikel: »Die Stellung der Musiksoziologie innerhalb der Soziologie und der Musikwissenschaft« und »Die Ziele der Musiksoziologie« sind Beispiele hierfür.

Die von beiden Seiten durch über den Rundfunk verbreitete Verlautbarungen unterstützte Kontroverse erregt jenes Aufsehen, das sich zu allseitiger Zufriedenstellung gerne als berechtigt bezeichnet. Musiker, selbst versteinerte Musikwissenschaftler kommen aus ihren abgeklärten Höhlen heraus, vor allem aber geistesgegenwärtige Soziologen, die es bisher nie gewagt hatten, gegen die auf mancherlei Gebieten, das heißt nicht nur auf dem der Künste, von Adorno verbreiteten philosophischen Soziologismen anzugehen. Hatte es doch der Frankfurter Universitätsprofessor verstanden, sich innerhalb der Soziologengilde einen festverwurzelten Machtbereich nebst den dazugehörigen Ergebenheiten zu errichten. Man zitterte nicht vor ihm, hatte aber Angst vor seinen gebündelten Hammerschlägen. Nie und nimmer getrauten sich Veranstalter von Symposien, Tagungen und Kongressen, den angriffslustigen Guru und den verwegenen Grünschnabel zu einem gemeinsamen Auftritt aufzufordern: Man hielt sie für Erzfeinde. Nichts von dem lag weder dem einen noch dem anderen im Sinn. Sie hatten nicht die Absicht, den fragilen Porzellanladen einer aufblühenden Musiksoziologie gleich welcher Strömung zu zertrampeln.

Adorno, dessen Durst nach Ansehen längst befriedigt ist, sieht die Absurdität der alternativen Lagerbestimmung, und im Semester 1960/61 ein Seminar über Musiksoziologie abhaltend, fragt er an, ob Silbermann bereit wäre, vor seinen Studenten zu gegebener Zeit seine Gedankengänge darzutun. Nichts lieber als das, und so entsteht sein weit ausgreifender, später als Beitrag in der »Kölner Zeitschrift für Soziologie und Sozialpsychologie« abgedruckter Vortrag: »Die Pole der Musiksoziologie«, in dessen Mitte er sich Korrekturen an der Adornoschen Auffassung zuwendet. Nach dem Vortrag führt ihn der äußerst verbindliche Adorno zu Tisch bei sich zu Hause, und über ein bis in die Mitternacht hinein dauerndes Gespräch ungezwungener Art entsteht zwischen den beiden eine Bekenntnisverwebung, die bis zu Adornos Hinscheiden andauern sollte. Über die ihnen von der uninformierten Außenwelt zugesprochene Feindesstellung konnten sie nur lächeln. Wie konziliant der unentwegt gegen seine eigene bourgeoise Haltung angehende Gelehrte sich um die Gleichstellung ihrer musiksoziologischen Berührungspunkte befleißigt, wird er gewahr, als sich der Gastgeber mit den Worten: »Der Unterschied zwischen uns beiden ist, daß Sie von der

Interpretation, ich von der Komposition herkomme«, verabschiedet. Die aus dem Munde des die Spielregeln prätentiöser Überlegenheit vollkommen Beherrschenden gekommene Bemerkung war ein Achtungserweis ebenso wie der in der Vorrede zu Adornos Schrift »Einleitung in die Musiksoziologie« zu lesende Satz, daß ihn Silbermann zu diesem Buch freundlich angeregt habe. Die an der Materie interessierte Öffentlichkeit war verblüfft. Die Aura zweier miteinander verfeindeter Kampfhähne wurde durch die der zwei Väter der Musiksoziologie ersetzt, obwohl, wie der Kenner weiß, weder der eine noch der andere diese Gründerposition für sich in Anspruch nehmen kann. Noch heute ist das Sinnwort von den zwei Vätern gängig, indem sich die einen beim Umgang mit den Problemen der Musiksoziologie um Adorno, die anderen um Silbermann gruppieren und mit deren Auseinandersetzungen aus vergangenen Zeiten kommod Hunderte von Buch- und Dissertationsseiten füllen.

Zwischen den Zeilen der drei Anhaltspunkte – Berufung an die Lausanner Universität; Beratervertrag mit dem Springer-Verlag; Wortgefecht mit dem idealistischen Musikphilosophen Adorno – liegt bei einer quellenmäßigen Einschätzung ihres Wertes die Lotstelle zwischen Silbermanns Vergangenheit und Zukunft. Die Pionierzeit ist vorüber, es erwachsen die Vertretungsansprüche. Denn nicht länger kann es an ihm sein aufzuzeigen, was seine Wissenschaft, die Soziologie, will, sondern was sie kann, wenn sie will. Er wird sich vor den schwärmerischen Verlockungen bewahren müssen, denen sich Biographen, Historiker ebenso wie Soziologen in ihren eigenen Arbeiten überlassen, wenn sie von der Stilisierung dessen fasziniert sind, was hätte sein können.

XX

Die Lausanner Zeit, wie er den im Französisch sprechenden Schweizerland verbrachten Lebensabschnitt zwischen 1964 und 1969 nennt, ist mit einem Übermaß an Schaffens- und Lebensfreude angefüllt. Es fällt ihm sichtlich schwer, die Unmenge von Querverbindungen und Kreuzungspunkten auch nur annähernd so auszusortieren, um aus dem Gewirr ein überschaubares Ganzes zu machen, bei dem das Persönliche und das Berufliche, die reglementierten und die unreglementierten Erfahrungen, das selbständige Denken und das verantwortliche Handeln in einen Topf geworfen werden können. Um weder die ihn und nur ihn betreffenden Ereignisse zu manipulieren noch sich selbst zu entmündigen, sind dort Einsparungen zu machen, wo dröhnende Nachbarschaften miteinander wetteifern. Der an kein tiefsitzendes Heimatgefühl oder eine wohlbegründete Vaterlandsliebe gebundene Emigrant setzt seine Produktivkräfte nicht wie ein Montagearbeiter ein, begründet seine Bedürfnisse nicht mit der Wichtigkeit seiner Arbeit, noch ist ihm daran gelegen, Erstaunen am selbstverständlich Hingenommenen zu wecken. Er bleibt bei seiner Absicht, das Leben eines Emigranten darzutun, der die Soziologie am eigenen Leibe erlebt hat, ohne daraus ein existentielles Musterbild zu formen, vorsätzlich gesagt, ohne über sich hinauszuweisen. So hebt er sich ab von der denkrichtigen Überschau geläufiger Nachrichten-, Bekenntnis- und Enthüllungsmagazine, geht über den konkreten Einzelfall hinweg und durchtrennt das Gebinde »Lausanner Zeit«, wohlgeordnet aufgeteilt nach seinen Schnittpunkten.

Das hügelige, von See und Weinbergen umgebene Hauptstädtchen des Schweizer Kantons Waadt mit seinen annähernd hundertdreißigtausend Bewohnern, versehen mit einer gotischen Kathedrale, mannigen anerkannten Bildungsanstalten und Mädchenpensionaten, einer Seilbahn zum Hafen, dem Sitz des eidgenössischen Bundesgerichts, ein paar hochteueren Hotels, Parkanlagen, fein gesäuberten Straßen, einer Menge wohlhabender Rentner und viel Regen, befleißigt sich der Friedlichkeit eines Ortes, der am Ende der Welt gelegen ist. Bis politische Umstürze und Umstülpungen das Ufer des Lac Léman erreicht haben – ob Vietnamkrieg, Auschwitzprozeß, Straßenschlachten, Negerunruhen, Kulturrevolution in China oder des Studenten Benno Ohnesorgs Tod beim Besuch des Schah von Persien in der Bundesrepublik –, sind sie durch die Lufthülle des Trachtens nach emotionaler Geborgenheit entbürdet. Eben weil die Schweizer es immer verstanden haben, sich und ihr Land vor Unruhe und Unrat zu schützen, handle es sich um die Niederlassung der unerwünschten Fremden oder um den Ablaß des Kots einer Kuh, wo es nicht pittoresk ist, sind sie imstande, die Freuden und Leiden des politischen, wirtschaftlichen und kulturellen Weltgeschehens beschaulich entgegenzunehmen und auszukosten. Es sind also nicht nur die schönen Berge, Seen, Landschaften und gepflegten Hotels, die von jeher die Touristenschar in die eine oder andere Ecke der Schweiz gelockt haben, sondern überdies ist es das Fluidum der Geborgenheit, fernab von bestürzend faktischen, historischen oder persönlichen Gegebenheiten.

In diese ihm von mehreren Ferienaufenthalten her bekannte Modellsituation versetzt – sie umfaßt einen, sobald man die stets mit Grimm und Verachtung durchgeführte Paß- und Zollkontrolle der Schweizer Beamten überstanden hat –, beginnt der Umgang mit den Waadtländern. Selbstverständlich weiß er wie ein jeder auch nur einigermaßen geschulte Soziologe allein schon aus Max Webers grundlegender Analyse über »Die protestantische Ethik und der ›Geist‹ des Kapitalismus«, wes Geistes Kind die Calvinisten sind, und beginnt dementsprechend mit gebotener Zurückhaltung den Aufbau sozialer Beziehungen. Alsbald wird er erkennen, daß die ihm bei Weber manches Mal entstellt anmutenden soziohistorisch hergeleiteten

Züge der Wirklichkeit entsprechen, vor allem die kompromißlose Abgrenzung der Bevölkerung gegenüber sich selbst und den anderen. Die hieraus hervorgehenden gesinnungsethischen Beschränkungen berühren in ihren Stoßrichtungen die gesamte Palette der zwischenmenschlichen Beziehungen, mögen sie sich auf dem Terrain der Wirtschaft, der Bevölkerungspolitik, des Wissenserwerbs oder des gesellschaftlichen Verkehrs abspielen.

Diese Bedenklichkeiten sind schon Dutzende Male hoch- und populärwissenschaftlich, belletristisch, journalistisch und pamphletistisch abgehandelt worden, wobei sich Verwerfungen und Lossprechungen die Waage halten. Längst wurde das äußere Bild der Helvetischen Eidgenossenschaft als der Mutter der Demokratie aus dem Inneren demontiert, denn wer dort lebt, kennt die Übermacht der bis in die Intimitäten des Alltags eindringenden Kantonspolizeien. Und wer heute noch glaubt, die Schweizer hätten die Rote-Kreuz-Idee mit der Muttermilch aufgenommen, wird bald eines Besseren belehrt werden, wenn er an ihre Hilfsbereitschaft appelliert. Die Handhabung der von ihnen immer wieder für sich reklamierten Begriffe der Freiheit und der staatsbürgerlichen Gesinnung, ob mit oder ohne symbolische Verbeugung vor ihrem mutigen Wilhelm Tell, ist der asketischen Ethik der Arbeit gewichen, die unter den Fittichen der Engherzigkeit blüht und gedeiht. So sind die Schweizer nun mal, die Calvinisten und Zwinglianer allen voraus, und sie sind glücklich damit. Sie sehen Engherzigkeit nicht als einen Gegensatz zu ihrer geistigen, sozialen und politischen Substanz, sondern bedienen sich ihrer für die ihnen zukommenden Nutzbarkeiten, wie minimal oder maximal sie auch sein mögen.

Es liegt ihm fern, seinen spärlichen diagnostischen Randnoten über Grund und Grenze der Natur der schweizerischen Denkart das Gewicht einer kritischen Vertiefung zuzuweisen, zumal man in den Jahren seines Schweizer Aufenthalts weder ihm noch seiner Arbeit ein Leid angetan hat. Er fragt sich nur, wie es ihm gelungen ist, seine eigene Natur, die ja nun auch nicht gerade eine Frohnatur ist, in einem über seinem universitären Tätigkeitsbereich wie über seinem Privatleben schwebenden Milieu dürftigster Zwischenmenschlichkeit aufrechtzuerhalten. Da geht zum Beispiel der in der Lokalpresse angekündigte und mit Elogen bedachte neu berufene Professor hin und bittet eine Auslese der in der Kleinstadt Lausanne eine Rolle spielenden Männer und Frauen von Amt, Vermögen und Bildung zum Cocktail in seine von Joachim geschmackvoll eingerichtete Wohnung. Zweimal rief er, da es ihrer zu viele waren, und alle, alle kamen: vom Bürgermeister, dem Rektor, den Kollegen bis zu den Industriellen, den Künstlern und anderen, die Lausanner Gesellschaft vertretenden Eidgenossen. Angenehm wird über Drinks und vom feinsten Traiteur gelieferten Canapés geschäkert, der Blick auf die französischen Alpen und die Bilder an der Wand bewundert, werden Hände geschüttelt, Höflichkeitsfloskeln ausgetauscht und Aschenbecher angefüllt – doch niemand, absolut niemand hat ihn je zu sich auch nur zu einer Tasse Tee gebeten! Nein, halt: Ein jüdischer Privatbankier bittet ihn wenige Tage darauf zum Abendessen; er wollte ihn als Kunden anwerben. Was soll er sagen: In all den Jahren seiner Anwesenheit im Wohlstands-Lausanne beschränkt sich sein gesellschaftlicher Verkehr auf aus Notwendigkeiten hervorgegangene Mittagessen mit Berufskollegen in Restaurants, vereinzelte Treffen mit einem ihm aus Paris bekannten Freundespaar und zwei jüdischen Ehepaaren, von denen nur eine der Damen Schweizerin und dazu auch noch eine Deutschschweizerin ist, was kundbar im Waadtland nicht als ein vorteilhaftes Zugehörigkeitsmomentum angesehen wird.

Dieses in aller Wohlgestalt durchgeformte Abkapselungsverfahren läßt an verdrießlicher Deutlichkeit kaum etwas zu wünschen übrig. Besonders deutlich wird es ihm wenige Wochen nach Antritt seiner Position bei einer Fakultätssitzung in glasharter Weise beispielhaft vorgeführt. Es geht um die Besetzung des Lehrstuhls für Politologie, für den ein Kandidat vorgesehen ist, der zur Zeit an der im Kanton Fribourg gelegenen Universität lehrt, die zirka eine Autostunde von Lausanne entfernt liegt. Kaum hat der »Président« der Fakultät (wie dort der Dekan genannt wird) die einwandfreie persönliche und bemerkenswerte wissenschaftliche Reputation des zu Berufenden dargelegt, erhebt sich die Stimme eines der Professoren mit dem zornigen Ausruf: »Mais Messieurs, c'est un étranger!«, was allgemeine Konsternation hervorruft. Im ersten Augenblick kapiert der australische Fremde Silbermann überhaupt nichts, fühlt nur ein schneidendes Unbehagen, bis er die Unerwünschtheit von Fremden begreift, als die offensichtlich auch diejenigen Eidgenossen gelten, die aus einem anderen Kanton kommen, und sei es nur, wie in diesem Fall, aus dem angrenzenden. Schön, es mag sein, daß man nicht gerade entzückt ist, an die aus einer calvinistischen Akademie hervorgegangene Lausanner Universität jemanden zu berufen, der der Katholischen Universität Fribourg angehört, aber ihn als Fremden abzuweisen, mit dieser Feindestitulatur, die ihm die Nazis, die Franzosen ebenso wie die Australier auf seinem Lebensweg mitgegeben haben – was soll das aus dem Munde dieser militärisch getrimmten Freiheitshelden? Hab acht, sagt sich der gelernte Emigrant, überschreite nicht den aufgeblätterten Abstand. Sich einer Gesellschaft zu widersetzen und den Kopf mit Zweifeln vollzupfropfen, führt nicht zu einer Vereinfachung des Lebens. »Denk an dich, so vergißt du jene«, steht irgendwo im Talmud geschrieben.

Die Universität Lausanne hat den guten Ruf einer soliden Ausbildungsstätte, die Soziologie, Hauptfach in der École des Sciences sociales et politiques, überhaupt keinen. Das ist um so erstaunlicher, als sich in jedem einigermaßen vollständigen Lexikon das Stichwort »Lausanner Schule« mit Hinweis auf ihre dem Soziologen wohlvertrauten

Hauptvertreter Léon Walras, Vilfredo Pareto, Enrico Barone findet. Ein Traditions-, Theorie- oder Interessenbruch muß stattgefunden haben, und in der Tat weiß keiner der Kollegen mehr etwas über den kritischen und schöpferischen Geist des gewaltigen Theoretikers Pareto, außer, daß sich im Kohlenkeller dessen der Universität hinterlassene umfangreiche Bibliothek befindet. Dem Silbermann laufen die Augen über, als er vor den Hunderten, von Ruß beschmutzten Volumen unsagbaren Wertes steht, die gleichen Augen, denen er beim Anblick der kaum drei kleine Regale füllenden soziologischen Handbibliothek nicht traut. Nun will er sich nicht sofort unbeliebt machen und geht vorsichtig an Monsieur le Professeur Pierre Jaccard heran (an der distinguierten Kleinstadtuniversität spricht man sich stets mit vollem Titel an), der seit Jahren alleinig mit den gleichen Vorlesungen das Studium sowohl in Soziologie als auch in Psychologie ausrichtet. Der gütige, vom Kollegium wenig beachtete großpapaige, mit Büchern über Arbeits- und Erziehungssoziologie hervorgetretene Sachwalter war vor seiner Tätigkeit an der Universität lange Zeit Direktor einer Ausbildungsstätte für Krankenschwestern gewesen, woher es wohl rührte, daß bei ihm Soziologie und Psychologie unter den Bestimmungen Sozialarbeit und Sozialwohlfahrt liefen. Über grundlegende Begriffe und Theorien der Soziologie blieben die Studenten in tastendem Dunkel. Und denen soll der inzwischen mit Theorien und soziologischer Praxis gewaschene Silbermann das Erforderliche in den Fortgeschrittenenfächern Massenkommunikations-, Kunst- und Kultursoziologie beibringen? Das ist ja so, als wolle man jemanden das Schälen von Kartoffeln lehren, der noch niemals einen Erdapfel gesehen oder in der Hand gehabt hat. Was helfen da die großen Worte, die er bei seiner öffentlichen Antrittsvorlesung über die soziologischen Aspekte des Verhältnisses zwischen Technik und Kultur schwingt, wenn ihm bei seinen Kursen der Wind der Unwissenheit ins Gesicht bläst? Also richtet er neben den ihm zugeordneten Spezialfächern Seminare ein, die er, um ja nicht dem Soziologiepürzel auf die Füße zu treten, unter der unverfänglichen Eintragung »Ausgewählte Texte« ankündigt. Hier durchstreift er die ganze Aufeinanderfolge der wichtigsten soziologischen Größen von Saint-Simon bis Talcott Parsons, was nicht nur den Studenten, sondern auch ihm selbst guttut. Muß er sich doch zur Vorbereitung der Unterrichtsstunden mehr denn zuvor in den theoretischen Leistungsverbund vertiefen, um nicht nur als der vollkommene Spezialist in soziologischer Medienforschung zu gelten.

Das schon um seiner eigenen Reputation willen angegangene Bestreben, eine niveauvolle wissenschaftliche Tradition fortzusetzen und befugte Mitarbeiter für sein Forschungsinstitut, das einzige in der Schweiz, auszubilden, wird stark durch das in Lausanne seit Jahrzehnten festgemauerte Studiensystem behindert: ein Gemisch aus französischen und deutschen Bildungsvorstellungen, reduziert auf die Ebenheit einer besseren Oberschule mit gymnasialem Trachten. Das Wort geht um, daß es der Lehrgang an seiner École erlaube, das Lizentiat oder Diplom »auf Rabatt« ergattern zu können. Schon nach den ersten Prüfungen stellt er fest, daß die Dümmsten aller Dummen und die Faulsten aller Faulen bei seinen Kollegen die blendendsten Noten erhalten, während sie bei ihm beständig unter Null absinken. Vor allem sind es französisch sprechende Ausländer, sogenannte Fils à papa, also Söhne wohlhabender Familien, aus dem Vorderen Orient und Nordafrika, die den Hauptteil ihrer Zeit mit der Jagd nach schweizerischen Demoisellen verbringen und dennoch ihre Studienzertifikate ausgehändigt bekommen. Man solle sie nicht durchfallen lassen, wird ihm bedeutet, denn das sei schadenbringend für den Tourismus der Stadt.

Doch er läßt sich nicht beirren; wer keine Leistung erbringt, ob Inländer oder Ausländer, hat das Nachsehen. Er wird sich doch nicht in der Würdelosigkeit mancher Professoren hier oder dort verfangen, die den Studenten die besten Noten unterjubeln, nur damit der Eindruck erweckt wird, sie seien vorzügliche Lehrer. Wenn er etwas haßt, dann sind es pseudowissenschaftliche Imagestudiengänge, Grund genug, die Schraube anzuziehen. Zwar erhält er für seinen mit viel Fleiß und ohne Halali verbundenen Einsatz für die Erweckung der Soziologie aus dem Dornröschenschlaf keinen Lohn, aber auch kein Zeichen der Unzufriedenheit. Man läßt ihn seinen eigenen Weg gehen und sieht in ihm, dem Fremden, wie er es hätte befürchten müssen, keinen Häretiker. Zeichen der Anerkennung – falls es erlaubt ist, sie als solche zu kennzeichnen – kommen ihm durch die Aufforderung zu, als Vertreter der französisch sprechenden Soziologen Vorstandsmitglied der Schweizerischen Gesellschaft für Soziologie zu werden, ferner durch das Ersuchen zweier Lehrbeauftragter, sie zu habilitieren (was er angesichts ihrer wenig gültigen Arbeiten zu vermeiden weiß) und last not least durch beständiges Ansteigen der Studentenzahl. Er erreicht es sogar, und das will bei den Lausanner Rappenfuchsern etwas heißen, daß auf seinen Wunsch und nach seiner Wahl ein zusätzlicher Soziologieprofessor berufen wird, allerdings nur halbzeitlich, was ihn von der Unterrichtung in Allgemeinsoziologie entlastet.

So kann er sich seinem Lehrstuhl für Massenkommunikation, dem ersten schweizerischen und dem zweiten an einer europäischen Universität, mit voller Kraft jeden Montag und Dienstag widmen und, was er nicht zu vergessen bittet, dem Aufbau eines Zentrums der soziologischen Erforschung der Massenmedien (wie es im Berufungsschreiben heißt), dem Institut de Recherches des Communications de Masse, das, zunächst in zwei unbeheizbaren Turmzimmern untergebracht, alsbald ins als Denkmal geschützte Château de Vidy (dem heutigen Funktionärssitz des Internationalen Olympischen Komitees) übersiedelt. Um dies vorwegzunehmen: Auch dort ist seines Bleibens nur einige Monate, bis die zur Unterbringung des Instituts verpflichtete Stadt Lausanne eine feudale Büroetage in der Avenue de Laveaux anmietet, in der die meisten der von ihm akquirierten und geleiteten großen Forschungsarbeiten durchgeführt werden.

Während er den Anlauf zu den Offenlegungen über Anfang und Ende des an seinem Höhepunkt mit vierzehn Mitarbeitern bestückten Forschungsinstituts nimmt, schleicht ein aus seinen Englisch sprechenden Zeiten in Erinnerung gebliebener, wohlklingender Kapitelbeginn aus Lewis Carrolls »Through the Looking-Glass« durch seine Sinne: »The time has come, the Walrus said, to talk of many things …« Gehen doch die Dinge, von denen jetzt zu sprechen wäre – von Aufbau, Arbeiten, Finanzierung, Veröffentlichungen, Leistungen, Fehlschlägen, Qualen und Freuden –, meilenweit über die seine Person betreffenden Hinlänglichkeiten hinaus. Überdies schreckt er davor zurück, wie der Verfasser einer Anleitung zur Errichtung einer erfolgreichen Forschungsstätte zu sprechen und gezwungen zu sein, alle damit verbundenen Tricks und Zwänge offenzulegen. Eines ist sicher: Ohne seinen in vielen Lagen erworbenen Lebens- und Fortschrittswillen, sein Organisationstalent, seine biedere Geschäftstüchtigkeit und sein unermüdliches Hetzen, Treiben und Jagen wäre aus dem Institut nie mehr geworden als eine dieser hoch oder niedrig dotierten universitären Schlafstellen, die ihrem Direktor und seinem Wissenschaftszweig nur als Thronsessel dienen. Die einzelnen Elemente seiner Mühewaltung sind sowohl durch die Vertrautheit mit der Materie als auch durch das Reizklima der Umstände bedingt, durch das, was sich als die sogenannten Rahmenbedingungen anbietet. Hierzu gehört zunächst, daß er seine Honorarprofessur an der Kölner Universität beibehält und auch – worum es ihm im besonderen geht – sein auf Privatfüßen stehendes Kölner Forschungsinstitut. Das verpflichtet ihn allerdings, ein eingerichtetes Programm als fahrender Gelehrter einzuhalten, nämlich sich per Eisenbahn, Automobil oder Flugzeug alle vierzehn Tage nach Köln aufzumachen, um erstens seine Vorlesungen abzuspulen und zweitens im Institut und bei den dort in Auftrag gegebenen Untersuchungen nach dem Rechten zu sehen. Weiterhin gehört zu der Gunst der Rahmenbedingungen seine Beraterposition beim Hause Springer. Auch sie macht ihn zum Reiseonkel, denn ruft der Chef, muß er kommen. Indes, hier ist die Faszination der Einflußnahme sowie das Zustandekommen breitgefächerter Untersuchungen ein willkommener Ausgleich zur Kleinkariertheit der Schweizer Attitüde gegenüber Beratungen, Forschungsprojekten und zur ungeselligen Lausanner Luft.

Da wird er beispielsweise eines Tages nach Bern in den Zentralregierungssitz der Schweizer gerufen, wo ihn ein Minister beziehungsweise ein Chef des Departements, wie sie sich in der Schweiz in aller Bescheidenheit nennen, um seinen Rat betreffend Satellitenkommunikation und deren Auswirkungen bittet. Ein diesbezügliches, in seinem Institut zu verfertigendes Memorandum verbunden mit einer internationalen Übersicht wäre willkommen. Auf Silbermanns Antwort, daß ein solches Gutachten zwischen sieben- und achttausend Franken kosten würde – wirklich kein Banditenpreis –, schüttelt das Regierungsmitglied eines der reichsten europäischen Länder bedenklich den Kopf: »Herr Professor«, hört er im Singsangton des Schweizerdeutsch sagen, »so viel Geld haben wir nicht zur Verfügung.« Bitte schön. Zur Auflockerung noch ein Beispiel aus der schweizerischen Albernheitentruhe. Der lebenslustig, gemächlich dahinstudierende Joachim überrascht eines Tages durch das Mitbringsel eines putzigen kleinen Hundeleins, eines ungeheuerlich reinrassigen Cairn-Terriers, dem sie den Namen Alpha geben. Nachdem Joachim aus Alpha eine wohlerzogene, nur bei der ihr passenden Gelegenheit bellende Mademoiselle gemacht hat, läßt er sie in den Zustand einer trächtigen Madame versetzen. Vier kleine Puppies kommen auf die Welt, und wie das so ist, verläßt Mutter Alpha ihre Babys, nur um mal schnell ihre Geschäfte auf der Straße zu verrichten, um dann prompt wieder bei ihren Säuglingen zu liegen. Keine drei Wochen sind vergangen, und ein Gendarm steht vor der Wohnungstüre. »Wir haben Ihren Hund schon lange nicht mehr gesehen«, spricht mit anklägerischem Unterton der stramme Ordnungshüter, vermutend, wir hätten an diesem ein Unrecht begangen oder vielleicht gar Würstchen aus ihm gemacht. Diese unerträgliche Einmischung, eine von vielen nicht ungleicher Art, nimmt erst ein Ende, nachdem ihm die Dame Alpha nebst Wurf vorgeführt worden ist.

Betriebsunfälle dieser Art, eine Fundgrube für Erfahrungen und Gedankenordnung, drängen sein Gemüt keineswegs in die Geringschätzung der ihm angebotenen Modalitäten und der Eigenwilligkeit des waadtländischen Menschenschlages. An einem Ende des Kausalnexus steht ein ihn wie den letzten Dreck behandelnder, mit ungewöhnlichen Machtbefugnissen ausgestatteter Untersuchungsrichter, der ihm befehlend auferlegt, nur mit Ja oder Nein zu antworten. Hatte doch ein französischer, mit nicht auf seinem eigenen Mist gewachsenen sozialpsychologischen Schriftstücken handelnder Großredner ihn beziehungsweise ihn als Vertreter der Universität nach öffentlicher Entblößung als Plagiator der Verleumdung bezichtigt. Am anderen Ende steht die fürsorgliche Menschenfreundlichkeit eines Chirurgen, der ihm den beim Anschieben seines dicken amerikanischen Autos zugezogenen Achillessehnenriß behandelt. Der war es übrigens auch, der ihm empfahl, sich zur Wiederbelebung des Beines und des Restes seiner Körperfülle ins schläfrige, nur von Hotels besiedelte italienische Städtchen Abano zu begeben, um sich dort in glühendheißen Schlamm, genannt Fango, packen zu lassen, eine peinigende Wohltat, der er sich seitdem alljährlich prophylaktisch, wie die Ärzte achtsamerweise zu sagen pflegen, ausliefert.

Trotz und alledem erweist sich das Domizil Lausanne als Ort der Verwirklichung seiner Wunschziele. Das Institut steht durch die Hinzuziehung von von ihm ausgebildeten Mitarbeitern aus dem Kölner Institut auf festen Füßen; an Aufträgen und Einkommen ist kein Mangel; die Lebensgemeinschaft mit Joachim vollzieht sich in vollkommener Harmonie; und aus Frankreich, den USA und Deutschland kommende Angebote, als Redner, Teilnehmer und Leiter bei Kongressen, Tagungen und Sitzungen weitreichender Bedeutung aufzutreten, bezeugen die Hochschätzung, der er sich erfreut. Was aus Lausanne kommt, besitzt den Wert perfekten medienwissenschaftlichen Klanges. Und weil dem so ist, darf er sich nicht in zurückhaltende intellektuelle Schlichtheit hüllen, indem er über die während der Lausanner Zeit geschaffenen Schriften wortlos hinweggeht.

Indessen, da ihm wichtigtuerische Selbstverherrlichung nicht liegt, wird er, alle okkasionellen Kurz- und Kleinschreibereien umgehend, nur an Volumen erinnern, die dazumal ihren Einfluß geltend gemacht haben, indem sie die zähe Legende von der Vermassung, der kulturellen und ideologischen Verseuchung, der geistigen Nivellierung der Gesellschaft durch die Massenmedien und deren Ausgeliefertheit an den technologischen Fortschritt eingekesselt haben. In »Bildschirm und Wirklichkeit«, einer Untersuchung über das Informationsangebot durch Presse und Fernsehen in fünf europäischen Ländern, zeigt er den Entwicklungsverlauf der beiden Medien in Gegenwart und Zukunft auf, eine antizipationssoziologische Studie, die ihm und dem Institut auch ein Zusammenarbeiten mit der UNESCO, dem Europarat und Eurospace eingebracht haben. In »Die Konzentration der Massenmedien und ihre Wirkungen«, einer von seinem Klienten, dem Springer-Verlag, geförderten, fünfhundertsechsundzwanzig Druckseiten füllenden, mit dem holländischen Wirtschaftssoziologen Ernest Zahn zusammen verfaßten wirtschafts- und kommunikationssoziologischen Studie, werden die Auswirkungen des Konzentrationsphänomens sowohl auf die Medien wie auf ihre Nutzer empirisch durchleuchtet, ein Buch, welches noch heute herangezogen wird, wenn massenmediale Konzentrationsvorgänge zur Diskussion stehen. Und in dem dritten, mit dem provozierenden Titel »Vorteile und Nachteile des kommerziellen Fernsehens« versehenen Buch trägt er zur Versachlichung der hitzigen Erörterungen über das Programmangebot durch ein öffentlich-rechtlich strukturiertes Fernsehen und ein kommerziell geleitetes bei, in dem er die Folgerungen aus den unterschiedlichen Organisationsformen in Beziehung zu den Auswahlmöglichkeiten der Zuschauer sowie dem Vermittlungsvorgang von Kultur empirisch durchleuchtet.

Sein in dieser soziologischen Studie aus dem Jahre 1968 vorgelegtes Plädoyer für ein der bundesrepublikanischen Gesellschaft dienliches Nebeneinander der beiden Trägerformen kam fünfzehn Jahre zu früh, brachte aber damals schon den Zorn der in ihrem Monopol behaglich ausgestreckten Öffentlich-Rechtlichen auf sein Haupt. Vor allem die dort wirkenden Kulturbonzen waren böse auf ihn, weil er sie und ihre Herrschsucht schon in seinen unter dem Titel »Ketzereien eines Soziologen« erschienenen kritischen Äußerungen zu Fragen unserer Zeit unter die soziologische Lupe genommen hatte. Beiläufig bemerkt: Aus diesem längst vergriffenen Bestseller wird heute noch oftmals zitiert.

Er möchte meinen, daß es ihm an keinem anderen Ort als Lausanne gelungen wäre, seine Schaffenskraft – mit oder ohne Zulieferungen durch die Mitarbeiter seiner beiden Institute – so beträchtlich und unverwässert in die Tiefen der schriftstellerischen Betätigung zu versenken. In Lausanne, da winkt keine Einladung, da spielt kein Theater, gibt's keine Konzerte; nur wenn das sich über Monate hinziehende Musikfestival stattfindet, dann kommen alle drei Wochen nicht allzu kostspielige Artisten und Opernensembles und spielen in Beaulieu auf, einer Halle, die auch für

Landwirtschaftsausstellungen benutzt wird. Nur Kino, Kino und wieder Kino und als Zusatz das keine Ecken und Kanten betastende, für seine Eigenschaft als Schlafmittel bekannte Schweizer Fernsehen. Es ist wie seinerzeit im fernen Sydney, in das er über Nacht zur Beerdigung seiner unerwartet verstorbenen Mutter gerufen wird. Inwieweit und ob das Hinscheiden dieses Teils seines Selbsts bei ihm Betrübnis und Tränen erweckt hat, kann er nicht mehr sagen. Jedoch Ergriffenheit überkommt ihn beim Anblick des niedergeschmetterten Vaters, der, bereits durch seine ankommende Erblindung stark behindert, der Vereinsamung entgegengeht. Er fordert ihn auf, mit nach Lausanne zu kommen, doch der herzensgute weise Mann lehnt ab: »Ich möchte dich nicht stören, und außerdem habe ich hier meine Ärzte, meinen Anwalt, meinen Kolonialwarenhändler et cetera und kenne blindlings die Stufen und Wege, die ich zu gehen habe. Nur versprich mir eines: Laß nie zu, daß man mich in ein Altersheim steckt.«

Mit ungutem Gefühl geht's zurück in die Stille von Lausanne und in den Trubel seines Lehrens, Beratens, Forschens, Schreibens und Herumreisens von einer Ecke Europas zur anderen. Warum die Hinführung auf den unbestimmten Wortschwall vom »unguten Gefühl«? Was meint er eigentlich? Betrifft es den Papa? Nein, der wird von einer Haushälterin umsorgt und, wie arrangiert, von der loyalen Miss Matheson und der anhänglichen Else jeden Tag und von ihm allwöchentlich angerufen. Betrifft es die Fülle der übernommenen Verpflichtungen, die Furcht, ihnen nicht zeit- und inhaltsgerecht nachkommen zu können? Keineswegs; ein solch absurder Gedanke ist ihm nie in den Sinn gekommen. Ist es das Manko der Nähe und Nachvollziehung künstlerischer Darbietungen, die unumgängliche Quelle seiner kunstsoziologischen Zugänglichkeiten und, dem an die Seite gestellt, der Mangel an allgemeiner geistiger Anregung, ohne die er sich, unverhohlen zugegeben, wie ein Fisch auf dem Trockenen fühlt? Was sich an Gesprächspartnern anbietet, sind ein oder zwei seiner Mitarbeiter, deren Verstehenshorizont nicht über das wissenschaftlich Zuträgliche hinausgeht, wobei ihm nicht verborgen bleibt, daß ihm insbesondere von seiten seines Institutsadministrators, eines gewissen Heinz Otto Luthe, den er vom Diplom über den Doktortitel bis zum Privatdozenten geführt hat, undurchschaubare Sperrungen entgegenkommen. Das besagte ungute Gefühl erhält aufwühlende Ätzung, als ihm von dem neugewählten Président der École – einem kurz angebundenen, stets säuerlich dreinblickenden Politikgeschichtler – vorgehalten wird, daß er zu wenige, das Schweizer Land betreffende Forschungen durchführe und zu wenige Schweizer im Institut beschäftige. Seine Argumentation, daß aus der Schweiz keine Forschungsgelder zu erhalten und kompetente Mitarbeiter schweizerischer Nationalität kaum auffindbar seien, wird mit einer sich auf nichts einlassenden Handbewegung abgetan. Wogegen richten sie diese Speerspitzen? Gegen seine Person, seine Arbeit, seine Verantwortlichkeiten? Es bleibt ihm ein nicht weiter zu reflektierendes Rätsel aus dem Buche existentieller Beziehungen.

Ungebremst verfolgt er seinen Erfolgskurs und kompensiert die künstlerischen Dürftigkeiten durch wissenschaftsliterarisches Schreiben und den mangelnden Gedankenaustausch durch die regelmäßigen Abendbesuche bei seinem Freund, Förderer und Ratgeber René König, jedesmal wenn ihn der Weg nach Köln führt. René ahnt in den dem Freund versetzten Nadelstichen eine wenn auch lächerliche, so doch nicht zu übersehende Tendenz zur Vorbereitung eines Kampfplatzes, bei dem er als der Ausländer gewiß der Unterlegene sein wird. »Du bist daran selbst schuld«, meint der mit Vorwürfen nie sparsam umgehende Freund, »du spielst dich zu sehr auf, präsentierst dich für die Schweizer viel zu luxuriös, assoziierst dich mit dem politischen Springer. Leistung hin, Leistung her: In der Schweiz gibt man sich bescheiden, selbst wenn man Millionär ist.« Unnötig, die wohlgemeinte Tirade in aller Ausführlichkeit und in all ihren Varianten wiederzugeben. Was König zu veranschaulichen sucht, ist, daß er für die Schweizer und erst recht für die calvinistischen Waadtländer eine nicht marktgerechte Auslandsanleihe mit zu geringem Zinssatz ist.

Es mag schon stimmen, daß er bei seinem Auftreten in den Sitzungen, Prüfungen, Vorlesungen und den anderen, das erzkonservative Lausanner Universitätsleben ausmachenden Gewichtigkeiten ebenso wie in seiner Lebensführung einen großzügigeren und leicht snobistisch angetönten Stil an den Tag legt als die kontaktunfreudigen Treuhänder von Lehrbuchtexten und Kultur aus zweiter französischer Hand. Aber – ohne sich wie ein skurriler Kauz, Kläffer oder eine Comicfigur aufzuführen – über und nicht unter angeordneten Hemmungen sich zu bewegen, entspricht nun mal seiner Lebensdevise. Und wenn wir schon in Geldmarktterminologien sprechen, zeigt der dem Kollegium und den Behörden pflichtgemäß alljährlich vorgelegte Bericht über die Aktivitäten des Instituts nicht verheißungsvolle Ertrags- und Dividendenperspektiven? Muß es diese protestantischen Engstirnler nicht beeindrucken, daß er ihnen zum Ende des Jahres 1968 einen Überblick unterbreitet, der aufzeigt, daß das Institut nach vierjährigem Bestehen mit der Durchführung von aus der Bundesrepublik, Frankreich und – in kleinstem Umfang – aus der Schweiz kommenden Forschungsprojekten ein Gesamt von annähernd siebenhundertfünfzigtausend Schweizer Francs umgesetzt hat?

Jawohl, es beeindruckt sie, allerdings in einer ganz und gar nicht vorgesehenen, noch erwarteten Färbung. Eben kommt er aus den Winterferien im Graubündner Schulz-Tarasp zurück, wo er ein pestilenzialisch riechendes Heilwässerchen gegen sein anhaltendes Magengerülpse heruntergespült hat, und eine Audienz beim Bürgermeister von Lausanne steht an. Es ist der gleiche kurzbeinige Geschichtsprofessor, der seinerzeit bei den Vorbesprechungen zu seiner Berufung an der abendlichen Tafelrunde teilgenommen hatte; es ist der für die Miete des Instituts verantwortliche Mittelsmann, den er seit dieser Zeit nie wiedergesehen hatte. Den Jahresreport des Instituts vor sich, ohne auch nur ein Quentchen der Anerkennung von sich zu geben, rasen im schnellst dahingemurmelten Französisch mißbilligende Töne über des Bürgermeisters Lippen, des Inhalts, daß, wie der Bericht zeige, im Institut hauptsächlich für Deutschland und Frankreich bestimmte Forschungsaufträge durchgeführt würden und daß das nicht angehe. »Denn«, spricht der später zum Chef des Departements für Verteidigung aufgestiegene Bürgermeister, »wir sind ein neutrales Land. Sie werden sich in Zukunft auf Forschungen für unser Land zu beschränken haben.« Auf eine Erörterung seiner Einwendungen läßt sich der Chauvinist nicht ein; nämlich erstens, daß Forschungsgelder in der Schweiz so gut wie nicht aufzutreiben sind, zweitens, daß die Auslandsarbeit zur Reputation der Universität beiträgt, drittens, daß sich das um die Ecke von Lausanne gelegene Genf höchster Internationalität erfreut. Bessere Argumente fallen ihm unter dem ersten Eindruck dieser auf Stillegung ausgerichteten Betäubungsaktion nicht ein. Denn daß es eine solche ist, und zwar eine konzertierte (wie sich neuerdings die unbedeutendsten Gruppentreffen benennen), wird ihm nur wenige Tage später klar, als er gebeten wird, das Rektorat aufzusuchen. Dort empfangen ihn gleich drei Rektoren, da sich eine solche Riesenuniversität wie die Lausanner mit ihren sechstausend Studenten mit einem Würdenträger keinesfalls begnügen kann. Auch sein auf Schweizer Mitarbeitern bestehender, in seiner Mikkerigkeit kaum zu überbietender Président ist anwesend.

Bei diesem Treffen wird die Diskussion über seinen Aufgaben- und Wirkungskreis von einem weniger krustigen Winkel aus angegangen. Einigen anerkennenden Worten über die geleistete Arbeit folgt der wohl als Überraschungscoup gedachte Vorschlag, das Institut mit einem Direktorium zu versehen sowie mit einem Statut. Ein diesbezügliches, kurzgehaltenes Dokument liegt bereits vor und wird ihm mit der Bitte, es sich durchzulesen, überreicht. Was sehen seine bebrillten Augen? Für ein die zukünftigen Tätigkeiten des Instituts leitendes Direktorium sind neben ihm als dem Geschäftsführer vorgesehen: ein Vertreter des Erziehungsdepartements, des Rektors, des Präsidenten der École und der Finanzverwaltung. Und was das Statut betrifft, wird darin, mehr oder weniger anstellig umschrieben, stipuliert, daß es zur Zuständigkeit der Direktoriumsmitglieder gehöre, über die Annahme, Ablehnung oder Abänderung von Forschungsprojekten zu bestimmen. Nach den Gründen für das Spezialstatut eines nicht ihm, sondern zur Universität gehörenden und dementsprechend den Allgemeinbestimmungen der Universität unterliegenden Instituts fragend, wird ihm kundgetan, daß man mit dieser Regelung sein Bestes im Sinne habe, denn: »Sehen Sie«, tönt einer der Schlaufüchse im Brustton der Überzeugung, »wenn man Sie angreift, steht ein ganzes Direktorium zu Ihrem Schutz hinter Ihnen.« Mit diesen segensreichen Worten und der Bitte um baldige Zustimmung verläßt er das wie eine Staatsaktion gewebte Treffen.

Langsam kann er sich auf das unverständliche, im Institut eingerissene Widerstreben, die Anmahnung des Präsidenten, die Weisung des Bürgermeisters und die statutenhafte Ankettung einen Reim machen: man will ihn, gelinde gesagt, einpferchen. Warum, das bleibt ihm schleierhaft. Ist es Neid, Geiz, Intrige, Feindschaft, Machtkampf, Politik, Willkür oder gar Antisemitismus? Er weiß es nicht und ist auch nicht bereit, lang und breit in das Verwirrspiel einzudringen. Also schiebt er alle emotionalen Verzierungen beiseite und zieht zur Durchdringung dieses Dschungels drei Möglichkeiten in Betracht. Er kann angesichts der vorgegebenen Bedingungen das Direktorat abgeben und in Lausanne allmählich und behäbig als Lehrbefähigter abgestumpft eindämmern. Er kann auf die Knie gehen und sich den Diktaten beugen, womit er seine Handlungsfreiheit und obendrein sein Gesicht verliert. Wie steht er denn bei einer Verhandlung über ein Forschungsprojekt da, wenn er nach den üblichen, meist recht langwierigen Besprechungen über Inhalt, Finanzierung, Durchführung, Ablieferungstermin etc. dem prospektiven Auftraggeber zu sagen hat, daß er vor Annahme des Auftrags diesen erst einem Direktorium zur Genehmigung vorzulegen hat, das aus irgendwelchen halbgebackenen Schreibtischhengsten besteht? Man wird die Augen aufreißen, wird argwöhnisch werden und sagen: »Was haben wir mit einem Direktorium zu tun? Der Auftrag geht so, wie wir ihn durchgesprochen haben, an Silbermann und sein Institut, und damit basta.« Er kann als dritte Möglichkeit versuchen, anhand deftiger Argumente die Grundlage für eine Überzeugungstaktik zu legen, bei der die zweifelhafte Praktikabilität eines Direktoriumseinsatzes und dessen Kompetenzen herausgestellt wird. Dabei darf er allerdings nicht versäumen, die Herren in konziliianter, aber bestimmter Umgangsform wissen zu lassen, daß er sich nicht zum Handlanger der Zerstörung eines erfolgreich von ihm aufgebauten Forschungszentrums machen läßt, sondern lieber den Hut nehmen wird.

Mit diesem Vorsatz begibt er sich zur verabredeten Stunde zu den Rektoren, die es offensichtlich so eilig haben, die von irgendwoher angeregte Maulkorbprozedur zu beenden, daß sie ihn nicht einmal zum Niedersetzen an den Konferenztisch auffordern. Man will also kein Gespräch, und damit sind alle im voraus wohlausgedachten Gegeneinwände wie ein letzter Hoffnungsschimmer unvermittelt verschwunden. Nun gut denn: »Es tut mir leid, meine Herren, ich kann mich mit den mir vorgelegten Neuordnungen nicht einverstanden erklären. Ich brauche kein Direktorium und kein Spezialstatut. Das Institut gehört ja nicht mir, sondern der Universität mitsamt den diesbezüglichen disziplinarischen Regelungen.« Großer Verblüffungseinschnitt wie vor dem Ende eines Theaterstücks, dann noch ein paar zögernde Kundenfangfloskeln, wie sehr die Neuregelung doch zu seinem Vorteil gereiche, und daraufhin seine Erklärung, daß entweder alles so bleibe, wie es ist, oder er die Universität verlassen werde. Na, also das wolle man ja auch nicht, das solle er sich noch einmal gut überlegen, denn man lege großen Wert auf ihn, und mit flauem Händedruck und mephistophelischem Lächeln wird der hartnäckige Silbermann verabschiedet.

Was glauben diese gebieterischen Gestalten eigentlich, wer er ist? Sich noch einmal ins Bockshorn jagen zu lassen, wie seinerzeit in Paris, wo man ihm alles mögliche versprochen und sich an nichts gehalten hat? Wenn sie geglaubt haben sollten, er sei, was Position und Einkommen angeht, von ihnen und ihrer Institution abhängig, dann haben sie sich grundlegend geirrt. Zwar ist ihm bei allem Bestreben, den geeigneten Sitzplatz zu finden, die Einheitserfahrung, Wissenschaft und Forschung nicht vom Geist der Erdengüter abzulösen, zur Devise geworden, doch dieser Köder zieht nicht mehr. Schon allein mit seinen Einkünften aus Staatsanwaltspension, Forschungsprojekten, Beraterfixum und australischen Ressourcen verdient er mehr, als er verbrauchen kann. Sich darauf zu verlegen, dieses zu preisen und jenes zu beklagen, das Werk ohne das Leben zu hegen oder das Leben ohne das Werk, endet unweigerlich beim Verzicht auf Wachsamkeit. Jetzt zeigt sich, daß es nicht vergebliche Mühe gewesen ist, jahrein, jahraus, Wochen nach Wochen nach Köln zu brausen, um dort kostenlos zu unterrichten und das Mutterinstitut zur grenzüberschreitenden Zusammenarbeit mit dem Lausanner Ableger aufrechtzuerhalten. Wie oft hat der bald sechzigjährige Handelsreisende in massenmedialer Ware ob der von ihm übernommenen anspruchsvollen und aufreibenden Aufgabe vor sich hingestöhnt und mit dem Gedanken gespielt, diesen Parforceritt abzubrechen. Doch das Schmieden des Eisens, weil es glüht, und die englische Sprichwortregel, nicht alle Eier in einen Korb zu legen, hauptgründig jedoch die Schwungkraft seines Bedeutungsstrebens haben alle Unerträglichkeiten eingeäschert.

Im Grunde genommen ist man ihm mit diesem durchtrieben angelegten Dolchstoß entgegengekommen. Abgesehen von der stetig mühevoller werdenden Durchführung seines Doppelunternehmens, erlöst ihn der Abschied von Lausanne zum einen aus dem Leben in künstlerischer Abgeschiedenheit und zum anderen aus heranschleichender, ihm unerträglicher Vereinsamung, hervorgerufen durch das Entfleuchen von Joachim in die Arme eines mit Schönheit und nichts anderem bedachten Jünglings. Wiederum, wie so oft in seinem Leben, drängt das Zusammentreffen von beruflichen, persönlichen, leiblichen und gesellschaftlichen Verhinderungen auf selbstverantwortliches Handeln, so daß er nicht zögert, dem Rektorat in knapp vier Zeilen und ohne weitere Begründung mitzuteilen, daß er mit Ende des Sommersemesters, im Juli 1969, demissionieren wird, ein Brief, den er der Institutssekretärin diktiert, damit ihn alle auf der Lauer Liegenden, darunter der doppelzüngige Dr. Luthe, zur Kenntnis nehmen können. Zum gleichen Zeitpunkt beginnt er den Umschichtungsprozeß, bestehend aus Umzugsvorbereitungen, Haushaltsauflösung, Verlegung der sich noch in Bearbeitung befindenden umfangreichen Forschungsprojekte nebst den dazugehörigen Unterlagen und Mitteln nach Köln, wobei ihm einige der nach Lausanne gerufenen, sich immerwährend als loyal erweisenden Kölner Mitarbeiter zur Hand gehen; die gleichen übrigens, die ihm die Suche nach einer Wohnung in Köln erleichtern. Wenn um seine Absichten befragt, beschönigt er nichts, noch ergeht er sich in anklägerische, grollende oder racheschnaubende Auslassungen. Seine Bekanntgaben entspringen dem Wissen um die Unmöglichkeit eines richtigen Lebens im spaltzüngigen Ganzen. Noch bevor er seine, von einem feinstilisierten Dankesbrief für seine löbliche Tätigkeit begleitete Entlassungsurkunde erhält, erscheint in der deutschsprachigen »Weltwoche« ein Kommentar über seinen Weggang, in dem die Vertreibung sowohl ausländischer als auch Schweizer Gelehrter aus dem schweizerischen Wissenschaftsbetrieb gerügt wird, was zur Folge hat, daß auch die Lausanner Lokalpresse das Thema aufgreift und aus seiner Verabschiedung ein Miniskandälchen unnützer Art macht. Er ist vom Thron gestürzt, und das genügt den Drahtziehern, gleich, welche Folgen die Burleske haben wird.

Hierzu ist vorgreifend einzufügen, daß die Leitung des seiner Forschungsprojekte entledigten Instituts zeitweilig dem heimtückischen Vertrauensmann Luthe übergeben wird, der mit seinen ungelenken Versuchen, Silbermanns Position auch als Lehrstuhlinhaber zu erreichen, kläglich scheiterte. Lehrstuhl und Institutsdirektorposten blieben über ein Jahr unbesetzt, bis es schließlich gelang, einen echten Schweizer zu finden. Diesem soll es binnen kürzester Zeit gelungen sein, das Institut dermaßen herunterzuwirtschaften, daß es zu jener Unbedeutsamkeit herabgesunken ist, auf der es heutzutage noch dahinsiecht, es sei denn, was er nicht weiß und ihn auch keinen Deut interessiert, man hat seine Pforten bereits dichtgemacht. Gewiß ein Jammer, über den sich nicht er, sondern diejenigen den Kopf zerbrechen sollten, die sich von der Mißgunst bis zum Schildbürgerstreich haben treiben lassen.

Wenn er jetzt, um sich keine Blöße zu geben, sagen würde, er sei ohne Wehleid und erhobenen Hauptes aus Lausanne von dannen gezogen, belöge er sich selbst. Das von den Eidgenossen veranstaltete Pandämonium hat bei ihm eine psychische Wirksubstanz hinterlassen, die für eine Weile die Glücks- und Erfolgserfahrungen seiner in der französischen Schweiz verbrachten Zeit aussetzte. Erst als er von den Lästigkeiten der Verlegung seines Standortes in die Rheinstadt und den mit dem Transfer von Forschungsaufträgen verbundenen Beschwerlichkeiten einigermaßen befreit ist und sich Abschweifungen, Ergänzungen und nachprüfenden Gedankenreihen zuwenden kann, veranschaulichen sich ihm Aufenthalt und Tätigkeit an der Lausanner Hochschule als die intensivste Langzeitanregung, die er bisher empfangen hat. Für diese gesteigerte Wirklichkeitssicht schuldet er zwar niemandem Dank, zerstört jedoch Visionen der Zerstückelung seines dem Verschleiß ausgesetzten existentiellen Kerns. Was ihm am Ende der Lausanner Zeit entgegen aller bürgerlichen Untadeligkeit als Zerrissenheit, Zerdehnung, ja als Monstrosität entgegengekommen ist, verflüchtet sich mit dem Wiedereintritt in den Wechselgesang zwischen den Lebens-, Kultur- und Wirtschaftsräumen, der ihm in Deutschland entgegenklingt. Lausanne, ich danke dir!

XXI

Der einigermaßen sensible, emotionale und rationale Appell an seinen in den Banden von Provokation, Rückschlag, Illusion, Intellektuellentraum, Existenzkampf und Aufregung verketteten Denkbereich erweist sich eher als Steigerung denn als Minderung seiner Entschlußfähigkeit. Was immer ihm an Boshaftigkeit, Schlendrian, Fehlurteil oder Überheblichkeit begegnet, hat er sich jederzeit unsentimental, unumwunden und, ob zu seinem Vor- oder Nachteil, meist kompromißlos widersetzt. Es ist nicht zuviel gesagt, daß sich bei derlei gültigen und ungültigen Gelegenheiten eine spröde Erweckungskraft nach vorne drängt, die ihn weder zu Melancholie oder Mutlosigkeit treibt noch zu dem Versuch, mit dem Kopf durch die Wand zu stoßen. Jemand wie er, der, geharnischt durch Mangel- und Zwangslagen, sich sowie sein Arbeitsfeld der sozialen Wirklichkeit verschrieben hat, kennt kein Verweilen bei Selbstqual. Er durchdringt in gewissem Sinne die pulsierenden Stimmungsbilder und geht unbehandschuht zu den Anerbieten der Tagesordnung über.

In Köln bezieht er im Nobelvorort Marienburg ein Haus, dort, wo zu seiner Studentenzeit die Herren Professoren zu wohnen pflegten. Das mangelnde Angebot an konvenablen Wohnstätten und die Hast, mit der sich der Wohnungswechsel von Lausanne nach Köln zu vollziehen hat, lassen ihm keine andere Wahl als diese feine, mit Großmoguln angefüllte Adresse. Ansonsten hätte er sich bestimmt nicht mit dem äußerst unsympathischen Hausbesitzer eingelassen, der sich das Recht nahm, alle paar Monate zu Zwecken der Inspektion durchs Haus zu wandern und herumzumekkern; seine Vergangenheit als alter Nazi war ihm auf die Stirn geschrieben. Mit der Einrichtung beauftragt er wieder den gleichen jungen Innenarchitekten, der die vorherige Kölner Wohnung ausgestattet hatte und die Auswahl an Farben, Stoffen, Lampen, Möbelstücken etc. nach der bewegenden Beschwörungsformel »lustig« oder »unlustig« trifft. Es ist das erste Mal in seinem Leben, daß Silbermann ein Stadthaus bewohnt. Es steht dem Junggesellen insofern zulänglich zu Gesicht, da er sich zu einem Leben in Beziehungslosigkeit nicht hat entscheiden können. Eben darum hat er nach mannigfaltigen Erfahrungen den Vorteil getrennter Schlafzimmer und geräumiger Zimmeranordnungen eingesehen: In einem stattlichen Haus kann die untrügliche Abstumpfung selbst eines nur losen Beziehungsgeflechts durch dauerndes Aufeinanderhocken vermieden werden. Die Wohltat geteilter räumlicher und zeitlicher Gegenwärtigkeit will er sich nicht entgehen lassen, wenn es auch ein kostspieliges Vergnügen ist. Übrigens nicht wohlfeiler als die Lustbarkeit, die er sich durch die Gegenwart des aus München importierten Hubert gestattet. Der sehr attraktive Jüngling, seines Berufes als Elektronikreparateur müde und mit einem überholungsbedürftigen Rappelauto ausgestattet, gehört zur Gruppe jener Playboys, die in den zwanziger Jahren als bessere Gigolos galten, drastisch gesprochen, als wohlerzogene Edelhuren. Dem Sechzigjährigen, der seine Anstrengungen als Ausübender veranlagungsgerechter Verklärungen so gut wie ausgelebt hat, kommt ein solch käuflicher Bettschatz angemessen recht. Homosexualität als Angst, als heißdampfende Leidenschaft oder warmliebende Intimität ist nicht länger gefragt. Der schön anzusehende und durchaus präsentable Hubert läßt sich wie Dumas' »Kameliendame« genußfroh aushalten; er pflegt sich, beschäftigt sich dilettantisch mit dem Besuch einer Kunstschule, rast alle paar Wochen für einige Tage nach München zu irgendeinem Vater, einer Mutter, einem oder mehreren Freunden, spaziert mit Hund Alpha im nahe liegenden Park, bewacht das Haus, wenn der Senior eine seiner Berufsreisen unternimmt, und ist im übrigen, wie man schlechthin zu sagen pflegt, ein guter Junge oder, wie sich später herausstellen sollte, gibt talentvoll vor, ein solcher zu sein. Doch dem will er nicht vorgreifen.

Im Augenblick bereitet er sich auf die fällig gewordene Flugfahrt zum Besuch des Vaters und seiner Latifundien in Sydney vor. Es ist Freitagvormittag an einem der in Köln seltenen wohligen Sommertage, und nachdem er dem zu dieser Jahreszeit in Australien regierenden Winter entsprechend die Koffer mit dickem Zeug angefüllt hat, wendet er sich dem Morgenkaffee nebst Lektüre des Lokalblattes, des »Kölner Stadt-Anzeigers«, zu. Bei der im allgemeinen mit wenig anreißerischen Schlagzeilen versehenen Feuilletonseite angelangt, brüllt ihm in fetter Letternschrift sein Name mit dem Zusatz »muß Universität Lausanne verlassen« entgegen. Dreimal liest er den darunterstehenden, spaltenlangen, mit einer Diffamation nach der anderen gespickten Artikel durch und glaubt sich auf den Mond versetzt: Jahrelang habe man sich an der Universität Lausanne mit seiner Unfähigkeit und seinen Untugenden als Lehrer, Forscher, Verwalter abgefunden, bis das Faß übergelaufen sei, der Rausschmiß erfolgte und der Nichtskönner nunmehr an die Kölner Universität zurückgekehrt sei. Seine Haare haben kaum Zeit, sich zu sträuben, und schon klingelt das Telefon: »Hast du den Stadt-Anzeiger gelesen? Was wirst du tun?« fragen ihn wohlgesinnte Freunde einer nach dem anderen. Dem Rat des Theaterkritikers Wilhelm Unger folgend, eines liebenswerten Menschen, der ebenso wie er durch die Mangel von Verfolgung und Emigration gedreht worden ist, ruft er den ihm bekannten Verleger des »Stadt-Anzeigers«, Alfred Neven DuMont, in dessen Privatwohnung an. Der hatte noch nicht in sein Blättchen geblickt, dann aber bittet er ihn mit entsetzten »Um-Gottes-willen«-Ausrufen am Frühnachmittag ins Verlagshaus, um die Angelegenheit zu besprechen. Gesagt, getan, jedoch nicht ohne Anwalt. Der Rechtsgelehrte Professor Ulrich Klug, mit dem er seit der Zeit des erlösenden Eingreifens in die unerquickliche Engel-Affäre freundschaftliche Beziehungen pflegt, erklärt sich sofort bereit, ihm zur Seite zu stehen.

Sie betreten ein Konferenzzimmer, wo sie von einer aus Verleger, Justitiar, Chef-, Lokal- und Feuilletonredakteur und anderen Tageszeitungsverfertigern bestehenden Korona mit frostigen Gesichtern erwartet werden. Ohne weitere Präliminarien legt Silbermann hastig zusammengesuchte Unterlagen auf den Tisch: Ernennungs- und Entlassungsurkunde, offizielle Dankesschreiben, sein Verlassen der Universität Lausanne bedauernde Zeitungsartikel, ein Bündel seiner Schriften und Bücher und was ihm sonst noch in seine vor Wut und bitteren Zukunftsvisionen zitternden Hände gefallen ist. Ohne rhetorisches und pathetisches Drum und Dran erklären sein Rechtsanwalt Professor Klug und er, daß sie die Zeitung wegen nachweislicher Verleumdung auf Schadenersatz in Höhe von einhundertfünfzigtausend Mark verklagen werden. Inzwischen haben die Herren das Sammelsurium von Dokumenten angeblättert, doch kein Wörtchen einer verteidigenden Gegenrede läßt sich hören. Spricht der versierte Verleger, sich an den Feuilletonchef wendend: »Wo haben Sie den Artikel her, wer ist der Verfasser, haben Sie selbst recherchiert?« Hierauf stottert sich der Angesprochene etwas zusammen, spricht von einem gelegentlichen, in Genf ansässigen Korrespondenten, den er persönlich nicht kenne, und drückt sich höchst ungeschickt um die Frage nach der publizistischen Verantwortung, nämlich des Recherchierens, herum. Niemand, auch nicht Alphons Silbermann, hat je von dem Verbreiter der absonderlichen Diskreditierungsgeschichte gehört. Wer oder was steckt hinter dieser unwahrscheinlichen Insiderstory? Eine treffende, vom sichtlich unangenehm berührten Verleger aufgeworfene Frage, um geschickt die Unterhandlung in Richtung Exkulpation zu lenken. Während der dämliche Feuilletonverantwortliche zum Telefon beordert wird, um bei seinem Freundchen in Genf die Informationsquelle zu erfahren, wird Silbermann als Vorschlag zur Wiederherstellung seiner Ehre die Bereitschaft der Veröffentlichung eines Dementis unterbreitet, zu dem er weder ja noch nein sagt. Er kann sich nicht ausdenken, wem er so heftig auf die Füße getreten ist, daß man ihn mit diesem infamen Schmutz bewirft. Zurück im Konferenzzimmer berichtet der duckmäuserische Pflichtverletzer, daß sein Korrespondent den Artikel aufgrund eines Gesprächs verfaßt habe, zu dem ihn ein früherer Mitarbeiter von Professor Silbermann, der Privatdozent Doktor Heinz Otto Luthe von der Universität Lausanne, aufgefordert habe. Dessen Aussagen hätten so glaubwürdig geklungen, daß er weitere Nachforschungen für nicht notwendig erachtet habe ... Wahrlich eine schöne Suppe, die ihm da der zum Privatdozenten und Geschäftsführer des Lausanner Instituts herangezogene Neidhammel eingebrockt hat! Jetzt ist es an ihm, der versammelten Runde den ganzen Rummel zu schildern, der ihn bewogen hat, seinen Lausanner Posten dranzugeben.

Dies getan, kommt wieder der Vorschlag einer ihm nach dem Pressegesetz zustehenden Berichtigung auf den Tisch, über den er sich mit dem ihn begleitenden Rechtskundigen berät. Es bedarf keines langen Überzeugungspalavers, um einzusehen, daß eine sofortige Richtigstellung der belastenden Verunglimpfungen für sein Ansehen vollwertiger ist als ein langwieriger, sich hinter Gerichtstüren abspielender Prozeßgang durch die Instanzen. Also erklärt er sich mit der Veröffentlichung einer Berichtigung einverstanden; allerdings nicht bedingungslos. Der beschlagene Medienfachmann weiß nur allzu gut, daß die üblichen Richtigstellungen nichts weiter als floskelhafte, in irgendeiner Ecke des Presseobjekts versteckte Kurznotizen sind, auf daß sie nur nach längerer Suchaktion zur Kenntnis genommen werden können. Dieses billige Spielchen wird er nicht mitmachen. Er verlangt für die Ausgabe des nächsten Tages einen Artikel, der in den gleichen Drucktypen, in der gleichen Länge und an der gleichen Stelle Verleumdung nach Verleumdung richtigstellt, und obendrein, unter die Schlagzeile gesetzt, eine ausführliche Entschuldigung des Verlags für den ihm angetanen Tort. Das Manuskript wünschen er und Professor Klug vor Drucklegung einzusehen. Und so geschieht es denn: In der weitverbreiteten Samstagsausgabe erscheint, vom unachtsamen Feuilletonchef verfaßt, das erschöpfende Gegenbild zu den verräterischen Aufhetzungen; darüber abgedruckt eine selbstanklägerische Entschuldigung für den publizistischen Fauxpas, die ebensoviel Aufsehen erregt wie der ganze Vorgang. Sie muß dem Zeitungseigentümer – heute noch einer seiner ihn freundlich begrüßenden Bekannten – seine hundertfünfzigtausend Mark wert gewesen sein.

Die unter dem Zeichen der Schadenbeseitigung stehende, bruchfest geformte Flurbereinigung mit ihren befremdenden Mechanismen geht an ihm nicht spurlos vorüber. Der hohe Stellenwert seiner Selbstverwirklichung ist so sehr ins Schleudern geraten, daß er vermeint, vom hohen Roß gestürzt zu sein. Dennoch stimmt er keine Klagegesänge an, noch ist ihm die erduldete Erschütterung Anlaß zu anteiligem Umdenken mit Bezug auf seinen Zukunftsumriß. Schließlich ist dies nicht der erste Schock, den er in seinem Leben erfahren hat, und auch dieser wird ihn nicht in den Abgrund zwischen Skeptizismus und Utopie treiben. Unabweislich drängt sich ihm ein Gemisch von Kopflastigkeiten auf, als da sind: Undank ist der Welten Lohn; die Rache ist mein; Tor sein müssen mit den Törichten; tapfer handelt, wer Unrecht erträgt; und dergleichen epigrammatischer Trostspender mehr. Doch letztendlich, nach ein oder zwei schlaflosen Nächten, erklimmt er wieder die Stufen der praktischen Vernunft. Er klammert sich an zwei Praxisnormen, die er als Handlungsanleitungen und Legitimationsgrundlage mehr als einmal in seinen Vorlesungen abgehandelt hat: Publizität, ob gut oder schlecht, ruft Bekanntheit hervor; Nachrichten von heute sind Nachrichten von morgen. Nur eines beunruhigt ihn noch: Soll er den Vorfall erwähnen oder verschweigen, wenn er binnen der nächsten Tage dem Vater in Sydney gegenübertritt? Sein Aufrichtigkeitsempfinden kämpft gegen unnütze Verletzlichkeit an.

Der Dreiwochenaufenthalt in Sydney geht so schnell vorüber, wie eben drei Wochen der Bezeugung von Anhänglichkeit vorübergehen. Seine Anwesenheit ist gänzlich auf das Zusammensein mit dem Vater ausgerichtet, sei es in der Wohnung oder in dem kleinen Stadtbüro, von wo aus der nun über achtzig Jahre alte Papa ohne Hilfe in vorbildlicher Weise die noch bestehenden Geschäfte verwaltet. Mutters Grab wird besucht, Gespräche über seinen Abgang in Lausanne, seine Tätigkeit in Köln, seine Finanzen, sein Wohlbefinden, seine Wehwehchen werden geführt, und mit der Treffsicherheit des von jeher um sein Gedeihen besorgten Erzeugers werden Fragen über seine Zukunft gestellt. Er umgeht so gut er kann die noch immer nicht bezwungene, kurz vor seiner Abreise aus Köln erfahrene Kränkung und Beängstigung, indem er fest im Sattel sitzende, strahlende Zuversicht verbreitet. Immerhin, die Wiederholung des Sydneyer Umkreises, bestehend sowohl aus der Aufrechterhaltung von Wegen, Gängen, Lokalitäten und anderen Anschaulichkeiten als auch aus einigen Bekannten und Freunden, allen voran das Ehepaar Else und Fredi, ist ihm ein Faktor zur Stiftung des Vertrauens, dergestalt, daß es ihm gegeben ist, andernorts bereiteten Widerwärtigkeiten entgehen zu können – das gemachte Bett steht jederzeit bereit. Der pflichtschuldig abgestattete Besuch bringt beschirmende Absicherung hervor, so daß er, der beträchtlichen Unbehaglichkeiten jenseits der Ozeane entledigt, mit einem »Gehabt euch wohl« und »Bis zum nächsten Mal« den Jet besteigen kann, um – via Rom und Venedig – sich in Abanos Feudalhotel, dem Royal Orologio, in den bis zur Grenze der Erträglichkeit aufgeheizten vesuvischen Morast einrollen zu lassen.

Die nicht weit von Padua und dessen beiden Schätzen, der Kirche des heiligen Antonius und Giottos bewundernswerten Fresken in der Arena-Kapelle, gelegene Therme eignet sich zum Kuren schon allein deshalb besonders gut, weil dort nichts, aber wirklich absolut nichts los ist. Irgendwann bläst sich in einem binnen zehn Minuten zweimal durchschreitbaren Gärtchen die Banda Municipale die Lungen aus, und ansonsten kann man am Abend, wenn es kühler wird, die kurzbemessene Hauptladenstraße rauf und runter gehen. Irgendwo hat sich auch ein Dancing verkrochen, zu dem die Jugend aus Padua pilgert, da dort in den Sommermonaten auch nichts los ist. Aber wer fährt schon nach Abano, um sich zu divertieren? Die Fangobäder, das Schwimmen in dem harten Thermalwasser und die grölende Hitze schlauchen einen dermaßen, daß man froh ist, mit vielgestalteten Macharten von Spaghetti angefüllt, frühzeitig unter die Bettdecke kriechen zu können. Aber trotz und alledem oder gerade deswegen ist der Kuraufenthalt für die Körperbeschaffenheit heilkräftig. Freilich, wenn man sich wie er unbegleitet dorthin begibt und keinen Wert darauf legt, bei den mit ihm unter einem Dach angesammelten Fremdlingen hohen und höheren Alters den sogenannten Anschluß zu finden, stellt sich binnen kurzer Zeit eine verdrießliche Freudlosigkeit ein.

In diesem Zustand der Ableitung der psychischen Reizenergie befindet er sich, als bei einer Abendpromenade sein Auge auf einen etwas ausgefallen gekleideten, stämmigen Italiener der jugendlichen Art fällt, dem die Haartracht bis zur Mitte des Rückens reicht. Seine augenblickliche Gemütsbewegung sowie das ihm von dem Burschen entgegengebrachte ungezwungene Lächeln ermutigen ihn, entgegen schon lange abgelegter Gewohnheit den Jungen mit holprigem italienischem Wortschatz anzuquatschen. Beppino (mit einem weichen B) erinnert ihn ein wenig an den verflossenen, in Sydney zurückgelassenen Peppino (mit einem harten P) und an die mit diesem verbrachten erfreulichen Jahre. Beim zweiten schlafraubenden Espressoextrakt angekommen, erweckt der Bub sein Wohlgefallen durch die Bereitwilligkeit, mit der er schlicht, abwechselnd auch schalkhaft mannige Einzelheiten aus seinem kleinen Leben mit einer Schnellzüngigkeit heraussprudelt, die gelegentlich mit dem Ausruf »Adagio per favore« eingedämmt werden muß. Soweit es seine mangelnden Kenntnisse der italienischen Sprache erlauben, weiß er schon nach diesem ersten Treffen mit dem halbstarken Fratz Bescheid über dessen Stiefvater, die gestrenge Mama, das Tagein und Tagaus in Padua, casanovische Eroberungsfertigkeiten, bevorstehenden Militärdienst und so zwischendurch den Glückstraum vom Eintritt in die große Welt. Aus allen von dem Italiener mit Antrieb und Standhaftigkeit angebotenen Umgänglichkeiten tritt ihm eine Selbstauffassung entgegen, die es bemerkbar nicht als eine verunglimpfende Zumutung empfindet, mit dem Unbekannten, der sein Vater sein könnte und möglicherweise verführerische Hintergedanken hat, coram publico auf dem Trottoir an einem Tisch zu sitzen.

Nicht ein einziges Wort aus dem Repertoire verdeckter Anzüglichkeiten ist gefallen, keine gefährdenden Aufdringlichkeiten treten zutage, noch überdeckt ihn der junge Mann mit gehaltlosen Wellenschlägen aus dem Konversationslexikon, was seine Neugierde gegenüber diesem offenen und mitteilsamen Wesen besonders anstachelt. Den sollte man besser kennenlernen, und darum zögert er nicht, Beppinos Frage – nicht die seine –, ob man sich morgen wiedersehen könne, mit lautstarkem Ja und der Einladung zum Schwimmen im Pool seines Hotels zu beantworten. Obwohl von der gepflegten Annehmlichkeitsstimmung der Luxusherberge sichtlich beeindruckt, verläßt den Kleinen jedoch in keinem Augenblick die Natürlichkeit eines stolzen und entschlossenen Ausdrucks. So drechselt dieser denn auch wie das Selbstverständlichste auf diesem Erdenball tägliche Verabredungen zurecht, die dabei enden, daß Beppino ihn zum Mittagessen in sein Elternhaus einlädt, was er als eine reichlich seltsame, nicht gerade bestrickende Inbesitznahme empfindet. Denn die zerbrechliche Unverbindlichkeit eines wagemutigen Zufallsfundes hat sich bei ihm in Gefühlsverwicklungen niedergeschlagen, bei denen Kameraderie, Paternität, Abenteuer, Wohlgefallen, Anteilnahme und ein Schuß Erotik sich miteinander verquicken.

In Gegenwart vom jovialen Stiefvater, einem pensionierten Karabiniere, der sehr um Hab und Gut bangenden Mutter und zwei unwesentlichen Stiefgeschwistern wird er mit einem nicht enden wollenden Essen und Fragenregister traktiert, das durchgängig auf eine Bestandsaufnahme seiner Person als möglicher Protektor des Sohnes für jetzt und in der Zukunft hinausläuft. Er kann sich des Eindrucks nicht erwehren, daß man, grob gesprochen, den Beppino loswerden will; denn anstelle die tugendsamen Seiten des Sohnes herauszustreichen, wie Eltern dies im allgemeinen zu tun pflegen, wird der Arme in seiner Gegenwart mitleidlos heruntergemacht. Ist dies ein spontan erwecktes oder ein wohldurchdachtes Manöver zur Abschreckung oder zur Anbindung? Was immer es auch sei, er denkt nicht daran, sich mit Argwohn überschütten zu lassen, versteckt sich hinter der Schwäche seiner Italienischkenntnisse, ersetzt ein bis dahin geführtes Spiel durch die Annahme der ihm von Beppino zugedachten, immer deutlicher werdenden Rolle des fürsorglichen Beschützers, Gönners und Vertrauten, so, als hätten sie ein Komplott geschmiedet. Der ehrfurchtsvoll behandelte Professor muß guten Eindruck gemacht haben, denn seine im Tone der Bestimmtheit gemachte Bemerkung, daß er Beppino für ein paar Tage nach Venedig ins stinkfeine Hotel mitzunehmen gedenke, stößt auf keinen Widerspruch.

In dieser Touristenräuberhöhle, wo man, angesichts ihres Alters- und Namensunterschiedes, ihrer verschiedenen Nationalitäten und Wohnadressen, das Paar – den distinguierten Herrn und den durch seine langen Haare besonders auffälligen Hippieknaben – mit verdächtigen Blicken durchbohrt, verbringen sie eine Woche beharrlichen Zusammenseins, das in keiner Weise den Verklärungen des seelischen Leidens eines Aschenbachs durch die engelhafte Erscheinung des Tadzio in Thomas Manns »Tod in Venedig« entspricht. Bei ihm und Beppino, beide keine sühnenden Säulenheilige, verläuft der Aufenthalt ohne schwingende Gefühlsspannungen. Es ist eine Geschichte des Tages, bei der Baccio und Amore nicht über die Grenze eines angenehmen Tête-à-tête hinausgehen. Beppino, vom Dank sagenden Stiefvater auf den Marsch in den annähernd fünfzehn Monate dauernden Militärdienst abgeholt, verabschiedet sich mit bekenntnishaftem Lächeln und dem Versprechen, alsbald und regelmäßig nach Köln zu schreiben. Eine der mannigfachen, über die Distanz eines Zeitvertreibs kaum hinausgehenden Bekanntschaften ist löblich vorüber, und dennoch hat er diesem Zwischenstück mehr geblümte Worte gewidmet als anderen dieser Art. Die Erklärung ist ganz einfach: Was er jetzt weiß, aber dazumal weder ahnen noch wissen konnte, bleibt ungepflügt, ohne das Entblättern einer Entstehungsgeschichte, ohne die Begründung später liegender praktischer Einlassungen.

Die gedeihliche Beständigkeit des Lausanner Lebens- und Tätigkeitsbereiches ist durch den Eintritt in den Kölner Um- und Wirkungskreis abgelöst. Seine Haushaltsführung vertraut er einer sich damit schlecht und recht abmühenden älteren, aus ihm unersichtlichen Gründen nach Deutschland verschlagenen Belgierin an, die irgendwann einmal ein größeres Vermögen auf internationalen Roulettetischen hinterlassen hat. Sie ist so sehr mit vergangenem Glanz umgebene Hausdame, daß er ihr eine Hilfe zur Seite stellen muß, die in der Person von Frau Kirfel später ihren Platz einnimmt und ihn bis dato, das heißt seit undenklichen siebzehn Jahren, verläßlich umsorgt. Als jugendliches Anhängsel befindet sich der Bayer Hubert im Hause, der, durch An- und Abwesenheiten glänzend, von Zeit zu Zeit als Geselligkeits-, Vorzeige- und Belebungsfaktor dient. Dieser gesetzte Hausstandshintergrund, zu dem das Hundchen Alpha, der neuerworbene Flügel, aus Australien mitgebrachte Erbgüter, darunter Familiensilber und Perserteppiche sowie modernistische, teilweise auch bequeme Möbelstücke gehören, erleichtert ihm das Reflektieren-Müssen im Spiegel der Rückschau und der Abweisung von Vorurteilen in beträchtlichem Grade. Er ist einer von diesen Menschen, die, wie er bei Kafka irgendwo einmal gelesen hat, nicht ohne ein dauerndes Vertrauen zu etwas Unzerstörbarem in sich leben können.

Mit erprobter Gewandtheit geht er an die Zurichtung seiner außerberuflichen Bindungen und Verbindungen heran. Er möchte nicht nur, nein, er muß angesichts der in die Öffentlichkeit gedrungenen ärgerlichen und lädierenden Unterlaufungen seiner Stellung und seiner Person erproben, ob er mit der Standhaftigkeit derjenigen rechnen kann, mit denen er in lockerer oder enger verbundener Weise über die Jahre seiner beständigen oder zeitweiligen Anwesenheit in Köln gesellschaftlichen Verkehr gepflogen hat. Der Anfall seines sechzigsten Geburtstags ist ihm hierzu eine gut abgepaßte Gelegenheit. Zwar ist das Datum, der elfte August, schon längst verstrichen (in Sydney wurden bereits in kleinem Kreis die Gläser auf sein Wohl erhoben), aber wie die Beispiele von Königen und Fürsten zeigen, können Jubeltage auch Wochen später entfaltet werden. Er läßt sich nicht lumpen und lädt in Kölns piekfeines Hotel Excelsior ein, wo sich ein Schwarm genehmer Menschen um ihn versammelt. Die Mischung reicht von der universitären Prominenz bis zu gleichgestimmten Vertrauten, von Jung bis Alt, von Ehepaaren bis Junggesellen, von Schweigenden bis Lärmenden – allesamt sind es Bezeuger eines Einvernehmens, das sich nicht durch die reißerische Perfidie der Abgunst beirren läßt. Wie bei jedem dieser Stehempfänge, ob auf teuren Teppichen oder glänzendem Linoleum, sind die Glückwunschansprachen der Höhepunkt, die, falls Akademikern anvertraut, meist mit dem Ruf »ad multos annos« enden, um Überbleibsel der Lateinkenntnisse anbringen zu können. Bei der Party sind es zwei Redner, die sich mit diesen Fisimatentchen nicht abgeben: Es spricht der Dekan, der allzu früh verstorbene Erwin

Grochla, der, geschickt vergangene Unbillen vom Tisch wischend, sich und die Fakultät dazu beglückwünscht, daß Silbermann nunmehr wieder der Kölner Universität vollauf zur Verfügung stehen wird; und es spricht humorvoll und brillant Freund René König, der in einem Satz den Finger auf die Marotten des Sechzigjährigen legt, im nächsten auf dessen wissenschaftliche Leistungen, die so anerkannt sind, daß es ihm ein leichtes war, eine Reihe von internationalen Kapazitäten zu versammeln, die zu der hiermit zu überreichenden Festschrift beigetragen haben.

Silbermann strahlt von Backe zu Backe, denn Festschriften sind keine hurtig eingekauften, vergänglichen Blumensträuße, sondern Würdigungen beständiger und zitierfähiger Art. Es sind Achtungs- und Prestigebeweise sowohl für den Bedachten als auch für die darin mit Beiträgen Vertretenen. In der ihm gewidmeten Schrift versammeln sich unter der thematischen Überschrift seines wissenschaftlichen Betätigungsfeldes »Kunst und Kommunikation« eminente Kollegen aus Belgien, Mexiko, Österreich, Amerika, der Schweiz und natürlichermaßen aus der Bundesrepublik sowie einer Gruppe seiner Schüler und Mitarbeiter. Das mit den Worten »Mein lieber Alphons« beginnende und mit »in alter Freundschaft« endende Vorwort von René König, der das gewichtige Geburtstagsgeschenk zusammengestellt und beaufsichtigt hat, versetzt ihn durch Auslegung und Anerkennung der von ihm über die Jahre ausgearbeiteten soziologischen Leitsätze auf die nicht hoch genug einzuschätzende Stufe einer wissenschaftlichen Respektsperson.

Zu dieser Hochstellung trägt nach seinem Empfindungsvermögen noch manches andere bei, das in Erinnerung gebracht werden muß. Als erstes wird seine Vollkommenheit durch das Finanzamt unterstrichen, das ihn verpflichtet, Steuern unter dem Kennzeichen »Medienwissenschaftler« abzuführen, wobei auch seine Eingliederung in die Gruppe der wegen Unverheiratetsein mit höheren Prozentsätzen zu Bestrafenden sich zuträgt; eine unziemliche Aufrichtung des Standesbewußtseins. Weitaus erwünschter ist ihm die Nachricht von der Ernennung zum »Wissenschaftlichen Rat und Professor«, wie die Position unterhalb des Ordinarius seinerzeit lautete. Vom deutschen Beamtenstand des pensionierten Staatsanwaltes a.D. ist der Australier jetzt in den des beamteten Universitätsprofessors erhoben worden, wodurch seine Staatsanwaltsrente verfällt und durch ein Professorengehalt ersetzt wird. Das führt über seine Börse hinweg zu verwickelten Abrechnungsschreibereien zwischen den verschiedenen Ministerien, denen er zu jeweils einer Hälfte unterstellt ist.

Ebensolche labyrinthischen Verstrickungen ergeben sich daraus, daß sich der mit dem deutschen Beamteneid besiegelte Australier regelmäßig beim Ordnungsamt unter S wie Salvatore in die Schlange zu stellen hat, um, mit einem Schreiben des Dekans bewaffnet, daß man ihn benötige, eine Aufenthalts- und Arbeitserlaubnis zu erhalten. Als er zum soundsovielten Mal erneut vor den Beamten steht und diese ihn grienend mit: »Ach, der Herr Professor wollen noch immer hier bleiben« begrüßen, wird ihm die Sache zu dumm. Er macht von einem in irgendeinem Wiedergutmachungswinkel versteckten Gesetz Gebrauch, nach dem die vom Hitlerregime entzogenen deutschen Staatsangehörigkeiten zurückzugeben sind, so daß ihm binnen drei Wochen das grünliche Stück Reisepaß anstandslos ausgehändigt wird, in dem schämig klein gedruckt steht: »Der Inhaber dieses Passes ist Deutscher.« Dieser Ist-Passus berührt ihn ebensowenig wie der ähnlich formulierte in seinem australischen Paß: Es sind ihm schutzbriefliche Kommoditäten, die es ihm erlauben, je nach Umstand und Situation, mal als australischer Bürger, mal als deutscher Jude aufzutreten.

Um an klumpfüßigen Sprachformen von Umständen und Situationen anzuschließen (eine bessere Überleitung fällt ihm im Augenblick nicht ein), ob mit Bezug auf gemeisterte oder mattgesetzte Beschädigungen und Unverhältnismäßigkeiten, sieht sich das in eine neue Professorenkategorie eingereihte Mitglied der Fakultät einem ebenso unbequemen wie beklemmenden universitären Gepräge gegenüber. In den endsechziger Jahren, in denen er von Lausanne aus als Honorarprofessor alle paar Wochen nach Köln kam, genügte es, eine Vorlesung und vielleicht auch noch eine Übung abzuhalten, sozusagen ein für das Studium weder verpflichtendes noch prüfungsrelevantes Nebenfach zu betreuen. Jetzt, als mit Standesethos, Rechten, Pflichten, Unkündbarkeit und einem Beamtengehalt ausgestatteter vollwertiger Soziologieprofessor, hat er ein mehrstündiges Deputat zu erfüllen, wie bei Hochschulen diskreterweise die regelmäßige Stundenabhaltung bezeichnet wird. Es ist vorbei mit der Verlegung auf die Ausschließlichkeit der Nebenfächer Kunst und Kommunikation sowie die diese non-obligatorischen Vorlesungen besuchenden Studentengruppen. Er hat den ganzen Schußbereich der Soziologie durchzuexerzieren, darunter vorgeschriebene Grundstudiumsvorlesungen nebst den dazugehörenden, für die Fortsetzung des Studiums notwendigen Übungen und Seminaren zum Erwerb von Zwischenprüfungsscheinen.

Fortan muß er sich mit Aberhunderten von Studenten herumschlagen, von denen sich ein Großteil der deutschen studentischen Protestbewegung verpflichtet oder unterworfen hat, dieser in unübersichtliche Gruppen und Grüppchen aufgesplitterten außerparlamentarischen Opposition, die im ereignisreichen Jahr 1968, gegen den Krieg in Vietnam, gegen die Große Koalition und die von ihr verabschiedeten Notstandsgesetze sowie gegen überkommene hierarchische Strukturen des universitären Muffs angehend, entstanden und inzwischen bei einem an ideologischen Schlagwörtern reichen Rabaukentum gelandet war. Was zu der Zeit, als er noch im ruhigen Lausanne wirkte, Eruption und Rebellion gewesen war, sehr bald bedachtsam zu Generationenkonflikt, Alternativszene, Mutation des Lebensstils, kritischer Aufarbeitung und Neuer Linke umgedeutet wurde, hat ihn, vor allem was den darin enthaltenen Politisierungsschub betraf, überhaupt nicht interessiert. Soll man ihn dumm, naiv, unpolitisch, reaktionär, feige, konservativ, kurzsichtig oder ähnliches nennen – der auf seinem Lebensweg oft genug gerade noch mit leichten Verbrennungen davongekommene Wanderer durch Dickichte von Geisteshaltungen, Ländern und Leuten denkt nicht daran, sich auch nur in die Nähe von durch Unmutsäußerungen und Aufbegehren geschürte Feuer zu begeben.

Darum kann er sich auch nicht mit einer an dieser Stelle möglicherweise von ihm erwarteten, sinnierenden Analyse der Hintergründe der Auflehnung einer ihm kulturfremden Jugend andienen, so wie sie von denjenigen seiner Altersgenossen ausgedacht durch die Landschaft schwirren, die sich gerne als revolutionäre Ideologieverkünder, antiautoritäre Jugendführer, intellektuelle Emanzipationsträger und pathetische Selbstrechtfertiger aufspielen, selbst wenn die Apoisten ihre Institute besetzten und sie in Person und Ansehen gedemütigt und verworfen haben. Er ist kein anstelliger Geburtshelfer wie der bedauernswerte Adorno, der zunächst – nachdrücklich nur philosophisch-abstrakt und theoretisch – mit in die Provokationstrompete geblasen hat, um dann, von seinen Studenten nach allen Himmelsrichtungen provoziert, sich zu Tode zu kränken. Mit dem ideologischen Tiefsinn, den die Studentenrevolte den gesellschaftlichen Verhältnissen unterschiebt, hat der Außenseiter Silbermann ebensowenig zu tun wie mit Entmachtung, Bußfertigkeit und selbstverzehrender Heuchelei. Er ist nicht einmal in der Lage, die mittelbaren und unmittelbaren Zusammenhänge der Probleme zu durchschauen; will es auch nicht, denn er weiß, daß er nirgends hingehört, nicht nach Australien, nach Frankreich oder nach Deutschland. Zeit und Umstände haben ihn mit einer eigensinnigen Stimulus-Respons-Mechanik ausgerüstet, bei der Erinnerung, Erfahrung, Beobachtung und Betrachtung bestimmen, welche Kategorien für seine Daseinsbestimmung Material und Mittel sind – politische, ungesicherte und fragwürdige gehören nicht dazu.

Wenn ihn die halbwüchsigen Frechdachse mit wohleinstudierten Schmähworten angreifen oder verspotten, was in fast jeder Vorlesungsstunde der Fall ist, oder mittels unbemäntelter Fangfragen aufs politische Geleise zu bringen versuchen, läßt er sich nicht antreiben. Entweder benutzt er ironische Rückwärtsschlenker, wenn beispielsweise an die Tafel gekritzelt steht: »Silbermann Kapitalist und Springer-Knecht«, läßt er sie wissen, daß jedes Wort stimmt und der Springer ihn sich leisten kann, oder er setzt seine Autorität ein und schmettert die dauernden, den Unterricht aufhaltenden Unterbrechungen mit Bemerkungen ab wie: »Bei Waterloo, bei der Prüfung sehen wir uns wieder.« Und wird es ihm allzu dämlich, nämlich dann, wenn in der Mitte der schweigenden Studentenmehrheit eingenistete Störgruppen mit vereinten Brüllkräften auf ihm herumzuhageln versuchen, packt er ungerührt seine Siebensachen und verläßt den Hörsaal. Er ist sich zu schade, um die Banden zu überbrüllen. Nur wenn sie auf ihn zukommen und ihn mit »Sagen Sie mal, Silbermann« ansprechen, wird er fuchsteufelswild und rotzt die Flegel schonungslos herunter. An allem darf man herummäkeln, an seinem Wissen, seinem Aussehen, seinen Ansichten, aber nicht an seiner über viele gramvolle Wege erworbenen Würde.

Die achtundsechziger Protestbewegung, in deren Ausläufern er sich in den siebziger Jahren befindet, ist insofern als eine soziale Bewegung anzusehen, als ihre Anhänger bestrebt sind – mit welchen Mitteln und unter welcher Führung auch immer –, die sie umgebende Realität im Sinne ihrer Ideen zu beeinflussen und zu verändern. Angesichts ihrer Eigendynamik entwickelt sie eine Pro- oder Kontrazugkraft, der sich zu entziehen kein leichtes ist. Selbst bei einem wie ihm, der herablassend so tut, als habe er den allwöchentlichen Spießrutenlauf tapfer und unbeirrt durchgestanden, zeigen sich Spuren der Zweifel an der

Ebenmäßigkeit seiner beruflichen Obliegenheiten. Gehört zu diesen nicht mit und neben der Übermittlung soziologischen Wissens und Denkens auch eine erzieherische Aufgabe, die, wenn sie sich auf Jugendliche ausrichtet, bei denen die Prägungen der nationalsozialistischen Vergangenheit noch nicht im Keime erstickt sind, als geistiger Wiederaufbau zu gelten hat? Oder sieht er es falsch, wenn er im Motiv- und Wirkungsgeflecht insbesondere der deutschen achtundsechziger Studentenrevolte (im Vergleich zur amerikanischen und französischen) die Auseinandersetzung mit der nationalsozialistischen Vergangenheit als einen zur Sache gehörigen Aspekt ergründet? Um so mehr fällt es unter die erzieherische Aufgabe, so wie er sie sich mit seinem Eintritt ins deutsche Bildungsfeld vorgestellt und leitlinig vollzogen hat, sich dieser Unseligen mit mehr als nur mit einer vortrefflichen Vorlesung und einer milden Prüfung anzunehmen. Aber sie wollen ja nicht, verschmähen die ausgestreckten Hände, bleiben lieber in der hoffnungslosen marxistischen Luft hängen und glauben, dort ihren Glauben gefunden zu haben.

Auch die Soziologie, völlig falsch als eine kritische Heilswissenschaft verstanden, ist ihnen schließlich ein Glaubensersatz, was sich bis dorthin auswirkt, daß unter den Rädelsführern die Mehrzahl Soziologiestudenten sind, was zur Folge hat, daß in der öffentlichen Meinung die Soziologie mit dem denkbar schlechtesten Ruf bedacht wird. Noch heutzutage ist die Soziologie durch das Hervortreten dieser legendären, meist nicht einmal mit einem Abschlußexamen versehenen soziologischen Kapuzenträger stigmatisiert. Oder etwa nicht? Woher rührt es denn sonst, daß in der Bundesrepublik Deutschland im Gegensatz zu England, Frankreich und den USA weder Verwaltung noch Wirtschaft daran denken, einen approbierten Soziologen in ihre Dienste aufzunehmen? Woher rührt es denn, daß sich an den Universitäten nur noch eine immer geringer werdende Zahl von Studenten für Soziologie als Hauptfach einschreibt? Woher rührt denn die Mühsal der Arbeitsbeschaffung für den Soziologen, und, last not least, woher rührt es denn, daß die Mehrzahl der Soziologieprofessoren nichts Besseres zu tun hat, als sich in die Selbstbetrachtung ihrer Wissenschaft zu verlieren oder sich bei den alljährigen Soziologentagen tiefschürfenden, dafür aber unlebendigen Durchringungen wunderlichster handwerksmäßiger Unverbindlichkeiten zu widmen?

Er kann sich nicht rühmen, von alledem dermaleinst auch nur einen Fingerzeig erkannt zu haben; zur prophetischen Voraussicht, wie sein Freund König, oder zur diskutierfreudigen Schärfeneinstellung wie sein junger Kollege Erwin Scheuch ist er nicht geschaffen. Er zieht es vor, sein Entsetzen ebenso wie seine Wichtigkeit in einem vertrauenswürdigen Refugium zu akklimatisieren, bestehend aus seiner schriftstellerischen Tätigkeit (ein »Reader Massenkommunikation« erscheint sowie eine Analyse des Frauenbildes in deutschen Lesebüchern, die den unmißverständlichen Titel »Abseits der Wirklichkeit« trägt) und aus der Beratungsaufgabe beim Springer-Verlag, zu der sich noch eine zweite beim Leiter des Dritten Fernsehprogramms des Bayerischen Rundfunks gesellt hat. Die eine, stets noch unter der geschickten Leitung des Chefjustitiars Arning, dreht sich in erster Linie um die Anpassung der Unternehmensausrichtung an die Entwicklung auf dem Medienmarkt; die andere um Programmstrukturveränderungen zur Erzielung breiter gelagerter Zuschauergruppen. Während seine eifrigen Kollegen in von Wandkritzeleien verschmutzten Sälen mit den unduldsamen Studentenvertretern in zahllosen Gremien zusammenhocken, um Flutwellen zu beschwichtigen und fadenscheinige Kompromisse zustande zu bringen (er hat sich vor der Teilnahme an diesen grellfarbigen Deputationssitzungen stets erfolgreich drücken können), reist er nach Hamburg, Berlin oder München zu den Sitzen seiner mit Rat und Tat zu versorgenden Besteller. Hier ist das manchmal stundenlange Argumentieren und Zerborsten gegenwärtiger und zukunftsträchtiger Problemschichten unverwechselbar und sinnvoll, so daß ihm nicht die Röte des Ärgers in die Wange zu steigen hat. Hier wird ohne große Reden und kühne Behauptungen mit einer Mischung aus gedanklicher Unruhe, Angemessenheit und bedächtigem Schmunzeln auf Gedeihen hingearbeitet – dem wirtschaftlichen Fortkommen des Zeitungskonzerns und dessen Einstieg in den elektronischen Medienmarkt zu Nutzen, dem Fernsehdirektor zur Bewerkstelligung seiner Ambitionen.

Ganz gleich, ob Beraterfunktionen sich dahingehend auswirken, daß der hierzu Berufene zum Gutachter, Gesprächspartner, Sachverständigen, Gefolgsmann oder zur grauen Eminenz wird, sie unterliegen der Schweigepflicht, die der eines Arztes oder Rechtsanwalts gleichkommt. Darum wird man ihn davon entbinden müssen, aufs Geratewohl aus dem Nähkästchen zu plaudern und im einzelnen anzuführen, an welchen der sich ergebenden oder gestellten zukunftsorientierten, massenmedialen Problemstellungen – Aktualisierung, Praxisnormen, Werthaltungen, Marktmechanismen, Institutionalisierung und anderen kopflastigen Gebilden – er sich beteiligt hat. Auch die Erfahrungen mit den Interna eines Großunternehmens mit Bezug auf Legitimationsgrundlagen, Handlungsanleitungen, Beschränkungen, Konfliktsituationen und Selbstzweckmoral wird er schweigend übergehen müssen. Wohl darf er festhalten, daß seine Betätigung im und für das Haus Springer schon nach kürzester Zeit so stadtbekannt wurde, daß sich alsbald die berechtigten und unberechtigten Vorurteile gegenüber dem politischen und wirtschaftlichen Gebaren des Unternehmens auch auf seine Person auswirken: Die einen meiden ihn, die anderen machen sich an ihn heran. Auf beide Gruppen kann er bestens verzichten, denn ihm ist sein Tätigkeitsgebiet kein Lebensinhalt, sondern schon längst eiskalte Geschichte des Tages. Er zuckt nicht mal mit der Wimper, als seine langwierigen Arbeitsessengespräche in München zu Ende gehen, da der dem Dritten Programm vorstehende Fernsehdirektor seiner nicht länger als Hilfstätigem bedarf, noch sträubt er sich, für das Verlagshaus in die USA zu fliegen, um dort, wohlgefügt als Medienprofessor auftretend, bei Newspaper Publishers und Television Enterprises so unauffällig wie möglich die neuesten Entwicklungen auf diesem immer weltmächtiger werdenden Markt auszuspähen.

Bei dieser Gelegenheit versäumt er es nicht, einige der ihm nach ihren Schriften und Positionen als in seiner Wissenschaft maßgebende Persönlichkeiten aufzusuchen, die ihm mit einer kollegialen Sympathie entgegenkommen, von der sich im deutschen Universitätsklima nur träumen läßt. Sie geben sich bescheiden und zuvorkommend, lassen sich nicht in ein unbekömmliches Leben am Aufbewahrungsort spießerhaften Gelehrtendaseins hineinziehen und sind vor allem so neidlos konkurrenzfreudig, daß sie ihn zu Gastprofessuren einladen. Während er im Eiltempo das ganze weite Land von New York über Boston, San Francisco bis nach Los Angeles durchkreuzt, um überall dort Station zu machen, wo sich ihm beträchtliche Informationsquellen und rühmliche Forschungseinrichtungen auftun, macht er gelegentlich auch in Familie. Damit kommt er mehr oder weniger dem Wunsche des Vaters nach, der einen weitaus größeren, spottlos gesagt, altjüdischen Familiensinn hat als der den generativen Verpflichtungen fernstehende Ehelose.

Allen diesen Cousins, Cousinen, Neffen, Nichten, Tanten und deren angeheirateten Ehemännern und -frauen fühlt er sich zuinnerst fremd, zumal auch nicht eine einzige Person darunter ist, die dem Stamme der Silbermanns entsprungen ist; sie sind außer dem Vater und ihm allesamt in den Konzentrationslagern umgekommen. Dennoch sucht er sie auf, spendiert ihnen in den feinsten Läden Luncheons und Dinners, und wenn sie ihn wie Tante Alice vor versammelter Mannschaft darauf ansprechen, ob er sich den Luxus teurer Hotels, Flüge erster Klasse, Brillantring, Weltreisen etc. leisten könne, läßt er ihre giererfüllte Neugierde mit den Worten: »Ich lebe auf Kosten meiner Erben« nach hinten herunterfallen. Nichtsdestoweniger erwecken diese flüchtigen Bemerkungen echte Töne der Betrübnis, und zwar in dem Augenblick, wo ihm bewußt wird, daß er der Letzte der Silbermanns ist. Seine Auffassung von der Liebe zum jugendlichen Freund als einem Vater-Sohn-Verhältnis erscheint ihm wie die Entblößung und Aufhebung einer konventionellen Unterdrückung und Auflehnung. Er braucht nur an den in Köln hinterlassenen Hurensohn Hubert zu denken, und es geraten die Vorstellungen von einer auf emotionaler und formaljuristischer Grundlage gefertigten Nachkommenslinie ins Schwanken.

Pflegen wir unsere innere Unabhängigkeit und begeben uns auf den Rückzug nach Europa. Er wählt den Umweg über den pazifischen Kontinent Australien, denn Vaters Briefe werden immer trübsinniger und hilfloser. Insbesondere, daß er das Büro in der Stadt aufgegeben hat, weil er infolge der nur noch auf einem Auge vorhandenen geringfügigen Sehkraft die Fahrt dorthin scheut, ist ein sehr schlechtes Zeichen für den Gesundheitszustand des nimmermüden betagten Arbeitsmenschen. Nach einem endlosen Flug via Honolulu erreicht er, in höchstem Grade erschöpft, Sydney, wo er den gebrechlichen Vater mit strahlender Zuversicht umgibt. Es tut dem Vater offensichtlich gut, obwohl er mit Beschwerden über die berufsbedingte Kürze des Aufenthaltes nicht zurückhält. Aber was soll er tun? Der Semesterbeginn steht bevor, die Springers erwarten seinen Bericht, und überhaupt sind ihm die Aufenthalte in Australien mit ihren unvermeidlichen Zusammentreffen mit den paar Verwandten und den um die Else und den Fredi gescharten Einsteuropäern mehr eine Schicklichkeit als eine Kurzweil. In den Gesprächen werden aus ihm Auskünfte über die Verhältnisse in den einstigen Heimatländern und -städten herausgeholt, so daß er sich wie ein lebendes Informationsbüro vorkommt. Auskundschaften über sein Wohlergehen, sein Arbeitsfeld, seine Aufstiege und Niederlagen finden nicht statt. Nur Else, von der nimmersatten Neugierde einer Busenfreundin durchdrungen, nimmt sich ihn beichtmütterlich vor, um sich Zugang zum Privatesten seines Lebens zu verschaffen, was ihn allerdings unweigerlich in ansteigende Verschlossenheit treibt. Pflichtübungen dieser Art liegen ihm nicht, zumal seine seelischen und leiblichen Glückszustände schon längst aus der idealistisch-romantischen Phase herausgetreten sind.

So kurz angebunden und reibungslos sein diesmaliger Sydney-Aufenthalt auch verlaufen ist, er hat bei ihm gewisse Widersprüchlichkeiten hervorgerufen, die nur schwerlich zu erfassen sind. Urplötzlich sieht er in diesem, von ihm über die Jahre immer mehr von sich gestoßenen Land Australien einen entkolonisierten Aufbewahrungsort von Vorzüglichkeiten, die mit seinem Jüdischsein im Zusammenhang stehen. Dabei spielen nicht nur die Besuche von Mutters Grabstätte eine Rolle, sondern auch die Zusammenkünfte mit dem Kreis der früheren Emigrantengruppe, bei dem fast ausschließlich eine gewisse Jüdischkeit als die für Denken, Verhalten und Handeln bestimmende Mentalität erhalten geblieben ist. Wie mit bohrendem Zeigefinger deutet ihn dies auf seinen Umgang in Deutschland hin, zu dem nicht eine einzige jüdische Person gehört. Bahnen sich bei ihm Verfall, Erniedrigung oder Säuberung an? Ach was, mache er sich doch nicht zum psychologisierenden Lastenträger unbewältigter Höhe- und Tiefpunkte ...

Eine Ruhepause wird eingelegt, die ihn zu einem Zwischenaufenthalt in das neu entdeckte Touristenparadies Bali bringt. Hier werden seine düster-zweifelnden Gedanken durch Tanzvorführungen, Bestaunungen von Tempeln, wilden Affen, Schnitzereien, Schnellschneidereien und anderen, dem europäischen Auge fremden Sehenswürdigkeiten ein wenig verscheucht. Als von sich überzeugter Kommandant kehrt er in sein Kölner Imperium zurück. Die Vorlesungen beginnen, im Institut sind Entscheidungen zu treffen, lang abgesprochene Vortragsverpflichtungen sind einzuhalten, und bei Springer in Hamburg ist Bericht zu erstatten. Mitten in diese kunstvoll aufgebaute Staffage, zu der noch der Umzug des Instituts in von der Universität und nicht länger von ihm angemietete Räume sowie abendliche Hin- und Hereinladungen mit nahe- und fernliegenden Bekannten gehören, entstehen bedenkliche Peinlichkeiten. Offensichtlich hat der lammfromme Hubert den Hausstand durch die Zulage eines auch ihm bekannten, indessen wenig bekömmlichen Liebhabers und durch die Veranstaltungen von Partys mit Minderjährigen geradezu gefahrbringend desakriert. Sein Klassenplatz als Hahnrei betrübt ihn wenig (es ist ja nicht das erste Mal), aber Minderjährige in seinem Haus, gleich, wer was mit ihnen angestellt hat – wenn das die Polizei erfährt, ist er, auf Hochdeutsch gesagt, am Arsch. Also raus mit dem Lüdrian, und zwar bevor Eltern oder Sittenpolizei an die Türe klopfen.

Doch was ein starrköpfiger bayerischer Hurensohn ist, der denkt gar nicht daran, ein wohlgemachtes Bett mir nichts, dir nichts dranzugeben. Also noch einmal die Vicky-Geschichte mit ihren Disputen, Ränken, Zittern und Bangen? Nichts von alledem. Das Türschloß wird ausgewechselt, Huberts Klamotten und sonstige Ausrüstungen werden in Koffer verpackt auf die Straße gestellt, auf Klopfen, Schellen, Rufen und Trampeln wird nicht reagiert, bis der Ausgestoßene in seinem baufälligen Auto endlich abzieht. Das Aufatmen sollte nur von kurzer Dauer sein. Denn schon zwei Tage drauf steht ein Gerichtsvollzieher mit einer einstweiligen Verfügung vor der Türe, um für Hubert Zugang zu seinem Zimmer zu verlangen, was der Staatsanwalt a.D. ebenso verweigert wie die Zahlung der vom Diener der Justiz verlangten Gebühr. Jetzt geht die theaterreife Komödie erst richtig los. Er beauftragt einen sich mehr oder weniger als Winkeladvokat entpuppenden Anwalt mit den notwendigen juristischen Gegenschritten, bis ihm mittendrin eine wohl mit Tränen in den Augen formulierte Klage auf Unterhalt des so bitterarmen Hubert erreicht. Beweisführungen, bei denen kein Blatt vor den Mund genommen wird, finden statt, Verhandlungen werden vertagt, der Advokat steckt sich immer mehr Vorschuß in die Tasche, eine findige Gegenklage wird eingereicht, bis ein weltkundiger Richtersmann nach einigen Worten über Verstöße gegen die guten Sitten den vor ihn zitierten Parteien vorschlägt, ihre Klagen zurückzuziehen, worauf nach bejahendem Kopfnikken der Fall in die Aktenablage entrückt ist. Nicht indessen in seinem Hirn. Wie viele Denkzettel müssen ihm denn noch verpaßt werden, bis er einsieht, daß gleichgeschlechtliche Beziehungen weder bezahlbar noch besingbar sind? Auch im Felde dieser Lebensstellung gilt es, den Weg der Selbstentdeckung auszuhalten, selbst wenn es schwerfällt, Versagen zuzugeben. Rückschauend reflektieren und vorschauend hoffen bewahrt wie auf dem soziologischen Prüfstand vor der Verkennung von Wolf und Lamm.

Mit der elegant veranschaulichenden Wendung, daß ihn seine vielgestaltigen Pflichten und Verpflichtungen rufen, steigt er ins Jahr 1971 ein. Das langsam abflauende Aufbegehren der Studenten bringt es mit sich, daß er weniger Widerwärtigkeiten ausgesetzt ist, doch sein Interesse an einer ausgestalteten Jugenderziehung ist dahin. Er wickelt seine Vorlesungen, Seminare und Übungen pünktlich und korrekt ab, prüft mit unerbittlicher Strenge und verlangt von seinen Diplomanden und Doktoranden den höchsten Wissensgrad. Auch in seinem Institut kennt er keine Halbherzigkeiten mehr: Wer nicht spurt, fliegt raus. Lange genug ist er dieser aufkommenden lümmelhaften Wohlstandsgeneration, der die Regierungen in ihrem Bildungswahn auch noch das Studium finanzieren, mit der ihm eigenen Verbindlichkeit entgegengekommen; jetzt mögen sie in dem von ihnen selbst hergerichteten tabubefreiten Saft schmoren. Er hat anderes, ja man kann es ihm glauben, Besseres zu tun.

Es kommt nicht von nichts, daß ihn das Kultusministerium, das Innenministerium, das Bundespresseamt um seine Dienste angehen, daß ihn der Film- und Fernsehrat der UNESCO in seinen Conseil wählt, der Europarat in eine Kommission, das finnische kommerzielle Fernsehen zur Beratung nach Helsinki kommen läßt, Industrieverbände, Wehrakademien, Verlagshäuser, Architekten-, Baumeister- und Ingenieurverbände zu Vorträgen, Diskussionsrunden und Brainstorming auffordern, nicht zu vergessen die angesichts seiner Haltung gegenüber ihrer Monopolstellung ihm wahrlich nicht holden Rundfunk- und Fernsehstationen sowie die sich vom Norden bis zum Süden erstreckenden protestantischen und katholischen Akademien, wo Arbeit zum Vergnügen, Übernachtung und Verpflegung zur Qual werden. Auch kommt es nicht von nichts, daß er zum Vizepräsidenten der angesehenen Deutschen Gesellschaft für Film- und Fernsehforschung gewählt und in den Lions Club aufgenommen wird, den er allerdings fluchtartig wieder verläßt, da ihm dort eine nicht gerade judenfreundliche Haltung entgegengebracht wird. Einladungen zu Gastprofessuren in Ann Arbor und von der School of Journalism der Columbia University in New York treffen ein, und aus der Hand seines Wissenschaftsministers und späteren Ministerpräsidenten Rau erhält er »in Anerkennung der um die Bundesrepublik Deutschland erworbenen Verdienste« das Verdienstkreuz 1. Klasse des Verdienstordens der Bundesrepublik Deutschland überreicht.

Die gutmeinenden Veranlasser der Ehrung sind ihm unbekannt geblieben. Es ist ihnen zweifellos nie in den Sinn gekommen, daß es ihm hätte wenig bekömmlich sein können, durch einen Staat geehrt zu werden, dessen Vorgänger ihn aus seinen Grenzen vertrieben hat. Sein Freund König zum Beispiel hat immer laut verkündet, daß er nie und nimmer einen Orden von den Deutschen entgegennehmen würde. Doch der Professor Silbermann ist schon längst über dergleichen Ressentimentgedankengänge hinweg, ohne zum ausgesprochenen deutschen Volksgenossenbewunderer geworden zu sein. Allerdings verhehlt er keineswegs die Genugtuung über eine Ehrung, die ihm die Franzosen seinerzeit entgegen aller Versprechen durch Hinterhältigkeit versagt haben und die bei den Australiern für einen Eingebürgerten sowieso nicht in Frage kommt. Die lakonische Prägnanz, mit der er schlicht von Genugtuung spricht, mindert die Kühnheit, mit der er im Vorangehenden die Mannigfaltigkeit seiner Fähigkeiten wie einen Siegeszug pêle-mêle aneinanderreiht. Fehlt nur noch, daß er an dieser Stelle einen seiner kunstfertigen Essays einfügt, um aufzuzeigen, was für ein toller Kerl er ist, und er befände sich damit unmittelbar im Irrgarten der Angeberei.

Sie liegt ihm so wenig wie jede Anrührung der Welt des Scheins; realistische Erprobungen ergeben sich aus der unbedingten Aufzählung von Leistungen. Ohne vorzugeben, ein Alles-Wisser, Alles-Könner und Alles-Macher zu sein, bestätigt sich seine Zufriedenstellung durch ein Erfolgskonzept, das neben seinem aufreibenden Fleiß, seiner gemeißelten Rednergabe und einem weltläufigen Wissensschatz auf durch das Zustimmungsgewicht seiner Genossen aus dem soziologischen Medien- und Kunstbereich hervorgerufen wird, soweit sie wie er jene unbehütete Lehranstalt des Lebens durchschritten haben, die dazu zwingt, die Universalität der Probleme und Vorkommnisse auf die Einsichtigkeit einziger Realitäten zu reduzieren.

Es bedarf keiner weiteren Ausschmückungen noch der Ermunterung, wenn er als tatsächlichen Befund seine Stellung in den ersten der siebziger Jahre als die eines weit über die Grenzen der Bundesrepublik hinaus bekannten, anerkannten und einflußreichen Virtuosen in den ihm zugänglichen Bedeutungsfeldern hervorhebt. Wenn er heute bei Tagungen, Vorträgen, Beglückwünschungen, in Lexika, Zeitungs- und Zeitschriftenbeiträgen etc. als Vorläufer, Begründer oder Nestor seiner Wissenschaften bezeichnet wird, bestätigt dies die trächtige Vorrangstellung, die er in den angesprochenen Jahren eingenommen hat. Selbst die Amerikaner – von eh und je die maßgebenden Forscher im Felde der Massenkommunikation und, nebenbei gesagt, die zurückgebliebendsten im Felde der Kunstsoziologie – melden sich bei ihm. Paul F. Lazarsfeld, für einen jeden Medienwissenschaftler der Gipfelbezwinger empirischer Forschung, lädt ihn nach New York an seine Universität, die Columbia University, zu Gastvorträgen ein, eine Einladung, der er gerne Folge leistet. Denn noch ist eine Aufforderung, am Busen der amerikanischen Wissenschaft gelegen zu haben, für den europäischen Wissenschaftler Lehre, Ehre und Reputation zugleich. Also läßt er sich erneut über den Atlantischen Ozean transportieren, steigt in New York im Nobelhotel Plaza ab, rattelt Tag nach Tag durch Harlem bis zum am oberen Broadway gelegenen Universitätsgebäude, wo er mal mit, mal ohne Lazarsfeld, die ein schauerliches wienerisches Englisch sprechende Leuchte der Mediensoziologie, vortragend und diskutierend einer Studentenschar gegenübersteht, der Vernunftwesen über alles geht. Wenn er nicht mit Lazarsfeld fürchterlich stark alkoholisierte Getränke zu sich nehmen muß, verbringt er mit einigen der ihm von früheren Amerikareisen her liebgewordenen Bekannten die Abende in Theatern, Konzertsälen, Pianobars und einschlägigen Sumpfbuden.

In einer dieser Versammlungsstätten kommt ihm mit der frisch-fröhlichen Natürlichkeit des amerikanischen Genres ein aus der Dominikanischen Republik stammendes, blendend aussehendes Exemplar entgegen und läßt ihn im Zuge des darauffolgenden Techtelmechtels wissen, daß ab nun sein Leben ihm gehöre und er, sobald er sich die hierfür notwendigen Moneten erarbeitet habe, die Reise nach Köln antreten werde. Silbermann, das mehrfach gebrannte Kind, lauscht den Liebesschwüren, ohne ihnen mehr als den Wert von Phantasiegebilden beizumessen. Zwar entblößt er sich nicht gänzlich des Gedankens an eine mögliche Glücksfindung, doch der ist alsbald verflogen: Aus Sydney erreicht ihn die betrübliche Nachricht, daß Vater schwer leidend im Krankenhaus liege. Hastig, alle hierdurch entstehenden Komplikationen überwindend, fliegt er nach Sydney; denn er weiß, wenn Vater sich in ein Krankenhaus legen läßt, dann muß es etwas Ernstes sein. Die Ärzte erzählen ihm alles mögliche, sprechen von Antibiotika, Behandlungsdauer, Lungenemphysem, Herz- und Altersschwäche, doch Vater verliert über den Krankheitsprozeß kein Wörtchen. Er will nur wissen, wie es dem Sohn ergeht, ob der gesund, gesichert, erfolgreich ist. Es ist ihm, als spräche der Vater schon wie der Schutzengel aus einer anderen Welt. Im einzelnen führt er ihm aus dem Gedächtnis an, wo sich dies, das oder jenes befindet, was und wie alles geschäftlich, pekuniär, haushälterisch und testamentarisch angeordnet ist. »Ich bin müde, laß mich schlafen«, sagt der Vater, »ich habe keine Lust mehr zu leben.«

Es bedarf keiner rührseligen Formen der Ergriffenheit, um die Gefühlsverbindungen darzutun, während er zwei Wochen lang täglich am Krankenbett des meist schweigsam darniederliegenden Vaters sitzt. Der alte Herr werde bald wieder auf den Beinen sein, meinen die Ärzte, nur müsse dafür gesorgt werden, daß er Tag und Nacht eine Pflegerin im Hause habe, schon allein wegen seiner schlechten Augen. Mit dieser einigermaßen trostvollen Versicherung sowie dem Angebot von Miss Matheson, der langjährigen treuen rechten Hand beim Auf und Ab im Schaffen des Vaters, und der lebensfrohen Samaritanerin Else, auf den Vater aufzupassen, reist er an die Arbeitsstätte nach Köln zurück. Es begleiten ihn Sorgen, Kümmernis und das alles erfassende schwere Herz, das weder Selbsttäuschung noch Flucht vor der Realität erlaubt. Der Unberechenbarkeit der Schicksalsfügung setzt er seine Gläubigkeit entgegen; Erschütterung, Bestürzung und Betroffenheit geleiten ihn nicht in fahnenflüchtige Neurosen.

Als wollte ihm der Herrgott etwas Gutes antun, erscheint der dominikanische Bursche Raffael aus New York auf der

Bildfläche, willkommen zur Besänftigung des Nachgedankens an weitertreibende Vereinsamung. Doch das Frohlokken sollte nicht von langer Dauer sein. Der Ephebe entpuppt sich als ein wenig maßgeschneiderter Verlorengegangener, so daß seines Bleibens nicht lange ist: Er wird zu Muttern in die Dominikanische Republik zurückverfrachtet. Dies muß überhaupt die große Rauswurfperiode sein. Denn kaum hat er sich in Abanos Schlammbädern etwas erholt, nicht ohne in Mailand Station gemacht zu haben, wo ihn einen Tag lang das heitere Lächeln und Geschnatter des Militärdienstlers Beppino erfreut, gibt er der feinen Hausdame, Frau Vaerman, den Laufpaß, weil sie sich neben ihrer miserablen Kochkunst, ihrer Faulheit und Gefräßigkeit nicht enthalten konnte, Teile des Haushaltsgeldes über die Wochenenden zur Spielbank in den Badeort Spa zu tragen. Indessen, überraschender und unerquicklicher ist die plötzliche Entlassung des ihm so vertraut gewordenen Chefjustitiars Arning aus den Diensten des Hauses Springer aufgrund einer undurchsichtigen, vom stetig nörgelnden und enthüllenden Wochenblatt »Der Spiegel« veröffentlichten Geheimnistuereigeschichte, von der er weder etwas wußte, noch in die er verwickelt war. Es ging um die Angelegenheit »Kommerzielles Fernsehen«, in der der geschickte Arning bereits so weit gewesen war, daß er im Ausland den Standort für ein Springer-Fernsehen gefunden hatte. Doch der nicht immer entscheidungsfreudig gestimmte Verleger muß kalte Füße bekommen haben und ließ die gesamte Aufbauarbeit durch den in gängige Münze umgesetzten Rausschmiß zertrümmern. Von nun an wird Berater Silbermann einem anderen Herrn des Verlagshauses, einem engen Vertrauten des Verlegers, zur Seite gestellt, der allerdings wenig mit ihm anzufangen weiß, da Medienprobleme einstweilen abgeschrieben sind. Somit steht er auf einer bezahlten Warteliste, was ihm angesichts seiner vielen anderen Aktivitäten gar nicht mal so unangenehm ist. Außerdem laufen die Ereignisse stürmisch über ihn hinweg, denn im November erreicht ihn die Nachricht vom Tod des Vaters.

Das zu Erwartende ist eingetroffen. Wie ein Verirrter, alles stehen und liegen lassend, eilt er zum zweitenmal in diesem, dem heil- und unheilvollen Jahr 1971 nach Sydney. In der Erstarrung seines Innersten durchläuft er die förmlichen Schattenrisse des Lobes des Herrn, der gegeben und genommen hat. Er zürnt nicht, noch läßt er sich bemitleiden, noch richtet er sich an einem märchenhaften Vaterbild auf. Wie beim Tode der Mutter kann er sich nicht in vorgezeichnete Sprachklischees verlieren; das Unsagbare bettet er in das Kaddischgebet ein, in die Verkündung der Heiligkeit Gottes und der Erlösungshoffnung, welches er zu der Eltern Seelenheil allmorgendlich nach dem Aufstehen und allabendlich vor dem Schlafengehen spricht.

Nach einigen Wochen des Aufenthalts, in denen er den Haushalt auflöst, Dutzende von Formalitäten erledigt, die Verwaltung des Besitzes dem befreundeten Steuerberater anvertraut, für die anhängliche Miss Matheson, dem Wunsch des Vaters gehorchend, eine monatliche Rente einrichtet, der Trauer mimenden Vetternfamilie Kleidung und Möbelstücke überläßt, sucht er das Weite aus dem Land, mit dem ihn über die Ozeane hinweg nur noch das Grab der Eltern verbindet.

XXII

Das Jahr 1972, in dem sich die Deutschen wieder vernehmbar in die Brust werfen, weil sie annehmen, die Veranstaltung der Olympischen Spiele auf ihrer südlichen Landesfläche bringe ihnen die Stelle des Konzertmeisters im internationalen Politorchester ein, betritt er in eigenartiger Stimmungsmischung. Mit dem Hinscheiden des Vaters und der darauffolgenden Auflösung eines Hausstandes, in dem er viele seiner australischen Aufbaujahre mit Essen, Trinken, Schlafen, mit Aufregungen, Streiten und Lieben, mit Plauderstunden, Nachtschwärze, Tageshelle, Niedergeschlagenheit und Aufgeräumtheit verbracht hat, hat sich ein Schlußakt vollzogen, dem jegliches Behagen fehlt. Außer dem Grab der Eltern, ein wenig gemahnender Melancholie und einem australischen Paß, der das Angenehme mit dem Nützlichen verbindet, sind Anhänglichkeiten jedweder Art zu einem Memento geworden. Die Existenzberechtigung hat sich unwandelbar verlagert. Brauchbar ist fortan nur noch die maßgeschneiderte Ummantelung durch das Professorenebenmaß, soweit es nicht zur Attrappe und seine Wirkungsspanne nicht zu einem Schlafgemach geworden ist. Doch auch hier fallen die Sonnenstäubchen unausbleiblich auf einen Schlußakt: Es bleiben ihm noch zwei Jahre bis zur Pensionierung. Fürwahr, die lange Fahrt auf der Autostraße in einem Rasthaus zu beenden, weil man sich selbstbetrügerisch vorschwatzt, dann endlich Zeit zu haben, um Bücher zu lesen, Schallplatten abzuhören, Kochkünste zu pflegen, Golf zu spielen und Rasen zu mähen, entlädt sich nur im Gedankenspielraum derjenigen, die schon stets nicht weiter als bis zu ihrer Nasenspitze haben sehen können. Diesen stehen jene gegenüber, die es einfach nicht lassen können, mit ungewitzter kreativer Dränge gebrandmarkt zu werden. Es gibt aber auch solche, die sich allein schon bei dem Gedanken an den Schlußakt gebeutelt fühlen, vor allem, wenn sie wie er die Straße mit dem Legen vieler Pflastersteine erst Abschnitt für Abschnitt haben herrichten müssen. Ja, dann lassen fügsamer Anspruch, kombinatorisches Denken ebenso wie selbstbehauptendes Ringen zu wünschen übrig. Et voilà, das war der Stand der Dinge, während er sich in der Senkung zwischen Aufbruch und Ende befindet.

Unterdessen rütteln die von ihm übernommenen und an ihn herangebrachten vielgestaltigen Anwartschaften an der Pforte seines Rüstzeugs, so daß er gedankenschnell, wie durch ein Auffrischungsmanöver aus Schwung- und Spannungslosigkeit herausgezogen wird. Als erstes muß er in das Blickfeld seiner kommunikationssoziologischen Beratungsobliegenheiten beim Springerschen Verlagskonzern wieder einsteigen. Seit die den Konzernherrn umgebende Camarilla den tapfer und geschickt für die Firma agierenden Mediengehilfen Arning entfernt hat, hat er von dessen, in der obersten Chefetage sitzenden, nur beiläufig an Medienangelegenheiten interessierten Ersatzmann monatelang kaum etwas gehört. Dann kommt plötzlich ein brandeiliger Ruf aus der Zentrale. Man bedarf dringend der gutachtlichen Beurteilung jener neuerrichteten Abteilung, die sich mit der Produktion von für die Ärzteschaft bestimmten, mit medizinischen Inhalten und Werbebotschaften angefüllten Kassetten befaßt. Das kostspielige audiovisuelle Unternehmen, in das bereits Hunderttausende mit ungezügeltem Enthusiasmus hineingebuttert worden sind, scheint nicht den erhofften Anklang zu finden; es dreht sich im unwirtschaftlichen Leerlauf. Also ran an die ihn mit zaudernder Zurückhaltung empfangenden, mit hohen Gehältern, gebietender Eigenmächtigkeit und einer Schar von Mitarbeitern und wohlgepflegten Sekretärinnen ausgestatteten Abteilungschefs, um einen Einblick in das Kassettenunternehmen zu gewinnen.

Irgendein Schlaumeier hat der Geschäftsführung die Idee vom großen Medico-Kassettengeschäft angedient, da die Ärzte nach Abfertigung von zirka achtzig Patienten pro

Tag weder Zeit noch Lust hätten, sich ihre Abende mit der Lektüre seitenumfassender Fachzeitschriften zu vertreiben: Eine, nur eine halbe Stunde dauernde, exquisit aufgemachte visuelle Medizinzeitschrift, im Vorspann durch professorale Medizinkapazitäten garantiert, das wird sich gewiß jeder Arzt bereitwillig zwischen Kalbsschnitzel und Obstsalat zu Gemüte führen. Schnell bei der Hand, ohne sich die Perspektiven dieser berückenden Idee durch eine wenn auch noch so spärliche Verhaltens- oder Nutzungsumfrage abstützen zu lassen, hatte der Verlag Lizenzen für ein zu dieser Zeit bei weitem noch nicht ausgegorenes technisches System angekauft und munter darauflos produziert. Alle Ärztegruppen bekommen ihren Teil ab – von den Internisten über die Chirurgen, bis zu den Orthopäden, den Gynäkologen, Laryngologen, Ophtalmologen, Kinderheilkundlern und Zahnmedizinern – aber man bleibt fest auf der gesamten Ware sitzen. So ist das nun einmal bei unausgegorenen Hals-über-Kopf-Projekten, und was kann er daran schon begutachtend tun? Meinen die auf der obersten Chefetage Sitzenden vielleicht, die darunter werkelnden Superexperten würden sich von ihm Ratschläge geben lassen? Die auf technischen Mängeln, Fahrlässigkeit, Untüchtigkeit und naiven Illusionen beruhende Pleite ist auch nicht durch eine weitere, von der Abteilung verlangte Kapitalspritze aufzuhalten. Von erklärendem und erläuterndem kommunikations- und wirtschaftswissenschaftlichem Ballast befreit, läuft sein Gutachten auf den ungeschmückten Urteilsspruch hinaus: Meine Herren, machen Sie die Bude zu! Aber weit gefehlt, Hochsinn bleibt Hochsinn, Verbissenheit bleibt Verbissenheit, und immer mehr Geld wird bekenntnistreu in das lendenlahme Ärztewerk hineingepustet, bis sich dann endlich das Medico-Kassetten-Unternehmen in Wohlgefallen auflöst. Doch zu diesem Zeitpunkt ist er längst nicht mehr Springer-Berater. Schon kurze Zeit nach der Kassettenbegutachtung, in der ihm mehr die Rolle eines umgänglichen Schnüfflers denn eines souveränen Beraters zuteil geworden war, hat er die Nase voll, zumal man entschlossen über seinen Rat hinweggegangen ist. Er fühlt sich unehrbar in seiner Haut, will nicht gekauft sein, und ohne viel Bruha und auch ohne die banale Floskel vom gemeinsamen Einverständnis beendet er eine Tätigkeit, die ihm viele Jahre ein buntes Straßentreiben gewesen ist.

Nun möge man nicht glauben, der Dämpfer seines Gewissens habe ihn auf das Ruhekissen der Bequemlichkeit geführt. Kunst und Kommunikation sind ihm so sehr Selbsterfahrungsbeurkundungen, daß ihrem Ausdruck, ihrer Form und ihren Methoden geradezu zwangsweise Darstellungen gewidmet werden müssen. Sie alle aufzuzählen und jede Drehung und Wendung mit dem Beisatz »Dies ist eine meiner besten Sachen« zu versehen, sind Abrechnungen aus dem Eitelkeitskatalog. Andererseits, eben weil Selbsterfahrungsbeurkundungen das Unsichtbare dinghaft machen, dürfen sie nicht durch Enthaltsamkeit beschädigt werden. Darum muß es ihm vergönnt sein, mit unversehrter Selbstgewißheit von jenen Erzeugnissen zu sprechen, die bis zu seinem Abgang aus dem Universitätsdienst seine Bibliographie zieren.

Sein Freund, der von Fleiß und Wissen überfließende René König, der sich, wie das damals noch möglich war, seine Bestallung um weitere drei Jahre hat verlängern lassen, sitzt an einem Kolossalwerk, dem »Handbuch der empirischen Sozialforschung«, in dem Soziologenkoryphäen aus aller Welt ihre Spezialgebiete abhandeln. Silbermann werden innerhalb der ersten Bände die Kapitel »Systematische Inhaltsanalyse« (ein Forschungsansatz) und »Massenkommunikation« zuerteilt, die mit Billigung entgegengenommen und vom Verleger erbärmlich honoriert werden. Immerhin, was tut man nicht alles, um mit den Renommierten auf einer Bank zu sitzen. In der wohlangesehenen Urban-Taschenbuchreihe verselbständigt er den Handbuchbeitrag über Massenkommunikation in dem Band »Soziologie der Massenkommunikation«, den er mit Unterstützung einer seiner Assistenten, Udo Michael Krüger, verfertigt, wobei im Gegensatz zur schlechten Angewohnheit vieler seiner Kollegen der Assistent nicht mit ein paar hohlen Dankesworten im Vorwort abgetan, sondern als Mitverfasser auf dem Titelblatt genannt wird. Das kleine Lehrbuch folgt in Aufbau und Inhalt seinen Vorlesungen und erweist sich als ein handliches Kompendium für das Fach Massenkommunikation, das sich über die sechziger Jahre an den meisten deutschen Universitäten etabliert hat.

Mit Blick auf die Lehre bringt er zur gleichen Zeit eine nach amerikanischem Vorbild konzipierte Reihe von »Readern« heraus, beginnend mit dem von ihm zusammengestellten Band »Film«. Mit Themenkreisen wie »Religion«, »Management«, »Führung«, »Sozialkybernetik« und anderen, zu deren Herstellung er reputierte Gelehrte zuzieht, erscheinen insgesamt acht dieser wissenschaftlichen Lesebücher, schön aufgemacht, zunächst beim Econ Verlag in Düsseldorf, der sie dann in Bausch und Bogen an den Aloys Henn Verlag in Kastellaun verkauft. Dort wird die Reihe mit fünf dürftig aussehenden Bänden weitergeführt, darunter die Themen »Mediensoziologie«, »Psychoanalyse«, »Jüdische Religion«, bis sie durch den über dem Verlag kreisenden Pleitegeier ein hurtiges Ende findet. Trotz all der damit verbundenen Schreibereien und des nächtelangen Korrekturlesens hat ihn die Aufgabe als Anreger, Organisator, Aussonderer und Überwacher der immerhin stattlichen Reihe mächtig mitgerissen, und zwar nicht nur, weil er sich damit in weiten Kreisen hat vernehmlich machen können, sondern auch, weil sich durch die Einarbeitung in manche der ausgewählten Gebiete Wissenslücken bei ihm haben anfüllen lassen. Immer noch bei der Lehrbuchproduktion, diesmal in enger Verbindung mit seinen kunstsoziologischen Beschäftigungen, ist das Nachschlagewerk »Empirische Kunstsoziologie« anzuführen, »Eine Einführung mit kommentierter Bibliographie«, wie der Untertitel lautet, was alles über das großformatige Werk sagt. Hier bietet er dem am kunstsoziologischen Wissenschaftszweig Interessierten unter den Rubriken »Bildende Kunst«, »Musik«, »Literatur«, »Theater« und »Film«, übersichtlich angeordnet und jeweils mit einem knappen Kommentar versehen, das gesamte internationale Literaturfeld an, soweit es gemäß seiner Denklinie den Ansprüchen der Empirie folgt.

Das Zusammenführen der an vielen Orten verstreuten fachwissenschaftlichen Äußerungen und deren Umgürtung mit knappgefaßten inhaltlichen Auskünften konnte er nur mit Hilfe eines Apparates, nämlich seines Forschungsinstitutes, zuwege bringen, was übrigens auch für die Herausgabe der kommunikationswissenschaftlichen Zeitschrift »Communications« gilt, deren Gründung unter dem Titel »Internationale Zeitschrift für Kommunikationsforschung« in die Zeit vor seinem Abgang von der Universität fällt. Zwar gab es in der Bundesrepublik bereits die Fachzeitschrift »Publizistik«, doch deren editorialer Gesichtswinkel kam aus der Ecke einer längst überholten, historisierenden Zeitungswissenschaft ohne kompakte internationale Durchschlagskraft. Die stetig ansteigende Anerkennung des Medienfaches, der damit verbundene Zulauf von Studenten und Forschern sowie die Brisanz, mit der das Medium Fernsehen in Deutschland begann, kulturkritische Assoziationsfetzen zu überwinden, verlangten nach Vermittlung von Untersuchungsergebnissen aus internationalen Medienlandschaften, die das Fernsehgeschehen und seine Folgen schon lange nicht mehr als eine zu bekämpfende Krankheit ansahen. Mit dieser in Französisch, Englisch und Deutsch dreimal jährlich erscheinenden Zeitschrift, die er beachtliche fünfzehn Jahre lang und unter denkbar großem Zeitaufwand als Herausgeber zusammenstellt und druckfertig macht, kontrapunktiert er zum einen die nicht über den Tag hinausschauenden pseudowissenschaftlichen Monats- und Vierteljahresschriften, zum anderen das gewiß hochstehende amerikanische Spezialschrifttum, das, wie eine Bibelauslegung angesehen, alles, was an Gescheitem und Nützlichem aus anderen denn US-Forschungsstätten kommt – aus Frankreich, England, Holland, Deutschland, Tunesien oder Skandinavien –, bedenkenlos zu ignorieren versteht. Übrigens, damit ihm niemand auf den Kopf steigt: Die Zeitschrift gehört nicht ihm, sondern der Deutschen Gesellschaft für Kommunikationsforschung, die ihn ob seines Einsatzes für die schaubare Entwicklung der Medienwissenschaft zu ihrem Präsidenten erwählt hat. Sie ist es auch, die das Fachblatt durch einen Druckzuschuß am Leben erhält, da kein Verlagshaus so idealistisch gesinnt ist, daß es einen bruchstückhaft dargereichten Wissenschaftszweig in das Halbrund seiner Risikotragweite einbezieht. Es war der Anstelligkeit des Generalsekretärs der Deutschen Gesellschaft, K.-H. Kaesbach, zuzuschreiben, daß er, Silbermann, nicht auch noch über das Aufbringen der Gelder für den Zuschuß zu grübeln hatte.

Nun aber ist Ende mit der schulmeisterlichen Litanei. Der Pedanterie ist Genüge geleistet, und es bedarf keiner allfälligen Aufmunterung, um den Versuch anzustreben, die Dinge seines persönlichen Umkreises in ein begrenztes Bild zu spannen, von dem er, um der Vermeidung von erstarrenden Wiederholungen willen, nicht garantieren kann, daß es gradlinig verlaufen wird. Trotz der Inanspruchnahme seiner nach vorne gerichteten und positiv aufbauenden Kräfte bleibt ihm die schmerzhafte Erkenntnis, daß sein Verlangen nach dauerhafter, weder von Angst noch von Sorge gekennzeichneter Nähe eines jüngeren Menschen immer wieder ein Ende gefunden hat; mal ein gutes, mal ein schlechtes. Aus diesen Erschütterungen ist ein Ringen hervorgegangen, bei dem Zuversicht, Heiterkeit und Lebensfreude der zerstörerischen Vernichtung seiner Persönlichkeit begegnen. Oh, er ist deswegen nicht zu einer bemitleidenswerten Heultrine geworden, noch, unter dem Vorwand, nur seinem Schaffen zu leben, zum Weltentfremdeten, zum Misanthrop oder Kostverächter, eher zu einem bedächtigen Hasenherzen. Soll er den darauf drängenden Beppino zu sich kommen lassen? Geistige Anregung kann dieser ihm bestimmt nicht bieten, verlangt er auch nicht von ihm. Denn durch die Abende, die er bei den Altersgenossen der Intelligenzia verbringt, oder die er zu sich einlädt, ist er reichlich eingedeckt. Was er sich wünscht, ist ein Vernunftwesen, worunter er gemäß den in der Pädagogik geläufigen Worten ein Wesen versteht, bei dem das freie Spiel der Kräfte sich zwischen Spontaneität, Ursprünglichkeit, Sinnlichkeit, Offenheit und Gegenwartsbezogenheit bewegt. Das ist wahrscheinlich zu viel verlangt, könnte es aber geben, falls darauf geachtet wird, Mißtrauen nicht zur Besinnung werden zu lassen. Als ihn erneut der Weg nach Italien führt, um an einem mit ansehnlichen Themen aufgestockten Kongreß teilzunehmen, bietet sich die Gelegenheit, den mit klumpigen Kommißschuhen und einer an der Regimentskappe wehenden Feder ausgestatteten Militärdienstler Beppino zu treffen. Sie verabreden eine Einladung nach Köln, das heißt, klar und deutlich zu verstehen gegeben: einen befristeten Besuch. Denn so weise ist er inzwischen nun doch geworden, daß die Möglichkeiten eines Zusammenlebens nicht im Glutbecken des momentanen Überschwangs, sondern nur im Rahmen des unbeirrten Alltagsablaufs zu überprüfen sind.

Die Erprobung deutet auf ein Überdauern, zu dem er insofern glaubt beigetragen zu haben, als er die Entdeckungsfreude des jungen italienischen Erdenbürgers nicht mit der ästhetisierenden und heroisierenden Überhöhung zudeckt, die unter den Knabenliebenden die Entfaltungsreifung fruchtbarer Dauerhaftigkeit behindert, letztendlich beendet. Was immer an Schlechtem oder Gutem, Edlem oder Verruchtem über die homoerotische Welt gesagt wird, krümmt sich weniger unter der Last gesamtgesellschaftlicher Vorurteile als unter der zerrinnenden Dauerhaftigkeit individueller Zusammenfindungen. Diesen Adonisröschen-Komplex – Vorzeichen, das er dem kurzlebigen Produkt der Phantasieentfaltung zwischen Inhalt und Form symbolische Schönheit erteilt hat – stellt er im Umgang mit Beppino ebenso hintan wie seine sich jedesmal als verlustbringend erwiesene Neigung zur Bewerkstelligung des Pygmalion-Komplexes, der von Bildung und Erziehung geleiteten Verpflanzung psychophysischer Ganzheiten. Der Schlüssel zum Fortbestand von Beppinos Anhänglichkeit und Zärtlichkeit war die Spiegelung von Helfen, nicht die von Erziehen. Jahrelang, bis zu Beppinos Heirat, haben sie in von mehr als einem unausbleiblichen Krach unterbrochener Eintracht zusammengelebt – zwei miteinander Französisch sprechende Ausländer, denen die Subtilität des »Je t'aime bien« natürlicher war als das klotzige »Je t'aime«.

Während er sich zusammen mit dem fein herausgeputzten Beppino wie alle Jahre wieder in Abano seinen mit einem zunehmenden Bäuchlein drapierten Kreislauf durch Fangoerhitzung, Thermalwasserschwimmen, Sonnenbad, Pasta und köstliche Camparis zurechtstutzen läßt und sich das Gleichgewicht innerer Spannungen allmählich einstellt, brüllen ihm Schlagzeilen und Bilder den grausamen Schrecken des als Geiseldrama etikettierten Verbrechens von Arabern gegen die israelische Mannschaft bei den Olympischen Spielen in München entgegen. Das darauffolgende, aus Beileidsbezeugungen, Anklagen, Schuldzuschreibungen, Verdächtigungen, Bemäntelungen, Pflichtversäumnis, Entlastung und rotgeweinten Augen ausgesäte und salbungsvoll zusammengepaßte Medien- und Pressegepolter verwirrt ihn. Unklar dämmern vor ihm die wieder erkennbaren Schatten der Feindschaft gegen die Juden, mit denen er trotz der Verwehrung des Zusammengeschmiedetseins so unlöslich verbunden ist wie mit dem Licht.

Was bei ihm freilich mehr als eine klare Beängstigung hervorbringt, ist der als Reaktion auf das hinterhältige Verbrechen von den deutschen Politikern, Kirchenleuten, Parteivorstehern bis hinunter zu den Dorfschulzen schicklich aufgetischte Philosemitismus, der schon immer wie ein Hofzwergenspaß den Aufwind des Antisemitismus begleitet hat. Hat er seit der Dauer seiner Ansiedelung in der Bundesrepublik unmerklich vielleicht selbst aus der Entgegengekommenheit eines reuigen Philosemitismus Nutzen gezogen und darum allem, was Politik ist, den Rücken zugewandt? Die Tatsache, daß er den tagespolitischen Ereignissen hier in Deutschland oder dort in Australien oder Frankreich stets mit Distanz begegnet ist, daß er – wenn danach gefragt – sich als unbeteiligter Ausländer ausgibt, ist nichts anderes als skeptische Naivtuerei, eine gefällig-schmeichelnde Lüge. In Wirklichkeit, und zwar hervorgegangen aus den Abstürzen und Anstiegen in den verhängnisvollen Verschnürungen seines Lebens, hat er, um es ohne Betretenheit oder Fluch zu sagen, in der Politik weder eine sittliche Absicht, eine Pflicht noch ein Unwesen gesehen – es kommt ja doch alles von allein.

Sein in einem Schlupfwinkel liegendes politisches Gespür wird durch die Lautstärke des Münchner Ereignisses aus der untätigen Duckmäuserei herausgejagt. Es zeigen sich ihm Knotenpunkte in der Existenz der durch weite Zwischenräume voneinander getrennten Juden, die besonders dort der Erkundung bedürfen, wo, wie in Deutschland, Judenpolitik seit Jahrhunderten sichtbare und unsichtbare Einwirkungen, Gemetzel und Tod herbeigeführt hat. Daß ausgerechnet in der Stadt, in der man sich schon beizeiten mit dem »Juda verrecke« die Kehlen heiser geschrien hat, ein hintertückisches Massaker zu der Erneuerung des judenhassenden Urerlebnisses hat führen können – war das Zufall? Wer weiß. Angsterregend ist es auf jeden Fall; denn wo der Teufel Krieg macht, ist stets die Hölle los. Es ist zwar kein Soziologensatz, wenn es im »Hamlet« heißt: »The lady protests too much«, doch läßt er die Kulissen schäumender wie hilfloser individueller und gesellschaftlicher Mitleidensbereitschaft durchblicken. Ein Schlachtenlärm wie der von München konnte nach vorne nur Proteste erbringen – schließlich sind wir Deutschen keine Barbaren –, doch wie sieht es dahinter aus, wie in den

Köpfen der Männer und Frauen, durch die, angängig oder schicksalhaft, noch immer die giftigen Säfte des Hitler-Antisemitismus pulsieren?

Dem Soziologen genügt es nicht, Geräusche zu vernehmen, es muß ihnen nachgegangen werden, kommen sie verborgen aus dunklen Ecken oder zeichnen sie wahrnehmbar sich ab. Gesetzt den Fall, das politgesellschaftliche Wohl verlangt es, den antisemitischen Unstern zu bekämpfen und ihn nicht nur in mißbilligende Worte zu kleiden, dann genügen weder Betroffenheitserklärungen noch Umfragen, die wie eine vom unter der Leitung der nachweisbar nicht unbescholtenen Professorin Noelle-Neumann stehende des Instituts für Demoskopie Allensbach Verblendungen verursacht, indem beispielsweise gefragt wird: »Glauben Sie, die Juden haben zu viel Einfluß?«, ohne auch nur anzudeuten, auf was – auf das Leben der Schmetterlinge, den Verkauf von Unterhosen und ähnlichen Blödsinn mehr. Noch bevor er sich im Frühjahr 1973 wieder nach Sydney begibt, um dort dem religiösen Kult der Grabsteinsetzung für den Vater beizuwohnen, trifft er sich mit seinen Mitarbeitern und entwirft das Projekt einer Antisemitismus-Untersuchung, deren Ergebnisse nicht nur der Beschreibung, der Herkunft und der statistischen Erfassung diese sozialen Übels dienen sollen, sondern dringlichst seiner Bekämpfung in der schwer vorbelasteten demokratischen Bundesrepublik. Von der Deutschen Forschungsgemeinschaft nur zögernd und etappenweise finanziert – allzu offensichtlich sieht man die Thematik nicht gerade gerne behandelt –, erscheint die äußerst akribisch erarbeitete sowohl für die nichtjüdische wie, was zu bemerken ist, für die jüdische Bevölkerung repräsentative Untersuchung nach jahrelanger Arbeit unter dem Titel: »Sind wir Antisemiten? Ausmaß und Wirkung eines sozialen Vorurteils in der Bundesrepublik Deutschland«. Noch kann er nicht übersehen, was ihm an harmlosen Zwängen, unzumutbaren methodologischen Bedingungen, Ein- und Umstellungen, Hindernissen und Bestürzungen entgegenkommen wird, und er wird daher mit der ihm eigenen Dignität die sich mit dieser Feldforschung befassende Schreibwerkstatt ahnungsbang verstummen lassen. Er verspricht, darauf zurückzukommen.

Sein Aufenthalt in Sydney ist kurz bemessen. Er beschränkt sich auf ein paar formgewandte Wiedersehen mit wohlinstallierten Bekannten, verschlungenen Gesprächen mit der trächtig um sein Wohl besorgten Else, auf Friedhof- und Synagogenbesuche sowie einige Konfrontierungen mit dem schöpferischen Überfluß, zu dem sich die australische Stadt langsam aber sicher aufgerekelt hat. Rezeptionspsychologisch gesprochen befindet er sich in einem Zustand der Enthaltung, denn seine Verbindung zu Australien wird nicht mehr fortgeschrieben werden. Mit dem Kaddisch am Grabe seiner Eltern enden Vergangenheiten; der jetzt schon nur noch wie ein Rinnsal fließende Zugehörigkeitsstrom ist ausgetrocknet. Dabei verliert er sich weder in die Kunst des Vergessens noch in Tagräume – Nicht-Erstarren, Lebendig-Fühlen überflügeln nostalgiegesättigte Lebensaperçus.

Mit diesem Gefühl der Erleichterung, nach dem sich ein jeder sehnt, bei dem Fortgehen nicht behindert wird, macht er sich auf den Weg nach Kanada, wo er zur Abhaltung einer Serie von Seminaren über Massenkommunikation an die McGill-Universität in Montréal eingeladen worden ist. Wie immer im vorhinein alles bestens organisiert (darin ist er ein erprobter Champion), verbringt er zunächst in der Nähe von Toronto einige Tage auf dem Landsitz eines steinreichen, mit vielen Glitzerketten und einem in keinem »Gotha« auffindbaren Barontitel behangenen Sonderlings, den er auf irgendeiner seiner vielen Reisen aufgetan hat. Der kutschiert ihn per Rolls-Royce zu den Niagara Falls und anderen kanadischen Naturgestaltungen, bettet und beköstigt ihn luxuriös und bequatscht ihn so lügenhaft, daß nach vier Tagen seine einzugestehende Bewunderung des Extravaganten ausläuft und er fluchtartig dieses einmalige Himmelreich verläßt. In Montréal würdigst vom zuständigen Kollegen empfangen und den Studenten hoch angepriesen, absolviert er, wie das in diesem träumerischen Zweisprachenland üblich ist, mal in Englisch, mal in Französisch die vorgesehene Anzahl von Seminaren für eine ausgewählte Gruppe. Bereits nach der ersten Sitzung erkennt er die Unergiebigkeit seines Unterrichts; denn er steht vor einer Bande von Halbgebildeten, die von Tuten und Blasen nicht die geringste Ahnung hat. Also läßt er die Läden runter und achtet darauf, nicht selbst in den Zustand geistiger Lähmung zu verfallen. Er schwört sich, diesen Gastprofessuraufenthalt nicht in seine herumschwenkbare akademische Lebenslaufbeschreibung aufzunehmen.

Da lobt er sich die bedachtsame Beflissenheit, mit der seine vierzehntägige Vorlesungsreihe »Soziologie des Theaters« von den Schauspielschülern der in München ansässigen Falckenberg-Schule aufgenommen wird, obwohl die Thematik für die zukünftigen Romeos und Julias nicht gerade die leichtverdaulichste ist. Der Umgang mit dem frohgemuten Elevenvölkchen, darunter der blonde Olaf, in den sich der entstehende Ruheständler vergafft, hilft ihm in angenehmer Weise, die Wetterecke des Rückzugs aus dem immer mehr sich verengenden universitären Wahrnehmungsfeld zu umsegeln. Für den pensionsreifen Altmeister René König wird ein ihm unmittelbar nicht bekannter Friedhelm Neidhardt von der Universität Tübingen herbeigerufen und an die Spitze des Forschungsinstituts für Soziologie gesetzt, an dem ja der Kollege Silbermann als Direktor der auf vollen Touren arbeitenden Abteilung Massenkommunikation gewissermaßen Teilhaber ist. Und da König schon wenige Tage nach seinem Ausscheiden aus dem Dienst sang- und klanglos zu einer Gastprofessur nach Amerika entfleucht, darf er mit der gnädigst erteilten Autorisation durch die Fakultät den von König hinterlassenen, jeder Beschreibung spottenden Stall aufräumen. Unverdrossen wühlt er sich durch Haufen von unbeantworteten Anfragen, Anmahnungen, Aufforderungen und anderen wichtigen und unwichtigen Papierkram, füllt Papierkörbe mit von Bindfäden bis zu wohlfeilen Drucksachenangeboten reichenden Sammelwaren, ordnet Unterlagen von unerledigten Forschungsaufträgen, Abrechnungen und weiß der Teufel sonst noch was. Sodann ist noch das Inventar in dem aus vielen Zimmern bestehenden Königschen Institut aufzunehmen, wobei Suchaktionen nach verschwundenen Schlüsseln, Schreibmaschinen, Rechnern, Bürostühlen und anderen, nächtens wegtragbaren Einrichtungsgegenständen kilometerlange Läufe von einem Ende zum anderen des vielstöckigen Gebäudes verlangen. Auch trifft er auf Studenten, die sich in einigen Institutszimmern häuslich niedergelassen haben, von denen sich alle auf die ihnen vom Chef erteilte Erlaubnis berufen. Kein Wunder, daß der Gewaltige ausposaunt, er sei mit seinen Studenten und Assistenten immer vorzüglich ausgekommen. Die Eigentlichkeit des zu erweisenden Freundschaftsdienstes wurde zur Deklassierung eines hochgeschätzten Vorbilds.

Den Muff und Mief überstanden (Dankesworte wurden von keiner Seite geäußert), läuft das Zahnradgetriebe über Silbermanns Nachfolge an. König, Jahrzehnte der allmächtige Vorsteher des Soziologiesektors und Initiator der massenmedien- und kunstsoziologischen Lehre an der Universität Köln, kümmert sich darum in keiner Weise, weder geradewegs noch winkelig. In der Berufungskommission wird Silbermann mitsamt dem von ihm vertretenen Fach glatt überfahren. Sein Einwand, daß der zum Vorschlag stehende Kandidat für Massenkommunikation und Kunst nicht einmal einen Handgriff besitze, wird mit der schnuppigen Bemerkung abgetan, daß ein jeder Soziologe diese Gebiete beherrsche. Im Schnellverfahren, damit man nur ja noch pünktlich zur Mittagssuppe zu Tisch sitzen kann, einigt man sich auf eine bisher durch null Komma nichts hervorgetretene Person, wobei der schnöde Hintergedanke, den

Nachfolger als Ablöser für die Lästigkeiten der durchzuführenden Grundvorlesungen zu nutzen, augenfällig eine ausschlaggebende Rolle spielte.

Der Verstümmelung des von ihm aufgebauten Lehrfeldes folgte alsbald das Todesurteil. Auch das muß mehr mit augenblicklicher Verstimmung als mit währender Häme festgehalten werden. Da der neue Mann gemäß seiner Berufung, seiner Spezialinteressen und seiner Fähigkeiten zu Recht nicht im Traume daran denkt, die Leitung des Instituts für Massenkommunikation zu übernehmen, sucht der abtretende Silbermann Königs Nachfolger, den Professor Neidhardt, auf. Er bietet dem sich sehr distanziert verhaltenden neuen Oberherrn der Abteilung Massenkommunikation an, nach seiner Pensionierung sozusagen geschäftsführend, wie solch ein unbezahltes Hilfswerk benannt wird, das Institut weiterzuführen, bis sich ein Ersatzmann findet. Ohne auch nur den Bruchteil einer Minute zu zögern, geschweige denn sich über die Bedeutung des Institutes und der dort laufenden Forschungsarbeiten informieren zu lassen, lautet die alles sagende Antwort: »Ach, Herr Silbermann, Massenkommunikation, das interessiert mich nicht.« Gut denn, während sich andere die Finger danach lecken würden, ein mit dicken Aufträgen versehenes, international reputiertes und wie geschmiert laufendes Universitätsinstitut unter ihre Fittiche zu nehmen, folgt er der Aufforderung, das Institut aufzulösen. Er läßt es sich nicht zweimal sagen, wimmelt und bettelt nicht, sondern gründet zusammen mit zwei seiner engsten Mitarbeiter sein eigenes Institut, das Kölner Institut für Massenkommunikation, einen eingetragenen Verein, in dessen Kader er die im Universitätsinstitut laufenden Forschungen einbringt, darunter die sich verständlicherweise als äußerst schwierig durchführbar erweisende Antisemitismus-Untersuchung. Auch noch ein anderer großer Brocken ist angesichts des unverhofften Auflösungsverlangens zu übernehmen: das Forschungsprojekt »Auswirkungen von Gewaltdarstellungen im Fernsehen«. Die gesamte Medienforschung, von Alaska bis Timbuktu, hatte sich in den siebziger Jahren mit Wucht und Wonne dem Brutalitätsthema mit theoretischen Ergüssen, erziehungsmäßigen Warnungen, Laboratoriumsexperimenten, embryonalen statistischen Auszählungen, Erprobungen und kostspieligen Gutachten von Psychologen, Psychoanalytikern, Soziologen, Sozialpsychologen, Moralphilosophen, Kommunikationswissenschaftlern, Pädagogen, Politologen und was sonst noch in einer Gelehrtenwelt kreucht und fleucht zugewandt, die sich mit Vorliebe den Unfertigkeiten der Menschen widmet. Ein jungfräulicher Boden wurde zu einem Wildpfad der Argumentationen, an dessen Ende der schwarze Peter, nämlich das Ansteigen von Kriminalität und Gewalt vor allem bei Jugendlichen, in ein Kausalverhältnis zu Fernsehkonsum und gewalttätigen Fernsehprogrammen gebracht wurde.

Silbermann und seine Crew wollten von diesen Unverständlichkeiten nichts wissen. Sie wollten nicht in die Falle derjenigen gehen, die – um es so dämlich wie möglich auszudrücken – glauben sagen zu können: Wenn Klein-Moritz zum nächstbesten Beil greift und Vater erschlägt, weil der ihm wegen des schlechten Schulzeugnisses eine Ohrfeige versetzt hat, dann ist das je nachdem auf das zwei-, drei-, vier- oder fünfstündige Sitzen vor dem Fernsehschirm und den dort abgespulten Gewalttaten in Krimi-, Gangster-, Science-Fiction-, Abenteuerfilmen und Tagesnachrichten zurückzuführen. Anstelle dieses, wenn auch noch so hochwissenschaftlich gefärbte Kausalgetöse nachzuplappern und theoretisches Donnergepolter durch Meinungsumfragen bestätigen oder widerlegen zu lassen, wurde bei Silbermanns Untersuchung direkt auf in Vollzugsanstalten einsitzende Jugendliche zugegangen, eben auf die Gruppe von Dieben, Räubern, Mördern etc., von der es heißt, daß sie zu ihren Untaten durchs Fernsehen angeregt wurden. So einfach gesagt, so schwer ist es getan. Er pilgert von Justizministerium zu Justizministerium, um mit mannigfaltigen

Auflagen und Beschränkungen versehene Erlaubnisse zu erhalten, eine Auswahl der besagten jugendlichen Verbrecher zu befragen, ihre Akten einzusehen und Bandaufnahmen von den Interviews zu machen.

Gerade als seine Mitarbeiter (um die Zutraulichkeit der zu Befragenden zu gewinnen, alles Studenten) zwei Anstalten mehrere Monate lang durchforstet hatten und erste Ergebnisse vorlagen, mußten er und seine Equipe die Segel streichen; denn es war aus mit Assistenten, Räumlichkeiten, Geldern, Apparaturen und sonstigem, was die Universität seinem Institut zur Durchführung von Forschungen bis dahin zur Verfügung gestellt hatte. Nichtsdestoweniger läßt er es sich nicht nehmen, seine Erkenntnis aus der zwangsläufig eingestellten Untersuchung in Wort und Schrift verlautbar zu machen, nämlich, daß, welch immer soziale, kulturelle, wirtschaftliche, pädagogische und psychologische Zusammenhänge für abweichendes Verhalten auch verantwortlich gemacht werden, Fernsehinhalte, mögen sie noch so brutal sein, nicht zu gewalttätiger Kriminalität motivieren, sondern das Instrumentarium zum Begehen eines Verbrechens durch Nachahmung denjenigen anbieten, bei denen aggressive und/oder kriminelle Tendenzen bereits in der Persönlichkeitsstruktur vorhanden sind.

Es ist ihm ungelegen, diese Thematik noch weiter auszuspinnen, zumal das volkstümliche pädagogische und wissenschaftliche Toben über den Verderb unserer Jugend durch Gewaltdarstellungen im Fernsehen so gut wie verrauscht ist. Die Anstalten haben allein schon aus Konkurrenzgründen ihre moralischen Skrupel begraben, und die Kommunikationswissenschaft übt sich in der Wiederholung des nicht Nachweisbaren mit Bezug auf das Gewaltthema »Wirkungen des Fernsehens«. Nur die Medienpädagogik, dieser aus dem Boden der kulturkritischen Schrecknisse gestampfte Zwitter, macht es sich noch zur routinierten Pflichtübung, gegen das Anstößige, das Gewalttätige und das leicht Konsumierbare auf dem Bildschirm zu wettern. Wenn dem so ist, wozu dann diese ermüdende Epistel über eine inzwischen totgeprügelte Problematik? Will er den Fernsehgewaltigen Brei um den Mund schmieren, sozialpolitische Sympathien erwecken oder eine Tapferkeitsmedaille erwerben? Keineswegs. Es gilt ihm am gegebenen Beispiel darzutun, wie anspruchslos Kausaldenken verbunden mit Ratlosigkeit über gesellschaftlich Störendes seinen Auslaß in der Faszination für und im Abscheu über einen Sündenbock findet. Dem dient das Fernsehen in seiner Anonymität ebenso wie die Radfahrer, die Juden, die Homosexuellen oder die Gastarbeiter. Wer wie der Jude Silbermann ein Lied davon zu singen weiß, der wird, was immer er an gesellschaftlichen Übeln und Kompromißlosigkeiten ins soziologische Visier nimmt, ausredenhafte Ursachen- und Schuldverlagerungen sowie bedenkenlose Ursachen- und Schuldverlagerer bloßlegen müssen, bevor Leid, Grausamkeit und Menschenverachtung mit unbesorgten Ausflüchten abgetan werden können.

Bevor noch das Sommersemester 1974 ausläuft, in dem der Professor nach wie vor seinen Verpflichtungen nachzukommen hat, wird er ins Rektorat zur Aushändigung der Urkunde betreffend Versetzung in den Ruhestand gebeten. Der Minister hat es bemerkbar eilig, ihn loszuwerden, verzeichnet auf dem in landläufiger Schreibmaschinentippe ausgefertigten Dokument jedoch Dank und Anerkennung für seine »treuen Dienste«. Als taktvoller Jud kann er hierzu nur »nebbich« sagen, was gleichermaßen für die Überreichungszeremonie durch den Rektor gilt, die nach zehn Minuten und zwei flauen Händedrücken beendet ist. Nicht einmal ein Glas billigen Schaumweins wird angeboten. Auch als nach dem Ende des Sommersemesters der Stichtag seines Übergangs in den Ruhestand kommt, wird dieser weder durch eine Abschiedsgeste des Kollegiums noch durch einen Wertschätzungserweis der Studenten vernehmlich, wobei er eiligst hinzufügen möchte, daß er nichts von alledem erwartet hatte. Soziologen besitzen eben in politisch ungewissen Zeiten wenig Anziehungskraft; höchstens einen schlechten Ruf. Das hinderte allerdings nicht Kollegen, Bekannte, Freunde, Mitarbeiter, eine Auswahl der Jeunesse dorée, Beppino und Hündin Alpha, beim Empfang zur Feier seines mit dem Abschied von der Universität zusammenfallenden fünfundsechzigsten Geburtstages im Dom-Hotel in den aufgeforderten Mengen zu erscheinen. Nur sein bester Freund und Vertrauter, der wortgewaltige René, läßt sich nicht in seiner italienischen Landhausgemächlichkeit stören und bleibt zum Erstaunen aller, die ihre innige Verbindung kennen, dem Ehrensalut fern.

XXIII

So unliebsam ihm die Kölner Synagoge mit ihrer andachtslosen Gottesdienstverrichtung auch ist, sucht er sie selbstverständlich bei Gelegenheit seines Geburtstages auf. Wie jedesmal, wenn dieser Tag fällig ist, drängt es ihn, dem Allmächtigen seine Dankbarkeit in Seinem Haus darzubringen. Fragt sich, ob eine Altersbestimmung von fünfundsechzig, von der es doch allgemein heißt, sie sei ein hindeutender Einschnitt zum Abschied von der Bühne oder, anreißerisch, zum Verlassen des Schiffes, nicht obendrein nach Besinnung verlangt? Gewiß, die Pfaffen aller Konfessionen pfeifen es bei jeder Gelegenheit von ihren Kanzeln, so, als gäbe es kein Ding, das nicht seine Stunde bekäme. Doch Besinnung, das ist ein Vielerlei. Ihm ist es, Vergangenheit zu verstehen, Gegenwart zu begreifen, zielsetzend die Richtung und das Tempo der Veränderungen seiner Verhältnisse zu bestimmen. Er handelt nicht als Verräter seiner selbst, zieht sich weder in den Ohrensessel der Besinnung zurück, noch läßt er sich in unnötige Mühsal, überflüssige Regeln und Zwänge einspannen. Er ist ans Tun gewöhnt, ist, was sich ein »fertiger Mensch« nennt, und da er nicht dem großen Glück nachläuft, entläuft er nicht der Ernte aus den Streckungen und Verzerrungen seiner Lebensgestaltung und seines Schaffens: Besinnung ist ihm Ausblick. Der Fragesatz: »Wie lange werde ich wohl noch zu leben haben?« – unter- oder oberschwellig bei der Abwägung der Lebensparzellierung in jedes Menschen Gemüt – führt ihn nicht in die beklemmende Düsternis eines Wartezustandes.

Er mag beliebt oder unbeliebt sein, mag im Felde seiner wissenschaftlichen Betätigungen als fähig, tüchtig, fruchtbar, dynamisch oder, wie schmeichelhafte Redensarten sagen, als berühmt gelten – dafür kann er sich nichts kaufen. Selbst die bei Verabschiedungen von Lobrednern bereitwillig aufgerüstete Formel: »Wir erwarten noch große Dinge von Ihnen« kann das Refugium seiner Selbstgewißheiten nicht erreichen. Wer sich der fieberhaften Erkrankung entziehen will, die wohl oder übel die Unstimmmigkeit zwischen Gehen und Bleiben begleitet, darf nicht abwarten, bis der Fiebermesser den höchsten Stand erreicht hat. Unverhohlen, wenn möglich geschickt, sind Vorkehrungen zu treffen, damit das Verbleiben nicht zur duldsamen Leihgabe wird. Silbermann, obwohl im eigentlichen Sinne nur ein halber Pragmatiker, da Gefühle, Begierden und Stimmungen ihn nicht zum hartgesottenen Vollpragmatiker haben werden lassen, hat dem zwanghaften Kreislauf von Gehen und Bleiben sowie den damit aus der Nähe beobachtbaren Demütigungen frühzeitig, will sagen: einer seiner bewährtesten Gewohnheiten entsprechend, nicht in der letzten überstürzten Minute, zweckentsprechende Pfleglichkeiten entgegengesetzt. Die Rede ist von Posten- und Pöstchenbesetzungen oder Mitarbeit in Vereinen, Verbänden, Assoziationen, amtlichen und halbamtlichen Gremien. In vielen Fällen sind dies zeitraubende Angelegenheiten ohne Kostenersatz, Vereinsmeiereien, Idealismus- oder Ehrenbezeugungen und Blaue-Dunst-Verrichtungen. Wo er sich als Präsident oder Vorstandsmitglied in wissenschaftlichen Gesellschaften zur Verfügung stellt oder als Mitglied von Gremien bei überstaatlichen Organisationen und nationalen Ministerien sein Wissen einbringt, da müssen langfristig Zugänge in Sicht sein. Dieses Auswahlkriterium erweist sich noch Jahre nach seiner Pensionierung als vollwertig, denn Vorträge, Forschungsaufträge, Organisationen von Tagungen, Ausstellungseröffnungen, Rundfunk- und Fernsehauftritte kommen in rauhen Mengen auf ihn zu; er braucht ihnen nicht nachzulaufen.

Da er sich mit seinen fünfundsechzig Jahren selbstbewußt als stabile, gesetzte, wissensgetränkte, lebenskluge Persönlichkeit ausgibt – wahrlich eine Vermessenheit sondergleichen –, bietet sich der Logik der Situation entsprechend dem Chronisten seiner selbst die Denkbarkeit eines Zeitsprunges an. Sein Lebensbereich ist so verständnisinnig gefestigt, zumindest glaubt er, ihn so wohl gefestigt zu haben, daß das Wissen über ihn nicht durch die Vorlage weiterer Details aus seinem Leben, Denken und Schaffen bereichert werden kann. Indessen, auch jemand wie er, der nie Zeit gefunden hat, um auf die Zeit zu warten, kann sich der Bewegung der Zeit nicht entziehen. Also möge er uns nicht mit hausbackenen Weisheiten aus dem Spruchwörterbuch daherkommen, mit faulen Ausreden, um es ganz deutlich zu sagen, sondern zugeben, daß das weit Zurückliegende der Erinnerung zugänglicher ist als das Naheliegende, der Zeitpunkt, dem er jetzt entgegengeht. Er möge sein Ordnungsdenken in Anspruch nehmen, die einzige Konzession, die wir bereit sind, ihm einzuräumen, um der langwierigen Jahr-für-Jahr-Folge Einhalt zu gebieten. Noch weiß er nicht die genaue Jahreszahl, bis zu der er vordringen wird, weiß nur, daß er nicht beabsichtigt, sich auf und davon zu machen. Die Schärfe seiner Einsichten wird ihn vor Vernachlässigungen und Auslassungen bewahren.

Nun er aus der Ungesichertheit hetzender Konventionen heraus ist, kann er das Jahr 1974, diesen durch Führungswechsel in der Bundesrepublik Deutschland, Krieg in Zypern, Nahost und Vietnam, Inflation, Ölkrise, Hungersnöte und Terrorakte gekennzeichneten Epochenschnitt, verlassen. Bei und mit ihm ist Beppino, dessen Lerneifer, dessen Gabe für das Handwerkliche, dessen tadellose Anhänglichkeit sowie die keineswegs selbstverständliche Bereitschaft, mit ihm durch dick und dünn zu gehen, ohne Lästigkeiten oder wirbelige Krisen zu verursachen, ein Glücksumstand ist. Aus der Engführung eines lässig begonnenen Wagestücks ist eine Verbundenheit geworden, die nicht zuletzt der nie verlöschenden Aufgeräumtheit zuzuschreiben ist, mit der der Junge ihre gegenseitigen Interessenlagen behandelt. Allzuoft hat sich der Silbermann in die Sehnsucht nach Verliebtheiten verstrickt, die sich enttäuschend als jene berechnenden Schmiegsamkeiten entpuppten, die wie ein Kainsmal das homosexuelle Liebesbedürfnis zu begleiten scheinen. Im Zusammenleben mit Beppino wird er nicht in diese Unsicherheit geführt, denn je weiter er sich entwickelt – Beppino bewährt sich inzwischen als talentierter handwerklicher Angestellter –, schlummern alle ihre Beziehungsherleitungen begleitenden und wohlgehüteten Schönheitsfehler ein. Fern von Beschädigung geht das installierte Band in eine Welle aufrichtiger Kameraderie über, die sich in ihren Varianten, von seiten Beppinos in der kurios-liebevollen Anrede »jeune homme« anstelle von »Alphons« niederschlägt.

Von dieser Ebene aus melden sich beim Deutsch-Australier die Zugehörigkeitsanwandlungen, die am Grabe des Vaters die Entblößung von Nachkommenschaft beziehungsweise mit ihr das Vergehen des Namens Silbermann haben deutlich werden lassen. Er tastet sich erprobend und kritisch prüfend an dem Wissen um und den Erfahrungen mit Beppino entlang, um ohne Überreizung der Nerven aus dem Kameraden einen Sohn, einen zu ihm gehörenden Namensträger zu machen. Die in diesem Zusammenhang stets auftauchenden Textstellen vom Sich-Würdig-Erweisen, vom jüdischen Familiensinn oder vom Beistand im Alter sind ihm Fiktionalisierungen; eher denkt er an Aufrechterhaltung einer über wirtschaftliche, berufliche und leibliche Erfolge hinausragende Selbstvermittlung und das Dasein für einen Nahestehenden, die den Entschluß reifen lassen, Beppino zu adoptieren. Der Junge ist von dem Vorschlag hell begeistert, zumal ihm seine Familienverhältnisse nie verbindliche Zugänglichkeiten eingebracht haben. Zusammen ziehen sie zum Notar, der angesichts Beppinos lang dahingegangenen Säuglingsalters stirnkrausend das Adoptionsverfahren in die Wege leitet. Auch der für die Prozedur zuständige Gerichtsrat scheint nicht sonderlich von der Kindesannahme eines Erwachsenen durch einen Erwachsenen angetan zu sein. Rückfragen nach dem Warum, dem Wieso, nach Nationalitäten- und Konfessionsunterschied, Großmüttern und Großvätern, Erbveranlagungen, Militärdienst und anderen Legitimationen ziehen die Angelegenheit endlos hin, bis es dann doch zur genehmigenden Beschlußfassung kommt. Zur Feier des Tages läßt sich Beppino gar seinen langen Haarbüschel kürzen und spricht von nun an von ihm als »meinem Vater«, während er ihn als »meinen Herrn Sohn« präsentiert – zwei unpathetische Verbindlichkeitserweise.

Unterdessen kommen unherbeigesehnte Verschlingungen auf ihn zu, von denen die eine die Sicherheit seiner weltgewandten Rolle als Vater erproben macht. Gemäß seiner unversetzten Eigentümlichkeit hat sich der Sohn Beppino ein Mädchen namens Astrid angelacht. Sie wird ihm vorgestellt, aber nicht, wie andere vor ihr, wieder weggestellt. Im Gegenteil, sie bevölkert jetzt regelmäßig die Abende im Silbermannschen Haushalt und wird öfter als störend empfunden. Nach seinem Eindruck haben die beiden, das reichlich streitsüchtige, aus dem Mittelstand kommende deutsche Mädchen und der sich lebenslustig entfaltende italienische Junge, nichts gemeinsam – es sei denn erotische Besessenheiten und Exaltationen, denen nachzugehen er sich hüten wird. Glücklicherweise verhält sich das Paar nicht nach der Turteltaubenmanier, so daß ihm der krittelige Anblick von Verliebtenlaunen erspart bleibt. Er gönnt dem Beppino seine Astrid, wenn er sie, schlicht gesagt, auch nicht mag. Allzu deutlich scheint sie ihm auf Heirat aus zu sein. Anklänge an eine Schwiegervaterstellung werden in ihm geweckt, an die er bei der Adoption von Beppino nicht im entferntesten gedacht hat. Dennoch, obwohl ihm durch die mögliche Abwanderung des Jugendelexier verbreitenden Beppinos in den Fundus der ehelichen Bindung eine Einsenkung entstehen wird, hält er sich von auf- oder abstufenden Anempfehlungen wohlweislich zurück. Die lästige Nutzlosigkeit von Ratschlägen und Fragen, wie sie ihm beinahe wöchentlich per Brief von der zur Allwissenheit aufgestiegenen Freundin Else aus Sydney zukommen, hat ihn gelehrt, das Eingreifen in angleichende

Freiheiten zu vermeiden. Er hat recht getan, darf nach längerer Folgezeit als Trauzeuge wirksam werden; darf das Hochzeitsmahl ausrichten; darf sich von zwei kleinen Mädchen Opa nennen lassen, was ihm in keiner Weise bekommt; und versteht sich blendend mit Astrid, vor allem, wenn sie gemeinsam auf dem braven Familienvater Giuseppe Silbermann herumhacken können.

Wenn es auch mit den geheiligten Gütern Liebe, Freundschaft, Ehe und anderen Gefühlsseligkeiten weiß der Himmel nichts zu tun hat, darf er den unerwarteten Überfall durch Steuereintreiber nicht kleinlaut übergehen. Eine Betriebs- oder Gewerbeprüfung oder wie immer Einkommen aus wissenschaftlichen Arbeiten herabwürdigend benannt werden, kommt ihm ins Haus. Entweder hat er für die Aufseher zu viel oder zu wenig verdient, auf jeden Fall werden Bündel von Jahre zurückliegenden Unterlagen weggeschleppt, von ihm und seinem Steuerberater Erklärungen abgegeben, Zettel und Zettelchen begutachtet, Aufstellungen verglichen und von einem von Korrektheit überfließenden Beamten wieder und wieder Aufklärung über Einnahmen- und Ausgabengebaren verlangt. Da er ein reines Gewissen – als beamteter Universitätsprofessor erlaubt man sich keine Schummeleien – und alle seine Unterlagen pünktlich dem Steuerberater zur Verfertigung des fälligen Angabedokuments zugestellt hat, nimmt er den ganzen Klimbim mit der Erkenntnis der Unausweichlichkeit eines Kontrollprozesses auf. Dennoch stellt sich bei ihm auf die Dauer ein ungutes Gefühl, das namhafte Damoklesschwertgefühl ein. Und als nach zirka einem Jahr die allegorische Machete endlich fällt, stellt sich heraus, daß die eine Ausgabe nicht stimmt, die andere nicht abziehbar ist; hier die Angabe von minimalen Einnahmegrößen, dort die Belege fehlen und – Schreck, o Schreck! – das Büro des Steuerberaters einen dicken Betrag – den für die berufliche Reise nach Amerika – gleich zweimal in die Unkostenabzugsrubrik aufgenommen hat. Die Strafe für diese Schlamperei folgte auf dem Fuße: eine riesige Nachzahlung, eine immense Buße für Steuervergehen und beinahe auch noch eine Eintragung ins Strafregister, die mit vielen Verhandlungen und Unschuldsplädoyers vor grimm dreinblickenden Staatsdienern vermieden werden konnte.

Der Schlag in Gesicht und Bankkonto des überzeugten Kapitalisten, verschuldet oder unverschuldet, verdirbt ihm auf Monate hinaus den Geschmack an seiner Arbeit. Er inszeniert sich nur noch und hält sich von überzeugenden Auseinandersetzungen fern. Der Zickzack durch die Rodungen der Entlarvung hat den Erfahrungen seiner Eigenwilligkeit – nämlich sowohl leben, um zu arbeiten, als auch arbeiten, um zu leben – einen herben Stoß versetzt. Nichts für ungut. Er macht sich ran ans Abstottern des Schuldbetrages, wobei ihm die Ankunft einer größeren Summe vom Verlag der »Kölner Zeitschrift für Soziologie und Sozialpsychologie« sehr gelegen kommt. Es ist die Bezahlung für eines der Sonderhefte des ruhmwürdigen Fachjournals, welches er unter dem Titel »Künstler und Gesellschaft« herausgegeben hat. Hierzu hat ihn der Oberbetreuer der Zeitschrift, sein Freund René König, aufgefordert, der selbstverständlich auch seinen Namen als Herausgeber mit aufs Titelblatt setzt, allerdings – weil Alphons darauf bestanden hat – mit ungewohnter Zurückhaltung hinter den seinen. Kommt da doch ein Brief vom Verlag auf seinen Tisch, daß man ihm, wie beiliegende Kopie eines Briefes von Herrn König zeige, irrtümlich ein Honorar überwiesen habe und bäte, den Betrag zurückzuüberweisen. Tableau! Er, der Silbermann, so steht es in Königs an den Verlag gerichteten Schreiben, habe den Betrag unrechtmäßigerweise entgegengenommen, denn es sei weder ein Honorar ausgemacht noch versprochen worden. In der Tat, es war nie über ein Honorar gesprochen worden, da sich das in einem Vertrauensverhältnis ihrer Art erübrigte. Aber warum König, der selbst und das nie zu einem Gottvergelt's zur Feder greift, ihn um seinen Lohn bringen will, bleibt ihm unverständlich. Will er dem Verlag Geld sparen, ist das Budget überfordert, oder hat er sich vielleicht selbst krummgelegt und verlangt das auch von anderen? Wer weiß. Nur eines wird ihm immer deutlicher, zumal dies nicht der erste mit Geldangelegenheiten in Verbindung stehende Fall ist, daß des hochgeachteten Freundes Verhältnis zur Geldverwaltung zu wünschen übrig läßt. Darum hat es auch keinen Sinn, jetzt mit einer Tasche von Vorwürfen zu ihm hinzulaufen, um sich einer Suada von verdrehten Moralsentenzen auszusetzen.

Er spricht von diesen Geldaffären weniger, weil sie ihn in gewissem Grade erniedrigen, sondern weit mehr, weil sie ihn weidlich ernüchtern. Da die Verstrickung in Schulden – vom seligen Vater als eine zu vermeidende, zugrunderichtende Widrigkeit eingebleut – nicht mit den fünfundsiebzig Pensionsprozenten des Professorengehaltes wettgemacht werden kann, ist er gezwungen, wohlgehütetes Kapital anzuknabbern. Indes, diese Vorsorgebettung fürs hohe Alter anzugreifen, würde ihm unleidliche Unsicherheit einbringen. Also dann, vergessen wir die blumige Arbeits- und Lebensdialektik, sammeln unsere Kräfte und, ideenreich wie wir sind, treffen Anordnungen für den Ausgleich. Beim Enke Verlag in Stuttgart gründet er die Reihe »Kunst und Gesellschaft«, in der als erstes der Nachdruck einer der grundlegendsten Schriften zur Theatersoziologie erscheint: Julius Babs »Das Theater im Lichte der Soziologie«. Dem folgen bis ins Jahr 1977 weitere elf Bände, alle von ihm herausgegeben und von führenden Kunstsoziologen rund um den Globus verfaßt. Für das Kultusministerium des Landes Nordrhein-Westfalen, wo er in einem Gremium der Abteilung Musik Mitglied ist, fertigt er eine soziologische Untersuchung bei Schülern, Eltern und Musiklehrern an, die den musikalischen Sozialisierungsprozeß behandelt, und, ohne sich die geringste Blöße in seinem akademischen Status zu geben, für die Zeitung »Die Welt« schreibt er Fernsehkritiken, getreu dem Prinzip: Kleinvieh macht auch Mist.

Selbstverständlich rast er allwöchentlich in die Musikhochschule, um Schulmusikstudenten ein wenig Musikästhetik und Musiksoziologie einzutrichtern. Annähernd fünfzehn Jahre lang hat er den angehenden Musiklehrern als nach Übereinkunft mit der Verwaltung mit einhundert Mark pro Stunde dotierter Lehrbeauftragter aufgezeigt, daß die Musik außer Tonleitern und »Hänschen klein, ging allein« soziopädagogische Triftigkeiten umfaßt, die für ihren zukünftigen Beruf von innewohnender Bedeutung sind. Dann liegt, nichts Böses ahnend, eines Tages ein Computerausdruck in seinem Fach mit der Mitteilung, daß von nun ab die Unterrichtsstunde mit dreißig Mark vergütet werde. Er läuft zum Direktor, hört sich wenige Sätze über Bedauerlichkeit, neue Bestimmungen und andere Trallalas an und empfiehlt, sich an seiner Statt einen Hanswurst zu suchen, der bereit ist, für ein Bakschisch in Jahren erworbenes Wissen pädagogisch zu vermitteln, was übrigens der Hochschule – zum Schaden der Studenten, wagt er zu sagen – bis heute nicht gelungen ist. Ein Dankesbrief der üblichen Sorte läßt nicht lange auf sich warten, doch der kann ihn nicht darüber hinwegtrösten, daß er im Eifer des Gefechtes um eines erlebbaren Ausgleichs willen ein Buch produziert hat, das zum Flop aller seiner Zeiten wird. »Kein Brett vor dem Kopf« lautet der ungenießbare, vom Verlag erdachte Titel einer Sammlung seiner Aufsätze, die die Fortsetzung der höchst erfolgreichen »Ketzereien eines Soziologen« sein sollten. Hoffentlich hat der Verleger diesen Mißerfolg schon längst einstampfen lassen, damit er nur niemandem vor die Augen kommt.

Während er sich inmitten einer nicht zu verharmlosenden, mit Körnchen von Entmutigung bedeckten Szenerie befindet, bei der die Verwendung der Wissenschaft und der Menschen als Bühne zur sofortigen Befriedigung seiner Lebensform zu schlingern beginnt, erreicht ihn aus Frankreich, einem Überraschungscoup gleich, ein Appell an seine unbeugsame Autorität. Sein Kollege Jean Cazeneuve,

Inhaber des meistgeachteten Lehrstuhls für Soziologie, nämlich dem an der Sorbonne in Paris, hat die Direktion der größten französischen Fernsehstation übernommen und bittet ihn, zeitweilig seine Vertretung an der Université de Paris zu übernehmen. Alle technischen und finanziellen Vorkehrungen abgesprochen, betritt er nunmehr alle vierzehn Tage die ehrwürdige Universitätsstätte, prononciert dort einen Cours magistral und leitet ein Seminar für Doktoranden ungleichen Wissensstandes. Wenn er auch mit ruhiger Sachlichkeit den übernommenen Verpflichtungen nachkommt, sich nicht aufspielt oder aufplustert, trägt er nichtsdestoweniger einen Stolz zur Schau, der sich aus den Assoziationen seiner Erinnerung zusammenbindet, an die Spannungen und Widersprüche, die der von Australien hergelaufene Unbekannte seinerzeit bei dem Versuch, ins akademische Arbeitsfeld einzudringen, durchgestanden hat. Schade, daß der Vater die achtunggebietende Statthalterbetreuung nicht mehr hat miterleben können – sein Frohlokken hätte des Sohnes Stolz wie eine Lebensbilanz offenkundig gemacht. Jäh ist schleichendes Kopfhängen vorbei, was indessen nicht nur mit der besonders anspruchsvollen Lehrtätigkeit an der Sorbonne zu schaffen hat, auch nicht nur mit den die Aufenthalte in Paris begleitenden Auffrischungen durch gelegentliche Hopser ins Nacht- und Bettleben, sondern zudem mit aus der deutschen Ecke kommenden Anforderungen.

Er wird ersucht, zu einem Gedankenaustausch nach Wiesbaden ins Bundeskriminalamt zu kommen, dieser staatlichen Ermittlungsbehörde, bei deren bloßer Namensnennung selbst im reinsten Gewissen unbehagliche Glöckchen läuten. Nach Durchschreiten festungsähnlicher Umzäunungen, Hinterlegung von Reisepaß, nach Anmeldetelefonat und Überreichung eines die Brusttasche zierenden Aushängeschilds wandert er durch die Katakombengänge, bis er das Büro gefunden hat, in dem ihn einige durchaus friedfertig dreinblickende Herren nebst einer aufgewärmten

Tasse Kaffee erwarten. Zur Diskussion steht die Beauftragung mit einer die höchsten Ansprüche an Vertraulichkeit heischenden gutachterlichen Untersuchung, ein Auftrag aus dem Kommunikationsbereich, der ihm nach mehreren weiteren Besprechungen erteilt wird. Unaufhaltsam schnellen ihm bei der Durchführung des so hoch vertraulichen, aber wenig welterschütternden Projektes winzige Schrapnelle durch den Sinn. Auf ihrer Zielscheibe steht markiert: Welch Paradox, dem Juden zu vertrauen, den man dermaleinst als für die deutsche Sache unwürdig, ja gefahrvoll verfolgt und des Landes verwiesen hat! Wer triumphiert hier, wenn überhaupt: Gebührlichkeit, Zufall, Wiedereinsetzung oder die Vollheit seines Wissens und Könnens? Ähnliche grillenhafte Nachdenklichkeiten umhegen ihn, nachdem er das Angebot des Soziologenkollegen von der Bundeswehr-Hochschule in Hamburg angenommen hat, eine Vorlesungsreihe über das soziale Vorurteil Antisemitismus abzuhalten. Wie er so vor der Gruppe schimmernd getrimmter Chargenanwärter steht und, ohne Süßholz zu raspeln, ihnen Herkunft, Gründe und Ursachen der Judenfeindschaft sowie die Auswirkungen, Folgen und Gefahren der Vor-Beurteilung für das demokratische Zusammenleben von Majoritäten und Minoritäten dartut, schwirrt durch sein lebenserfahrenes Köpfchen beständig, geradezu unleidlich die durchdringende Frage: Ist, was du tust, gut für die Juden?

Die ungemein einfältig klingende Frage – nicht nur auf eigenes Tun und Lassen, sondern auch auf kollektive Ereignisbezogenheiten gestellt – enthält mehr als eine dürftige Richtlinienangabe. Es ist der schmerzerfüllte Aufruf an den Juden, nicht auf einem Warteplatz herumzulungern, nicht stellvertretend für viele andere, mit Füßen Getretene in der Schlange zur Almosenverteilung zu stehen, sondern ohne Bangen und Angst laut und vernehmlich zum Widerpart derjenigen zu werden, denen nach wie vor der Sinn danach ist, ihn und seine Kultur einzubalsamieren. Mit egozentrischen Weltschmerzverkündigungen, für die das Literaturwerk des jüdisch-orthodoxen Elie Wiesel als Beispiel stehen soll, oder den empfindelnden Aufgeräumtheiten aus einer vergangenen, osteuropäischen, jiddischen Schieblade, bestsellerisch verbreitet durch Isaac B. Singer, ist es ebensowenig getan wie mit dem an den Haaren herbeigezogenen Humor eines Kishon, der die guten Deutschen zum Lachen, einen jeden Juden zum Kotzen bringt.

Den ersten Ergebnissen seiner sich im Gange befindenden Antisemitismus-Untersuchung kann er faktisch belegt entnehmen, daß in einem beachtlichen Teil der bundesrepublikanischen Bevölkerung nach wie vor, will sagen, mehrere Jahrzehnte nach dem garstigen nationalsozialistischen Regime, das falsche Bild vom Juden antisemitische Feste feiert. Nicht eindrücklicher kann dies verdeutlicht werden als durch die Unzahl von brieflichen und telefonischen Beschimpfungs- und Schmähkanonaden, die ihn nach Veröffentlichung der ersten kommentierten Ziffern aus der repräsentativ durchgeführten Untersuchung in der geachteten Monatszeitschrift »Bild der Wissenschaft« erreichen. Das Zerrbild, ob historisch, religiös, moralisch, rassistisch, ökonomisch oder politisch beleuchtet, hat über den Weg der Tradierung von einer Generation zur anderen das Gepräge der Allgemeingültigkeit eines Lebensbildes erreicht, das eines abgerundeten, nuancenreich gefälschten Porträts. Es dämmert ihm, daß dem einzelnen Juden ebenso wie dem einzelnen Antisemiten eine bestimmte Pointe aus dem Kuriositätenkabinett aufgedrückt wird, die dem Ganzen als Stempel dient. Die von Jean-Paul Sartre aufgestellte These, nach der es sich beim Antisemiten um eine Person handelt, die Juden entgegentritt, deren Bild und Merkmal er selbst geschaffen hat, erweist sich als berechtigt. Dementsprechend kann es nicht genügen, über die Erfassung der einzelnen Erscheinungsformen des Antisemitismus, des kulturellen, religiösen, rassischen, wirtschaftlichen und sozialen, indirekt das vom Antisemiten selbstgeschaffene Bild des Juden aufzustöbern, es ist ihm das leibhaftige gegenüberzustellen. Darum hat er – sehr wohl des Napoleonischen Bonmots eingedenk, daß man nicht vor die eigene Tür scheißen solle – im Rahmen der Untersuchung über das Vorkommen antisemitischer Einstellungen in der Bundesrepublik einem repräsentativen Sample von jüdischen Bürgern einige wenige, wohlerwogen zaghaft formulierte Selbstbildfragen vorgelegt. Es läßt sich beim besten Willen nicht sagen, daß der diesbezügliche Fragenkomplex einen greifbaren, das heißt soziologisch-methodisch auswertbaren und abgerichteten Ertrag eingebracht hat. Waren die Fragen zu vorsichtig und unpräzise formuliert oder so durchsichtig, daß die Befragten bei der Stellungnahme über die Besinnungen zur Eigenposition in die unbekümmerte Läßlichkeit von Vorenthaltungen verfielen?

Vermutungen helfen hier nicht weiter. Er grübelt über den Aussagen seiner jüdischen Zeitgenossen, versetzt sich in ihre Lage, entwirft Antworten, die, wenn befragt, er selbst gegeben hätte, bis er hinter der ausgemachten Verschwommenheit den schlichten und zupackenden Realismus der Unsicherheit auslotet. Längst hätte er darauf kommen müssen, daß die Fragestellung: »Ist es gut für die Juden?« nicht allein vor seinem geistigen Auge schwebt, sondern daß eben darin die konzise Handlungsführung Unsicherheit enthalten ist. Was soll das viele Reden von Wiedergutmachung, Vergangenheitsaufarbeitung, Schuldbekenntnis, Verdrängung und dergleichen – die Frage ist und bleibt: Wie wirkt es auf die nach Deutschland zu- oder rückgewanderten Juden, wenn sie bei diesen oder jenen Anlässen als »unsere jüdischen Mitbürger« angesprochen werden? Klingt das nicht eher nach angelobtem Auch-Bürger denn nach eingesessenem Bürger? Wie muß es wirken, wenn Festredner, Buchautoren, Essayisten und Feuilletonisten jüdische, in Unwissenheit vielfach gar konvertierte jüdische Persönlichkeiten aus dem 19. Jahrhundert oder der Weimarer Republik herbeizitieren, um mit einer Träne in der Stimme pathetisch der gegenseitigen Befruchtung deutscher und jüdischer Kultur zu gedenken, während Meldungen über Schändungen von jüdischen Friedhöfen und Kultstätten und die Verbreitung antisemitischer Parolen und Hetzschriften als Dummejungenstreiche, Tat jugendlicher Raufbolde oder von Rechtsextremisten hingestellt werden? Und nicht zuletzt: Wie muß es auf das Häuflein von zirka dreißigtausend in der Bundesrepublik Deutschland lebenden Juden wirken, wenn eine antisemitische Tendenzen sichtbar machende Untersuchung wie die seine und auch andere von arschkriecherischen Judenfunktionären mittels pseudomethodologischer Argumente verharmlost werden? Eine annäherungsweise plausible und zugleich entlastende Antwort kann nur lauten: Hervorbringung von Unsicherheit.

Diese Konstellation, sozialpsychologisch deutbar in der Nähe von Ungewißheit, Verlegenheit, Ausgesetztheit und Unlustreaktion liegend, muß bei der Großzahl der Juden in Deutschland sowohl eine Verschwommenheit des Fremdbildes als auch – was ihm weitaus gravierender erscheint – die Undeutlichkeit des Selbstbildes hervorrufen. Wie sich beobachten läßt, hat sich daraus bei den deutschen Juden, den jüdischen Deutschen oder den in Deutschland lebenden Juden (beschildere man sie, wie man wolle) gegengewichtlich eine Hinwendung zum Staate Israel entwickelt, die sich vielfach so leidenschaftlich gebärdet, daß sie einer ausschweifenden Identifikation, zumindest einer moralischen Abhängigkeit gleichkommt. Durch dieses Gebaren hat sich die jüdische Bevölkerung einerseits einer eigenständigen geistigen Führung entledigt und andererseits sich von militantem Handeln in der Bundesrepublik entlastet. Beides jedoch wird für ein Überleben des jüdischen Gemeinwesens beziehungsweise der jüdischen Gemeinden in Deutschland dringlichst vonnöten sein, will man nicht zusehen, wie sie, derzeit nur noch künstlich erhalten, in Zukunft, in zehn oder zwanzig Jahren allmählich vom deutschen Boden verschwinden werden. Geschieht dies – Gott möge es verhüten –, dann können die verdeckten und sichtbaren Antisemiten in begieriger Zweisamkeit jubilieren: Was der Hitler nicht bewerkstelligt hat – die Auserwählten haben sich selbst ausgerottet. Das Judenpack befleckt unsere Heimat nimmermehr!

Es ist die Scham vor dieser bedrückenden, unerträglichen Idee, die den Schleier seiner politisch instrumentalisierten Zurückhaltung gegenüber Juden wie Nichtjuden zerreißt. Nicht, daß er sich zum Retter in der Not, zum Heils- oder Unheilsverkünder oder zum begnadeten Wachenden und Ratgeber aufspielt; nur wie ein Warnender wendet er sich, gestützt auf seine soziologisch getrimmte Wahrnehmungskraft, in Schrift und Wort gegen die verwunschenen Unzulänglichkeiten bei Christen und Juden. Mit Vorgeplänkeln hält er sich nicht auf, sondern geht mit der Militanz ans Werk, zu der er beharrlich aufruft, was ihm bei den in ihrer mit Gehältern vergüteten Ruhe gestörten Judenfunktionären den Ruf eines Antisemiten unter den Juden einbringt.

Die gewissenhafte Ausführlichkeit, mit der er entgegen dem selbstauferlegten Imperativ zur Bündigkeit von seinem Einstieg in die einhergehende Aktualität des Themas Antisemitismus Aufhebens macht, hat ihren guten Grund. Sie ist ihm in ihrer Unbescheidenheit Einsichtnahme in Zugehörigkeiten, Identifikationen und übergeordnete Glaubenssysteme sowie ihre sinnstiftenden Funktionen. Es fällt ihm schwer, den beobachtbaren Verlust der Ganzheit bei seinen nach Deutschland rück- oder zugewanderten Glaubensgenossen auf sich selbst zu reflektieren, er spürt jedoch, und zwar durch die Beschäftigung mit dem die Mitjuden befleckenden Antisemitismus, daß auch bei ihm, dem selbstbewußten Bürger mehrerer Welten, die Ganzheit kein Bleiben hat. Sie scheint ihm umsichtig hinübergerettet oder angepaßt zu sein. Aber von wo und wie? Verstümmelnde und zu gleicher Zeit verletzende Unbestimmtheit herrscht, vor allem, wenn er an die Unaufhebbarkeit so mancher Verluste auf seinem Lebensweg zurückdenkt. Die ausschweifende, das Belegbare des Seienden berührende Gedankenkette versetzt ihn in eine über seine Gläubigkeit hinausgehende Wißbegierde gegenüber dem Innewohnenden des Judentums: Äußerliches und Innerliches, Enttäuschendes und Zuversichtliches, Leidendes, Freudiges, Bezeugendes und Unvergängliches. Das bemühte Stimmungsbild der Sinnfindung wirkt sich aus. Mehr und mehr werden Judentum, Judenheit, Judenfeindschaft und Judenhaß zum Inhalt seiner Aufsätze und Vorträge, so daß es fast so aussieht, als habe eine Interessenverlagerung stattgefunden, die ihn der Sorgfalt seiner wissenschaftlichen Betätigungsfelder Kunst und Kommunikation nach und nach entwöhnt. Das wäre wahrhaftig keine erschütternde Widerwärtigkeit gewesen, da er diese Themen so gut wie alle ihm als Wesentlichkeiten entgegenkommenden übergreifenden Fragestellungen schon exzessiv beackert hat. Jedoch zu diesem Leerlauf sollte es nicht kommen.

Eines schönen Abends besucht er im Institut français einen Vortrag von Professor Robert Escarpit von der Universität Bordeaux, der ihm kein Unbekannter ist. War dieser es doch gewesen, der ihn, den in Paris gastierenden, halbfertigen Kunstsoziologen, vor vielen Jahren zu einem Seminar in die Universität der Hauptstadt der Gironde eingeladen hatte und dessen Band »Le Littéraire et le Social« er, nachdem er zum Meister der Kunstsoziologie aufgestiegen war, unter dem Titel »Elemente einer Literatursoziologie« in seine Reihe »Kunst und Gesellschaft« aufgenommen hat. Brillanter Vortrag des Franzosen beendet, Beifall geklatscht, mit undefinierbarer Flüssigkeit angefüllte Gläschen in Empfang genommen, wird, wie es sich gebührt, wohlgemutetes Wiedersehen der beiden Soziologen zelebriert. Unter vielen Cher-ami-Beteuerungen verwickelt ihn Escarpit in ein Gespräch über das Wie-es-ihm-gehe und das Was-sich-tue, bis er, seiner Art gemäß, höchst nonchalant mit der

Frage: »Warum kommen Sie nicht zu uns, wir brauchen Kommunikations- und Kunstsoziologen?« ihm ins Haus fällt. Auf solcherlei, ihm schon mehr als einmal gestellte, auf den Busch klopfende Fragen ist die unverbindliche Mit- und Gegenrhetorik des »Warum nicht?« am angebrachtesten. Die flüchtige Begegnung ist ebenso wie die wohl als Wertschätzungserweis gedachte Erkundigung längst aus seinem Gedächtnis verflogen, als ihn fünf Monate nach dem possierlichen Rencontre ein Telegramm mit Escarpits Namensbekundung erreicht, in dem, kurz angebunden, ohne Punkt und Komma, zu lesen ist: »Ich habe die Ehre, Sie wissen zu lassen, daß der Präsident der Republik Sie zum Professor ernannt hat Stop Erwarten baldigen Besuch in Bordeaux.« Überraschungsakt und Hochgefühl verloschen, malt er sich die umständlichen Wahrungen und Belange aus, die mit der gemünzten Ernennung auf ihn zukommen: Berufungsverhandlungen, Vorlesungspflichten und -anpassungen, Wohnungssuche, Umzug, Alltagsveränderung und was er sonst noch zur Genüge bereits mehrmals durchexerziert hat. Andererseits: Einmal in Lausanne mit dem halben Popo auf dem Lehrstuhl des angesehenen Vilfredo Pareto gesessen zu haben und jetzt in Bordeaux mit der anderen Hälfte den des berühmten Soziologiefürsten Émile Durkheim drücken zu können, das macht immerhin die Brust mit Gelehrtenstolz erbeben.

Mit Beppino unter dem Arm macht er sich per Flug auf nach Bordeaux, ein Flug, der wegen Umsteigens in Paris und vierstündiger Anschlußwartezeit fast einen ganzen Tag in Anspruch nimmt. Im ersten, dafür aber auch am schlechtesten geführten Hotel am Platze übernachtet, sitzt er am nächsten Tag zusammen mit dem Herrn Sohn zum Déjeuner inmitten einer sieben Mann starken Kollegengruppe, die auf ihn einredet, ihn begafft, ihm zutrinkt, kein fachsimpelhaftes Sterbenswörtchen von sich gibt, beherzt so tut, als sei seine zukünftige Tätigkeit bei und mit ihnen eine ausgemachte Sache. Erst am Abend zwischen zwei Aperitifs, mehr oder weniger auf die Schnelle, läßt sich Escarpit, der forsche Arrangeur der Eventualität, über Vorlesungsthematik, Gehalt, Stunden- und Prüfungsverpflichtungen, Institutsarbeit et cetera aus, was sich alles – insbesondere im Vergleich zu den Sachverhalten an deutschen Universitäten – überaus bekömmlich anhört. »Also, Beppino, wagen wir den Schritt, sehen uns erst mal im Städtchen um und gucken, ob es hier was Vernünftiges zum Wohnen gibt.« Zwei Tage lang marschieren und fahren sie in der gedrängt-mittelalterlich bebauten Innen- und der gesichtslosen Außenstadt herum. Alles riecht nach einer Mischung aus tiefer Provinzialität, vergammelter Hafenfaktorei und in den mit eintönig dreinblickenden Einzelhäusern übersäten Vororten nach verbrannter Erde. Selbst der verpönte Trauerkloß Sydney war hiergegen ein anregender Lustort. Hierher, und das in der Einhelligkeit des anrückenden Lebensabends? Nur ja nicht. Mit einem Brief voller gefälliger Danksagungen und umstandsbedingender Erläuterungen teilt er »Monsieur le Président et cher ami« mit, daß er die ehrenvolle Berufung leider nicht annehmen könne. Also bleibt alles beim alten, und er geht von der Zentrale Köln aus wieder seinen vielfältigen Geschäftigkeiten nach.

Drei Monate später kommt ein Telefonanruf aus dem längst vergessenen Bordeaux: Das neue akademische Jahr beginnt, wir möchten nicht auf Sie verzichten und ähnlicher delikater Schmus. Können Sie es einrichten, einmal im Monat zu uns zu kommen, um innerhalb einer Woche oder so den für Sie vorgesehenen sechzehn Stunden Vorlesungsverpflichtungen nachzukommen? Wir wären Ihnen sehr dankbar, Sie bekommen das volle Gehalt eines Ordinarius, allerdings können wir Reise- und Hotelkosten nicht ersetzen. Letzteres bringt bei ihm kein Stirnrunzeln hervor, denn Steuerabzugsfähigkeiten sind stets willkommen; aber die Hin- und Herreiseanordnungen bereiten Kummer. Der Luftweg hat sich als umständlich und zeitraubend erwiesen, ganz abgesehen davon, daß er von dem ewigen Gewakkel der Luftomnibusse mehr als genug hat. Also bleibt das Eisenbahnnetz, das zwar auch nur eine umständliche Verbindung zu seinem neuen Wirkungsort anbietet, aber zumindest weniger Nervenstrapaze bereitet. Es wird ausprobiert, und das allmonatliche, der wissenschaftlichen Schulung dienende Reiseunternehmen geht ab nun in die folgende Regelmäßigkeit über. In der einen Hand den Koffer voll mit Klamotten (denn ein Silbermann präsentiert sich nicht mit gleichem Anzug, Hemd und Schlips von Tag zu Tag), in der anderen den mit Büchern, Kollegheften und anderen für drei unterschiedliche Vorlesungsthemen notwendigen Utensilien angefüllten besteigt er in Köln den Zug nach Paris zum Gare du Nord. Dort schleppt er die Last über den meterlangen Bahnsteig zum Taxistand, läßt sich, längere Zeit wartend, von Regen, Schnee oder unflätigen Winden einhüllen und verschwindet mäßig erschöpft ins Bett seines erlesenen Lieblingshospizes, des Hotel Lotti. Am nächsten Tag geht's zur Nachmittagsstunde zum Gare d'Austerlitz, wo ihn sein reservierter Sitz im Superschnellzug nach Bordeaux erwartet. Wieder fünf Stunden mit Lesen, Dämmern und Kaffeetrinken verbracht und in der bereits im Schlaf liegenden Stadt ein Taxi ergattert, bringt ihn dieses in den in der Nähe des Universitätscampus liegenden Vorort Talence. Dort steht das Crest-Hotel, wo er für die Dauer seiner Aufenthalte sein Hauptquartier aufgeschlagen hat. Dort auch wird ihm ein Mietauto hingebracht, da das Universitätsfeld mangels strategischer Planung mit öffentlichen Verkehrsmitteln unerreichbar ist. Wenn dann nach einer Woche seine Anwesenheit beendet ist, läuft rückwärtsgerichtet der gesamte Rutsch erneut ab.

Das Schaustück seiner Zielfahrten, zunächst als verteufelte Kuriosität hingenommen, wird von Jahr zu Jahr zur Plage der Innenansicht seines Körpers – einer der Gründe, warum er seine Position als Lehrstuhlinhaber mit dem ankommenden siebzigsten Lebensjahr drangeben wird. Der andere, erst auf Dauer sichtbar werdende Grund läßt sich schlicht als Überforderung umschreiben. Waghalsig, wann immer sein Bedeutungswert angestachelt wird, nimmt er es auf sich, an vier Tagen der Woche vier Stunden und an einem zwei Stunden zu dozieren, wobei Themen aus der Soziologie der Massenkommunikation, der Kunst, der Kultur und der Forschungstechnik nahtlos aneinandergeknüpft werden. Hinzu kommen Sprechstunden, Prüfungen, Begleitung von Forschungsprojekten, Besprechungen mit dem Kollegium, so daß ihm nach jeder Wochensitzung mehr und mehr Kopf und Beine schwirren. Schließlich hat man sich mit siebzig Jahren das Recht erworben, ein wenig rindig zu sein. Das öffentlich kundgemachte Bedauern über sein Ausscheiden fällt formgewandt und ungleich geringer aus als das seine.

Trotz der übermäßigen Beanspruchung seines Kopfes und seiner leiblichen Konstitution brachte ihm die wie ein katalysatorisches Medium wirkende Tätigkeit in Bordeaux ein Vielfaches ein. Es war der Weckruf aus den Hinweiszeichen auf eine im Entstehen begriffene Denkmalspflege seiner selbst, die sich in erster Linie auf seine Meriten als einflußreicher Ausbilder und Beweger im bundesdeutschen Massenkommunikationsbereich bezog. Für Bordeaux, schon allein für die ihn stets bewegende Zusammenführung von Lehre und Praxis, muß er seine wissenschaftliche Ausstattung erneuern: Der deutsche Erkenntnishintergrund der von ihm behandelten Gebiete entspricht einfach nicht dem französischen. Das fängt schon beim französischen Studenten an, der, durch eine Schulbildung, in der Philosophie ein Haupt- und Examensfach ist, geprägt, sich wenig geneigt zeigt, den Dingen empirisch-methodisch nachzugehen. Auch das aktuellste, von ihm in den Seminaren gestellte Diskussionsthema verliert sich mit einer Rapidität sondergleichen in philosophischen Auseinandersetzungen, denen er kaum gewachsen ist. Daß es dennoch nicht zu katastrophalen Blamagen kommt, darf er auf die ungewöhnliche Verbalisierungskunst und Diskussionsfreudigkeit seiner Französlinge zurückführen; einsichtsvoll auch auf ihre philosophische Grundausbildung. Während unter rund fünfzig deutschen Studenten in einem Seminar fünfundvierzig auf dem Mund sitzen und kein Sterbenswörtchen von sich geben, muß er bei den Franzosen ein Problem nur ankratzen, und schon entspannen sich lautstarke Wortwechsel zwischen den Studiosi, die Monsieur le Professeur nur noch zu leiten und anzutreiben, zu korrigieren und zu bremsen hat. Es ist Vergnüglichkeit und Anregung zugleich, den sprachgewandten Wendigkeiten reifer und unreifer Sorte zu folgen. Unangenehm, streckenweise lähmend ist nur das Verhalten der an der Universität Bordeaux zahlreich vertretenen Studenten aus französisch sprechenden afrikanischen Ländern. Mit ihnen kommt er dauernd ins Gehege. Entweder glänzen sie durch fortlaufende Abwesenheit und fabrizieren Prüfungsarbeiten, für die nicht einmal die schlechteste Note ausreicht, oder sie werden, falls er dem einen oder anderen zufällig in den Seminaren Anwesenden eine Frage stellt, fuchsteufelsaggressiv und geben schwindelerregende politische Kanonaden von sich. In beiden Haltungen schimmert das Ringen um den Ausstieg aus kolonialen Minderwertigkeitsaffekten durch, ähnlich dem schmalen Weg, den die Juden seit Jahrhunderten in jenen Ländern durchwandern, die sie als »Gastgeber« aufgenommen haben.

Die Plastizität dieser und anderer, ihm während der Tätigkeiten in Bordeaux entgegengekommenen Aufstufungen des Intellekts – darunter erwähnenswert: anspruchsvolle Gespräche mit den Kollegen; begabtes Intrigenspiel zur Pöstchenabsicherung von seiten des universitären Mittelbaus; geistgewirkte Doktorarbeiten – verdeutlicht ihm die Sinngebung einer Kultur, die sich als umrißhaftes Merkmal durch die Identität von Sprache, Vernunft und Offenbarung auszeichnet. Damals, als er sich von Australien nach Frankreich versetzte und vergebens seine anstürmende klügliche Gelenkigkeit zur Erringung durchmusterter Lorbeeren einsetzte, muß er diesen Zusammenhang grundlegend verkannt haben. Erst die Ausstrahlungen der gesamtgesellschaftlich herbeigeführten Haupt- und Nebentöne aus den Mündern der ihn in Bordeaux umgebenden Scholaren und Magister haben ihn gelehrt, daß es der Anpassung bedarf, um ohne Verzicht auf das eigene kulturelle Heil dem fremden beim Gedeihen Beistand zu leisten. Er braucht nicht lange über die Gewichtung seines Selbstverhältnisses nachzudenken: Die glänzend bestandenen Examen der Mehrzahl seiner Studenten, die Aufforderung, an der Université de Valenciennes Vorlesungen abzuhalten, die Übernahme seiner »Soziologie der Massenkommunikation« in eine Reihe des Verlags Hachette Université und nicht zuletzt der Stolz und die sanfte Wehmut, mit der er das Bordeauxsche Betätigungsfeld verläßt, sind ihm Bezeugungen seines geistigen und soziologischen Ebenmaßes. Folgt noch eine beschließende Bezeugung, nämlich die Verleihung des Ordens der Palmes Académiques, dessen Abkürzung, ein im Knopfloch verankertes lila Bändchen, jedes seiner Jacketts ziert. Tja! und damit hat die ihm vom Geschick vergönnte Zwischenstation Bordeaux ihren erquicklichen Endpunkt erreicht.

XXIV

Kurz bevor die siebziger Jahre zu Ende gehen, um genau zu sein, im Oktober 1979 steht er am Eingang zu den wohlgestalten Salons des Kölner Dom-Hotels und läßt sich, in neues blaues Tuch gehüllt, mit guten Wünschen zu seinem siebzigsten Geburtstag überhäufen. Es tut ihm gut zu sehen, daß eine Galaxis aus kleinen und großen Sternchen seines Freundes-, Bekannten- und Berufskreises durch ihre Gegenwart und Redewendungen den Seismograph seiner Beziehungspflege vibrieren läßt. Nur sein engster Freund, das vorbildliche Prunkstück René König, kann es mal wieder nicht einrichten, der Beglückwünschungscour beizuwohnen, was dem sich bereits im Abbröckeln befindenden Gefühlsbereich einen weiteren Stoß versetzt. Nacheinander klemmen sich betitelte und unbetitelte Lobpreiser hinter das Rednerpult, darunter als erster mit bedachten Worten der Kollege Neidhardt, dem er inzwischen längst die Abfuhr wegen des Massenkommunikations-Instituts langmütig nachgesehen hat. Dann gleich zwei seiner um den Absatz der bei ihnen erschienenen Bücher beflissene Verleger, und, das wohlerzogene Händeklatschen ist kaum verrauscht, ergreift völlig unvorhergesehen ein den meisten Anwesenden unbekannter Jüngling das Wort und spricht ihn mit rührenden Dankesworten als seinen Mentor und Freund an. Das war Michael.

Michael beziehungsweise sein Leben mit Michael läßt sich nicht in einem der von ihm so gerne gepflegten langen, verschachtelten, mit eingeschobenen Gedankengängen durchzogenen Sätze markieren, denn dafür waren sie eine viel zu lange Zeit zusammen. Drum macht er sich stark, die Michael-Story vom Anbeginn bis zu den Nachwehen im Umriß eines Exkurses sich von der Seele zu schaffen, mit dieser abschweifenden Umbiegung, die sich Anhang nennt, doch mehr als Beiwerk ist. Zu einer Zeit, als Beppino immer mehr von seiner Astrid in Anspruch genommen wird und er sich wegen des Verkaufs des Hauses im Vorort Marienburg nach einem neuen Domizil umsehen muß, füllt er nach abgeleisteter Schreibtischschuldigkeit einen seiner seltenen hohlen Abende mit dem Besuch einer Ausstellung an, die unschuldige Kunstschulabsolventen-Bilder zeigt. Inmitten des grellbeleuchteten Erdgeschosses steht ein ihm als angriffiger Knabenverknusperer bekannter Stellungsinhaber, umgeben von aufgeräumten Jeansgirls und -boys. Nach ferngesteuertem blinzelndem Gewinke kommt dieser auf ihn zu. Im Schlepptau hat er einen schlanken, reichlich abgerissenen blauäugigen Burschen, den er ihm als den Studenten Michael vorstellt, der sich sehr für Musik und Theater interessiere. Es entwickelt sich ein lässig-zwangloses Palaver, das mit Silbermanns Angebot endet, ihn mal anzurufen, wenn Jungmichael ins Theater oder Konzert wolle, da er stets an Karten kommen könne. Bei der Kehrtwendung zum Ausgang hat er das flüchtige Rencontre schon so weit vergessen, daß er sich nicht einmal fragt, warum der Student sich ihm hat vorstellen lassen. Diese Art unverbindlicher Scharmützel kennt er zur Genüge. Außerdem hat er wichtigeres zu tun: Er muß als Redner nach Berlin zur ersten europäischen Tagung der amerikanischen International Communication Association; verbindet das mit Vorträgen in der einzigartigen Jüdischen Volkshochschule; flitzt nach Paris zu weiteren Besprechungen mit dem Leiter des International Social Science Council über eine weltweite Untersuchung des Massenmediums »Comics«; bearbeitet den Endbericht über die zukünftige Kommunikationsorganisation für die kanadische Regierung; unterrichtet in der Abteilung Journalistenausbildung der Deutschen Welle mal in Französisch afrikanische, mal in Englisch asiatische Stipendiaten über Probleme und Praxis des Hörfunks; schlägt sich für eine Wurstfabrik mit Arbeitsplatzhumanisierung herum, mit einem Instrumentenunternehmen über die Einführung und Konstruktion einer Musik-Lehrmaschine; durchstöbert haufenweise angesammelte Unterlagen für sein neues Buch zum Thema »Soziologie des Antisemitismus«; und dergleichen angekurbelte, natürlich nicht allesamt auf einmal auf seinen Verstandessitz herabkollernde Großig- und Kleinigkeiten mehr.

Mit einem abendlichen Anruf und der Frage, ob er vorbeikommen könne, wird »work in progress«, wie das englischsprachige Warnungsschild an Baustellen lautet, unterbrochen. Aus Kälte und Regen kommend, erscheint ein klatschnasser, bibbernder und etwas verlegen dreinblickender Michael auf der Bildfläche, ein nur mit Pullover und zerfetzten Jeans bekleidetes, armselig aussehendes Würmchen, das er mit Tee und einem Guß Rum ein wenig aufzumuntern versucht. Aus diesem ersten, mit stockender Unterhaltung abgeplatteten Beisammensein werden in gemessenen Abständen mehrere, in deren Verlauf er langsam mit dieser und jener Einzelheit aus dem Leben des jungen Blondkopfs bekannt gemacht wird: Michael studiert an der Fachhochschule Köln Sozialpädagogik, dieses untunliche, meist von unsozial denkenden, zusammengebrochenen Krücken der Geisteswissenschaft oder abgetakelten Haushaltungspädagoginnen angeführte Fach, um als Abiturloser nach Abschluß Zugang zum Universitätsstudium zu erhalten. Er lebt seit einigen Jahren in Bonn bei, mit und von einem Studenten der Medizin in einem winzigen Zimmer, jetzt aber, nachdem der nach seinen Erzählungen von Sex besessene Mediziner zu Staatsexamen und Geld gekommen ist, in einem Haus. Der lüsterne Medikus ist, gelinde gesagt, seiner müde, will, daß er verschwindet, und so steht er mit einer schmalen Waisenrente auf der Straße. Ferner ergibt sich: Michael ist ein uneheliches Kind, hat seinen Vater nie gekannt, und seine von Sozialhilfe abwechselnd mit irgendwelchen Männern lebende Mutter ist ihm fremd; sein Lieblingsautor, aus dessen Schriften er ganze Absätze zitiert, ist Nietzsche; mit natürlicher musikalischer Begabung und einer angenehmen Spieltenorstimme singt er ganze Akte aus dem italienischen Opernrepertoire auswendig daher;

und ein hochgestellter, verheirateter Regierungsbeamter umgirrt ihn mit Briefen, Gedichten und Zehnmarkscheinen.

Die bekenntnisreichen Verquickungen wirken auf Silbermann sowohl abstoßend als auch anziehend. Einerseits möchte er nicht in die Ausstrahlungen des Sumpfes gieriger Ausnutzung sozialer und körperlicher Geplagtheiten einbezogen sein; andererseits fasziniert es ihn, wie der von Ängsten und Zwängen gehetzte Junge in nüchternem, keineswegs Mitleid heischendem Tonfall die ungeheuerlichsten Dinge aus dem Kinderheim, dem Waisenhaus, aus den mit Not und Hunger verbrachten, ihn auf den Männerstrich treibenden Pubertätsjahren erzählt. Es sind eindringliche Szenen aus einer schicksalsbeladenen Welt, die sich nach teilhabender Versöhnung sehnt. Alsbald wird er gewahr, daß die erstaunliche Belesenheit sowie das ungewöhnliche Streben nach intellektuellem Aufstieg des aus der Klasse der Misérables hervorgegangenen Michael Ankerketten sind, die nach einem Ankerplatz suchen. Michael, äußerst bescheiden in seinen materiellen Ansprüchen, sucht nicht großherzige Liebe noch unterhaltsamen Sex, er wünscht sich – dutzendemal in der einen oder anderen Weise wiederholt – bezeugendes Vertrauen in seine herkunftsgeschädigte Person, seine ungeläuterte Intelligenz, sein ausstehendes Fortkommen, ja, ohne es zu sagen, auch in seinen zwangsneurotischen Charakter. Dafür ist er bereit, sich freimütig anzubinden, ohne Doppelbödigkeit sich mit Leib und Seele zu überantworten. Was der das dritte Alter Betretende hier in kruden Worten wie ein Handelsabkommen niederlegt, kommt ihm nicht von einem Tag auf den anderen; erst auf die Dauer nimmt es Gestalt an. Dann aber bläst es ihm wie ein Sturm in seine nun bereits vom Seniorenalter zerzauste Gefühlslandschaft. Hat ein guter Engel ihm den anschmusenden Burschen zugeführt, auf daß er sich nicht in eine Torschlußpanik verliere, oder ist es der Teufel seines mit sexueller Begehrlichkeit ornamentierten Pygmalion-Komplexes, der ihn reitet? Noch lebt er nicht mit Michael. Er sieht ihn regelmäßig, unterstützt ihn in seinen geistigen, musischen und finanziellen Lebensbedürfnissen, hält ihn jedoch auf Distanz, zumal Beppino, mal mit, mal ohne seine nervenzerreißende Tusnelda immer noch im Hause ist. Jedoch, das sollte sich ändern, als nach einem gewaltigen Eifersuchtsgewitter, bei dem die Blitze zwischen Beppino, Astrid, Michael und ihm um und um einschlagen, der Herr Sohn zu seiner von Michael voll verachteten zukünftigen Gemahlin zieht.

Alle Welt ist mißgestimmt, nur Alpha läßt sich in ihrer Bestimmung als achtsame Schoßhündin nicht stören. Dabei braucht er gerade jetzt, mit einem halben Dutzend ablieferungsfälliger Verpflichtungen, dem gegen die Wohnungskündigung angestrengten Prozeß am Hals und der regenverhangenen Stimmung aufkommender Vereinsamung, die Gegenwart jugendlicher Schwingungen. Die Alterssoziologie hat mit dem ihr eigenen Samariter-Wortschwall gut sagen, daß jene Menschen am ehesten mit der Alterssituation fertig werden, die ihre Aktivitäten und Interaktionen frei wählen und selbst bestimmen können, vermeidet es indes, bis in die Tiefen der menschlichen Belastbarkeit vorzudringen, die ihm eindrucksvoll in einer Fragestellung des Ahnherrn der jüdischen Patriarchendynastie und Verteidigers des Primats der Nächstenliebe, Hillel aus Babylonien, entgegengekommen ist: »Wenn ich nicht für mich selbst bin, wer wird für mich sein? Aber wenn ich für mich selbst bin, was bin ich?« Hier versagen die geschraubten Weisheiten der Gerontologen, ziehen sie sich zurück auf die Analyse von Wohnverhältnissen, Einkommenssituation, Konsumverhalten, Berufsaustritt, Persönlichkeitsveränderung, um nur ja nicht die innere Gestimmtheit der Notwendigkeit und Bereitschaft, für sich und andere zu leben, anzutasten. Er weiß davon das Lied des Alltags zu singen, wenn er nach getaner Arbeit allein im Salon des großen Hauses sitzt und nur sich um sich selbst bekümmernd Anhäufungen von wissenschaftlichen Schriften durchblättert oder sich lustlos durch das morsche Unterhaltungsgeplapper des Glotzophons ablenken läßt. An jemanden zu denken, der einem mehr als bekanntschaftlich oder freundschaftlich nahesteht, an den Beppino, den Michael oder die Else, das genügt nicht. Für ihn ist Anwesenheit, im Sinne von elementarem Körpergefühl die Bekundung seiner Einsichten in die Lebenstatsachen; auch in der Phase des höheren Alters.

Michaels Eintritt in die Examensperiode führt eine Katastrophe kleineren Ausmaßes herbei. Was dieser großspurig an dem geringen wissenschaftlichen Befund seiner Lehrer bemäkelt und ihm als Ausrede für das nur gelegentliche Teilnehmen am Lehrbetrieb dient, macht sich in der Kümmerlichkeit des von ihm verlangten Wissensstandes bemerkbar. Man hat ihm Themen für die mündliche Prüfung und die schriftliche Arbeit zugeschoben, von denen er außer in dem an die Philosophie angenäherten Fach nur einen schmäligen Dunst hat. Doch anstatt sich hinzusetzen und das Versäumte nachzuackern, zieht Michael sich auf Ausflüchte zurück, die, in der verkorksten Examenssituation unebenmäßig deutlich werdend, über Jahre hinweg wie ein unheilvolles Omen über ihrem Zusammenleben schweben. Bei allem Streben nach einer ansteigenden Lebensstellung ist Michael von durchdringender Trägheit geprägt, die ihn unter dem hypochondrischen Vorwand, unter Schlaflosigkeit zu leiden, mit Regelmäßigkeit erst um die späte Vormittagsstunde die Bettlaken zurückschlagen macht. Aufmunterungen durch gedämpfte oder schrille Weckuhren schlagen ebenso fehl wie Klopfen, Rufen oder Rütteln, so daß für den Vormittag angesetzte Unterrichtsstunden, notwendige und nützliche Besorgungen und andere Pflichtübungen nicht wahrgenommen werden. Insoweit Fehlleistungen durch seine Saumseligkeit entstehen – im Studium oder im Allerweltsbezirk –, werden sie in ein Gebäude der Schuldverlagerung einzementiert. Was immer ihn an Unannehmlichkeit, Lästigkeit, Seelenqual oder ganz allgemein an Ungelegenheit auch nur betastet, ist die Schuld der anderen, der Professoren, der Behörden, der Verkehrsmittel, der Bekannten, der Gastwirte, vor allem aber der Nonnen, Priester und Lehrer, die im Kinderheim, im Waisenhaus und in der Schule über ihn wachten. Daß, wenn Not am Mann ist, sich dieser vagabundierende Selbstentledigungsprozeß auch an Freund Silbermann entzündet, versteht sich von selbst. So ist es dessen Schuld, daß Kandidat Michael mit seiner schriftlichen Examensarbeit nicht zurechtkommt, was ihn, um hinderlichen Querelen zu entgehen, dazu zwingt, Hand an das unbekömmliche Schriftstück zu legen. Der Erfolg ließ nicht auf sich warten – es wurde mit einer der schlechtesten Noten bedacht!

Der Michaelschen Schuldzuweisungsmanie pathologischen Ausmaßes war selbst durch nächtelange Gespräche nicht abzuhelfen. Wie eine Obsession tauchen immer wieder und wieder die ungewöhnlich leidigen Kindheits- und Jugendmiseren auf, darunter, sich mehr in den Vordergrund drängend, die aus Unerfahrenheit, Untergebenheit oder Zwang stattgegebenen Verführungen zu homosexuellen Akten bis hin zu ihrer Nutzbarmachung zur Überwindung von Armut und Not. Wann immer Zwecklosigkeit oder Scheitern der Schuldverlagerung droht, wenn dieses Gegengewicht zu seiner latenten Trägheit sowie zu der nach seiner inneren Einsicht fremdgesteuerten Unnatur versagt, rennt er Hals über Kopf davon – vor sich selbst und den anderen. So entnervend diese sich mehrfach abspielenden Kahlschläge auch sind, nimmt Silbermann versöhnlich den ihm zum Weggefährten gewordenen Wegläufer immer wieder bei sich auf. Offenbar versagt sich ihm beim Nachdenken über die Tauglichkeit des Sorgenkindes sein kühler Kopf. In gewissem Sinne schon, dann nämlich, wenn ihn Mitleids- und Zuneigungsgefühle gegenüber diesem von bösen Geistern heimgesuchten Geschöpf übermannen. Andererseits wieder nicht, wenn er sich erfahrene und ergrübelte Horrorvisionen des Alleinseins ausmalt – von Gebrechlichkeiten über Seelennöte bis zur Ratlosigkeit – oder mit dem Gedanken spielt, seine immer kostbarer werdende Zeit mit der Suche nach einem Ersatz zu verplempern: Kölsch trinkend und spendierend durch die einschlägigen Buden streifen, Suchannoncen beantworten, Anbändeln, Einfädeln und ähnliche, für seine Altersgruppe wenig angebrachte und meist erfolglose Unterfangen. Parallel zu dieser betonten Ichhaftigkeit regt sich die Stimme der Verantwortung, die allerdings auch einen Schimmer von Eigennützigkeit an sich hat.

Auf seine folgerichtige Empfehlung hin, zudem auch zur mittelbaren Befolgung seines eigenen Appetits am Gegenstand, studiert Michael Judaistik, dieses breitschultrige Fach, welches an den deutschen Universitäten, seltsamerweise von einer Großzahl nichtjüdischer Professoren, meist studierten Theologen angeführt, zwischen Exegetik, Geschichtswissenschaft und Philologie schwebt, wohl um Begegnungen mit dem neuzeitlichen Judentum höflichst vermeiden zu können. Michaels Bezeugungen des Interesses für das nicht alltägliche Fach, bei dem Berufsaussichten denkbar nebelhaft sind, zeigen ihm, daß er ihn auf den rechten Weg gebracht hat. Um so mehr obliegt ihm die Verantwortung für den ununterbrochenen, mit seiner moralischen und materiellen Unterstützung möglich gemachten Fortgang auf diesem Pfad – bei weitem nicht nur gegenüber dem sich ihm anvertraut habenden Jungmann, sondern darüber hinaus auch gegenüber sich selbst, seinen Bedenken, seinen Beanspruchungen und seinen Erwartungen. Also darf er ihn weder auf leeren Straßen rennen lassen, ohne von der Stelle zu kommen, noch darf er sich ins eigene Fleisch schneiden.

Mit jeder der in Abständen abrollenden Abbruchszenen und den darauffolgenden, mit Nachgiebigkeit versetzten Neubelebungen ihres Verhältnisses erhärtet sich die Mutmaßung, daß bei Michael irgendwo eine Schraube locker sein muß, wie der psychoanalytisch ungeschulte Volksmund zu sagen pflegt. Mit bedrohlicher Anschaulichkeit verbreitet sich eine von Zersetzungsausströmungen belastete häusliche Atmosphäre, die das Gedankenbild einer Trennung von dem Undankbaren aufflammen läßt. Doch soweit kommt es nicht. Michael ergreift die Initiative zu einem ausgiebigen Selbstanklagegespräch. Holterdiepolter, sich von einem Betreff zum anderen drehend und windend, spricht er von seinem geschlechtlichen Krisenzustand, der Eigentlichkeit seiner Normalität, die bei einer angebeteten Kommilitonin Schiffbruch erlitten hat, und der Uneigentlichkeit seines homosexuellen Verhaltens; von der herabsetzenden Verachtung seines Professors, der ihn bei Gelegenheit einer Zwischenprüfung als unseriösen Vergnügungsstudenten abgekanzelt hat; von seinen Konzentrationsschwierigkeiten, dem mangelnden Vertrauen in den Freund, in sich und seine Zukunft – alles zusammen mehr als das, was Werther auf seine leidenden Schultern genommen hat. »Wenn dir trotz und alledem an meiner Freundschaft und Zukunft gelegen ist«, spricht mitleidsvoll der zerknirschte Michael, »dann schick mich nach Israel, wo ich wie andere meiner Studiengenossen mit Hilfe eines Intensivkurses die hebräische Sprache so erlerne, daß sie mir zur erfolgreichen Beendigung meines Studiums gereicht.« Ohne ein weiteres Wort zu verlieren, beschränken sich von nun ab ihre Zuneigungsbezeugungen auf herzliche Umarmungen, und Anstalten für einen Studienaufenthalt in Jerusalem werden getroffen – eitle Freude herrscht im Hause Silbermann und Compagnie.

Schon nach drei anstatt der vier für den Kursus vorgesehenen Monate kehrt ein abgemagerter, unter einem Knieschaden leidender, doch fröhlich aufgelegter Michael aus Jerusalem zurück. Er stimmt einen Hymnus auf die eindrucksvolle Schönheit der Heiligen Stadt an, ihre Bezauberung, ihre Bevölkerung, auf Plauderstündchen hier und dort, darunter auch mit einem jüdischen Mädchen, dessen Foto er vorzeigt, und spricht mehr beiläufig auch von dem anspruchsvollen und anstrengenden Intensivsprachkursus, der ihm mehr Mühe als Kenntnisse eingebracht habe. Während zur Tagesordnung und der Behandlung von Michaels krankem Knie übergegangen wird, treten in den Gesprächen immer wieder das magische Israeli-Mädchen auf sowie Andeutungen einer Zukunftsperspektive dergestalt, daß die Arbeit der treuen, seit Jahren den Haushalt führenden Seele Frau Kirfel von der israelischen Errungenschaft übernommen werde, was in Silbermanns Ohren wie eine Aufforderung zur Errichtung einer Ménage à trois klingt. Sein schroffes Nein ist der Beginn des Abgesangs. Es häufen sich endlos lange, die Telefonrechnung schwer belastende Gespräche mit Jerusalem, das Mädchen (in Wirklichkeit eine Frau von zweiunddreißig Jahren) fliegt zu einer Freundin nach London, und Michael kündigt an, sie dort zu treffen. Die Stimmung sinkt auf Null. Indes, eine kurz vor der Abreise erfolgende weitere Ankündigung läßt das Gefühlsthermometer des überrumpelten Helfers weit unter Null absinken: Er, Michael, werde das Studium drangeben, arbeiten gehen und ausziehen; denn, gebündelt gesagt: »Mit dem Studium komme ich nicht weiter, da das gesamte Lehrpersonal gegen mich aufgebracht ist und es mir im übrigen nicht länger paßt, gegängelt, ausgehalten und angetrieben zu werden. Ich hole mir meine Sachen, sobald ich aus London zurück bin; meine Bücher können hier bleiben, ich brauche sie sowieso nicht mehr.«

Es ist nicht leicht für ihn, den undefinierbaren Popanz zu durchschauen und seine Erlebnisweise darauf einzustellen. Hat der Michael ihn düpiert, hintergangen, gedemütigt, ausgenutzt, oder hat er, der Mann von Erfahrung, es nicht gemeistert, schlecht und recht eines Freundes Freund zu sein? Was ihn an dem gesamten Flickwerk empfindlich trifft und ihm nagenden Schmerz bereitet, ist die Schwere der Enttäuschung. Und zwar nicht über die mitklingende Kühle der Abwesenheit, sondern über den Wahnwitz, mit dem wie in einer Nacht-und-Nebel-Aktion ein über Jahre im geisteswissenschaftlichen Studium verankertes Lebensprogramm über Bord geworfen wird. Er schlägt sich vor den Kopf, wenn er auch nur einen Augenblick darüber nachdenkt, welche Mühen, Opfer und Kräfte es ihn, den Gelehrten, gekostet hat, seinen Lebensstil auf den fruchtbaren Zugang zur wissenschaftlichen Betätigung auszurichten. Hat er von Michael das Unmögliche verlangt, ihn durch ein Übermaß an Wohltaten geschwächt, ihn durch zu großes Übergewicht verstört, hat er sich der gegenseitigen Duldung entzogen? Alles kluge Fragen, die zu stellen einfach sind, freilich jedoch – wie er als gelernter Soziologe wissen sollte – zu den plausiblen Antworten, die wir darauf geben können, im Mißverhältnis stehen.

Er ist drauf und dran, seinen Orientierungssinn im Geschehen zu verlieren, Geständnisse zu erzwingen, Rache zu nehmen, Schamlosigkeiten zu begehen, kurzum Böses zu tun. Doch vor solch stürmischen Vergeltungsakten hat er mit seinem festen Glauben an die Fügungen des Schicksals krankhaften Abscheu. Er kämpft nicht länger mit den Vorstellungen des ihm an Üblem Angetanen, sondern greift zurück in die Erinnerungen an die Stunden, in denen ihm Michael ein Freund gewesen ist, vor dem er hat laut denken können. Diese Momente, in feinstes Porzellan gefaßt, stellt er hinter das Glas des für diese Zwecke eingerichteten imaginären Eckschranks zum Anblick des Guten und Schönen aus seinem Leben. Vom Geschick des Michael erfährt er nur noch andeutungsweise durch gemeinsame Bekannte hie und da. Mit seiner israelischen Freundin, der großen Liebe, an der er seine Männlichkeit erproben kann, lebt er in Armut und mit Schuldenlast – mal in Köln, in Jerusalem, in London oder in Berlin – das Leben hedonistischer Turteltauben, nicht unweit von dem der Landstreicher. Mögen sie glücklich sein; seiner Gedankenverknüpfung näherliegend gesagt: Das Schicksal behüte sie vor einer Katastrophe …

Seine Anwandlung, sich mit ungewöhnlicher Länge des mit lichten und trüben Abrissen durchsetzten, Einsamkeits- und Verlassenheitsgefühle berührenden Begebnisses zu entledigen und das beklemmende Mißgeschick – im Gegensatz zu anderen in seinem Leben – wägbar mit überwuchernden Empfindsamkeiten anzufüllen, verweist auf die Unvergleichlichkeit der Beeindruckung durch nahe- und fernliegende Ereignisse. Er braucht sich dieses Bruches der Einheit nicht zu schämen, noch hierfür um Vergebung zu bitten. Von Flavius Josephus' vielbändiger »Geschichte des Jüdischen Krieges« bis zu den historisierenden Genrebildern über Hitlerregime, Zweiten Weltkrieg und Holocaust stehen die Gewißheiten auf der Schneide der Meßlatte erzielter Entfernungen. Sehr wohl könnte er sich von dem Überschwang bei der Enthüllung des Zusammenlebens mit Michael lossprechen, indem er sich auf den durch triefende Wirklichkeitsfremdheit in erlesenen und kitschigen Liebesromanen reichlich besetzten Hügel der Selbstlosigkeit zurückzieht und vorbringt, er habe sich für des Jungen Sein und Werden mehr interessiert als für das eigene. Doch Überblendung durch Selbstlosigkeit: definitiv nein! Die Emotionalitäten sterben ab, und die Ereiferungen bleiben aus, so daß ärgerlose Sinnerfüllung des Daseins und würdig-distanzierte Lebensführung seinen Abrutsch in die Auffüllung des zuweilen schleppenden Alltags geleiten.

Die Greisenhaftigkeit, die sich seinem Geist und Auge bei den ebenfalls auf die Fünfundsiebzig Zusteuernden zur Betrachtung darbietet, hat ihn noch nicht befallen. Seine Schaffensvitalität und -mannigfaltigkeit ist unbenommen. Weder jammert er verlorener Zeit nach, noch holt er aus nach Glücksmomenten – Arbeiten als Arbeiten und nicht als ärztlich oder selbst verordnete Beschäftigungstherapie ist ihm, wie einst dem Vater, zum Stoff der Gefühle geworden, die keine Zeit kann trüben. Gewiß, er weiß sich abzulenken und aufzufrischen, reist nach Wien, Paris, Athen, Cannes und Malta; im Sommer nach Abano, im Winter in den Schweizer Schnee, wo ihn Pontresina als zu hoch, Arosa als zu unfreundlich und Gstaad als zu räuberisch teuer enttäuschen. Und wenn in Köln, geht keine Ausstellung und keine Theatervorstellung ungesehen, keine Opernpremiere ungehört an ihm vorüber, auch wenn es noch so großer Unfug ist. Der konventionellen Aufrechnung von Soll und Haben folgend, lädt er ein und wird eingeladen, läßt sich bei den monatlichen Treffen mit dem inzwischen von Neid und Geiz geschlagenen Freund König bevormunden, was ihm zum einen Ohr rein und zum anderen raus geht. Nur alle Beziehungen zu den der jüngeren Generation Angehörenden hat er ohne Bedauern und Gewissensbisse entflochten. Von beschaulicher Zurückgezogenheit kann keine Rede sein, höchstens von Narben und Falten abheilender Zurückhaltung. Er rennt nicht mehr herum, um für die Varianten seines Wissens Auslaß und für Forschungsprojekte Geldgeber nach undurchsichtigen Verteilerschlüsseln zu finden. Seinen Platz als Anbieter tauscht er mit dem des auf seinen guten wissenschaftlichen Ruf beharrenden Sachverständigen, was ihm viele Wege und Umwege erspart, weniger Kopfweh bereitet und mehr Geld einbringt. Bei diesem Platztausch verweist er die Beschäftigung mit Problemen aus dem Reich der Massenkommunikationen vom vorderen Sitzplatz auf den hinteren Stehplatz. Das Fach ist totgepflegt worden.

Nur einmal noch, nachdem alle Welt die Medien Presse, Rundfunk, Fernsehen und ihr respektives Publikum bis zum Exzeß ausgeplündert hat, bewegt es ihn zu eingriffiger Geschäftigkeit. Er wendet sich dem größten aller Massenmedien zu – den rundum verachteten Comics und Comic strips. Darüber gibt es vergleichsweise wenig soziologisch fundierte Aussagen, und, wenn überhaupt, dann immer nur über deren guten, schlechten, verführerischen oder verdummenden Einfluß auf Kinder. Die Tatsache, daß, wie die Statistiken zeigen, sich die Leserschaft von Comics zum Großteil aus Erwachsenen zusammensetzt, wird großzügig übergangen, weil man dem anklagenden Niederschrei der Kulturkritik kein Futter vor ihre bresthaften Füße werfen will. Mit einem vielversprechenden, mit der Zeit nichts beibringenden Comicsfachmann im Tau gründet er ein Institut bei Namen Internationales Institut für Zeichentrickfilm- und Comicsforschung (IZC). Er ist sich sicher, daß allein schon das hochtönende Firmenetikett Vertrauenswürdigkeit, Zugänge und Forschungsgelder einbringen wird. Doch weit gefehlt: Kein Mensch und keine Kulturinstitution, voran die an einer Hand abzählbaren deutschen Comicsfabrikanten, interessiert sich für seine ideenreichen Vorschläge. Ihre Ware ist ihnen kein Patient, der der Heilung oder Pflege durch wissenschaftliche Absicherung und Vorausschau bedarf; das Geschäft läuft aufrecht und einträglich schon seit Jahren auch ohne sie. Obwohl enttäuscht, gibt er das neue Interessengebiet noch nicht dran, sondern flicht bei öffentlichen Auftritten als Redner und Diskussionsteilnehmer, sozusagen hinten herum, das Thema »Comics als Massenmedien« oder »Comics als Wegweiser auf die Entwicklung einer visuellen Kultur« ein.

Als eine hierzu besonders günstige Gelegenheit nutzt er die Einladung zu einer großangelegten, mehrtägigen, international besetzten Tagung in Chicago (Flug und Aufenthalt bezahlt), die von einem Zweig der von dem rühmlich oder übelbeleumundeten Reverend Moon geleiteten Kirchensekte organisiert ist, was ihn nicht im mindesten stört. Auch hier fällt er hinten herunter und ebenso beim daran anschließenden Aufenthalt in New York, wo er, nicht ganz schwindelfrei, von rasenden Aufzügen in die hoch gelegenen Büros von Comicsproduzenten geschleust wird. Nach jeweils zehn bis zwanzig Minuten dauernden, nicht einmal die minimalste Andeutung von Empfänglichkeit zeigenden Gesprächen mit hartgesottenen, Artigkeit mimenden Pokergesichtern gibt er es auf. Vorzeitig verläßt er New York, dessen Anonymität und Gigantismus drauf und dran sind, ihn die Nerven verlieren zu machen. Von nun an ist das fein ausgedruckte Briefpapier des Comicsinstituts zum Durchschlagpapier verdonnert. Er kann von Glück sagen, daß dieser letzte Anstoß zur Aufrührung seiner eingeschlummerten massenmedialen Fragelust ohne einschüchternde Peitschenhiebe auf sein Gütezeichen als nachdenklicher Gelehrter verraucht ist und sein Beurteilungsmaßstab für Handlungen, Bestrebungen und Zustände im populärkulturellen Feldlager nicht als exhibitionistische Pose angesehen wird.

Mit einem kühlen und überaus sachlichen Seufzer der Erleichterung widmet er in Wort und Schrift jetzt alle seine Kräfte der Erkenntnis und dem Erfassen der Begründungszusammenhänge für das in Deutschland grassierende antisemitische Zerrbild von den Juden. Zufolge eines nicht vorhergesehenen Nebeneinanders erscheinen 1981/82 gleich zwei Schriften von ihm, die sich mit dem sozialen Vorurteil, genannt Antisemitismus, befassen. Die eine, in Essayform geschrieben, faßt auf spärlichen achtzig Seiten soziologische Erkenntnisse zum antisemitischen Vorurteil zusammen. Der Aufklärungsschrift, die sich nicht wie ein Großteil derartig orientierter Auslegungen in Gejammer, Schuldzuweisungen und Mitleidserweckung ergeht, gibt er den brüskierend plakativen Titel: »Der ungeliebte Jude«. Nicht weil er denjenigen, die die Juden nicht lieben, erklären will, warum sie sie nicht lieben – sie würden als Judenhasser das Buch sowieso nicht lesen –, sondern weil er diejenigen ansprechen will, die nicht verstehen können, warum die Juden nicht geliebt werden, oder die auf dem besten Wege sind, sich aus diesen oder jenen Gründen, Gefühlen oder Vorurteilen gegen die Juden zu wenden.

Die andere Schrift, ein Buch von zweihunderteinunddreißig Seiten, erschienen unter dem Obertitel: »Sind wir Antisemiten?« und dem das »wir« festlegenden Untertitel: »Ausmaß und Wirkung eines sozialen Vorurteils in der Bundesrepublik Deutschland«, ist das Auskommen der an seinem Institut durchgeführten soziologischen Einstellungsuntersuchung. Zusammen mit einer vielköpfigen Equipe über Jahre erarbeitet, zeigt die methodologisch in jeder Hinsicht abgesicherte Auswertung der repräsentativen Befragung der bundesrepublikanischen Bevölkerung im Gesamtblick nachweislich auf, daß in der Bundesrepublik Deutschland ein Bevölkerungsanteil von etwa zwanzig Prozent mit ausgeprägt antisemitischen Vorurteilen lebt und daß bei weiteren dreißig Prozent Antisemitismus in Latenz mehr oder weniger stark vorhanden ist (nachzulesen auf Seite 73). Das ist gelinde gesagt erschütternd, vor allem wenn zu bedenken ist, daß inzwischen ungefähr siebenunddreißig Jahre seit Ende des Hitlerregimes vergangen waren. Dementsprechend sind die Reaktionen in der Öffentlichkeit. Zeitungen, Zeitschriften und Rundfunksendungen ergehen sich anhand seines Buches in Aufschreien, Warnungen, Vorhaltungen, Besorgnissen und Kassandrarufen, appellieren an Justiz, Kirche, Innenministerium, Bildungsanstalten und den gesunden Menschenverstand, ein Übel abzuwenden, das schon so viel Schaden angerichtet hat und den beschwerlich erworbenen guten demokratischen Ruf der Bundesrepublik befleckt. Nur die Juden selbst beziehungsweise der für dieses Häuflein von zirka dreißigtausend Seelen sprechende Zentralrat der Juden in Deutschland läßt wissen, daß ja alles nicht so schlimm sei, zumal keinem Juden in Deutschland persönlich Bösartigkeiten angetan würden. Diese kriecherische Vogel-Strauß-Haltung bringt ihn mehr auf die Palme als die Injurien, die ihm von seiten der »Deutschen National-Zeitung« zuteil werden, und der Wust von antisemitischen Beschimpfungen, die ihm der Postbote ins Haus bringt.

Gewiß, seitdem er seine Zelte in Deutschland aufgerichtet hatte, hat ihm persönlich kein Mensch was angetan, und auch seine Glaubensgenossen sind, soweit übersehbar, nicht mit Knüppelschlägen bedacht worden; aber darum geht es nicht. Es geht vollwichtig nicht einmal um die in Abständen sich ereignenden antisemitischen Manifestationen, wie Schändungen von Friedhöfen, Hetzschriften, antijüdische Äußerungen von im öffentlichen Leben stehenden

Personen (Politikern, Bürgermeistern, Lehrern etc.), da es ebensowenig gelingt, derartige, fälschlich als »Dummejungenstreiche« oder »Ausrutscher« bezeichnete Vorkommnisse zu verhindern, wie es gelingen kann, einen eingefleischten Antisemiten zum Judenfreund zu bekehren. Auch geht es nicht darum, mit der Fahne einer Wiederholung der Hitlerschen »Endlösung« zu wedeln. Denn sollten die menschenverachtenden Brutalinskis wieder auferstehen, was der Gott Israels verhüten möge, dann bleibt es für die Handvoll Juden in der Bundesrepublik durchaus denkbar, schleunigst auf die Rettungsinsel »Staat Israel« befördert zu werden, so wie es mit den im Jemen verfolgten Juden geschehen ist.

Worum es ihm geht – und hier spricht der Soziologe –, ist der Abbau des bei dreißig Prozent der Bevölkerung in Latenz vorhandenen antisemitischen Vorurteils, dieser mit stereotypem Denken eng verbundenen, versteckten, verborgenen, ruhenden, gebundenen und über den Prozeß der Tradierung von Generation zu Generation vermittelten, aufgespeicherten antijüdischen Abgunst. Denn latente Vorurteile gegenüber Minoritäten, gleich, ob sie sich gegen Gastarbeiter, Kommunisten, Intellektuelle, Homosexuelle, Aussiedler oder Juden richten, enthalten einen zur Entladung neigenden Konfliktstoff, den es vordringlich zu bekämpfen oder zumindest zu reduzieren gilt. Oder glaubt irgend jemand in seinen guten Sinnen, daß, wenn es dazu kommen sollte, daß die Bundesrepublik mit, sagen wir, drei oder gar vier Millionen Arbeitslosen geplagt wird, was die Aufsichtsräte der Wirtschaftslenkung verhüten mögen, die ins Land gerufenen Türken ungeschoren davonkommen würden? Auch die Versöhnungsquasseleien oder der meist nur von Christen bestrittene christlich-jüdische Dialog gehen, wie die im Schatten der Benevolenz aufgezogenen Veranstaltungen aufzeigen, an der Festnagelung und Zersetzung des explosiven, latenten Vorurteils wortkarg vorbei.

Er weiß, wovon er spricht, denn nach Erscheinen der beiden Bücher haben sich mannige öffentliche, gemeinnützige und private Lehr-, Bildungs- und Studienanstalten wegen Vorträgen, Kolloquien und Seminaren zum Thema Antisemitismus an ihn gewandt. Bis auf den heutigen Tag reist er von Nord bis Süd durchs Land, spricht vor kleinen Auditorien in Städtchen, die sich nur per Eilzügen erreichen lassen, die an jeder Mülltonne halten, und vor größeren, in mit IC-Zughaltestellen versehenen städtischen Agglomerationen. Es sind die sich regelmäßig nach seinen Vorträgen entspinnenden Diskussionen und Fragestellungen, die verdeutlichen, gegen welch ungeheuerliches Informationsdefizit in Sachen Juden, Judenfeindschaft, Vorurteil, Erscheinungen des sozialen, kulturellen, wirtschaftlichen, rassischen oder religiösen Antisemitismus aufklärend anzugehen ist. Selbst bei höheren Semestern, vor denen er auf Einladung seines Soziologiekollegen an der Universität Hamburg eine Serie von Vorlesungen abhält, herrschen abgrundtiefe Wissenslakunen, denen alleinig kaum beizukommen ist.

Nun wäre es eine irreführende Überheblichkeit, wollte er den Eindruck erwecken, er stünde mit seinem Offenbarmachungsbestreben allein auf weiter Fläche. O nein! Das Thema Antisemitismus ohne oder mit Ankoppelung an Vergangenheitsbewältigung, Vergangenheitsaufarbeitung und Kollektivschuld ist urplötzlich so sehr zu einer behandelbaren Zerlegung aufgestiegen, daß nicht nur kundige jüdische Gelehrte mit Stellungnahmen von Ort zu Ort reisen, nicht nur sich Tagungen häufen, sondern überdies auch von öffentlichen Stellen größere Summen zur Erforschung des Antisemitismus zur Verfügung gestellt werden; beispielsweise in Berlin zur Errichtung des der Technischen Universität angegliederten Zentrums für Antisemitismusforschung. An ihren Arbeiten, insbesondere an denen des soeben angeführten Instituts läßt sich zu seinem bedenklichen Ärger erkennen, daß sie der Gegenwart fremd, wenn nicht gar feige gegenüberstehen. Sie überdecken den Kampf gegen das vorherrschende soziale Vorurteil durch Erkundungen von Vorkommnissen und Haltungen aus der Vergangenheit oder spinnen sich glattweg hinter dem Ist-alles-nicht-so-schlimm ein. Kämpfen, Widerstand leisten, militantes Hervortreten, das liegt den Leitern, Mitarbeitern und ehrenwerten Kuratoriumsmitgliedern dieser und ähnlicher aus dem Boden schießenden Emsigkeitseinrichtungen nicht – aus dem Groben gehauen gesagt, sie kassieren an einer Schwachstelle der bundesrepublikanischen Gesellschaft ein, ebenso wie die öffentlichen Hände durch ihre finanzielle Unterstützung an der Glaubwürdigkeit ihres judenfreundlich gesinnten Willens.

Hinweg von diesen, nur der Gruppe seiner unverzagten Mitstreiter bekannten Fatalitäten und zurück zu den auf seine Auftritte folgenden Diskussionen. Da stößt er, nachdem er stundenlang über das soziale Übel Antisemitismus in der Bundesrepublik gesprochen hat, immerfort auf Fragen, die, wenn unverblümt formuliert, etwa lauten: »Was sagen Sie zu Ihrem Begin oder Ihrem Schamir?«; mehr durch die Blume gesprochen: »Halten Sie das Vorgehen Ihrer Leute in Israel gegen dies, das oder jenes (wie es sich gerade aus den aktuellen Ereignissen ergibt) für gerechtfertigt?«, wobei der Ton beide Male untrüglich auf »Ihr« liegt. Hier wird er hellhörig; was heißt *sein* Begin, Schamir, *seine* Israelis? Doch nichts anderes, als daß man ihn, den deutschen Juden, und mit ihm die in Deutschland ansässigen Juden mir nichts, dir nichts zu Israelis macht, womöglich ihnen nahelegen möchte – was nur eine ungewisse Unterstellung sein kann –, sich dorthin zu begeben, weil sie hier, wie es in der guten alten Nazizeit geheißen hat, im Grunde genommen doch Fremde sind.

Er kann diese, ihn abträglich berührende Identifizierung von Jude gleich Israeli niemandem übelnehmen und antwortet auf diese unverständigen Fragen nicht mit aufbrausenden Verbalergüssen. Hat er sich doch schon mehr als einmal in jüdischen Kreisen gegen diesen Identifikationsvorgang gewandt; gegen dieses »unsere israelischen Brüder und Schwestern«; die Anrufung des israelischen Botschafters in der Bundesrepublik als Schutzherrn und Oberbefehlshaber der in Deutschland lebenden Juden; diesen kritiklosen Minnedienst, der aufbäumenden Protest hervorruft, sobald er sich in das Licht eines deutschen Juden stellt. Was hat man ihn angegriffen, ausgeladen und über ihn sogar Redeverbot in der Berliner Jüdischen Volkshochschule und Schreibverbot in der »Allgemeinen Jüdischen Wochenzeitung« verhängt, als er mit soziologisch-methodischer Akribie den Nachweis erbringt, daß dieses für die in Deutschland ansässigen Juden publizierte Nachrichtenblatt in seinem Inhalt prozentual überwiegend auf Politik und Leben in Israel ausgerichtet ist, während das Leben der Juden innerhalb und außerhalb der in der Bundesrepublik bestehenden Gemeinden und Organisationen im Vergleich dazu auf ein paar Druckseiten zusammengepfercht sich findet.

Es ist unwahrscheinlich, daß der Anreiz für die vorprellenden Fragesteller sich aus den sich im innerjüdischen Bezirk abspielenden Auseinandersetzungen ableitet. Er kommt faustdick von außen, von der nichtjüdischen Welt auf sie zu, einer politisch-ideologischen Welt, die zur Verdrängung historischer Vorgänge gedankenlos zur Umstrukturierung identifizierender Gegebenheiten greift. Genutzt wird hierzu beispielsweise die hohle Pathetik im Adressat der jüdischen Minorität als »Liebe Mitbürger« bei Ansprachen von hoch- oder niedriggestellten Offiziellen, was im Oberton den Begriff des »Auchbürgers« widerhallen macht sowie ernüchternde Verlagerungen. Denn sobald die Luft wieder mit antisemitischen Vorfällen angereichert ist, dieses Übel wieder sein gräßliches Antlitz zeigt und das politische Establishment Gefahr läuft, seinen guten projüdischen Ruf zu verlieren, fließt das Thema Antisemitismus bis in den kundbaren Kanal parlamentarischer Diskussionen ein. Dort dann, ob bei großen oder kleinen Anfragen, im Bundesparlament oder in den Landesparlamenten, verwehrt sich ein jeder Volksvertreter von links bis rechts gegen dieses Untier, spricht von Schande, Verbrechen und Verblendung – nur nicht von Bekämpfung der am vielberufenen Rechtsstaat nagenden Hydra. Was nicht sein darf, kann nicht sein, wobei – wiederum von links bis rechts – die umgestülpte Beweisführung lautet: Seht doch, was wir, die Deutschen, für Israel tun! Das Rüstungswerk der Gleichstellung von deutschen Juden mit Israelis feiert seine Feste und damit verbunden oder, wenn man will, als Folge und Ursache die überbürdende Verunsicherung der in Deutschland lebenden jüdischen Minorität als integrierter Bestandteil der bundesrepublikanischen Bevölkerung, als Nachkommen, Wiedererwecker und Fortführer der inhuman zerstörten, einst so fruchtbaren Wahrung der deutsch-jüdischen Identität.

Je länger er durch das von den Juden wie den Nichtjuden geflochtene Netz der sich im Identifikationsprozeß widerspiegelnden Unsicherheit blickt, desto stärker wird er von der Abtönung selbst umfangen. Nur kurze Zeit hatte er sich seiner Wiedereindeutschung widersetzt, und auch das nur halbherzig. Weder hat er die Grenzen der vernunftgemäßen Einordnung mißachtet noch die der bürgerlichen Konvention. Jetzt streift ihn allerdings ein Hauch von Gewissensnot, wenn er abwägt, daß er nie in die Fänge des Kreislaufs von Demütigung, seelischem Hader, Ingrimm und Rache geraten ist beziehungsweise sich nicht hat hineinziehen lassen. Sein Einsatz für die Erfassung, Bloßstellung und militante Anfechtung des antisemitischen Vorurteils gilt nicht der Rettung der derzeit keiner Rettung bedürftigen, in Deutschland lebenden Juden, und seine Entrüstung über die madige Unvernunft der sowohl selbst auferlegten als auch zugesprochenen Identifikationsangleichung gilt nicht einer ans deutsche Volk gerichteten Dankbarkeits- oder Liebeserklärung. Jedweder aufgesetzten Pathetik abhold, sagt ihm sein unverdrehter soziologischer Sinn, daß es um die Aufrichtung der zeitweilig entsubstantialisierten Einheit des Begriffs »Deutsches Judentum« geht. Nicht um sich mit dessen Entwicklung, Ringen, Errungenschaften und Leistungen zu brüsten, sondern weil dessen unvertilgbare Existenz der einzige Pfeiler ist, auf den sich kollektive Integrationsvorgänge und individuelle Identitätseinsicht – soweit geoffenbart – stützen können. Ansonsten bleibt partielle oder totale gegenseitige Angleichung der sich berührenden deutschen und jüdischen Kulturgemeinschaften unschlüssig. Die Folge können nur der desolate Zustand der Selbsternennung zum soziokulturellen Fremdkörper und haltlose Verunsicherung sein. Das utilitäre Bild von der freischwebenden Integration und Identität – hier geht's mir gut, was schert's mich, wer ich bin – ist die beklagenswerte Beeinträchtigung der Möglichkeiten über die sich anbietende Rückbesinnung auf deutsches Judentum, die Balance zwischen Verbrechen, Vergessen und Weiterleben zu wahren.

Die überschlägig angeführten Anforderungen, wie sie sich während der Zeit einer mehr intensiven Beschäftigung mit der vertrackten inner- und außerjüdischen Situation für ihn ergeben haben, strahlen zaghaft auf die eigene aus, zumindest was sein Gutbefinden angeht, ein markenfähiger deutscher Jude zu sein. Ist seine Identität von der Gnadenfrist abhängig, die heiligen Kühen zuerkannt wird? Die Antwort auf diese nach Ausgestaltung heischende Bonitätsprüfung verbleibt im Nebel, der sich erst aufzulockern beginnt, als er es mit zwei Arbeiten zu tun bekommt, von denen die eine in der Säulenhalle des Deutschtums, die andere in der des Judentums gelegen ist.

Diese beiden vom Bertelsmann Lexikothek Verlag bestellten Schriftwerke sind für Band vier des umfangreichen und wohlbebilderten zehnbändigen Großformatwerks »Deutschland. Porträt einer Nation« bestimmt, in dem der Sektor »Kunst und Kultur« abgehandelt wird. Silbermann wird die Einleitung anvertraut, die auf höchstens achtzig

Schreibmaschinenseiten eine durchsichtige Musterung der Kulturgeschichte Deutschlands vom Mittelalter bis heute anstreben soll. Erst nach vielen Gesprächen kann er den auf der Verwirklichung seines hochfliegenden Einfalls bestehenden Chefredakteur vom hellen Wahn seiner Anempfehlung überzeugen. Erstens, so lautet seine Argumentation, sei er kein Egon Friedell, der allein für seine grandiose »Kulturgeschichte der Neuzeit« drei Bände benötigte; zweitens gebe er sich nicht für eine oberflächliche Pfuscharbeit her; und drittens könne er, der kein Kulturgeschichtler sei, nur aus kunst- und kultursoziologischer Sicht die rechten Ansätze für eine kurzgefaßte und dennoch handfeste Wiedergabe, Ableitung und Deutung eines Schlüsselbereiches der deutschen Geistesvergangenheit und -gegenwart offenlegen. So geschieht es denn auch, und sich an die geschichtlichen Einschnitte haltend sowie unter Nutzung eines seinen Schreibtisch überwuchernden Bücherhaufens, macht er sich mit Geduld und Sorgfalt an die Ausarbeitung des Opus unter der eindeutig einschränkenden Überschrift: »Ästhetische und ideologische Bewegungen im Kultur- und Geistesleben Deutschlands vom Mittelalter bis heute«. Inhaltlich von befriedigend bis hervorragend akzeptiert, läßt es sich die Redaktion angelegen sein – wie es heißt, um der journalistischen Popularisierung willen –, seine vielmonatige Arbeit mit der Überschrift: »Grundströmungen deutscher Kulturgeschichte. Eine Einleitung« zu versehen und behutsam getönte, kritische Anmerkungen von der Schreibfläche verschwinden zu lassen.

In der direkt nach dem Deutschtum-Kultur-Artikel abgedruckten Abhandlung: »Vom Beitrag der Juden zum Kultur- und Geistesleben« behandelt er die beiden großen Prozesse der kulturellen Eindeutschung der Juden, von denen der eine bis auf die Zeiten Karls des Großen zurückgeht, der andere mit der Epoche der Aufklärung beginnt. Seine Darlegung entfernt sich von den zahlreichen Schriften und Monographien, denen es darum geht, die besonderen Leistungen einzelner jüdischer beziehungsweise aus Überzeugung oder Opportunismus konvertierter Philosophen, Literaten, Wissenschaftler etc. darzutun. Ihm ist es aus der Sicht des Kultursoziologen darum zu tun, die Ergebnisse aus dem Zusammentreffen zweier alter Kulturen, der deutschen und der jüdischen, aus ihren Geistigkeiten und gegenseitigen geistigen Beeinflussungen heraus in den Rahmen einer für beide Kulturkreise fruchtbaren Teilnahme und Teilhabe zu versetzen. Mit kühler Ausgeglichenheit bemüht er sich, geistige Substanzen aufzuzeigen, damit die Beiträglichkeiten weder als der von den Antisemiten propagierte »Verjudungs«-Vorgang angegangen werden können noch von dem schmerzbewegten Geklirr über eine vergangene, zerstörte oder wieder aufzubauende deutsch-jüdische Symbiose übertüncht werden.

Die unenthaltsame Eindringlichkeit, mit der er seine Handlungen regelhaft Zug um Zug kundig macht, zeigt an, daß er sich nicht in die Bürgergarde der Mitläufer und Lärmmacher eingereiht hat. Dem Forscher Silbermann ist es nicht gegeben, mit halben Annäherungen zu gestikulieren, und der Jude Silbermann ist nicht bereit, in ein Leben in Enge und Angst zurückversetzt zu werden. Als Forscher legt er Hand an den Pulsschlag der Zeit und erkennt das Bestehen, wenn auch nur eines latenten Antisemitismus im erneuerten Deutschland; als im Hause des Judentums deutscher Provenienz Verweilender beobachtet er eine schleichende Tendenz der Einbuße, die unter der Last der Geschichte beim zwiespältigen Ausruf »Ich bin Deutscher, aber mein Herz schlägt für Israel« endet.

Wann immer er in Vorträgen, Diskussionen, Rundfunksendungen, Interviews etc. seinen Erkenntnissen und Überlegungen freien Lauf gegeben hat und von der Thematik aufgewühlt, abgespannt in seine mit aller Bequemlichkeit ausgestattete Häuslichkeit zurückkehrt, saust durch sein strapaziertes Hirn funkenartig die belastende Frage: Was mische ich mich in diese Schmutzigkeiten ein, gebe mich kühn, kämpferisch, energisch und setze mich moralischer und geistiger Ohrfeigen aus? Hab' ich das nötig? Sie können ihn allesamt: die Antisemiten, die Philosemiten, die memmenhaften und die wackeren, die alten und die jungen Juden. Er ist über siebzig Jahre alt, da darf er doch wohl Beschaulichkeit gegen Standhaftigkeit eintauschen. Schließlich, wie viele Jahre stehen ihm noch in dieser verdrehten Welt bevor?

Alles gut und schön – im Grunde genommen ist er in die Verlagerung seiner Zugänglichkeiten doch nur mehr oder weniger hineingeschliddert, fern von der Einsetzung zum Verkünder von Ängsten und Ideologien. Es muß sein unruhiger soziologischer Kopf sein, der ihn, ohne die Maske des verständigen Alters anzulegen, in einen Wachzustand versetzt, sobald Wahrheiten nicht von Fiktionen unterschieden werden. Er gefällt sich so sehr in seinem unduldsamen geistigen Rüstzeug, daß er nicht scheut, sich mit dem hohen Prozentsatz von aus osteuropäischen Ländern nach Deutschland zugewanderten Mitgliedern der jüdischen Gemeinden anzulegen, denen er es zum Vorwurf macht – und zwar in aller Öffentlichkeit, nämlich in einem in der Wochenzeitschrift »Der Spiegel« unter der Überschrift »Die Utopie vom jüdischen Mitbürger« veröffentlichten Essay –, daß sie ihre Berechtigungen als Bürger der Bundesrepublik Deutschland mit Mentalität und Verhalten osteuropäischer Städtele-Juden verbinden beziehungsweise, für alle Beteiligten rundum schadhafter noch, in eine Ghettoisierung ohne steinerne Mauern versenken.

Selbst nach jahrzehntelangem Aufenthalt in Deutschland und willens zur Eingliederung sehen sie sich nicht in der Lage, die Städtele-Mentalität, die durch Verfolgungen und menschenunwürdiges Dasein hervorgerufene Kleingruppenhaltung ländlicher Herkunft, abzulegen. Fehlte nur noch, daß sie mit Kaftan und Pelzmütze bekleidet durch die Gegend laufen und sich auf orthodox-gläubige Rückschauen verlassen. Doch das tun sie nicht. Es genügt, ihr

Handeln und Trachten, ihre Ausflüchte und Grenzüberschreitungen, die geraden und gewundenen Wege zu beobachten, ob bei Gemeindeversammlungen und -veranstaltungen, Kuratoriumssitzungen, Wohltätigkeitsbasaren, laizistischen und geistlichen Treffen, um schon allein an ihrer befremdenden Unkenntnis der deutschen Sprache zu erkennen, daß das Eindringen der Außenwelt bei ihnen nur eine je nach den Umständen genehme Teils-Teils-Integration hervorgerufen hat. Mit seinen Erfahrungen als Emigrant und Soziologe auf dem Rücken verweigert er sich nicht der Erkenntnis, daß es sich bei dieser Haltung um eine praktizierte Dienlichkeit für das einzelne Mitglied der jüdischen Minorität handelt – angängig auch für ihn selbst –, um einen zweckrationalen Daseinszustand. Für diese den Großteil der jüdischen Bevölkerung in Deutschland ausmachende Gruppe ist die Epoche der gegenseitigen Beeinflussung beziehungsweise Verschmelzung von deutscher und jüdischer Kultur mit Auschwitz untergegangen, so daß ihre Identität sich bestenfalls am Ideengehalt des Staates Israel oder am tief eingerammten Nachleben des grausigen Holocaust aufrichten kann.

Als er, durch die Anfertigung der Beiträge über deutsches und jüdisches Kultur- und Geistesschaffen angeregt, beginnt, sich der Identitätsproblematik zuzuwenden, ist ihm dies zunächst nichts anderes als eine soziologische L'art-pour-l'art-Beschäftigung. Erst im Laufe der ihn ins Greisenalter führenden Zeit beginnt ihn das Getriebe der Doppelbödigkeiten bei seinen Glaubensgenossen zu beunruhigen. Er tritt mit deftigeren Analysen und Warnungsrufen nach vorne. Mit der Selbstbesinnung auf die Genese seiner pragmatischen Erlebensfähigkeit tun sich ihm Querverbindungen auf, die das Beunruhigungsmoment weniger auf eine Auseinandersetzung mit Cliquenbildnern zurückführen, deren traditionsgebundene Unverbesserlichkeit fast sprichwörtlich ist, sondern eher auf die Aufeinanderfolgen von eigenem Vertrauen und Mißtrauen. Dem auf seine Systematisierungskunst so stolzen Beobachter und Denker laufen die Gedankenbettungen wie Kraut und Rüben durcheinander. Es mischen sich Herausstellungen, die von Verrat am deutschen Judentum und Kulturbesessenheit, von Mißbildungen, Schmähligkeit, Haltlosigkeit und Verlöschen eines von der nichtjüdischen Umwelt zur Wesentlichkeit erhobenen Überbleibsels reichen, bis hin und zurück zu dem selbstgefälligen Soziologenehrgeiz, die Folgen schwerwiegenden sozialen Positionswechsels und/oder Ablehnung durch bedeutsame Bezugsgruppen jüdischer oder nichtjüdischer Provenienz nachweislich geltend machen zu können.

Der Durchlauf dieser Wahrheitssplitter, von denen sich mal der eine, mal der andere zur Motivierung seiner von keiner Seite gewünschten und kaum Anklang findenden Zwischenkünfte nach vorne drängt, legt den Schattenriß der Vergänglichkeit bar, die ihn wie eine Vereinnahmung letzten Endes selbst betrifft, und nicht die beliebige Zerrissenheit der Juden mitsamt ihrem Juden- und Deutschtum. Vielleicht sind es sein Verhältnis zu Gott, dem er im Nachtgebet allabendlich zuruft, er möge ihn behüten, oder des Dichterfürsten Goethe mystische Worte, nach denen alles Vergängliche nur ein Gleichnis ist, oder gar die Wertheiten seines Gütesiegels, für das Gute dankbar zu sein und das Böse ertragen zu können, die ihn seine eigene Vergänglichkeit nicht haben auseinanderfalten lassen. Zu solch anspruchsvollen Lesestückflausen mag er sich nicht versteigen. Seine die eigene Person betreffende Anknüpfung an die Vergänglichkeit des deutschen Judentums und der hierdurch sich bestimmenden Identität beruhen, unverbogen ausstaffiert, auf dem gelebten Nebeneinander von individueller Vergeblichkeit, Ahnung und Erfahrung. Es ist keine Paraphrase ungepflügter Selbstbeteuerung, daß er den Ansturm des Todes wahrlich erst ergreifend-bildsam erfährt, als er sein treues Hündchen Alpha nach sechzehn Jahren des Zusammenseins zum Tierarzt trägt, auf daß dieser ihm das Verlassen des irdischen Lebens erleichtere. Auch dieser Bedrohung durch sperrende Sentimentalitäten entgeht er, indem er einen ausgesetzten jungen Mischpudel aus dem Tierheim in seinen Haushalt aufnimmt, dessen Zuneigung die durchlässigen Stellen des sichtbar werdenden Endes auffüllt. Er gehört nicht zu jenen törichten Altersgenossen, die die Träume ihrer Jugend nicht ablegen wollen, und setzt sich nach ein wenig abergläubischem Zögern nieder, um ein Testament zu verfassen, bei dem ihm die Vereinnahmung durch die Vergänglichkeit die Feder führt – nicht Werden und Vergehen.

Was künftighin an ihm vorüberzieht – Einladungen, Besuche, Auftritte, funkelnde und stumpfe Gespräche, interessante und anödende Forschungsarbeiten, hie und da auch ein Ausschlagen in verblühende Sündigkeit –, enthält nur noch episodenhafte Spannkraft. Ungestüm wird er indessen, wenn er an den Ereignissen abliest, daß sein Feldzug gegen die Widerwärtigkeiten des in Deutschland grassierenden latenten Antisemitismus und seine Reibereien mit den das deutsche Judentum mißachtenden weltlichen und geistlichen Judenfunktionären ebenso erfolglos zu bleiben scheint wie der diesbezügliche Einsatz von Gleichgesinnten – damals prae-Hitler und jetzt post-Hitler –, die ja nun auch nicht gerade als Stümper anzusehen sind. Vielleicht liegt es daran, daß die ermordeten wie die lebenden Juden von Staat und Kirche, von Historikern, Philosophen, Soziologen und der gemischten Bagage von Wohltätigkeits-, Friedens- und Menschenrechtsausklinglern wie Vorzeigeobjekte für getanes Unrecht und beschirmende Gerechtigkeit gehandelt werden, während bedrohliche Vorurteilsbildung und kulturelle Selbstverständigung draußen vor der Türe bleiben. Mit dieser unverdauten Konstellationenverschlingung dreht er sich so lange im Kreise herum, bis ihm bei der Verfügung in seinem Testament, nach der er auf dem jüdischen Friedhof in Köln-Bocklemünd begraben werden will und bei seinem Begräbnis Gedenkgerede von weltlichen oder geistlichen Vorstandsmitgliedern der Kölner jüdischen Gemeinde verbietet, aufgeht, daß der Kreis sich um ihn herum dreht.

Die an der eigenen Person vorgenommene Bestimmung über das Da- und Dortsein macht ihn in der Selbstfindung seiner Identität wanken. Hat er es bewirkt, zwischen seiner persönlichen Identität (das heißt soziologischer Erklärung folgend: zwischen der Struktur seiner individuell gemachten Erfahrungen und vollzogenen Prägungen) und seiner sozialen Identität (das heißt in der Soziologensprache: den ihm durch Rollenerwartungen abverlangten Verhaltensstrukturen) ein Balanceverhältnis herzustellen? Woran hält sich denn die Einzigartigkeit seiner Ich-Identität? Am von Geburt herrührenden Deutsch-Jüdischen, an den Wanderungen durch das Holländisch-Jüdische, das Französisch-Jüdische, das Australisch-Jüdische oder die Rückkehr ins Deutsch-Jüdische? Und wenn es unbekümmert aus einem Soziologie-Wörterbuch abgeschrieben heißt: Ich-Identität ermöglicht dem Individuum, sich mit seinen Rollen zu identifizieren, sich an ihnen zu engagieren, aber auch kritische Autonomie ihnen gegenüber zu entfalten oder unter ihnen zu leiden – wo steht er dann mit seinen Rollen, als da sind: Jurist, Musiker, Emigrant, Drucksachenverkäufer, Kellner, Hamburger-König, Privatgelehrter, Homosexueller, Soziologe, Universitätsprofessor, Jude? Was er den Studenten vor Jahren lang und breit über die soziologische Grundkategorie Rolle auseinandergelegt hat, über Rollenmenge, Rollendiffusion, Rollendistanz, Rollenambivalenz und andere Dreh- und Wendepunkte, verleiht ihm in ihren abstrakt-theoretischen Handlungsverläufen kaum transparenten Substanzwert. Selbst die Einschließung von Rolle und Identität in den kraftstrotzenden Namenszug Rollenidentifikation – der Internalisierung der Rollenerwartungen in der Weise, daß die einer Person abgeforderten Verhaltensweisen ihr als eigenes Bedürfnis oder eigener Antrieb erscheinen – hilft ihm in seiner Persönlichkeitsdurchkreuzung keinen Schritt weiter. Wie bei so vielen Festbesitzen des soziologischen Wissens muß er sich eingestehen, daß auch er sich nach dem Vorbild mancher der schlupfwinkeligen Gesellschaftsinterpreten auf die Verbreitung eines unergiebigen magischen Realismus eingelassen hat.

Es kann doch nicht nur um Erwartungen, Bedürfnisse, Antriebe, Verhaltensweisen und derlei ungelenke und jederzeit zerstörbare Anpassungen und Ausstrahlungen gehen, wenn Lichtungen des Schwelligen und Unterschwelligen zu durchqueren sind. Nicht Rollen wahren oder brechen die Identitätsbalance: Diese Barkasse gehorcht bei ihrer Fahrt durch das Leben des einzelnen der Eingebung, der Gelenkigkeit und der Gewandtheit des Geistes. Mit dieser nicht gerade als phänomenal zu bezeichnenden Einsicht, welche, womöglich irgendwo angelesen, die von ihm durchlaufenen Nöte des Lebensvollzugs moralisiert, nimmt er Abschied von blinden Verobjektivierungen begrifflicher Legitimationen durch soziologische Denkakte. Der ihm in seiner Schulzeit durch das vergebliche Auswendiglernen der festgemauerten Glocke schlecht bekommene Schiller hat gut sagen: »Es ist der Geist, der sich den Körper baut« – aber wo bleibt der schlüssige Erweis?

Nun fügt es sich, daß derzeit Identität, Identitätsverlust, Identitätsfindung und anderes mit diesen Gegebenheiten Zusammenhängendes mit Bezug auf Radfahrer, Orchestermusiker, Gastarbeiter, Kaninchenzüchter, Türkenkinder, Jesuiten, Zigeuner, Terroristen, alte und junge Deutsche langstielig in Büchern, Politik- und Feuilletonspalten, in den Medien und bei behördlichen Steuerungsstellen zum Diskussions- und Regelungsthema geworden ist. Der sich hierüber ergießende Wortschwall bedient sich der unterschiedlichsten Aufhänger. Die einen nageln sich an Verdrängung und Verständigung, an Aufklärung, Schuld und Vergessen fest, die anderen an Kulturverlust, Bildungsverfall, Entfremdung, Generationenkonflikt und Bevölkerungsgleichgewicht. Wie immer die Kombinationen auch lauten: Durch die Beschäftigung mit der für alle Beteiligten nachteiligen Identitätslosigkeit des Großteils der deutschen Judenschaft meint der über seine eigene Identität ungewiß Gewordene zu erkennen, daß im Hintergrund der die ganze Welt durchziehende Schreck, genannt Angst, lauert. Die Angst in allen ihren Formen, Inhalten und Äußerungen, Angst als Unbehagen, Beklemmung, Qual und Pein, Angst als Trübsal, Besorgnis, Gram und Verzweiflung, kurz: die Angst als Ideologie der Verzweiflung und Hoffnungslosigkeit, sie ist es, die, noch einmal ein humanes Desaster befürchtend, das Identitätsgefälle in Leere, Wesenlosigkeit und Unbestimmtheit treibt.

Mit diesen, zwischen den abwandelbaren Leibhaftigkeiten Angst, Geist und Identität schwankenden Gedankenverknüpfungen im Sinn sitzt er der Direktorin der beim urkatholischen Verlag A. Fromm erscheinenden Reihe »Texte und Thesen« gegenüber, für die er das Aufklärungsbüchlein »Der ungeliebte Jude« verfaßt hat. Sie habe in New York, wo der Verlag deutsche Literatur in Übersetzung vertreibe, viel mit Juden zu tun, führt die sympathische, mit der Rednergabe eines Dionysos ausgerüstete Dame aus, und frage sich, woher es rühre, daß sie alle so clever, intelligent, geschäftstüchtig, zuvorkommend et cetera seien, dennoch oder gerade deswegen einen dubiosen Ruf genössen und ähnliche, der allgemeinplätzlichen Handstandsüberschläge mehr. Sie möchte von ihm einen Text mit Thesen zur oder über die Identität der Juden. Obwohl Identitätsprobleme zur Zeit im Gespräch seien, lese man diesbezüglich über die Juden kaum ein Wort. Je länger die Unterhaltung dauert, desto deutlicher wird ihm, daß die gescheite Frau mit ihren Fingerzeigen auf Identität und die Aktualität von Identitätskrisen von einem Beurteilungsmaßstab der Handlungen und Bestrebungen von jüdischen Menschen ausgeht, mit denen sie im Geschäftsleben zusammentrifft. Ob die Juden eine Identität besitzen oder nicht beziehungsweise sich überhaupt damit herumschlagen, darauf scheint es ihr wenig anzukommen. Was sie im Sinne hat, ist die Offenbarung der Herkunft des natürlichen und vernünftigen, verhaßten und bewunderten Scharfsinns der Juden, und zwar durch einen Juden – eine Selbstmitteilung indirekter Art. Obgleich ihm Standortbestimmungen nicht sonderlich liegen, zumal deren Ansatz und Gestaltung stets fragwürdige Mißverständnisse sichtbar machen, nimmt er es an, sich über Einsichten in jüdische Lebenstatsachen auszulassen, allerdings ohne sie von ungefähr an das sperrige Gebälk von der Identität anzubinden.

Nach langem fahrigen Hin und Her, bei dem er Stapel von literarischen, religiösen, historischen, ökonomischen, moralischen, philosophischen und selbstverständlich soziologischen Erkundungen über jüdische Gefühls-, Vernunft- und Anbiederungslandschaften durchforstet, beginnt bei ihm die zaghafte Inbesitznahme eines oftmals wiederkehrenden, doch meist freiluftig dahindämmernden Beziehungsbegriffes: des jüdischen Geistes. Mal wird er angeklagt, mal wird er gelobt, mal ihm Engelsgüte zugeschrieben, mal als Teufelswerk hingestellt, nur was er ist, wie er zustande kommt, woraus er besteht, darüber schweigen sich die Gelehrten aus. Der Geist, ob der jüdische, christliche, buddhistische, der deutsche oder der russische, bedarf keiner realen Erfaßbarkeit, heißt es, ist er doch, wie Goethe es genial dem Eckermann zugeflüstert hat, »ein Wesen ganz unzerstörbarer Natur, ein Fortwirkendes von Ewigkeit zu Ewigkeit«. Dem mag so sein, doch wer vom soziologischen Erfahren und Denken geprägt ist, der braucht die Stützmauer des Realerfaßbaren; alles andere, mit Respekt gesagt auch Goethes Weisheit, ist ihm helles Glockenspiel. Genug nun über die Zusammenhänge der Entstehungsgeschichte und die Anlage seines auf die Frage »Was ist jüdischer Geist?« Antwort gebenden Buches, welches er, mit Wehen und Achen geboren, für eines seiner besten hält. Wer sich davon überzeugen will, falls ihn dieser Sprung in bekundende geistige Jagdgründe interessiert, der soll sich den Band kaufen; noch ist die Auflage nicht vergriffen.

Bei Gelegenheit seines fünfundsiebzigsten Geburtstages, von der Presse durch artige Randbemerkungen oder etwas ausführlicher gestaltete Jubelrufartikel der Öffentlichkeit kundgetan, füllt sich der Briefkasten bis zum Überlaufen mit Beglückwünschungen, in denen die eine oder andere seiner Eigenschaften besonderes Lob erfährt. Während der Herr Bundeskanzler zwei Telegrammseiten lang ihn und seine Meriten hervorhebt, obwohl er ihm noch nie in Person entgegengekommen ist, sendet ihm der Vorstand seiner Synagogengemeinde ein popeliges, vorgedrucktes Wunschkärtchen unpersönlicher Art, wahrscheinlich als Dankesbezeugung für die regelmäßige Zahlung der Kultussteuer. Es geschieht ihm recht; schließlich hat er nie Wert darauf gelegt, und es auch hörbar zu vernehmen gegeben, mit diesen Verneinern des deutschen Judentums ins Gespräch zu kommen, geschweige denn Bekanntschaft zu pflegen. Auch zum noblen Wiegenfestempfang, bei dem ihm an die hundertsiebzig Gäste die Honneurs machen, bittet er nur eine Handvoll der wenigen jüdischen Bekannten, mit denen er seit langem zusammenkommt; an verstellten Wünschen von Falschgesichtern ist ihm nichts gelegen. Despektierlichkeiten sind zu verbannen, denn vorderhand will er sich mit diesem Abend selbst behagen. In jedem Namenszug, den er auf die Einladungskarte schreibt, sind Entgegennahmen seines Ichs enthalten, die, abgesehen von thematischen Schwerpunkten, seine Lebenszusammenhänge beleuchten. Was sie, die da gekommen sind, ihm – mit Glückwunsch und Küßchen – in Form von Blumensträußen, Schallplatten, Weinflaschen, Büchern, Freßkörben und sonstigen obligaten Geschenken überreichen, sind ihm die verdinglichten Zeichen des Geschenks, das er sich in ihrer Person selbst gemacht hat.

Der sich seinem Alter entsprechend vollziehende Rückzug in die Innerlichkeit – in seinem selbstbehauptenden äußeren Gehabe gewiß nicht bemerkbar – enthebt ihn der Frage, ob er glücklich ist oder nicht: Der Zustand des Glücks ist ihm so natürlich wie der des Argwohns. Darum ist es weder eine verschrobene Kühnheit noch ein labyrinthisches Kunststück, wenn er sein Buch über den jüdischen Geist als ein Geschenk an sich selbst erschließt, ebenso wie die Freunde, Bekannten, Ärzte, Ministerialräte, Kollegen, Liebhaber und Künstler, die ihm schlaff oder kräftig, lächelnd oder spröde die Hand drücken – ihr Egozentrismus, Philosemitismus, ihre Großzügigkeit, Benevolenz, Misanthropie, Dekadenz und Aufrichtigkeit inbegriffen.

Der Wechsel des Standorts, diese gefügte Wendung der Gedankenwindungen, hemmt das mit seiner Altersstufe zusammenstimmende Abgleiten aus der Stabilität einer festen Ordnung. Ohne die Unterkühlung seiner vorandrängenden Innenansicht hätte er es gar nicht wagen können, das Angebot anzunehmen, eine Biographie über den Komponisten Gustav Mahler zu verfertigen, einer Persönlichkeit, deren Leben, Werk und Bedeutung so ungewöhnlich verstrickt sind, daß sich an ihren Konflikten und Konstanten die widersprüchlichsten Auslegungen, Herleitungen, Deutungen und bildhaften Vorstellungen festgebissen haben. Unzählige Musikkenner haben den Menschen Mahler, seine Musik und sein Wirken in Wälzern, Büchern, Broschüren und weit gestreuten Artikeln, mal mit, mal ohne Notenbeispiele, mal gefügig, mal ungefügig, auseinandergezerrt und umklammert. Was mehr soll er dazu noch sagen? Schon bei seinem Buch über Jacques Offenbach ist er, wenn auch beklommen, aus der wissenschaftlichen und popularisierenden Kommerzialisierung des Persönlichkeitskults ausgestiegen; soll er jetzt, befreit von den Schlacken der Lebenserfordernisse, halsbrecherisch den Idyllen wohlerzogener Gesellschaftsschichten nachkommen?

Seine schwankende Verdrießlichkeit wird dadurch gemildert, daß der Verleger nicht eine der üblichen Biographien wünscht, die mit: »Er wurde geboren« beginnen und mit: »Er starb« enden. Was ihm abverlangt wird, ist eine lexikalische, das heißt, eine von A bis Z durchlaufende Stichwortanfertigung: Ein Mahler-Lexikon, ein Nachschlagewerk, das in seiner Grundstruktur eine Synthese aus Wissen und Affektivität ist. Zudem besticht ihn an der Aufgabe das zu leistende daseinsanalytische Denken. Beide, der Offenbach wie der Mahler, waren zunächst verkannte, dann anerkannte Musiker, beide waren als Juden geboren, waren um ihres Fortkommens willen zum Katholizismus übergetreten, und beide beziehungsweise beider Musikschaffen wurde dem Höllenhund »Entartung« preisgegeben.

Welch treffliche Gelegenheit, an einer Buchfigur den Blick ins eigene Innere zu ermessen, Kulturstufen aus dem Schleppnetz der Mystifikationen herauszuholen, aufzuzeigen, daß von allen Arten der Entartung in dieser Welt die der Purität die schaudervollste ist. So wie der Jude Silbermann sich die Besinnungen über den jüdischen Geist zum Geschenk gemacht hat, um damit den Bogen von der Herkunft bis zum Sein zu schlagen, macht sich der Musiker Silbermann das Mahler-Lexikon zum Geschenk, mit dem er seine Jugendträume vom Kapellmeister zu den in Worte gesetzten irisierenden Tönen der hehren Kunst führt.

Das reichlich ungeflügelte theatralische Aufwallen sollte man auch einem auf Sachbezogenheit bestehenden Soziologen nicht verübeln, vor allem wenn er wie Silbermann im Begriff ist, seine kulturelle Innerlichkeit nach außen zu kehren. Sagt doch ein jeder – in Kenntnis oder Unkenntnis des Shakespeareschen Ausspruchs –, das Leben sei eine Theaterbühne, ohne jedoch von dieser Idee verfolgt zu sein. Er scheint schon seit dem Ende seiner Kindheit fest davon überzeugt gewesen zu sein, daß dem so ist und daß er auf dieser Bühne eine Rolle zu spielen hat. Allerdings: als die Zwänge moralischer, sozialer und sexueller Konventionen ihn zu umzäunen begannen, ohne sein wahres Ich zu enthüllen. Im übrigen bildete er sich mit dem ihm eigenen

Optimismus ein, daß, wenn die Vorstellung beendet ist, das Publikum den Schauspieler nie ohne Schminke sehen wird. Zudem auch noch, daß sich alle Menschen auf diese Weise auf das Leben einlassen.

Es ist ihm einen Stoßseufzer wert, mit diesem alten Hut vom Bühnenspiel hergelaufen zu kommen, aber ein handgerechterer Gleichklang zur Wandelbarkeit von Liebes-, Haß-, Vernunft- und Angemessenheitserfahrung ist ihm nicht eingefallen. Natürlich ist er sich der Tatsache bewußt, daß Theater stets mit Maske in Verbindung gebracht wird, mit der in Miene und Äußerung des Menschen gelegenen Heuchelei, um als das zu scheinen, für was er gehalten sein will. Doch hierauf ist er nur selten hereingefallen. Die verzwickten Wege zur Aufrechterhaltung seiner Selbstachtung haben ihn zum einen gelehrt, daß es weniger beschwerlich ist zu entscheiden, ob eine Angelegenheit im Ganzen falsch ist, als sich mit Gedanken abzuquälen, in welchem Maße sie wahr oder unwahr ist. Zum anderen hat er es nie als unvernünftig oder ungerecht empfunden, sich selbst zu lieben – Selbstachtung, ja gar Eigenstolz waren ihm nie ein Laster. Wohl aber die Lüge. Denn die Lüge ist eine Welle der Wahrheit, die von ihrem echten Ziel abgelenkt wurde oder zum Stillstand gekommen ist. Was er sich im Leben auch zusammengelogen hat – unnötig zu betonen, wie anders hätte sich der Jude Silbermann im Überleben auch bewähren können –, jetzt bedarf er der Lüge nicht mehr: Durch sein Er spricht die Wahrheit seines Ichs.

Honi soit qui mal y pense.

Finis in meinem jüdischen Jahr 5750.

Verzeichnis sämtlicher Schriften von Alphons Silbermann

1949
... of musical things. Sydney 1949.

1951
L'Australie. In: La Revue Internationale de Musique, No. 11, 1951, S. 542–544.

1952
Australie. In: CDMI, Jan. 1952, S. 15–17.
Musiksoziologie im Dienste des Rundfunks. In: Das Musikleben, 5, 1952, S. 241–245.
Organisierte Kultur. In: Kölner Zeitschrift für Soziologie und Sozialpsychologie, 4, 1951/52, S. 442–449.

1954
Die soziologischen Aspekte der Musik im Rundfunk. In: Schweizerische Musikzeitung, 94, 1954, S. 133–138.
La Musique deviendrait-elle malhonnête? Étude sociologique. In: Psyché, No. 98, 1954, S. 652–670.
La Musique, la Radio et l'Auditeur. Paris 1954. (Übersetzungen ins Deutsche, Spanische, Japanische.)
La Radio est-elle un Art? In: Revue d'esthétique, VII, 1954, S. 303–311.
Vom Hörerbenehmen und von der Stille. Einiges zur sozialen Funktion der Rundfunk-Musik. In: Sozialer Fortschritt, Nr. 8/9, Sept. 1954, S. 187–190.

1955
Crisis Musical y Filosofiá. In: Buenos Aires Musical, 1955, S. 4.
Ehrlichkeit unerwünscht? Eine kultursoziologische Studie. In: Schweizerische Musikerziehung, 95, 1955, S. 177–185.
Introduction à une Sociologie de la Musique. Paris 1955. (Übersetzung ins Japanische.)
Music in Time. An Approach through Sociology. In: Chicago Review, 9, 1955, S. 28–33.
Musikleben in Australien. In: Neue Zeitschrift für Musik, Dez. 1955, S. 149–150.
The Need for an Australian Institute of Applied Sociological Research. In: The Australian Quarterly, XXVII, No. 2, June 1955, S. 42–49.
Was will der Hörer überhaupt hören? In: Das Musikleben, 1955, S. 9–11.

1956
Das »Chaos« der neuen Musik. Zur Verwischung der Grenzen von Philosophie und Soziologie. In: Musica, 10, 1956.
Der Blick in die Zukunft. In: Schweizerische Musikzeitung, 96, Nr. 5, 1956, S. 197–204.
Der musiksoziologische Unfug. In: Österreichische Musikzeitschrift, 11, H. 6, 1956, S. 224–226.

LP IN AUSTRALIEN. In: Phono Wien, 2, Nr. 3, 1956.
ZUR FRAGE »WAS IST EIGENTLICH MUSIKSOZIOLOGIE?« In: Neue Zeitschrift für Musik, 117, 1956, S. 540–545.

1957

IM STACHELDRAHT DES BITTEREN ERNSTES. Betrachtungen eines Außenstehenden zur Situation des deutschen Musiklebens. In: Neue Zeitschrift für Musik, 118, 1957, S. 688–693.
LA MUSICOLOGIA SE MODERNIZA. In: Buenos Aires Musical, 1.4.1957, S. 2.
MUSENPFLEGE BEI DEN ANTIPODEN. Die schönen Künste in Australien. In: Der Monat, 1957, S. 46–52.
MUSIKER NICHT GEFRAGT. In: Schweizerische Musikzeitung, 97, 1957, S. 439–441.
MUSIKSOZIOLOGISCHES AKROSTICHON. In: Musikerkenntnis und Musikerziehung. Dankesgaben für Hans Mersmann zu seinem 65. Geburtstag. Hrsg. v. Walter Wiora. Kassel/Basel 1957, S. 135 bis 142.
MUSIKWISSENSCHAFT WOHIN? Mehr Studium des Publikums und weniger historischer Flitter. In: Musikalische Jugend, 5, 1957, S. 1–2.
NO HAY DEMANDA DE MUSICOS. In: Buenos Aires Musical, 1957.
WOVON LEBT DIE MUSIK? Die Prinzipien der Musiksoziologie. Regensburg 1957. (Übersetzungen ins Englische, Französische, Spanische und Japanische.)

1958

DA SIND FALSCHE PROPHETEN! ODER DER MODERNE MUSIKSOZIOLOGISCHE UNFUG. In: Musikalische Jugend, VII, Nr. 3, Juni/Juli 1958.
DER HÖRER ZWISCHEN GUT UND SCHLECHT. Soziologische Aspekte des Musikkonsums. In: Deutsche Zeitung, 11.1.1958, S. 19.
DIE ILLUSION LIEGT DICHT NEBEN DER WAHRHEIT. In: Musik und Szene, 3 (7), 1958/59, S. 79–83.
DIE STELLUNG DER MUSIKSOZIOLOGIE INNERHALB DER SOZIOLOGIE UND DER MUSIKWISSENSCHAFT. In: Kölner Zeitschrift für Soziologie und Sozialpsychologie, 10 (1), 1958, S. 102–115.
EXISTE EL DISCO EDUCATIVO? In: Buenos Aires Musical, 16.12.1958, S. 6.
GIBT ES DIE ERZIEHERISCHE SCHALLPLATTE? In: Musica Schallplatte, 5, 1958, S. 65–67.
GRAND BALLET DU MARQUIS DE CUEVAS. In: Offizieller Almanach der Salzburger Festspiele 1958. Salzburg 1958, S. 109–119.
KUNST. In: René König (Hrsg.), Fischer-Lexikon Soziologie, Frankfurt/M. 1958. (Auch in italienischer, niederländischer, spanischer und hebräischer Sprache erschienen.)
UNTER SOZIOLOGISCHEM ASPEKT. In: Musik der Zeit, H. 2, 1958, S. 5–14.
VERANTWORTUNGSLOSE PIROUETTEN. Eine soziologische Betrachtung zum Ballettleben. In: Theater und Zeit, 1958.

1959

Anpassungsfähige Musikerziehung. In: Musikalische Jugend, 8, 1959, S. 11.

Ein Brief an den Komponisten Alexander von Spitzmüller, Paris. In: Wuppertaler Bühnen, Programmblätter für die Spielzeit 1959/60.

Ein Judensohn, aber kein Jude. Dialektisches zum Gedenken des 150. Geburtstages von Felix Mendelssohn-Bartholdy. In: Jüdische Allgemeine, 30.1.1959.

Ensayo dialectico sobre Mendelssohn. En Commemoración del 150. aniversario de su nacimiento. In: Buenos Aires Musical, Jan. 1959.

Gruppenberührung und Gruppenkonflikt in der Musik. In: Schriftenreihe des Instituts für Neue Musikerziehung. Grundlegende Vorträge und Referate der Hauptarbeitstagung 1958. Hrsg. v. Generalsekretariat des Instituts für neue Musik erziehung. Darmstadt 1959, S. 12 bis 32.

Philosophie war die Kunst seines Lebens. Zum 100. Geburtstag von Henri Bergson. In: Deutsche Zeitung, 17./18.10.1959.

Selten in dieser Welt: ein Diener der Humanität. Zur 150. Wiederkehr von Felix Mendelssohn-Bartholdys Geburtstag. In: Die Welt, 3.2.1959.

Symbol und Stigma der Festivals. In: Musikalische Jugend, VIII, Febr. 1959, S. 12.

Vom Beitrag der Juden zum Kölner Musikleben. In: Zvi Asaria, Die Juden in Köln. Köln 1959, S. 220–234.

»Wenn der weisse Flieder wieder blüht ...« Aus der Geschichte des Schlagers. In: Kontakte, Aug. 1959, S. 207–208.

Wie werden Schlager gemacht und verbreitet? In: Kontakte, April 1959, S. 99.

Zur Geschichte des Musiklebens in Australien. In: Die Musikforschung, 12, 1959, S. 196–200.

1960

Considérations sociologiques sur la musique au cinéma, à la radio et à la télévision. In: Cahiers d'Études de Radio-Télévision, 1960, S. 3–17.

Die Ästhetik des George Balanchine. In: Theater und Zeit, 8, Nr. 5, 1960/61, S. 81–85.

Das imaginäre Tagebuch des Herrn Jacques Offenbach. Berlin 1960.

Dreimal vertontes Schauspiel. In: Theater und Zeit, 8, Nr. 1, 1960, S. 14–19.

Kammermusik in Australien. In: Musica, 14, 1960, S. 314–315.

Musik bei den Olympischen Spielen. In: Kontakte, 1960, S. 206 bis 207.

Musik im klassischen Olympia. In: Musikalische Jugend, IX, August 1960, S. 9.

Unterhaltungen in Warschau. In: Theater und Zeit, 1960, S. 130–132.

Verantwortungslose Pirouetten. Zur Situation des Balletts in Deutschland. In: Musikalische Jugend, IX, Juni 1960, S. 6.

Zur sozialkulturellen Situation der jüdischen Gemeinden in Deutschland. In: Kölner Zeitschrift für Soziologie und Sozialpsychologie, 12, 1960, S. 204–223.

1961

Altmeister der Soziologie. Leopold von Wiese zum 85. Geburtstag. In: Kölner Stadt-Anzeiger, 1.12.1961.

Amateure, Scharlatane und Gäste. In: Musikalische Jugend, X, Nov./Dez. 1961, S. 6.

Die vielberedten 20er Jahre. In: Musikalische Jugend, X, Nr. 1, Jan./Febr. 1961.

Estructura social de la musica. Madrid 1961.

Jacques Offenbach – über das Pariser Leben. In: Aus unserem Tagebuch, 20/1961, S. 3–5.

Musik, Rundfunk und Hörer. Die soziologischen Aspekte der Musik am Rundfunk. Köln/Opladen 1961. (Kunst und Kommunikation, Bd. 1.)

Musikalische Hassgesänge. In: Theater und Zeit, 8, 1961, S. 190 bis 194, und 9, 1961, S. 204 bis 208.

Offenbachs Verdammung. In: Programmblätter der Bühnen der Stadt Köln. Köln 1960/61.

Profanbauten und soziale Verflechtung. In: Der deutsche Baumeister, H. 12, 1961, S. 1056–1060.

Wie soll man Hoffmann erzählen? In: Musikalische Jugend, X, Nov./Dez. 1961, S. 16.

1962

Australische Komponisten. In: Schweizerische Musikzeitung, 102, 1962, S. 277–280.

Ballettkritik und Publikum. In: Die deutsche Bühne, 1962.

Das Phänomen der Dore Hoyer. In: Theater und Zeit, 9, Nr. 8, 1962, S. 356.

Das Phänomen des Maurice Béjart. In: Theater und Zeit, 9, Nr. 10, 1962, S. 392.

Die Soziologie des Antisemitismus. In: Psyche, 16, 1962, S. 246–254.

Die Ziele der Musiksoziologie. In: Kölner Zeitschrift für Soziologie und Sozialpsychologie, 14 (2), 1962, S. 322–335, und in: Texte zur Musiksoziologie. Hrsg. v. Tibor Kneif. Köln 1975, S. 240 bis 252.

Gli scopi della sociologia della musica. In: Lo spettacolo, XII, No. 1, Gennaio-Marzo 1962, S. 3–13.

Kritik – Gefahr und Hoffnung. In: Die deutsche Bühne, 1/1962, und in: Tanzarchiv, Juni 1962, S. 22–27.

Kunsterziehung in Kultur und Gesellschaft. In: Kunst und Jugend, 1962.

Miejsce socjologii muzyki w obrebie socjologii i muzykologii. In: Muzyka, VII, No. 1 (24), 1962, S. 3 bis 13.

Soziologische Erwägungen zur Freizeit. Gedanken bei der Lektüre von Max Kaplans »Leisure in America«. In: Kölner Zeitschrift für Soziologie und Sozialpsychologie, 14 (3), 1962. S. 504–510.

Soziologische Erwägungen

Zum Verhältnis Schallplatte und Gesellschaft. In: Phono Prisma, 5, 1962, S. 121–123, und in: Musica, 5/1962.
Systematische Inhaltsanalyse. In: René König (Hrsg.), Handbuch der empirischen Sozialforschung, Bd. I. Stuttgart 1962, S. 570–600, Nachtrag S. 789–797.
Und immer wieder wird ein Bumerang daraus. Unsere Auseinandersetzung mit dem Judentum. In: Die Welt, 11.3.1962.

1963

Das Phänomen des Rudolf Nureyev. In: Theater und Zeit, 9, Nr. 8, 1963, S. 148.
Die Pole der Musiksoziologie. In: Kölner Zeitschrift für Soziologie und Sozialpsychologie, 15, H. 3, 1963, S. 425–446.
Die soziologischen Untersuchungsfelder der Massenkommunikation. In: Film und Fernsehen im Spiegel der Wissenschaft. Hrsg. v. Erich Feldmann und Ernst Meier. Bielefeld 1963, S. 42–75.
Die Stützpunkte der Offenbachschen Dramaturgie. In: Theater und Zeit, 10, Nr. 5, 1963, S. 81–88, und 10, Nr. 6, 1963, S. 101–105.
Fernsehen und Kunst. In: Fernsehen. Heute und Morgen. Eine Institution im Kreuzfeuer der Meinungen. Hrsg. v. Leonhard Reinisch. Gütersloh 1963, S. 137 bis 166, und in: Rundfunk und Fernsehen, 11, 1963, S. 43–57.
Max Webers musikalischer Exkurs. Ein Kommentar zu seiner Studie: »Die rationalen und soziologischen Grundlagen der Musik«. In: Kölner Zeitschrift für Soziologie und Sozialpsychologie, 15, Sonderheft 7, 1963, S. 448–463.
Schallplatte und Gesellschaft. In: Bertelsmann Briefe, 1963, und in: Theater und Zeit, 11, Nr. 4, 1963, S. 63–73, und 11, Nr. 5, 1964, S. 89 bis 93.
Sozialpsychologische Aspekte im Wandel des Chopin-Idols. In: The Book of the First International Musicological Congress Devoted to the Works of Frederik Chopin. Hrsg. v. Zofia Lissa. Warschau 1963, S. 604 bis 612.
The Sociology of Music. London 1963.
Vom Wohnen der Deutschen. Opladen/Köln 1963.
Vom Wohnen der Deutschen. In: Wohnen und Identität. Kolloquium 6. Hrsg. v. d. Hochschule für Gestaltung Offenbach am Main. Offenbach 1963. S. 13–22.

1964

Der unversorgte selbständige Künstler. Mit René König. Köln 1964.
Kein Denkmal für Offenbach. In: Theater und Zeit, 11, Nr. 10, 1964, S. 195–196.
Kunst und Technik sind keine Gegensätze. In: Stuttgarter Nachrichten, Nr. 193, 1964.
Luftverunreinigung als soziologisches Problem. Der Preis des Wohlstands in der industriellen Gesellschaft. In: Lufthygiene in Dortmund. Hrsg. v. der Gesell-

schaft für Technik und Wirtschaft e.V. Dortmund 1964.
Zur Soziologie der Kunsterziehung. In: Kölner Zeitschrift für Soziologie und Sozialpsychologie, 16 (2), 1964, S. 342–351.

1965

Anwendung audio-visueller Mittel in Entwicklungsländern. 2 Bde. Lausanne 1965.
Das Ästhetische und das Soziale beim Hörspiel. In: Hörspiel im Westdeutschen Rundfunk. 2. Halbjahr 1965. Hrsg. v. der Pressestelle des Westdeutschen Rundfunks Köln. Köln 1965.
Der Klassiker John Ford. In: John Ford. Annabella oder Schade, daß sie eine Hure ist. Programmheft hrsg. v. den Städtischen Bühnen Frankfurt/M., H. 18, Frankfurt/M. 1965.
Deutsche Juden heute. In: Leonard Freed. Deutsche Juden heute. Hrsg. v. Hans Hermann Köper. München 1965, S. 51–55.
Ketzereien eines Soziologen. Düsseldorf/Wien 1965.
La musique moderne. In: Allemagne 1945–1965. Arts, lettres, spectacles, documents, revue des questions allemands. Paris 1965, S. 109–120.
Les Effets des Media de Masse sur l'Éducation. In: Études de radio-télévision, Les Cahiers RTB, 9/1965, S. 18–28, und in: La télévision scolaire en Suisse/Das Schulfernsehen in der Schweiz. Publications de l'Insitut Gottlieb Duttweiler, No. 43, Rüschlikon/Zürich 1969, S. 66 bis 82.
Richtige Reaktion auf Information. In: Verlagspraxis, 1965, S. 8–10.

1966

Bildschirm und Wirklichkeit. Über Presse und Fernsehen in Gegenwart und Zukunft. Frankfurt/M. 1966.
Die soziologischen Aspekte des Theaters. In: Alphons Silbermann (Hrsg.), Militanter Humanismus. Von den Aufgaben der modernen Soziologie. Frankfurt/M. 1966, S. 173–199.
Gesellschaftskritik aus dem Ghetto. In: Konturen, 2/1966, S. 5 bis 8.
Literaturphilosophie, soziologische Literaturästhetik oder Literatursoziologie. In: Kölner Zeitschrift für Soziologie und Sozialpsychologie, 18 (1), 1966, S. 139–149.
Los aspectos esteticos y sociales del teatro radiofonico. In: Humboldt, Nr. 28, Hamburg 1966, S. 83ff.
Muss die moderne Musik esoterisch sein? Verantwortungslose Isolierung. In: Die Welt, 17.12.1966.
Réflexions sur les conflicts des groupes dans les milieux musicaux. In: P. Atteslander (Hrsg.), Soziologische Arbeiten. Bern/Stuttgart 1966.
Theater und Gesellschaft. In: Martin Hürlimann (Hrsg.), Das Atlantis-Buch des Theaters. Zürich 1966.

ÜBER DIE KOMMUNIKATIONSWEGE ZUR ÖFFENTLICHEN MEINUNG ANHAND KULTURELLER LEISTUNGEN. In: Auswärtige Kulturbeziehungen. Hrsg. v. Berthold Martin. Neuwied/Berlin 1966, S. 47–50.
ÜBER DIE VERANTWORTUNG DER GEGENWÄRTIGEN KULTURPOLITIK. In: Arbeitsring Ausland für kulturelle Aufgaben e. V. Jahresbericht 1966. Köln 1967, S. 33–44.
VON DER MUSIKALISCHEN EITELKEIT. In: Ex libris, Nr. 10, Okt. 1966, S. 10 bis 14, und in: Forum, April 1958, S. 157–158.

1967

ANMERKUNGEN ZUR MUSIKSOZIOLOGIE. Eine Antwort auf Theodor W. Adornos »Thesen zur Kunstsoziologie«. In: Kölner Zeitschrift für Soziologie und Sozialpsychologie, 19 (3), 1967, S. 538–545.
DER PLATZ DES FILMS IM KOMMUNIKATIONSPROZESS VON MORGEN. In: NZZ, Nr. 57, 6.1.1967.
DIE MASCHINEN SPRECHEN. Aphorismen über das Verhältnis von Schallplatte und Gesellschaft. In: Fono, 12, 1.4.1967, S. 178–180.
EXKURS ÜBER DIE AUFGABE DER SOZIOLOGIE ZUR BEKÄMPFUNG DES ANTISEMITISMUS. In: Kölner Zeitschrift für Soziologie und Sozialpsychologie, 19 (4), 1967, S. 736 bis 742.
LE PHÉNOMÈNE D'ALIÉNATION DES FILMS PAR LA SYNCHRONISATION. In: Littérature et Société. Problèmes de méthodologie en sociologie de la littérature. Colloque organisé conjointement par l'Institut de Sociologie de l'Université Libre de Bruxelles et l'Ecole Pratique des Hautes Etudes (6e section) de Paris du 21 au 23 mai 1967. Brüssel 1967.
WOHNEN UND WOHNERLEBNIS. In: Schweizerische Tapezier- und Möbelhandelszeitung, 1967, S. 525 bis 527, und in: NZZ, 25.7.1967.

1968

A DEFINITION OF THE SOCIOLOGY OF ART. In: International Social Science Journal, 20, No. 4, 1968, S. 567–588.
À PROPOS MCLUHANISMUS. In: NZZ, 28.6.1968.
FERNSEHEN UND KULTURELLE INTEGRATION. In: Film und Radio, 1968, S. 280–281, und in: Rheinischer Merkur, 14.6.1968.
HOFFMANNS ERZÄHLUNGEN. Aus Zwiespalt geboren. In: Opern Journal, 1968/69.
INTRODUCTION. A Definition of the Sociology of Art. In: International Social Science Journal, 20, No. 4, 1968, S. 567ff.
LA FORMATION DE L'IMAGE NATIONALE PAR LE FILM. In: Cahiers Vilfredo Pareto, 16–17, 1968, S. 83–91.
LES PRINCIPES DE LA SOCIOLOGIE DE LA MUSIQUE. Genf 1968.
MASSENKULTUR. In: NZZ, 19.7.1968.
SITUATION ET VOCATION DE LA SOCIOLOGIE DE L'ART. In: Revue Internationale des Sciences Sociales, XX, No. 4, 1968, S. 617 bis 639.
VORTEILE UND NACHTEILE DES KOMMERZIELLEN FERNSEHENS. Wien/Düsseldorf 1968.

1969

Adornos kunstsoziologisches Vermächtnis. Schlagworthafter Aphorismus – empirisch-soziologische Kunstbetrachtung? In: Neue Musikzeitung, Dez. 1969/Jan. 1970.

Alle lieben Barry Ryan. Warum? In: Welt am Sonntag, Ausgabe Berlin, 2.11.1969.

Anforderungen an den Städtebauer und Gesetzgeber zur Lösung der kommenden Aufgaben. In: Wie werden wir wohnen? Dokumentationen der Referate und Diskussionen. 3K-Forum 1969. Frankfurt/M. 1969, S. 22ff.

Massenkommunikation; Musik; Rundfunk. In: Wilhelm Bernsdorf (Hrsg.), Wörterbuch der Soziologie. Stuttgart 1969.

Australien. In: Musik der Zeit. Hrsg. von Heinrich Lindlar und Reinhold Schubert. H. 3. Bonn/London 1969, S. 41–44.

Der Künstler in der Isolation. Welche Kunst wird für wen gemacht? Die Folgen einer sozialen Befreiung. In: Rheinischer Merkur, 7.11.1969.

Die kulturelle Verspätung des Theaters. Ein Soziologe über die Zukunft der Bühne. In: Rheinischer Merkur, Nr. 25, 20.6.1969.

Die neue Konzertmusik in der Bundesrepublik Deutschland nach 1945. In: Deutschland. Kulturelle Entwicklungen seit 1945. Hrsg. v. Paul Schallück. München 1969, S. 101–116.

Erinnerung an Leopold von Wiese. In: Die Welt, 18.1.1969.

Erkenntnisse der Soziologie zur Rassenfrage. In: Rasse, Kirche und Humanum. Hrsg. v. Klaus-Martin Beckmann. Gütersloh 1969, S. 17 bis 57.

Euer Heintje – und warum er so geliebt wird. In: Münchner Merkur, 27.8.1969.

Jacques Offenbach. Kölner Kind und Pariser Idol. In: Programmheft Köln, 1969.

Man plüscht wieder in Deutschland. In: Tages-Anzeiger, 4.1.1969.

Massenkommunikation. Zus. mit Heinz Otto Luthe. In: Handbuch der empirischen Sozialforschung. Hrsg. v. René König, Bd. 2. Stuttgart 1969.

Mozart der Champs-Elysées. Zum 150. Geburtstag von Jacques Offenbach. In: Trossinger Zeitung, 14.6.1969, und in: Aalener Volkszeitung, 14.6.1969.

Pressekonzentration – nur aus juristischer Sicht? In: ZV+ZV, 1969, S. 458.

Reader Massenkommunikation, Bd. 1. Hrsg. v. Alphons Silbermann. Bielefeld 1969.

Sur le concept du mythe et de la morale chez Vilfredo Pareto. In: Cahiers Vilfredo Pareto, 18, 1969, S. 117–128.

Theater und soziale Wirklichkeit. In: Zeitwende, 40, Nr. 10, Okt. 1969, S. 658–668.

Theodor W. Adornos kunstsoziologisches Vermächtnis. In: Kölner Zeitschrift für Soziologie und Sozialpsychologie, 21, H. 4, 1969, S. 712–716.

Von den Aufgaben des Theaters heute und morgen. In: Theater

in der Demokratie. Kann das Theater politisches Bewußtsein verändern? Hrsg. v. Wolfgang Böhme. Stuttgart 1969, S. 23–36.
WARUM WIRD HEINTJE SO GELIEBT? In: Welt am Sonntag, Ausgabe Berlin, 13.7.1969.
ZUFRIEDENHEIT – NUR EINE SACHE DER STATISTIK? Möglichkeiten und Grenzen der Wohnbefragungen. In: Trend 3/1969, S. 134.
ZUM KONZEPT DER MASSENGESELLSCHAFT. In: Verlagspraxis, Nr. 5, 1969, S. 134–135.
ZUM MYTHOS- UND MORALKONZEPT BEI PARETO. In: Kölner Zeitschrift für Soziologie und Sozialpsychologie, 21 (2), 1969, S. 256–268.

1970

DIE ÄLTERE GENERATION – EIN MARKT FÜR DIE ZUKUNFT. In: Coop-Rundschau, 15.5.1970.
DIE KONZENTRATION DER MASSENMEDIEN UND IHRE WIRKUNGEN. Zus. mit Ernest Zahn. Wien/Düsseldorf 1970.
DIE ZUKUNFT DER MEDIEN. In: Freiheit der Zeitung. Freiheit in der Zeitung – Ideologie und Wirklichkeit. Hrsg. v. Bundesverband Deutscher Zeitungsverleger, H. 6, Bonn 1970, S. 79–84, und in: Cahiers Vilfredo Pareto, 25, 1971, S. 93–106, und in: Dossier Schweiz. Betrifft: Massenmedien. Hrsg. v. Blackbox AG Zürich. Wabern 1971, S. 72–86.
FERNSEHEN IM JAHRE 1985. In: Rheinischer Merkur, 18.9.1970, und in: Wirklichkeiten. Lese- und Arbeitsbuch. Hrsg. v. Franz Decker. Paderborn 1972, S. 195 bis196.
LA SOCIOLOGIE DES COMMUNICATIONS DE MASSE. In: Current Sociology. La Sociologie Contemporaine, XVIII, No. 3, 1970.
MUSIC AS A COMMUNICATION FACTOR. In: International Communications. Media, Channels, Functions. Hrsg. v. Heinz-Dietrich Fischer, John Calhoun Merrill. New York 1970, S. 408–416.
NATIONALE IMAGEBILDUNG DURCH DEN FILM. In: Die Massenmedien und ihre Folgen. Hrsg. v. Alphons Silbermann. München/Basel 1970, S. 149–158.
NEUE MUSIK IM ÄTHER – FÜR WEN? In: Die Welt der Musik. Quarterly Journal of the International Music Council, 12, No. 4, 1970, S. 26–36.
SIND KRITIKER STÖRENFRIEDE? Einige polemische Thesen zur Situation des Theaters. In: Rheinischer Merkur, 20.3.1970.
ÜBER DIE ZUKUNFT DER MEDIEN. In: ZV+ZV, 18/1970, S. 801–804.
ZUM VERHÄLTNIS VON UMWELTGESTALTUNG UND MASSENMEDIEN. In: NZZ, 17.1.1970.

1971

ABSEITS DER WIRKLICHKEIT. Das Frauenbild in deutschen Lesebüchern. Zus. mit Udo Michael Krüger. Köln 1971.
DAS VERHÄLTNIS VON UMWELTGESTALTUNG UND MASSENMEDIEN. In: Universitas. Zeitschrift für Wissenschaft, Kunst und Literatur, 26, H. 8, August 1971, S. 853–857.

Die Entwicklung der modernen Musik im Nachkriegsdeutschland. In: Die Gesellschaft in der Bundesrepublik. Analysen II. Hrsg. v. Hans Steffen. Göttingen 1971, S. 64–84.
Die Zukunft der Massenmedien. In: Die Welt, 1971.
Plétora communicativa y futuro de los medios de communicación. In: Revista de Estudios Sociales, No. 3, Sep.–Dic. 1971, S. 9–18.
Rechtsradikalismus in einem Bundeswehrstandort. Methodik und Ergebnisse einer Vorstudie. Zus. mit Udo Michael Krüger. In: Kölner Zeitschrift für Soziologie und Sozialpsychologie, 23, H. 3, 1971, S. 568–580.

1972

Auslandskorrespondenten berichten. In: Münchner Merkur, 28./29.10.1972.
Darstellung von Gewalt und Jugendkriminalität. In: NZZ, 8.7.1972.
Die Schallplatte in unserer Gesellschaft. In: Bertelsmann Briefe, H. 77, Nov. 1972, S. 10–11.
Die Sprache des Sensualismus. In: Carló Coene, Ausstellungskatalog. Hrsg. v. Galerie Schreiner. Basel/Paris 1972.
Die Wirklichkeit liegt im Detail. Soziologisches für jedermann. In: Münchner Merkur, 14./15.10.1972.
Ein älterer Gelehrter bei der Mafia. Über Buchumschläge. In: Münchner Merkur, 18./19.11.1972.
Futuro de los medios de communicación. In: Revista espanola de la opinión pública, No. 27, Enero-Marzo 1972, S. 9–22.
Hinter der okkulten Demokratie ein neues Untertanentum. Vermutungen über den Beitrag der sogenannten Neuen Linken zu Rundfunk und Fernsehen. In: Fürstenfeldbrucker Tageblatt, 20.9.1972.
Il fumetto come mezzo di massa: situazione attuale e prospettive future. In: Informazione Radio TV, No. 2/3, Feb./Marzo 1972, S. 7.
Kommunikationsüberfluss und Dienstleistungsgesellschaft. In: Die Zeitung auf dem Weg ins Jahr 2000. Hrsg. v. Christian Padrutt, Hermann Strehler, Hans Zollihofer jun. St. Gallen 1972, S. 13–26, und in: ZV+ZV, 17–18, 1972, S. 704–706.
Kongressitis. In: Münchner Merkur, 16./17.12.1972.
Les rapports entre communication de masse et économie. In: Economies et Sociétés, Cahiers de l'I.S.E.A., VI, No. 4, 1972, S. 713–730.
Massenkommunikation. Zus. mit H. A. Sallen. In: Wissen im Überblick. Die moderne Gesellschaft. Freiburg/Basel/Wien 1972, S. 284 bis 301.
Schwächen und Marotten der Massenmedienforschung. In: Kölner Zeitschrift für Soziologie und Sozialpsychologie, 24, H. 1, 1972, S. 118–131, und in: Publizistik als Gesellschaftswissenschaft. Hrsg. v. Hansjürgen Koschwitz

und Günter Pötter. Konstanz 1973, S. 3–18.
THEORETISCHE STÜTZPUNKTE DER MUSIKSOZIOLOGIE. In: Musik und Bildung, 4 (63), H. 2, Febr. 1972, S. 61–67, und in: Musikhören, Darmstadt 1975, S. 387–403.
TREND ZUM UNTERTANENTUM. In: Hannoversche Allgemeine Zeitung, 30./31.12.1972.
ÜBER DIE TRADITION. In: Johannes Fritsch, Straßenmusik in Köln. Köln 1972, S. 83–85.
VERMUTUNGEN ÜBER DEN BEITRAG DER SOGENANNTEN NEUEN LINKEN ZU RUNDFUNK UND FERNSEHEN. In: Willy Hochkeppel (Hrsg.), Die Rolle der Neuen Linken in der Kulturindustrie. München 1972, S. 100–107.
ZUM BEISPIEL OPERETTE. In: Die Deutsche Bühne, 11, 1972, S. 4–5.
ZUM VERHÄLTNIS VON MASSENKOMMUNIKATION UND WIRTSCHAFT. In: Revista del Instituto de ciencias sociales, 1972, S. 99 bis 114.

1973

IST DAS FERNSEHEN BILDUNGSFEINDLICH? Diagnose: Verhaltensmuster der Bildungsfeindlichkeit. In: Tages-Anzeiger, 29.9.1973.
DIE LÜCKENFÜLLER UND IHR KLIMBIM. In: Mangfallbote, 2.11.1973, und in: Oberbayerisches Volksblatt, 2.11.1973.
EMPIRISCHE KUNSTSOZIOLOGIE. Eine Einführung mit kommentierter Bibliographie. Stuttgart 1973.
JEDEM EINEN TITEL. In: Münchner Merkur, 15./16.9.1973.
»LIED OHNE WORTE« ALS TANZ- UND MUSIKERLEBNIS. In: Deutsches Allgemeines Sonntagsblatt, Nr. 49, 9.12.1973.
MOTIVATION UND ENTSCHEIDUNGEN BEIM EINKAUF VON EINRICHTUNGSGEGENSTÄNDEN. In: Möbelkultur, 1973.
ÖFFENTLICHKEITSARBEIT FÜRS THEATER. In: Informationstagung des Deutschen Bühnenvereins am 26. und 27.10. 1973 in Freiburg i. Br. Hrsg. v. Deutschen Bühnenverein. Köln 1973.
SCHRECK-VISIONEN DER INTENDANTEN. In: MM, 29.10.1973.
SCHWERPUNKTE DER EMPIRISCHEN SOZIOLOGIE DER BILDENDEN KUNST. In: Festschrift Klaus Lankheit. Hrsg. v. Wolfgang Hartmann. Köln 1973, S. 33–37.
SOZIOLOGISCHE UND SOZIALPSYCHOLOGISCHE ERWÄGUNGEN ÜBER STRUKTUR UND FUNKTIONEN DER AUDIO-VISUELLEN KOMMUNIKATION IN DEN ENTWICKLUNGSLÄNDERN. In: Aspekte der auswärtigen Kulturpolitik in Entwicklungsländern. Hrsg. v. Wolfgang S. Freund und Uwe Simson (Die Dritte Welt, Sonderheft 1972). Meisenheim am Glan 1973, S. 199–227.
VON DEN WIRKUNGEN DER LITERATUR ALS MASSENKOMMUNIKATIONSMITTEL. In: Poesie und Politik. Zur Situation der Literatur in Deutschland. Hrsg. v. Wolfgang Kuttenkeuler. Stuttgart 1973, S. 11–31; und in: Künstler und Gesellschaft. Hrsg. zus. mit René König. Opladen/Köln 1974, S. 27 bis 44. (Sonderheft 17/1974 der

Kölner Zeitschrift für Soziologie und Sozialpsychologie.)
WARUM NUR HEIMLICH AUF DIE SCHULTER KÜSSEN? Ein Vorschlag, die Operette nicht mehr zu verachten. In: Münchner Merkur, 27./28.1.1973.
WIE MAN ZU EINEM STATUS KOMMT. In: Münchner Merkur, 27.12.1973.

1974

20 JAHRE DEUTSCHE GESELLSCHAFT FÜR KOMMUNIKATIONSFORSCHUNG. Rückblick und Ausblick. In: Internationales Medien-Symposium 1974. Hrsg. v. der Deutschen Gesellschaft für Kommunikationsforschung. München 1974, S. 46–47.
ANSICHTEN ÜBER TRIVIALMALEREI. In: »Der röhrende Hirsch«. Künstler und ein Symbol der Trivialkunst im Forum der VHS vom 15.10. bis zum 22.10.1974, S. 8–9.
DAS FERNSEHEN IM SOZIALISATIONSPROZESS DES KINDES. In: Aggression und Fernsehen. Gefährdet das Fernsehen die Kinder? Hrsg. v. Ulrich Beer. Tübingen 1974, S. 9–24.
FREIZEITVERHALTEN UND ZEITBUDGET. Exposé für eine Image-Untersuchung des Theaters. Zus. mit Albin Hänseroth. In: Deutsche Bühne, Jan. 1974, S. 8–11.
ÜBER DIE BILDDARSTELLUNG IM JUDENTUM. Verbot, Transzendenz und Vorurteil. In: Stimmen der Zeit, 99, Bd. 192, H. 4, April 1974, S. 235–240.
ZUR WESENTLICHKEIT DER BEZIEHUNG ZWISCHEN KÜNSTLER UND GESELLSCHAFT. In: Künstler und Gesellschaft. Hrsg. v. Alphons Silbermann und René König. Köln/Opladen 1974, S. 326–340. (Sonderheft 17/1974 der Kölner Zeitschrift für Soziologie und Sozialpsychologie.)

1975

BEAT ODER BEETHOVEN? Befragung zum Musikunterricht. In: Bild der Wissenschaft, 5/1975, S. 82–87, und in: Das Orchester, 24, H.4, 1976, S. 248–251, und in: Musik und Bildung, 8 (67), H.3, März 1976, S. 146 bis 150.
DIE DEUTSCHE SOZIOLOGIE: EINFLUSS- UND ZWECKLOS. In: Arbeitsmedizin, Sept. 1975, S. 192, und in: Der Kassenarzt, 10/1975, S. 1368–1370.
DIE MUSIK UND DAS PUBLIKUM VON MORGEN. Bericht und Gutachten zu einem Forschungsprojekt des Internationalen Musikrats. In: Musik und Bildung, 7 (66), H. 2, Febr. 1975, S. 73–77.
FEEDBACK. Zur richtigen Verwendung eines Modewortes. In: PR, 5/1975, S. 13.
FERNSEHEN ALS KONFLIKTVERSTÄRKER? Ansichten über die Beziehungen von Fernsehgewalt und Kriminalität. In: Der Mensch in den Konfliktfeldern der Gegenwart. Hrsg. v. der Landeszentrale für politische Bildung des Landes Nordrhein-Westfalen. Köln 1975, S. 247 bis 261.
GATEKEEPER. In: PR, 6/1975, S. 21.
HOW SICK IS SOCIOLOGY IN THE FEDERAL REPUBLIC OF GERMANY?

In: International Social Science Journal, XXVII, No. 4, 1975, S. 787–789.
LASST EUCH DAS GLÜCK NICHT NEHMEN! In: Bild am Sonntag, 1975.
MEINUNGSFÜHRER. Die Herkunft des Begriffes »Opinion-Leader«. In: PR, 4/1975, S. 19.
RAPPORTO FRA STRUTTURE AMBIENTALI E TELEVISIONE. In: Informazione Radio TV, No. 38, Aprile 1975, S. 31–35.
VOM EINFLUSS DER FERNSEH-KOMMUNIKATOREN. Medienschaffende werden von Wissenschaftlern unter die Lupe genommen. In: Tages-Anzeiger, 4.4.1975.
VOM NIEDERGANG DER SOZIOLOGIE IN DEUTSCHLAND. In: Bild der Wissenschaft, Febr. 1975, S. 74.
VON DER EMPIRISCHEN SOZIOLOGIE HABEN PR-LEUTE OFT KEINE AHNUNG. Überlegungen zur Bildungs-Malaise des PR-Berufes. In: PR, 3/1975, S. 12–13.
ZUSAMMENHÄNGE ZWISCHEN DENKWEISEN UND WOHNEN DER MENSCHEN. In: Der deutsche Schreiner, 3/1975, S. 54–55.

1976

DAS FERNSEHVOLK – EIN KOLLEKTIV. Neue Kommunikationssysteme zwischen »Bedarf« und »Bedürfnis«. In: Rheinischer Merkur, 10.12.1976.
DER MUSIKALISCHE SOZIALISIERUNGSPROZESS. Eine soziologische Untersuchung bei Schülern – Eltern – Musiklehrern. In: Musikerziehung in Nordrhein-Westfalen, H. 29, 1976, S. 9–197.
FERNSEHEN SCHADET KINDERN NICHT! In: Rundfunkhörer und Fernseher, Nr. 26, 1976.
KABELFERNSEHEN KOMMT DEM INDIVIDUALISIERUNGSVERHALTEN DES EINZELNEN ENTGEGEN. In: Nachrichten, Nr. 111/112, Okt./Nov. 1976. S. 18 bis 20.
KINDER VOR DEM BILDSCHIRM. In: Holsteiner Courier, 5.6.1976, und in: Ostholsteiner Anzeiger, 9.6.1976.
KOMMUNIKATION AUF WUNSCH. Videographie als Mittel zur sozialen Kommunikation. In: UMSCHAU, 76, H. 5/6, 1976, S. 183 bis187.
LATENTER ANTISEMITISMUS IN DER BUNDESREPUBLIK. Zus. mit Herbert A. Sallen. In: Kölner Zeitschrift für Soziologie und Sozialpsychologie, H. 4, 1976, S. 706 bis 723, und in: Michael Bosch (Hrsg.), Antisemitismus, Nationalismus und Neonazismus. Düsseldorf 1979, S. 41–54.
SLEEPER EFFEKT. In: PR, 4/1976, S. 29.
THEORETISCHE ANSÄTZE DER KUNSTSOZIOLOGIE. Hrsg. v. Alphons Silbermann. Stuttgart 1976.
THEORETISCHE PROBLEME DER KUNSTSOZIOLOGIE. In: Hier, 27/1976, S. 2 bis 4.
ÜBER DIE URSACHEN DER GEGENWÄRTIGEN KRISE DER SOZIOLOGIE. In: Die Krise der Soziologie. Hrsg. von Gottfried Eisermann. Stuttgart 1976, S. 55–58. (Bonner Beiträge zur Soziologie, 16.)
WIRKUNGSFORSCHUNG. In: PR, 2/1976, S. 25.
ZUR ERKENNTNISTHEORETISCHEN

Analyse von Horror- und Vampirromanen. In: Hans Günther Meissner (Hrsg.), Leidenschaft der Wahrnehmung. Festschrift für Edeltrud Meistermann-Seeger. München 1976, S. 199–212.

1977

Benutzungsanalyse. In: PR-Magazin, 3/1977, S. 51.
Communication Systems and Future Behaviour Patterns. In: International Social Science Journal, 29, No. 2, 1977, S. 337–341.
Humboldt contra Bonanza. Mit oberflächlichen Expertisen gegen das private Fernsehen. In: Rheinischer Merkur, 22.4.1977.
Reader Rundfunk. Hrsg. v. Alphons Silbermann. Kastellaun 1977.
Untersuchung und Gutachten zum Projekt »Medienfahndung«. Sonderband der BKA-Forschungsreihe. Wiesbaden 1977.

1978

Il ruolo della musica contemporanea alla radio. In: Informazione Radio TV, No. 1, 1978, S. 39 bis 43.
Kunstsoziologie. In: Seminar Literatur- und Kunstsoziologie. Hrsg. v. Peter Bürger. Frankfurt/M. 1978, S. 191–203.

1979

Discurso de apertura. In: Las Artes en la Sociedad, Desarrollo cultural, Expediente documental 21–22, UNESCO, 1979, S. 17–22.
Jüdische Reaktionen auf eine Untersuchung über latenten Antisemitismus in der Bundesrepublik Deutschland. In: Fremd im eigenen Land. Juden in der Bundesrepublik. Hrsg. v. Henryk M. Broder und Michael R. Lang. Frankfurt/M. 1979, S. 359 bis 368.
Kein Brett vor dem Kopf. Ketzereien eines Soziologen. Düsseldorf/Wien 1979.
Klassiker der Kunstsoziologie. Hrsg. v. Alphons Silbermann. München 1979.
Komunikowanie masowe a sztuka. In: Przekazy I Opinie, 4 (18), 1979, S. 23–35.
Max Weber (1864–1920). In: Klassiker der Kunstsoziologie. München 1979, S. 85–113.
Offenbach und das Publikum seiner Tage. In: Orpheus in der Unterwelt. Programmheft des Musiktheaters Oberhausen. Hrsg. v. Theater Oberhausen. Oberhausen 1979.

1980

Arkadische Zwischenwelt. Kölner Kind und Pariser Idol. In: Rheinischer Merkur, 11.1.1980.
Ein Musiker zwischen zwei Welten. Der Franzose, der aus dem Rheinland kam. Zum hundertsten Todestag von Jacques Offenbach. In: Die Welt, 4.10.1980.
Jacques Offenbach: Torn Between Influences and Faiths. In: The German Tribune, No. 925, 27.1.1980.
Plädoyer für Purität. In: Mehr als Worte. Hrsg. v. Walter Steig-

ner. Düsseldorf/Wien 1980, S. 135–140.
PRESSEFREIHEIT – PRESSEKONZENTRATION. In: Das moderne Lexikon, Ergänzungsband A–Z, II. Hrsg. v. Lexikon-Institut Bertelsmann. Gütersloh 1980, S. 312 bis 316.
SUR LES FONCTIONS SOCIALES DE L'IMAGE. In: Sociologie de l'image. Cahier No. 1, 1980/81, S. 4–13.
THE SOCIOLOGY OF MASS MEDIA AND MASS COMMUNICATION. In: International Social Science Journal, XXXII, No. 2, 1980, S. 223 bis 237.
UNVERHOHLENE SCHÜTZENHILFE FÜR DIE SATELLITENKOMMUNIKATION. Zum Kongreß der Internationalen Vereinigung für Kommunikationsforschung. In: NZZ, 6.11.1980.

1981

ANTISEMITISMUS. In: Handwörterbuch zur politischen Kultur der Bundesrepublik Deutschland. Hrsg. v. Martin Greiffenhagen, Sylvia Greiffenhagen, Rainer Prätorius. Opladen 1981.
COMMUNICATION DE MASSE. Eléments de sociologie empirique. Paris 1981.
DER UNGELIEBTE JUDE. Zur Soziologie des Antisemitismus. Zürich 1981.
DIE INVASION DER MEDIEN. »World Media Conference« tagte in New York. In: Die Welt, Nr. 239, 14.10.1981.
EIN WEG, DER IN DIE IRRE FÜHRTE. Wurzeln des politischen Antisemitismus. In: Rundschau am Sonntag, Nr. 36, 6.9.1981.
ERKENNTNISINTERESSEN DER EMPIRISCHEN LITERATURSOZIOLOGIE. In: Soziologie in weltbürgerlicher Absicht. Festschrift für René König zum 75. Geburtstag. Hrsg. v. Heine von Alemann und Hans Peter Thurn. Opladen 1981, S. 114 bis 121.
FERNSEHEN MACHT DIE WELT ZUM DORF. Kassandra im Zeitalter der Massenmedien: Marshall McLuhan gestorben. In: Die Welt, 2.1.1981.
GEGEN INTOLERANZ AUF DIE BARRIKADEN. Ein Streiter für die empirische Soziologie – René König wird 75. In: Die Welt, 4.7.1981.
KANN VERGANGENHEIT »AUFGEARBEITET« WERDEN? Das Kollektivgedächtnis und die Mythologisierung der Vergangenheit durch Bewältigungsfilme. In: Epoche, 5, 1981, S. 58–59.
KLISCHEES OHNE PUNKT UND KOMMA. Wenn der Bürger zum »Fernsehstar« wird. Interviews auf dem Bildschirm. In: Die Welt, 24.11.1981.
SEIFENOPERN. In: Die Welt, 16.4.1981.
SPRACHE IM EXIL. In: Literatur des Exils. Hrsg. v. Bernt Engelmann. München 1981, S. 137 bis 140.
UNKLARE WIRKUNG. In: Epoche, Dez. 1981, S. 69–70.
VIOLENCE À LA TÉLÉVISION ET CRIMINALITÉ. In: Comprendre, 47 bis 48, 1981–1983, S. 107–116.
WORLD MEDIA CONFERENCE – KEIN BESONDERER GLÜCKSFALL.

In: Congress & Seminar, 12/1981, S. 37–38.

1982

DIE GOLEM-LEGENDE IM LICHTE JÜDISCHER MYSTIK. Der Versuch, die Gottheit auf die Erde zu bringen. In: Der Golem, Programmheft hrsg. v. Österreichischen Bundestheaterverband. Wien 1982.

DIE ZEITEN DER ANPÖBELUNGEN IN KÖLN. In: Rolf Italiaander (Hrsg.), Wir erlebten das Ende der Weimarer Republik. Zeitzeugen berichten. Düsseldorf 1982.

KUNST UND MASSENKOMMUNIKATION. In: Loccumer Protokolle, 4/1982, S. 1–9.

LES VISÉES COGNITIVES DE LA SOCIOLOGIE EMPIRIQUE DE LA MUSIQUE. In: Revue Internationale des Sciences Sociales, 34, No. 4, 1982, S. 615–626.

SIND WIR ANTISEMITEN? Ausmaß und Wirkung eines sozialen Vorurteils in der Bundesrepublik Deutschland. Köln 1982.

TAG FÜR TAG DIE GLEICHEN TIRILANTEN. Politik und Unterhaltung: Das diesjährige Thema der Adenauer-Stiftung. In: Die Welt, 18.11.1982.

1983

ANTISEMITISMUS IN DER BUNDESREPUBLIK DEUTSCHLAND HEUTE. In: Antifaschismus oder Niederlagen beweisen nichts, als daß wir wenige sind. Red.: Wolfgang Abendroth. Köln 1983, S. 111 bis 123. (Dialektik, Bd. 7.)

ASPEKTE DER ÖFFENTLICHEN VERMITTLUNG DER JUDENTUM-GESCHICHTE IN DEUTSCHLAND. In: Religionsgeschichte in der Öffentlichkeit. Hrsg. v. Abdoldjawad Falaturi u. a. Köln/Wien 1983, S. 22–42 (Kölner Veröffentlichungen zur Religionsgeschichte, Bd. 1), und in: Schweizerische Zeitschrift für Soziologie, 9, Nr. 3, 1983, S. 639–653.

DIE ANGST VOR DEM PROVINZIALISMUS. Kooperationspläne in der Medienpolitik. In: Die Welt, 26.10.1983.

EIN DANAER-GESCHENK? Deutscher Medienexport in die Dritte Welt. In: Die Welt, 19.5.1983.

INTEGRIERT, ISOLIERT. Selbstzeugnisse zur Sozialgeschichte der Juden. In: Die Welt, 9.7.1983.

LES MÉDIAS ET NOTRE PERCEPTION DU MONDE ACTUEL. In: Revue des Sciences Morales et Politiques, 138, No. 1, 1983, S. 97–107.

LOS ARTISTAS Y LA SOCIEDAD. Hrsg. mit René König. Barcelona 1983.

STICHWORTE ZUR EMANZIPATION DER JUDEN IN DEUTSCHLAND. In: Joseph Süss Openheimer. Geschichte und Geschichten um eine historische Gestalt. Hrsg. v. ZDF. Mainz 1983, S. 22–25.

1984

NEUE MEDIENPOLITIK. Bessere Programme. In: Epoche, Nov. 1984, S. 69–71.

VISUELLE LEITBILDER IN DEN MASSENMEDIEN – DARGESTELLT AM BEISPIEL VON COMICS. In: Zum Thema, Schöne neue Welt? Über das Zusammenwirken neuer Technologien, 6/1984, S. 109–129.

Was ist jüdischer Geist? Zur Identität der Juden. Zürich/Osnabrück 1984.

1985

Der Übersetzer. Eine berufs- und literatursoziologische Untersuchung. Zus. mit Albin Hänseroth. Wiesbaden 1985.

Die Kulturzeitschrift als Literatur. In: Archiv für Sozialgeschichte der deutschen Literatur, 10/1985, S. 94–112.

Grundströmungen deutscher Kulturgeschichte. In: Deutschland. Porträt einer Nation, Bd. 4, Kunst und Kultur. Hrsg. v. der Verlagsgruppe Bertelsmann. Gütersloh 1985, S. 10–30.

Juden in Deutschland 1985. Integriert oder diskriminiert? In: Menschenrechte. Hrsg. v. Kurt E. Becker und Hans-Peter Schreiner. Landau/Pfalz 1985, S. 59–69.

Vom Beitrag der Juden zum Kultur- und Geistesleben in Deutschland. In: Deutschland. Porträt einer Nation, Bd. 4, Kunst und Kultur. Hrsg. v. der Verlagsgruppe Bertelsmann. Gütersloh 1985, S. 10–30.

Von der Jugend und dem Wandel sexueller Tabus. In: Die zwiespältige Generation. Jugend zwischen Anpassung und Protest. Hrsg. v. Joachim H. Knoll und Julius H. Schoeps. Stuttgart/Bonn 1985, S. 224–236. (Studien zur Geistesgeschichte, Bd. 7.)

1986

Am Thema vorbeigeredet. Unergiebige Diskussion über »Gewalt in der Welt – Gewalt im Fernsehen« bei den Mainzer Tagen der Fernsehkritik. In: NZZ, 31.10.1986.

Antisemitismus nach dem Holocaust. Hrsg. zus. mit Julius H. Schoeps. Köln 1986.

Comics und visuelle Kultur. Hrsg. zus. mit H.-D. Dyroff. München 1986.

Communications. In: Fachzeitschriften zur Publizistik und Kommunikation. Hrsg. v. Heinz-Dietrich Fischer. Remagen 1986, S. 57–61.

Deutsche Juden oder jüdische Deutsche? Zur Identität der Juden in der Weimarer Republik. In: Juden in der Weimarer Republik. Hrsg. v. Walter Grab und Julius H. Schoeps. Stuttgart/Bonn 1986, S. 347–355. (Studien zur Geistesgeschichte, Bd. 6.)

Die Juden und die Vorurteile. In: Tribüne, H. 98, 1986, S. 187 bis 190.

Die Liebe auf der Bühne. In: Kindlers Enzyklopädie »Der Mensch«, S. 126–138.

Die Utopie vom jüdischen Mitbürger. In: Der Spiegel, 28.4.1986.

Empirische Kunstsoziologie. Stuttgart 1986. (Studienskripten zur Soziologie, 127.)

Handbuch zur empirischen Massenkommunikationsforschung. Eine kommentierte Bibliographie in 2 Bänden. Frankfurt/M., Bern, New York 1986.

Kölner Kind und Pariser Idol. In: Offenbachiade. Programmheft hrsg. v. WDR. Kölner Phil-

harmonie, 6.11.1986, S. 11–18.
KUNST UND MASSENKOMMUNIKATION. In: Die Psychologie des 20. Jahrhunderts. Zürich 1986, S. 1149–1155.
MAHLER-LEXIKON. Bergisch Gladbach 1986.
VON DER MANNIGFALTIGKEIT DER FUNKTIONEN EINES INTENDANTEN. In: Oper in Köln. Michael Hampe 1975 bis 1985. Hrsg. v. Irmgard Scharberth. Köln 1986, S. 39–47.
VON DER MASSEN- ZUR INDIVIDUALKOMMUNIKATION. Überlegungen zu Entwicklung und Funktion der Massenmedien Radio und Fernsehen. In: NZZ, 19.12.1986.
VON VERMITTLERN, ENTDECKERN UND SCHIEDSRICHTERN. Muß die Fernsehkritik wirklich »im seichten Fahrwasser einer Oberflächenreportage« bleiben? In: Münchner Merkur, 21.10.1986.
ZUR NEUBELEBUNG DER SOZIOLOGIE DER KÜNSTE. In: Studien zur systematischen Musikwissenschaft. Hrsg. v. Constantin Floros, Hans Joachim Marx, Peter Petersen. Hamburg 1986, S. 67 bis 83. (Hamburger Jahrbuch für Musikwissenschaft, Bd. 9.)

1987

BETRACHTUNGEN ZUR ENTWICKLUNG DER RADIO- UND FERNSEHFORSCHUNG. In: Medien zwischen Kultur und Kult. Zur Bedeutung der Medien in Kultur und Bildung. Hrsg. v. Rudolf W. Keck und Walter Thissen. Bad Heilbrunn/Obb. 1987, S. 131–137.
DIE ROLLE DER ELEKTRONISCHEN MEDIEN IN DER ENTWICKLUNG DER KÜNSTE. Hrsg. v. Alphons Silbermann. Frankfurt/M./Bern/New York 1987.
HIPPOLYTE TAINE. Philosophie der Kunst. Hrsg. v. Alphons Silbermann. Berlin 1987. (Klassiker der Kunstsoziologie, Bd. 2.)
HÖREN – HORCHEN – VERSTEHEN. In: Materialien und Dokumente aus der Musikpädagogik, Bd. 15, 1987, S. 7–15, und in: Musikerziehung. Zeitschrift der Musikerzieher Österreichs, 41, Okt. 1987, S. 12–17.
JEAN MARIE GUYAU. Die Kunst als soziologisches Phänomen. Hrsg. v. Alphons Silbermann. Berlin 1987. (Klassiker der Kunstsoziologie, Bd. 1.)
KULTUR, VOLKSBILDUNG UND GESELLSCHAFT. Paul Honigsheim zum Gedenken seines 100. Geburtstages. Hrsg. v. Alphons Silbermann und Paul Röhrig. Frankfurt/M./Bern/New York 1987.
ON THE REVIVAL OF A SOCIOLOGY OF THE ARTS. In: International Social Science Journal, No. 114, Nov. 1987, S. 563–576.
VON DER MASSEN- ZUR INDIVIDUALKOMMUNIKATION. Überlegungen zu Entwicklung und Funktion der Massenmedien Radio und Fernsehen. In: Massenkommunikationsforschung. Theorieentwicklung und Problemperspektiven. Hrsg. v. Maximilian Gottschlich. Wien 1987, S. 85 bis 88.
PRINZIPIELLES ZUM VERHÄLTNIS VON KUNST UND MASSENKOMMUNIKATION. In: Die Rolle der elek-

tronischen Medien in der Entwicklung der Künste. Hrsg. v. Alphons Silbermann. Frankfurt/M./Bern/New York 1987, S. 8–18.
ZU PAUL HONIGSHEIMS MUSIKSOZIOLOGISCHEN ARBEITEN. In: Kultur, Volksbildung und Gesellschaft. Paul Honigsheim zum Gedenken seines 100. Geburtstages. Hrsg. v. Alphons Silbermann und Paul Röhrig. Frankfurt/M./New York/Bern 1987, S. 67–84.
ZUM VERHÄLTNIS VON UMWELTGESTALTUNG UND FERNSEHEN. In: Mensch und Medien. Zum Stand von Wissenschaft und Praxis in nationaler und internationaler Perspektive. Hrsg. v. Marianne Grewe-Partsch und Jo Groebel. München 1987, S. 214–217.
ZWISCHEN VERDRÄNGUNG UND VERSTÄNDIGUNG – THESEN ZU EINEM WIDERSPRÜCHLICHEN LERNPROZESS. In: Tagungsdokumentation zur Fachtagung der Bundeszentrale für politische Bildung zum Thema »Zwei Generationen nach Holocaust. Eine Bestandsaufnahme über historisch-politisches Lernen« vom 23. bis zum 27.2.1987. Bonn 1987, S. 35–49.

1988

IDENTITÄTSPROBLEME DER JUDEN IN DER BUNDESREPUBLIK DEUTSCHLAND. In: Zeitschrift für Religions- und Geistesgeschichte, H. 3, 1988.
JÜDISCHE GEMEINDEN IN DEUTSCHLAND. Kritische soziologische Betrachtung ihrer sozial-kulturellen Situation. In: Tribüne, H. 108, 1988.
PIERRE-JOSEPH PROUDHON. Von den Grundlagen und der sozialen Bestimmung. Ins Deutsche übertragen, eingeleitet und erläutert von Klaus Herding. Berlin 1988. (Klassiker der Kunstsoziologie, Bd. 3.)
WISSENSCHAFTLICHE ANMERKUNGEN ZUM ANTISEMITISMUS. In: Jüdisches Leben in Ehrenfeld. Vom Ende der Weimarer Republik bis zur Vernichtung. Katalog zur Ausstellung. Köln 1988, S. 4–5.
ZUM ENTWICKLUNGSSTAND UND SELBSTVERSTÄNDNIS DER MUSIKTHERAPIE. Zus. mit Albin Hänseroth. In: Musiktherapie und therapeutische Integration. Hrsg. vom Kuratorium für künstlerische und heilende Pädagogik. Frankfurt/M./New York/Paris 1988, S. 15–39.

1989

BAUEN UND WOHNEN IM SPIEGEL DES GESELLSCHAFTLICHEN WERTEWANDELS. In: Forum Bauen und Leben, Bd. 4, Bonn 1989, S. 57 bis 71.
JUDEN IM MUSIKLEBEN DER WEIMARER REPUBLIK. In: Juden als Träger bürgerlicher Kultur in Deutschland. Hrsg. v. Julius H. Schoeps. Stuttgart, Bonn 1989.
MEDIENKULTUR, MEDIENWIRTSCHAFT, MEDIENMANAGEMENT. Zus. mit Albin Hänseroth. Frankfurt/M./New York/Bern 1989.
POSITIONEN UND PROVOKATIONEN ZUR MASSENKOMMUNIKATION UND KUNSTSOZIOLOGIE. Aufsätze und

Abhandlungen aus vier Jahrzehnten. Hrsg. v. Heinz-D. Fischer und Oliver Krems. Bochum 1989. (Bochumer Studien zur Publizistik- und Kommunikationswissenschaft, 60.)
SOZIOLOGISCHE ANMERKUNGEN ZUM BUCH HIOB. In: Zeitschrift für Religions- und Geistesgeschichte, H. 1, 1989.

1990

EPISTEL ÜBER DIE VEREINSAMUNG. In: Testamente von Alexander Galin. Programmheft. Hrsg. v. Schauspiel Köln/Schlosserei 1989/90. Köln 1990.
JUDAISTIK. In: Frankfurter Allgemeine Zeitung, 28.2.1990, Nr. 50, S. 9.
METAMORPHOSEN DES MOZART-IDOLS. In: Peter Csobádi (Hrsg.), Wolfgang Amadeus. Summa Summarum. Das Phänomen Mozart: Leben, Werk, Wirkung. Wien 1990.

1991

DAS IMAGINÄRE TAGEBUCH DES HERRN JACQUES OFFENBACH. München 1991 (Erstausgabe 1960)
IM DICKICHT DER VORURTEILE. In: Programmheft. George Tabori, Weisman und Rotgesicht. Ein jüdischer Western, Maxim Gorki Theater. Berlin 20.4.91.
NEUES VOM WOHNEN DER DEUTSCHEN. Köln 1991
WIE AUS OFFENBACHS »L'ALCÔVE« IN KÖLN »MARIELLE« WURDE. In: Der Alkoven oder Marielle. Musikalische Possen und andere Werke von Jacques Offenbach, hrsg. v. Westdeutschen Rundfunk Köln. Köln 1991, S. 11-12.
WOHNERLEBNIS IM WANDEL – ZUM WOHNEN DER WESTDEUTSCHEN. In: Zeitschrift zur politischen Bildung 1/91, S. 104–111.
ZUR SOZIALEN SITUATION DES KÜNSTLERS. In: Knut Hickethier, Siegfried Zielinski (Hrsg.), Medien/Kultur. Schnittstellen zwischen Medienwissenschaft, Medienpraxis und gesellschaftlicher Kommunikation. Berlin 1991, S. 43–63.

Biographie

Als Band mit der Bestellnummer 61217 erschien:

Peter Ustinov im Dialog mit sich selbst:
Mit viel Witz und Selbstironie erählt er von seinem langen, ungewöhnlichen Weg vom Schauspielschüler zum Filmstar, Regisseur, Autor und Unicef-Botschafter.